V&R

Bürgertum Neue Folge

Studien zur Zivilgesellschaft

Herausgegeben von
Manfred Hettling und Paul Nolte

Band 17

Jakob Böttcher

Zwischen staatlichem Auftrag und gesellschaftlicher Trägerschaft

Eine Geschichte der Kriegsgräberfürsorge in Deutschland im 20. Jahrhundert

Mit 8 Abbildungen, 5 Grafiken und 1 Tabelle

Vandenhoeck & Ruprecht

Gedruckt mit freundlicher Unterstützung der Geschwister Boehringer Ingelheim Stiftung für Geisteswissenschaften in Ingelheim am Rhein.

Dieser Band ist die überarbeitete Fassung der 2016 an der Philosophischen Fakultät I der Martin-Luther-Universität Halle-Wittenberg eingereichten Dissertationsschrift.

Bibliografische Information der Deutschen Nationalbibliothek:
Die Deutsche Nationalbibliothek verzeichnet diese Publikation in der Deutschen Nationalbibliografie; detaillierte bibliografische Daten sind im Internet über http://dnb.de abrufbar.

Umschlagabbildung: Jugendliche aus Bremen helfen bei der Friedhofspflege in Cannock Chase, Großbritannien (1965), Foto: Willi Kammerer. Volksbund Bildarchiv
© Volksbund Deutsche Kriegsgräberfürsorge e. V., Kassel

Satz: textformart, Göttingen | www.text-form-art.de
Druck und Bindung: ⊕ Hubert & Co GmbH & Co. KG BuchPartner, Göttingen

Vandenhoeck & Ruprecht Verlage | www.vandenhoeck-ruprecht-verlage.com

ISSN 2198-1418
ISBN 978-3-525-35588-6

Inhalt

Einleitung

Bis heute finden sich in vielen Teilen der Welt Friedhöfe für die Toten des Ersten und Zweiten Weltkrieges. In manchen Regionen Europas scheinen sie geradezu mit dem Landschaftsbild verschmolzen. Auf den größten Anlagen reihen sich wohlgeordnet mehr als 30.000 Gräber in zeitloser Ruhe aneinander. Sie sind eine bekannte und gern gewählte Kulisse für politische Gedenkakte anlässlich der wiederkehrenden Jahres- und Gedenktage, aber auch bei Staatsbesuchen, um mit der Erinnerung an alte Konflikte den Wert neuer, friedlicher Partnerschaften symbolisch zu unterstreichen. Reisen zu den Gräbern sind in vielen Ländern auch eine seit langem gepflegte kulturelle Praxis, die nicht nur dem Gedenken der eigenen Angehörigen oder Vorfahren gilt, sondern auch jenseits des politischen Höhenkamms auf die Bedeutung der Friedhöfe als Orte der kollektiven Erinnerung an Krieg und Gewalterfahrung verweist.[1]

Im historischen Bewusstsein der an den Weltkriegen beteiligten oder von ihnen betroffenen Gesellschaften kommt dem Ersten und dem Zweiten Weltkrieg nicht immer derselbe Stellenwert zu. Die weitaus größeren menschlichen Verluste, die etwa Frankreich und Großbritannien zwischen 1914 und 1918 zu beklagen hatten, drücken sich in der bis heute gängigen Bezeichnung als der »Große Krieg« aus. In Deutschland steht dagegen die Erinnerung an den Zweiten Weltkrieg im Vordergrund, die untrennbar mit der Geschichte der nationalsozialistischen Diktatur und des Holocaust verbunden ist. Zusammengenommen haben die national unterschiedlich verlaufenden gesellschaftlichen Prozesse der Auseinandersetzung mit den Gewalterfahrungen der Weltkriege jedoch eine international weitgehend einheitliche Haltung gegenüber den Gräbern der Kriegstoten hervorgebracht. Kriegsgräber werden dauerhaft erhalten.[2] Dieses als Bestandteil des humanitären Völkerrechts anerkannte Prinzip zieht bei seiner praktischen Umsetzung umfangreiche Konsequenzen nach sich, denn die Bestattung von Hunderttausenden oder gar Millionen von Kriegstoten und der langfristige Erhalt der Kriegsgräber ist mehr als nur eine organisatorische Herausforderung. Die Bestattung der Kriegstoten nach Ende der beiden Weltkriege

1 Zum »Schlachtfeldtourismus« nach dem Ersten Weltkrieg vgl. *Lloyd*, Battlefield Tourism; zum Forschungsstand siehe *Heymel*, Touristen, S. 16ff.; in Zusammenhang mit der Errichtung von Friedhöfen an der Westfront siehe *Brandt*, Kriegsschauplatz, S. 152ff. Auch wenn in der Forschung bisher der Schlachtfeldtourismus der Zwischenkriegszeit die stärkste Beachtung gefunden hat, sind private oder auch organisierte Gemeinschaftsreisen auch in Deutschland nach dem Zweiten Weltkrieg geläufig. Vgl. *Kolbe*, Trauer.

2 Vgl. *Petrig*, War Dead, S. 357.

zog jahrzehntelange Bauprogramme nach sich, um geeignete Begräbnisstätten für die Toten zu schaffen. Die Identifizierung der Toten und die Registrierung und Betreuung ihrer Gräber erforderten komplexe Organisationsstrukturen, für die es bei Ausbruch des Ersten Weltkrieges noch keine Vorbilder gab. Ästhetisch warf die Bestattung der Kriegstoten die Frage auf, wie der millionenfache gewaltsame Tod angemessen vergegenwärtigt und gewürdigt werden könnte. Zugleich evozierte der Umgang mit Kriegsgräbern in allen vom Krieg betroffenen Gesellschaften auch Debatten über die Form, Reichweite und Grenzen öffentlicher Ehrung und privater Trauer, über die kollektive Vereinnahmung der Gefallenen und die individuelle Erinnerung.[3]

In Deutschland wird die Betreuung von Kriegsgräbern unter dem Begriff der Kriegsgräberfürsorge zusammengefasst. Dies schließt alle öffentlichen Praktiken, die auf den Erhalt von Kriegsgräbern abzielen, wie auch die sie tragenden Institutionen mit ein. Der Begriff der Fürsorge impliziert dabei auch, dass dies nicht spontan oder willkürlich geschieht, sondern in einem rechtlich regulierten Ordnungsrahmen durch staatliche Stellen oder entsprechend ermächtigte private Organisationen. Eine besondere Rolle hat hierbei seit einem Jahrhundert der Volksbund Deutsche Kriegsgräberfürsorge eingenommen, der die Entwicklung der Kriegsgräberfürsorge in Deutschland entscheidend geprägt hat.

Beispiele für die Bestattung getöteter Krieger gibt es von Anbeginn der Geschichtsschreibung. Ebenso hatten Gräberkulte häufig eine zentrale Bedeutung bei der Selbstvergewisserung sozialer Gruppen und bei der Legitimation von politischer Herrschaft.[4] Die Bestattung der Toten zählt zu einer der ältesten Kulturtechniken überhaupt. Diese anthropologische Konstante darf jedoch nicht darüber hinwegtäuschen, dass es sich bei der Kriegsgräberfürsorge über ein ausschließlich modernes Phänomen handelt. Sie beruht auf sozialen und politischen Voraussetzungen, die überhaupt erst durch die Entstehung des Nationalstaats und moderner Staatlichkeit hervorgebracht wurden. Vollends zum Vorschein kam sie erst mit dem Ersten Weltkrieg.[5]

Im 19. Jahrhundert wurden stehende Heere, die sich aus Söldnern und Berufssoldaten zusammensetzten, durch Wehrverfassungen abgelöst, die sich auf eine große Zahl von Wehrpflichtigen und Bürgermilizen stützten. Diese ermöglichten im Kriegsfall die Massenmobilisierung der wehrfähigen Bevölkerung. Die Bereitschaft zum bewaffneten Kampf für die Nation wurde zur Bürgerpflicht. Die seit dem ausgehenden 18. Jahrhundert ausgefochtenen Konflikte erschienen fortan als nationale Auseinandersetzungen, oder wurden als Einigungs-

3 Vgl. zum Ersten Weltkrieg *Winter*, Sites; zum Umgang mit dem gewaltsamen Sterben in Deutschland im 20. Jahrhundert vgl. *Confino*, Death; *Eschebach*, Gedenken; für verschiedene internationale Fallbeispiele siehe *Gillis*, Commemorations.

4 Vgl. *Rader*, Grab; *ders*., Sinn, S. 24.

5 Vgl. *Koselleck*, Einleitung.

oder Befreiungskriege selbst zur Geburtsstätte neugegründeter Nationalstaaten. Dies leitete einen tiefgreifenden Wandel im Verhältnis von Bürger und Staat ein, denn die Verpflichtung zum Dienst an der Waffe war zugleich Quelle der Legitimation für eingeforderte staatsbürgerliche Rechte.[6] Ebenso zu erkennen ist, dass die soziale Stellung des Militärs deutlich aufgewertet wurde. Waren frühneuzeitliche Landsknechte noch gesellschaftliche Außenseiter, wurde die Uniform des Reserveoffiziers im Deutschen Kaiserreich zu einem begehrten Vorzeigeobjekt, da sie zu einer Steigerung der gesellschaftlichen Anerkennung führte. Am Vorabend des Ersten Weltkrieges waren siebzig Prozent der preußischen Offiziere bürgerlicher Herkunft.[7] Kriege forderten somit ihren Blutzoll nun auch aus der Mitte der Gesellschaft.

Seit dem 19. Jahrhundert entstanden in ganz Europa und Nordamerika Symbole und Rituale, die den Kriegstod als Akt der vaterländischen Pflichterfüllung hervorhoben und das Schicksal der Gefallenen mit dem Fortbestand der Nation verknüpften. Der Kriegstod wurde in Analogie zur religiösen Opfergabe als Sacrificium verstanden, als Opfer für die Nation. Hierfür wurde von Reinhardt Koselleck der Begriff des politischen Totenkultes geprägt.[8] Zentrale Bedeutung bei der Entwicklung des öffentlichen Kriegstotengedenkens im 19. Jahrhundert kommt dabei gerade der Einbeziehung des einfachen Soldaten in die militärische Totenehrung zu. Wie Koselleck anhand von Kriegerdenkmälern aufgezeigt hat, entwickelte sich in dieser Zeit ein egalitäres Verständnis des Kriegstodes, das alle Gefallenen ungeachtet ihres militärischen Ranges und ihrer sozialen Stellung als ehrwürdig anerkannte. Der Denkmalssockel blieb nicht mehr allein adligen Heerführern vorbehalten, sondern konnte auch vom einfachen Soldaten eingenommen werden.[9]

Den Toten auf dem Schlachtfeld wurde lange Zeit überhaupt keine Beachtung geschenkt. Die meisten wurden achtlos zurückgelassen, ausgeplündert und bestenfalls in Gruben verscharrt, um den Verwesungsgestank zu unterdrücken.[10] Seit den Napoleonischen Kriegen finden sich in Europa Formen des Gedenkens, die dem achtlosen Umgang mit den Toten die Forderung der namentlichen, individuellen Erinnerung an die Gefallenen entgegenstellten. In Denkmälern für die kämpfenden Regimenter auf den Schlachtfeldern, an zentralen Orten in den europäischen Hauptstädten ebenso wie auf Namenstafeln in den Kirchen kleiner Gemeinden blieben die Gefallenen fortan präsent. Die Entstehung des Phänomens Kriegsgräberfürsorge lässt sich jedoch nicht allein aus dem Denk-

6 Vgl. *Hettling*, Weichenstellung, S. 12.

7 Zu Heeresreform, sozialer Öffnung der preußischen Streitkräfte und Sozialprestige siehe *Frevert*, Nation, hier insbesondere S. 208 f.

8 *Koselleck/Jeismann*, Totenkult; siehe außerdem mit unterschiedlicher Schwerpunktsetzung *Koselleck*, Kriegerdenkmale; *ders.*, Ikonologie; *ders.*, Transformation; *ders.*, Soldat.

9 *Koselleck*, Soldat, S. 140.

10 Vgl. *Rass/Lohmeier*, Körper, S. 281 f.

malskult des 19. Jahrhunderts herleiten, denn die Gräber der Toten selbst blieben noch lange Zeit nebensächlich.[11]

Dies überrascht nicht, wenn man sich vor Augen führt, dass auch im zivilen Bereich Friedhof und Grab erst im Verlauf des 19. Jahrhunderts in den Bereich der öffentlichen Daseinsfürsorge rückten. Die Einführung von Friedhofsordnungen und eines geregelten Bestattungswesens führten zu einer Normierung der Bestattungspraktiken und prägten das Verständnis eines angemessenen Begräbnisses. Das die Industrialisierung begleitende Städtewachstum machte auch die Anlage neuer Friedhöfe zum notwendigen Bestandteil kommunaler Raumplanung. Hierbei wurden mit Aufkommen der Friedhofsreformbewegung zugleich erstmals auch Forderungen nach einer Gleichbehandlung aller Toten laut, die sich gestalterisch vor allem gegen opulente Prachtgräber richteten. Der egalitäre Charakter des militärischen Totengedenkens war somit eine Erscheinung, die seit dem 19. Jahrhundert auch in der zivilen Friedhofsfürsorge eine Entsprechung findet.[12]

Staatliche Maßnahmen zur Bestattung von Kriegstoten und zum Erhalt und Schutz ihrer Gräber treten in Nordamerika und Europa seit der zweiten Hälfte des 19. Jahrhunderts in Erscheinung. Nach Ende des amerikanischen Bürgerkriegs wurde erstmals in der Geschichte ein umfangreiches Programm zur Bestattung der Gefallenen auf staatlichen Friedhöfen beschlossen.[13] Es galt allein den Gefallenen der siegreichen Nordstaaten. In diesem Punkt unterscheidet es sich noch wesentlich von den Verfahrensweisen im Umgang mit Kriegstoten im 20. Jahrhundert, da diese sich gerade auch durch die Achtung des getöteten Gegners auszeichnen. Der Friede von Frankfurt als formaler Schlussakt des Deutsch-Französischen Kriegs 1870/71 ist das erste völkerrechtliche Dokument, das den Umgang mit Kriegsgräbern in einer Nachkriegsordnung bestimmte. Die Grab- und Denkmäler der Gefallenen sollten erhalten bleiben und wurden fortan durch gesetzliche Regelungen in beiden Ländern geschützt. In Frankreich wurden zudem die Gebeine der Toten von den Schlachtfeldern geborgen und in

11 Vgl. *Hettling/Echternkamp*, Heroisierung, S. 129 f.; *Capdevila/Voldman*, War Dead, S. 8.

12 Vgl. *Sörries*, Ruhe Sanft, S. 15 u. 129 ff.; vgl. auch *Hölscher*, Verkirchlichung; *Fischer*, Geschichte, S. 43 ff. Fischer unterstellt eine enge Wechselwirkung zwischen Friedhofsreformbewegung und den Erfahrungen bei der Friedhofsplanung nach dem Ersten Weltkrieg. Hierzu ist anzumerken, dass Forderungen nach einem in sich stimmigen Erscheinungsbild des Friedhofes, das durch eine geometrisch klar gegliederte Raumordnung, einheitliche Grabzeichen sowie verbindliche Standards für die handwerklich-künstlerische Ausführung von Grabmonumenten erreicht werden sollte, sowohl Planungsdebatten für zivile Friedhöfe vor und nach dem Krieg, als auch die Diskussionen um die Anlage von Soldatengräbern vor allem während des Krieges durchzogen. Der tatsächliche Zustand vieler deutscher Kriegsgräber dürfte bis weit in die Zwanzigerjahre hinein jedoch kaum als Vorbild gedient haben, da diese meist kahlen Feldern mit einfachen Holzkreuzen glichen.

13 Vgl. *Faust*, Republic, S. 99–101.

Grabkammern beigesetzt. Wer in der Schlacht fiel, erhielt aber meist noch kein individuelles Grab, sondern fand seine letzte Ruhe im Gemeinschaftsgrab.[14]

Für die Pflege und den Erhalt der Denkmäler und Gräber setzte sich in Frankreich der 1887 gegründete Souvenir français ein. In Preußen richteten sogenannte Kriegerbegräbnisvereine bereits im Vormärz ehrenvolle Begräbnisse für Veteranen der Befreiungskriege aus. Zivile Organisationen, die sich für den Erhalt von Kriegsgräbern oder das Totengedenken einsetzen, sind eine Begleiterscheinung der öffentlichen Kriegstotenehrung seit dem 19. Jahrhundert. In vielen Ländern prägten sie die Traditionen der öffentlichen Totenehrung mit und verhalfen ihnen zu einer ritualisierten Form.[15] Sie bewegten sich dabei an einer Schnittstelle zwischen staatlicher Verfügungsgewalt über die Gefallenen und den privaten Bedürfnissen und Interessen von Hinterbliebenen und Veteranen. Vor allem in Deutschland stellt die Einbindung privater Fachleute und gesellschaftlicher Organisationen in der Kriegsgräberfürsorge seit dem Ersten Weltkrieg ein besonderes strukturelles Merkmal dar, das die Entwicklung der Kriegsgräberfürsorge in Deutschland nicht nur organisationsgeschichtlich geprägt hat, sondern auch langfristig die Gestaltung deutscher Kriegsgräber und die Formen des öffentlichen Kriegstotengedenkens mitbestimmte.

Mit dem Ersten Weltkrieg erhielt die Frage der Bestattung der mehreren Millionen Gefallenen nicht allein wegen der bis dahin unvorstellbaren Zahl der Toten eine enorme Relevanz, sondern auch weil die Entwicklung der modernen Kriegsführung die Erwartungshaltung einer angemessenen Totenehrung und der individuellen Bestattung der Gefallenen ad absurdum führte. Eine sich bereits im 19. Jahrhundert abzeichnende, sich mit voller Wucht aber vor allem im Stellungskrieg an der Westfront offenbarende Entwicklung war der hohe Anteil von Kriegstoten, die durch den massiven Einsatz von Artilleriegranaten ums Leben gekommen waren. Noch im Deutsch-Französischen Krieg 1870/71 verstarb die Mehrzahl der Kriegstoten nicht auf dem Schlachtfeld, sondern in Folge von Wundinfektionen und Infektionskrankheiten, die durch die mangelnde Hygiene und unzureichende medizinische Behandlungsmöglichkeiten bedingt waren. Das Sterben durch Verwundung oder Krankheit endete als Tod im Lazarett. Der Leichnam war somit gewohnten Bestattungsritualen nicht entzogen, vielmehr entschied der soziale Status des Toten darüber, ob er in die Obhut der Familie überführt oder am Sterbeort begraben wurde. Die idealisierte Vorstellung vom Kriegstod als Tod auf dem »Feld der Ehre« wurde im Ersten Weltkrieg dagegen für einen Großteil der Gefallenen real, nur dass sie nicht im Angesicht des Feindes im Zweikampf niedergestreckt, sondern meist im Sperrfeuer der Geschütze im Niemandsland zerfetzt wurden. Das Massengrab, im 19. Jahrhundert

14 Vgl. *Becker*, War Memorials, S. 660 f.; *Rass/Lohmeier*, Körper, S. 284.

15 Vgl. *Capdevila/Voldman*, War Dead, S. 156; *Hettling/Echternkamp*, Heroisierung, S. 131; *Trox*, Konservatismus, S. 43 ff.; *Clark*, Preußen, S. 439 f.; *Faust*, Republic, S. 87.

noch akzeptierte Norm als Grabstätte für die Toten auf dem Schlachtfeld, wurde im Ersten Weltkrieg zum Sinnbild für das namenlose Sterben zwischen den Schützengräben. Das Grab des Unbekannten Soldaten, das nach dem Ersten Weltkrieg zum universellen Symbol für das Kriegsschicksal Hunderttausender avancierte, stand für das nicht einzulösende Versprechen der letzten Ruhestätte. Der unbekannte Eine, der ein jeder hätte sein können, unterstrich damit auch die Idee der Gleichheit aller im Tode.[16] An den Fronten selbst versuchten während des Krieges alle Armeen, der steigenden Zahl der Toten Herr zu werden und diese nicht dem Vergessen zu überlassen. Die Bestattung der Toten wurde organisiert, die Methoden zur Identifizierung der Gefallenen und Registrierung ihrer Gräber verfeinert. Architekten wurden entsandt, um Friedhöfe und Denkmäler zu planen.[17] Nach Kriegsende wurde den Kriegsgräbern im Versailler Vertrag nun auch ein eigener Abschnitt gewidmet.[18]

Die systematische Bergung von Kriegstoten und die Errichtung von dauerhaften Friedhöfen sind seit Ende des Ersten Weltkrieges zu einem festen Bestandteil des Übergangs zu einer Nachkriegsordnung geworden. Grenzübergreifend wurde nach 1918 ein normatives Verständnis für die Bestattung von Kriegstoten etabliert, das durch den Bau unzähliger Friedhöfe für die Gefallenen geprägt und völkerrechtlich kodifiziert wurde. Kriegsgräberfürsorge kann allgemein als Versuch verstanden werden, den massenhaften gewaltsamen Tod zu verarbeiten, indem versucht wurde Kompensation für gewohnte Bestattungspraktiken und Trauerrituale zu schaffen. Zugleich erzeugten die Kriegstoten öffentlichen Rechtfertigungsdruck und das Verständnis, dass es eine Verantwortung des Staates für die Gräber und die Ehrung der Gefallenen gäbe. Sowie der Staat seine Bürger zu den Waffen gerufen hatte, musste er in letzter Konsequenz auch die Verantwortung dafür übernehmen, ihre sterblichen Überreste heimzubringen oder für die Gräber zu sorgen.

In Deutschland haben die Kriegsniederlage 1918 und der republikanische Neubeginn markante Spuren bei der Entstehung und Entwicklung der Organisationsstrukturen und Praktiken der Kriegsgräberfürsorge hinterlassen. Die Kriegsgräberfrage als Regelungsgegenstand der Friedensverhandlungen nach dem Ersten Weltkrieg schuf auch einen Präzedenzfall für den Umgang mit Kriegstoten in zukünftigen Nachkriegsordnungen und unterstrich die staatliche Verantwortung für die Gräber. Unter den noch ungeordneten Bedingungen der jungen Weimarer Republik war zunächst aber völlig offen, wie dieser Verpflichtung nachgekommen werden sollte. In nur wenigen Monaten nach Kriegsende

16 Vgl. *Wittman*, Tomb; *Inglis*, Soldiers; *Koselleck*, Soldat; *Ziemann*, Nation.

17 Als Beispiele für den Einsatz von Bildhauern und Architekten bei der k. u. k. Armee und die zum Teil prägende Erfahrung des Krieges für weitere künstlerische Arbeit vgl. das Werk des österreichischen Bildhauers Anton Hanak in *Krug*, Werke, S. 281; zum Bildhauer Jan Štursa *Mašin/Honty*, Jan Štursa; zum Architekten Dušan Jurkovič siehe *Bořutová*, Architekt.

18 Der Umgang mit Kriegsgräbern wurde in den Artikeln 225 und 226 festgelegt.

schlossen sich daher an verschiedenen Orten in ganz Deutschland Menschen zu Vereinen zusammen, in die sie die Hoffnung legten, die womöglich verlorenen Gräber der Gefallenen retten und bewahren zu können. Hierzu gehörte insbesondere der 1919 gegründete Volksbund Deutsche Kriegsgräberfürsorge. Unter dem Dach dieses Vereins wurden schon bald alle bürgerlichen Aktivitäten zum Schutz der Kriegsgräber versammelt. Der Volksbund hat seitdem prägenden Einfluss auf die gesamte Kriegsgräberfürsorge und auch auf das öffentliche Kriegstotengedenken in Deutschland genommen. Gesellschaftliche Initiativen zur Pflege des Andenkens der Toten, zum Erhalt ihrer Gräber oder zur Errichtung von Denkmälern sind auch in anderen Ländern bereits seit dem 19. Jahrhundert ein bekanntes Phänomen. Wie Luc Capdevila und Danièle Voldman betont haben, stellen sie vielerorts ein gesellschaftliches Bindeglied dar, die die private und öffentliche Sphäre des Totengedenkens verbanden und die Ausformung nationaler Totenkulte vielgestaltig mitprägten.[19] Als Folge des Ersten Weltkrieges rückte die Kriegsgräberfürsorge jedoch endgültig in den Bereich der Staatsaufgaben. Für die Maßnahmen zum Erhalt der Kriegsgräber zeichnen im internationalen Vergleich überwiegend staatliche Organisationen verantwortlich. Das unterscheidet Deutschland wesentlich von anderen Ländern. Die sich aus der besonderen völkerrechtlichen Stellung des Kriegsgrabes herleitende staatliche Verantwortung für Kriegsgräber wird auch in Deutschland nicht beschnitten. Die Geschichte der Kriegsgräberfürsorge war hier jedoch von Beginn an durch ein Wechselspiel aus staatlicher und privater Beteiligung gekennzeichnet. Der Anteil des Volksbundes an der Betreuung deutscher Kriegsgräber hat sich dabei stetig erweitert und in der öffentlichen Wahrnehmung eine dominierende Stellung eingenommen. Nach dem Zweiten Weltkrieg übernahm der Verein schließlich die Kriegsgräberfürsorgetätigkeit im Auftrag der Bundesregierung vollständig. Verbunden ist diese Entwicklung mit einer bemerkenswerten Kontinuität: Der Volksbund konnte seine formale Eigenständigkeit sowohl im »Dritten Reich« behaupten, als auch seine Arbeit nach dem Zweiten Weltkrieg in den westlichen Besatzungszonen zügig wiederaufnehmen.

Der Volksbund verbindet seine Arbeit seit seiner Gründung mit dem Anspruch, eine breite gesellschaftliche Mitwirkung bei der Betreuung deutscher Kriegsgräber zu ermöglichen. Motiviert wurde diese Zielsetzung durch eine als defizitär eingeschätzte Leistungsfähigkeit staatlicher Stellen, die durch gesellschaftliches Engagement aufgefangen werden sollte. Kriegsgräberfürsorge sollte als gemeinschaftlich getragene Aufgabe unmittelbar aus dem Volk erwachsen; die Pflege der Gräber nicht in die Hände einer anonymen staatlichen Bürokratie gelegt werden. Der Volksbund verband das Ziel des Erhalts deutscher Kriegsgräber dabei auch mit der Vorstellung, dass die gemeinsame Trauer und das Gedenken der Kriegstoten eine gesellschaftlich einigende Wirkung entfalten

19 Vgl. *Capdevila/Voldman*, War Dead, S. 156.

könnte, die alle politischen und konfessionellen Gräben überbrücken würde. Diese Idee wurde nie aufgegeben und kam zu verschiedenen Zeiten in unterschiedlichen Spielarten zum Vorschein. Sie diente sowohl als Anknüpfungspunkt an die Volksgemeinschaftsideologie des Nationalsozialismus als auch bei der Wiederaufnahme der Vereinsarbeit nach dem Zweiten Weltkrieg, wo sie sich in der Bundesrepublik als ein bürgergesellschaftliches Partizipationsangebot bei der Betreuung der Kriegsgräber präsentierte.

Die parallel verlaufende Entwicklung der internationalen Anerkennung der besonderen Stellung von Kriegsgräbern, die sich in der Zwischenkriegszeit in einem Geflecht von zwischenstaatlichen Vereinbarungen, völkerrechtlichen Konventionen und dem voranschreitenden Bau von Weltkriegsfriedhöfen niederschlug, gab der kriegsgräberfürsorglichen Praxis und den sie tragenden Strukturen eine supranationale Rückbindung. Dass gerade nach 1945 in ganz Europa und Nordafrika Friedhöfe für die deutschen Kriegstoten geschaffen wurden, überrascht aus dieser Perspektive erst einmal nicht, sondern kann als eine Begleiterscheinung der Nachkriegszeit betrachtet werden.[20] Unter dem völkerrechtlichen Gebot, Kriegstote – unabhängig ob Freund oder Feind – angemessen zu bestatten, waren alle Regierungen aufgefordert, tragfähige Strukturen vorzuhalten, um die individuelle Bestattung der Kriegstoten sicherzustellen. Gesamtgesellschaftlich galt es, das Bedürfnis nach Trauer und öffentlicher Anerkennung in einen geeigneten Rahmen zu integrieren. Wie sich in diesem Zusammenhang die Herausbildung eines gesellschaftlichen Organisationsmodells in der Kriegsgräberfürsorge in Deutschland erklärt und wie dieser Vorgang den Umgang mit deutschen Kriegsgräbern beeinflusst oder gar geprägt hat, ist bisher jedoch nicht untersucht worden.

Der Volksbund als Organisation erlaubt hierzu einen vielschichtigen Zugang. Zum einen lässt sich anhand des Verhältnisses des Volksbundes zu den verantwortlichen staatlichen Stellen die strukturelle Entwicklung der Kriegsgräberfürsorge in Deutschland untersuchen. Die Stellung des Volksbundes und seine Beteiligungsmöglichkeiten haben sich seit seiner Gründung verändert. Ausgehend vom Bestreben, den Staat bei der Pflege der Kriegsgräber zu unterstützen, etablierte sich der Verein nach dem Zweiten Weltkrieg als eine Organisation, die

20 Zum Begriff und Konzept des Nachkriegs siehe *Naumann*, Frage; *ders.*, Nachkrieg; *Biess*, Introduction, S. 3 f.; *Bessel/Schumann*, Introduction, S. 2. Mit den Begriffen Nachkrieg oder *postwar* soll der Übergang von Krieg zur Friedensordnung und die dabei notwendigen gesellschaftlichen Anpassungsprozesse in international vergleichender oder transnationaler Perspektive zugänglich gemacht werden. Der Krieg hinterließ die meisten Länder mit vergleichbaren Problemen, die unabhängig von Sieg oder Niederlage bewältigt werden mussten. Diese werden jedoch in der Regel im Rahmen einer Nationalgeschichte erzählt, die meist selbst das Produkt einer spezifischen gesellschaftlichen Erinnerungskonstruktion ist, mit der die Kriegserfahrung in ein mit den sozialen und politischen Anforderungen der Nachkriegszeit konsistentes Bild überführt wurde.

im staatlichen Auftrag für die Betreuung deutscher Kriegsgräber im Ausland sorgt. Dies ist eine Entwicklung, auf die neben politische und gesellschaftliche Faktoren in Deutschland vor allem die internationalen Beziehungen der Zwischenkriegszeit entscheidenden Einfluss hatten und daher nicht erschöpfend in einem rein nationalen Rahmen erklärt werden kann. Ebenso lässt sich die Geschichte der Kriegsgräberfürsorge nach dem Zweiten Weltkrieg nur unter Einbeziehung transnationaler Entwicklungen vollständig erfassen. Wie Jörg Echternkamp und Stefan Martens betont haben, zählen Kriege und ihre Folgen zu den »inter- und transnationalen Phänomenen par excellence«, die jedoch viel zu selten als solche untersucht werden.[21] Kriegsgräberfürsorge stellt als Untersuchungsgegenstand einen idealen Anwendungsfall dar, um dieser Forderung nachzukommen.

Der Volksbund ist jedoch nicht nur als ein ausführendes Organ zu betrachten, das eine mögliche Lösung der komplexen Aufgabe darstellt, die bis heute erhaltenen 2,7 Millionen deutschen Kriegsgräber der Weltkriege im Ausland zu betreuen. Von Bedeutung ist auch seine Stellung zwischen dem Staat und den sehr unterschiedlichen privaten Interessen, die mit dem Erhalt von Kriegsgräbern verbunden werden. So erfüllt der Volksbund zum einen die Funktion eines offiziellen Gräberdienstes, zum anderen verstand er sich immer auch als Interessenvertreter und Fürsprecher in Kriegsgräberfragen. Das Verhältnis zu staatlichen Institutionen und politischen Vertretern lässt sich daher nicht einfach in Form einer hierarchischen Beziehung beschreiben. Der Einsatz für die Gräber der Gefallenen durch den Volksbund war immer auch der Versuch, Einfluss auf die spezifische Art und Weise zu nehmen, wie in Deutschland Kriegstote bestattet und erinnert werden sollten. Seine Bauten prägten maßgeblich die Gestaltung deutscher Kriegsgräberstätten und brachten diese als eigenständigen Friedhofstyp zur Geltung. Der vom Volksbund initiierte und ausgerichtete Volkstrauertag beeinflusst seit den Zwanzigerjahren Form und Ritual des öffentlichen Kriegstotengedenkens in Deutschland.

Der Bau von Friedhöfen nach dem Ersten Weltkrieg verband sich in den meisten Staaten mit einem seit dem 19. Jahrhundert entwickelten Verständnis, den militärischen Dienst zu honorieren und insbesondere den Tod auf dem Schlachtfeld zu glorifizieren. In der künstlerischen und literarischen Auseinandersetzung mit den Kriegserlebnissen traten natürlich auch kritische Positionen zur als heldenhaft verklärten Bilderwelt der Vorkriegszeit hervor. Die traumatischen Erfahrungen des Stellungskrieges wurden zu einer gewaltigen Triebkraft in der modernen Kunst. Dennoch blieben in der Zwischenkriegszeit heroische Deutungsmuster des Kriegstodes in der öffentlichen Totenehrung unabhängig von Sieg oder Niederlage meist alternativlos. In dieser Hinsicht bedeutet auch der Zweite Weltkrieg für die Siegermächte keinen Einschnitt. Die

21 *Echternkamp/Martens*, Weltkrieg, S. 5.

seit dem Ersten Weltkrieg etablierten Praktiken und entwickelten Techniken zur individuellen Bestattung Kriegstoter ließen sich auch weiterhin mit tradierten militärischen Ehrbegriffen und Opfervorstellungen in Einklang bringen. Die Herausforderung bestand vielmehr darin, die in den meisten Ländern nun auch zu beklagenden zivilen Opfer des Krieges oder der NS-Verbrechen in bestehende Deutungskategorien zu integrieren.[22] In Deutschland dagegen hinterließ die totale Niederlage im Mai 1945 die Gräber der Kriegstoten in einem sinnentleerten Vakuum. Die Einsicht, dass der heldenhafte Opfertod nicht mehr den historischen Ruhm des Vaterlandes mehren würde, sondern nur ein weiterer Schritt auf dem gemeinsamen Weg in den Untergang war, hatte sich im Krieg bereits seit dem Zusammenbruch der Ostfront angebahnt.[23] Nach Kriegsende war die Abkehr von Militarismus und Nationalsozialismus das von den Besatzungsmächten verordnete Antidot für den demokratischen Neubeginn. Die normative Distanzierung von der totalitären Herrschaft prägte über Jahrzehnte das politische Selbstverständnis der Bundesrepublik. Die immense Zahl der Kriegstoten, die nach dem Zweiten Weltkrieg noch gar nicht genau beziffert werden konnte, hinterließ aber zunächst einmal ein weitverbreitetes Bedürfnis, Auskunft über das Schicksal eines nicht heimgekehrten Angehörigen zu erlangen und im Todesfall den Ort der letzten Ruhestätte zu erfahren.[24]

Die Abwendung vom Heldenkult der NS-Zeit bedeutete damit auch, dass jenseits der privaten Trauer Formen und Rituale des öffentlichen Gedenkens erst gefunden werden mussten, die die Kriegserlebnisse und den Kriegstod sinnvoll in die Nachkriegsordnung überführten. Der Volksbund wirkte an diesem Prozess aktiv mit. Er bot einerseits praktische Hilfestellung bei der Suche nach Kriegsgräbern, der Bestattung der Toten und der Neuordnung des Kriegsgräberfürsorgewesens insgesamt. Er setzte sich auch für die Wiedereinführung des Volkstrauertages als Gedenktag für die Kriegstoten ein. Die weitreichende Übernahme der Kriegsgräberfürsorge durch den Verein nach dem Zweiten Weltkrieg bedeutet, dass damit eine Organisation die Betreuung der Gräber der Wehrmacht übernahm, die von ihrem Selbstverständnis her in den Traditionen der militärischen Totenehrung des Ersten Weltkriegs stand und durch eigene Bauprojekte im Ausland seit den späten Zwanzigerjahren, vor allem aber in der NS-Zeit in Erscheinung getreten war. Sollte Kriegsgräberfürsorge mehr sein als eine letzte humanitäre Geste gegenüber den Toten und im Dienste der Hinterbliebenen, mussten neue Deutungsangebote gefunden werden, die den dauerhaften Erhalt der Gräber in der vom Volksbund propagierten Form, der Kriegsgräberstätte, begründeten und diese in die Praxis des öffentlichen

22 Vgl. *Bessel/Schumann*, Introduction, S. 4.
23 Vgl. *Frevert*, Herren, S. 342.
24 Zum Zusammenhang von Vermisstensuche, Schicksalsklärung und Kriegsgräberfürsorge vgl. *Overmans*, Verluste, S. 94–96.

Gedenkens an die Kriegstoten miteinbezogen. Der Anspruch einer breiten gesellschaftlichen Verankerung und Repräsentativität sowie der staatliche Auftrag machten es dabei notwendig, allgemein akzeptierte Formen der Totenehrung anzustreben, die den Verein seines politischen Rückhalts und der Unterstützung durch Mitglieder und Spender nicht beraubten. Das dauerhafte Ruherecht, das nach einer beständigen und fortlaufend zu pflegenden Grabstätte verlangt, war und ist zudem immer den Dynamiken der Konflikte und Debatten um eine angemessene Erinnerung der Kriege und ihrer Toten ausgesetzt. Durch den grenzübergreifenden Charakter, den die Kriegsgräberfürsorge in Deutschland besitzt, musste dabei die innerdeutsche Verständigung über die eigene Vergangenheit in Dialog mit der kollektiven Erinnerung an Krieg und Gewalterfahrung anderer Gesellschaften treten.

Eine Untersuchung der Entwicklung der Kriegsgräberfürsorge in Deutschland und ihrer wichtigsten Trägerorganisation, des Volksbundes Deutsche Kriegsgräberfürsorge, ermöglicht es, über die Betrachtung der organisatorisch-technischen Abläufe hinaus, Einblick zu gewinnen, wie sich Einstellungen gegenüber dem Kriegstod langfristig gewandelt und gerade im Wechselspiel zwischen normativpolitischen Vorgaben, sozialen Interessenlagen und persönlichen, vor allem emotionalen Bedürfnissen entwickelt haben. Koselleck hat geschrieben, dass die Gewalterfahrungen der beiden Weltkriege letztendlich zu einer künstlerischen »Sprachlosigkeit« geführt hätten, die das Ende des Denkmalkultes des 19. Jahrhunderts und der Zwischenkriegszeit bedinge.[25] Die Überlebenden waren außerstande, mit der überkommenen Formensprache einer vergangenen Epoche dem Sterben noch einen höheren Sinn einzuhauchen. Was sich als ästhetisches Dilemma beschreiben lässt, darf nicht darüber hinwegtäuschen, dass trotz aller Sprachlosigkeit Millionen Menschen auf Antworten drängten. Die Bestattung der Kriegstoten und die Errichtung von Kriegsgräberstätten erreichten vor allem in den ersten beiden Jahrzehnten der Bundesrepublik einen Höhepunkt und waren hinsichtlich ihrer quantitativen Ausmaße umfangreicher als das, was Deutschland oder auch andere Staaten nach dem Ersten Weltkrieg erlebt hatten. Es ist zwar vielfach formuliert worden, dass sich das Gedenken an die Kriegstoten nach 1945 nicht mehr im Rahmen eines staatlichen Gefallenenkultes vollzogen habe, sondern sich nur noch im betretenen Schweigen zur Erinnerung der Opfer des Krieges äußern konnte.[26] Der »Bruch mit dem üblichen Code des Gedenkens«[27] führte allerdings nicht dazu, dass sich alle etablierten

25 *Koselleck*, Einleitung, S. 20.

26 Vgl. *Mosse*, Vaterland, S. 268.

27 Young versteht hierunter, dass staatlich getragene Gedenkstätten, die an nationales Martyrium oder den Ruhm großer Taten zu Ehren der Nation erinnern, wie sie in vielen Ländern üblich sind und der staatlichen Legitimation dienen, in Deutschland unmöglich sind, weil hier die Täter ihrer eigenen Opfer gedenken, sich aus einem Verbrechen aber keine positive Sinnstiftung ableiten lässt. *Young*, Dilemma, S. 80 f.

Traditionen und Formen der öffentlichen Totenehrung nach 1945 in Deutschland in Luft auflösten. Gerade der Bereich der Kriegsgräberfürsorge zeigt, dass das Verantwortungsverhältnis zwischen Staat und seinen gefallenen Bürgern auch weiterhin Bestand hatte, auch wenn sich aus ihm kein staatstragender Sinn mehr ableiten ließ. Die besonderen Weichenstellungen, die in der Entwicklung der Kriegsgräberfürsorge in Deutschland bereits nach dem Ersten Weltkrieg vollzogen wurden, bedingen aber, dass sich der Umgang mit Kriegstoten eben nicht im Verständnis einer ausschließlich staatlichen Memorialpolitik erfassen lässt, sondern gerade nach dem Zweiten Weltkrieg in geteilter Verantwortung zwischen Staat und dem Volksbund als organisiertem gesellschaftlichem Interessenverband hervortritt.

Wie inzwischen vielfach herausgearbeitet wurde, ist das offizielle Kriegstotengedenken der Bundesrepublik von einer Abkehr vom heroischen Opferbegriff der Vorkriegszeit gekennzeichnet. Dies ist der eigentliche zentrale Bruch, der die öffentliche Totenehrung nach dem Zweiten Weltkrieg in Deutschland kennzeichnet. Der Begriff des Opfers wurde nun ausschließlich im Sinne des Victimas verstanden, das an die Stelle des Sacrificiums trat.[28] Das neuartige Verständnis des Kriegsopfers als Opfer des Krieges ermöglichte den Einschluss höchst divergenter Kriegs- und Gewalterfahrungen innerhalb eines gemeinsamen Opfergedenkens.[29] Goschler hat darauf hingewiesen, dass sich im Hinblick auf die Frage, wer eigentlich in das Gedenken miteinbezogen wird, für die Bundesrepublik zwei Opfermodelle nachweisen lassen, die immer parallel existierten, jedoch im zeitlichen Verlauf unterschiedlich stark zum Vorschein traten. Das »integrationistische Opfermodell«, das vor allem das staatliche Opfergedenken prägt und auf eine Gleichbehandlung aller Toten unter Ausblendung der Todesumstände hinausläuft, steht einem »partikularistischen Opfermodell« gegenüber, das für spezifische Opfergruppen kennzeichnend ist und gerade die Besonderheiten der jeweiligen Opferrolle akzentuiert.[30] Die Selbstinszenierung als Opfer diente dabei nicht allein der moralischen Anerkennung, sondern bekam in der Nachkriegszeit zugleich Bedeutung bei sozialpolitischen Verteilungskämpfen bis hin zu der Abwendung und Revision rechtlicher Sanktionen, die von den Besatzungsmächten zum Beispiel gegen NS-belastete Personen verhängt worden waren. Diese Zusammenhänge und ihr Einfluss auf die politische Systemstabilität der jungen Bundesrepublik wurden von Norbert Frei mit dem Begriff der »Vergangenheitspolitik« beschrieben.[31] Verschiedene Einzelstudien der letzten

28 Vgl. *Spaemann*, Bemerkungen, S. 12; *Münkler/Fischer*, Nothing to kill or die for; *Assmann*, Schatten, S. 73; aus der Genese des Gefallenengedenkens in Deutschland historisch herleitend siehe *Hettling/Echternkamp*, Heroisierung, S. 134–142.

29 Vgl. zum langfristigen Wandel des Opferbegriffes *Goltermann*, Opfer.

30 Vgl. *Goschler*, Versöhnung, S. 874 ff.

31 *Frei*, Vergangenheitspolitik; vgl. außerdem *Moeller*, War Stories.

Jahre haben darüber hinaus die spezifischen Opfergruppen sowie ihre Organisationen oder Erinnerungspraktiken in den Blick genommen. Vertriebenenverbände, ehemalige Kriegsgefangene oder die zahlreichen in den Fünfzigerjahren gegründeten Vereine und Kameradschaftszirkel der ehemaligen Wehrmacht bis hin zu den Veteranen der SS beeinflussten auf unterschiedliche Weise die Nachkriegspolitik der Bundesrepublik und den Erinnerungsdiskurs.[32]

Thomas Kühne hat aufgezeigt, dass die Deutungshoheit über die militärische Kriegserinnerung in den Fünfziger- und Sechzigerjahren stark von den organisierten Veteranen beansprucht wurde. Im Umfeld der militärischen Traditionsverbände blieben heroische bis hin zu kriegsverherrlichende Erzählungen der gemeinsamen Erlebnisse im Kreis der Kameraden salonfähig, wogegen öffentlich vor allem die individuelle Leiderfahrung des Soldaten im Krieg herausgestellt wurde.[33] Das Gedenken an die Gefallenen oder auch gemeinschaftliche Reisen zu den Gräbern zählten dabei zu den Praktiken, die die gemeinsame Erinnerung an den Krieg stützten und mit konkreten gegenwartsbezogenen Handlungen verknüpften.[34]

Die Bestattung der Kriegstoten und der Erhalt der Kriegsgräber kann nicht isoliert von diesen Erinnerungskonflikten der bundesrepublikanischen Nachkriegsgeschichte betrachtet werden. Denn für die praktische Kriegsgräberfürsorge war die Frage, wie der Erhalt der deutschen Kriegsgräber angesichts der deutschen Verantwortung für den Zweiten Weltkrieg und die dort verübten Verbrechen gerechtfertigt werden kann, wenn man sich nicht mehr auf die traditionellen Begründungsmuster der militärischen Ehre und des Opfertodes berufen konnte und zugleich Kriegsgräberfürsorge mehr darstellen sollte als eine rein humanitäre Geste, ein konkretes Problem. Im Gegensatz zu den zahlreichen Veteranenvereinigungen, die zumindest innerhalb ihrer Netzwerke so lange ein verklärtes Bild der Wehrmacht aufrechterhalten konnten, bis ein Großteil der Vereinigungen mit der Zeit »ausstarben«, musste der Volksbund einmal wegen seines politischen Auftrages, zum anderen wegen seines umfassenden gesamt-

32 Vgl. u.a. zum Verband der Heimkehrer, Kriegsgefangenen und Vermißtenangehörigen (VdH) *Schwelling*, Heimkehr; zur Reintegration heimkehrender Kriegsgefangener in vergleichender gesamtdeutscher Perspektive vgl. *Biess*, Homecomings; zu den Denkmalssetzungen der Vertriebenenverbände siehe *Scholz*, Vertriebenendenkmäler, sowie komprimierter *ders.*, Denkmäler; zur Veteranenkultur siehe *Kühne*, Vernichtungskrieg; *ders.* Kameradschaft; *Echternkamp*, Krieg; speziell zu den früheren Angehörigen der SS siehe *Wilke*, Hilfsgemeinschaft; *ders.*, Veteranen; *ders.*, Truppenkameradschaft.

33 Zu ähnlichen Ergebnissen kommt Hettiger der, gestützt auf Textanalysen, ebenfalls eine »diffuse« Verwendung des Opferbegriffes in Periodika von Veteranenvereinigungen feststellt. In Kameradschaftskreisen vollzog sich demnach die Aufgabe eines heroischen Opferverständnisses zu Gunsten eines passiven Opferbegriffes zeitlich verzögert, wodurch die Veteranen in Widerspruch zum gesellschaftlichen common sense gerieten. Vgl. *Hettiger*, Erinnerung, S. 80ff.

34 Vgl. *Kühne*, Vernichtungskrieg, S. 94–100.

gesellschaftlichen Anspruches eine Haltung gegenüber den Kriegstoten finden, die auf breite öffentliche Akzeptanz stieß.

Das Gedenken an die Kriegstoten im Rahmen des vom Volksbund ins Leben gerufenen Volkstrauertages ist in einer von Alexandra Kaiser vorgelegten Arbeit detailliert untersucht worden.[35] Kaiser, wie auch andere Autoren, zeigen, dass im Mittelpunkt des Gedenkens am Volkstrauertag vor allem in den Fünfzigerjahren in Anknüpfung an Traditionen der Zwischenkriegszeit noch die Gefallenen standen und schrittweise durch politischen Druck ein ritualisiertes Totengedenken etabliert wurde, das es ermöglichte, verschiedene Opfergruppen einzubeziehen.[36] Häufig wird dem Volksbund eine Nähe vor allem zu Veteranen und Vertriebenenverbänden bescheinigt und die Neigung zu einem tendenziell revisionistischen Geschichtsbild unterstellt.[37] In Folge des gesellschaftlichen Wandels und der kritischen Auseinandersetzung mit der deutschen Vergangenheit verlor der Volkstrauertag zudem seit den Siebzigerjahren an öffentlicher Bedeutung und Aufmerksamkeit. Diese Entwicklungen sind bisher jedoch nicht in direktem Zusammenhang mit der Organisationsgeschichte des Volksbundes, seiner besonderen Stellung zwischen staatlichem Auftrag und breiter gesellschaftlicher Einbindung als Verein sowie seinem primären Aufgabenfeld, der Kriegsgräberfürsorge, betrachtet worden. Die Gedenkpraxis am Volkstrauertag wird vor allem aus dem Blickwinkel der deutschen Erinnerungsproblematik betrachtet und bewertet, wobei das Ergebnis des langwierigen Prozesses, die Opfer der NS-Verbrechen als gleichwertig in das Gedenken miteinzubeziehen und ihnen letztendlich sogar einen gegenüber den Kriegstoten herausgehobenen Stellenwert einzuräumen, als universeller normativer Anspruch auch auf die frühe Bundesrepublik rückprojiziert wird. Die Fokussierung des Volksbundes auf die militärischen Toten erscheint dadurch als bewusste Ausgrenzung der »eigentlichen Opfer«, der ein strategisches geschichtspolitisches Kalkül unterstellt wird oder auch als Indikator für eine politisch rechte Grundhaltung steht. Die lange historische Tradition des Kriegstotengedenkens in Deutschland seit den Befreiungskriegen sowie die unmittelbare Verbindung der Gedenkpraxis mit der Hauptaufgabe des Vereins, der Erhalt von Kriegsgräbern, wird dabei übersehen.

Die Selbstwahrnehmung der deutschen Nachkriegsgesellschaft als Opfer des Krieges und der NS-Führung sowie Viktimisierungsstrategien bei sozialpolitischen Verteilungskämpfen sind für die deutsche Nachkriegsgeschichte ein vielfach beschriebenes Thema.[38] Gesamtdarstellungen zur Geschichte der

35 *Kaiser*, Helden; für eine rechtsgeschichtliche Untersuchung des Volkstrauertages als Gedenktag in der Weimarer Republik, im NS und der Bundesrepublik siehe *Petersen*, Geschichte.

36 Vgl. *Hausen*, Volkstrauertag, S. 321 ff.

37 Für kritische Positionen zum Volksbund siehe etwa *Wittig*, Tod; *Lurz*, Heimat.

38 Vgl. *Frei*, Vergangenheitspolitik; *Goschler*, Wiedergutmachung; *Diehl*, Thanks; *Moeller*, War Stories.

Bundesrepublik verorten diese Vorgänge im größeren Zusammenhang als Transformationsprozess innerhalb einer Gesellschaft, die als demokratisches und pluralistisches Gemeinwesen noch nicht gefestigt war und unter der Bedingung der deutschen Teilung ihren Platz unter den westlichen Staaten erst finden musste. Dabei sind verschiedene Angebote gemacht worden, wie Prozesse und Erscheinungsformen des vielfältigen gesellschaftlichen und politischen Wertewandels nach dem Zweiten Weltkrieg analytisch zugänglich gemacht werden können, ohne sich dabei dem Erzählmuster einer politischen Erfolgsgeschichte unterwerfen zu müssen. Konrad Jarausch hat in Anlehnung an eine von Jürgen Kocka vorgeschlagene Zivilgesellschaftsdefinition die Abkehr von autoritären Staatsvorstellungen und die gesellschaftliche und politische Pluralisierung als kollektiven Lernprozess unter dem Begriff der (Re-)Zivilisierung beschrieben.[39] Ähnlich argumentiert auch Ulrich Herbert, der mit dem Leitbegriff der Liberalisierung einen integrativen Rahmen bereitstellt, der Veränderungen in sehr verschiedenen gesellschaftlichen Bereichen seit Ende der Fünfzigerjahre deutlich werden lässt.[40] Indem die als Prozesse der Zivilisierung bzw. Liberalisierung untersuchten Vorgänge an definitorische Merkmale gängiger Zivilgesellschaftskonzepte geknüpft werden, lassen sie sich innerhalb des gesellschaftlichen Wandels westlicher Industriegesellschaften in der zweiten Hälfte des 20. Jahrhunderts insgesamt verorten, ohne einem linearen modernisierungstheoretischem Erfolgsmodell folgen zu müssen.

Tradierte Formen der militärischen Totenehrung in die Bundesrepublik überführen zu wollen, sollte nicht einfach als ein letztes »Nachbeben« des NS-Totenkultes abgetan werden. Der Aufbau von Strukturen zur Wahrung des staatlichen Fürsorgegebotes für Kriegsgräber und die Einbettung der Kriegsgräberfürsorgepraxis in den fragilen Rahmen des öffentlichen Totengedenkens müssen dabei selbst innerhalb der Übergangsprozesse der bundesdeutschen Nachkriegsgesellschaft untersucht werden. Eine reine gedenkpolitische Defizitanalyse mit den moralischen Wertmaßstäben der Gegenwart hilft hierbei jedoch nicht weiter. Anhand der Geschichte der Kriegsgräberfürsorge lässt sich dagegen der Einstellungswandel gegenüber militärischen Gedenkformen unter den Bedingungen der sich verändernden öffentlichen Wahrnehmung des gewaltsamen Todes im Zusammenspiel von Politik und Verwaltung, zivilgesellschaftlicher Trägerorganisation und Öffentlichkeit im langen Bogen betrachten.

39 Vgl. *Jarausch*, Umkehr, S. 20–30. In Bezug auf den Begriff Zivilgesellschaft verweist Jarausch auf ältere Überlegungen Kockas, die in späteren Texten noch systematisch differenzierter dargelegt werden. Siehe hierzu *Kocka*, Zivilgesellschaft, S. 32–34. Kocka unterscheidet zwischen drei inhaltlichen Dimensionen: Erstens lässt sich bereichslogisch Zivilgesellschaft in Abgrenzung von Staat und Markt verstehen, zweitens handlungslogisch als gemeinwohlorientierte Form des öffentlichen, selbstorganisierten, friedfertigen sozialen Handelns und drittens als gesellschaftliche Zielutopie mit normativem Anspruch.

40 Vgl. *Herbert*, Liberalisierung, S. 12 ff.

Der Volksbund entwickelte durch sein Wirken in der Zwischenkriegszeit eigene Traditionen, die sich nicht allein im öffentlichen Kriegstotengedenken äußern, sondern gerade in seiner Bautätigkeit sichtbar werden. Die dabei erworbenen planerischen Kompetenzen bei der Bestattung von Kriegstoten erhielten nach dem Zweiten Weltkrieg enorme Relevanz, die Symbolik und Formensprache der Kriegsgräberstätten gerieten jedoch zugleich unter einen völlig anderen politischen Anspruch. Die Geschichte der Kriegsgräberfürsorge mit dem Volksbund als Trägerorganisation im Mittelpunkt kann als kommunikativer Prozess verstanden werden, bei dem eine Verständigung über die Erinnerung an die Toten der Kriege und Gewaltverbrechen des 20. Jahrhunderts und den Umgang mit ihren Grabstätten zwischen staatlichen Vorgaben und normativen politischen Setzungen einerseits, und verschiedenen gesellschaftlichen Interessen andererseits immer wieder ausgehandelt werden musste.

Die Geschichte des Volksbundes als Organisation wie auch die Hintergründe seiner praktischen Arbeit, insbesondere im Ausland, sind bisher allerdings kaum untersucht worden. Neben den bereits genannten Arbeiten zum Volkstrauertag findet sich zur Vereinsgeschichte lediglich ein Aufsatz von Johann Zilien, der die Gründung des Volksbundes in der Weimarer Republik behandelt.[41] Kriegsgräberfürsorge als eigenständiges Thema hat dagegen in der deutschen Forschung lange Zeit wenig Aufmerksamkeit erfahren. Inzwischen hat der Volksbund Deutsche Kriegsgräberfürsorge vor dem Hintergrund seines 2019 anstehenden hundertjährigen Bestehens selbst ein Forschungsprojekt zu seiner Vereinsgeschichte angestoßen, dessen Ergebnisse voraussichtlich im Jubiläumsjahr vorliegen werden. Verstärktes Interesse haben in den letzten Jahren Kriegsgräberstätten als Gegenstand kunst- und architekturgeschichtlicher Untersuchungen auf sich gezogen. Es ist vor allem das Verdienst von Christian Fuhrmeister und Kai Kappel, die durch ein internationales Forschungskolloquium eine Reihe von Fallstudien zu militärischen Friedhöfen in ganz Europa angestoßen haben, wodurch ein grundlegender Überblick zu diesem Thema vorliegt und auch internationale Vergleiche ermöglicht werden.[42] Für die Geschichte des Volksbundes insbesondere relevant sind die ebenfalls von Fuhrmeister vorgelegten Studien zum Werk Robert Tischlers, der von seinem Münchener Büro aus die Bauten des Volksbundes zwischen 1926 und 1959 maßgeblich prägte und die Kriegsgräberstätte als eigenständige Form des Friedhofes etablierte.[43] Vor allem Tischlers monumentale Entwürfe, die unter der schon zeitgenössischen Bezeichnung als »Totenburgen« bekannt wurden, sorgten durch ihre eigentümliche Gestaltung

41 Vgl. *Zilien*, Volksbund.

42 Die Beiträge wurden als Sonderausgabe des RIHA Journals 2017 veröffentlicht. Siehe *Fuhrmeister/Kappel*, War Graves.

43 Vgl. *Kuberek*, Kriegsgräberstätten; *Fuhrmeister*, Klatschmohn; *ders.*, Memorialarchitektur; *Freytag*, Soldatenfriedhöfe; *Brands*, Bekenntnisse; *ders.*, World War I.

für Aufsehen. Spätere deutsche Friedhofsprojekte wurden dagegen nur vereinzelt untersucht. Zu nennen ist etwa die international beachtete Kriegsgräberstätte Futa-Pass in Italien. Sie wird in den vorliegenden Studien allerdings innerhalb des Oeuvres des verantwortlich zeichnenden Architekten Dieter Oesterlen verortet und nicht in einen allgemeinen Zusammenhang mit der Bestattung von Kriegstoten nach dem Zweiten Weltkrieg gestellt.[44]

Die immer wieder betonte globale Qualität des öffentlichen militärischen Totengedenkens, die sich bei der Entstehung von modernen Nationalstaaten und Wehrpflichtigenarmeen im 19. und 20. Jahrhundert in allen Teilen der Welt offenbart, jedoch spezifische Formen des Gedenkens innerhalb des nationalstaatlichen Rahmens hervorbrachte, hat zur Folge, dass das eng verwandte internationale Phänomen Kriegsgräberfürsorge zumeist innerhalb der etablierten historiographischen Traditionen der jeweiligen Nationalgeschichte behandelt wird.[45] Daraus ergibt sich ein eher verzerrtes Bild in der internationalen Forschungslandschaft zum Umgang mit Kriegstoten und Kriegsgräbern. Es dominieren vor allem Arbeiten zum Ersten Weltkrieg, die in erster Linie die Erfahrungen der Alliierten an der Westfront widerspiegeln. Auch die globalgeschichtlich inspirierte Arbeit von Capdevila und Voldman, die sich explizit dem Umgang mit den Körpern der Kriegstoten im 19. und 20. Jahrhundert widmet, hat eine deutliche Schlagseite nach Westen.[46] Vor einer Tendenz zur Verallgemeinerung der Vorstellung vom Stellungskrieg und Grabenkampf als typisches Bild des Ersten Weltkrieges hat Maria Bucur gewarnt, die in einer Arbeit über Kriegstod und Gefallenenkult in Rumänien auf die grundsätzlich andersgeartete Kriegserfahrung in Osteuropa hingewiesen hat, die auch Folgen für die Kriegsgräberfürsorge an der ehemaligen Ostfront nach sich zog.[47] Somit liegen zwar eine ganze Reihe internationaler Studien vor, die für eine breitere Einbettung und Kontextualisierung herangezogen werden können. Die besondere Situa-

44 Vgl. *Collotti*, Paesaggio; *Schmedding*, Dieter Oesterlen; *Weilacher*, Gärten, S. 126ff.

45 Für einen international breit angelegten Vergleich zum militärischen Totengedenken in verschiedenen Ländern siehe *Hettling/Echternkamp*, Gefallenengedenken.

46 Vgl. *Capdevila/Voldman*, War Dead; *Winter*, Sites; *Sherman*, Construction; *ders.*, Bodies; *Laqueur*, Memory; *Becker*, Monuments; *dies.*, Death; *dies./Audoin-Rouzeau*, Corps, sowie die daran anschließenden Beiträge; im Hinblick auf die australischen Kriegsgräber im Ersten Weltkrieg *Ziino*, Grief; bezugnehmend auf die einflussreiche Arbeit Winters, aber mit einem explizit nicht westeuropäischen Fall siehe zu Serbien *Bokovoy*, Graves; zu Großbritannien und den USA liegen außerdem verschiedene Schriften zu Organisationswesen und Praxis der militärischen Gräberfürsorge nach beiden Weltkriegen vor. Siehe zur IWGC *Ware*, Heritage; *Longworth*, Vigil; *Crane*, Empires; zu den USA *Steere*, Graves; *ders./Broadman*, Disposition; *Dickon*, Burial; *Sledge*, Soldier; *Piehler*, War Dead; außerdem zu den USA: zum Bürgerkrieg *Faust*, Republic; zum Gefallenengedenken nach dem Vietnamkrieg *Hass*, Wall; *Sturken*, Wall; Für ein nicht-westliches Beispiel siehe zum Gefallenengedenken in Japan *Schölz*, Die Gefallenen.

47 *Bucur*, Heroes, S. 50f.

tion der deutschen Kriegsgräber (Kriegsniederlage und politischer Systemwechsel, Verbleib eines Großteils der Kriegsgräber im Ausland, Entstehung eines zivilgesellschaftlich getragenen Organisationsmodells) erfassen sie aber nicht. Bucurs Hinweis auf die blinden Flecken, die die einseitige Thematisierung der Kriegserlebnisse an der Westfront hinterlassen hat, lassen sich für die Zeit nach 1945 auch auf die neutralen Staaten Westeuropas erweitern, die während des Ersten Weltkriegs keine Toten zu beklagen hatten, im Zweiten Weltkrieg jedoch unter deutsche Besatzung gerieten und infolgedessen Formen einer öffentlichen Kriegsgräberfürsorge erst entwickeln mussten. Diese konnten sich nicht mehr am Muster der Bergung der Toten nach einer offenen Feldschlacht orientieren, sondern mussten vielmehr Besatzungsherrschaft, Widerstandshandlungen und Deportation reflektieren.[48]

Im Unterschied zur Erinnerung und zum Gedenken an die Kriegsopfer, das sich im nationalstaatlichen Rahmen vollzieht, bringt die grenzübergreifende Suche nach Kriegstoten und die Frage nach dem Umgang mit ihren Gräbern unweigerlich die das jeweilige nationale Gedächtnis stützenden Narrative miteinander in Berührung. Auch wenn dies vornehmlich eine Arbeit über die Geschichte der deutschen Kriegsgräberfürsorge ist, so bedeutet die Einbeziehung entsprechender Entwicklungen in anderen Staaten nicht nur das Schließen einer Lücke in der internationalen Forschung, sondern verzahnt diese zu einem gewissen Anteil miteinander.

Das bisher geringe Forschungsinteresse, das dem Thema Kriegsgräberfürsorge gewidmet wurde sowie die bisher nicht vollständig aufgearbeitete Geschichte des Volksbund als Trägerorganisation sind auch bedingt durch eine schwierige Quellenlage. In der in Kassel ansässigen Bundesgeschäftsstelle des Volksbundes werden erhaltene Unterlagen inzwischen archivalisch erschlossen und für Forschungszwecke zugänglich gemacht. Hierbei handelt es sich überwiegend um Dokumente aus der Zeit nach dem Zweiten Weltkrieg. Sie liefern einen Einblick in die Neuordnung der Vereinstätigkeit nach dem Zweiten Weltkrieg, in Planung und Durchführung der praktischen Kriegsgräberfürsorge sowie über die Hintergründe der hierzu notwendigen Verhandlungen und Zusammenarbeit mit staatlichen Stellen aus Sicht des Vereins. Sie können dabei jedoch nicht als lückenlos gelten, so fehlen etwa die Unterlagen der früheren Münchener Bauabteilung, die Ende der Sechzigerjahre aufgelöst wurde. Die Vereins-

48 Unterschiedliche nationale Erinnerungsdiskurse sind in den letzten Jahren ausführlich untersucht und auch in international vergleichender Perspektive thematisiert worden. Auch wenn der spezielle Fall der Kriegsgräberfürsorge hierbei in der Regel nicht behandelt wurde, lässt sich die Frage nach dem Umgang mit Kriegstoten in einen erweiterten Forschungskontext einbetten. Vgl. u. a. zu Skandinavien *Bohn*, Vergangenheitspolitik; *Zägel/Steinweg*, Vergangenheitsdiskurse; zu Frankreich, Belgien und den Niederlanden *Lagrou*, Victims; außerdem *Cornelißen*, Erinnerungskulturen; *Bauerkämper*, Gedächtnis; *Echternkamp/Martens*, Zweiter Weltkrieg.

aktivitäten für die Zeit vor dem Zweiten Weltkrieg lassen sich auf Grundlage des hier überlieferten Quellenmaterials nicht befriedigend erschließen, weil die ehemalige Berliner Geschäftsstelle des Volksbundes 1945 durch einen Bombentreffer zerstört wurde. Durch die Kriegsschäden und Verlagerung der Bundesgeschäftsstelle in die westlichen Besatzungszonen nach Kriegsende sind viele Unterlagen unwiederbringlich verloren. Ergänzend zu den erhaltenen Schriftwechseln und Dokumenten im Archiv des Volksbundes, in denen die tagtägliche Arbeit der hauptamtlichen Mitarbeiter zum Ausdruck kommt, konnte auf veröffentlichte Vorstandsberichte sowie in der Bundesgeschäftsstelle verwahrte Sitzungsprotokolle des Vereinspräsidiums und Vorstandes des Untersuchungszeitraumes zurückgegriffen werden, die stärker die Entwicklung des Vereins insgesamt und Entscheidungsfindungsprozesse in seinen führenden Gremien abbilden.

Als einzige vollständig erhaltene Quelle ist die Vereinszeitschrift des Volksbundes zu nennen, die unter dem Titel »Kriegsgräberfürsorge« ab 1921 fortlaufend erschien und deren Erscheinen nur zwischen 1945 und 1948 ausgesetzt werden musste. Sie wurde in einer vollständig digitalisierten Fassung zur Auswertung vom Volksbund zur Verfügung gestellt. Die »Kriegsgräberfürsorge« liefert wertvolle Hinweise über die Entwicklung der Arbeit des Volksbundes und über deren Selbstdarstellung gegenüber Mitgliedern und interessierter Öffentlichkeit sowie über Verbandsinterna. Die Vereinszeitschrift war sowohl ein Kommunikationsmedium zur Vermittlung zwischen Bundesgeschäftsstelle und nachgeordneten Vereinsgliederungen als auch zwischen dem Volksbund als Gesamtorganisation und dem einfachen Mitglied. Umfang, Inhalt und Periodizität der Zeitschrift haben sich im Verlauf der Zeit immer wieder verändert. Sie reichen von monatlichen Erscheinungszyklen mit einem geringen Umfang von acht Seiten bis hin zu vierteljährlichen Ausgaben mit dreißig bis vierzig Seiten. Die redaktionelle Arbeit der Schriftleitung in der Bundesgeschäftsstelle zeigt frühzeitig professionelle Züge. Drucktechnisch bewegte sich das Vereinsblatt immer auf Höhe der Zeit, so dass sich bereits für die ersten umfangreichen Bauprojekte des Volksbundes in den Zwanziger- und Dreißigerjahren auch Abbildungen von Entwürfen, Bauplänen und Fotografien der Kriegsgräberstätten finden.

Aus dem Ersten Weltkrieg sind außerdem verschiedene Druckschriften, wie etwa die Zeitschrift »Krieger-Ehrungen«[49], erhalten, in denen Entwürfe und konzeptionelle Fragen zur Grab- und Friedhofsgestaltung dargelegt werden. Sie geben einen Einblick in die geführten Debatten über den Umgang mit deutschen Kriegsgräbern während des Krieges. Durch das Kriegsende erschien eine Umsetzung der dort entwickelten Idee zunächst fraglich, was eine wesentliche

49 Krieger-Ehrungen, hg. unter Mitwirkung der amtlichen Beratungsstellen für Krieger-Ehrungen, vom Bund Deutscher Gelehrter und Künstler und dem Deutschen Bund Heimatschutz, Nr. 1–12 (1917–1919).

Motivationsquelle zur Gründung privater Initiativen zum Schutz der Gräber wurde.

Das umfangreichste amtliche Aktenmaterial ist in den Beständen des Politischen Archives des Auswärtigen Amtes überliefert. Es umfasst alle einschlägigen Vorgänge zur Kriegsgräberfürsorge im Ausland und zur Zusammenarbeit mit dem Volksbund. Die Zuständigkeit innerhalb des Auswärtigen Amtes für Kriegsgräberfürsorge lag bis Anfang der Siebzigerjahre bei der Kulturabteilung und ging dann an die Rechtsabteilung über. Die überlieferten Dokumente ergänzen die aus dem Archiv des Volksbundes bekannten Vorgänge und erweitern den Blick auch auf den Schriftverkehr mit weiteren Ministerien sowie die diplomatische Kommunikation mit deutschen Auslandsvertretungen und ausländischen Stellen. Sie dokumentieren die gesamte Entwicklung der deutschen Kriegsgräberfürsorge im Ausland in verschiedenen Teilen der Welt seit den Fünfzigerjahren, von den notwendigen diplomatischen Verhandlungen zum Abschluss bilateraler Vereinbarungen bis hin zur technischen Durchführung der Maßnahmen durch den Volksbund. Sie geben zugleich aber auch Einblick über die strukturelle Entwicklung der Kriegsgräberfürsorge zwischen staatlicher Verantwortung und zivilgesellschaftlicher Aufgabenwahrnehmung und die sich hierbei vollziehenden Konflikte und Aushandlungsprozesse. Hierzu werden außerdem Akten weiterer mit Kriegsgräberfragen in Berührung stehender Ministerien aus dem Bundesarchiv herangezogen.

Einschlägig für die rechtlichen wie auch gedenkpolitischen Aspekte sind darunter insbesondere Akten aus der Überlieferung des Bundesministeriums des Innern und des Bundespräsidialamtes. Die sich in internationalen Verträgen abzeichnende völkerrechtliche Dimension der Kriegsgräberfürsorge findet ihre nationale Entsprechung im rechtlichen Rahmen, den das in der Geschichte der Bundesrepublik mehrfach überarbeitete (Kriegs-)Gräbergesetz setzt. Die wichtigste Änderung ist dabei die 1965 beschlossene Reform, die die Gräber verschiedener ziviler Opfergruppen gemeinsam mit den Kriegsgräbern der Regelungskompetenz des Bundes unterwarf. Der hierbei auch rechtlich fundierte inklusive Opferbegriff, der auch das öffentliche Totengedenken der Bundesrepublik kennzeichnet, stellt eine direkte Verbindung zur kriegsgräberfürsorglichen Praxis her.

Die erwähnten Verluste, die das zugängliche Quellenmaterial der Zwischenkriegszeit betreffen, erstrecken sich über den Volksbund hinaus auch auf das staatlicherseits nach dem Ersten Weltkrieg eingerichtete Zentralnachweiseamt für Kriegerverluste und Kriegergräber (ZAK). Hinweise zur Gründung des Volksbundes und zur Entwicklung behördlicher Strukturen in der Kriegsgräberfürsorge nach dem Ersten Weltkrieg sind nur bruchstückhaft in verschiedenen Archiven nachgewiesen, lassen es aber dennoch zu, ein zusammenhängendes Bild zu rekonstruieren. Der Verlust der Unterlagen der Bundesgeschäftsstelle des Volksbundes vor 1945 stellt eine Beeinträchtigung dar. Um dennoch aussagekräftige Erkenntnisse gerade im Hinblick auf die langfristige Entwicklung des Vereines zu generieren, wurde daher versucht, verfügbare quantitative Daten zur Vereinsentwicklung mit Quellenbefunden aus regionalen Archiven zu ergänzen. Dies ermöglicht es außerdem, die Geschichte der Kriegsgräberfürsorge nicht ausschließlich aus dem Blickwinkel der Bundesgeschäftsstelle des Volksbundes und der verantwortlichen Ministerin zu betrachten, sondern der gesellschaftlichen Dimension gerecht zu werden, die sich gerade im engmaschigen Netz von örtlichen Vereinsgliederungen des Volksbundes abzeichnet. Herangezogen werden hierzu regionale niedersächsische Archivbestände aus dem Raum Osnabrück und Uelzen. Die ländlichen Regionen Niedersachsens sind das regionale Umfeld, in dem der Volksbund seit den Zwanzigerjahren neue Strategien entwickelte, um Landgemeinden zu integrieren und über den städtischen Raum hinaus Fuß zu fassen. Während der NS-Zeit erfuhr das regionale Wachstum des Vereins zugleich zusätzlichen Anschub. Nach dem Zweiten Weltkrieg gingen außerdem wesentliche Impulse zur Neuordnung des Volksbundes von der britischen Besatzungszone aus, so dass sich das vorgefundenen Quellenmaterial gerade auch für Fragen nach strukturellen Kontinuitäten des Vereins über 1945 hinaus und den Neuaufbau der Kriegsgräberfürsorge auf lokaler Ebene in der Besatzungszeit heranziehen lässt.

Die Tatsache, dass der Volksbund frühzeitig nach Kriegsende seine Vereinsaktivitäten wieder aufnehmen konnte und dabei auch begann Funktionen zu übernehmen, die zuvor im Bereich der staatlichen und militärischen Gräberfürsorge gelegen hatten, führt zu der Frage, welche Interessen und Pläne die alliierten Besatzungsmächte eigentlich in der Kriegsgräberfürsorge verfolgten und wie diese die Entwicklung der Kriegsgräberfürsorge in Deutschland beeinflussten. Es wurden daher auch Akten des Foreign Office in den National Archives in London herangezogen, in denen sowohl die Frage des künftigen Umgangs mit deutschen Kriegsgräbern als auch die Organisation des Kriegsgräberfürsorgewesens im Nachkriegsdeutschland behandelt wird.

Das Anliegen der Arbeit, das Phänomen Kriegsgräberfürsorge in seiner umfassenden Bedeutung, also sowohl im Hinblick auf Organisations- und Trägerstrukturen als auch in seiner praktischen Durchführung und der ihm zugeschriebenen Bedeutung bei der öffentlichen Totenehrung zu erfassen, macht es notwendig, neben einer breiten Quellenbasis auch Erträge verschiedener angrenzender Fachdisziplinen heranzuziehen. So macht die besondere Stellung des Kriegsgrabes im humanitären Völkerrecht etwa den Rückgriff auf einschlägige juristische Fachliteratur notwendig, um die systematische Bestattung von Kriegstoten als internationale Praxis angemessen zu bewerten und diese aus einer einseitigen kulturhistorischen Betrachtung herauszulösen. Die Gestaltung, Ästhetik und Symbolik von einzelnen Kriegsgräberstätten und Soldatenfriedhöfen ist dagegen vor allem eine Domäne der Kunst- und Architekturgeschichte sowie der Garten und Landschaftsgestaltung.

Für die Analyse der Organisationsstrukturen der Kriegsgräberfürsorge zwischen staatlicher und zivilgesellschaftlicher Trägerschaft sind wiederum Begriffe hilfreich, die in den Politik- und Verwaltungswissenschaften entwickelt wurden. Kriegsgräberfürsorge wird dabei als öffentliches Handlungsfeld begriffen, das durch unmittelbares staatliches Eingreifen ebenso bedient werden kann, wie durch Formen mittelbarer politischer Steuerung. Da sich der Untersuchungszeitraum dieser Arbeit vom Ersten Weltkrieg bis zum Ende des 20. Jahrhunderts erstreckt und sich in dieser Zeit das Verständnis von Staatlichkeit, Staatsaufgaben und wie diese zu erbringen sind, gewandelt hat, sind hierfür Ansätze hilfreich, die theoretische Angebote zur politischen Steuerung in historischer Perspektive einsetzen.[50]

Historiographisch bewegt sich diese Arbeit damit an einer Schnittstelle zwischen Organisations-, Sozial- und Kulturgeschichte. Wichtig ist dabei auch zu betonen, dass die Entwicklung und Erscheinungsformen der Kriegsgräberfürsorge und des Kriegstotengedenkens in Deutschland nicht als Ausdruck eines »kollektiven Gedächtnisses« oder einer allgemein geteilten »Erinnerungskultur« verstanden werden, sondern als Ergebnis von gesellschaftlichen Aushandlungsprozessen und Praktiken, hinter denen sich eine Vielzahl persönlicher oder auch institutionalisierter Interessen, struktureller und funktionaler Zwänge oder auch emotionaler Bedürfnisse verbergen.[51]

Der Aufbau der Arbeit ist chronologisch, setzt dabei aber unterschiedliche thematische und zeitliche Schwerpunkte. Im ersten Kapitel wird zunächst untersucht, wie sich im Ersten Weltkrieg die Vorstellung der besonderen Schutzbedürftigkeit des Kriegsgrabes als völkerrechtliche Norm herausbildete, die zugleich von spezifisch nationalen Vorstellungen und Diskursen über den angemessen Umgang mit den Toten und ihren Gräbern begleitet war. Dies ist eine der Voraussetzungen für das Entstehen der modernen Kriegsgräberfürsorge, die in Vorstellungen von militärischer Ehre sowie in humanitären Forderungen zwar bereits im 19. Jahrhundert angelegt sind, sich als universeller Anspruch, der durch staatliches Handeln einzulösen ist, aber erst nach dem Ersten Weltkrieg Bahn bricht.

Die Kriegsgräberfürsorge stand in Deutschland von Beginn an unter besonderen Bedingungen. Kriegsniederlage, staatlicher Neuanfang und ein hoher Anteil von Kriegstoten, die im Ausland zurückgelassen wurden, prägten die Entwicklung seit Ende des Ersten Weltkrieges, sie blieben auch bestimmende Faktoren, die nach dem Zweiten Weltkrieg Strukturen ebenso wie Vorstellungen

50 Vgl. *Collin*, Regulierte Selbstregulierung; *ders.*, Selbstregulierung im 19. Jahrhundert; *Groh*, Selbststeuerung.

51 Zur Kritik an der unspezifischen Verwendung des Begriffs »collective memory« siehe *Winter*, War, S. 3–6; zum Begriff der Erinnerungskultur siehe *Cornelißen*, Erinnerungskultur; *Berek*, Erinnern.

von der Pflege deutscher Kriegsgräber bestimmten. Bei der Entstehung des Kriegsgräberfürsorgewesens in der Weimarer Republik, das im zweiten Kapitel untersucht wird, wurden jedoch bereits entscheidende Weichenstellungen vollzogen, die langfristige Folgen für die Betreuung deutscher Kriegsgräber bis in die Gegenwart hatten. Im Mittelpunkt steht dabei die Herausbildung dualer Strukturen, die durch eine Parallelität staatlicher und zivilgesellschaftlicher Eingriffe in der Kriegsgräberfürsorge gekennzeichnet sind. Gründung und Entwicklung des Volksbundes als Verein werden daran anschließend unter dem Gesichtspunkt der ihn tragenden Idee behandelt, eine gesamtgesellschaftlich getragene Kriegsgräberfürsorge zu verwirklichen. Die besondere Stellung des Volksbundes in der NS-Zeit als Großorganisation, die formal nicht der Partei angegliedert wurde, und die Bedeutung des Ausbaus seiner Vereinsstrukturen gerade auch für die Fortsetzung seiner Tätigkeit nach dem Zweiten Weltkrieg, wird dabei in einem eigenen Unterkapitel unter Rückgriff auf bisher noch nicht beachtete Quellen detailliert analysiert. Als dritter Punkt wird der Bau von Friedhöfen für die Gefallenen als eigentlicher Inhalt der Kriegsgräberfürsorge behandelt. Hierbei wird einerseits die Pflege deutscher Kriegsgräber im Ausland unter den politischen Bedingungen der Zwischenkriegszeit insgesamt betrachtet, andererseits die Auswirkungen des Aufbaus eigener Baukompetenzen beim Volksbund hinterfragt.

Die größte Aufmerksamkeit wird jedoch der Geschichte der Kriegsgräberfürsorge nach Ende des Zweiten Weltkrieges im dritten Kapitel gewidmet. Gegründet auf strukturellen Voraussetzungen, die in der Zwischenkriegszeit geschaffen wurden, etablierte sich in der Bundesrepublik das bis heute wirksame Modell einer geteilten Verantwortung für die deutschen Kriegsgräber, das sich in einem Zusammenspiel aus der besonderen rechtlichen Stellung der Gräber und der umfassenden Einbindung des Volksbundes bei ihrem Erhalt widerspiegelt. Das Kapitel stellt die entscheidenden Entwicklungsbedingungen heraus, die die umfangreichsten Maßnahmen zur Kriegsgräberfürsorge in der deutschen Geschichte in einem staatlich gesetzten Ordnungsrahmen unter weitreichender gesellschaftlicher Beteiligung ermöglichten. Es wird gezeigt, wie sich der Fortbestand und die weitreichende Einbindung des Volksbundes in der Kriegsgräberfürsorge vor dem Hintergrund der besonderen sozialen und politischen Verhältnisse der Besatzungs- und Nachkriegszeit in Deutschland erklären lassen. Die einflussreiche Stellung des Volksbundes und seine Verflechtung mit Politik, Verwaltung und Gesellschaft bewirkten jedoch nicht nur, dass der Verein maßgeblich auf die Art und Weise, wie deutsche Kriegstote bestattet wurden, Einfluss nahm, sondern auch den innergesellschaftlichen Auseinandersetzungen um die Erinnerung des Zweiten Weltkrieges und der NS-Diktatur ausgesetzt war, die langfristig das Verständnis von Kriegsgräberfürsorge in Deutschland verändert haben. Diese Entwicklungen werden sowohl anhand der kriegsgräberfürsorglichen Praxis untersucht, als auch die Transformation des öffentlichen Totengedenkens am

Volkstrauertag betrachtet, aus der die Kriegsgräberfürsorge in Deutschland ihre Sinnstiftung bezieht. Als Erweiterung hierzu wird das Entstehen der Jugendarbeit unter dem Dach des Volksbundes verstanden, die sich seit den Fünfzigerjahren entwickelt und das Verständnis von Kriegsgräberfürsorge um einen inhaltlichen Aspekt erweitert hat.

Abschließend sei noch etwas zum zeitlichen Zuschnitt des Untersuchungszeitraums gesagt. Die Arbeit untersucht die Geschichte der Kriegsgräberfürsorge in Deutschland bis 1989. Es mag sich vielleicht nicht auf den ersten Blick erschließen, warum eigentlich die politische Zäsur 1989 Relevanz haben sollte für die Pflege der Gräber der Toten der beiden Weltkriege. Für die Möglichkeiten zur Betreuung deutscher Kriegsgräber im Ausland gehörte der Ost-West-Konflikt jedoch zu den maßgeblichen außenpolitischen Rahmenbedingungen, der sowohl den Zugang zu den Gräbern als auch das Kriegstotengedenken beeinflusste. Mit der deutschen Wiedervereinigung und der politischen Annäherung an die ehemaligen sozialistischen Staaten in Osteuropa wurde in den Neunzigerjahren nun auch hier die Suche nach verschollenen Kriegsgräbern möglich. Auch wenn es durch den zeitlichen Abstand zum Zweiten Weltkrieg nur noch mit Einschränkungen möglich war, verschollene Kriegsgräber aufzufinden, wiederholte sich jetzt, was sich bis in die Siebzigerjahre auch in Westeuropa abgespielt hatte. Diese Vorgänge waren zum Zeitpunkt der Recherchen für diese Arbeit noch nicht abgeschlossen, Unterlagen und Quellenmaterial noch nicht vollständig zugänglich, was einer Untersuchung mit den üblichen Zugangsweisen des Historikers entgegensteht. Dass diese Vorgänge hier keine ausführliche Erwähnung finden konnten, mindert aber nicht ihre Bedeutung.

Die nachgeholte Kriegsgräberfürsorge in Osteuropa steht letztendlich auch für die allgemeine internationale Anerkennung, die der Anspruch auf eine Grabstätte für Kriegsopfer erfahren hat. Die seit Ende des Kalten Krieges wieder aufbrechenden bewaffneten internationalen Konflikte, die durch bürgerkriegsartige Zustände oder asymmetrische Konfliktlagen gekennzeichnet sind, lassen die Formen der Kriegsgräberfürsorge des Ersten und Zweiten Weltkrieges zugleich aber schon selbst als eine historische Reminiszenz erscheinen. Die »neuen Kriege«,[52] so wie wir sie im letzten Vierteljahrhundert erlebt haben, lassen eine scharfe Trennung zwischen den beiden Sphären Krieg und Frieden nicht mehr zu. Es sind geographische Räume der dauerhaften politischen Instabilität entstanden, in denen reguläre Streitkräfte vielleicht intervenieren, jedoch nicht auf militärisch gleichwertige Gegner treffen. Die Opfer dieser Kriege sind vornehmlich Zivilisten, die Zahl der militärischen Toten bleibt gering.[53] Wenn auch für die Gesellschaften, die Truppen in Konfliktzonen entsenden, die Frage wieder hoch aktuell geworden ist, wie der Soldatentod politisch legitimiert

52 *Münkler*, Kriege.
53 Ebd., S. 11.

werden kann, so ist der Kriegsgräberfürsorge in der Form der hier untersuchten historischen Praxis die Grundlage heute weitgehend entzogen. Denn es ging in den Weltkriegen nicht allein um die Gräber der eigenen Gefallenen, sondern um die wechselseitige Achtung der Grabstätten aller Kriegstoten, deren endgültiges Schicksal einer Nachkriegsordnung überlassen blieb. Kriegsgräberfürsorge ist im klassischen Staatenkrieg verwurzelt, der mit einer Kriegserklärung beginnt und einem Friedensschluss endet. Ohne erkennbaren Ausblick auf einen dauerhaften Frieden muss das Schicksal zurückgelassener Gräber immer ungewiss sein. In den gegenwärtigen Konflikten sind daher alle regulären Armeen dazu übergegangen, ihre Toten zeitnah aus der Gefechtszone zu bergen und nach Hause zu überführen.[54] Für Deutschland gilt, dass sich der Begriff der Kriegsgräberfürsorge ausschließlich auf historische Gräber bezieht. Hieran haben auch die Auslandseinsätze der Bundeswehr nichts geändert. Ein besonderes Ruherecht für die Gräber dieser Toten besteht nicht.

54 Rass und Lohmeier haben argumentiert, dass als Begleiterscheinung des in vielen Staaten zu beobachtenden Umbaus der Streitkräfte von Wehrpflichtigenarmeen zu professionellen Einsatz- und Elitestreitkräften in jüngerer Zeit die Distanz zwischen ziviler Gesellschaft und Militär wieder zugenommen hat. Hierauf gründen sie die Hypothese, dass auch eine Veränderung im Umgang mit den Gefallenen zu erwarten sei. Siehe *Rass/Lohmeier*, Körper, S. 276. Diese Überlegungen bilden gewissermaßen ein innergesellschaftliches Gegenstück zu den beobachteten strukturellen Veränderungen in der internationalen Kriegsführung, wie sie Münkler formuliert hat.

I. Voraussetzungen: Der Erste Weltkrieg und die Entstehung der modernen Kriegsgräberfürsorge

Der Erste Weltkrieg ist für die Entstehung der modernen Kriegsgräberfürsorge ein Schlüsselereignis.[1] Dies liegt nicht allein in der bis dahin unvorstellbaren Zahl von zehn Millionen Toten begründet, sondern in dem umfassenden Niederschlag, den die Sorge um die Gräber dieser Toten in allen am Krieg beteiligten Gesellschaften hinterließ und der das Kriegsgrab auf beiden Seiten der Front über seine Funktion als Grabstätte hinaus als politisches Symbol, als rechtliche Institution und als Kulturobjekt etablierte.[2] Um die Entwicklung der Kriegsgräberfürsorge in Deutschland zu verstehen, ist es hilfreich, sich diese grenzübergreifenden Zusammenhänge vor Auge zu führen. Kriegsgräberfürsorge ist zu einem gewissen Anteil, wie auch Krieg selbst, immer eine zwischenstaatliche Angelegenheit. Die Voraussetzungen für die Pflege von Kriegsgräbern werden aber vor allem bestimmt durch die politischen Verhältnisse der Nachkriegsordnung. Nach dem Ersten Weltkrieg geschah dies durch den Versailler Vertrag, der den dauerhaften Erhalt der Kriegsgräber in einem multilateralen Vertragswerk verankerte und als völkerrechtliches Prinzip und Praxis etablierte. Die innergesellschaftlichen Auseinandersetzungen über den Umgang mit dem Kriegstod unterlagen jeweils eigenständigen nationalen Entwicklungen und fußten auf unterschiedlichen historischen Erfahrungen und Voraussetzungen. Insbesondere an der ehemaligen Westfront, wo nach Kriegsende in jahrelanger Arbeit hunderte Friedhöfe für die Gefallenen angelegt wurden, schufen sie einen gemeinsamen Erfahrungsraum, der das Kriegsgrab als universelles Symbol sowie die Pflege von Kriegsgräbern als allgemein akzeptierte Praxis etablierte. Das folgende Kapitel betrachtet die Entstehung und weiteren Entwicklungsbedingungen für die Kriegsgräberfürsorge in Deutschland aus dem Blickwinkel dieser internationalen Zusammenhänge im Umfeld des Ersten Weltkrieges. Dargelegt werden die Entwicklung des besonderen völker- und kriegsrechtlichen Status des Kriegsgrabes und die Konsequenzen, die sich hieraus auf organisatorischer Ebene bei der Erfassung der Kriegstoten und der Betreuung ihrer Gräber im Verlauf des Krieges ergaben. In einem zweiten Schritt werden die Konturen

1 Vgl. *Capdevila/Voldman*, War Dead, S. 10; *Mosse*, Soldiers, S. 45.

2 Vgl. *Wittman*, Tomb, S. 19; *Fischer*, Geschichte, S. 69 f.; *Koselleck*, Transformation, S. 61 ff.

der unterschiedlichen nationalen Debatten über den Umgang mit den Gräbern der Gefallenen skizziert. Hierbei wird einerseits die Eigenschaft von Kriegsgräberfürsorge als gemeinsame Praxis deutlich, andererseits zeigen sich aber auch die nationalen Eigenarten und Konflikte im Umgang mit den Toten. Die öffentliche Auseinandersetzung mit Kriegsgräbern in Deutschland während des Ersten Weltkrieges wird dann in einem dritten Schritt behandelt. Sie hebt sich von den zuvor dargestellten Entwicklungen in den Siegerländern ab und unterstreicht die Ausgangsbedingungen für die besondere Entwicklung der Kriegsgräberfürsorge in Deutschland.

1. Das Kriegsgrab im humanitären Völkerrecht

Die im Friedensvertrag von Versailles 1919 verankerten Grundsätze, wie die Gräber der Gefallenen zu behandeln waren, fußten auf zwei der modernen Kriegsgräberfürsorge inhärenten Leitmotiven, die sich im 19. Jahrhundert herausgebildet haben. Dies ist erstens die Vorstellung vom Kriegstod als Opfer für die Nation, das im Gegenzug öffentliche Ehrung und Anerkennung verlangt, die in Formen des öffentlichen Totengedenkens hervortritt. Zweitens wurde seit dem ausgehenden 19. Jahrhundert mit der Entwicklung des modernen Kriegsrechtes das Zugeständnis einer letzten Ruhestätte als ein humanitärer Grundsatz verankert. Beide Motive können sich ergänzen, in verschiedenen nationalen Kontexten und zu unterschiedlichen Zeitpunkten jedoch unterschiedlich gewichtet zum Tragen kommen.

Die Frage nach der Behandlung der Gräber der Gefallenen als Gegenstand eines zwischenstaatlichen Abkommens trat erstmals in den Friedensverhandlungen nach dem deutsch-französischen Krieg 1870/71 in Erscheinung. Die Anlage von Friedhöfen für Kriegstote als großangelegte staatliche Maßnahme ist zu dieser Zeit außerdem für die noch vom Bürgerkrieg gezeichneten Vereinigten Staaten belegt. Im Frieden von Frankfurt 1871 versicherten sich Deutschland und Frankreich der gegenseitigen Achtung und des Erhalts der Kriegsgräber auf ihren Territorien.[3] Der die Kriegsgräber betreffende Artikel 16 wurde recht weitgefasst interpretiert, denn er schloss auch die von den deutschen Regimentern errichteten Denkmäler auf den Schlachtfeldern mit ein. Diese Auslegung des Artikels 16, der mit dem Gesetz vom 4. April 1873 in französisches Recht übernommen wurde, korrespondierte mit einer ebenso noch unbestimmten Vorstellung davon, wie Kriegstote angemessen zu bestatten waren. Die individuelle

3 Der Frankfurter Friedensvertrag 1871 [Traité de paix entre l'Empire allemand et la France, du 10 mai 1871], in: Quellen zur Neueren Geschichte, Heft 9. Friedensverträge aus der Zeit der nationalen Einigung Italiens und Deutschlands, Bern 1947, S. 58–65 [Zugleich RGBl. 1871, Nr. 26, S. 215 ff. u. 223 ff.].

Bestattung eines Kriegstoten in einem Einzelgrab blieb häufig noch eine Ausnahme. Vor allem das Gros der französischen Toten wurde in Massengräbern bestattet, weil die französische Armee über keine geeigneten Methoden zur Identifizierung der Gefallenen verfügte. Die Gebeine der Toten beider Seiten wurden zum Teil gemeinsam, wenn auch in getrennten Grabkammern in großen Ossuarien bestattet.[4] Auch die Gebeine der Toten der Schlacht von Solferino 1859 waren 1870 nachträglich von Frankreich, Italien und Österreich in gemeinsamen Ossuarien beigesetzt worden, nachdem die immer wieder zu Tage tretenden Knochenreste auf dem ehemaligen Schlachtfeld zu öffentlicher Empörung geführt hatten.[5]

Für den öffentlichen Totenkult spielten die Gräber der einfachen Gefallenen selbst noch keine entscheidende Rolle. Er wurde in Deutschland wie auch in Frankreich weniger im Umgang mit den Gräbern der Gefallenen sichtbar, sondern entwickelte Formen der Repräsentation der abwesenden Toten in Form von Kriegerdenkmälern. Mit Gründung des Souvenir Français 1887 wurde in Frankreich erstmals eine landesweite Organisation gegründet, die sich neben dem öffentlichen Totengedenken auch der Pflege der Gräber französischer Soldaten verpflichtete.[6] Als eine wesentliche Voraussetzung moderner Kriegsgräberfürsorge fehlt der Kriegerehrung des 19. Jahrhunderts aber noch das Verständnis eines allgemeinen Anspruchs auf eine individuelle Grabstätte.[7] Die vor allem von Reinhardt Koselleck angestoßenen Studien zum politischen Totenkult haben jedoch gezeigt, dass wesentliche Entwicklungen, die die Voraussetzungen für die Entstehung moderner Kriegsgräberfürsorge bilden, im Denkmalskult des 19. Jahrhunderts angelegt waren. Hierzu zählt die »Denkmalsfähigkeit«[8] des einfachen Soldaten, dessen Einsatz vom Leib und Leben öffentliche Ehrung erfährt und einen Platz neben den zumeist adligen Heerführern einräumt. Svenja Goltermann hat außerdem betont, dass sich in vielen europäischen Ländern in der zweiten Hälfte des 19. Jahrhunderts Idealvorstellungen eines »ordentlichen« Begräbnisses für getötete Soldaten entwickelten, die zugleich als Ausdruck der zivilisatorischen Höhe der eigenen Nation betrachtet wurden.[9] Die Idee des Opferganges für das Vaterland schuf die Grundlage für eine egalitäre Totenehrung, die alle Gefallenen ungeachtet ihres sozialen Ranges und ihrer nationalen Zugehörigkeit als gleichwertig betrachtet. Als zweite wesentliche Voraussetzung leitet sich hieraus das Gebot der individuellen, namentlichen Erinnerung der Toten ab. In Deutschland manifestiert sich dieses in Erinnerungstafeln und Inschriften,

4 Vgl. *Fleury*, Plaques, Abs. 4.; *Becker*, War Memorials, S. 660 f.; *Rass/Lohmeier*, Körper, S. 284.

5 Vgl. *Goltermann*, Opfer, S. 74.

6 Vgl. *Capdevila/Voldman*, War Dead, S. 160.

7 Vgl. *Mosse*, Fallen Soldiers, S. 45.

8 *Koselleck*, Soldat, S. 140.

9 Vgl. *Goltermann*, Opfer, S. 74.

die schon seit den Befreiungskriegen in den Innenräumen von Kirchen oder an Regimentsdenkmälern angebracht wurden.[10]

Betrachtet man nun die Entwicklung, die das moderne Kriegs- und Völkerrecht im 19. Jahrhundert durchläuft, treten als die zentralen Innovationen die Entstehung des Genfer und Haager Rechts hervor.[11] Dieses völkerrechtliche Vertragswerk stellte den Versuch dar, sowohl den Anspruch auf uneingeschränkte Kriegsführung als legitimes politisches Mittel (ius ad bellum) rechtlich einzuhegen, als auch die Wahl der Mittel im Krieg (ius in bello) Regeln zu unterwerfen, die unverhältnismäßige Gewaltausübung unterbinden sollten. Das ius ad bellum war im Verständnis der Völkerrechtslehre seit dem Westfälischen Frieden Ausdruck staatlicher Souveränität.[12] Das hiervon zu unterscheidende ius in bello tritt in kodifizierter Form vor allem mit den Genfer und den Haager Abkommen in Erscheinung.[13] In der zweiten Genfer Rot-Kreuz-Konvention von 1906, sowie in der sogenannten Haager Landkriegsordnung, die aus der ersten und zweiten Haager Friedenskonferenz 1899 und 1907 hervorgegangenen ist, wurden erstmals auch Regeln zum Umgang mit den Toten auf dem Schlachtfeld während eines Krieges formuliert.[14] Im Gegensatz zur vorherrschenden Praxis bisheriger Kriege, die die Frage der Bestattung der Gefallenen einer gewissen Willkür unterwarf oder der Nachkriegsordnung überantwortete, wurden nun erstmals Verfahrensweisen formuliert, die einen würdevollen Umgang mit den Toten bereits im Verlauf der kriegerischen Auseinandersetzung gewährleisten sollten. Sie speisten sich nicht aus dem Gedanken der Gefallenenehrung, sondern waren aus den Humanitätsgedanken des ersten Genfer Abkommens 1864 abgeleitet und weiterentwickelt worden.[15]

Angesichts der Realitäten auf den Schlachtfeldern des Ersten Weltkrieges scheiterten die noch recht vage formulierten völkerrechtlichen Bestimmungen zum Schutz der Gräber (in den meisten Ländern konnte jeder zweite bis dritte Tote nicht identifiziert oder nur in Massengräbern bestattet werden). Sie enthielten dennoch bereits grundlegende Prinzipien, die für die moderne Kriegsgräberfürsorge kennzeichnend sind.

Das Genfer Abkommen von 1906 behandelt die Frage des Umgangs mit Toten auf dem Schlachtfeld in den Artikeln 3 und 4. In Verbindung mit dem ebenfalls im Abkommen formulierten Gleichbehandlungsgrundsatz, der eine menschenwürdige Behandlung von Verwundeten und Kriegsgefangenen ungeachtet ihrer

10 Vgl. *Koselleck*, Ikonologie, S. 42.

11 Vgl. *Quataert*, Law.

12 Vgl. *Hobe*, ius ad bellum, S. 99; *Eyffinger*, Moment, S. 199 ff.

13 *Ipsen*, Völkerrecht, S. 30 ff.

14 Vgl. *Henckaerts*, Customary International Humanitarian Law, Bd. 1, Rule 112 und 133, S. 406 ff.; *Bothe*, War Graves, in: Encyclopedia of Public International Law, S. 1373 f. Zur aktuellen Völkerrechtslage siehe außerdem *Petrig*, War Dead; *Rogers*, Law, S. 80 f.

15 Vgl. *Capdevila/Voldman*, War Dead, S. 78.

Nationalität gewährleisten sollte, stellte es auch die Gefallenen, einschließlich die des Gegners, unter völkerrechtlichen Schutz.[16] Nach Abschluss der Kampfhandlungen sollte die Kriegspartei, die über die Hoheit über das Schlachtfeld verfügte, Maßnahmen ergreifen, um die Verwundeten und Toten vor Misshandlung und Plünderung zu schützen. Die Toten sollten außerdem vor ihrer Bestattung oder Einäscherung einer Untersuchung unterzogen werden.[17] Die Intention des Artikels war vermutlich noch stark vom Ziel des Schutzes der Verwundeten bestimmt. Die geforderte Untersuchung der Toten sollte verhindern, dass Schwerverletzte fälschlicherweise für tot gehalten und hilflos zurückgelassen oder gar lebendig begraben wurden. Zugleich diente sie der Identitätsfeststellung der Gefallenen, wie sich in Artikel 4 andeutet, da hier bereits der Austausch von Identitätspapieren oder Erkennungsmarken, die bei den Toten gefunden wurden, angemahnt wird. Diese Vorgabe wurde im direkten Zusammenhang mit dem Austausch von Namenslisten mit Kriegsgefangenen und Verwundeten formuliert, was eine analoge Vorgehensweise auch für Gefallene nahelegt.

Die Haager Landkriegsordnung erklärt in Artikel 21 das Genfer Abkommen als maßgeblich für die Behandlung von Kranken und Verwundeten. Ergänzend wird in Artikel 14 die Einrichtung einer Auskunftsstelle für Kriegsgefangene vorgeschrieben, die die Sterbefälle von Kriegsgefangenen beurkunden soll und der auch die Aufgabe zur Verwahrung der auf den Schlachtfeldern gefundenen Nachlassgegenstände zugesprochen wird. Während in der Genfer Konvention die Form der Bestattung von Soldaten, die auf dem Schlachtfeld verstorben sind, nicht näher bestimmt wird, wird in der Haager Landkriegsordnung zumindest konkretisiert, dass für die in Gefangenschaft verstorbenen Soldaten dieselben Bestattungsvorschriften gelten sollen wie für die eigenen Streitkräfte (Art. 19).[18]

Im Sinne einer Umsetzung dieser völkerrechtlichen Vorgaben waren die meisten Streitkräfte der beteiligten Staaten bei Ausbruch des Ersten Weltkrieges im Sommer 1914 organisatorisch zunächst aber nicht auf den Verlust von hunderttausenden von Soldaten eingestellt.[19] Die preußische Armee hatte bereits im deutsch-französischen Krieg 1870/71 über ein Meldewesen für Kriegsverluste verfügt. Auch beim Deutschen Heer wurden zur Erfassung der Verluste die Zentralnachweise-Büros eingerichtet, die Verlustlisten führten und angelegte

16 Siehe Art. I [Genfer] Abkommen zur Verbesserung des Loses der Verwundeten und Kranken bei den im Felde stehenden Heeren. Vom 6. Juli1906, in: RGBl. 1907, Nr. 25, S. 287 f.

17 Ebd., Art. 3 und 4.

18 Abkommen vom 18. Oktober 1907 betreffend die Gesetze und Gebräuche des Landkriegs [IV. Haager Abkommen 1907] mit Anlage zum Abkommen: Ordnung der Gesetze und Gebräuche des Landkriegs [Haager Landkriegsordnung], in: Dokumente zum humanitären Völkerrecht, S. 31–46.

19 Vgl. *Gillespie*, History, S. 177.

Gräber registrierten.[20] Für die Anlage und Registrierung von Gräbern an der Front selbst waren die Etappeninspektionen zuständig. Es zeigte sich nach Kriegsausbruch aber bald, dass die Verfahrensweisen und Organisationsstrukturen zur Sicherung von Kriegsgräbern mit den steigenden Opferzahlen angepasst und weiterentwickelt werden mussten. Das preußische Kriegsministerium erließ hierzu in den ersten zwei Kriegsjahren eine Reihe von Regelungen, die die Erfassung und den Erhalt der Gräber sichern sollten. 1916 wurde dann im preußischen Kriegsministerium eine eigene Dienststelle für Kriegsgräberfürsorge eingerichtet. An den einzelnen Frontabschnitten wurden Gräberoffiziere eingesetzt, die für die Anlage von Friedhöfen und die Registrierung der Toten verantwortlich waren. Sie sollten dafür sorgen, dass die Toten wenn möglich bereits auf separat angelegten Soldatenfriedhöfen beigesetzt wurden, um nicht eine unüberschaubare Zahl verstreuter Einzelgräber entstehen zu lassen, deren Lage früher oder später in Vergessenheit geraten würde.[21]

Frontverschiebungen konnten jedoch dazu führen, dass die angelegten Friedhöfe unter die Kontrolle des Gegners gerieten. Erfolgten erneute Versuche den verlorenen Boden zurück zu erobern, fielen die frisch angelegten Grabstätten auch schon mal den eigenen Geschützen zum Opfer. Der Stellungskrieg an der Westfront und der andauernde Artilleriebeschuss führten außerdem zu einem hohen Anteil von Toten, die durch die enorme Gewalteinwirkung nicht mehr zu identifizieren waren oder im Niemandsland zwischen den Gräben verschollen blieben. Unter den besonderen Bedingungen des Stellungskrieges im Westen war eine Bestattung aller Gefallenen und der Erhalt ihrer Gräber äußerst schwierig.[22]

Das Beispiel der Gräber von Angehörigen des 103. Infanterie Regiments, die bei Kämpfen bei Loretto und Souchez 1915 gefallen waren, illustriert recht anschaulich die Probleme, die sich im Kriegsalltag für den Erhalt von Kriegsgräbern ergaben. Über das Rote Kreuz hatte die deutsche Seite versucht, Auskünfte über Zustand der Gräber und Fragen zur Identität der Toten zu erhalten. Das Rote Kreuz hatte hierzu über einen Mittelsmann in Paris die zuständige Behörde und die Bürgermeister der Gemeinden kontaktiert. Das französische Kriegsministerium gab unter Verweis auf Auskünfte der Bürgermeister der inzwischen evakuierten und zerstörten Gemeinden an, dass eine Instandsetzung der Gräber

20 Die Bezeichnung Zentralnachweisebüro sollte jedoch nicht die Vorstellung wecken, dass die Erfassung der deutschen Kriegsgräber damit an einem Ort zusammengeführt wurde. Die Zusammensetzung des Deutschen Heeres aus Truppenkontingenten der deutschen Bundesstaaten, die zwar preußischer Führung unterstanden, von denen aber die bayerischen, württembergischen und sächsischen Truppen eigenständige Militärverwaltungsstrukturen besaßen, bedingte, dass mehrere Nachweisebüros für die verschiedenen Truppenteile und Waffengattungen eingerichtet wurden.

21 Vgl. *Lurz*, Kriegerdenkmäler Bd. III, S. 31 ff.

22 Vgl. *Rass/Lohmeier*, Körper, S. 316.

Abb. 1: Westflandern 1914–1918. Kriegergräber bei Pilkem-Steenstraate (Ypernschlacht) – *Quelle:* Volksbund Bildarchiv

und Identifizierung der Toten wegen des deutschen Artilleriebeschusses nicht mehr durchgeführt werden könne und daher keine genauen Auskünfte möglich seien. Das französische Kriegsministerium sicherte zwar zu, bekannte Informationen über Gefallenen im betroffenen Frontabschnitt an die deutschen Stellen übermitteln zu wollen, konnte im konkreten Fall aber nur auf die aktuelle Lage an der Front verweisen.[23]

Neben dem Ausmaß der Gewalteinwirkung war für die Frage, ob die Gefallenen angemessen bestattet werden könnten, die Einstellung des Gegners auf der anderen Seite des Niemandslandes entscheidend. Die Einhaltung und Umsetzung der kriegsrechtlichen Bestimmungen hingen vor allem vom Vertrauen in eine gegenseitige Beachtung ab.[24] Auf Seiten des preußischen Kriegsministeriums wurde daher auch dem Umgang mit fremden Kriegsgräbern Aufmerksamkeit

23 BArch R 901/84151, Abschrift eines Schreibens des Ministère de la Guerre. L'Intendant Militaire Le BARS. Chef du Bureau de reseignements sur les Prisonniers des Guerres an den Bürgermeister von Ham[-en-Artois], Paris, 30.6.1916.

24 Gillespie weist darauf hin, dass einerseits die rechtlichen Grundsätze zur Achtung der gegnerischen Toten auf beiden Seiten der Front anerkannt waren, andererseits Meldungen über angebliche Kriegsverbrechen und Leichenschändungen durch den Gegner aber ebenso zum Kriegsalltag gehörten, wie auch die Verwendung von Leichen als Deckung auf dem Schlachtfeld. Siehe *Gillespie*, History, S. 177.

gewidmet. Die Tatsache, dass sich ein Großteil der deutschen Gräber jenseits der Landesgrenzen befand, rief Befürchtungen wach, sie könnten vom Feind bewusst oder fahrlässig dem Vergessen überlassen werden. Die Nachweise-Büros der verschiedenen Heeresteile und der Marine waren daher angehalten, auch bekannte Grablagen von Angehörigen befeindeter Streitkräfte zu erfassen, um die bestehenden völkerrechtlichen Vorgaben zu erfüllen und dem Gegner keinen Vorwand zur Missachtung der deutschen Friedhöfe zu liefern. Die wechselseitige Achtung der Gräber der Gefallenen versuchte man dadurch zu sichern, indem über verschiedene diplomatische Kanäle Informationen über den Zustand der Friedhöfe auf der anderen Seite der Front eingeholt wurden und eine Verständigung über den Austausch von Gräberverzeichnissen angestrebt wurde.[25] Da ein direkter diplomatischer Austausch im Krieg nicht möglich war, wurden neben der Vermittlung durch das Rote Kreuz derartige Fragen auch durch diplomatische Vertretungen neutraler Drittstaaten übermittelt.[26]

Für den frontübergreifenden Informationsaustausch bekam in der Heeresverwaltung die Frage der formellen Erfassung der relevanten Daten Bedeutung. Die Nachweise-Büros erfassten die Gräber der Gefallenen in einer Kartei, die Angaben zum Toten, seinem militärischen Rang und Truppenteil, Todes- und Bestattungsdatum sowie den Namen desjenigen enthielten, der die Grabmeldung gemacht hatte. Um Meldungen über neue Gräber in die eigene Kartei schnell einpflegen zu können, erhoffte sich das preußische Kriegsministerium einen international einheitlichen Standard für Grabmeldungen.[27] Es versuchte dazu in Erfahrung zu bringen, in welcher Form die anderen Kriegsparteien Nachweise über Sterbefälle und Gräber anlegten. Ein regelmäßiger Austausch von Karteikarten mit Grabmeldungen, wie sich ihn das Kriegsministerium wünschte, kam jedoch nie zustande, da Frankreich den Gräbernachweis in Form von Belegungslisten führte, die die Toten friedhofsweise erfassten. Das preußische Kriegsministerium ging schließlich dazu über ebenfalls Gräberlisten an Frankreich zu übersenden. Zugleich ersuchte man die französische Seite, Listen der Gräber der gefallenen Deutschen auf französischem Boden zu übermitteln, wozu sich Frankreich gegenüber dem Roten Kreuz grundsätzlich bereit

25 Lurz schreibt hierzu sehr knapp: »Die kriegführenden Nationen tauschten Verzeichnisse aus«. Gräber von anderen Nationen seien außerdem grundsätzlich gleich behandelt worden. Siehe *Lurz*, Kriegerdenkmäler Bd. III, S. 40. Beides gibt eher die Idealvorstellung seitens des preußischen Kriegsministeriums wieder, wie sie in den verschiedenen Bestimmungen zur Anlage von Friedhöfen und der Behandlung von Kriegsgräbern zum Ausdruck kommt. Der Austausch der Gräberverzeichnisse war grundsätzlich schwierig und wurde zwischen allen beteiligten Staaten auch nach Kriegsende nie vollständig erreicht.

26 BArch R 901/84158 und 84159.

27 Vgl. BArch R 901/84158, Kriegsministerium an Reichskanzler und Auswärtiges Amt, 7.2.1916. Hier findet sich auch ein Muster der verwendeten Karteikarten und der erfassten Angaben.

erklärt hatte.[28] Ein vorläufiges Gräberverzeichnis wurde bereits während des Krieges im August 1918 an Deutschland übersandt.[29]

In den teilweise noch vage und lückenhaft formulierten völkerrechtlichen Vorgaben zur Bestattung der Gefallenen zeichneten sich drei Entwicklungen ab, die bereits während des Ersten Weltkriegs und vollends nach dessen Ende zum Tragen kamen: erstens wurde der Grundsatz der Gleichbehandlung der Toten als humanitäres Prinzip etabliert, zweitens wurde ein Modus festgelegt, der die Verantwortung für die Toten anhand der Geländehoheit über das umkämpfte Territorium bestimmte, und drittens wurden administrative Strukturen eingefordert, die es ermöglichen sollten, das Kriegsschicksal eines jeden einzelnen Soldaten und den Verbleib seines Grabes zu bestimmen.

Das Bild eines typischen Kriegsverlaufes, das sich in der Genfer Konvention und der Haager Landkriegsordnung zu dieser Zeit abzeichnete, war noch stark geprägt von der Abfolge zeitlich und räumlich eng begrenzter Schlachten. Gerade unter den Bedingungen des Stellungskrieges war aber eine sofortige Bergung der Toten oft nicht möglich gewesen. Die endgültige Bestattung der fast zehn Millionen Gefallenen wurde somit zu einem Mammutprojekt der Nachkriegsjahre. Damit wurde die Frage des Umgangs mit den Gefallenen und ihren Gräbern zu einem eigenständigen Problemkomplex, der grundsätzlicher Vereinbarungen und Regelungen bedurfte.[30]

Im Friedensvertrag von Versailles bildete die Gräberfrage daher einen eigenen Verhandlungspunkt.[31] Als multilaterales Vertragswerk und zugleich Gründungsdokument des Völkerbundes beschränkten sich die festgelegten Grundsätze zur Achtung und Erhalt von Kriegsgräbern nicht nur auf die vormals kriegführenden Parteien, sondern wurden von allen Signatarstaaten anerkannt. Die in den Artikeln 225 und 226 festgelegten Vereinbarungen bestätigten die sich in den Genfer und Haager Abkommen abzeichnende Intention, die Grabstätten der Gefallenen unter Schutz zu stellen. Im Gegensatz zum Genfer Abkommen von 1906 wurde der Schutz der Kriegsgräber jedoch im Versailler Vertrag zu einem eigenständigen Teilbereich des Vertragswerkes und erschien nun unabhängig von der Frage der Behandlung der Verwundeten. In der Frage der Zuständigkeit und Verantwortung für die Kriegsgräber wurde das schon im Friedensschluss 1871 und im Genfer Abkommen angewendete Territorialitätsprinzip übernommen. Es verpflichtete damit die alliierten Siegermächte und die mit ihnen

28 Vgl. BArch R 901/84151, Kriegsministerium an Auswärtiges Amt, 6.10.1916.

29 Vgl. BArch R 901/84159, Verbalnote der Schweizerischen Gesandtschaft in Berlin (Vertretung deutscher Interessen), 19.8.1918.

30 *Gillespie*, History, S. 177.

31 Gesetz über den Friedensschluß zwischen Deutschland und den alliierten und assoziierten Mächten. Vom 16. Juli 1919, in: RGBl. 1919, Nr. 140, S. 687–1350. Für Artikel 225 und 226 siehe S. 979.

assoziierten Signatarstaaten auf der einen und Deutschland auf der anderen Seite, jeweils die Sorge für die Kriegsgräber, die sich auf dem eigenen Territorium befanden, zu übernehmen. Artikel 225 spricht dabei ausdrücklich davon, dass Kriegsgräber mit »Achtung behandelt und instandgehalten werden«[32] sollen, womit eine Verpflichtung zur aktiven Grabpflege formuliert wurde. Diese Klausel schuf vor allem für Deutschland eine besondere Situation, die die Betreuung der eigenen Kriegsgräber maßgeblich prägte und auch für die Zukunft beeinflussen sollte. Der Front- und Kriegsverlauf des Ersten Weltkrieges ergaben, dass sich ein Großteil der deutschen Gefallenen jenseits der deutschen Grenzen befand. Kämpfe auf deutschem Hoheitsgebiet hatten nur in Ostpreußen stattgefunden. Die Zahl der Kriegsgräber des Ersten Weltkriegs im Inland blieb daher überschaubar. Ein Großteil der Toten blieb unbestattet auf den Schlachtfeldern der ehemaligen Westfront oder auf provisorischen Friedhöfen in Frankreich und Belgien zurück. Nun fiel diesen Staaten die Aufgabe zu, Grabstätten auch für die deutschen Gefallenen zu schaffen. In Deutschland wurde in der allgemeinen Polemik gegenüber dem Versailler Vertrag dies als weitere gezielte Maßnahme zur Demütigung ausgelegt, indem man Deutschland die Pflege der eigenen Gräber vorenthielt.[33] Deutschland hatte allerdings auch nicht die damit verbundenen Kosten zu schultern. In den Versailler Vertrag fanden Verfahrensweisen im Umgang mit Kriegsgräbern Einzug, die überwiegend schon vor und während dem Ersten Weltkrieg entwickelt wurden, so dass von einer gezielten Diskriminierung Deutschlands als Unterlegenen eigentlich nicht gesprochen werden kann. In der Literatur wird zwar auf die hohe symbolische Bedeutung hingewiesen, die bereits die Denkmäler und Gräber auf den Schlachtfeldern des deutsch-französischen Krieges 1870/71 besaßen und je nach Blickwinkel den Stolz der Sieger oder nationale Revanchegelüste wachhielten, weshalb Franzosen und auch Belgier die Errichtung deutscher Monumente auf ihrem Boden nach 1918 nicht mehr hinnehmen wollten. Bemerkenswert ist jedoch, dass trotz dieser Vorbelastungen und der bestehenden Feindseligkeiten eine Verständigung über die Bestattung der Kriegstoten erreicht werden konnte, die allen Gefallenen das Recht auf ein angemessenes Begräbnis zugestand. Deutschland konnte, anders als die Alliierten, zwar zunächst keinen direkten Einfluss auf die Bestattung seiner Kriegstoten und die Gestaltung der Friedhöfe in den Versailler Vertragsstaaten nehmen, die generelle Achtung der deutschen Kriegsgräber wurde aber vertraglich zugesichert.[34]

Offen stand weiterhin die Möglichkeit, die Toten in die Heimat zu überführen, sofern Vorbehalte aus hygienischen Gründen und rechtliche Beschränkungen zum grenzüberschreitenden Leichentransport berücksichtigt wurden. Artikel

32 Ebd.

33 Vgl. *Jagow*, Joch.

34 Vgl, *Becker*, War Memorials, S 660; *Smith*, France, S. 170.

225 war so formuliert, dass er den fast schon sakrosankten Status der Kriegsgräber fixierte, dabei aber genug Spielraum für unterschiedliche nationale Vorstellungen über den weiteren Umgang und Verbleib der Kriegsgräber ließ. Die Repatriierung der Toten blieb ebenso möglich wie ein Belassen vor Ort. Die zeitlich nicht eingegrenzte Verpflichtung zur Instandhaltung der Gräber entsprach dabei durchaus dem Verständnis, dass diese dauerhaft erhalten bleiben sollten. Vorgaben für die Gestaltung der Grabstätten macht der Versailler Vertrag lediglich über die vage Forderung einer »würdevollen« Anlage. Das Einzelgrab war jedoch die bereits während des Krieges angestrebte Norm, wenn auch das Sammelgrab immer noch die einzig realisierbare Bestattungsform für hunderttausende Gefallene blieb, die nicht identifiziert werden konnten oder deren Gebeine untrennbar vermengt worden waren. Um den Verbleib der Toten möglichst lückenlos erfassen zu können, wurden beide Seiten in Artikel 226 zum Austausch von Gräberlisten verpflichtet.

Neben den für alle beteiligten Länder geltenden Vereinbarungen des Versailler Vertrags bestanden weiterhin separate Absprachen, die zwischen den alliierten Siegermächten schon während des Krieges getroffenen worden waren. Diese ermöglichten es Großbritannien und den USA, auf französischem Territorium Friedhöfe für ihre Gefallenen selbst anzulegen und zu unterhalten.[35] In der Frage der Verantwortlichkeit für Kriegsgräber fanden nach dem Ersten Weltkrieg also zwei Prinzipien Anwendung: das für die deutsche Situation vorranging wirksame Territorialitätsprinzip, das die Verantwortung für das Grab von dessen örtlicher Lage abhängig macht, sowie das Nationalitätsprinzip, das die Verantwortung für ein Kriegsgrab nach der Herkunft des Toten bestimmte. Aus deutscher Sicht entstanden somit zwei Zonen, in denen sich die Einflussmöglichkeiten beim Erhalt deutscher Kriegsgräber unterschieden: Auf den Territorien der Versailler Vertragsstaaten unterstanden die deutschen Kriegsgräber primär der Verantwortung der ehemaligen Kriegsgegner. Daneben befanden sich weitere deutsche Kriegsgräber in Staaten, die nicht zu den Unterzeichnern des Versailler Vertrages gehörten und mit denen bilaterale Abkommen über den weiteren Umgang mit den Grabstätten geschlossen werden mussten. Zu diesen Ländern zählten die baltischen Staaten Estland, Lettland und Litauen, sowie die im Krieg mit dem Deutschen Reich verbündeten Staaten.[36] Der mit Russland zunächst geschlossene

35 Capdevila und Voldman unterscheiden zwischen den beiden Verfahrensmustern, die Toten vor Ort zu belassen (Großbritannien und Deutschland), oder es den Angehörigen zu überlassen, über eine Überführung auf Staatskosten zum Heimatort zu entscheiden (Frankreich und USA).Dieses Schema ist nicht grundsätzlich falsch, übersieht jedoch die nicht ganz unbedeutenden politischen Rahmenbedingungen für die tatsächlichen Möglichkeiten von deutscher Seite Einfluss auf die Bestattung der Toten zu nehmen. Vgl. *Capdevila/Voldman*, War Dead, S. 56.

36 Zur Kriegsgräberfürsorge in Estland und Lettland vgl. *Böttcher*, Volk, S. 48 f. u. 94 f.

Friedensvertrag von Brest-Litowsk hatte ebenfalls keine Vereinbarungen über Kriegsgräber enthalten.

Für die Entwicklung der Kriegsgräberfürsorge stellten Ost- und Westfront aber nicht nur völkerrechtlich sehr unterschiedliche Erfahrungsräume dar. Der Frontverlauf im Osten hatte sich vom Baltikum bis zum Balkan erstreckt. Dementsprechend waren die zurückgelassenen Kriegsgräber territorial weit verstreut.[37] Die territoriale Neuordnung Osteuropas nach dem Ersten Weltkrieg bedingte außerdem, dass die aus der Konkursmasse der zerfallenen Imperien geformten Nationalstaaten sich nicht für die Gräber der Toten der kaiserlichen oder zaristischen Armeen verantwortlich fühlten.[38] Die politische Lage blieb in vielen der jungen Staaten zunächst instabil. Das Fehlen eines verbindlichen rechtlichen Rahmens, der nicht nur den Schutz der Gräber verfügte, sondern auch die Etablierung von Organisationsstrukturen und ein Mindestmaß an zwischenstaatlicher Kooperation und Informationsaustausch zwischen den verantwortlichen behördlichen Einrichtungen erzwang, führte dazu, dass die kriegsgräberfürsorglichen Maßnahmen in Osteuropa häufig nur provisorisch-konservatorischen Charakter hatten. Sie zielten auf den Erhalt der von den deutschen oder österreichischen Truppen während des Krieges angelegten Friedhöfe in ihrer bestehenden Form ab und gingen nicht mit einer vollständigen systematischen Umbettung der Kriegstoten auf größere Friedhofsanlagen einher.[39] Die vom Stellungskrieg gezeichneten Frontabschnitte im Westen dagegen waren durch eine hohe Konzentration von Toten auf engem Raum gekennzeichnet, von denen zudem ein großer Teil dem wechselseitigen Artilleriebeschuss zum Opfer gefallen war. Hier begrenzte das Ausmaß der physischen Zerstörung die Möglichkeiten zur Identifizierung der Opfer.

37 Vgl. *Bucur*, Heroes, S. 54.

38 Vgl. *Rass/Lohmeier*, Körper, S. 287.

39 Bis heute erhalten sind noch einige Friedhöfe im ehemaligen Zuständigkeitsbereich der Kriegsgräberabteilung beim K. u. K. Militärkommando Krakau. Die westgalizischen Friedhöfe unterscheiden sich deutlich von der Friedhofsplanung, die bei der Anlage von Militärfriedhöfen an der Westfront nach Kriegsende angewandt wurde. Die Friedhöfe wurden nicht nach einem einheitlichen Schema geplant, sondern stellen individuelle Entwürfe der beteiligten Architekten dar. Es entstanden während des Krieges etwa 400 Friedhöfe, verteilt über eine Gesamtfläche von ca. 10.000 km^2, die in der Regel einige Hundert Tote beherbergten. Bestattet wurden Gefallene aller beteiligten Armeen. Siehe hierzu *Ruszała*, Cmentarze; mit zahlreichen aktuellen Abbildungen *Bořutová*, Architekt, S. 160–193, zur Kriegsgräberabteilung insbesondere S. 161.

2. Im Westen was Neues. Kriegsgräberfürsorge als internationale Praxis

Konflikte um eine angemessene Ehrung der Kriegstoten und die Suche nach geeigneten Formen der Erinnerung an die Opfer waren ein universelles Phänomen, das alle gesellschaftlichen Bereiche und die kulturelle Produktion durchzog.[40] In allen Ländern warf die kaum überschaubare Zahl der Toten und ihrer Gräber eine Reihe typischer Fragen auf, die grundlegende Probleme der Kriegsgräberfürsorge berühren. Diese sind eng miteinander verwoben und nicht immer klar voneinander abgrenzbar, deutlich hervor treten aber immer die Fragen nach dem Bestattungsort, der angemessenen Bestattungsform und symbolischen Gestaltung der Grab- oder Erinnerungsstätten sowie die Frage, ob die Gräber primär der Verantwortung des Staates oder in die Hände der Familie übergeben werden sollten. Die gefundenen Antworten prägten langfristig das sich herausbildende gesamtgesellschaftliche Verständnis davon, wie mit den Körpern der toten Soldaten und ihren Gräber umzugehen sei.[41]

Der Krieg hatte die Gefallenen nicht nur gewaltsam aus dem Leben gerissen, er versperrte den Hinterbliebenen auch die Möglichkeit über die gewohnten zivilen Bestattungs- und Trauerrituale vom Toten Abschied zu nehmen. Die globale Dimension des Ersten Weltkrieges bedeutete, dass es für viele Angehörige nicht sicher sein konnte, ob es überhaupt jemals für sie möglich sein würde, ein Grab zu besuchen. Dies warf die grundsätzliche Frage auf, ob die Toten, die im Ausland an der Front oder in Kriegsgefangenschaft gestorben waren, nach Kriegsende in ihre Heimat überführt oder am Sterbeort belassen werden sollten. Während des Krieges hatten alle Staaten die Überführung von Kriegstoten unterbunden. Im Zuge der nach Kriegsende beginnenden ordentlichen Bestattung der Toten wurde in vielen Ländern auch die Überführung der Gefallenen wieder öffentlich diskutiert. Die Entscheidung für oder gegen die »Repatriierung« der Toten zog als Konsequenz nach sich, dass entweder mit erheblichem logistischem Aufwand die Ausbettung, Überführung und erneute Bestattung der Toten in die Wege geleitet, oder aber Strukturen zur dauerhaften Pflege der Grabstätten im Ausland aufgebaut werden mussten. Bei der Anlage der Grabstätten musste eine Entscheidung darüber gefällt werden, inwieweit der militärische Charakter der Gräber zum Ausdruck gebracht wird, oder ob die Gefallenen in den Kreis der zivilen Toten zurückkehren sollten, was eng mit Fragen des Kriegstotengedenkens und dem Verhältnis von Zivilgesellschaft und Militär verbunden war. Im Spannungsfeld von ziviler und staatlich-militärischer Sphäre ist auch die längerfristige

40 Vgl. *Winter*, Remembering War, S. 25 f.

41 Für verschiedene internationale Beispiele siehe *Hettling/Echternkamp*, Gefallenengedenken.

organisatorische Umsetzung des Anspruches auf ewige Ruhe angesiedelt. Die dauerhafte Pflege der Gräber konnte einer staatlichen Institution übertragen werden oder dem privaten Engagement der Bürger überlassen werden.

Die Entscheidung über den Verbleib der Toten war in keinem Land unumstritten. Die Erwägungen um den angemessenen Umgang mit den Toten waren beeinflusst durch Gerechtigkeitsfragen, durch Argumente, die um die Würde der Toten kreisten sowie durch pragmatische Überlegungen. In den meisten Staaten waren die getroffenen Entscheidungen über den Umgang mit militärischen Toten langfristige Weichenstellungen, die auch nach dem Zweiten Weltkrieg wirksam blieben.

Für die USA, die bis heute den größten Aufwand bei der Suche, Überführung und Betreuung ihrer Kriegstoten betreiben, stellten die im Ersten Weltkrieg in kürzester Zeit ansteigenden Opferzahlen eine enorme Herausforderung dar.[42] Während des Krieges wurden zunächst temporäre Friedhöfe angelegt, um diese nach Kriegsende in dauerhafte Friedhöfe ausbauen zu können oder um eine Überführung der Toten zu erleichtern, da diese nicht mehr von den Schlachtfeldern geborgen werden mussten, was ein Auffinden und Identifizieren der Gefallenen erschwert oder unmöglich gemacht hätte. Im Ersten Weltkrieg waren im Zeitraum zwischen Kriegseintritt der Vereinigten Staaten 1917 bis Kriegsende 1918 in Europa fast 80.000 amerikanische Soldaten gefallen. Im Mai 1921 bewilligte der US-Kongress nach einer zweijährigen öffentlichen Auseinandersetzung um den Verbleib der Toten die Mittel für die Rückführung. Die Entscheidung über die Rückkehr eines Gefallenen lag bei seiner Familie. Siebzig Prozent der befragten Familien hatten sich für eine Rückführung entschieden,[43] allerdings ließ sich dieses Anliegen tatsächlich nur bei 46.300 Gefallenen erfüllen. 31.595 Kriegstote wurden auf Wunsch der Angehörigen, oder weil eine Umbettung technisch undurchführbar war, auf nun dauerhaft angelegten Friedhöfen in Frankreich beigesetzt.[44]

In der öffentlichen Debatte über den Verbleib der getöteten Soldaten hatten beide Optionen prominente Fürsprecher gefunden. Theodore Roosevelt, dessen Sohn Quentin in Frankreich gefallen war, hatte sich dafür ausgesprochen, ihn am Ort seines Todes zu belassen. Ähnlich hatte sich auch General Pershing geäußert. Die zentralen Argumente, die Politiker, Militärs oder Initiativen, die sich für einen Verbleib der Toten in Europa aussprachen, vortrugen, waren die Achtung der Totenruhe, die durch das Umbetten und Überführen der Gebeine gestört würde, sowie die Vorstellung vom Schlachtfeld als »Feld der Ehre«, auf

42 Die Verfahrensweise der US-Streitkräfte heute zielt darauf ab, Tote unmittelbar aus der Gefechtszone zu bergen und in die Heimat zu überführen. Diese Vorgehensweise etablierte sich jedoch erst im Korea und Vietnamkrieg. Vgl. *Sledge*, Soldier Dead, S. 140 f.

43 Vgl. *Piehler*, War Dead, S. 173; *Gillespie*, History, S. 177.

44 Vgl. *Steere*, Graves, S. 13; *Sledge*, Soldier Dead, S. 150 f.

dem der Tote zusammen mit den anderen Gefallenen gemeinsam ruhen sollte.[45] Während das erste Argument stark durch religiöse Motive eines pietätvollen Umgangs mit dem Leichnam geprägt war, ist das zweite im Kontext militärischer Ehrvorstellungen anzusiedeln: Der Tote sollte zuallererst in seiner militärischen Rolle und als kämpfender Soldat erinnert werden.

Die Gegenposition vertrat dagegen die Auffassung, dass eine staatliche Verpflichtung bestünde, die Toten zurückzuholen, weil diese ihr Leben für ihr Land gelassen hätten. Die Idee der Rückkehr kann somit nicht nur verstanden werden als Heimkehr der überlebenden und gefallenen Soldaten, sondern auch als Wiedereintritt in das zivile Leben nach abgeleisteter Pflicht als Staatsbürger.[46] Diese Vorstellung einer wechselseitigen Verpflichtung zwischen Bürger, der im Kriegsfall zur Waffe gerufen werden kann, und Staat, dem im Gegenzug die Verantwortung für die Achtung und Ehrung der Toten obliegt, hatte sich bereits seit dem amerikanischen Bürgerkrieg entwickelt.[47] Die systematische Bestattung von Kriegstoten in Einzelgräbern als staatliche Maßnahme ist für das 19. Jahrhundert überhaupt nur für die Vereinigten Staaten belegt. In den Jahren nach Ende des Bürgerkrieges wurden die Gefallenen der Unionsarmee auf hierfür geschaffenen Nationalfriedhöfen bestattet. Das aus Mitteln des US-Bundeshaushalts finanzierte Bestattungsprogramm weist bereits wesentliche Merkmale auf, die auch den Umgang mit Kriegsgräbern im 20. Jahrhundert kennzeichnen. Organisatorisch unterstanden die Maßnahmen dem US War Department. Die Umbettung der Toten von den Schlachtfeldern auf die Friedhöfe war bereits verbunden mit dem Versuch, die Gefallenen anhand persönlicher Nachlassgegenstände zu identifizieren. Auf den Friedhöfen wurden die Toten in Einzelgräbern beigesetzt, die einheitlich ohne Unterschied des militärischen Ranges gestaltet wurden. Die Anlage von Nationalfriedhöfen, zunächst ausschließlich für die Gefallenen der siegreichen Nordstaaten, war dabei überhaupt eines der ersten gesamtstaatlichen Handlungsfelder für die im politischen Institutionengefüge des 19. Jahrhunderts noch sehr schwache US-Bundesregierung.[48]

Die Rückführung von Gefallenen war ebenfalls kein Novum, sondern wurde bereits vor dem Ersten Weltkrieg im Spanisch-Amerikanischen Krieg und während der Kolonialkriege auf den Philippinen vorgenommen.[49] Es sind vor allem die wesentlich höheren Opferzahlen der Weltkriege, die die Anlage von zunächst temporären Friedhöfen nötig machten, woraufhin sich ein Teil der Angehörigen nach Kriegsende gegen eine erneute Umbettung des Toten aussprach. Michael Sledge betont außerdem, dass der Anteil der Familien, die den Wunsch

45 Vgl. *Sledge*, Soldier Dead, S. 136 f.; *Dickon*, Foreign Burial, S. 60 ff.
46 Vgl. *Piehler*, War Dead, S. 174.
47 Vgl. *Faust*, Republic, S. 229.
48 Ebd., S. 236 f.
49 Vgl. *Piehler*, War Dead, S. 171.

nach einer Rückführung aussprachen, in beiden Weltkriegen etwa gleich hoch war und bei ungefähr siebzig Prozent lag, jedoch nur etwa sechzig Prozent der Toten tatsächlich heimgebracht werden konnten.[50] Nach dem Zweiten Weltkrieg gingen die US-Streitkräfte daher dazu über ihre Toten möglichst zeitnah zu bergen. Langfristig betrachtet stellt der Bau von Friedhöfen in Westeuropa nach dem Ersten und Zweiten Weltkrieg also für die USA eine Abweichung von der heute üblichen Norm dar, alle Toten nach Hause zu holen.

In Großbritannien hatte sich im 19. Jahrhundert im Gegensatz zu Kontinentaleuropa oder den USA keine ausgeprägte Tradition des Totengedenkens herausgebildet, welche den einfachen Soldaten als erinnerungswürdig erscheinen ließ.[51] Erste Ansätze für ein Kriegstotengedenken im öffentlichen Raum finden sich seit dem Burenkrieg 1899–1902. Die Mobilisierung von insgesamt 450.000 Mann zur Niederschlagung des Aufstandes in Südafrika erzeugte in weiten Teilen Großbritanniens ein Gefühl der persönlichen Betroffenheit und großes öffentliches Interesse.[52] Das Gedenken an die etwa 20.000 Gefallenen in den britischen Gemeinden war vor allem ein Betätigungsfeld der aufstrebenden englischen Mittelklasse. Für die Thematisierung des Kriegstodes war die Frage nach dem Verhältnis zwischen Bürger und Staat jedoch erstmal zweitrangig. Stattdessen spielten die im viktorianischen Wertehimmel gepriesenen Charakterzüge und die Ritterlichkeit im Kampf eine zentrale Rolle.[53] Der britische Soldat war noch ein »Gentleman in Khaki ordered south«,[54] der Burenkrieg wurde eher als ein aus dem Ruder gelaufenes koloniales Scharmützel wahrgenommen, nicht als Vorgeschmack dessen, was moderne Kriege in Zukunft einer Gesellschaft abverlangen würden. Auch David Crane unterstreicht, dass sich in Großbritannien zwar die gesellschaftliche Stellung des Militärs seit den napoleonischen Kriegen langfristig veränderte, der Erhalt von Friedhöfen an den kolonialen Kriegsschauplätzen im 19. Jahrhundert aber noch undenkbar war.[55]

In Großbritannien existierten daher bei Kriegsausbruch 1914 noch keine Vorstellungen oder Pläne, wie mit den zahlreichen Toten auf den Schlachtfeldern umzugehen war. Vorkehrungen, die eine spätere systematische Anlage von Friedhöfen erleichtert hätten, wurden zunächst gar nicht getroffen. Bezeichnend hierfür ist, dass eine zentrale Stelle zur Registrierung der Gräber bei den britischen Streitkräften erst im März 1915 eingerichtet wurde.[56] Diese Graves Registration Commission war aus einer mobilen Einheit des Roten Kreuzes hervorgegangen, die zunächst Verwundete aus den Kampfgebieten barg und versorgte und dabei

50 Vgl. *Sledge*, Soldier Dead, S. 150 f.
51 Vgl. *Mosse*, Soldatenfriedhöfe, S. 249.
52 Vgl. *Brereton*, British Soldier, S. 103.
53 Vgl. *Goebel*, Kontinuität, S. 200–202.
54 *Brereton*, British Soldier, S. 103.
55 Vgl. *Crane*, Empire, S. 8 f.
56 Vgl. *Laqueur*, Memory, S. 152 f.

auch die Bedeutung der Gräberregistrierung für die Aufklärung des Verbleibs von vermissten Soldaten erkannte. Der Oberbefehlshaber der britischen Truppen in Nordfrankreich General Haig maß der Registrierung der Gräber zunächst nur sentimentalen Wert bei, von dem er sich jedoch versprach, er würde die Moral der Truppe und der Angehörigen zu Hause enorm steigern. Die Graves Registration Commission wurde daher im August 1915 gegen den Widerstand des Roten Kreuzes zu einer offiziellen Abteilung der britischen Armee erklärt.[57]

Der festgefahrene Frontverlauf und der andauernde Stellungskrieg bewirkten eine hohe Konzentration von Toten auf begrenztem Raum. Mit steigenden Opferzahlen und der Erkenntnis, dass die Frage nach der Lage und dem Zustand der Kriegsgräber die öffentliche Meinung und die Moral der Truppe berührte, versuchte Großbritannien eine grundlegende Vereinbarung über den Umgang mit Kriegsgräbern in Frankreich zu erreichen, denn bereits ein Jahr nach Kriegsausbruch wurden die Flächen auf den Gemeindefriedhöfen in den Orten in Nähe der Front knapp. Rechtlich war jedoch völlig ungeklärt, wer die benötigten Grundstücke für die Erweiterung der Friedhöfe bereitstellen und wie mit eigenhändig von den Truppen angelegten Friedhöfen nach dem Krieg verfahren werden sollte. Am 29. Dezember 1915 verabschiedete das französische Parlament ein Gesetz, das die offenen Fragen der Bereitstellung und Entschädigung für die benötigten Grundstücke regeln sollte sowie die Zuständigkeit für die künftige Pflege der Gräber klärte.[58] Das Gesetz sicherte den Gräbern außerdem das dauerhafte Ruherecht zu (»l'établissement des sépultures perpetuelles«). Über die Frage, in welcher Form die Grabstätten für die Gefallenen anzulegen seien, waren zeitgleich sich über Monate hinziehende Debatten und Verhandlungen entbrannt. Mit der Vorstellung des auf Dauer anzulegenden Einzelgrabes konkurrierte auf französischer Seite das Konzept des Ossuariums.[59] Die Vorstellung riesiger Gebeinhäuser stieß nicht nur in Großbritannien auf Ablehnung. Die Grabkammer mit den Gebeinen der deutschen Gefallenen der Sedanschlacht wurde von den deutschen Truppen kurzerhand zugemauert, als diese 1914 erneut in den Raum um Sedan vorstießen. Die Überreste der Toten hatten bisher feinsäuberlich nach Nationalität getrennt und offen sichtbar in der Krypta des Ossuariums von Bazeilles geruht.[60] In Frankreich bestand zwar eine längere Tradition die Kriegstoten für ihren Einsatz für die Republik zu ehren, der Anspruch auf ein individuelles Grab und namentliches Erinnern jedes Gefallenen etablierte sich jedoch erst mit dem Ersten Weltkrieg.[61]

57 Vgl. *Longworth*, Vigil, S. 7; *Crane*, Empire, S. 48 ff.

58 Loi concernant les lieux de sépulture à établir pour les soldats des Armées francaise et alliées décédés pendant la durée de la guerre, in: Journal Officiel Nr. 355, 31.12.1915. Vgl. außerdem *Crane*, Empire, S. 64 ff.

59 Vgl. *Longworth*, Vigil, S. 11.

60 Vgl. *Becker*, War Memorials, S. 664; *Capdevila/Voldman*, S. 163.

61 Vgl. ebd., S. 660 ff.; *Mosse*, Fallen Soldiers, S. 45.

Die Debatte um Sammel- oder Einzelgrab beschäftigte nicht nur die französischen Parlamentarier, sondern ist eine grundlegende Frage in der Kriegsgräberfürsorge, die auch in Deutschland unter verschiedenen Gesichtspunkten immer wieder aufgeworfen wurde. Die Frage nach der Ausgestaltung von Kriegsgräbern und Kriegsgräberstätten als Ensemble von Einzelgräbern oder als Sammelgrab oder Gebeinhaus, das als bauliche Einheit erscheint, berührt pragmatische Probleme bei der Umsetzung der dauerhaften Ruhe wie auch die symbolische Stellung der Gefallenen im Verhältnis zum Gemeinwesen. Symbolisch lässt die monumentale Gestaltung der Grabanlagen die Gefallenen als Kollektiv stärker in Erscheinung treten, wogegen das Einzelgrab den individuellen Charakter des Grabes und des Gefallenen hervorhebt. In Frankreich war zu diesem Zeitpunkt noch keine Entscheidung über den konkreten Umgang mit den eigenen Toten getroffen worden, dies geschah erst nach Kriegsende. Im Dezember 1915 wurden aber bereits rechtliche Voraussetzungen geschaffen, die die weitere Entwicklung der Kriegsgräberfürsorge nach dem Ersten Weltkrieg maßgeblich beeinflussten.

Das Gesetz bezüglich der Gräber der französischen und alliierten Soldaten des Ersten Weltkrieges übertrug die finanziellen Lasten für die Bereitstellung von Flächen zur Errichtung von Friedhöfen dem französischen Staat. Zugleich bestimmte das Gesetz, dass die Pflege der ausländischen Gräber auch einer mit dieser Aufgabe offiziell beauftragten Organisation übertragen werden könne. Es war im Interesse der Briten gewesen, einerseits ein geregeltes Verfahren zur Bereitstellung geeigneter Grundstücke für die Anlage von Friedhöfen festzulegen sowie die bestehenden Gräber zu schützen, andererseits aber auch sicherzustellen, dass nach Kriegsende die Verfügungsgewalt über die im Ausland liegenden Grabstätten nicht verloren ging und eigenhändig über den Umgang mit den Gräbern entschieden werden konnte. Dieses Reglement legte zugleich den Grundstein für die spätere Gründung der Imperial War Graves Commission (IWGC), die als verantwortliche Organisation für die Betreuung der britischen Grabstätten zuständig sein sollte.[62] Es ist nicht ganz richtig wie es etwa Jay Winter formuliert hat, dass Großbritannien sich erst 1916 mit der Gründung der Vorläuferorganisation der IWGC, des sogenannten Prince of Wales Committee, entschlossen hätte, selbstständig für seine Gräber Sorge zu tragen und dies zuvor allein durch Frankreich erfolgt wäre.[63] Die französische Gesetzgebung wie auch die Einrichtung von Stellen zur systematischen Erfassung von Kriegsgräbern bei den britischen Streitkräften erfolgten als Reaktionen auf die Erfahrungen des Massensterbens während des Krieges, für die es in dieser Form noch keine Vorbilder gab. Gerade die britischen Truppen waren organisatorisch auf die Erfassung und Identifizierung ihrer Toten schlecht vorbereitet. Das französische Gesetz entstand auch im Austausch mit den britischen Stellen, insbesondere

62 Vgl. *Ware*, Heritage, S. 24–25.
63 Vgl. *Winter*, Sites, S. 23.

mit dem maßgeblich für die Entwicklung des britischen Kriegsgräberwesens verantwortlichen Fabian Ware.[64] Die Gründung des Prince of Wales Committee ist keine nachträgliche Übernahme von Verantwortung für die Gefallenen, sondern eine Reaktion auf die im französischen Gesetzestext geforderte Einrichtung einer staatlich anerkannten Organisation, welche mit der Pflege der Gräber betraut werden sollte, die wiederum ohne die entsprechenden rechtlichen Grundlagen in Frankreich gar nicht handlungsfähig gewesen wäre. Zugleich ist natürlich eine gesteigerte öffentliche Sensibilität gegenüber den Gräbern der Kriegstoten mit Fortdauern des Krieges, insbesondere mit Einführung der Wehrpflicht in Großbritannien 1916, nicht zu leugnen. Die Gründung der IWGC als eigenständige zivile Institution unter der Schirmherrschaft der Krone diente auch dem Zweck ein öffentliches Zeichen dafür zu setzen, dass die Gräber an der Front nicht vergessen würden.[65] Man wollte dabei auch der Entstehung konkurrierender Initiativen zuvorkommen, die sich auf verschiedene Weise um die Gräber der Gefallenen bemühen wollten.[66] In der Kommission waren die britischen Kolonien und Dominions ebenso repräsentiert wie das Mutterland. Die IWGC stand für den Anspruch alle Gefallenen, die auf britischer Seite in Europa oder den kolonialen Kriegsschauplätzen gekämpft hatten, gleichermaßen zu ehren. Klassenschranken im Totengedenken und die Missachtung des einfachen Soldaten mussten spätesten mit der massenhaften Rekrutierung von Wehrpflichtigen hinfällig werden. In den Dominions war durchaus akzeptiert, dass der Tod an der weit entfernten Front gleichbedeutend mit einem Grab in der Fremde sein würde. Was der Erste Weltkrieg aber auch hier schuf, war ein neues Verständnis, dass eine staatliche Verantwortung für die Gräber der als Freiwillige oder als Wehrpflichtige einberufenen Soldaten bestand.[67]

Der erste Weltkrieg schuf in Großbritannien in kürzester Zeit Akzeptanz für ein egalitäres Totengedenken, das alle Gefallenen ungeachtet ihres Ranges oder ihrer sozialen Stellung gleichermaßen einschloss. Die gewählten Gestaltungskonzepte für die Friedhöfe der Gefallenen Großbritanniens und seiner Dominions unterstrichen diesen Gedanken. Verbunden war damit auch die Entscheidung, alle Toten auf den ehemaligen Kriegsschauplätzen zu belassen und nicht mehr in die Heimatländer zu überführen. Das amerikanische Modell, das es den Familien frei stellte zu entscheiden, wo die Toten zur letzten Ruhe gebettet werden sollten und die Kosten für die Überführung der Staatskasse zur Last legte, wurde nicht aufgegriffen. Wenn auch zunächst in Einzelfällen Überführungen nach Großbritannien in den ersten Kriegsmonaten vorkamen, zeigte sich jedoch schnell, dass dieses Vorgehen für alle Toten nicht in Frage kam. Bereits im April

64 Vgl. *Crane*, Empire, S. 64.
65 Vgl. *Ware*, Heritage, S. 25.
66 Vgl. *Longworth*, Vigil, S. 24.
67 Für z. B. Australien vgl. *Ziino*, Grief, S. 36.

1915 wurde daher angeordnet, dass Exhumierungen und Überführungen von Gefallenen während des Krieges unterbleiben sollten. Gerade deshalb war es für die britische Regierung wichtig gewesen, bereits während des Krieges eine rechtliche Grundlage für den dauerhaften Schutz ihrer Gräber in Frankreich zu erhalten. Verknüpft war diese Entscheidung mit dem nun offiziell verkündeten Gleichbehandlungsgrundsatz, der unterbinden sollte, dass die soziale Stellung des Toten über die Frage des Verbleibs des Leichnams entschied. Die Kriegsgräber und die Toten wurden der Verfügungsgewalt der neu eingerichteten Graves Registration Commission unterstellt.[68] Nach dem Krieg wurde dieser Entschluss beibehalten.[69] Das britische Modell spiegelt das Verständnis wider, dass die gefallenen Soldaten bei Erfüllung ihrer nationalen Verpflichtung ums Leben kamen. Als Staatsbürger und Untertanen der britischen Krone standen sie ungeachtet ihres militärischen Ranges oder ihrer zivilen Stellung gleichberechtigt nebeneinander. Dabei wohnt dem Konzept geschlossener, rein militärischer, uniformer Grabanlagen auch ein militärischer Opferkult inne, der die Gefallenen als eine durch das Kriegserlebnis begründete Gemeinschaft in ihrer kriegerischen Rolle bewahrt. Unterstützt wird dies durch die symbolische Ausstattung der von der IWGC geschaffenen Friedhöfe mit dem *Cross of Sacrifice*, ein Hochkreuz, das ein mit der Klinge nach unten gerichtetes bronzenes Kreuzritterschwert ziert, sowie dem *Stone of Remembrance*. Dieser altarartige Quader schien mit der von Rudyard Kipling entworfenen Inschrift *Their Name Liveth for Evermore* durch ihre sprachlich antiquierte Form auf eine fiktiven Punkt in einer historischen Ahnenreihe gefallener Helden zu verweisen. Für die in ihrer äußeren Form einheitlichen Grabsteine blieb durch die Möglichkeit individueller Gravuren jedoch eine gewisse persönliche Gestaltungsfreiheit erhalten.[70] Sie ließen Raum für religiöse Referenzen als auch persönliche Widmungen. Die getöteten Hindus und Sikhs unter den britischen Truppen wurden gemäß ihrer religiösen Bräuche eingeäschert und durch ein Denkmal geehrt. Die Entscheidung, die Gräber aller Commonwealth Gebiete gemeinsam zu betreuen, unterstrich sowohl die Tradition des britischen Empires, aber auch die Anerkennung des militärischen Beitrages der Truppen stellenden Staaten und Kolonien.

Das Kreuzritterschwert und die sprachlich antiquierte Gedenkformel Kiplings waren noch im symbolischen Bezugsrahmen der Vorkriegszeit verankert. Ihnen hafteten immer noch Vorstellungen einer romantisierten Vorzeit an, die den bewaffneten Kampf zum ritterlichen Schlagabtausch verklärten.[71] Der Rückgriff

68 Vgl. ebd., S. 39.

69 Vgl. *Longworth*, Vigil, S. 14; zu Widerständen gegen das Exhumierungsverbot siehe *van Emden*, The Quick and the Dead, S. 275ff.

70 Vgl. *Skelton*, Lutyens, S. 110. Die flachen weißen Grabsteine boten neben dem Regimentsabzeichen und einem religiösen Symbol auch Platz für eine persönliche Inschrift der Familie. Vgl. *van Emden*, The Quick and the Dead, S. 293.

71 Vgl. *Inglis*, Unknown Soldiers, S. 15.

auf mittelalterliche Themen war der Versuch, Vorbilder für das scheinbar Unbeschreibbare in einem vertrauten kulturellen Rahmen zu finden.[72] Angesichts der Realität in den Schützengräben konnten Sprache, Symbole und Moral des viktorianischen Zeitalters jedoch als geradezu absurd erscheinen, wenn es darum ging, für die Erlebnisse an der Front eine geeignete Ausdrucksform zu finden.[73] Reinhart Koselleck hat nicht nur britischen, sondern der Mehrzahl der dem Ersten Weltkrieg gewidmeten Denkmäler attestiert, dass sie sich »dadurch auszeichnen, Hilflosigkeit durch Pathos zu kompensieren. Der Tod von Hunderttausenden [...] hinterließ einen Begründungszwang, der mit überkommenen Bildern und Begriffen schwer einzulösen war.«[74] Die symbolische Einbettung in die heroische Ahnenreihe von Kreuzrittern und Arthus Tafelrunde, die sich häufig bei britischen Kriegsdenkmälern noch findet, bringen dies zum Ausdruck. Festzuhalten ist aber auch, dass die symbolische Aussagekraft der britischen Friedhöfe bewusst nicht eindeutig ist. Sie enthält christliche und kriegerische Referenzen, ohne dabei dem Sterben im Krieg aber eine einzige, zwingende Bedeutung zuzuschreiben.[75] Für die öffentliche Akzeptanz der Gräberfürsorge und die gesellschaftlich integrierende Wirkung des Totengedenkens war aber der sichtbare Bruch mit den sozialen Gegensätzen bei der Ehrung der Toten vermutlich der wirksamste Schritt.

1920 hatte die IWGC die ersten drei Musterfriedhöfe vollendet, von denen einer als Vorbild für die weiteren Anlagen dienen sollte.[76] Ausgewählt wurde der Friedhof Forceville an der Somme, der als Erweiterung des bestehenden kommunalen Friedhofs bereits während des Krieges angelegt worden war und nun durch Reginald Blomfield seine endgültige gestalterische Form erhalten hatte. Das mit einer Ummauerung eingefasste Gräberfeld, auf dem in gleichmäßigen Grabreihen weiße Grabsteine die Gräber markieren und das durch das besagte Hochkreuz seine symbolische Umklammerung erhält, wurde stilprägend für alle britischen Friedhöfe der beiden Weltkriege. Unter den 304 hier bestatteten Toten befanden sich auch sieben Gräber deutscher Soldaten. Die Anlage der Friedhöfe der IWGC wurde bis 1927 abgeschlossen. Dabei wurden 1.000 Friedhöfe zu dauerhaften Anlagen ausgebaut, wo etwa 450.000 Tote beigesetz wurden.[77] Insgesamt verzeichnet die Imperial/Commonwealth War Graves Commission heute insgesamt mehr als 2.900 Grablageorte und Denkmäler für

72 Zur Bedeutung mittelalterlicher Symbolik in der Kriegserinnerung in Großbritannien und Deutschland nach dem Ersten Weltkrieg siehe *Goebel*, Great War.

73 Vgl. *Fussel*, Great War, S. 22 ff. Fussel betont den Zusammenhang von überkommener Sprache und Begriffen und der Suche nach neuen Ausdrucksformen, um die Kriegserlebnisse in eine erzählbare Erinnerung überführen zu können.

74 *Koselleck*, Kriegerdenkmale, S. 272 f.

75 Vgl. *Mosse*, Fallen Soldiers, S. 83; *Alter*, Erster Weltkrieg, S. 114 f.

76 Vgl. *Skelton*, Lutyens, S. 109.

77 Vgl. *Dickon*, Foreign Burial, S. 62.

die von ihr betreuten Toten des Ersten Weltkrieges auf eigenen Friedhöfen oder zivilen Friedhöfen in Frankreich.[78]

Ein Konzept, wie mit den Gräbern und den nicht identifizierten Gefallenen an den Frontabschnitten weiter verfahren werden sollte, gab es für die französischen Toten jedoch noch nicht. Die öffentliche Auseinandersetzung über den angemessenen Umgang mit den Gefallenen, die sich in den Nachkriegsjahren entwickelte, berührte ähnliche Fragen, die auch in den anderen Kriegsteilnehmerstaaten diskutiert wurden. Auch in Frankreich nahm die Frage der »Heimkehr« der Toten eine zentrale Stellung ein. Heimkehr bedeutete in diesem Fall meist nicht die Überführung der im Ausland verstorbenen Kriegsgefangenen, sondern bezog sich vornehmlich auf die Toten, die im Verlauf des Krieges auf zivilen oder militärischen Friedhöfen jenseits ihrer Heimatgemeinde begraben worden waren.

Unmittelbar nach Kriegsende war im November 1918 auch in Frankreich eine Kommission gebildet worden, die die Anlage von Friedhöfen für die Gefallenen planen und durchführen sollte. In Frankreich unterstanden die Kriegsgräber zunächst dem Kriegsministerium, das anstrebte, die verstreuten Einzelgräber und kleineren Friedhöfe zu größeren Grabstätten zusammenzufassen.[79] Private Exhumierungen und Überführungen der Toten wurden für einen Zeitraum von drei Jahren untersagt, um den Fortgang der Arbeiten an den Friedhöfen und die dabei durchgeführten Umbettungen und Identifizierungsarbeiten nicht zu behindern. Hinter den Plänen stand auch hier die Idee, die Toten gemeinsam auf den früheren Schlachtfeldern zu bestatten, um ihren Tod als Opfer für die Nation in Erinnerung zu bewahren. Gegen diese Pläne formierte sich öffentlicher Widerstand. Es bildeten sich Gruppen von Angehörigen, die das Recht einforderten, ihre Toten auf heimischen Friedhöfen beisetzen zu dürfen. Beide Positionen wurden zunächst als miteinander unvereinbar aufgefasst.[80] Daniel Sherman hat betont, dass sich die Auseinandersetzung nicht auf einen Gegensatz von individuellem und kollektivem Betrauern und Gedenken reduzieren lässt. Der Umgang mit den Kriegstoten berührte eine Reihe von Selbstverständigungsdiskursen, die das Verhältnis von Bürger und Staat ebenso umfassten wie das Selbstbild als Nation oder das Verhältnis von Kirche und Staat.[81] In den Diskussionen um den geeignetsten Ort für die letzte Ruhestätte standen dem Schlachtfeld idealisierte Vorstellungen eines ländlichen Frankreichs gegenüber. Die staatliche Verantwortung für die Gefallenen wurde entgegen dem Anrecht der Familie auf ihren Toten positioniert. Beide Seiten verband letztendlich das

78 Für detaillierte Informationen zu den Friedhöfen der IWGC/CWGC siehe: https://www.cwgc.org/find/find-cemeteries-and-memorials [Stand 5.3.2018].

79 Vgl. *Mosse*, Fallen Soldiers, S. 82.

80 Vgl. *Winter*, Sites, S. 22 ff.

81 Vgl. *Sherman*, Construction, S. 78; *ders.*, Bodies and Names, S. 445 f.; *Edwards*, Mort pour la France, S. 8.

gemeinsame Bedürfnis nach einem Ort, der den individuellen Verlust wie auch das massenhafte Sterben greifbar machte.

Ungeachtet des bestehenden Verbotes Kriegstote zu überführen, war der illegale Transport von Leichen quer durch die Republik jedoch ein permanentes Problem. Wer seinen an der Front gefallenen Sohn oder Ehemann nach Hause holen wollte, fand gegen entsprechende Bezahlung auch einen Bestatter, der bereitwillig die Umbettung der Leiche organisierte.[82] Diese Situation provozierte neue Gerechtigkeitsfragen, die sich im Kontext der scharf geführten Auseinandersetzungen nur dadurch auflösen ließen, dass man die Entscheidung über die letzte Ruhestätte den nächsten Angehörigen überließ. Die Praxis der illegalen Überführungen und die öffentlichen Widerstände gegen die kollektive Zusammenbettung der Toten veranlasste die französische Regierung im Juli 1920 zu einer Kehrtwende. Die Überführung von Kriegstoten auf heimische zivile Friedhöfe wurde nun gestattet und die Kosten von der Staatskasse übernommen.[83] Dass der Wunsch die Toten in der Heimatgemeinde zu betrauern in der französischen Bevölkerung ausgeprägt war, zeichnet sich in der Zahl der beantragten Überführungen ab. Für eine Überführung kamen nur namentlich bekannte Kriegstote in Frage. Von den etwa 1,35 Million Toten waren dies in Frankreich ungefähr 700.000. Für etwa eine Viertelmillion Kriegstote wurden Anträge auf Überführung gestellt.[84] Das Bedürfnis nach individuellem Betrauern und Erinnern der Toten hatte die französische Regierung bereits zu kompensieren versucht, indem die Gemeinden angewiesen wurden, die Gefallenen ihres Ortes namentlich auf Kriegerdenkmälern festzuhalten. Zugleich versuchte man, einen Wildwuchs an neu errichteten Denkmälern einzudämmen.[85]

Die Namen der Gefallenen ließen sich als Inschriften auf Denkmälern verewigen. Der Anspruch auf ein individuelles Grab war angesichts des Ausmaßes der physischen Vernichtung auf den Schlachtfeldern jedoch für viele Tote nicht einlösbar. Die Zahl der nicht identifizierbaren Toten umfasste insgesamt mehrere hunderttausend Gefallene. Bei den meisten beteiligten Staaten lag die Quote der nicht identifizierten Toten zwischen dreißig und fünfzig Prozent. Neben der vollständigen Zerstörung der Körper durch Granaten spielten auch die teilweise noch fehlenden Erfahrungen bei der Identifizierung der Toten und der Registrie-

82 Vgl. *Winter*, Sites, S. 25.

83 Siehe das Gesetz vom 31. Juli 1920 sowie das Dekret vom 28. September 1920. Die gesetzlichen Bestimmungen zum Umgang mit Kriegstoten und Kriegsgräbern in Frankreich sind zusammengefasst in: Recueil Officiel des Sepultures Militaires (France – Colonies – Étranger). Renseignements utiles aus familles se rendant sur la tombe des leurs, hg. v. Ministère des Pensions, Paris 1929. Vgl. außerdem *Audoin-Rouzeau*, Corps, S. 47.

84 Winter geht schätzungsweise sogar von 300.000 Anträgen aus, vgl. *Winter*, Sites, S. 26, Gillespie verweist auf 240.000 Überführungen, vgl. *Gillespie*, History, S. 177; ebenso *Audoin-Rouzeau*, Corps, S. 47.

85 Vgl. *Gilzmer*, A nos morts, S. 179; *Smith*, France, S. 73 und 170.

rung von Grabstellen eine wesentliche Rolle. Keine der beteiligten europäischen Armeen verwendete bei Kriegsausbruch einheitliche Erkennungsmarken für ihre Soldaten. Zum Teil wurde während des Krieges zeitgleich mit mehreren unterschiedlichen Systemen experimentiert, bevor sich zweiteilige metallene Erkennungsmarken als internationaler Standard durchsetzten, die bei richtiger Handhabung die Möglichkeit einer späteren Identifizierung eines Leichnams wesentlich erleichterten. Die US-Armee, die bereits bei Kriegseintritt über ein gut funktionierendes Registrierungswesen für Gefallene verfügte, musste dagegen angeblich nur etwa 3,5 Prozent der Kriegstoten in anonymen Gräbern zurücklassen.[86]

Das hunderttausendfache Schicksal des namenlosen Sterbens, das dem geschundenen Körper auch noch seine Identität raubte, wurde selbst zu einem universellen Symbol für das Massensterben, das nach dem Ersten Weltkrieg in allen Ländern verstanden wurde.[87] Das *Grab des Unbekannten Soldaten* brachte vor allem in den siegreichen Staaten in verschiedenen nationalen Spielarten die politische Dimension des Kriegstodes als Opfer für die Nation zum Ausdruck.[88] Gemein ist den an prominenter Stelle errichteten Grabstätten, dass sie alle Gefallenen des jeweiligen Landes ungeachtet ihres Ranges oder ihrer Stellung repräsentieren.[89] Es schuf zugleich Kompensation für das Heer der namenlosen Toten, denen die letzte Ruhestätte nicht mehr gesichert werden konnte. Dem Symbol des Grabes des Unbekannten Soldaten wohnt ein Spannungsverhältnis inne, das sich aus der Forderung nach namentlicher Erinnerung und Anspruch auf ein individuelles Kriegsgrab und deren Uneinlösbarkeit angesichts der Realität moderner Kriegsführung ergibt.[90] Es stellt den Unbekannten in eine Reihe mit den Großen der Nation und lässt ihm die Ehrungen zuteilwerden, die früher nur den Feldherren vorbehalten waren. Es erklärt jeden zum Helden in einem Krieg, der keinen Platz mehr ließ für namhaftes Heldentum.[91]

Neben der Wahl symbolträchtiger Orte für die Beisetzung des Unbekannten Soldaten waren auch die Auswahl des Leichnams und seine Überführung in die Heimat bereits bedeutungsschwere Prozeduren. Die zufällige Auswahl der Toten wurde von Kriegswaisen, Kriegsversehrten oder Veteranen vorgenommen. Sie sollte ebenfalls die Bedeutung des Unbekannten Soldaten als egalitäres Symbol

86 Vgl. *Steere*, Graves, S. 13; Capdevila und Voldman haben hierzu allerdings angemerkt, dass die hohe Identifizierungsquote bei den US-Streitkräften auch durch eine äußerst laxe Identifizierungspraxis erreicht wurde, die darauf abzielte, einem Toten im Zweifelsfall lieber einen falschen Namen zuzuordnen, als ihn als unbekannt zu bestatten. Vgl. *Capdevila/Voldman*, War Dead, S. 24f.

87 Vgl. *Wittman*, Tomb, S. 3ff.; *Inglis*, Entombing unknown Soldiers.

88 Vgl. *Bessel*, Germany, S. 269.

89 Vgl. *Koselleck*, Der Unbekannte Soldat, S. 140.

90 Vgl. *Wittman*, Tomb, S. 19.

91 Vgl. *Smith*, France, S. 171.

unterstreichen und verband die vom willkürlichen Los des Schicksals getroffenen Toten mit den gleichermaßen von der Bürde des Krieges bedrückten Überlebenden, die sich als nationale Gemeinschaft um das Grabmal versammelten.[92] In Deutschland standen die Kriegsniederlage und der politische Umbruch vom Kaiserreich zur Weimarer Republik der Verständigung auf eine die Nation vereinende Symbolik entgegen. Der symbolische Raum, der sich in Europa um die Gefallenen des Ersten Weltkrieges entfaltete, schloss jedoch gleichermaßen Sieger und Besiegte mit ein. Das Prinzip der Achtung der Kriegstoten wurde international anerkannt.[93] In Deutschland stieß dabei die Sorge um die entfernt liegenden Gräber aber auf grundlegend andere Voraussetzungen.[94] Dies betraf sowohl die praktischen Möglichkeiten bei der Pflege der Gräber als auch die besondere Situation für das Gedenken an die Toten in einem von politischen Gräben durchzogenen gesellschaftlichen Umfeld.

3. Das würdevolle Grab. Debatten um die angemessene Gestaltung von deutschen Kriegsgräbern im Ersten Weltkrieg

Nach Kriegsausbruch entwickelte sich in Deutschland eine anhaltende Debatte darüber, wie die Gefallenen bestattet und ihre Gräber in der Fremde erhalten werden könnten. Aus Sicht der deutschen Öffentlichkeit traten allerdings andere Probleme in den Vordergrund als in den vergleichbaren Diskussionen auf der anderen Seite der Front. Die Ursachen hierfür liegen in den Erfahrungen des deutsch-französischen Krieges 1870/71, der geografischen Lage der Kriegsschauplätze sowie im Kriegsverlauf begründet. Vergleichbare Debatten wie in Frankreich, Großbritannien oder den USA über den Verbleib der Toten in der Fremde oder eine vollständige Rückführung und Bestattung in der Heimat hat es während oder nach dem Krieg in Deutschland nicht gegeben. Auch musste das deutsche Militär nicht auf einen neu artikulierten Anspruch auf individuelle Achtung des Kriegstodes als erbrachtes Opfer im Dienste der Nation reagieren, den etwa die Heeresreform in Großbritannien im Verlauf des Krieges nach sich zog. Das namenhafte Erinnern der Gefallenen hatte in Deutschland bereits eine Tradition, die ins 19. Jahrhundert zurückreichte. Das Schicksal des Kriegsgrabes als Grab in der Fremde scheint akzeptiert worden zu sein, wahrscheinlich weil dies auch den Vereinbarungen nach dem Friedensschluss 1871 entsprach. Umso präsenter war dagegen die Erwartungshaltung, dass jeder deutsche Kriegstote

92 Zur Auswahl und Überführung der Toten siehe *Inglis*, Entombing unknown Soldiers; *Winter*, Sites, S. 27 f. Zu den USA vgl. u. a. *Piehler*, War Dead, S. 174 f.; *Dickon*, Foreign Burial, S. 70 ff.; Frankreich und England vgl. *Mosse*, Fallen Soldiers, S. 94 ff., zu Frankreich vgl. *Smith*, France, S. 169–175.

93 Vgl. *Capdevila/Voldman*, War Dead, S. 57 f.

94 Vgl. *Mosse*, Fallen Soldiers, S. 98.

auch fern ab der Heimat eine anständige Grabstätte erhalten müsse. Dies bildete zugleich den Nährboden für Ängste um einen unwiderruflichen Verlust der Gräber nach der Kriegsniederlage 1918.

Der im Versailler Vertrag festgelegte dauerhafte Erhalt der Kriegsgräber bekam im Hinblick auf deutsche Bestattungstraditionen eine besondere Bedeutung. Das dauerhafte Ruherecht ist in Deutschland ein ganz wesentliches Merkmal, das Kriegsgräber von Gräbern auf zivilen Friedhöfen unterscheidet. In Staaten, in denen begrenzte Ruhefristen auf Friedhöfen unüblich sind oder wesentlich längere Zeiträume umfassen, als dies in Deutschland üblich ist, wurde die Auflage des fortwährenden Erhalts der Grabstätten stärker in ihrer Funktion als ein Schutzrecht vor Grabschändung wahrgenommen. In Deutschland erscheint dieser Sonderstatus in Abgrenzung zu zivilen Gräbern dagegen als Teil der besonderen Ehrung der Kriegstoten.

Im Vergleich zu anderen Ländern ging es in der öffentlichen Auseinandersetzung mit Kriegsgräbern viel stärker um die Frage, wie diese Gräber als *Krieger*gräber gestaltet werden sollten und wie sie jenseits der deutschen Grenzen erhalten werden konnten. Dieses Problem war bereits während des Krieges virulent, gerade mit Durchsetzung des dauerhaften Ruherechts als völkerrechtliche Norm nach Kriegsende blieb es jedoch eine langfristige Herausforderung, welche die besondere Situation deutscher Kriegsgräber auch über den Zweiten Weltkrieg hinaus kennzeichnet, da die grundsätzliche Konstellation, dass sich eine große Zahl von Kriegsgräbern im Ausland befindet, unverändert geblieben ist.

Als sich nach dem ersten Kriegsjahr abzeichnete, dass ein nahes Kriegsende nicht zu erwarten war, wurden im Kriegsministerium Überlegungen laut, wie die an der Front geschaffenen Begräbnisplätze dauerhaft und in einer angemessenen Form erhalten werden könnten. Aus Sicht des Kriegsministeriums war der Erhalt der Kriegsgräber ein Problemkomplex aus eigentumsrechtlichen Fragen, die den für die Anlage von Friedhöfen genutzten Grund und Boden betrafen. Hinzu kam die Frage nach dem Erscheinungsbild der Friedhöfe, die als militärische Grab- und Gedenkstätten wahrgenommen werden sollten. Begründet wurde der angestrebte Erhalt der Kriegsgräber mit der besonderen »Ehrenpflicht« gegenüber den gefallenen Soldaten und Offizieren. Das vom Kriegsministerium formulierte Ziel strebte die Schaffung dauerhaft zu erhaltender Grabstätten im Ausland an, wobei die exakte Form der Grabanlage als Einzel-, Sammel- oder Massengrab noch unbestimmt blieb. Zu diesem Zeitpunkt, im Sommer 1915, war aus Sicht des Kriegsministeriums die Forderung nach dem dauerhaften Ruherecht noch nicht zwingend mit dem Prinzip des Einzelgrabes verknüpft.[95]

Ab 1915 wurden landesweit sogenannte Beratungsstellen für Kriegerehrung eingerichtet, die bei der Gestaltung von Kriegerdenkmälern und Gräbern bera-

95 Vgl. BayHStA Mk 14480, Rundschreiben Kriegsministerium Nr. 971/8. 15. U K, Betr.: Dauernde würdige Erhaltung und Schmuck der Kriegergräber, 23.9.1915.

ten sollten und Musterentwürfe für Grabzeichen entwickelten.[96] Sie sollten einer für die Ehrung der Gefallenen als unangemessen empfundenen Fehlplanung bei der Gestaltung von Friedhöfen entgegenwirken, die man durch mangelnde Kompetenzen und fehlenden künstlerischen Geschmack und Sachverstand in kleinen Gemeinde- und Friedhofsverwaltungen sowie bei den Truppenteilen an der Front heraufziehen sah.[97] Das preußische Kriegsministerium hatte 1915 begonnen, gemeinsam mit Künstlern und Architekten Leitlinien für die Gestaltung deutscher Kriegsgräber zu entwickeln. Diese Bemühungen mündeten in einem zehn Punkte umfassenden Thesenpapier, das die Grundlage für die weitere Entwicklung der Gestaltungsprinzipien deutscher Kriegsgräber bildete.[98] Ähnliche Entwicklungen lassen sich auch in Österreich beobachten.[99] Für Deutschland ist kennzeichnend, dass von keiner zentralen staatlichen Institution ein einheitliches und verbindliches Gestaltungskonzept für deutsche Gräber oder Friedhöfe vorgegeben wurde, sondern im Rahmen der erarbeiteten Grundsätze ein gewisser Gestaltungsspielraum bestand. Im Zusammenspiel von verschiedenen staatlichen Stellen und privaten Akteuren, wie die verschiedenen Architekten- und Künstlervereinigungen, entstand ein Fundus von Gestaltungskonzepten und Elementen, das Bereiche wie Landschaftsarchitektur und Gartenbau ebenso berührte wie Bildhauerei und Steinmetzarbeiten. Die Einrichtung von Landesberatungsstellen für Kriegerehrungen wurde auf Anregung Preußens auch in Bayern, Sachsen und Württemberg aufgegriffen. Regional wurde die Beratungstätigkeit außerdem durch verschiedene Vereine ergänzt, die personell mit den offiziellen Beratungsgremien verflochten waren und die gemeinsam entwickelten Gestaltungsrichtlinien unterstützten.[100]

96 Vgl. *Lurz*, Kriegerdenkmäler Bd. III, S. 36. Hier wird als erste Beratungsstelle die preußische zentrale staatliche Beratungsstelle in Berlin genannt, die 1916 gegründet wurde und als Koordinierungsinstanz fungierte. Siehe außerdem *Debus*, 40 Jahre Kriegsgräberfürsorge, S. 135.

97 Vgl. *Knauf*, Friedhofs- und Grabmalgestaltung, S. 91 f.

98 Kriegergräber. Beiträge zu der Frage: Wie sollen wir unsere Kriegergräber würdig erhalten?, Denkschrift von German Bestelmeyer, Franz Seeck, Louis Tuaillon und Bruno Paul, Berlin 1915. Das Heft fasst erste Schlussfolgerungen für die künftige Gestaltung der Kriegsgräber zusammen, die die Autoren aus einer Reise ins Kriegsgebiet zogen. Insgesamt waren vom preußischen Kriegsministerium und vom preußischen Ministerium für geistliche und Unterrichtsangelegenheiten 18 Sachverständige ausgewählt und zu Informationsreisen zu verschiedenen Kriegsschauplätzen entsandt worden.

99 Vgl. Soldatengräber und Kriegsdenkmale, hg. v. K. K. Gewerbeförderungs-Amte, Wien 1915. Der Band wurde gemeinsam von der Kunstgewerbeschule des K. K. Österreichischen Museums für Kunst und Industrie, dem Museum selbst, dem Österreichischen Heimatschutz-Verband und dem K. K. Gewerbeförderungs-Amt herausgegeben und versammelte Konzepte und Entwürfe für Sammelgräber und Grabmale.

100 Beispiele wären etwa der Landesverein sächsischer Heimatschutz in Dresden oder der Verein für christliche Kunst in der evangelischen Landeskirche Württemberg. Zum letztgenannten siehe *Schilling*, Grab- und Gedenkkultur.

Wenn man so etwas wie einen allgemeinen Konsens bei den Gestaltungsgrundsätzen für Kriegsgräber festhalten möchte, dann ist dies die Forderung nach einer »würdevollen« Gestaltung der Grabstätten, die in den meisten Schriften hervortritt. Konkret bedeutete dies in der Regel, dass Kriegsgräber auf geschlossenen Friedhofsanlagen zusammengefasst und mit schlichter, witterungsbeständiger Bepflanzung angelegt werden sollten, die auch mit einfacher Pflege nach Jahren ein ansehnliches Erscheinungsbild bot. Für die Grabzeichen wurden eine sorgfältige künstlerische Bearbeitung und die Verwendung dauerhafter Materialien gefordert. Die Anlagen insgesamt sollten den militärischen Charakter der Gräber erkennen lassen. Individueller Grabschmuck sollte unterbunden werden. Zur Abgrenzung und Schutz der Friedhöfe oder Gräberfelder wurden Umfriedungen mit Mauern, Hecken oder Bäumen vorgeschlagen. Massengräber sollten Denkmalscharakter haben, der sich in monumentaler Gestaltung oder besonderer Bepflanzung, zum Beispiel mit einer Baumgruppe als »Heldenhain«, manifestierte. Dies entsprach den Gestaltungsgrundsätzen, die im März 1916 bei einer Tagung im Kunstgewerbemuseum Berlin formuliert worden waren und von den verschiedenen Beratungsstellen weiter vermittelt wurden.[101] In der Folgezeit finden sie sich sinngemäß in den meisten Publikationen zur Grabgestaltung und bildeten auch die Grundlage für die künftigen von den militärischen Behörden erlassenen Bestimmungen für die Anlage deutscher Kriegsgräber an der Front.[102] Aus der gestalterischen Perspektive erschienen sowohl Einzel- als auch Sammelgrab als angemessene Ruhestätte. Mit einer expliziten Forderung einer der beiden Bestattungsarten den Vorzug zu geben, waren die Gestaltungsrichtlinien noch nicht verbunden. Die während des Krieges auf beiden Seiten der Front getroffenen administrativen und organisatorischen Maßnahmen zur Registrierung und Identifizierung der Toten und ihrer Gräber waren jedoch erkennbar darauf ausgerichtet, die Möglichkeiten zur individuellen Bestattung jedes Gefallenen zu verbessern.[103] Das Einzelgrab als angestrebte Norm etablierte sich während des

101 BayHStA MK 14480, Protokoll einer zweitägigen Besprechung im Kunstgewerbemuseum Berlin, 17.–18. März 1916.

102 Vgl. *Knauf*, Friedhofs- und Grabmalgestaltung, S. 92; *ders.*, Ehrenfriedhof; *Lurz*, Kriegerdenkmäler Bd. III, S. 64f. Dethlefsen, Das Kriegergrab im Wandel der Zeiten, in: Kriegergrabmale und Heldenhaine, hg. v. d. Provinzialberatungsstelle für Kriegerehrungen in Ostpreußen, München 1917; Emil Högg, Helden-Ehrung. Nach einem in Wilhelmshaven Juni 1916 gehaltenen Vortrag, München 1917; Rheinische Beratungsstelle für Kriegerehrungen (Hg.), Anregungen für Kriegergrabmäler, Mörs 1917; Kriegergräber im Felde und daheim [Jahrbuch des Deutschen Werkbundes 1916/17], herausgegeben im Einvernehmen mit der Heeresverwaltung, München 1917; Erich Richter/Franz Seek, Kriegergräber. Beispiele einfacher Grabsteine, hg. im Auftrag der Staatlichen Beratungsstelle für Kriegerehrungen in Berlin, Berlin 1920.

103 Deutlich wird dies etwa an der Entwicklung der Erkennungsmarken, die die Soldaten zur Identifizierung trugen. Sie wurden erst im Verlauf des Krieges vereinheitlicht. Die Verwendung zweiteiliger Erkennungsmarken wurde vom Kriegsministerium erst am

Krieges durch die angewendete Praxis bei der Registrierung und Bestattung der Toten durch die Gräberoffiziere an der Front und wurde nach Kriegsende international anerkannt. Offiziersgräber, die räumlich abgetrennt von den niederen Dienstgraden angelegt wurden, kamen in der Bestattungspraxis während des Ersten Weltkrieges noch vor. Unterschiede im Rang durch die Anlage der Grabstätte kenntlich zu machen, wurde erst nach dem Krieg aufgegeben.

Das preußische Kriegsministerium reagierte mit den Gestaltungsrichtlinien auch auf öffentliche Diskussionen, die bereits mit Kriegsbeginn einsetzten. Die steigende Zahl der Toten warf die Frage auf, wie Gräber gestaltet und die abwesenden Toten repräsentiert werden konnten. Die Gestaltung der Anlagen zur Ehrung der Toten führte zu einer öffentlichen Debatte, die nicht nur auf Fachkundige beschränkt blieb, sondern auch an das allgemeine Publikum herangetragen wurde.[104] In Wander- und Dauerausstellungen wurden in vielen deutschen Großstädten Entwürfe und Beispiele für Kriegsgräber, Denkmäler und Grabzeichen präsentiert.[105] Im Bewusstsein, dass die meisten deutschen Gräber jenseits der Grenze lagen und für viele Angehörige auf Jahre, wenn nicht für immer unzugänglich sein würden, bestand ein reges öffentliches Interesse am Schicksal der deutschen Kriegsgräber. Der Pfarrer Samuel Keller verwies bereits 1915 auf das Grundproblem der abwesenden Gräber, das bald hunderttausende Angehörige betraf:

> Verschwindend klein ist die Zahl der Familien, die ihre Toten jetzt daheim haben begraben können. Die allermeisten liegen draußen in fremder Erde, und die Angehörigen bekommen vielleicht nie dies Grab zu sehen, das soviel Hoffnungen und soviel Liebe zugedeckt hat. Darum waren viele Familien schon dankbar, wenn es gelang, eine Photographie des Grabes aufzunehmen und den Trauernden heimzusenden. – Man spricht auch schon in den Zeitungen, wie wir diese unsere Gräber draußen auch nach dem Kriege geschützt sehen können.[106]

In seiner Schrift verdichtete sich christliche Heilsgeschichte und Wiederauferstehung Christi mit nationaler Opfermetaphorik, die in einer Aufforderung mündete, die Toten und ihre Gräber nicht zu vergessen. Der Austausch über Gestaltungsformen für Gedenkorte, die die abwesenden Toten würdevoll repräsentieren sollten, war primär ein Expertendiskurs. Er wurde jedoch von all-

16. November 1916 angeordnet. In den ersten Kriegsjahren bedeutete dies, dass ein Gefallener nach seiner Bestattung nur noch anhand der Grabinschrift identifiziert werden konnte, da keine Erkennungsmarke beim Toten verblieb. Wurde die Grabmarkierung zerstört oder der Tote in ein Sammelgrab gebettet, war die Identität des Leichnams nachträglich nicht mehr rekonstruierbar. Vgl. *Höidal*, Erkennungsmarken, S. 21–35.

104 Vgl. *Knauf*, Friedhofs- und Grabmalgestaltung, S. 91.

105 Vgl. Fritz Debus, Vierzig Jahre Kriegsgräberfürsorge, in: Kriegsgräberfürsorge 30 (1954), Nr. 9, S. 135.

106 *Keller*, Unsere Kriegsgräber, S. 4–5.

gemeinen Aufrufen begleitet, die Gräber der Gefallenen nicht dem Vergessen zu überlassen, und lenkte damit auch über Fachkreise hinaus Aufmerksamkeit auf das Problem.

Ein populäres Konzept waren hierbei die Heldenhaine. Die Idee des Heldenhains war bereits zu Kriegsbeginn 1914 vom königlichen Gartenbaudirektor in Berlin Willy Lange vorgetragen worden. Für jeden Gefallenen sollte demnach eine Eiche gepflanzt werden. Angelegt als kleine Wäldchen mit einer Friedenslinde und einem freien Platz in der Mitte, sollten die Haine lebendiges Wahrzeichen für die Gefallenen und Ort für Gedenkfeiern zugleich sein. Die Eiche sollte dabei als nationales Symbol die Einheit des deutschen Volkes mit Vorstellungen urgermanischer Wesensarten und Begräbnistraditionen verbinden.[107] Eine von Lange gegründete »Arbeitsgemeinschaft für Deutschlands Heldenhaine«, die Pläne für die konkrete Umsetzung und die Popularisierung der Idee ausarbeiten sollte, legte erste Arbeitsergebnisse in einer 1915 veröffentlichten Schrift vor.[108] Der Plan zur Anpflanzung von Eichenwäldern für die Kriegstoten wurde dabei als offenes Konzept verstanden, dass an die jeweiligen lokalen Gegebenheiten angepasst werden sollte. Lange verstand die Heldenhaine als »ein Volkswerk, wachsend aus deutscher Gesinnung in die Jahrhunderte. [...] Keine Schablone soll gegeben werden, sondern ein Typus, ein Gestaltmuster, dem gegenüber jeder Ort in seinen Abweichungen und Veränderungen die Verantwortung selbst tragen muß.«[109]

Auch wenn angesichts der steigenden Opferzahlen schnell ersichtlich wurde, dass es unmöglich sein würde, alle Gefallenen durch Eichen zu repräsentieren, erzeugte die Idee ein deutliches Echo und entfaltete nachhaltige Wirkung.[110] Der Architekt Emil Högg, der zwar die Umsetzung des Vorschlags wegen des ungeheuren Raumbedarfs und des langsamen Wachstums der Bäume skeptisch bewertete, erkannte in ihr einen »echt germanisch empfundenen Gedanken«.[111] Bei der Beratungsstelle für Kriegerehrungen in Ostpreußen wurden nach der Ausschreibung eines Wettbewerbs 253 Entwürfe für Heldenhaine eingereicht. Auch wenn man es ebenfalls für unmöglich hielt, Eichen wie im ursprünglich angedachten Umfang zu setzen, sah man hier gerade auch im Hinblick auf die fehlenden Möglichkeiten die eigentlichen Gräber zu pflegen, ein geeignetes Mittel den Angehörigen einen Ort für die Bewältigung ihrer Trauer zu

107 Vgl. *Gröning/Schneider*, Naturmystifizierung, S. 95–103; *Mosse*, Soldatenfriedhöfe, S. 255.

108 Willy Lange, Deutsche Heldenhaine. herausgegeben im Auftrag der Arbeitsgemeinschaft für Deutschlands Heldenhaine. Leipzig 1915.

109 *Lange*, Vorwort, in: *ders.*, Heldenhaine.

110 Der Hain als Gestaltungselement fand später nicht nur bei der Anlage von Friedhöfen Anwendung, sondern kam auch in der Debatte um die Gestaltung eines Reichsehrenmals erneut auf. Vgl. dazu *Ziemann*, Nation, S. 70–77.

111 *Högg*, Helden-Ehrung, S. 9.

schaffen.[112] Die Schwächen des Konzeptes waren zu offensichtlich, als dass sich Heldenhaine hätten als vorrangige Gestaltungsform durchsetzen können, waren aber vielerorts Teil der Überlegungen bei der Planung von Gedenkstätten oder beeinflussten Entwürfe für Grabanlagen über den Krieg hinaus.[113] Über die Geschäftsstelle des Deutschen Städtetags wurde Anfang der Zwanzigerjahre ein reger Erfahrungsaustausch betrieben. Erfahrungen und Pläne, aber auch kritische Positionen zum Konzept fanden dabei Verbreitung.[114] Der Begriff des Helden- oder Ehrenhains blieb vor allem als Bezeichnung für die auf städtischen Friedhöfen angelegten Bereiche für Kriegstote oder auch für zivile Ehrengräber erhalten, auch wenn das tatsächliche Erscheinungsbild der Grabflächen vom ursprünglichen Konzept abwich.[115]

Die manchmal in der Literatur vorgenommene pauschale Subsummierung aller deutschen Kriegsgräberstätten unter dem Begriff Heldenhain unterschlägt daher die eigentliche Intention und Genese des Konzeptes und wird der Bandbreite an Gestaltungsvorstellungen für militärische Grab- und Erinnerungsstätten, die seit dem Ersten Weltkrieg ausgearbeitet wurden, nicht gerecht.[116] Gerade die Landesberatungsstellen versuchten während des Krieges gezielt Plänen zur Anlage von Heldenhainen entgegenzuwirken, wie aus einem Schreiben Langes hervorgeht, dass er 1918 an die Beratungsstellen richtete. Lange beklagte, dass trotz steigender Anfragen von Seiten der Gemeinden sich die Landesberatungsstellen nach wie vor ablehnend verhielten und versuchten, ihnen entsprechende Pläne auszureden oder zu Gunsten anderer Gestaltungskonzepte umzuwandeln.[117] Die steigende Zahl der Anfragen bei den Beratungsstellen war

112 Vgl. *Kaeber*, Heldengräber, S. 20–22.

113 Vgl. *Gröning/Schneider*, Naturmystifizierung, S. 116f.

114 Vgl. BArch R 36/2097; R 36/2099.

115 Vgl. *Goebel*, Great War, S. 77; die langfristige Verselbständigung des Begriffs Ehrenhain wird auch in der Presseberichterstattung in den Achtzigerjahren im Neuen Deutschland zu den jährlichen Gedenkfeiern zum Tode Karl Liebknechts und Rosa Luxemburgs deutlich. Hier wird der Begriff als Umschreibung für die Gedenkstätte der Sozialisten auf dem Zentralfriedhof Berlin-Friedrichsfelde gebraucht. Für entsprechende Zitate siehe *Sabrow*, Kollektive Erinnerung, S. 133. Auch innerhalb der Bundeswehr fand die Bezeichnung »Ehrenhain« wieder Verwendung. Als solche wurden auch die Gedenkstätten bezeichnet, die in Bundeswehrlagern in Afghanistan, Bosnien-Herzegowina und Kosovo vor Ort von den Soldaten angelegt wurden, um ihrer während des Auslandseinsatzes getöteten Kameraden zu gedenken. Sie wurden in den »Wald der Erinnerung« überführt, der als Gedenkort auf dem Gelände des Einsatzführungskommandos bei Potsdam angelegt und am 15. November 2014, am Vortag des Volkstrauertages, eingeweiht wurde. Siehe *BMVg*, Der Wald der Erinnerung.

116 Monika Kuberek sieht in der Gestaltung der deutschen Kriegsgräberstätten an der Westfront eine Fortsetzung der Idee des Hains, die bis zu den Befreiungskriegen zurückreicht und im Ersten Weltkrieg wieder aufgegriffen wurde. Vgl. *Kuberek*, Kriegsgräberstätten, S. 76.

117 Vgl. BayHStA, MK 14481, Schreiben der Arbeitsgemeinschaft für Deutschlands Heldenhaine an die deutschen Beratungsstellen für Kriegerehrungen, Wannsee im Februar 1918, pag. 113.

auch eine Folge des kontinuierlichen Werbeaufwandes, den Langes Arbeitsgemeinschaft betrieb. Flächendeckend wurden Gemeinden in ganz Deutschland mit Informationsmaterial versorgt.[118] Der Arbeitsgemeinschaft für Deutschlands Heldenhaine gelang es, einen beachtlichen Bekanntheitsgrad ihres Konzeptes zu erzielen. Ihre teilweise oppositionelle Haltung gegenüber den Landesberatungsstellen verschaffte ihr jedoch einen schweren Stand. Neben den tatsächlichen Schwächen der Idee war der fehlende Zugang zu den Netzwerken, die sich im Umfeld der Beratungsstellen bildeten, ein weiterer Faktor, der Massenpflanzungen von Eichen entgegenstand. Die Gestaltung von Kriegsgräbern und Kriegerdenkmälern wurde in Deutschland während des Ersten Weltkrieges nicht verbindlich festgeschrieben. Durch das Netz aus Beratungsstellen wurde aber auf Konzepte zur Friedhofs- und Grabmalsgestaltung Einfluss genommen. Die Heldenhaine wurden dabei von einem umfassenden populären Gegenentwurf eines Totenehrungskonzeptes zu einem Gestaltungselement reduziert.[119]

Die Möglichkeiten zur gezielten Gestaltung der Grabstätten der Kriegstoten beschränkten sich mit der Kriegsniederlage 1918 schlagartig auf die verhältnismäßig kleine Zahl der Kriegsgräber im Inland, die zum Beispiel auf städtischen Friedhöfen an Lazarettstandorten angelegt worden waren.[120] Zugleich verschoben sich hier jedoch die Handlungs- und Gestaltungsspielräume stärker auf die Seite der Städte und Gemeinden. Auch wenn die Kriegsgräberfürsorge in die Kompetenz des Reiches fiel, wurde unter Verweis auf die angespannte Haushaltslage ein verstärktes, insbesondere finanzielles Eigenengagement der Kommunen gefordert, ihre »Ehrenschuld«[121] zu begleichen. Für die zurückgelassenen Friedhöfe an der Front schienen dagegen die bereits im Vorfeld immer wieder öffentlich zirkulierenden Befürchtungen des Verlustes deutscher Kriegsgräber nun Wirklichkeit zu werden. Für die Fachleute, die mit der Planung der Gestaltung der Grabstätten unmittelbar betraut waren, sowie für die Gräberoffiziere an der Front bedeutete das Kriegsende vor allem, die ihnen anvertraute Aufgabe nicht vollenden zu können. Die aus dem Krieg nachhallenden und nun akut werdenden Appelle, die Gefallenen nicht dem Vergessen zu überlassen, vermischten sich mit der Erfahrung des Zusammenbruches der etablierten Strukturen und dem Fehlen jeglicher Ressourcen für den Erhalt der Kriegsgräbern. Beide Motive wurden für die weitere Entwicklung der Kriegsgräberfürsorge in Deutschland wesentliche Triebkräfte.

118 Vgl. BayHStA, MK 14481, pag. 118ff.

119 Vgl. Zur Frage der Heldenhaine, in: Kriegerehrungen Nr. 2 (1917), S. 15.

120 Vgl. BArch R 36/2099.

121 BayHStA, MK 14481, Rundschreiben des [bayr.] Staatsministeriums des Innern an die Regierungen, Kammern des Innern, Bezirksverwaltungsbehörden, Stadt- und Gemeinderäte [Januar 1920], pag. 282.

II. Weichenstellungen: Kriegsgräberfürsorge in der Zwischenkriegszeit

Die Kriegsniederlage und die Ausrufung der Republik im November 1918 schufen für die Betreuung deutscher Kriegsgräber neue Voraussetzungen, die langfristige Folgen für die Strukturen des Kriegsgräberfürsorgewesens in Deutschland haben sollten. Hervorzuheben ist hierbei vor allem ein Merkmal, das die deutsche Situation besonders kennzeichnet. Dies ist der Dualismus aus formaler staatlicher Primärverantwortung für die Gräber bei gleichzeitiger Verlagerung der aktiven Kriegsgräberfürsorgetätigkeit zu einem gesellschaftlich getragenen Organisationsmodell.

Dass ein großer Teil der deutschen Kriegsgräber auf fremdem Territorium zurückgelassen werden müsste, war ein bereits während des Krieges vorhergesehenes Szenario. Es war jedoch nicht in Verbindung mit einer möglichen Kriegsniederlage prognostiziert worden. Die Antworten auf die Frage, wie die deutschen Kriegsgräber im Ausland erhalten werden könnten, hatten sich vornehmlich im Bereich der Grabanlage und Gestaltung bewegt, jedoch den Bereich des Organisationswesens für die Betreuung der Friedhöfe und die systematische Pflege der Gräber ausgeblendet oder diesen Komplex im Kompetenzbereich der Militärverwaltung belassen. Die Art und Weise, in der die Kriegsgräberfrage während des Krieges popularisiert worden war, hatte eine hohe Erwartungshaltung für das Erscheinungsbild der Grabstätten der Gefallenen geschaffen. Sie hatte außerdem das Thema Kriegsgräberfürsorge durch die Einbindung nichtstaatlicher Organisationen und Fachleute als ein Problemfeld verankert, das nicht als ausschließlicher Regelungsgegenstand der staatlichen Verwaltung unterstand, sondern sich als ein gesamtgesellschaftliches Anliegen darstellte.

Die staatlichen Handlungsmöglichkeiten diesem Bedürfnis nach allgemeiner Anerkennung und Ehrbekundung für den Kriegstod in Form einer besonderen Grabgestaltung nachzukommen, verschoben sich nach 1918 jedoch grundlegend. Die Kriegsgräberfrage als reine Gestaltungsdebatte zu führen, wurde mit Kriegsende allerdings obsolet. Aus Sicht der verantwortlichen staatlichen Stellen rückte nun der eigentliche Schutz der Kriegsgräber als zentrales Problem in den Mittelpunkt. Die Erfassung der Kriegstoten und Kriegsgräber musste organisatorisch gelöst werden und die verschiedenen, bisher dezentral organisierten militärischen Verwaltungsstellen in ein neues Gewand überführt werden. Völlig unklar war dabei, welche Mittel überhaupt zukünftig für die Betreuung von Kriegsgräbern bereitgestellt werden könnten. Für die Zukunft der deutschen Kriegsgräber im Ausland war außerdem entscheidend, wie die Siegermächte mit den zurückgelassenen Friedhöfen und den verbliebenen Toten auf den Schlachtfeldern verfahren würden. Die Frage des Zugangs zu den deutschen Kriegsgräbern lag allein in der Hand der Siegermächte. Diese Tatsache prägte neben der zunächst ungeklärten Ressourcenausstattung maßgeblich die Pläne zur Neuordnung des Kriegsgräberfürsorgewesens in Deutschland nach dem Ersten Weltkrieg.

Im nachfolgenden Kapitel wird argumentiert werden, dass die Entstehung dualer Strukturen in der Kriegsgräberfürsorge in Deutschland das Ergebnis einer doppelten Strategie beim Aufbau des Kriegsgräberfürsorgewesens nach dem Ersten Weltkrieg war, bei der neben der Einrichtung einer staatlichen Institution parallel auch die Schaffung einer privaten Kriegsgräberfürsorgeorganisation vorangetrieben wurde, um einem eventuellen Versagen der staatlichen Stellen begegnen zu können. Dieses Kalkül lag vor allem dem Vorgehen der Verantwortlichen in Verwaltung und Militär zu Grunde, die bereits in den letzten Kriegsmonaten begannen, Möglichkeiten für eine nichtstaatliche Kriegsgräberfürsorge auszuloten. Der Versuch, gesellschaftliche Kräfte für die Kriegsgräberfürsorge zu sensibilisieren und zu mobilisieren, war erfolgreich, entwickelte dabei jedoch eine Eigendynamik, die sich einem unmittelbaren behördlichen Dirigismus sehr bald entzog und eigenständige Organisationsformen hervorbrachte. Diese wirkten nicht nur ergänzend und unterstützend zu den staatlichen Maßnahmen, sondern brachten eigene Zielvorstellungen hervor, die sich von den staatlichen Maßnahmen unterscheiden konnten.

Zunächst wird die Neuordnung des Kriegsgräberfürsorgewesens in den Anfangsjahren der Weimarer Republik untersucht. Im Mittelpunkt steht dabei der Aufbau der staatlicherseits für Kriegsgräberfragen verantwortlichen Behörde, das Zentralnachweiseamt für Kriegerverluste und Kriegergräber (ZAK), sowie die Gründung des Volksbundes Deutsche Kriegsgräberfürsorge e.V. (kurz der Volksbund, oder VDK) als zivilgesellschaftliches Gegenstück. Gefragt wird danach, welche Strategien und Plänen zur Betreuung deutscher Kriegsgräber im Ausland unter den besonderen Bedingungen des Ersten Weltkrieges bestanden und wie versucht wurde, diese in dauerhafte Organisationsstrukturen zu überführen.

In einem zweiten Schritt wird dann die Entwicklung des Volksbundes als Verein in der Zwischenkriegszeit behandelt. Die Entwicklung zu einer mitgliederstarken Großorganisation veränderte Handlungs- und Einflussmöglichkeiten in der Kriegsgräberfürsorge und gegenüber staatlichen Stellen. Gerade der sich 1933 noch einmal rasant beschleunigende Ausbau der Vereinsorganisation wirft dabei die Frage auf, welche Voraussetzungen hierfür auch durch die veränderten politischen Herrschaftsverhältnisse im Nationalsozialismus geschaffen wurden. Wie noch zu zeigen sein wird, hat diese Frage zugleich große Bedeutung, wenn man die Entwicklung der Kriegsgräberfürsorge in Deutschland auch über den Zweiten Weltkrieg hinaus verstehen will.

Als dritter Punkt wird die aktive Gräberfürsorge untersucht. In der zweiten Hälfte der Zwanzigerjahre erweiterten sich die Möglichkeiten von deutscher Seite auf die Pflege von Kriegsgräbern im Ausland direkt Einfluss zu nehmen. Sowohl amtliche Stellen als auch der Volksbund beteiligten sich in der Folge selbst am aktiven Ausbau deutscher Friedhöfe und entwickelten Gestaltungskonzepte für deutsche Kriegsgräberstätten. Der Volksbund betrat damit das Tätigkeitsfeld, das er seit seiner Gründung als primäres Ziel seiner Vereinstätigkeit angestrebt hatte. Er bewegte sich damit aber immer auch in direkter Konkurrenz zu den amtlichen Gräberdiensten. Indem Gestaltungskonzepte für Friedhofsanlagen und die Baupolitik des Volksbundes der Arbeit der staatlichen Gräberdienste gegenübergestellt wird, lässt sich aufzeigen, nach welchen Prämissen staatliche Gräberdienste und der VDK als private Organisation bei der Bestattung von Kriegstoten verfuhren und welchen Einfluss insbesondere das Organisationsmodell des Volksbundes auf die gestalterische Entwicklung deutscher Kriegsgräberstätten hatte.

1. Staatliche Verantwortung und ergänzende Fürsorge. Die Entstehung dualer Strukturen im Kriegsgräberfürsorgewesen in der Weimarer Republik

Der militärische und politische Zusammenbruch des deutschen Kaiserreiches 1918 hinterließ die militärische Gräberfürsorge in einem organisatorischen Vakuum. In den ersten Nachkriegsmonaten wurde es jedoch schon bald durch eine ganze Reihe von Initiativen im ganzen Land ausgefüllt, die mit unterschiedlicher Reichweite und auf ganz verschiedenen politischen und gesellschaftlichen Ebenen den Schutz deutscher Kriegsgräber sicherstellen wollten. Staatliche Maßnahmen und gesellschaftliche Aktivitäten entstanden dabei parallel zu einander und beeinflussten langfristig die strukturelle Entwicklung der Kriegsgräberfürsorge in Deutschland.

1.1 Das Zentralnachweiseamt für Kriegerverluste und Kriegergräber (ZAK)

Konzepte und Strukturen zur Anlage, Gestaltung und Betreuung deutscher Kriegsgräber hatten sich während des Ersten Weltkrieges dezentral und in fortlaufender Auseinandersetzung mit der wachsenden Zahl der Kriegstoten entwickelt. Die Zusammensetzung des Deutschen Heeres aus Truppenkontingenten der verschiedenen deutschen Bundesstaaten bedingte, dass Kriegsgräber und Kriegstote nicht zentral erfasst, sondern von verschiedenen sogenannten Nachweisebüros registriert wurden, die bei den verschiedenen Truppenteilen eingerichtet wurden. Die Aufsicht über Kriegsgräber und Friedhöfe an der Front selbst unterstand wiederum den hierfür eingesetzten Gräberoffizieren. Über die während des Kriegs aufkommende Gestaltungsdebatte sowie die in diesem Kontext seit 1915 eingerichteten Beratungsstellen für Kriegerehrungen, wurde das entstehende Feld der Kriegsgräberfürsorge zugleich aus seinem rein militärischen Kontext herausgelöst und ein neues Betätigungsfeld für einen erweiterten Expertenkreis geschaffen. 1918 bestand somit keine Institution, die für sich allein in Anspruch nehmen konnte, als zentrale Autorität in Kriegsgräberfragen in Erscheinung zu treten, wohl aber ein dissonanter Chor aller mit Gräberfragen betrauter Instanzen, die aus ihrer jeweiligen Perspektive allesamt nun auf das Schicksal deutscher Kriegsgräber hinwiesen und nach Auswegen suchten.

Das zunächst drängendste Problem war die Frage des Schutzes der deutschen Kriegsgräber hinter den ehemaligen feindlichen Linien und Zugangsmöglichkeiten für einen einzurichtenden Gräberdienst. Um hierbei Zugeständnisse von den Alliierten bei den Friedensvertragsverhandlungen zu erwirken, bemühte sich das Kriegsministerium gegenüber den Kriegsgegnern deutlich zu machen, dass die Gräber von Angehörigen fremder Streitkräfte in Deutschland sorgsam erhalten würden.[1] Zugleich wurde die Waffenstillstandskommission während der laufenden Verhandlungen auf die besondere Situation der deutschen Kriegsgräber hingewiesen.[2] Die vom Kriegsministerium angeregte und erhoffte deutsche Beteiligung bei den Bergungsarbeiten auf den früheren Schlachtfeldern diente den zwei zentralen Motiven der Kriegsgräberfürsorge: Aus humanitären Gründen sollte die Identität der Toten festgestellt sowie das Schicksal noch als vermisst gemeldeter Soldaten aufgeklärt werden. Als zweiter Aspekt wurde die Ehrung der Gefallenen angeführt, die sich in einer würdigen Bestattung ausdrücken sollte.

Im Versailler Vertrag wurde zwar die generelle Achtung aller Kriegsgräber festgeschrieben und damit das dauerhafte Ruherecht für Kriegstote als völkerrechtlicher Grundsatz etabliert. Die deutschen Hoffnungen, unmittelbar bei der Umbettung der Kriegstoten und dem Bau von Friedhöfen mitwirken zu können, erfüllten sich jedoch nicht. Dies blieb den Gräberdiensten der Alliierten vorbehalten. Der Versailler Vertrag sollte die Einhaltung humanitärer Mindeststandards im Umgang mit den Kriegstoten garantieren. Die vom Kriegsministerium angestrebte Fortführung der während des Krieges entwickelten Gestaltungskonzepte für Kriegsgräber zur Ehrung der Gefallenen war damit aber fraglich.

Die Verpflichtung zum wechselseitigen Austausch von Gräberverzeichnissen, die Artikel 226 des Versailler Vertrages festlegte, machte es notwendig,

1 BayHStA MK 14481, pag. 180, Kriegsministerium, Auskunfts-Departement an den französischen Botschafter General Dupont, 22.1.1919.

2 BayHStA MK 14481, pag. 180, Kriegsministerium, Auskunfts-Departement an Clemens v. Brentano, Waffenstillstandskommission, 7.2.1919.

eine gegenüber den ausländischen Vertragsparteien verantwortliche Behörde zu benennen, die die Arbeit der verschiedenen militärischen Nachweisebüros fortführte und den amtlichen Gräbernachweis übernahm. Als zuständige Stelle für die Erfassung der Kriegsgräber wurden daher am 1. Oktober 1919 die vormals verantwortlichen militärischen Dienststellen zu einer zivilen Behörde, dem Zentralnachweiseamt für Kriegerverluste und Kriegergräber (ZAK) zusammengefasst, die dem Reichsministerium des Innern unterstellt war.[3] Das ZAK entwickelte sich in den folgenden Jahren zu einer Behörde, die nicht nur die Kriegstoten und Kriegsgräber registrierte, sondern umfassend Auskünfte über Dienstzeiten und Gefangenschaft erteilte, Kriegssterbefälle beurkundete und auch die Akten über ausländische Kriegsgefangene und Tote verwahrte. Ab 1925 wurden dem ZAK auch ein Großteil der Kriegsstammrollen aus den Heeresarchiven übergeben, was es zur wichtigsten Auskunftstelle für andere Behörden und Privatpersonen in Wehrdienstfragen machte. Mitte der Zwanzigerjahre nahm diese Auskunftstätigkeit bereits einen Großteil der Personalressourcen in Anspruch.[4] Im zeitlichen Umfeld seiner Gründung war zunächst auch eine allgemeine Zuständigkeit für Kriegsgräber formuliert worden, die drei Aufgabenschwerpunkte umfassen sollte:

a) Verwertung der Gräberlisten aus In- und Ausland, Feststellung von Gräbern und der darin Bestatteten, Auswertung dieses Materials für die Vermisstennachforschung, – alles dies auch für die Angehörigen der bisher feindlichen Staaten –,
b) Kriegsgräberfürsorge,
c) Auskunftserteilung an die Angehörigen.[5]

Hierbei bleibt festzuhalten, dass gerade der unter Punkt b) genannte Aufgabenbereich »Kriegsgräberfürsorge« durch das ZAK in seiner bestehenden Struktur gar nicht zu leisten war. Kriegsgräberfürsorge ist hier im engeren Sinne des Begriffes zu verstehen, umfasst also notwendige Maßnahmen zum Erhalt von Kriegsgräbern, da er klar abgegrenzt von den administrativen Aufgaben des Amtes genannt wurde. Gerade die angeführten verwaltungstechnischen Komponenten des Aufgabenspektrums bildeten den Kern der vom ZAK wahr-

3 Vgl. BArch R 43-I/723, pag. 3. Das ZAK ging hervor aus den ehemaligen Zentral-Nachweisebüros des preuß. Kriegsministeriums, der Reichsmarine, des ehemaligen bayerischen Kriegsministeriums, des ehemaligen sächsischen Kriegsministeriums und der Zentralstelle für Nachlaßsachen des ehemaligen preußischen Kriegsministeriums und der Kriegsgräber-Fürsorge-Abteilung des ehemaligen preußischen Kriegsministeriums.

4 Zur Entwicklung des ZAK als Behörde vgl. die Gutachten des Reichssparkommissars (1932) und des Präsidenten des Rechnungshofs des Deutschen Reiches (1938) über das Zentralnachweiseamt für Kriegerverluste und Kriegergräber in: BArch R 2301/2512 und R 2301/2513.

5 Beilage 6 zum Haushalt des Reichsministerium des Innern für das Rechnungsjahr 1920, zitiert in: BArch R 2301/2513, Gutachten über das Zentralnachweiseamt für Kriegerverluste und Kriegergräber [1938], S. 17–18.

genommenen Tätigkeiten. Das ZAK erfasste die deutschen Kriegsgräber in der bereits von den Vorgängerorganisationen angelegten Karteien und wertete die erhaltenen Unterlagen der Gräberoffiziere sowie die aus dem Ausland übermittelten Gräberlisten aus, bzw. legte entsprechende Listen zur Übermittlung an ausländische Stellen an. Die Bestimmungen des Versailler Vertrags schützten zwar alle Kriegsgräber unabhängig von der nationalen Zugehörigkeit der Toten, sie beinhalteten aber keine Klausel, die es einem von der deutschen Regierung entsandtem Gräberdienst erlaubt hätte auf fremden Boden für den Erhalt der deutschen Kriegsgräber zu sorgen. Damit blieb dem ZAK die Möglichkeit zur direkten Beteiligung an der Grabpflege im Ausland versperrt. Es verstand seine Aufgabe zur Sicherung deutscher Kriegsgräber dahingehend, dass es den offiziellen Kontakt zu den zuständigen amtlichen Stellen im Ausland herstellte. Eine über die verwaltungsmäßige Erfassung der Gräber hinausreichende Sorge für die Gräber konnte die Behörde nicht leisten. Die Zuständigkeit für grabpflegerische Maßnahmen an deutschen Kriegsgräbern im Ausland, sofern diese überhaupt möglich waren, wurde daher 1923 an das Auswärtige Amt abgegeben.[6]

Ungeachtet der allgemeinen Empörung, die der Versailler Vertrag in der deutschen Öffentlichkeit auslöste, bildete er dennoch eine rechtliche Grundlage für eine verlässliche Verfahrenspraxis, die zumindest die geordnete Bestattung der Kriegstoten an der ehemaligen Westfront in den kommenden Jahren ermöglichte. In einer Konferenz am 20. November 1920 wurden zwischen ZAK und der französischen Militärmission für Vermisstenforschung grundlegende Fragen über den Umgang mit den Gräbern geklärt.[7] Den Artikeln des Versailler Vertrags wurden in Frankreich durch eine Reihe von Dekreten und Gesetzen Geltung verschafft, indem man die deutschen Gräber in die bestehenden gesetzlichen Regelungen mit einbezog, die bisher für französische und alliierte Gräber gegolten hatten.[8] In Deutschland wurde 1922 ebenfalls

6 Vgl. zu den außenpolitischen Rahmenbedingungen für Handlungsmöglichkeiten in der Kriegsgräberfürsorge *Böttcher*, Rahmenbedingungen.

7 Das Protokoll der Verhandlungen findet sich unter BArch R 80/1.

8 Das Dekret vom 25. September 1920 (»Decret concernant les Cimetières de Guerre et les Gardiens des Cimetières«) hatte bereits verfügt, dass allen Gefallenen auf Kosten der Nation (»aux frais de la Nation«) ein dauerhaftes Grab (»une Sépulture perpétuelle est assurée«) zusteht. Unter Verweis auf Artikel 105 des Gesetzes vom 31. Juli 1920, welches alle Kriegsfriedhöfe zum Nationaleigentum erklärt hatte, wird auf die Verpflichtung des Staates für Unterhalt und Bewachung der Friedhöfe zu sorgen, verwiesen. Artikel V legte fest, dass soweit möglich jedes Grab als Einzelgrab auszugestalten sei. Auf dem Grabstein sollte Name, Dienstgrad und militärische Verwendung des Toten sowie Todesort und -Datum genannt werden. Französische Gräber erhielten außerdem den Schriftzug »Mort pour la France«. Die Pflege der Gräber sollte durch angestellte Friedhofswärter erfolgen. Als Wärter sollten grundsätzlich alte und versehrte Veteranen eingestellt werden. Artikel IX bezog auch die deutschen Gräber mit in den Geltungsbereich des Dekrets ein.

Das Gesetz vom 1. Juli 1922 (»Loi concernant les lieux de sépultures à établir pour les militaires des armées allemandes décédés en France pendant la duré de la guerre«) war eine

eine gesetzliche Grundlage für die Kriegsgräberfürsorge auf deutschem Boden geschaffen.[9]

Die Verhandlungen zwischen ZAK und der französischen Militärmission schufen Mindeststandards für den Pflegezustand der Gräber und ein einheitliches Verständnis vom Begriff des dauerhaften Ruherechtes.[10] Zugesichert wurde von französischer Seite auch der Erhalt des Einzelgrabes. Dies war für das ZAK wichtig, um Gewissheit zu haben, dass die Franzosen ihrer Verpflichtung zum dauerhaften Erhalt der Grabstätten nicht durch Umbettung der Gefallenen in einfach zu erhaltene Sammelgräber nachkommen würden. Man ließ sich außerdem den fortdauernden Erhalt der Denkmäler des Krieges 1870/71 zusichern. Die Franzosen drängten ihrerseits auf die vollständige Übermittlung von Listen mit den Namen und Grablagen der französischen Kriegstoten, die von den Deutschen bestattet worden waren oder die in Kriegsgefangenschaft verstorbenen waren.[11]

Der Versailler Vertrag etablierte zwischen den Signatarstaaten einen einheitlichen rechtlichen Rahmen, wie Kriegsgräber zu erhalten waren. Die Forderung nach individueller Erfassung aller Kriegstoten, der namentlichen Kennzeichnung ihrer Grabstätten und deren dauerhafter Erhalt wurde somit völkerrechtlich sanktioniert und durch Überführung in nationales Recht und der Einrichtung mit seiner Umsetzung betrauter Behörden oder staatlich beauftragter Organisationen Geltung verschafft. Die Auslegung der vertraglichen Vorgaben und deren Umsetzung verliefen in den beteiligten Ländern in der Praxis allerdings unterschiedlich.[12]

Generell schlechter war es um die Kriegsgräber in Osteuropa bestellt. Im Unterschied zum festgefahrenen Stellungskrieg an der Westfront, hatte der Krieg an der Ostfront weite Teile Osteuropas durchzogen. Der Frontverlauf hatte sich vom Baltikum bis zum Balkan erstreckt und sich im Verlauf des Krieges um hunderte Kilometer verschoben. Die Kriegstoten waren somit über weite Teile eines geographischen Raums verstreut, der nach dem Zerfall der alten Imperien 1918 eine umfassende geopolitische Neuordnung erlebte. Viele der aus den Trümmern der Vielvölkerreiche hervorgegangenen jungen Nationalstaaten waren

Ergänzung zum Gräbergesetz von 1915. Es umfasste lediglich zwei Artikel. Artikel I erklärte das Gesetz von 1915 ebenfalls Gültig für die Gräber der deutschen Gefallenen. Artikel II regelte Entschädigungsfragen.

Zur Einbeziehung weiterer Kategorien von Kriegstoten in die französischen Gesetzgebung seit dem Ersten Weltkrieg vgl. auch *Capdevila/Voldman*, War Dead, S. 12 f.

9 Gesetz über die Erhaltung der Kriegergräber aus dem Weltkriege. Vom 29. Dezember 1922, in: RGBL I, 1923, Nr. 2, S. 25 f.

10 Zu den praktischen Anweisungen, wie Kriegsgräber anzulegen waren, siehe Verordnung über die Erhaltung der Kriegergräber aus dem Weltkrieg, vom 31.12.1922, in: RMBl. 51 (1923), Nr. 2, S. 9–10.

11 BArch R 80/1.

12 Vgl. *Fischer*, Geschichte, S. 71.

innenpolitisch noch nicht gefestigt oder erlebten nach 1918 eine Fortsetzung bewaffneter Konflikte. Diese Staaten erbten nun die Verantwortung für die hinterlassenen Kriegsgräber, zu denen sie häufig in einem politisch ambivalenten Verhältnis standen.[13] Noch 1938 wies der Direktor des ZAK auf den hohen Anteil nicht identifizierter Toter und verlorener Gräber in Polen und Rumänien hin. Von den mehr als 400.000 Gefallenen in Polen tauchten nur etwa 116.000 in Gräberverzeichnissen auf, die zudem bisher nicht vollständig an das ZAK übermittelt worden waren. In Rumänien waren nur knapp 5.000 Gräber von der rumänischen Regierung erfasst worden. Die deutschen Verluste hatten hier nach damaligen Schätzungen bei 34.000 gelegen.[14] Deutschland berief sich auch hier auf den formalen Standpunkt der Gültigkeit des Versailler Vertrags, den auch Polen und Rumänien als Signatarstaaten unterzeichnet hatten. Die Möglichkeiten des ZAK Einfluss auf den tatsächlichen Erhalt der Gräber und alle damit verbundenen notwendigen Maßnahmen zu nehmen, waren aber eng begrenzt.

1.2 Kriegsgräberfürsorge als Betätigungsfeld gesellschaftlicher Fürsorge

Vor allem zum Zeitpunkt der Gründung des Zentralnachweiseamtes sorgte die Einrichtung der neuen Behörde nicht dafür, den befürchteten Verlust der deutschen Kriegsgräber vollständig auszuräumen. Mit dem ZAK war eine offiziell für Kriegsgräber verantwortliche Stelle benannt, die die Verpflichtungen gegenüber den Siegermächten erfüllte, die sich aus dem Friedensvertrag herleiteten. Die deutschen Kriegsgräber in einen Zustand zu versetzen, der den während des Krieges geweckten Erwartungen entsprochen hätte, lag jedoch außerhalb der Möglichkeiten der Behörde.

Die Bestimmungen des Versailler Vertrages zum Schutz der Kriegsgräber wurden mit gemischten Gefühlen gesehen. Die von der Heeresverwaltung erhoffte, aber vor allem von Frankreich abgelehnte Beteiligung Deutschlands an der Errichtung von Friedhöfen für die Gefallenen im Ausland, wurden als bewusster Ausschluss Deutschlands von der Grabpflege gesehen. Eine gewisse Befriedigung zog man daher aus dem Umstand, dass damit aber auch die Kosten für den Unterhalt der deutschen Gräber den Siegermächten aufgehalst wurden. In der allgemeinen Polemik über den Versailler Vertrag wurden diese den Deutschland aufgelasteten Reparationen gegenübergestellt und als kleine Ge-

13 Vgl. *Rass/Lohmeier*, Körper, S. 287; *Bucur*, Heroes, S. 50 ff.; für einen Überblick über die Entwicklung des Kriegstotengedenkens in Polen und den baltischen Staaten siehe *Jallonen/Richter/Szlanta*, Commemoration; zu Südosteuropa *Pintar*, Bereavement.

14 Vgl. BArch R 2301/2513, Gutachten über das Zentralnachweiseamt für Kriegerverluste und Kriegergräber [1938], S. 19.

nugtuung gesehen. Zugleich bestand ein grundlegendes öffentliches Misstrauen, ob die deutschen Gräber im Ausland auch wirklich respektiert und die bereits während des Krieges geschaffenen Friedhöfe erhalten werden würden. Nachrichten von angeblichen Grabschändungen oder über Pläne eines systematischen Abrisses aller deutschen Denkmäler in Frankreich kamen in den Jahren nach Kriegsende immer wieder auf.[15] In der öffentlichen Wahrnehmung herrschten Szenarien von in ganz Europa der Verwahrlosung preisgegebenen und vergessenen deutschen Gräbern vor, die auch die Überlegungen zur Bestattung der deutschen Kriegstoten im Umfeld der Friedensverhandlungen noch beeinflusst hatten. Als Vorschlag für eine dauerhafte und raumsparende Möglichkeit, um die Toten zu bestatten, die noch aus den Schützengräben geborgen werden mussten, hatte beispielsweise Generalleutnant Hoffmann 1918 den Bau von sogenannten »Ringmauergräbern« vorgeschlagen. Dies waren von einer Mauer eingefasste Grabhügel, die als Sammelgrab eine größere Zahl von Toten aufnehmen und durch ihre einfache, aber wuchtige Bauweise den beständigen Schutz der Grabstätte in einer feindlichen Umgebung sicherstellen sollten. Zugleich sollten sie als Denkmäler auf lange Zeit die Landschaft durchziehen.[16] Derartige Vorschläge befeuerten im Gegenzug aber geradezu die französischen Ängste vor einer ungezügelten deutschen Bauwut, die der Niederlage zum Trotz den deutschen Heldenkult auf französischem Boden verewigen würde.

Um die deutschen Kriegsgräber vor dem Verfall zu bewahren, waren bereits während des Krieges und in der unmittelbaren Nachkriegszeit eine Reihe von Initiativen zum Schutz und zur Pflege deutscher Kriegsgräber entstanden. Die in verschiedenen deutschen Städten gegründeten Vereine versuchten auf unterschiedliche Weise auf das aus ihrer Sicht ungelöste Problem der deutschen Kriegsgräber im Ausland aufmerksam zu machen, indem sie den Kontakt zu Behörden suchten, um auf Missstände hinzuweisen, oder es sich selbst zum Ziel erklärten, die staatlichen Stellen zu unterstützen. Aus Sicht der verantwortlichen Ministerien kamen die privaten Initiativen nicht grundsätzlich ungelegen. Die Befürchtung, dass die deutschen Gräber im Ausland nach Kriegsende verloren gehen könnten, bestanden bereits während des Krieges. Sowohl Auswärtiges Amt als auch das Kriegsministerium sahen in der Einbindung privater Initia-

15 Vgl. z. B. [ohne Autor], Französische Grabschändung. Wie Frankreich Kriegsgräber schändet und Deutschland Kriegsgräber ehrt. Eine wahrheitsgetreue Gegenüberstellung in 15 Bildern, Berlin 1918. Das von einem unbekannten Herausgeber 1918 veröffentlichte Heft enthielt nur Bilder, die den gepflegten Zustand deutscher Soldatenfriedhöfe und Übergriffe französischer Streitkräfte auf die deutschen Anlagen belegen sollten.

16 Das Ringmauergrab als Wahrzeichen auf den Schlachtfeldern des Stellungskrieges. Von Exz. Hoffmann, Generalleutnant z. D., in: Kriegerehrungen Nr. 10, 1918, S. 103–104. Das Kriegsministerium verwies in einem Schreiben an die Waffenstillstandskommission auf den Text Hoffmanns. Vgl. BayHStA MK 14481, pag. 180, Kriegsministerium, Auskunfts-Departement an Clemens v. Brentano, Waffenstillstandskommission, 7.2.1919.

tiven eine Möglichkeit politische Beschränkungen zu umgehen, die sich für eine staatliche Stelle beim Zugang zu deutschen Gräbern im Ausland ergeben könnten. Diese Idee wurde auch in der Nachkriegszeit fortgeführt und auch mit der sich abzeichnenden Einrichtung einer für Kriegsgräber zuständigen staatlichen Behörde nicht sofort aufgegeben.

Allerdings erschien nicht jede aus der Taufe gehobene Vereinigung vertrauenswürdig oder überhaupt dem Umfang der Aufgaben gewachsen. Beispielhaft hierfür ist das Ersuchen eines Vereins im Frühjahr 1918. Unter dem Namen »Hilfsbund ›Mein Deutschland‹, freiwilliger vaterländischer Hilfsdienst« wandte sich eine Vereinigung an verschiedene Ministerien und Landesregierungen, um die Gründung eines »Reichsausschuß der Helden-Gedächtnis-Ehrung« anzuregen.[17] Die Organisation hatte sich bisher für verschiedene caritative Zwecke eingesetzt, insbesondere für die Unterstützung von Soldaten, und wollte sich nun auch der Kriegsgräberfürsorge annehmen. Der zu gründende »Reichsausschuß« sollte die bestehenden staatlichen Maßnahmen zur Kriegsgräberfürsorge unterstützen und neben den Vorstandsmitgliedern des Hilfsbundes auch mit Vertretern aus verschiedenen Ministerien, den Kirchen und der jüdischen Gemeinde besetzt werden. Die Ziele der künftigen Arbeit hatte der Hilfsbund bereits in seiner letzten Vorstandssitzung beschlossen. Aufgabe des Reichsausschusses sollte sein:

> 1. die dauernde Erhaltung und Pflege der Grabstätten der fürs Vaterland Gebliebenen ausserhalb des Gebietes des Deutschen Reiches, 2. die Schaffung der Möglichkeit für die unbemittelten nächsten Angehörigen, nach beendetem Kriege einmal an die Gräber der Ihrigen gelangen zu können, und 3. das Andenken der Gebliebenen durch einheitliche Gedächtnisfeiern zu ehren.[18]

Als prominente Fürsprecherin konnte der Verein auf seine Schirmherrin Margreth Ludendorff verweisen. Kriegsministerium und Auswärtiges Amt zeigten sich gegenüber der Idee, staatliche Maßnahmen zur Sicherung der Kriegsgräber durch gesellschaftliches Engagement zu flankieren, grundsätzlich aufgeschlossen. Was eine weitere Zusammenarbeit mit den Initiatoren des »Hilfsbunds« aber ausschloss, waren Bedenken an der Leistungsfähigkeit des Vereins, seine hochgesteckten Ziele auch umsetzen zu können.[19] Eine weitere vom Kriegs-

17 Vgl. BArch R 901/84152, Schreiben Hilfsbund »Mein Deutschland« an Auswärtiges Amt, 18.4.1918.

18 BArch R 901/84152, Vorstandsprotokoll vom 15. März 1918, Anlage zum Schreiben Hilfsbund »Mein Deutschland« an das Auswärtige Amt, 18.4.1918.

19 Zur Überprüfung des Vereins war ein Gutachten des Polizeipräsidenten von Berlin eingeholt worden, dass das Anliegen des Vereins grundsätzlich befürwortete, von einer weiteren Zusammenarbeit aber abriet, da der Verein nicht über die notwendigen Ressourcen verfügte, um seine Pläne zu realisieren. Siehe BArch R 901/84152, Polizeipräsident, Abteilung I an Kriegsministerium, Unterkunfts-Departement, 29.5.1918.

ministerium mit Interesse beobachtete Initiative war die Forderung zur Gründung einer internationalen Organisation für Kriegsgräberfürsorge, die die Pflege der Gräber der Gefallenen als humanitäres Anliegen übernehmen und damit zwischenstaatlichen Konflikten entziehen sollte. Der Vorschlag zur Gründung einer entsprechenden Organisation in Zürich wurde vom Schweizer Alfred Ney vorgelegt,[20] der als neutraler Delegierter für die Gefangenenlager der stellvertretenden Generalkommandos des XIII. und XIV. Armeekorps zuständig war. Die von Ney vorgeschlagene Organisation sollte sich ebenfalls der Erhaltung der Kriegsgräber widmen, Auskünfte an Angehörige erteilen und diesen den Besuch des Grabes im Ausland erleichtern sowie die künstlerische Gestaltung der Friedhöfe fördern. Die Gründung sollte zunächst von den neutralen Staaten ausgehen, denen sich dann die kriegführenden Parteien anschließen sollten. Neys auf Deutsch und Französisch herausgegeben Schrift war an die Schweizer Leserschaft gerichtet, erschien dem preußischen Kriegsministerium jedoch soweit nützlich, dass es den Druck direkt unterstützte und selbst 1.000 Exemplare abnahm. Bevor Neys Schrift jedoch die erhoffte Wirkung entfalten konnte, versperrten politische Bedenken gegenüber dem Autor eine weitere Verfolgung der Pläne.[21] Die Idee, die Betreuung der Kriegsgräber im Ausland dadurch zu sichern, dass man sie auf eine politisch neutrale Grundlage stellte, war jedoch nicht vom Tisch. Sowohl die Einbindung gesellschaftlicher Kräfte als auch die Idee einer internationalen Vereinigung für Kriegsgräberfürsorge blieben für die verantwortlichen Stellen die maßgebliche Strategie, wie der Zugriff auf die Kriegsgräber im Ausland verbessert werden konnte. Die im folgenden Jahr erfolgreiche Gründung des Volksbundes Deutsche Kriegsgräberfürsorge, die 1919 jedoch bereits unter den veränderten Bedingungen der Kriegsniederlage erfolgte, weist noch deutliche Parallelen zum Vorgehen des Hilfsbundes 1918 auf. Ebenso blieben die Vorschläge Neys aktuell.

1.3 Die Gründung des Volksbundes Deutsche Kriegsgräberfürsorge

Als mit dem Ende des Krieges die latente Befürchtung, die Kriegsgräber im Ausland könnten verloren gehen, zu einem konkreten Problem wurde, entstanden in verschiedenen Teilen Deutschlands in den Nachkriegsmonaten lokale Initiativen, die sich für den Erhalt und den Schutz der zurückgelassenen deutschen

20 *Alfred Ney*, Das Recht der Toten. Ein Wort zum Schutz des Kriegsgrabes. Mit einem Holzschnitt von W. Laage und 79 Bildern nach Naturaufnahmen, Zürich 1918; ein ähnliches Konzept wurde 1920 von H. Fröhlich vorgelegt. Es hinkte zum Zeitpunkt seines Erscheinens der aktuellen Entwicklung aber bereits hinterher. Siehe *H. Fröhlich*, Die Pflege der Gräber unserer Gefallenen im In- und Ausland. Vorschläge zur Gründung eines Deutschen Kriegsgräber-Schutzbundes, München 1920.

21 Vgl. BArch R 901/84152, Kriegsministerium an Auswärtiges Amt, 3.7.1918.

Kriegsgräber einsetzen wollten. Sie waren auch Folge der während des Krieges von den Beratungsstellen für Kriegerehrung propagierten Aufklärungsarbeit, die eine erhöhte Sensibilität für die Zukunft der Kriegsgräber geschaffen hatte und ein Netz aus amtlichen und privaten Stellen hinterließ, die sich nun für das Schicksal der Kriegstoten verantwortlich fühlten. Wie bereits gezeigt wurde, waren Pläne zur Gründung eines Vereins, der sich umfassend mit der Pflege der deutschen Gräber befassen und die in ihrer Handlungsfähigkeit eingeschränkten staatlichen Stellen unterstützen sollte, nicht gänzlich neu. Anders als das oben genannte Beispiel des »Hilfsbundes ›Mein Deutschlande‹«, der sich von seiner Tätigkeit als bürgerlicher Fürsorgeverein ausgehend auch den Kriegsgräbern zuwenden wollte, gingen nach Kriegsende ein Teil der Gründungsinitiativen für Kriegsgräberfürsorgeorganisationen nun von ehemaligen Gräberoffizieren und Personen aus dem Umfeld der Beratungsstellen für Kriegerehrungen aus, deren primäres Anliegen darin bestand, die im Krieg begonnene Arbeit auf den vom Heer angelegten Friedhöfen nicht unvollendet zu lassen. Im Gegensatz zum Hilfsbund, der zwar im Kriegsministerium mit seinem Anliegen auf offene Ohren gestoßen war, jedoch über keinerlei Fachkompetenzen in Fragen der Kriegsgräberfürsorge besaß, verfügten einige der 1919 gegründeten Vereine über das notwendige Expertenwissen. Durch die Mitwirkung der Gräberoffiziere verfügten die zivilen Organisationen über Kenntnisse, die den gesamten Ablauf bei der Anlage von Kriegsgräbern und Friedhöfen vor Ort bis hin zu den bürokratischen Abläufen im Hintergrund umfasste. Das Vorhaben, eine nichtstaatliche Kriegsgräberfürsorgeorganisation ins Leben zu rufen, wurde jetzt auch aktiv von Heeresverwaltung und Innenministerium unterstützt, weil die Zukunft und Handlungsfähigkeit einer zuständigen staatlichen Behörde ungewiss erschien. Zusätzlich zu den in einem gewissen Rahmen vorhersehbaren Einschränkungen, die sich aus der geografischen Lage der Kriegsgräber ergaben, hatten sich aus dem Blickwinkel der verantwortlichen Beamten und Militärs in Heer und Verwaltung mit der Revolution 1918 auch die politischen Rahmenbedingungen für Kriegsgräberfürsorge verändert. Die Haltung der neuen sozialdemokratischen Regierung zu den Gefallenen ließ sich noch nicht abschätzen. Eine private Initiative bot die Möglichkeit, die im Krieg entwickelten Konzepte zur Bestattung und Ehrung der Toten in die neue Zeit hinüber zu retten und schuf Ausweichmöglichkeiten, falls eine staatliche Einrichtung durch politische Beschränkungen gelähmt sein sollte. Durch die gezielte Förderung eines neu zu gründenden Vereins erhoffte man sich außerdem weiterhin einen gewissen staatlichen Einfluss und Mitsprache bei der Ausgestaltung der Pläne geltend machen zu können.

Die erfolgreiche Gründung des »Volksbundes Deutschen Kriegsgräberfürsorge e. V.« im Herbst und Winter 1919 war genau von diesen Überlegungen geleitet. Sie ist zunächst keine Vereinsgründung, die sich auf breite bürgergesellschaftliche Eigeninitiative zurückführen lässt, wie es spätere Selbstdarstellungen des Vereins erscheinen lassen,[22] sondern stellte anfänglich noch den Versuch dar, eine Kriegsgräberfürsorgeorganisation gewissermaßen am Reißbrett zu planen, dabei jedoch das schon während des Krieges sichtbare gesellschaftliche Potential zur Unterstützung der Kriegsgräberfürsorge zu nutzen. Ihr äußeres Gewand als Verein sollte Helfen, politische Beschränkungen zu überwinden und zusätzliche Ressourcen zu mobilisieren, die der Staat nicht aufbringen konnte oder wollte.

Maßgeblich ausgearbeitet und vorbereitet wurden die Pläne für die neue Kriegsgräberfürsorgeorganisation von den drei ehemaligen Gräberoffizieren Eulen, Barleben und Lubig. Eulen, der den Aufbau und die Entwicklung des späteren Volksbundes von seiner Gründung an in verschiedenen Ämtern bis zu seinem Tod 1945 prägte, gilt allgemein als die Gründungsfigur des Vereins.[23] Über seine Mitstreiter ist dagegen wenig bekannt.[24] Eulen wird als typischer Vertreter des national-konservativen Bürgertums beschrieben. Er studierte in Freiburg und promovierte anschließend in Heidelberg. Während des Studiums trat er der Burschenschaft Teutonia bei. 1913 hatte er sich als Einjähriger zum Militärdienst gemeldet und Rückte mit seinem Regiment bei Kriegsausbruch nach Belgien aus. Hier erkrankte er an der Ruhr und wurde nach seiner Genesung als Gräberoffizier abkommandiert und fortan in Polen, Galizien und der Türkei eingesetzt, wo er auch das Kriegsende erlebte.[25] Die Gräberoffiziere hatten in den letzten Monaten des Krieges und nach der Demobilisierung die Erfahrung gemacht, dass die Toten und ihre Gräber unter den Bedingungen des allgemeinen Zusammenbruchs der militärischen Moral und Disziplin nicht mehr viel zählten.[26] Die sorgsam geplanten Friedhöfe für die Gefallenen blieben unvollendet zurück, die Arbeit der Gräberoffiziere erschien damit auf einmal wertlos.

Eulen war im Frühjahr 1919 nach Deutschland zurückgekehrt und hatte sich in Berlin beim Zentralnachweise-Büro im Kriegsministerium gemeldet. Durch die Erfahrung des militärischen Zusammenbruches an der Front und der Verlust der gewohnten politischen Ordnung nach der Rückkehr in die Heimat, erschien Eulen und seinen Mitstreitern der Aufbau einer neuen Organisation, die sich den zurückgelassenen Gräbern annehmen sollte, auch wie die Wiederherstellung einer verloren gegangenen Ordnung in einer politisch noch unbestimm-

22 Vgl. z. b. *VDK*, Dienst am Menschen, S. 16.

23 Eulen war bis 1925 Generalsekretär, danach 1. Schriftführer. 1934 übernahm er das Amt des ausgeschiedenen Präsidenten Winterfeld-Menkin, das fortan unter der Bezeichnung Bundesführer lief und das er bis zu seinem Tod 1945 innehatte.

24 Lubig war mehrere Jahre stellvertretender Generalsekretär des Volksbundes.

25 Zur Biographie Eulens siehe *Böhme*, Eulen.

26 Eulen selbst beschrieb anlässlich einer Rede zum zehnjährigen Jubiläum des Volksbundes das Kriegsende als »gewaltsamen« Abbruch seiner Arbeit. Siehe Rückblick auf die 10jährige Tätigkeit des Volksbundes und Ausblick auf die zukünftige Arbeit. Vortrag Dr. Eulen auf dem 12 Vertretertag zu Berlin, in: Kriegsgräberfürsorge 9 (1929), Nr. 11, S. 166–169. Allgemein zur Desintegration und Demobilisierung der deutschen Truppen 1918/19 vgl. *Bessel*, Germany, S. 89.

ten Zeit. Kriegsgräberfürsorge war damit für Eulen nicht allein Pflichterfüllung an den gefallenen Kameraden, es war auch eine staatstragende Angelegenheit, die über jeglichen politischen Zerwürfnissen zu stehen hatte. Im folgenden halben Jahr entstand der Plan, eine private Organisation für Kriegsgräberfürsorge zu gründen, die alle Betroffenen und Interessierten zusammenführen und die staatlichen Kräfte unterstützen sollte. In Absprache mit dem Zentralnachweise-Büro wurde zunächst ein Organisationsausschuss gebildet, der einen Organisationsplan und eine Satzung für den zu gründenden Verein ausarbeitete.[27] Außerdem wurden prominente Fürsprecher angeschrieben, die als Mitglieder eines Ehrenausschusses mit ihrem Namen das Anliegen der Kriegsgräberfürsorge unterstützten und für dessen Seriosität garantieren sollten. Das Konzept wurde am 22. September 1919 im Reichsministerium des Innern vorgestellt und von den Ministerialbeamten befürwortet. Aus der Gründungphase der Organisation sind eine Reihe von Konzeptpapieren und Entwürfe für Statuten erhalten, die einen detaillierten Einblick ermöglichen mit welchen Vorstellungen Eulen und seine Mitstreiter ihre Pläne vorantrieben. Bereits im November 1919 wurde ein Kongress zur Gründung der »Deutschen Kriegsgräberfürsorge« einberufen. In einer zu diesem Anlass vorgelegten Denkschrift erläuterten die Initiatoren u. a. noch einmal den Hintergrund ihrer Pläne. Dabei wiesen sie auch explizit daraufhin, sie seien vom Zentralnachweise-Büro zur Ausarbeitung der Pläne »beauftragt«[28] worden. Das Verständnis der ehemaligen Gräberoffiziere im staatlichen Auftrag zu handeln, sowie die engen Absprachen mit dem verantwortlichen Ministerium bei der Planung, das auch Räume zur Verfügung stellte, deuten darauf hin, dass im Bemühen um die deutschen Gräber im Ausland eine komplementäre Strategie verfolgt wurde. Hierfür spricht auch die Parallelität beim Aufbau der behördlichen Strukturen, denn die Einrichtung des ZAK als zivile Dienststelle, die die Aufgaben der vormals militärischen Verwaltungseinheiten übernahm, erfolgte nur zwei Wochen nachdem Eulen seine Pläne im Innenministerium vorgestellt hatte. Die bevorstehende Einrichtung des ZAK muss in der Ministerialverwaltung zu diesem Zeitpunkt bereits bekannt gewesen sein. Beim Aufbau des ZAK soll zunächst aber unsicher gewesen sein, ob für die neue Behörde überhaupt Mittel im Reichshaushalt bereitgestellt werden würden.[29] Ebenso die eingeschränkte politische Handlungsfähigkeit der Behörde durch die Auflagen des Versailler Vertrages war seit dem Sommer bereits bekannt, beides bildete somit einen Teil der Überlegungen, wie in Zukunft die Gräber im Ausland betreut werden könnten.

27 Vgl. *Zilien*, Volksbund, S. 455; *Fritz Debus*, Vierzig Jahre Kriegsgräberfürsorge. Die Gründung des Volksbundes Deutsche Kriegsgräberfürsorge, in: Kriegsgräberfürsorge 31 (1955), Nr. 5, S. 76f.

28 BArch R 43-I/710, Anlage zum Rundschreiben des Organisationsausschußes der Deutschen Kriegsgräberfürsorge, 13.11.1919, Denkschrift S. 12.

29 Vgl. Kriegsgräberfürsorge 9 (1929), Nr. 11, S. 166.

Die den für den Gründungskongress am 26. November 1919 ausgearbeiteten Statuten vorangestellte »Denkschrift«, die die Notwendigkeit der neuen Organisation und ihre künftigen Aufgaben erläuterte, erscheint stark durch die Problemwahrnehmung der Gräberoffiziere geprägt.[30] Die Struktur des Textes spiegelt im Grunde die Erfahrungen der drei Autoren der vergangenen zwölf Monate. Er beschreibt das Zurücklassen der noch nicht fertiggestellten Friedhöfe rückwärtig der Front und der unbekannten Toten auf dem Schlachtfeld; die bittere Erkenntnis, dass die staatlichen Mittel nicht ausreichen würden, die begonnene Arbeit so zu beenden, wie man es noch während des Krieges für die Gefallenen als angemessen betrachtet hatte, und den Versuch Mitstreiter zu gewinnen, um aus eigener Kraft die Gräber der Gefallenen zu erhalten. Hierauf folgt ein Krisenszenario für die kommenden Jahre, das durch die unvollendete Arbeit droht und die Toten in ihrem Recht auf eine Grabstätte beschneidet. Der Verlust der von den Gräberoffizieren vor Ort geführten Unterlagen und die nun schonungslos der Witterung ausgesetzten Gräber, die häufig nur mit behelfsmäßig gesetzten Holzkreuzen gekennzeichnet waren, würde schon bald eine Identifizierung der Toten unmöglich machen und diese mit der Schicksalsgemeinschaft der hunderttausenden namenlosen Gefallenen vereinen.[31]

Die Argumentation verband damit den Anspruch auf individuelle, dauerhafte Ruhe der Gefallenen mit dem Aspekt der Schicksalsklärung, womit auch die Bedürfnisse der Hinterbliebenen angesprochen wurden. Der Verweis auf die unvollendeten Friedhöfe stellte die künftigen Aufgaben in eine Kontinuitätslinie mit den zu Kriegszeiten aufgenommenen Arbeiten und den ihr zugrunde liegenden Gestaltungskonzepten. Die Fortsetzung der Arbeit an den Gräbern war ein Kampf gegen die Zeit, den der Staat allein nicht gewinnen konnte. Die Bündelung aller gesellschaftlichen Kräfte sollte zusätzliche finanzielle Mittel freisetzen, die für die Gräber eingesetzt werden konnten. Der private Charakter der Organisation und die Nutzung privater Verbindungen ins Ausland sollten es ermöglichen, Informationen über die Gräber einzuholen und auch Wünsche von Angehörigen zu erfüllen, die selbst nicht in der Lage waren persönlich zum Grab zu reisen. Hierdurch sollten die Einschränkungen für staatliche Organisationen umgangen werden, die sich aus Artikel 225 des Versailler Vertrages ergaben. Zugleich wollte man auf die schon im Konzept Neys angeregte Internationalisierung der Kriegsgräberfürsorge hinwirken, der einen mit den alliierten Staaten gleichberechtigten Zugang zu den Gräbern schaffen sollte.[32]

In den Konzeptpapieren war der zugedachte Status der neuen Kriegsgräberfürsorgeorganisation nicht immer ganz Eindeutig. Sie erscheint sowohl als kom-

30 BArch R 43-I/710, Anlage zum Rundschreiben des Organisationsausschußes der Deutschen Kriegsgräberfürsorge, 13.11.1919, Denkschrift.

31 Ebd.

32 Ebd.; zur Idee Neys siehe dessen Druckschrift »Das Recht der Toten«.

plementäre Organisation, die in Ergänzung der von amtlicher Seite zu leistenden Erfassung der Kriegstoten die eigentlichen Gräber betreuen sollte, als auch als weitgehend eigenständiger Gräberdienst, der eine zusätzliche staatliche Behörde überflüssig gemacht hätte. In von Eulen vorgelegten sogenannten »Leitsätzen« wurde etwa angeregt, die neue Kriegsgräberfürsorgeorganisation »als Rechtsnachfolgerin«[33] der vormals zuständigen Verwaltungsstellen in der Heeresverwaltung einzusetzen und auch das damit verbundene Personal und sämtliche Unterlagen an sie zu überführen. Im Entwurf der Vereinssatzung findet sich dieser Vorschlag, der auf die Privatisierung einer Verwaltungsaufgabe hinauslief, nicht mehr. Es verdeutlicht jedoch, mit welchen Vorstellungen Eulen und seine Mitstreiter die Gründung des späteren Volksbundes in der Gründungsphase vorantrieben. Wenn auch bald ersichtlich war, dass mit dem ZAK eine ebenfalls involvierte amtliche Stelle bestehen würde, an der es keinen Weg vorbei gab, so hatte diese in den Augen der ehemaligen Gräberoffizieren eine eher nachgeordnete Stellung, weil Eulen, Barleben und Lubig die angedachten Organisationsstrukturen aus den praktischen Abläufen der Kriegsgräberfürsorge ableiteten. Das ZAK sollte die ihm obliegende amtliche Erfassung der Kriegsverluste wahrnehmen, wobei es jedoch auf den Zufluss von weiteren Informationen angewiesen war. Diese ließen sich zuverlässig nur durch die Suche nach vermissten Kriegstoten und deren ordnungsgemäße Bestattung sowie durch die Registrierung der Gräber, also der praktischen Arbeit der früheren Gräberoffiziere, gewinnen. Um die Kriegsgräberfürsorge im Ausland zu erleichtern, sollten die bereits vorhandenen Gräberunterlagen der neuen Organisation zum Aufbau einer eigenen Dokumentationsgrundlage, die sogenannte Gräberkartei, vom ZAK zur Verfügung gestellt werden. Die Unterlagen sollten dann anhand der neu gewonnenen Informationen aus dem Ausland ergänzt und mit dem ZAK entsprechend seiner Bedürfnisse ausgetauscht werden. Die Planung der Organisationsstruktur sah neben dem Aufbau eines eigenen Gräbernachweises auch die Einrichtung von Nachweisstellen im Ausland vor. Die vorgelegten Entwürfe stellten einen bereits sehr weitreichenden Plan für eine umfassende Kriegsgräberfürsorgeorganisation dar, bei deren Ausarbeitung das Hintergrundwissen der den Gräberoffizieren bekannten Verwaltungsabläufe sowie die Kenntnisse der Problemlage an den früheren Kriegsschauplätzen einflossen. Die Mitwirkung staatlicher Stellen sowie die Einbindung weiterer Organisationen, mit denen eine Zusammenarbeit nützlich erschien, sollte über ein hierfür eingerichtetes Vereinsgremium ermöglicht werden, eine Idee, die später in Form eines Verwaltungsrates realisiert wurde, in den u. a. verschiedene Ministerien Vertreter als Beisitzer entsandten und der auch den in der Gründungsphase geschaffenen Ehrenausschuss ersetzte.

33 BArch R 43-I/710, Anlage zum Rundschreiben des Organisationsausschußes der Deutschen Kriegsgräberfürsorge, 13.11.1919, Leitsätze S. 16.

Die sich in den Entwürfen abzeichnende Struktur der geplanten Organisation und die weitreichenden Erwartungen, dass auch behördliche Kompetenzen übertragen und Zugriff auf das amtliche Aktenmaterial gewährt werden würde, könnte als eine Teilprivatisierung von Verwaltungsaufgaben interpretiert werden. Johann Zilien hat unter Verweis auf die geplante Organisationsstruktur und die Verflechtungen mit der staatlichen Verwaltung dem Volksbund in seiner Gründungszeit daher einen »halbamtlichen Charakter«[34] zugesprochen und auf die »partielle[...] Privatisierung der vormals allein staatlichen Kriegsgräberfürsorge«[35] hingewiesen. Dies muss jedoch insoweit relativiert werden, als dass die weitreichenden Pläne, die Eulen im Herbst 1919 im Vorfeld der Gründung des Volksbundes vorlegte, zunächst einmal nicht mehr waren als der Entwurf einer idealen Gräberfürsorgeorganisation in den Augen ehemaliger Gräberoffiziere, der jedoch nicht eins zu eins umgesetzt wurde. Dies scheiterte gerade auch, weil sich die Voraussetzungen für die Gründung einer nichtstaatlichen Kriegsgräberfürsorgeorganisation schon während der Ausarbeitung der Pläne änderten und bei ihrer Präsentation nicht auf die vorbehaltlos Unterstützung aller anwesenden staatlichen Vertreter stieß. Die anfänglich im kleinen Kreis der früheren Gräberoffiziere, der sich im Umbruch befindenden Heeresverwaltung sowie dem Innenministerium geschmiedeten Pläne stießen bei der als konstituierende Versammlung gedachten Sitzung am 26. November 1919 auf Widerstand einer Reiher von Vertretern verschiedener Ministerien, die auf eine stärkere Abgrenzung der Kompetenzen des Volksbundes von ihren Ressorts drängten und auf die staatliche Verantwortung für Kriegsgräber verwiesen.[36] Nach weiteren Beratungsgesprächen und Sitzungen wurde dem neugegründete Verein ein Profil verliehen, das ihn nicht mehr als vollwertigen Gräberdienst erscheinen ließ, sondern als Organisation, die das vorhandene gesellschaftliche Potential zur Unterstützung der staatlichen Kriegsgräberfürsorge mobilisieren sowie den amtlichen Verpflichtungen nachgeordnete Bedürfnisse der Angehörigen in der

34 *Zilien*, Volksbund, S. 457.

35 Ebd.

36 Vgl. BayHStA, Mk 14481, Bericht der königlichen Bayerischen Gesandtschaft in Berlin, pag. 256ff., In dem Sitzungsprotokoll der Bayerischen Gesandtschaft in Berlin werden Einwände von Vertretern verschiedener Reichsministerien erwähnt, in denen deutlich zum Ausdruck kommt, dass die Ministerialbeamten dem Verein keine Kompetenzen übertragen wollten, für die ihre Ressorts zuständig waren. Das Reichsinnenministerium betonte die grundsätzliche staatliche Verantwortung für Kriegsgräber, die es notwendig mache, die Vereinsaktivitäten klar von den behördlichen Zuständigkeiten abzugrenzen. Das Auswärtige Amt erteilte Vorstellungen auf Seiten der Volksbundgründer eine Absage, man könne ins Ausland entsandte Delegierte des VDK mit »Exterritorialitätsrechten« ausstatten. Im Gegenzug lehnten einige der Organisatoren eine Mitsprache der staatlichen Vertreter bei internen Vereinsangelegenheiten ab, so dass ein neuer Arbeitsausschuss zur Überarbeitung der Vereinssatzung gebildet wurde, in dem zwar weiterhin Vertreter verschiedener Ministerien vertreten waren, jedoch kein volles Stimmrecht besaßen.

Grabpflege befriedigen sollte. Die dem Vereinsnamen erst am 16. Dezember 1919 vorangestellte Bezeichnung als »Volksbund« sollte aus Sicht des Vereins vor allem den Gedanken einer durch die Geschlossenheit des deutschen Volkes getragenen Fürsorge für die Grabstätten der Gefallenen unterstreichen. Die Erweiterung des Vereinsnamens kann zugleich aber auch als Maßnahme verstanden werden, um die ursprünglich als »Deutsche Kriegsgräberfürsorge« titulierte Organisation erkennbar als gesellschaftlich getragene und nichtstaatliche Vereinigung hervorzuheben.[37]

Betrachtet man die Entwicklung der noch in den Entwürfen für eine künftige Satzung genannten Vereinsaufgaben mit denen der endgültigen Satzung, die am 30. Januar in das Berliner Vereinsregister eingetragen wurde, ist die deutliche Verlagerung des Ansatzes erkennbar. Die Fokussierung auf die Unterstützung der staatlichen Stellen wich dabei einer stärkeren Konzentration auf die Grabpflege und die Betreuung der Angehörigen. Die noch im Satzungsentwurf für den Gründungskongress unter anderem genannten Ziele, Nachforschungen nach unbekannten Gräbern durchzuführen, um die Ergebnisse an das ZAK zu übermitteln, sowie die Internationalisierung der Kriegsgräberfürsorge voran zu treiben, wurden in der späteren Satzung durch Angehörigenbetreuung ersetzt und der inzwischen illusorische Plan der Internationalisierung durch eine zwischenstaatliche Lösung nach dem Gegenseitigkeitsprinzip abgeschwächt.

Während in den ersten Monaten der Organisationsplanung noch versucht wurde, behördliche Strukturen nachzubilden, wurde nach der eingeforderten Abgrenzung vom amtlichen Zuständigkeitsbereich nun versucht, die Unabhängigkeit von staatlichen Stellen und eine gesamtgesellschaftliche Einbindung in den Vordergrund zu rücken. Dies sollte vor allem auf der Ebene der leitenden Gremien zum Ausdruck gebracht werden. Hierzu diente insbesondere der Ehrenausschuss. Nach außen sollte er durch seine beeindruckende Fülle von namenhaften Persönlichkeiten aus Verwaltung, Wirtschaft, Militär, Kunst, Gesellschaft und Geistlichkeit sowie einer möglichst umfassenden Liste von weiteren Verbänden, die das Anliegen unterstützten, für die Seriosität des Vorhabens bürgen und natürlich zum Vereinsbeitritt anregen. Er stand dabei auch sinnbildlich dafür, dass Kriegsgräberfürsorge als gesamtgesellschaftliche Aufgabe verstanden werden sollte. Die personelle Verflechtung mit Funktionsträgern und Repräsentanten weiterer Organisationen diente aber auch dem Ziel, Verbindungen herzustellen, die für eine Zusammenarbeit nützlich sein konnten oder auch politischen Einfluss und Rückhalt sicherten. Dieses Modell stand noch ganz in der Tradition des bürgerlichen Honoratiorenwesens, das auch die Fürsorgevereine des deutschen Kaiserreiches geprägt hatte.

37 GStA PK, I. HA Rep. 191, Nr. 3908, Volksbund Deutsche Kriegsgräberfürsorge an das Preußische Ministerium für Volkswohlfahrt, 3.1.1920, Bl. 3.

Über das ab 1921 erscheinende Mitteilungsblatt »Kriegsgräberfürsorge« wurde außerdem fortlaufend mit Text und Bild über die Situation der deutschen Gräber im Ausland berichtet sowie über die fortlaufende Entwicklung der Organisation informiert. Der Volksbund selbst war als Verein eigenständig und keinen staatlichen Weisungen unterworfen. Es bestanden personelle Verflechtungen mit Angehörigen aus Politik und Verwaltung, was jedoch allein nicht ausreicht, um einen halbamtlichen Status zu attestieren. Der Begriff »halbamtlich« suggeriert die Übertragung von staatlichen Zuständigkeitsbereichen an einen privaten Akteur. Berücksichtigt man die besonderen Umstände nach dem Ersten Weltkrieg, die die Möglichkeiten staatlichen Handelns im Bereich der Kriegsgräber auf die Dokumentation der Gräber und die Absprache von Mindeststandards mit ausländischen Stellen reduzierte, wurden die zu diesem Zeitpunkt maßgeblichen Kernaufgaben der Verwaltung durch den Volksbund aber nicht berührt. Die Gründung des Volksbundes in enger Abstimmung mit der staatlichen Verwaltung führte eher dazu, dass sich in Deutschland ein auf gerade diese Kernaufgaben reduziertes Verständnis für die staatliche Verantwortung für Kriegsgräber etablierte, was zivilgesellschaftliche Beteiligungsmöglichkeiten in der Kriegsgräberfürsorge eröffnete. Der Volksbund erfüllte nach dem Ersten Weltkrieg jedoch nicht ersatzweise Aufgaben staatlicher Behörden, sondern ergänzte diese.

Das Wohlwollen, welches der Idee einer zusätzlichen Mobilisierung privater Ressourcen zur Unterstützung der knapp bemessenen staatlichen Mittel durch einen Verein entgegengebracht wurde, wich jedoch bald einer zunehmenden Skepsis. Der Volksbund hatte zügig begonnen, ein Netz von Auslandskontakten aufzubauen, um Auskünfte über Kriegsgräber fernab der Heimat einholen zu können. Die als Unterstützung und zur Entlastung der amtlichen Stellen gedachte Auskunftserteilung durch den Volksbund brachte zunächst allerdings nicht die angedachten Synergieeffekte. Der Versuch des Volksbunds ebenfalls Informationen über Lage und Zustand der Kriegsgräber zu erfassen, führte zu einer Überschneidungen mit der Aufgabenwahrnehmung des ZAK, was von der Behörde als eine unnötige Verdopplung der anfallenden Arbeiten kritisiert wurde. Das ZAK reagierte zudem verschnupft auf die Öffentlichkeitsarbeit des Volksbundes, in der der Eindruck erweckt wurde, der Verein sei die maßgebliche Instanz in der Kriegsgräberfürsorge. Das ZAK drängte vor allem auf eine klare Kompetenzabgrenzung, die die primäre Verantwortung des Staates für die Kriegsgräber herausstellen sollte. In der Arbeit des Volksbundes sah das Amt unter den vorherrschenden Bedingungen keine nennenswerte Unterstützung für die alltägliche Bewältigung seiner Aufgaben, es betrachtete den Verein jedoch insoweit als nützlich, als dass er in der Öffentlichkeit ein Problembewusstsein für die Lage der deutschen Kriegsgräber im Ausland wach hielt.[38]

38 Vgl. GStA PK, I. HA Rep. 191, Nr. 3908, Schreiben des ZAK, 1.11.1921, Bl. 83 ff.

Vorbehalte gegenüber dem Volksbund wurde auch durch einen Prüfbericht des Berliner Polizeipräsidiums im November 1920 genährt, der zu einem fast vernichtenden Urteil kam. Es bescheinigte dem Verein, sich in einer katastrophalen finanziellen Situation zu befinden und empfahl die Sammelerlaubnis für weitere Spenden zu entziehen. Dies hätte das Aus für den Volksbund bedeutet. Moniert wurde insbesondere, dass die eingesammelten Gelder überwiegend für den Betrieb der Geschäftsstelle verwendet wurden. Die jährlichen Personalausgaben betrugen hier bereist fast 83.000 Mark, denen ein Vereinsvermögen von nur 8.248 Mark gegenüber stand. Die selbstgesteckten Ziele des Vereins wurden als für in naher Zukunft unrealistisch eingeschätzt.[39] Die daraufhin in den folgenden Monaten zwischen verschiedenen Ressorts beteiligter Berliner Ministerien einsetzenden Beratungen über die Zukunft des Volksbundes kamen jedoch zu keinem einheitlichen Bild. Das Reichswehrministerium und das Arbeitsministerium bekundeten, keinen weiteren Nutzen im Fortbestehen des Volksbundes zu erkennen. Aus bildungspolitischer Sicht erschien das Unternehmen einer vom Volk getragenen Kriegsgräberfürsorge dagegen weiterhin förderungswürdig und erhielt den Zuspruch vom Ministerium für Wissenschaft, Kunst und Volksbildung. Das Auswärtige Amt widersprach nicht den Einschätzungen über die prekäre finanzielle Lage des Volksbundes, wollte aber ein Aufsehen erregendes Scheitern des Vereins vermeiden. Als Lösung unterstützte man eine vom ZAK angeregte Kompetenzabgrenzung. Die Arbeit des Volksbundes sollte somit auf ein realistisches Maß begrenzt werden und dem Verein helfen, seine ausufernden Verwaltungskosten in den Griff zu bekommen.[40]

Trotz der auch vom ZAK geäußerten Kritik am Volksbund hatten die 1921 vorgelegten Richtlinien zur Regelung der Arbeitsteilung zwischen dem Amt und dem Verein nicht den barschen Charakter einer Kompetenzabgrenzung, die den Volksbund in die Schranken verwiesen hätte. Vereinbart wurde eine kooperative Verfahrenspraxis, die den Status beider Seiten eindeutig festlegte und Regeln für den wechselseitigen Informationsaustausch und die Bearbeitung externer Anfragen schuf. Die vom Innenministerium am 16. September 1921 veröffentlichten Richtlinien bestätigten die Stellung des ZAK als amtlich verantwortliche Stelle für Kriegsgräber.[41] Der Volksbund wurde zugleich als einzige

39 Vgl. GStA PK, I HA Rep. 191, Nr. 3908, Polizeipräsidium Berlin, Abt. 1 an Staatskommissar für Wohlfahrtspflege, 25.11.1920, Bl. 70 ff.

40 Vgl. GStA PK, I HA Rep 191, Nr. 3908, Bl. 92–98, 112 u. 124–126.

41 Die Richtlinien im September konkretisierten eine bereits im Mai 1921 veröffentlichte Bekanntgabe des Innenministeriums zur Kompetenzabgrenzung zwischen ZAK und VDK um genaue Verfahrensregelungen. Für die Bekanntgabe des Reichsministerium des Innern vom 9. Mai 1921 siehe Kriegsgräberfürsorge 1 (1921), Nr. 5, S. 35; Die »Richtlinien für das Zusammenwirken und für die Arbeitsabgrenzung zwischen dem ›Zentralnachweiseamt für Kriegerverluste und Kriegergräber‹ und dem ›Volksbund Deutsche Kriegsgräberfürsorge e. V.‹« finden sich unter GStA PK, I HA Reg. 191, Nr. 3908, Bl. 163–164.

autorisierte private Organisation anerkannt. Seine Tätigkeit sollte die staatliche Kriegsgräberfürsorge ergänzen und dort einsetzen, wo die gesetzlichen Verpflichtungen zur Pflege von Kriegsgräbern endeten. Dieser Grundsatz schuf eine klare Hierarchie, die unmissverständlich klarstellte, dass Aufgaben wie der Gräbernachweis oder die Kommunikation mit ausländischen Gräberdiensten in den Hoheitsbereich des ZAK fielen. Der Volksbund, dessen Auflösung wenige Monate zuvor in den Amtsstuben noch als ein mögliches Szenario diskutiert worden war, erhielt nun zusätzliche Anerkennung als staatlich privilegierte Organisation.

Die vereinbarten Verfahrensweisen hatten für die Arbeit des Volksbund tatsächlich keine großen Auswirkungen. Die von den Behörden als Wurzel seiner finanziellen Schieflage identifizierte verwaltungsintensive Auskunftserteilung an Angehörige wurde auch weiterhin fortgeführt.[42] Zwischen ZAK und Volksbund wurden nun aber Vereinbarungen getroffen, die das Entstehen von Parallelstrukturen vermieden und feste Verfahrensmuster zur Bearbeitung von Anfragen schufen. Dem Volksbund wurde zudem zugesichert, die weitere Ausgestaltung von Friedhöfen nach Abschluss der amtlichen Maßnahmen zur Identifikation und Sicherung der Gräber übernehmen zu können. Zugleich blieb er für individuelle Anfragen und Wünsche von Angehörigen zuständig, die den Rahmen amtlicher Auskunftserteilung überschritten. Hierzu zählten neben der Auskunftserteilung über Lage und Zustand von Gräbern und Friedhöfen auch auf Wunsch die Zusendung von Fotografien der Grabstätte, das Niederlegen von Blumen an Feiertagen und Hilfestellung bei der Reiseplanung, wenn Angehörige selbst die Friedhöfe besuchen wollten.[43] Der Volksbund widmete sich damit also spezifischen Sorgen und Bedürfnissen von Hinterbliebenen, die seit Kriegsausbruch immer wieder öffentliche artikuliert worden waren, die jedoch nicht in das klassische Aufgabenspektrum der staatlichen Verwaltung fielen.

Die Zusammenarbeit zwischen Amt und Verein hatte damit für beide Seiten eine Reihe von Vorteilen. Der Volksbund verhalf dem Thema Kriegsgräberfürsorge zu öffentlicher Geltung und wickelte einen Teil der Anfragen zu im Ausland verbliebenen Kriegsgräbern ab. Die Anerkennung des Volksbundes als einzige private Organisation festigte seine Stellung gegenüber möglichen konkurrierenden Initiativen. Dies half aus Sicht des Zentralnachweiseamtes auch einem unkontrollierten Wildwuchs privater Unternehmen zuvorzukommen, die auf eigene Faust Grabpflegemaßnahmen durchführten.

42 Der im Rahmen des 3. Vertretertages am 30. April 1922 vorgetragene Geschäftsbericht bezifferte die Zahl der sich in Bearbeitung befindenden Anfragen zu Kriegsgräbern mit 20.000. Vgl. Kriegsgräberfürsorge 2 (1922), Nr. 6, S. 65.

43 Auf erste entsprechende Auslandsaktivitäten wird bereits im Jahresbericht für 1920 hingewiesen. Siehe Kriegsgräberfürsorge 1 (1921), Nr. 1/2.

Die getroffenen Vereinbarungen änderten jedoch nichts an der finanziellen Schieflage des Volksbundes. Er blieb weiterhin darauf angewiesen, einen Teil des durch öffentliche Sammlungen und Spenden für die Instandsetzung deutscher Kriegsgräber eingeworbenen Geldes für laufende Betriebsausgabe verwenden zu müssen. Der Volksbund befand sich zu diesem Zeitpunkt noch in einer Phase des organisatorischen Aufbaus und verfügte noch nicht über ausreichend Einnahme aus Mitgliedsbeiträgen. Zudem engte die stetig steigende Inflation den finanziellen Spielraum weiter ein. Für die Verwendung der Spendengelder wurde 1922 mit dem Reiskommissar für Wohlfahrtspflege eine Kompromisslösung gefunden, die den laufenden Geschäftsbetrieb sicherstellen sollte.[44] Die angespannte Situation konnte sich jedoch erst mit der Währungsreform 1923/24 erkennbar verbessern.[45]

Für die Entwicklung des Kriegsgräberfürsorgewesens in Deutschland bleibt bis zu diesem Zeitpunkt festzuhalten, dass von den Plänen, die 1919 im Vorfeld der Gründung des Volksbundes entwickelt worden waren, nicht mehr viel übrig blieb. Auch die Arbeit des Volksbundes als »halbamtlich« zu bezeichnen, muss verworfen werden, denn gerade das Vorgehen des Zentralnachweiseamtes zielte immer auch darauf ab, staatliche Schlüsselkompetenzen zu behaupten und gerade nicht an den Volksbund abzutreten. Wie sich im nachfolgenden Abschnitt jedoch noch zeigen wird, genoss der Verein gegenüber den Behörden eine privilegierte Stellung.

Für das ZAK, das sich in seiner Arbeit auf die Auswertung von Aktenmaterial stützte, ergab sich schon aus der Struktur der Behörde, dass es seine Aufgabe vorrangig im amtlichen Gräbernachweis erblickte. Die Anlage von Friedhöfen konnte es nur mittelbar durch die Kommunikation mit fremden Gräberdiensten oder über die diplomatischen Vertretungen des Auswärtigen Amtes beeinflussen. Die eigentliche Grabpflege im Ausland wurde daher 1923 an das Auswärtige Amt abgetreten, das zunächst in Ländern aktiv wurde, in denen die besonderen Einschränkungen für die Kriegsgräberfürsorge des Versailler Vertrages nicht galten, wie zum Beispiel in Estland und Lettland. Die vom Volksbund wahrgenommenen Aufgaben lagen im Verständnis der staatlichen Vertreter jenseits dessen, was die amtliche Kriegsgräberfürsorge zu leisten hatte. Nachdem das Verhältnis zwischen beiden Seiten austariert worden war, blieb der Volksbund aus Sicht der involvierten Ministerien und Ämter ein akzeptierter Verein, der durch die staatliche Unterstützung eine exklusive Stellung einnahm. Die pro-

44 GStA PK, I HA Reg. 191, Nr. 3908, Bl. 329 u. 339.

45 Zur Auswirkung der Inflation vgl. u.a. Niederschrift des 5. (ordentlichen) Vertretertages, in: Kriegsgräberfürsorge 3 (1923), Nr. 6, S. 34ff. Im Sommer 1922 verschärfte sich die wirtschaftliche Lage zur Hyperinflation und untergrub damit die finanziellen Grundlagen des Vereins. Zur Inflationsentwicklung in Deutschland vgl. *Holtfrerich*, Inflation, S. 298ff., sowie *Kerstingjohänner*, Inflation, S. 369ff.

minente Fürsprecher und die öffentlichkeitswirksame Gründung des Vereins gaben ihm zusätzlichen Rückhalt.

Bis 1923 formten sich die Strukturen, die bis zum Ausbruch des Zweiten Weltkriegs die Betreuung deutscher Kriegsgräber im Ausland bestimmen sollten. Die Kriegsgräberfürsorge im Inland wurde durch das »Gesetz über die Erhaltung der Kriegergräber« vom 29. Dezember 1922 geregelt, das die Verantwortung für Kriegsgräber dem Reich und den Ländern auferlegte, wobei jedoch auch hier eine ergänzende Pflege »von anderer Seite«[46] zugestanden wurde. Das Verhältnis zwischen staatlicher Kriegsgräberfürsorge und Volksbund blieb auch in Zukunft nicht frei von Spannungen. Der Volksbund nutzte zum Beispiel immer wieder die Kritik am mangelhaften Zustand der von den amtlichen Gräberdiensten angelegten Friedhöfen, um auf die Notwendigkeit seiner Arbeit hinzuweisen und um Spenden und Mitglieder zu werben. Die mit dem ZAK vereinbarten Richtlinien zur Zusammenarbeit erwiesen sich aber grundsätzlich als tragfähig. Die Stellung des Volksbundes als alleiniger Verein in der Kriegsgräberfürsorge in Deutschland war gefestigt und wurde nicht mehr in Frage gestellt.

2. Der Volksbund als Idee und als Organisation. Vereinsstruktur, Mitgliederbasis und soziale Reichweite des Volksbundes Deutsche Kriegsgräberfürsorge

Die im Vereinsnamen geführte Selbstbezeichnung als »Volksbund« unterstrich den Anspruch, den Erhalt der Kriegsgräber als gesamtgesellschaftlich getragenes Projekt zu verankern. In ihr verband sich die notwendig gewordene Abgrenzung gegenüber der staatlichen Kriegsgräberfürsorge mit einem umfassenden Repräsentationsanspruch. Der Volksbund wurde in der Selbstdarstellung und im Selbstverständnis des Vereins die Organisation, welche die unmittelbare und persönliche Mitwirkung Aller an der Pflege der Kriegsgräber ermöglichte. In den ersten von Emmo Eulen und seinen Mitstreitern entwickelten Entwürfen der Organisation war noch deutlich das Vorbild eines professionellen Gräberdienstes zum Ausdruck gekommen. Die sich im Verlauf der Vereinsgründung abzeichnende Veränderung hin zu einem Verein, der vielmehr die staatlichen Stellen durch eine breite gesellschaftliche Mobilisierung materiell und ideell unterstützen, nicht jedoch ersetzen sollte, ließ die Bedeutung des organisatorischen Unterbaus und der Mitgliederbasis hervortreten.

Die Entwicklung des Volksbundes in den Jahren zwischen den Weltkriegen ist gekennzeichnet von einem fast ununterbrochenen Anstieg der Mitgliederzahlen und einer überregionalen Erweiterung seiner Vereinsgliederungen. In nur

46 Gesetz über die Erhaltung der Kriegergräber aus dem Weltkrieg. Vom 29. Dezember 1922, § 2, in: RGBl., Teil I, Nr. 2 vom 9. Januar 1923, S. 25.

wenigen Jahren entwickelte sich der Volksbund Deutsche Kriegsgräberfürsorge zu einer deutschlandweit aktiven Großorganisation. Der Volksbund war dabei getragen von der Idee, dass vor dem Hintergrund des gemeinsamen Kriegstotengedenkens alle sozialen, politischen und konfessionellen Unterschiede zurücktreten und die Geschlossenheit des deutschen Volkes bei der Ehrung seiner Gefallenen zum Ausdruck kommen sollte.

Im folgenden Kapitel wird die Entwicklung der Vereinsorganisation vor dem Hintergrund des Selbstverständnisses als »Volksbund« untersucht. Einerseits wird dabei das Verhältnis zu staatlichen Stellen betrachtet, von denen sich der Verein mit seiner Vereinsbezeichnung als Volksbund bewusst abgegrenzte. Andererseits soll die gesellschaftliche Reichweite des Volksbundes untersucht werden, denn wen der Volksbund tatsächlich mit seinem Anliegen ansprach und erreichte, ist bisher nur unzureichend beantwortet worden. Den entscheidenden Schritt zum Aufbau einer Organisation, die flächendeckend in ganz Deutschland aktiv war und mehrere Hunderttausend Mitglieder erfasste, gelang dem Volksbund vollends erst während der NS-Diktatur. Es wird daher im Detail betrachtet, wie dem Verein nicht nur die erfolgreiche Anpassung an die Herrschaftsbedingungen des NS-Regimes gelang, sondern auch hinterfragt, inwieweit diese selbst überhaupt erst die Voraussetzungen dafür schufen, dass sich der Volksbund als Großorganisation etablierte, die auch über den Zweiten Weltkrieg hinaus Bestand hatte.

2.1 Theoretische Vorüberlegungen zur sozialen Reichweite der Volksbundidee

Auf die Frage, in welchen Teilen der Bevölkerung die Appelle zur Förderung der Kriegsgräberfürsorge Widerhall fanden, sind bisher unterschiedliche Antworten gegeben worden. Der selbstgesteckte Anspruch des Vereins, das gesamte Volk hinter sich zu vereinen, steht hierbei zunächst im Widerspruch zu den stark fragmentierten politischen Lagern und sozialmoralischen Milieus der Weimarer Republik. Es wurde daher vor allem versucht den Volksbund politisch zu verorten oder seine Mitglieder sozialstrukturell zu erfassen. Dies ist generell schwierig, weil die Quellenlage für die Zeit der Weimarer Republik eigentlich keinen detaillierten Blick auf die Vereinsmitglieder erlaubt. In der jüngeren Selbstdarstellung des Vereins wird die Gründung des Volksbundes als »Bürgerinitiative« bezeichnet.[47] Unterfüttert wird dies mit dem Gründungsaufruf des Volksbundes, der von einer langen Liste prominenter Persönlichkeiten

47 Vgl. *VDK*, Dienst am Menschen, S. 16. Hier heißt es zur Vereinsgründung: »Der Volksbund, aus der Not geboren, nimmt seinen Anfang. Heute würden wir ihn eine Bürgerinitiative nennen.«

unterzeichnet worden war und den Anschein autonomer bürgerlicher Selbstorganisation suggeriert, die bis in die höchsten Kreise von Kunst, Kultur und Gesellschaft reichte. Johann Zilien hat bei seinem Versuch die Geschichte des VDK in der Weimarer Republik differenziert zu betrachten, dagegen bereits auf die engen Beziehungen zur Verwaltung und die Einflussnahme der staatlichen Stellen in der Gründungsphase hingewiesen, was die einseitige Hervorhebung der vorhandenen gesellschaftlichen Kräfte relativiert.[48] Patrick Wagner hat außerdem darauf hingewiesen, dass die Selbstbezeichnung als die »erste« oder »älteste« Bürgerinitiative Deutschlands Ende der Siebzigerjahre eine beliebte Form der Selbstdarstellung vieler alteingesessener Organisationen wurde, die damit versuchten, den neuen, positiv besetzten Begriff der Bürgerinitiative, der eigentlich aus dem Umfeld der neuen sozialen Bewegungen stammt, für sich zu adaptieren.[49] Die Annahme dieser Selbstbeschreibung durch den Volksbund in dieser Zeit ist also eher Ausdruck des Versuchs, sich ein zeitgemäßes Image zu geben als eine angemessene historische Einordnung seiner Organisationsform. Zilien hebt hingegen stärker die politisch-soziale Motivation als Erklärungsansatz für ein Engagement für die Kriegsgräberfürsorge hervor. Einerseits sollte die während des Krieges begonnene Kriegsgräberfürsorgetätigkeit im zivilgesellschaftlichen Gewand fortgesetzt werden, was vorrangig durch die beteiligten Experten in Militär und Verwaltung vorangetrieben wurde, andererseits sprach der Volksbund als Verein die bürgerlichen Schichten an, die durch die politische Umbruchsphase nach Kriegsende zutiefst verunsichert waren. Für diese stellte Kriegsgräberfürsorge und die Forderung nach Ehrung der Toten ein Orientierungsangebot dar, das Teile der symbolischen Ordnung des Kaiserreiches in die neue Zeit hinüber zu retten schien.[50] Den Kern der Mitglieder identifiziert Zilien deshalb im Bildungsbürgertum.[51]

Die Verklärung der Vereinsgründung zu einer Bürgerinitiative muss angesichts des nachweisbaren Zusammenwirkens zwischen ehemaligen Gräberoffizieren und staatlicher Verwaltung bei der Neuausrichtung der Kriegsgräberfürsorge in der Nachkriegszeit in den Bereich eines vereinsinternen Gründungsmythos verwiesen werden. Ziliens Charakterisierung des Volksbundes als bildungsbürgerlicher Verein und symbolischer Anker für die alte Ordnung verbindet den Versuch einer sozialstrukturellen Verortung der Mitglieder mit einem Erklärungsansatz, der auch nach der Motivation fragt, sich für die Kriegsgräberfürsorge zu engagieren. Problematisch bleibt aber, dass die gewählte Kategorie des Bildungsbürgertums selbst recht vage ist und die Motivation für den Vereins-

48 Vgl. *Zilien*, Volksbund, S. 455.

49 Zum Aufkommen und Verbreitung des Begriffes der Bürgerinitiative siehe *Wagner*, Bürgerinitiative, S. 148 f.

50 Vgl. *Zilien*, Volksbund, S. 453 f.

51 Ebd., S. 460.

beitritt einseitig aus einem politischen Blickwinkel interpretiert wird. Weitere Aspekte, wie etwa die individuelle Betroffenheit durch Verlust eines Angehörigen, werden vernachlässigt. Wenn man aber zunächst einmal von den von Zilien herausgearbeiteten konservativen Beharrungskräften ausgeht, gewinnt sein Befund schärfere Konturen, wenn er ergänzend um einige der von Frank Bösch einleitend zu seiner Studie über das konservative Milieu eingeführten Überlegungen erweitert wird.

Auch Bösch geht davon aus, dass die Umbruchszeit 1918/19 Voraussetzungen für eine »qualitative Verdichtung« von konservativen Organisationsformen schuf, die »eine enge ideelle und kommunikative Verbundenheit aufwiesen und bestehende Interessen kulturell überformten.«[52] Konservative Vereinigungen des Kaiserreiches zeichneten sich durch ein staatskonformes oder staatstragendes Selbstverständnis aus und bedienten sich Selbstbeschreibungen wie »bürgerlich«, »überparteilich« oder »unpolitisch«.[53] Übergänge zu verschiedenen sozialen Gruppen waren zugleich fließend und konnten in verschiedene andere soziale Gruppen hineinreichen. Im Unterschied zur Arbeiterschaft oder dem katholischen Milieu, die beide im Kaiserreich eine enge Verbindung von Zugehörigkeit zu spezifischen gesellschaftlichen Organisationsformen, Lebenswelt und parteipolitischer Bindung hervorgebracht hatten, lässt sich ein konservatives Milieu aber nicht scharf abgrenzen. Diese charakteristischen Merkmale treten bei der Gründung des Volksbundes erkennbar hervor.

Aussagen über die soziale Trägerschaft des Volksbundes insgesamt lassen sich zwar nur mit Vorbehalten treffen, da hierzu kein ausreichend belastbares statistisches Material vorliegt. Für einen Teil der in den Zwanzigerjahren gegründeten Ortsgruppen sind aber zumindest Namen und Berufsangaben der Vorsitzenden überliefert, was einen Hinweis gibt, wer den Verein führte und repräsentierte.[54] Der Volksbund bevorzugte als Repräsentanten auf allen Ebenen seiner Vereinsgliederungen Personen mit hohem Sozialprestige oder Vertreter, die durch ihre berufliche Stellung als Multiplikatoren wirken konnten. Hierzu zählten in der Weimarer Zeit insbesondere Geistliche, ehemalige Offiziere, Lehrer und Personen in leitender Stellung in der Verwaltung. Dies gab dem Verein in der Außendarstellung eine konservativ-bürgerliche Prägung, der mit dem Anspruch einer generellen sozialen Offenheit verbunden war. Dies verband sich mit einem Politikverständnis, das politische Auseinandersetzungen auf den Bereich der parteipolitischen Konflikte begrenzt wissen wollte, die Sorge um die deutschen Kriegsgräber dagegen in einem vorpolitischen Raum verortete, in dem

52 *Bösch*, Milieu, S. 14.

53 Ebd., S. 13.

54 Über neu gegründete Ortsvereine wurde vom Volksbund in seiner Vereinszeitschrift »Kriegsgräberfürsorge« fortlaufend informiert und dabei zum Teil auch die Vorsitzenden genannt.

alle, geleitet vom selben Gedanken unabhängig von ihrer politischen Grundhaltung zusammenfinden sollten. Der »Parteienhader« sollte an den Gräbern der Gefallenen zum Stillstand kommen, vielleicht sogar überwunden werden. Der Volksbund war in einer konservativen Werteordnung verwurzelt, was jedoch individuell geleiteten persönlichen oder auch materiellen Interessen für eine Mitgliedschaft nicht zwingend entgegenstand, weil er auf kein konkretes politisches Programm verpflichtete. Eine Mitgliedschaft im Volksbund war zu allererst durch das Interesse am Erhalt eines Kriegsgrabes motiviert. Der Verein sprach insbesondere die Hinterbliebenen auf einer sehr persönlichen Ebene an, so dass ein Beitritt oder eine Spende nicht gleich als politisches Bekenntnis gewertet werden muss. In der internationalen Forschung ist Trauer als ganz wesentliche Triebkraft durchaus anerkannt, die in vielen Nachkriegsgesellschaften Forderungen nach angemessenen öffentlichen Gedenkformen und auch Maßnahmen zum Erhalt der Gräber hervorbrachte.[55] In der deutschsprachigen Forschung fand dieser Aspekt dagegen lange Zeit wenig Beachtung. Hier standen immer die politischen Konflikte um das Gefallenengedenken im öffentlichen Raum im Mittelpunkt.[56]

Einige Autoren haben die Meinung vertreten, der Volksbund hätte vom Tag seiner Gründung an mit seinen Zielen einem politischen Revanchismus Vorschub geleistet, der vor allem im rechten Lager Zuspruch gefunden und insgesamt zur Destabilisierung der Weimarer Republik beigetragen hätte. Insbesondere Alexandra Kaiser hat im sozialintegrativen Anspruch des Volksbundes eine Vorwegnahme der nationalsozialistischen Volksgemeinschaftsideologie gesehen, womit sich auch die mühelose Anpassung an die veränderten politischen Bedingungen unter der NS-Herrschaft ab 1933 erklären lasse.[57] Der von Kaiser in diesem Zusammenhang ins Spiel gebrachte Begriff der Volksgemeinschaft wird von ihr ausschließlich in seiner, wie sie es nennt »konservativen Ausprägung, als antidemokratisches und antipluralistisches Ideal« verwendet, der »einen zentralen Ausgangspunkt für die Aktivitäten des Volksbundes«[58] gebildet hätte. Sie nimmt zwar zur Kenntnis, dass die Idee der Volksgemeinschaft begriffsgeschichtlich weit zurück bis in den Ersten Weltkrieg reicht. Als ein zentraler Begriff der politischen Sprache wurde er in der Weimarer Republik in allen politischen Lagern verwendet, dabei allerdings mit sehr unterschiedlichen Inhalten verknüpft.[59] Für den Volksbund unterstellt Kaiser aber, dass mit den vom Verein propagierten Inhalten immer auch auf die Beseitigung der republikanischen Ordnung hingearbeitet worden sei. Eine gewisse öffentliche

55 Siehe hierzu grundlegend *Winter*, Sites.
56 Vgl. *Fehlemann*, Bereavement.
57 Vgl. *Kaiser*, Helden, S. 62 u. 176.
58 Ebd., S. 43.
59 Vgl. ebd.; zum Volksgemeinschaftsbegriff vgl. *Thamer*, Volksgemeinschaft, S. 367.

Zurückhaltung sei dabei notwendig gewesen, um die benötigte Unterstützung staatlicher Stellen nicht zu verlieren.[60] Volksgemeinschaft wird von Kaiser nicht nur als politischer Leitbegriff ausgelegt, sondern als politisches Programm, das Mithalf den Umsturz 1933 vorzubereiten. Die, wie noch zu zeigen sein wird, sehr enge personelle Verflechtung und Vernetzung des Volksbundes mit Politik, Verwaltung und weiteren Großorganisationen und das zwar nationalkonservative, aber zugleich staatstragende Selbstverständnis des Vereins, was dem Bild einer rechten Verschwörung entgegensteht, wird in dieser Interpretationslinie zu reinen Fassade degradiert.

Der Begriff Volksgemeinschaft taucht vor 1933 in Schriften und Reden von führenden Volksbundmitgliedern wörtlich nicht auf. Die den Volksbund tragende Leitidee ist den mit der Volksgemeinschaft assoziierten Begriffsinhalten allerdings sehr ähnlich, das ist nicht von der Hand zu weisen. Im Volksbundgedanken lebte die zu Kriegsbeginn verkündete politische Einigkeit des deutschen Volkes als Hoffnung fort. Vor den Gräbern der Gefallenen kannte der Volksbund keine Parteien mehr. Um diesen Anspruch glaubhaft vertreten zu können, war der Verein daher nicht nur auf eine weitreichende regionale Verbreitung und eine nennenswerte Zahl von Unterstützern angewiesen, er wollte in seiner Mitgliedschaft zugleich einen repräsentativen Querschnitt des deutschen Volkes abbilden. Zugleich reklamierte der Volksbund für sich einen Alleinvertretungsanspruch, der die Geschlossenheit des deutschen Volkes zum Ausdruck bringen sollte. Dies war außerdem wichtig, um gegenüber staatlichen Vertretern als legitimer Interessenwahrer in Kriegsgräberfragen auftreten zu können. Denkt man die Geschichte der Weimarer Republik von ihrem Ende her, dann stand die Realität der politischen Lagerbildung diesem Anspruch unbestreitbar entgegen. Jedoch muss auch konstatiert werden, dass allein die inhaltliche Ausrichtung der Arbeit des Volksbundes, die Pflege der Kriegsgräber und das Gedenken an die Kriegstoten, noch nicht erlaubt, den Verband mit einer gewissen Selbstverständlichkeit ausschließlich der politischen Rechten zu zuordnen. Den Gefallenen gedachten Sozialdemokraten ebenso wie die im Kaiserreich verhafteten Teile des Bürgertums bis hin zur radikalen Rechten, meist aber nicht gemeinsam. Natürlich rief der Einsatz für den Erhalt der Kriegsgräber die Erinnerung an den Krieg und die Niederlage immer wieder wach. Revanchegelüste und Revisionismus gehörten aber zum »Grundakkord in der deutschen Öffentlichkeit«[61], zu dem, wenn man bei dieser Metapher bleibt, Kriegsgräberfürsorge einen weiteren Ton besteuerte. Der Volksbund bediente bei seiner Gründung also Vorstellungen und Forderungen, die nicht ausschließlich bei der extremen Rechten zu Hause waren, sondern politische Allgemeinplätze darstellten, von denen er sich breiten Zuspruch erhoffte. Dementsprechend hat auch Norbert

60 Vgl. *Kaiser*, Helden S. 62.
61 *Wehler*, Gesellschaftsgeschichte, Bd. 4, S. 410.

Fischer den Volksbund in seiner Gründungsphase charakterisiert: »Getragen von unterschiedlichen gesellschaftlichen Interessengruppen, waren zunächst nationalistisch-chauvinistische Tendenzen ebenso vertreten wie pazifistische und gewerkschaftliche.«[62]

Abwegig ist auch David Livingstones Einordnung des Volksbundes in den Kreis der völkischen Bewegungen, die wohl eher auf ein sprachliches Missverständnis zurückzuführen ist.[63] Weder Organisationsform noch inhaltliche Ausrichtung des Volksbundes lassen dies plausibel erscheinen. Mommsen sah gerade in den Organisationsformen im Umfeld der völkischen und bündischen Bewegungen das Entstehen einer antibürgerlichen Öffentlichkeit, die sich bewusst dem Prinzip des freien Assoziationswesens verschlossen. Der VDK ist organisatorisch betrachtet nicht nur ein klassischer bürgerlicher Verein, sondern steht zudem mit seiner grundsätzlichen Offenheit zum Beitritt dem Sektierertum der Völkischen diametral entgegen. Als wesentliche inhaltliche Komponente fehlte dem Volksbund außerdem der für die völkische Bewegung typische politische Antisemitismus.[64] Die Kriegsveteranen waren für den Volksbund nach den Hinterbliebenen zwar eine wichtige Zielgruppe, im Mittelpunkt standen dabei aber die schon aus dem Kaiserreich bekannten Kriegervereinigungen, nicht so sehr die »zum Typus des neuartigen paramilitärischen Kampfverbandes«[65] zählenden rechtsradikalen Gruppierungen, die sich aus ehemaligen Frontsoldaten und Freikorpskämpfern speisten und in konspirativen »Bünden« zusammenschlossen. Inhaltliche Schnittmengen, wie dem militärischen Heldenkult und Verklärung des Kriegserlebnisses, schloss dies nicht aus, zu bedenken bleibt aber, dass der gewaltverherrlichende, elitäre Geist der radikalen, militanten Rechten auch eine zutiefst antibürgerliche Stoßrichtung hatte, der zuweilen mehr trennte als verband.[66]

2.2 Vereinsgründung und Angliederung konkurrierender Initiativen

Wie bereits gezeigt wurde, war in den ersten Monaten der Vorbereitung der Vereinsgründung die Idee einer privaten Kriegsgräberfürsorgeorganisation zunächst von verschiedenen Ministerien unterstützt worden. Sie wich jedoch schon bald einer Haltung, die die Vorrangstellung und Verantwortung des Staates in der Kriegsgräberfürsorge gewahrt sehen wollte. Die Gründung eines Kriegsgräberfürsorgevereins, die die Behörden selbst mit angestoßen hatten, war aber

62 *Fischer*, Geschichte, S. 71.
63 *Livingstone*, Memorialization, S 69 ff.
64 Vgl. *Mommsen*, Auflösung, S. 291 f.; *Zilien*, Volksbund, S. 469.
65 *Wehler*, Gesellschaftsgeschichte, Bd. 4, S 391.
66 Vgl. *Kühne*, Kameradschaft, S. 44.

soweit fortgeschritten, dass sich gegenüber dem Volksbund eine pragmatische Haltung durchsetzte. Der Volksbund sollte das gesellschaftliche Potential zur Unterstützung des Erhalts der Kriegsgräber bündeln und damit überschaubar machen. Im Hintergrund wurde der Verein deshalb von staatlicher Seite gezielt gefördert. Eine Maßnahme war hierbei der gezielte Ausschluss konkurrierender Initiativen auf dem Feld der Kriegsgräberfürsorge. Erreicht wurde es vor allem durch Inkorporation regionaler Vereine, die mit einer ähnlichen Zielsetzung nach dem Ersten Weltkrieg in verschiedenen Teilen Deutschlands gegründet wurden. Erfolgreichstes Beispiel hierfür war die Angliederung des »Deutschen Kriegsgräberschutzbundes«, der im Sommer 1919 in München gegründet worden war und als bayerischer Landesverband im Volksbund aufging.[67] Der Schutzbund hatte bereits einige Hundert Mitglieder und sorgte dafür, dass der neu gebildete Landesverband in Bayern auf Jahre hinaus die mitgliederstärkste Gliederung des Volksbundes wurde. Allein die Ortsgruppe München wuchs 1920 bereits auf 1.500 Mitglieder an. Die behördliche Fürsprache für einen Zusammenschluss der Kriegsgräberfürsorgevereine, die Kongruenz der Ziele sowie die Tatsache, dass alle Vereine noch keine langfristig gefestigten Strukturen hatten, die bei einem Zusammenschluss zu einer Konkurrenz um Ämter und Posten hätte führen können, erleichterten den insgesamt reibungslosen Verlauf der Integration in den Volksbund. Weitere Übertritte zum Volksbund sind für den »Verein zur Erforschung und Erhaltung deutscher Kriegsgräber« Braunschweig belegt, eine geplante Gründung eines Kriegsgräberfürsorgevereins in Hamburg 1919 wurde zugunsten des Volksbundes aufgegeben.[68] Neben der offiziellen Fürsprache für einen Zusammenschluss und der Anerkennung des VDK verfügten die Behörden noch über ein ganz entscheidendes Druckmittel, mit dem ungewünschte Vereinsaktivitäten unterbunden werden konnten. Öffentliche Spendensammlungen unterlagen in der Regel einer Genehmigungspflicht, die dem Volksbund erteilt, konkurrierenden Vereinsgründungen dagegen verwehrt wurde und bei Zuwiderhandlung mit polizeilichen Ermittlungsverfahren beantwortet wurden.[69] Die von den Behörden ebenfalls zeitweise misstrauisch beobachtete Verwendung von Spendengeldern zur Deckung interner Betriebskosten durch den Volksbund wurde letztendlich akzeptiert, um den Fortbestand der Organisation zu stützen. Erlaubnis und Verbote öffentlicher Spendenkampagnen waren ein wirksames Instrument, um den Volksbund gezielt zu fördern. Gegenüber anderen Vereinen wurde dagegen nach dem Grundsatz Anschluss

67 BayHStA MK 14481, pag. 289f., Rundschreiben des Volksbundes Deutsche Kriegsgräberfürsorge, 1.4.1920.

68 Vgl. Fritz Debus, Vierzig Jahre Kriegsgräberfürsorge. Die Gründung des Volksbundes Deutsche Kriegsgräberfürsorge, in: Kriegsgräberfürsorge 31 (1955), Nr. 5, S. 77.

69 Entsprechende Vorgänge am Beispiel der Vereine »Walhalla« und der »Deutschen Kriegsgräber-Interessenten-Vereinigung« sind dokumentiert in: GStA PK, I. HA Rep. 191, Nr. 3930.

oder Ausschluss verfahren. Rückhalt und Unterstützung, die der Volksbund durch die Behörden erfuhr, verschafften ihm eine günstige Ausganposition, um eine deutschlandweite Vereinsorganisation aufzubauen. Die verschiedenen lokalen und regionalen Initiativen, die ebenfalls zur Rettung der Kriegsgräber ins Feld zogen, verdeutlichen zugleich, dass es bereits ein verbreitetes öffentliches Problembewusstsein für die Situation deutscher Kriegsgräber gab. Aus Sicht der Vereinsgründer waren die erfolgreichen Zusammenschlüsse Bestätigung ihrer Idee der Geschlossenheit des deutschen Volkes vor den Gräbern der Gefallenen. Für die Befürworter einer weiteren Förderung des Volksbundes auf staatlicher Seite, wie etwa das Auswärtige Amt, bedeutete der Aufbau des Volksbundes das vorhandene gesellschaftliche Interesse in gewünschte Bahnen zu lenken und zu konzentrieren.

2.3 Integration berufsständischer und (verbands-)politischer Netzwerke

Die Gründung des Vereins wurde von einer Reihe namentlich bekannter Persönlichkeiten unterstützt, so dass es möglich ist, über eine differenzierte Betrachtung des Unterstützerkreises einerseits Rückschlüsse darauf zu ziehen, welche Interessen mit dem Aufbau eines Vereins zur Kriegsgräberfürsorge jenseits aller ideellen Motive noch verbunden waren, und andererseits, welche Personen vom Volksbund als geeignet empfunden wurden, um den Anspruch einer vom gesamten Volk getragenen Kriegsgräberfürsorge glaubhaft vorbringen zu können. Die im November 1919 vorgelegte Liste mit den Mitgliedern eines sogenannten »Ehrenausschusses« umfasste 83 Namen[70] und versuchte, sowohl durch besonders prominente Personen hervorzustechen, dabei aber auch den Eindruck zu erwecken, das gesellschaftliche Spektrum umfassend zu repräsentieren. Auffällig ist dabei, dass keine Vertreter politischer Parteien aufgeführt werden. Als Vertreter der Arbeiterschaft waren Gewerkschaftsverbände vertreten, wobei sowohl die freien als auch die liberalen und christlichen Gewerkschaften jeweils ein Mitglied stellten.[71] Die Religionsgemeinschaften waren durch jüdische, protestantische und katholische Geistliche, Gemeindevertreter und Angehörige der kirchlichen Verwaltung und konfessionellen Führsorgeorganisationen vertreten. Unter den Personen, die sich der freien Wirtschaft zuordnen lassen, treten auffallend viele Bankiers hervor. Fast alle großen deutschen Geldinstitute der Zeit

70 Der später veröffentlichte Gründungsaufruf nannte dann den auf 92 Personen erweiterten Verwaltungsrat des Volksbundes.

71 P. Graßmann, der zweite Vorsitzende des ADGB, F. Neustedt, Verbandssekretär des Verbandes der Deutschen Gewerkvereine und M. Riedel, Sekretär des Gesamtverbandes der christlichen Gewerkschaften Deutschlands.

waren vertreten, jedoch kaum namenhafte Großindustrielle, wenn man einmal von Conrad von Borsig absieht, den aber als Mitglied der Deutschen Dendrologischen Gesellschaft auch seine botanischen Interessen mit der Bepflanzung von Kriegsgräbern und Friedhöfen verbanden.

Zahlreich vertreten waren Künstlern und Architekten. Unter ihnen finden sich Namen, die sich bereits während des Krieges an Diskussionen um Gestaltungsfragen der Kriegsgräber und Denkmäler beteiligt hatten, wie zum Beispiel German Bestelmeyer von der Berliner Akademie der bildenden Künste, der an den ersten Gestaltungsrichtlinien für Kriegsgräber 1916 mitgewirkt hatte, oder Wilhelm Kreis. Bestelmeyer und Kreis waren wenige Jahre später an der Gründung der konservativen Architektenvereinigung »Der Block« beteiligt. In Person Friedrich von Thiersch war außerdem einer der bekanntesten Architekten der Kaiserzeit vertreten, der während des Krieges auch in der Landesberatungsstelle für Kriegerehrungen in Bayern mitgewirkt hatte. Bestelmeyer hatte unter Thiersch in München studiert, ebenso der Hamburger Baudirektor Fritz Schumacher und Martin Elsässer von der Kunstgewerbeschule Stuttgart. Schumacher war neben Bestelmeyer und Kreis und die ebenfalls am Ehrenausschuss beteiligten Bruno Paul, Peter Behrens und Hans Poelzig Mitglied und Mitbegründer des Deutschen Werkbundes. Thiersch und Kreis, eher für Historismus und monumentale Formensprache bekannt, standen damit auch gemäßigte Vertreter einer reformorientierten Architektur und der Neuen Sachlichkeit gegenüber. Neben den Architekten finden sich eine Reihe von Künstlern der Berliner Sezession, wie Max Liebermann und Max Pechstein, sowie die Bildhauer Fritz Klimsch, Georg Kolbe und August Gaul. Außerdem der Leiter der Hochschule für bildende Künste Berlin Arthur Kampf und der Präsident der Preußischen Akademie der Künste Ludwig Manzel. Daneben fanden sich eine Reihe Dresdener Architekten und Künstler, wie Oswin Hempel, der Bildhauer Georg Wrba und der renommierte Kunsthistoriker und Architekt Cornelius Gurlitt, der 1920 den Vorsitz des Bundes Deutscher Architekten (BDA) übernahm. Gurlitt hatte sich bereits 1903 für die Gründung des Deutschen Bundes Heimatschutz eingesetzt,[72] der zusammen mit den Beratungsstellen für Kriegerehrungen ab 1917 die Zeitschrift »Kriegerehrungen« herausgab, die als Publikationsplattform für Kriegsgräberfragen diente. Mit Gerhart Hauptmann und Richard Dehmel unterstützten außerdem zwei bekannte Schriftsteller die Gründung des Volksbundes.

Im Ehrenausschuss waren außerdem eine Reihe ranghoher Offiziere vertreten, die als Einzelpersonen oder Vertreter einer Krieger- oder Veteranenvereinigung das gesamte Spektrum der rechtskonservativen bis hin zu paramilitärischen Gruppierungen der Weimarer Republik widerspiegelten. Herausragende Figuren waren dabei Generalfeldmarschall von Hindenburg, Admiral Graf von

72 Vgl. *Ringbeck*, Architektur, S. 217.

Baudissin, der den Dachverband der vaterländischen Verbände vertrat, Generaloberst von Heeringen, Präsident des Kyffhäuserbundes, sowie Vizeadmiral Adolf von Trotha, der sich wenige Monate später während des Kapp-Putsches gegen die Republik positionieren sollte.[73]

Unter den Angehörigen der öffentlichen Verwaltung und politischen Funktionsträgern treten vor allem die Oberbürgermeister mehrerer Großstädte hervor, die insbesondere im offiziellen Gründungsaufruf 1920 aufgeführt werden. Daneben hatten einzelne Politiker ihre Bereitschaft zur Mitwirkung bekundet. Sie treten jedoch als Einzelperson und nicht als Repräsentant einer politischen Partei in Erscheinung. Reichsministerien waren im Gegensatz zur städtischen Verwaltung mit Ausnahme eines Beamten aus dem Reichsarbeitsministerium nicht vertreten. Gerade unter den beteiligten Architekten gibt es personelle Überschneidungen mit den städtischen Baudirektionen. Die Mitwirkung der Reichsregierung sollte durch ein zu diesem Zeitpunkt noch angedachtes Kuratorium sichergestellt werden, was weitere Vertreter im Ehrenausschuss entbehrlich machte und nur dem ausdrücklichen Anspruch der Überparteilichkeit entgegengewirkt hätte. Mit dem Reichskommissar für Kriegs- und Zivilgefangene sowie dem Vorsitzenden des Deutschen Roten Kreuzes waren zugleich für den Aufbau von Auslandskontakten und zur Informationsgewinnung und Betreuung bekannter und unbekannter Kriegsgräber im Ausland bedeutende Ansprechpartner vertreten.

Die allgemeine Zusammensetzung des Ausschusses mit einem relativ hohen Anteil von Künstlern und kirchlichen Vertretern erscheint in Bezug auf die Zielsetzung des Vereins nicht überraschend. Seinen Repräsentationsanspruch unterstrich er, in dem er eine Reihe von anerkannten Experten auf ihrem jeweiligen Gebiet sowie Spitzenvertreter von im weiteren Sinne berührten Verbänden vereinte. Die Arbeiterschaft mag angesichts der drei Gewerkschaftsfunktionäre im ansonsten stark bürgerlich geprägten Ausschuss unterrepräsentiert erscheinen, jedoch ging es nicht darum, die realen sozialen Verhältnisse exakt zu spiegeln, sondern über die Einbindung möglichst vieler Organisationen eine generelle Offenheit und zugleich Einheit zum Ausdruck zu bringen.

Die eingebundenen Architekten und Bildhauer dagegen waren teilweise bereits in die Gestaltungsdebatten während des Krieges eingebunden gewesen und bezogen nun ein sich für die weitere Diskussion eröffnendes Forum. Vor allem bei dieser Gruppe wird die Einbindung bestehender Netzwerke deutlich, die in den verschiedenen Künstlervereinigungen, wie der Berliner Sezession oder auch durch berufliche Verflechtungen im Umfeld der verschiedenen Kunsthochschulen, deutlich werden. Gerade das Interesse der Mitglieder des Deutschen Werkbundes und des BDA an der neuen Organisation verweist auf die schon länger schwelenden Auseinandersetzungen zwischen reformorientierten Ar-

73 Vgl. *Cavallie*, Ludendorff, S. 138 f.

chitekten und staatlicher Bauverwaltung, auf die die Gruppen Einfluss nehmen versuchten. Beide Organisationen strebten an, bei öffentlichen Bauprojekten freie Architekten in die Planung einzubeziehen und damit die dominierende Stellung der Baubeamten aufzubrechen. Vor allem der Deutsche Werkbund bediente sich dabei einer Strategie, die auf »intensive Lobbypolitik«[74] und das Besetzen von entscheidungsrelevanten Positionen mit seinen Mitgliedern setzte. Daher war auch der Volksbund zunächst interessant, denn es war nicht auszuschließen, dass er zukünftig maßgeblichen Einfluss auf die Vergabe von öffentlichen Bauprojekten erhalten würde.

Was in der Zusammensetzung des Kreises der Unterstützer des Volksbundes zum Ausdruck kommt, ist weniger ein soziales Profil der künftigen Organisation, sondern die noch nicht endgültig entschiedenen Positionierungskämpfe zwischen verschiedenen staatlichen und nichtstaatlichen Akteuren in einer Phase des politischen Umbruchs und des administrativen Neuaufbaus. Man muss außerdem den doppelten Charakter des Ehrenausschusses berücksichtigen, denn er wurde später in einen Verwaltungsrat überführt, der als beratendes Gremium die Einbindung staatlicher Vertreter und externer Organisationen ermöglichte. Ehrenausschuss bzw. Verwaltungsrat waren daher sowohl Repräsentationsorgan als auch Expertengremium. Der Verwaltungsrat hatte außerdem in den Gründungsjahren des Volksbundes direkten Einfluss auf die Vereinsführung, da ihm die Wahl des Präsidenten oblag.

Lässt man einmal mögliche persönliche Motive für die Unterstützung der Kriegsgräberfürsorge wie den Verlust eines Angehörigen oder die persönliche Kriegsteilnahme bei Seite, war die Beteiligung am Ehrenausschuss für einige Mitglieder aus strategischen Interessen relevant, da noch nicht absehbar war, wie die Kompetenzen zwischen den ebenfalls im Aufbau befindlichen ZAK und der privaten Kriegsgräberfürsorgeorganisation verteilt werden würden. Der tatsächliche Einfluss der auffällig überproportional vertretenen Architekten auf den Volksbund muss aber gerade in der längerfristigen Perspektive als gering veranschlagt werden. Umfangreiche Bauaktivitäten konnte der Volksbund in den ersten Jahren seines Bestehens nicht unternehmen. Daher wurde er als Forum für baupolitische Lobbyarbeit bald uninteressant.

Im Verhältnis zu den staatlichen Stellen wurde immer die formelle Unabhängigkeit des Volksbundes betont, es ist jedoch erkennbar, dass sich nicht nur die Kommunikation und Arbeitsteilung mit den an der Kriegsgräberfürsorge beteiligten Ministerien im Verlauf der Zwanzigerjahre fest institutionalisierte, sondern darüber hinaus sich auch personelle Verflechtungen mit Verwaltungs- und Regierungsvertretern entwickelten, die Verbandsämter übernahmen. Der ehemalige Reichskanzler Luther wurde beispielsweise 1927 zum stellvertretenden Präsidenten gewählt und übernahm interimsweise 1928 auch den Vorsitz.

74 *Welzbacher*, Staatsarchitektur, S. 28.

Als Präsident folgte ihm im Januar 1929 dann der ehemalige Reichswehrminister Geßler.[75] Die Einbindung hochrangiger vormaliger Regierungsvertreter muss insbesondere vor dem Hintergrund des in der zweiten Hälfte der Zwanzigerjahre in Westeuropa beginnenden Friedhofsbaus durch den VDK gesehen werden, weil sie die Seriosität des Vereins gerade auch gegenüber ausländischen Stellen unterstrich. Sie erleichterte außerdem die Zusammenarbeit mit Politik und Verwaltung und ermöglichte Zugriff auf informelle Netzwerke. Auch der kurzeitige Vorsitz unter dem Präsidenten des Deutschen Roten Kreuzes Winterfeldt-Menkin zum Ende der Weimarer Republik ist vor diesem Hintergrund zu sehen.

2.4 Vereinsstruktur und quantitative Entwicklung der Mitgliederbasis

Nach seiner Gründung ging der Volksbund daran ein flächendeckendes Netz von Ortsgruppen und landesweiten Verbänden aufzubauen. Um dem in der Selbstbezeichnung zum Ausdruck kommenden Anspruch gerecht zu werden, ein *Volksbund* zu sein, sollte den Kriegstoten eine möglichst entsprechende Anzahl von Mitgliedern aus allen Teilen Deutschlands gegenüber stehen. Die jeweils unabhängigen Ortsgruppen sollten dann in übergeordnete Bezirks-, Landes- oder Provinzialverbänden zusammengefasst werden. Die Ortsgruppen dienten der lokalen Repräsentation des Vereins und sollten Mitglieder für den Volksbund werben, binden und betreuen. Die Geschäftsführung des Gesamtverbandes unterstand der Bundesgeschäftsstelle in Berlin, die auch die Bearbeitung zentraler Anfragen zu Kriegsgräbern übernahm, den Kontakt zu amtlichen Stellen hielt und die Sammlung von Informationen über den Zustand von Friedhöfen im Ausland sowie deren Betreuung organisierte. Vorstand und Generalsekretär legte gegenüber den Mitgliedern auf dem jährlich abgehaltenen Vertretertag Rechenschaft ab und berichteten über den Fortgang der Organisationsentwicklung und der Vereinsarbeit. Der bis 1923 vom Verwaltungsrat, danach direkt vom Vertretertag gewählte Präsident vertrat den Volksbund nach außen und entschied zusammen mit Vorstand und Verwaltungsrat über die Ausrichtung des Vereins.[76] Die für den täglichen Geschäftsbetrieb und den gerade in den Anfangsjahren notwendigen Aufbau der Gesamtorganisation wichtigsten Positionen waren die

75 Vgl. Kriegsgräberfürsorge 9 (1929), Nr. 1, S. 3.

76 Der Antrag auf die entsprechende Satzungsänderung wurde beim dritten Vertretertag vom Landesverband Hamburg gestellt, die dann erstmals bei der Wahl Pfarrer Siems zum neuen Präsidenten auf dem vierten außerordentlichen Vertretertag im Januar 1923 Anwendung fand. Vgl. Niederschrift über den dritten (ordentlichen) Vertretertag des Volksbundes Deutsche Kriegsgräberfürsorge e. V., in: Kriegsgräberfürsorge 2 (1922), Nr. 6, S. 62–68. Für die danach gültige Satzung und Geschäftsordnungen vgl. Jahrbuch 1925/26 des Volksbundes Deutsche Kriegsgräberfürsorge, e. V., hg. v. Siegfried Emmo Eulen, Oldenburg 1926.

des Generalsekretärs und des Schriftführers, der die Entwürfe ausarbeitete, die dem Verwaltungsrat zur Beschlussfassung vorgelegt wurden. Generalsekretär und 1. Stellvertreter waren in den ersten Jahren die ehemaligen Gräberoffiziere und Mitbegründer Eulen und Lubig. Die Initiatoren des Volksbundes übten damit auch weiterhin wesentlichen Einfluss auf die weitere Entwicklung des von ihnen angestoßenen Projekts aus. Eulen wurde auf eigenen Wunsch 1925 nicht erneut zum Generalsekretär gewählt und übernahm nun das Amt des 1. Schriftführers.[77] Ihm unterstand auch die Schriftleitung der im Januar 1921 erstmals erschienenen Vereinszeitung »Kriegsgräberfürsorge«. Die bis zu zwölf Mal im Jahr erscheinende Vereinszeitschrift diente als verbindendes Organ für die nur im losen Kontakt stehenden Ortsgruppen sowie als Kommunikationsmedium zwischen Bundesgeschäftsstelle und den einzelnen Gliederungen. Über den Kreis der Vereinsmitglieder hinaus vermittelte sie fortlaufend aktualisierte Berichte über den Zustand deutscher Kriegsgräber in der ganzen Welt. Die Zeitschrift »Kriegsgräberfürsorge« transportierte darüber hinaus ein normatives Verständnis von Kriegsgräberfürsorge, das half, eine während des Ersten Weltkriegs entwickelte Bestattungspraxis als allgemeines Muster für den Umgang mit deutschen Kriegsgräbern zu etablieren.

Dem Volksbund gelang es in nur wenigen Jahren eine landesweite Organisation mit über 100.000 Mitgliedern aufzubauen. Der Ausbau eines Netzes von Ortsgruppen ging dabei einher mit einem fast stetigen Anstieg der Mitglieder, der nur im Krisenjahr 1923 einen Rückgang erfuhr. Durch die Einbindung möglicher konkurrierender regionaler Vereine in den ersten Monaten nach der Vereinsgründung verfügte der Volksbund zugleich über mehrere gut organisierte Ortsgruppen und Verbände, die einen soliden Bestand an Mitgliedern mitbrachten. In einer Verwaltungsratssitzung im Anschluss an den zweiten Vertretertag 1921 wurde bekannt gegeben, dass die Zahl der Ortsgruppen auf 300 angewachsen war, die sich in insgesamt 30 Verbände zusammengeschlossen hatten und sich aus etwa 30.000 Mitgliedern zusammensetzten. Bis zum Frühjahr 1923 war der Volksbund bereits auf 78.000 Mitglieder angewachsen. Mit Ausnahme von Schaumburg-Lippe war der Volksbund nun in allen Ländern durch einen Landesverband vertreten. Die sich zuspitzende Inflation brachte den Verein aber zeitweise an den Rand des Zusammenbruchs. Auf einem im Januar 1923 einberufenen außerordentlichen Vertretertag war der Vorstand zurückgetreten und der Berliner Pfarrer Siems zum neuen Präsidenten gewählt worden. Die fortschreitende Geldentwertung hatte den laufenden Betrieb der Bundesgeschäftsstelle fast zum Erliegen gebracht. Die Berliner Zentrale des Volksbundes finanzierte sich aus den anteilig von den Ortsgruppen überwiesenen Mitgliedsbeiträgen, die jedoch unter Bedingungen einer Hyperinflation nicht so schnell

77 Vgl. Niederschrift über den siebenten (ordentlichen) Vertretertag des Volksbundes Deutsche Kriegsgräberfürsorge e. V., in: Kriegsgräberfürsorge 5 (1925), Nr. 6, S. 44–51.

angepasst werden konnten, wie sie an Wert verloren. Auch die Vereinszeitschrift musste im Sommer eingestellt werden, weil die Bezugsgebühren nicht mehr ausreichten, um die Druckkosten zu decken. Um den Betrieb der Bundesgeschäftsstelle sicherzustellen, griff der Vorstand auf das Hilfsmittel der sogenannten Patronate zurück. Private Spender konnten damit die Kosten der Geschäftsstelle für einen Tag übernehmen, wodurch der Betrieb mit einem stark reduzierten Personalbestand aufrechterhalten werden konnte.[78]

Das Wachstum der Organisation spiegelt sich auch in der Größe der Berliner Bundesgeschäftsstelle wider. Die Teilweise erhaltenen Mietverträge aus den Zwanzigerjahren dokumentieren den ständig wachsenden Raumbedarf.[79] Zunächst bezog der Volksbund nach der Vereinsgründung ein Büro in der Matthäikirchstraße 17. 1925 wurde die Geschäftsstelle durch Anmietung weiterer Räume in der Brandenburgischenstraße 27 erweitert. Hier stand nun auch eine eigene Telefonzentrale zur Verfügung. In den folgenden Jahren kamen ein weiteres Stockwerk und Kellerräume hinzu. Die Bundesgeschäftsstelle diente als zentrale Auskunftsstelle für alle Fragen der Kriegsgräberfürsorge, was es nicht nur erforderlich machte, die Anfragen von Angehörigen zu beantworten, sondern auch die hierzu nötigen weiteren Auskünfte bei den zuständigen Behörden einzuholen, Friedhöfe und Kriegsgräber im Ausland zu erfassen, ihren Zustand zu dokumentieren sowie Kontakte zu Mittelsmännern im Ausland aufzubauen und zu pflegen, um gegebenenfalls Informationen vor Ort einholen zu können.

Die wirtschaftliche Krise 1923 kostete den Volksbund etwa ein Viertel seiner bis dahin geworbenen Mitglieder. Bei der sechsten Bundestagung im Hotel Vierjahreszeiten in Hamburg im Mai 1924 herrschte dennoch Aufbruchsstimmung. Der Rückgang der Mitglieder im Inflationsjahr wurde bis 1925 wieder ausgeglichen, bis 1927 sogar bereits die Schwelle von 100.000 Mitgliedern überschritten. Der Volksbund war nun durch seine Ortsgruppen in allen deutschen Großstädten vertreten. Durch den vorangetriebenen Zusammenschluss aller Ortsgruppen zu übergeordneten Bezirks- oder Landesverbänden wurde zudem die kontinuierliche Präsenz des Volksbundes vom persönlichen Engagement lokaler Vertreter entkoppelt und ein einheitliches Auftreten gefördert.

Die Inflationskrise markiert damit das Ende der Gründungsphase des Volksbundes. Der Verein war nach durchschreiten der wirtschaftlichen Krise soweit gefestigt, dass er nun gezielt daran ging, seinen Bekanntheitsgrad weiter zu erhöhen und öffentlichkeitswirksam in Erscheinung zu treten. Dies geschah durch eine sich zunehmend professionalisierende Außendarstellung. Alle Ortsgruppen und Verbände wurden dazu angehalten, einheitlich das Emblem des Volksbundes mit den weißen Kreuzen auf schwarzem Grund zu verwenden, um es als allgemein verstandenes nationales Symbol für Kriegsgräberfürsorge

78 Zum Personalbestand der Geschäftsstelle siehe Jahrbuch 1925/26.
79 Vgl. VKA, A.10-14, Mietverträge und Schriftwechsel 1921–1944.

zu verankern. Begleitet wurde dies durch Werbekampagnen, wie zum Beispiel eine von der Reichsbahn unterstützten landesweiten Plakataktion in deutschen Bahnhöfen. Um die Sorge über den Zustand deutscher Kriegsgräber im Ausland weiterhin im öffentlichen Bewusstsein wach zu halten, reichte die Schriftleitung der Kriegsgräberfürsorge die hier regelmäßig erscheinenden Reiseberichte zu deutschen Friedhöfen im Ausland an verschiedene deutsche Zeitungen zum Nachdruck weiter, um den Kreis der Rezipienten auch über die Empfänger seiner Vereinszeitschrift auszudehnen.[80] Der Volksbund verfolgte eine offensive Presse- und Öffentlichkeitsarbeit, die ein möglichst breites Publikum ansprechen sollte.

Bei der Mitgliederwerbung verfolgte der Volksbund neben der Aufnahme von Einzelmitgliedern noch eine weitere Strategie, die darauf abzielte, die soziale Reichweite zu erhöhen. Über korporative Mitgliedschaften sollten Körperschaften und weitere Vereine in den Volksbund einbezogen und damit mittelbar die Zahl der repräsentierten Mitglieder erhöht werden. Um auch Orte einbinden zu können, die zu klein für eine eigene Ortsgruppe waren, wurde ab 1926 außerdem verstärkt der korporative Beitritt von Landgemeinden propagiert.[81] Die korporativen Mitglieder lassen sich dabei nicht auf ein bestimmtes Spektrum von Vereinen eingrenzen. Der Volksbund bemühte sich mit voranschreitendem Ausbau seiner Vereinsgliederungen die örtliche Vereinslandschaft möglichst weitläufig einzubinden. Den Kriegervereinen als Zusammenschluss ehemaliger Kriegsteilnehmer kam dabei besonderes Gewicht zu, die neben den Hinterbliebenen einen Schwerpunkt bei der Mitgliederwerbung bildeten. Ein offizieller korporativer Beitritt des Kyffhäuserbundes, zu dem der Volksbund enge Beziehungen pflegte, kam bis zum Ende der Weimarer Republik allerdings nicht zustande, auch wenn dies vom Volksbund immer wieder angeregt wurde.

Inwieweit beim Versuch weitere Vereine zur Unterstützung der Kriegsgräberfürsorge zu gewinnen, Milieuschranken und Spannungen zwischen Organisationen, die einem politischen Lager zugerechnet wurden, Mitgliedschaften verhinderten, ließe sich vollends nur mithilfe lokaler Studien klären. Aussagen zu Mitgliedschaften im Volksbund zu dieser Zeit sind immer schwierig, weil der Verein kein zentrales Mitgliederverzeichnis führte. Andere Dachverbände erklärten ihren Beitritt in der Regel gegenüber dem Bundesverband, Einzelmitglieder und örtliche Vereine traten dagegen dem jeweiligen Orts- oder Regionalverband bei, der ein eigenes Mitgliederverzeichnis führten. Als statistisches Problem kommt erschwerend hinzu, dass korporative Mitglieder in veröffentlichten Mitgliederzahlen aus dieser Zeit oft nicht getrennt ausgewiesen, sondern wie Einzelmitglieder erfasst wurden.

80 Vgl. Niederschrift über den zehnten (ordentlichen) Vertretertag des Volksbundes deutsche Kriegsgräberfürsorge e. V., in: Kriegsgräberfürsorge 8 (1928), Nr. 9, S. 140.

81 Vgl. 1.200 Landgemeinden Hannovers Bundesmitglieder; mit einem Beitrag von 1 Mark für jeden ihrer Gefallenen, in: Kriegsgräberfürsorge 6 (1926), Nr. 4. S. 54–55.

Zieht man die auf Ebene des Bundesverbandes vertretenen Organisationen, die etwa als geladene Gäste beim Bundesvertretertag oder gar über Repräsentanten als Mitglied im Verwaltungsrat des Volksbundes einbezogen waren, als Indikator heran, scheint der Volksbund seit Ende der Zwanzigerjahre seine nationalkonservative Prägung verfestigt zu haben. Der Volksbund betonte zwar stets seine Überparteilichkeit, jedoch gelang vor allem die Einbeziehung sozialdemokratischer Organisationen nicht. Mit Peter Graßmann vom ADGB war zwar ein Vertreter des sozialistischen Gewerkschaftsflügels bis 1933 im Verwaltungsrat des Volksbundes vertreten. Betrachtet man aber ergänzend den jährlichen Vertretertag des Volksbundes, wo der Verein auch Vertreter ihm nahestehender Organisationen als externe Gäste einlud, die durch ihre Anwesenheit die symbolische Unterstützung des Volksbundes zum Ausdruck brachten, wird das schwierige Verhältnis zur organisierten Arbeiterschaft ebenfalls deutlich. Das Reichsbanner als sozialdemokratische und republiktreue Kriegervereinigung trat nur 1925 bei gleichzeitiger Anwesenheit von Kyffhäuserbund und Stahlhelm auf dem Bundesvertretertag des Volksbundes in Erscheinung.[82] Die Spannungen zwischen republiktreuen und rechten Veteranenverbänden ließen sich also auch unter dem Dach des Volksbundes nicht dauerhaft überbrücken. Diese führten in der Weimarer Republik bei öffentlichen Gedenkveranstaltungen häufig zum Ausschluss der sozialdemokratischen Organisationen. Im Gegenzug wurden von den Sozialdemokraten Vorbehalte gegenüber dem Volkstrauertag, dem seit 1925 vom Volksbund initiierten Gedenktag für die Gefallenen, vorgebracht und dessen Einführung als nationaler Gedenktag blockiert.[83] Ab 1925 erschienen auch Vertreter der Land- und Reichstagsfraktionen verschiedener Parteien als Gäste auf den Vertretertagen. Das politische Spektrum umfasste dabei vorrangig Mitglieder nationalkonservativer bis liberaler bürgerlicher Parteien wie DVP oder DDP, in Einzelfällen auch Zentrum und SPD. Veranstaltungen auf lokaler Ebene bestätigen den Eindruck, dass der Volksbund vornehmlich in konservativ-bürgerlichen Kreisen verankert war. Die aktive Mitgliedschaft, wie die Übernahme von Aufgaben in den Ortsgruppe, soweit diese belegt ist, wurde in der Regel von Geistlichen, ehemaligen Offizieren, Lehrern

82 Vgl. Stuckmann, Gewerkschaften; zum Vertretertag 1925 siehe Niederschrift über den siebenten (ordentlichen) Vertretertag des VDK, in: Kriegsgräberfürsorge 5 (1925), Nr. 6, S. 44. Eine vollständige Auflistung der Verwaltungsratsmitglieder ist im Jahrbuch 1925/26 enthalten. Ausscheiden und Neuwahl einzelner Vertreter in den folgenden Jahren ist in den Vertretertagsprotokollen vermerkt. Siehe etwa Niederschrift über den zehnten (ordentlichen) Vertretertag des VDK, in: Kriegsgräberfürsorge 8 (1928), Nr. 9, S. 138 ff.

83 Vgl. *Ziemann*, Veteranen, S. 158–172; zum Ausschluss des Reichsbanners von den Gedenkveranstaltungen anlässlich der Überführung des Sarges Manfred v. Richthofens siehe *Schilling*, Reichswehr, S.29. Für zeitgenössische Berichte über lokale Volkstrauertagsveranstaltungen für die Jahre 1926–1928 siehe Deutscher Volkstrauertag. Berichte des Volksbundes Deutsche Kriegsgräberfürsorge, Oldenburg 1926–1928.

oder örtlichen Unternehmern übernommen. Die Kooperation mit weiteren Verbänden auf lokaler Ebene erstreckte sich häufig auf die örtlichen Krieger- und Veteranenvereinigungen, die im Kyffhäuserbund zusammengeschlossen waren. Sozialdemokraten treten meist nur dann in Erscheinung, wenn sie zugleich politische Ämter in der Verwaltung innehatten.

Eine Mitgliedschaft im Volksbund wurde generell auch anderen Vereinen, Institutionen oder Kommunen ermöglicht, um auch auf dieser Ebene die Unterstützung für die Ehrung der Toten zum Ausdruck bringen zu können. Der Volksbund unterstrich außerdem über die Einbindung korporativer Mitglieder seinen Gesamtvertretungsanspruch, da somit durch die zumindest mittelbar über weitere Vereine und Körperschaften indirekt repräsentierten Mitglieder die Zahl der tatsächlichen nominellen Einzelmitglieder um ein vielfaches multipliziert wurde. Vieles deutet aber darauf hin, dass der Volksbund seinem überparteilichen Anspruch, die gesamte Gesellschaft zu repräsentieren, nicht voll gerecht wurde. Gerade für ein verstärktes Interesse der Arbeiterschaft am Volksbund finden sich keine Belege, sondern nur vereinzelte Formen der Zusammenarbeit.

Ungeachtet dessen verzeichnete der Volksbund in der Weimarer Republik einen kontinuierlichen Anstieg der Mitgliederzahlen, der nur von den wirtschaftlichen Krisenjahren der Hyperinflation 1923 signifikant beeinträchtigt wurde. Der Mitgliederzuwachs ging einher mit der räumlichen Ausbreitung in allen Teilen Deutschlands sowie einer Ausdifferenzierung der Vereinsstruktur auf regionaler und lokaler Ebene. Über korporative Mitgliedschaften war der Volksbund auf allen Ebenen außerdem mit weiteren Vereinen, Verbänden sowie Städten und Gemeinden verbunden, was den Volksbundgedanken untermauern sollte. Gegen Ende der Zwanzigerjahre schien sich der Mitgliederstand zwischen 130.000 und 140.000 einzupegeln. Hatte die voranschreitende Gründung neuer regionaler Vereinsniederlassungen zunächst den Mitgliederzuwachs befeuert, erschien sich der Zuwachs mit dem Erreichen der landesweiten Verbreitung aber erkennbar abzuflachen, vielleicht sogar eine Grenze erreicht zu haben. Nach der Beseitigung der demokratischen Ordnung durch die NSDAP 1933 bekam diese Entwicklung jedoch eine völlig neue Qualität und Dynamik.

2.5 Der Weg zur Massenorganisation: Der Volksbund im Nationalsozialismus

Der Volksbund hat in Bezug auf seine Stellung während der NS-Zeit lange Zeit die Variante eines Widerstandsmythos gepflegt. Er gehörte zu einer der Großorganisationen, die in der NS-Zeit formal ihre Eigenständigkeit bewahrten und nicht einer Parteiorganisation angegliedert wurden. Diese Tatsache sowie gegen Kriegsende laut werdende Begehrlichkeiten von verschiedenen NS-Organisationen, sich Teile des Volksbundes einzuverleiben, wurden in der Nachkriegszeit als Belege dafür angeführt, dass es dem Verein gelungen sei, seine Unabhängigkeit gegenüber dem Regime zu behaupten.[84] Diese Darstellung diente vor allem den Bedürfnissen des Volksbundes in der Nachkriegszeit und sollte die Organisation wie auch ihr Tätigkeitsfeld von den ideologischen Belastungen des Nationalsozialismus distanzieren. Es entbehrt nicht einer gewissen Ironie, dass die besondere Stellung, die der Volksbund während der NS-Zeit genoss, maßgeblich mit dazu beitrug, seine Arbeit nach dem Zweiten Weltkrieg nicht nur wiederaufnehmen zu können, sondern sich nun sogar als ausführendes Organ in der Kriegsgräberfürsorge in der Bundesrepublik zu etablieren. Seine nominelle Unabhängigkeit von den NS-Organisationen ist jedoch kein Beleg für eine oppositionelle Haltung gegenüber dem Nationalsozialismus. Das nach außen aufrechterhaltene Bild einer unabhängigen Organisation war nicht verbunden mit dem Erhalt der vereinsinternen Autonomie. Wie gezeigt werden wird, war der Volksbund denselben Gleichschaltungsprozessen ausgesetzt wie andere Organisationen auch.[85] Dabei gelang es der Vereinsführung, über den Erhalt der formalen Unabhängigkeit hinaus, Hand in Hand mit der NSDAP die Mitgliederzahlen in nur wenigen Jahren exponentiell zu steigern und seine Vereinsstrukturen soweit auszudifferenzieren, dass er bis Ende des Zweiten Weltkrieges eine fast flächendeckende Ausdehnung erreicht hatte.[86] Dies bildete zugleich die strukturelle Grundlage für seine erfolgreiche Reorganisation in der Nachkriegszeit, die sich zunächst dezentral vollzog und sich auf die regionalen Vereinsstrukturen stützte.

Auf Ebene des Gesamtverbandes vollzog der Volksbund im Dezember 1933 die notwendig gewordene Anpassung seiner Vereinssatzung. Mit der Satzungsänderung wurde das »Führerprinzip« eingeführt, das die demokratische verbandsinterne Willensbildung beseitigte. Die 47 Landes- und Regionalverbände wurden in elf Gauverbänden zusammengeführt. Das Amt des Präsidenten wurde durch einen Bundesführer ersetzt. Neu in das Amt gewählt wurde der Mitbegründer des Volksbundes Eulen, der damit Joachim von Winterfeldt-Menkin ersetzte. Winterfeldt-Menkin war lange Jahre Präsident des Deutschen Roten Kreuzes gewesen, wurde jedoch im November 1933 aus dem Amt gedrängt und durch ein NSDAP-Mitglied ersetzt. Dasselbe Schicksal ereilte ihn nun auch beim Volksbund. Winterfeldt-Menkin wird in der Forschungsliteratur vorgeworfen, sich in den Monaten vor seinem Rücktritt bewusst den neuen Machthabern

84 Die Wurzeln des »Widerstandsmythos« lassen sich bis in die unmittelbare Nachkriegszeit zurückverfolgen, als der Vorstand des Volksbundes 1945 begann, Kontakte mit den neuen Behörden herzustellen. Vgl. VKA A.10-13, Arbeitsgenehmigungen für Berlin/Schriftwechsel 1945–46, Schreiben M. Zimmermann an Pfarrer Buchholz, Beirat für kirchliche Angelegenheiten beim Berliner Magistrat, 31.10.1945. Dort heißt es wörtlich: »Der Volksbund hat sich zu seinem Schutze gegen die Partei gleich bei Beginn des Krieges dem Oberkommando der Wehrmacht unterstellt.«

85 Vgl. hierzu allgemein *Evans*, Das Dritte Reich, Bd. 1, S. 498 ff.

86 Vgl. *Lurz*, Heimat, S. 67.

angedient und die Umstrukturierung des Roten Kreuzes nach den nationalsozialistischen Vorgaben unterstützt zu haben, bevor er bei der NS-Führung in Ungnade fiel.[87] Wie stark der Einfluss Winterfeldt-Menkins auf die sehr ähnlichen Vorgänge im Volksbund war, lässt sich nicht genau ermitteln. Sein persönliches Verhalten spricht jedoch dafür, dass er Eulen, der für den Volksbund den gleichen Kurs verfolgte und der unmittelbar Einfluss auf das Tagesgeschäft nahm, nicht im Weg stand, sondern den Schulterschluss mit der neuen politischen Führung befürwortete. Eulen suchte frühzeitig den persönlichen Kontakt zur Führungsebene der NSDAP und schaffte es, Hitler persönlich von der Vereinsidee des Volksbundes und seinen Bauprojekten zu überzeugen.[88]

Widerstände gegen die neue Vereinssatzung innerhalb des Volksbundes von führenden Mitgliedern sind nicht belegt. Eulen stimmte bereits unmittelbar vor seiner Wahl die versammelten Vertreter auf die neue Zeit ein. Im veröffentlichten Protokoll des Vertretertages werden Eulens Äußerungen zur neuen Vereinssatzung und die damit verbundene Einführung des »Führerprinzips« als begrüßenswerte Änderungen wiedergegeben, die schon seit langem im Volksbund praktizierte Grundsätze legalisiere.[89] Zugleich würden nun Hindernisse für das weitere Anwachsen der Organisation beseitigt, da einzelne Gliederungen des Volksbundes nicht mehr in die örtlichen Vereinsregister eingetragen werden müssten und nun vor Ort »Führer« eingesetzt werden könnten, »die das Volk auf die Pflicht gegenüber den Toten hinwiesen und im Sinne der alten Mitarbeiter des Volksbundes weiterarbeiteten.«[90] »Von heroischer Weltauffassung beseelt«,[91] hätte die Arbeit des Volksbundes auch immer die Wiederaufrichtung der Volksgemeinschaft zum Ziel gehabt. »Jetzt gelte es,« so wird Eulen im Protokoll zusammengefasst, »alle Volksgenossen zur Mitarbeit zu gewinnen, auf daß das von uns allen miterkämpfte und ersehnte Dritte Reich erbaut werde, zu dem unsere Gefallenen draußen die Fundamente gelegt hätten.«[92]

87 Vgl. *Morgenbrod*, Das Deutsche Rote Kreuz, S. 50 ff.

88 Vgl. *Petersen*, Geschichte, S. 19.

89 Niederschrift über den 15. (ordentlichen) Vertretertag des Volksbundes Deutsche Kriegsgräberfürsorge e. V., in: Kriegsgräberfürsorge 14 (1934), Nr. 1, S. 10. Auch Zilien hat kritisch auf die schon in den Zwanzigerjahren stark zentralistischen Strukturen des VDK hingewiesen, auf die Eulen hier abzielt. Siehe *Zilien*, Volksbund, S. 460. Jedoch sollte der Umstand, dass etwa auf den Vertretertagen des VDK Beschlüsse und Wahlen häufig ohne kontroverse Aussprachen und Kampfabstimmungen abliefen, nicht darüber hinwegtäuschen, dass die hierfür notwendigen informellen Aushandlungsprozesse im Vorfeld immer die Beteiligung und Mitwirkung verschiedener Vereinsgremien erforderten. Die Einführung des »Führerprinzips« hingegen konzentrierte die Macht bei einer Handvoll leitender Personen, die nun selbstgefällig schalten und walten konnten.

90 Ebd.

91 Ebd.

92 Ebd.

Trotz dieses öffentlichen Bekenntnisses zum Nationalsozialismus war Eulen eigentlich kein Nazi der ersten Stunde. Sein Beitritt zur NSDAP im Juli 1933 war nur noch durch persönliche Kontakte möglich geworden, da zu diesem Zeitpunkt bereits der Aufnahmestopp für neue Parteimitglieder bestand.[93] Er erkannte jedoch recht schnell die neuen Möglichkeiten, die sich aus den veränderten politischen Verhältnissen für seine Organisation ergaben und lenkte sie bereitwillig in das politisch opportune Fahrwasser. Ein Vorgeschmack auf die wohlwollende Förderung, die der Volksbund unter der NS-Herrschaft genießen sollte, hatte Eulen bereits bei seinem Werben um Anerkennung des Volkstrauertages als reichsweiten Feiertag bekommen, um die sich der Verein in den Jahren zuvor vergeblich bemüht hatte.[94] Auch wenn dem Volksbund die Deutungshoheit über »seinen« 1934 in Heldengedenktag umbenannten Gedenktag ein Stück weit entglitt, erfuhr die Organisationsentwicklung des Vereins in den folgenden Jahren einen rasanten Auftrieb. Zwar hatte der Volksbund zuvor bereits nicht gerade den Charakter einer basisdemokratischen Bewegung gehabt, die neue Satzung ermöglichte es der Vereinsführung aber, rigoros nachgeordnete Vereinsämter besetzen zu können, ohne die Amtsträger formal durch Wahl der Mitglieder bestätigen lassen zu müssen. Eulen besetzte nach seiner Ernennung zum Bundesführer die Posten der jetzt unter der Bezeichnung Bundesamt firmierenden Bundesgeschäftsstelle. Drei der sechs Amtsinhaber waren ebenfalls NSDAP-Mitglieder. Ebenso wurde die Führung der zu Gauverbänden zusammengefassten früheren Landesverbände von Eulen eingesetzt. Die neuen Gauleiter gingen wiederum selbst daran, nach demselben Prinzip in ihren Gauverbänden eine straffe Struktur aus Bezirks-, Kreis- und Ortsgruppen zu schaffen.[95] Der Umbau der

93 Vgl. allgemein zum Aufnahmestopp *Weigel*, Märzgefallene; zu Eulens NSDAP-Beitritt siehe *Petersen*, Geschichte, S. 19. Petersen weist außerdem darauf hin, dass Eulen bei seinem Beitritt eine Parteimitgliedsnummer erhielt, die den Anschein erweckte, er sei weitaus früher der NSDAP beigetreten, da die Nummern eigentlich fortlaufend vergeben wurden. Eine im Archiv der Bundesgeschäftsstelle des Volksbundes erhaltene Liste von 1938, die Auskunft über die Mitgliedschaft von Vorstandsmitgliedern des VDK in NS-Organisationen gibt, stützt diesen Eindruck. Eulen erhielt die Mitgliedsnummer 1.595.839, wogegen der noch zum Aufnahmeschluss am 1. Mai 1933 in die NSDAP aufgenommene stellvertretende Schatzmeister Wilhelm Küsgen bereits die Nr. 2.739.258 erhielt. Siehe VKA, A.10-6, Schreiben des VDK Geschäftsführers an Mitglieder des Bundesamtes, 10.10.1938.

94 Vgl. *Kaiser*, Helden, S. 178 ff.; *Petersen*, Geschichte, S. 18 ff.; *Schellack*, Nationalfeiertag, S. 298–301. Kaiser und Petersen kommen im Hinblick auf die Umbenennung und politische Instrumentalisierung des Volkstrauertages bzw. Heldengedenktages durch die NS-Führung und der Haltung des Volksbundes zu unterschiedlichen Bewertungen. Kaiser wertet die Einführung des Heldengedenktages als Erfolg für den VDK, wogegen Petersen in der Umbenennung und der Verlegung des Gedenktages auf ein neues Datum einen vom Volksbund nicht gewünschten und unvorhergesehenen Einflussverlust sieht. Dass der Volksbund in der Regierungsübernahme Hitlers jedoch eine neue Chance sah, um seine Ziele umzusetzen, ist bei allen Autoren unstrittig.

95 Vgl. *Petersen*, Geschichte, S. 20.

Vereinsorganisation hatte außerdem zufolge, dass die Einbindung der verschiedenen in Kriegsgräberfragen involvierten Ministerien über den Verwaltungsrat wegfiel, weil dieser mit der Satzungsänderung abgeschafft wurde. Stattdessen wurde der Volksbund durch die Besetzung der wichtigsten Vereinsgremien und -ämter mit Parteigenossen enger an die NSDAP herangeführt.

Bis zu diesem Punkt unterscheiden sich die Vorgänge im Volksbund prinzipiell noch nicht von den Erfahrungen, die andere Vereine und Verbände 1933/34 machten. Auch die bereitwillig vollzogene »Selbstgleichschaltung« war ein vielfach bei anderen Organisationen und Institutionen beobachteter Versuch, einer direkten Einflussnahme der Nazis und weiteren Repressionen zuvorzukommen oder auch bereitwillig den politischen Vorgaben Folge zu leisten.[96] Was den Volksbund jedoch deutlich von anderen Vereinen während der NS-Zeit abhebt, die sich früher oder später unter dem Dach einer NS-Organisation wiederfanden, ist die Tatsache, dass er unter den Bedingungen der NS-Herrschaft seine Organisation sogar ganz erheblich ausbauen konnte. Dem Volksbund war es im »Dritten Reich« auch weiterhin gestattet, um Mitglieder und Spenden zu werben.[97] Beides erhielt tatkräftige Unterstützung durch die NSDAP und ihrer Parteiorganisationen. Hitler selbst stellte immer wieder Erlöse aus dem Verkauf von »Mein Kampf« für die Arbeit des Volksbundes zur Verfügung,[98] der in den 1930er Jahren immer noch vollauf beschäftigt war, an der früheren Westfront die von den amtlichen Gräberdiensten angelegten Friedhöfe zu bepflanzen und auszugestalten. 1939 erhielt der Verein auf Anweisung Hitlers eine halbe Million Reichsmark aus dem Parteivermögen der NSDAP zur Unterstützung seiner Arbeit.[99] Parteiorganisationen wurden auch gezielt als Paten zur Finanzierung von Bauprojekten angesprochen.[100]

Die von Eulen in seiner Rede bereits angedeuteten Vorzüge des »Führerprinzips« für die Gründung weiterer Ortsgruppen trugen schon bald Früchte. Bis 1936 hatte der Volksbund seine Mitgliederzahlen auf fast 300.000 gesteigert und

96 Vgl. *Evans*, Das Dritte Reich, Bd. 1, S. 502f.

97 Schreiben des Reichsministers des Innern, Berlin den 26.7.1939, Betr. Mitgliederwerbung für den Volksbund Deutsche Kriegsgräberfürsorge e. V., in: Akten der Partei-Kanzlei der NSDAP, Mikrofiche Nr. 101 22604. In der Selbstdarstellung des Vereins wurde lange Zeit unterstellt, der Volksbund wäre Repressionen des NS-Regimes ausgesetzt gewesen und hätte u. a. keine Spenden sammeln dürfen. Entsprechende Einschränkungen galten jedoch nicht dauerhaft und wurden durch Ausnahmegenehmigungen immer wieder ausgesetzt, wie aus Archivquellen eindeutig hervorgeht und schon in den Achtzigerjahren in wissenschaftlichen Veröffentlichungen belegt wurde. Vgl. *Lurz*, Heimat, S. 67. Lurz verweist auf eine Sammelerlaubnis von 1935.

98 Vgl. *Kaiser*, Volkstrauertag, S. 177; *Lurz*, Kriegerdenkmäler, Bd. 5.

99 BArch R 43-II/1289, pag. 137, Schreiben VDK Bundesführer an den Chef d. Reichskanzlei, 28.3.1939.

100 BArch R 43-II/1289, pag. 126ff., Schreiben VDK Bundesführer an den Chef d. Reichskanzlei, 25.2.1939.

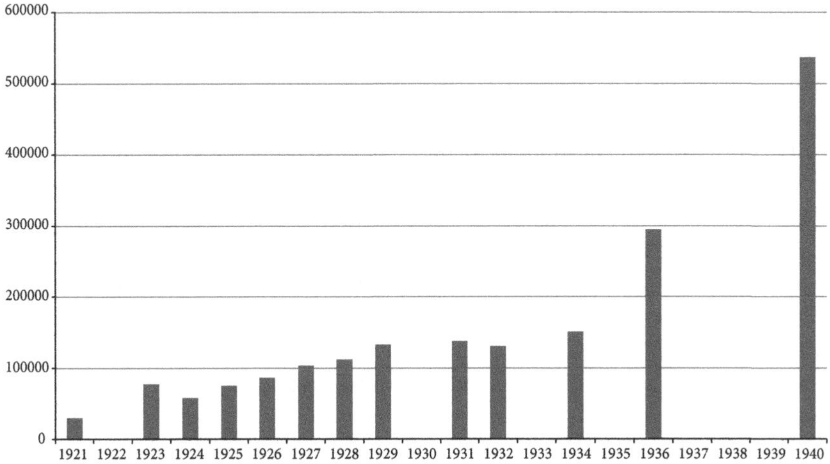

Grafik 1: Entwicklung der Mitgliederzahlen des VDK bis zum Beginn des Zweiten Weltkriegs

damit im Vergleich zu 1933 in etwa verdoppelt. Die nächsten verfügbaren Zahlen sind von 1940 und sind daher bereits vom Ausbruch des Krieges beeinflusst. Der Mitgliederstand überschritt die Zahl von einer halben Million. Man kann davon ausgehen, dass der Zuwachs sich bis 1939 stetig weiterentwickelt hat, bevor er dann durch den Kriegsausbruch noch einmal einen enormen Schub erhielt. Bis zum Ende des Jahres 1944 soll der Mitgliederbestand auf über zwei Millionen Mitglieder angewachsen sein, was sich jedoch nicht mehr durch eine seriöse Mitgliederstatistik bestätigen lässt. Die Zahl von zwei Millionen Mitgliedern war die auch politisch gewünschte Zielmarke. Um sie zu erreichen, wurde durchaus auch nachgeholfen, weshalb sie das Bild der Entwicklung der auf freiwilligem Beitritt beruhenden Mitgliederzahlen verzerrt.[101] Sowohl der extreme Zulauf, den der Verein im »Dritten Reich« zu verzeichnen hatte, als auch die deutlichen Unterschiede, die im Vergleich mit den ersten verfügbaren Mitgliederzahlen Anfang der 1950er Jahre hervortreten (1951: 480.000), werfen Fragen auf, mit welchen Mitteln dieser Zuwachs erreicht wurde, welche Rolle dabei NS-Organisationen gespielt haben und wie überhaupt eine Mitgliedschaft im Volksbund während der NS-Diktatur zu bewerten ist.

Beim Ausbau seiner Vereinsorganisation und der Anwerbung neuer Mitglieder strebte der Volksbund das Ziel an, jedem Gefallenen ein lebendes Mitglied gegenüber zu stellen. Hiervon war der Verein in den Zwanzigerjahren

101 Vgl. Kriegsgräberfürsorge 24 (1944), Nr. 11/12, S. 50; Lurz gibt an, dass es bei der Wehrmacht vorkam, dass ganze Einheiten antreten mussten, um sich in die Mitgliederlisten des VDK einzutragen; vgl. *Lurz*, Heimat, S. 67.

weit entfernt gewesen und es erschien unter den damaligen Verhältnissen auch nicht realistisch, diesen Anspruch jemals erfüllen zu können. Der Volksbund hatte daher in korporativen Mitgliedschaften ein Mittel gesehen, wie zumindest indirekt die Zahl der von ihm repräsentierten Mitglieder erhöht werden konnte. Seit 1925 hatte man begonnen, kleinen Landgemeinden die korporative Mitgliedschaft anzutragen, um in ländlichen Regionen Fuß zu fassen, in denen der Aufbau von Ortsgruppen schwierig erschien.[102] Der Mitgliedsbeitrag der Gemeinden sollte sich an der Zahl der Gefallenen aus den jeweiligen Orten bemessen. Vor allem in den ländlichen Regionen Norddeutschlands verlief die Anwerbung neuer Mitglieder in den Zwanzigerjahren aber nur schleppend. Auch die Vergabe von Patronaten zur finanziellen Unterstützung bei der Pflege von Friedhöfen war in Norddeutschland oft nur in Großstädten wie Hannover und Hamburg erfolgreich.[103]

Nach der Neuordnung des Vereins im Dezember 1933 wurden flächendeckend die Gründung weiterer lokaler Vereinsgliederungen und die Werbung neuer Mitglieder forciert. Hierbei wirkte der Volksbund unmittelbar mit den örtlichen Parteiorganisationen und der Verwaltung zusammen.[104] Für ein besseres Verständnis, wie der Volksbund gezielt die neuen Bedingungen unter der NS-Herrschaft nutzte, um seine Organisation auszubauen und wie sich der sprunghafte Anstieg seiner Mitgliederzahlen erklären lässt, hilft ein Blick auf ein konkretes Beispiel.

Am 1. Februar 1934 wurde die VDK Bezirksgruppe Osnabrück gegründet. Sie hatte bei ihrer Gründung 215 Mitglieder. Der Volksbund strebte als neu erklärtes Ziel an, durchschnittlich zwei Prozent aller Gemeindemitglieder eines Ortes als Mitglieder zu gewinnen, was die Führung des VDK Gauverbands Nord-Ost veranlasste, gezielt den Aufbau örtlicher Gliederungen im bisher vernachlässigten ländlichen Raum voranzutreiben.[105] Zum bisher im nordwestdeutschen Raum kleinen Mitgliederstamm zählten auch einige korporativ beigetretene Gemeinden, die sich aber vor allem dadurch ausgezeichnet hatten, ihre Mitgliedsbeiträge nicht regelmäßig abzuführen. Insgesamt waren die Anwerbeversuche des Volksbundes nur auf verhaltenen Erfolg gestoßen. Die Anwerbung von Landgemeinden war eine ursprünglich vom Landesverband Niedersachsen

102 Vgl. Kriegsgräberfürsorge 6 (1926), Nr. 4, S. 54f.

103 Vgl. NLA-StAO, Rep 450 Bers Akz 21/84 Nr. 403, Landratsamt Bersenbrück, Volksbund Deutsche Kriegsgräberfürsorge. Tätigkeitsbericht des Prov.-Verbandes Hannover, 1926/1927.

104 Vgl. *Margalit*, Guilt, S. 121f. Margalit weist auf ähnliche Beobachtungen für Hamburg hin, wo der Volksbund nach Kriegsende längere Zeit mit der allgemeinen Wahrnehmung als NS-Organisation zu kämpfen hatte, was ihn vor Schwierigkeiten bei der Mitgliederwerbung in der Nachkriegszeit stellte.

105 NLA-StAO, Dep 59 b, Nr. 911, Schreiben des Volksbundes Gauverband Niedersachsen Nord an Gemeindevorsteher im Regierungsbezirk Osnabrück, 28.3.1934

ersonnene Strategie und stützte sich auf die aktive Unterstützung der Landräte, die auch als Vorsitzende der Kreisverbände des Volksbundes in ihren jeweiligen Landkreisen fungierten.[106] Dies bedingte eine enge Überschneidung zwischen Verwaltungs- und Vereinsstruktur und enge personelle Verflechtungen, die sich für den Volksbund als äußerst effektiv für den kurzfristigen Ausbau und die langfristige Festigung seiner Vereinsorganisation erweisen sollte. Den Vorsitz für den neu gegründeten Bezirksverband übernahm dementsprechend der Regierungspräsident der Bezirksregierung. In seiner doppelten Funktion als Spitze der Bezirksverwaltung sowie des Volksbundes richtete sich Regierungspräsident Eggers an die Gemeindevorsteher in seinem Regierungsbezirk, um diese auf die bisher unbefriedigende Resonanz auf die Bemühungen des Volksbundes hinzuweisen und zum geschlossenen Beitritt aufzufordern.[107] In den kommenden zwei Jahren wurde im Regierungsbezirk Osnabrück mit einer Reihe von Maßnahmen die Region vollständig für den Volksbund erschlossen. Die dabei zu Hilfe gezogenen Mittel zur Rekrutierung neuer Mitglieder reichten von offensiver Werbung bis hin zu mit Nachdruck vorgebrachten Aufforderung zur Mitgliedschaft.

Zu den Werbemaßnahmen zählten etwa Vortragsabende, in denen der Führer des Gauverbandes Niedersachsen Nord Generalleutnant a. D. von Schenckendorff über die Arbeit des Volksbundes informierte. Ebenfalls geeignet waren die Gedenkveranstaltungen im Rahmen des Heldengedenktages, an denen sich traditionell verschiedene Veteranenvereinigungen und nun auch Parteiorganisationen beteiligten, deren Mitglieder bei diesem Anlass gezielt zum Beitritt aufgefordert werden konnten. In einem überlieferten Schreiben des Landrates und VDK Kreisvorsitzenden von Bersenbrück aus dem November 1934 werden Erfahrungen und Strategien beim Aufbau einer Kreisgruppe und der Mitgliederwerbung beschrieben.[108] Als erste Adressaten für Werbemaßnahmen werden neben den bestehenden Zielgruppen des Volksbundes aus dem Umfeld der Veteranenverbände und den direkten Angehörigen von Kriegstoten nun die Parteiorganisationen genannt. Die Mitgliederwerbung sollte in enger Zusammenarbeit mit den örtlichen Führungen der Parteiorganisationen verlaufen. Um den Kreis der potentiellen Mitglieder noch ausweiten zu können, sollte darüber hinaus auch die Stellung des Volksbundes als Nichtparteiorganisation gezielt ausgenutzt werden. Der Landrat sah in der Arbeit und in der Unterstützung des Volksbundes ein Beispiel für nationalsozialistische Pflichterfüllung. Eine Mitgliedschaft im Volksbund sollte daher auch ein Angebot an diejenigen sein,

106 NLA-StAO, Rep 450 Bers Akz 21/84 Nr. 403, Landratsamt Bersenbrück, Schreiben des VDK Provinzialverbands Hannover an die Landräte der Provinz Hannover, 7.12.1925.

107 NLA-StAO, Dep 59 b, Nr. 911, Schreiben VDK Bezirk Osnabrück an Behördenleiter im Regierungsbezirk Osnabrück, 17.3.1934.

108 NLA-StAO, Dep 59 b, Nr. 911, Schreiben Landrat Bersenbrück an Leiter der Gemeinde Bramsche, 7.11.1934.

die sich systemkonform zeigen wollten, ohne eine direkte Mitgliedschaft in einer Parteiorganisation anzustreben. Wörtlich empfahl er:

Ganz besonderen Wert lege ich darauf, dass auch Personen geworben werden, die sich bisher bei kaum einer oder überhaupt keiner nationalsozialistischen Organisation beteiligt haben und denen somit noch einmal Gelegenheit zu positiver Mitwirkung geboten wird.[109]

Die Vereinsführung auf ihren verschiedenen Ebenen präsentierte und verstand sich als ideologisch auf einer Linie mit dem NS-Regime. Sie machte sich geschickt gleichermaßen die Begeisterung für den Nationalsozialismus wie auch den erheblichen Konformitätsdruck zu Nutze, um damit massenhaft neue Mitglieder zu erhalten. Wie hoch dieser Druck war, zeigte sich bereits im enormen Zulauf, den zunächst die NSDAP nach ihrem Wahlerfolg im März bis zur Verhängung des Aufnahmestopps am 1. Mai selbst hatte, und der sich dann auch auf andere NS-Organisationen verlagerte.[110] Unter dem vorherrschenden Druck, seine nationale Gesinnung glaubhaft belegen zu müssen, konnte eine Mitgliedschaft im Volksbund ein bequemes Mittel sein. Aufnahmehürden bestanden keine, die Mitgliedsbeiträge waren niedrig und ein Zwang, sich an irgendwelchen Vereinsaktivitäten beteiligen zu müssen, bestand nicht.

Vor dem Hintergrund des vorherrschenden geistigen Klimas lässt sich auch unmittelbar ausgeübter Druck nachweisen, mit dem Vorgesetzte in Verwaltung und Wirtschaft ihre Untergebenen zu einer Mitgliedschaft drängten. Auch hier kann exemplarisch der Bezirk Osnabrück herangezogen werden. Nur sechs Wochen nach Gründung des Bezirksverbandes richtete sich Regierungspräsident Eggers in einem Rundschreiben an alle nachgeordneten Behörden, in dem er zum Beitritt aller dort beschäftigten Beamten und Angestellten auffordert. Listen waren beigefügt und sollten umgehend zurückgesandt werden, woran einen Monat später noch einmal nachdrücklich erinnert wurde:

Da ich [Regierungspräsident Eggers] dem Herrn Gauführer des Gaues Niedersachsen Nord [...] baldigst den geschlossenen Beitritt der Beamten- und Angestelltenschaft des gesamten Regierungsbezirks zum Volksbund melden möchte, wäre ich sehr dankbar, wenn die dort noch im Umlauf befindlichen Listen baldigst an das Büro des Volksbundes in der hiesigen Regierung zurück gesandt werden könnten.[111]

Eggers konnte den gewünschten Erfolg vermelden. Zum Jahresbeginn 1936 verkündete er zudem, dass dank der tatkräftigen Mithilfe der Behörden und

109 Ebd.

110 Zur Mitgliederentwicklung der NSDAP und zum Aufnahmestopp vgl. die verschiedenen Beiträge in *Benz*, Parteigenosse.

111 NLA-StAO, Dep 59 b, Nr. 911, Schreiben VDK Bezirk Osnabrück an Behördenleiter im Regierungsbezirk Osnabrück, 20.4.1934.

der Partei es gelungen sei, die Zahl der Mitglieder im Volksbund im Raum Osnabrück auf 11.000 zu erhöhen.[112] Der Jahresbericht des VDK Bezirksverbandes vom Oktober 1936 belegt, dass es nach der Gründung des Verbandes 1934 in nur zweieinhalb Jahren gelungen war, ein lückenloses System hierarchisch abgestufter Vereinsgliederungen zu installieren. Alle 531 Gemeinden des Regierungsbezirks waren als korporative Mitglieder beigetreten und entrichteten Beiträge. Daneben bestanden 92 Ortsgruppen, die in insgesamt acht Kreisverbände zusammengefasst waren. Außerdem waren 1.671 Schulklassen korporativ beigetreten, die den Volksbund mit Spenden, dem sogenannten »Opferpfennig«, unterstützten.[113]

Die Einbindung von Schulklassen war ebenfalls eine von den Behörden mit Nachdruck geförderte Maßnahme. Über das Thema Kriegsgräberfürsorge sollten fachübergreifend im Schulunterricht ideologische Inhalte vermittelt werden. Der Volksbund stellte hierfür Lehrmittel zur Verfügung und führte ergänzende Vortragsveranstaltungen durch. Die Mitgliedschaft im Volksbund war im Gegenzug mit einem geringen Jahresbeitrag von 10 Pfennig verbunden, der den Schülern die aktive Mitwirkung am Erhalt der Gräber ermöglichen und mit diesem erbrachten »Opfer« die Erinnerung an die Gefallenen und das Fronterlebnis wachhalten sollte. Die Schulen wurden angewiesen, Lehrer als Vertrauensleute zu benennen, die die Verbindung mit den örtlichen Gruppen des Volksbundes herstellen sollten.[114] Die unmittelbaren Spenden- und Beitragserträge von Schulklassen selbst waren vermutlich aufgrund der geringen Beitragssätze für den Volksbund eine finanziell zu vernachlässigende Größe, hier waren die Straßensammlungen ergiebiger. Die Anbindung der Schulen diente einerseits dem Zweck, Kriegsgräberfürsorge dauerhaft als gesellschaftlich bedeutsame Aufgabe zu vermitteln, die der aktiven Mitwirkung bedurfte, andererseits den Bekanntheitsgrad der Organisation weiter zu steigern, die nun jedes Kind kannte. Der Volksbund setzte hierbei einzelne Bauprojekte im Ausland immer wieder als Mittel der Selbstdarstellung ein, mit denen unterschiedliche Zielgruppen direkt angesprochen werden konnten. Der mythenumrankte Friedhof Langemark sollte vor allem Schüler und Studenten ansprechen und für den Volksbund gewinnen. Dies unterstützte zugleich die Instrumentalisierung des »Langemarck«-Gedenkens durch die HJ, die ab 1934 »alles, was mit Langemarck zusammenhing« unter ihre Kontrolle brachte.[115]

112 NLA-StAO, Dep 59 b, Nr. 911, Schreiben VDK Bezirk Osnabrück an Behördenleiter im Regierungsbezirk Osnabrück, 2.1.1936.

113 NLA-StAO, Dep 59 b, Nr. 911, Arbeitsbericht VDK Bezirk Osnabrück vom 1.11.1935 bis 31.10.1936.

114 NLA-StAO, Rep 726 Nr. 3, Ernst-Moritz-Arndt Gymnasium Osnabrück, Schreiben Oberpräsident Prov. Hannover, Abt. f. d. höhere Schulwesen an Staatl. Reformrealgymnasium Osnabrück, 12.10.1935.

115 *Unruh*, Langemarck, S. 190–191.

Die Sammel- und Spendenaktionen unter den Opferbegriff zu stellen, ist kein ausschließliches Merkmal des Volksbundes, sondern begleitete die regelmäßigen Spendenaufrufe verschiedener NS-Organisationen, insbesondere des Winterhilfswerks. Zeitweise fanden die Straßensammlungen des Volksbundes sogar im Rahmen des Winterhilfswerks statt.[116] Die Einforderung von Opferbereitschaft für die Volksgemeinschaft, die mit den Spenden unter Beweis gestellt werden konnte, hatte nicht allein den Zweck Ressourcen zu mobilisieren. Wie Petra Terhoeven gezeigt hat, war den Sammlungen auch »eine ›erzieherische‹ Funktion«[117] zugedacht. Auf dieser Ebene entfalteten die Kampagnen des Volksbundes aus Sicht des Regimes eine komplementäre Wirkung. Seine Sammelpraxis und Bildungsarbeit ergänzten die propagandistischen Maßnahmen des Regimes und führten dem Verein zugleich neue Mitglieder und Gelder zu.

Der schnelle Anstieg der Mitgliederzahlen unter dem NS-Regime wurde durch eine scharf vorangetriebene Erweiterung der Vereinsgliederungen auf lokaler Ebene erreicht. Gerade in Regionen, in denen der Volksbund noch überhaupt nicht vertreten war, erreichten die neugegründeten Bezirks-, Kreis- und Ortsgruppen teilweise astronomische Zuwachszahlen, die die auf Ebene des Gesamtverbandes zu verzeichnenden schon starken Zuwachsraten noch deutlich überflügelten. Hierzu zählen auch die angeführten Beispiele aus dem Raum Osnabrück als Teil der Expansionsstrategie des Gauverbandes Niedersachsen-Nord.[118] Die in diesem Zusammenhang wichtige flächendeckende Vermischung von Funktionsträgern aus Kreis- und Bezirksverwaltung mit den Vereinsämtern des VDK tritt zu diesem Zeitpunkt vor allem im ländlichen norddeutschen Raum besonders hervor. Hiervon abgesehen entsprechen die beobachteten Entwicklungen jedoch einem allgemeinen Muster. Der VDK erweiterte seinen Mitgliederstamm mit unmittelbarer Mitwirkung der NS-Organisationen, die Werbeveranstaltungen des Volksbundes unterstützten und die eigenen Mitglieder zum Beitritt aufforderten. Dies war möglich, weil der Volksbund gerade nicht als eigenständige und vom Nationalsozialismus unabhängige Organisation wahrgenommen wurde, wie es das vom Volksbund aufgebaute Bild der Nachkriegszeit zu zeigen versuchte, sondern Kriegsgräberfürsorge als ideologische Kernkomponente begriffen wurde. Damit war auch der Weg in Unterrichtspläne und zur Anbindung ganzer Schulklassen geebnet.

Der Mitgliederzuwachs, den der Volksbund zwischen 1933 und 1939 verzeichnete, bekam nach Ausbruch des Zweiten Weltkriegs noch zusätzliche Dynamik. Das angestrebte Ziel jeweils durchschnittlich zwei Prozent der Bevölkerung als

116 BArch R 43-II/1289, pag. 120, Schreiben Adjutantur d. Wehrmacht beim Führer und Reichskanzler an Chef d. Reichskanzlei, 25.2.1939.

117 *Terhoeven*, Nicht spenden, opfern, S. 71.

118 Zur Gesamtentwicklung des Verbandes Niedersachsen-Nord siehe Kriegsgräberfürsorge 16 (1936), Nr. 5, S. 78.

Mitglieder in den Orten zu gewinnen, in denen der Volksbund mit einem Ortsverein vertreten war, wurde nun durch die Zahl von zwei Millionen Mitgliedern ersetzt. Nach eigenen Angaben wurde diese Zahl bis 1944 erreicht. Die Quellenlage für diesen Zeitraum ist jedoch sehr dünn. Es lässt sich daher nur schwer nachprüfen, wie der Volksbund vor Ort vorging, um weitere Vereinsbeitritte zu erreichen. Der Kriegseintritt und die steigenden Gefallenenzahlen könnten zwar als allgemeine Erklärung für eine gesteigerte öffentliche Bereitschaft herangezogen werden, für den Volksbund zu spenden oder dem Verein beizutreten. Zu beachten bleibt hierbei aber, dass die Kriegsgräberfürsorge für die Gefallenen der Wehrmacht während des Krieges in den Händen der Wehrmacht selbst lag und während des Krieges nur provisorische Maßnahmen zum Erhalt von Kriegsgräbern getroffen wurden. Über die Rolle des Volksbundes während des Zweiten Weltkrieges wird häufig der Satz überliefert, der Volksbund hätte sich mit Kriegsausbruch der Wehrmacht zur Verfügung gestellt. In der Nachkriegszeit wurde dies als weiteres Indiz für seine Unabhängigkeit ins Spiel gebracht, der mit diesem strategischen Schachzug einer Vereinnahmung durch die NSDAP zuvorgekommen sei. Abgesehen davon, dass es keine Hinweise gibt, dass es zu diesem Zeitpunkt bereits Bemühungen seitens einer Parteiorganisation gab, den Volksbund einzugliedern, ist nie weitergehend hinterfragt worden, was sich hinter dieser Formulierung überhaupt konkret verbirgt.[119] Der Volksbund selbst verkündet 1939 noch, dass durch die Zusammenarbeit mit der Wehrmacht »Aufbau und Gliederung des Volksbundes [...] durch diese Maßnahme in keiner Weise berührt [würden].«[120]

Beim Zusammenwirken von Volksbund und Wehrmacht lassen sich drei Bereiche unterscheiden. Der erste ist der nachweisbare personelle Transfer von Volksbundmitarbeitern zur Wehrmacht, die dort in der Gräberverwaltung oder im Wehrmachtsverlustwesen eingesetzt wurden. Hierzu zählte auch der Leiter des Bundesamtes und spätere Generalsekretär des Volksbundes Otto Margraf, der die Abteilung Statistik im Wehrmachtsverlustwesen leitete.[121] Bei den Kapitulationsverhandlungen mit Frankreich in Compiègne gehörte er außerdem der zuständigen Delegation für Kriegsgräberfragen an. Ebenfalls dem Volksbund nahe stand Walther Sonntag, der am Aufbau des Wehrmachtsgräberdienstes beteiligt war und ab 1941 die Leitung der Abteilung Wehrmachtverlustwesen im OKW übernahm. Der Leiter des Baureferats in der Berliner Bundesgeschäftsstelle Knellessen wurde als Gräberoffizier in Belgien und Frankreich einge-

119 Lurz spricht ebenfalls davon, dass der Volksbund versuchte, sich dem Einfluss der NSDAP zu entziehen, indem er sich der Wehrmacht unterstellte, benennt allerdings konkrete Versuche, den Volksbund an die NSDAP zu binden erst für August 1940. Siehe *Lurz*, Heimat, S. 67.

120 Wehrmacht und Volksbund Deutsche Kriegsgräberfürsorge, in: Kriegsgräberfürsorge 19 (1939), Nr. 10, S. 147.

121 Vgl. *Overmans*, Verluste, S. 32 f. (FN 52).

setzt, wo mit der deutschen Besatzung auch die britischen und amerikanischen Friedhöfe des Ersten Weltkrieges in den Zuständigkeitsbereich der Wehrmacht fielen.[122] Vieles deutet daraufhin, dass Schlüsselpositionen bei der Wehrmacht, die Zuständigkeitsbereiche für Kriegsgräber berührten, mit Personen besetzt wurden, die bereits in der Vorkriegszeit in der Kriegsgräberfürsorge aktiv gewesen waren. Bereits kurz nach dem Überfall auf Polen wurden die Gauverbände des VDK von der Bundesgeschäftsstelle in Berlin aufgefordert, die Namen von Funktionsträgern und hauptamtlichen Mitarbeitern zu übermitteln, die zur Wehrmacht eingezogen worden waren.[123] Aus überlieferten Dokumenten geht auch hervor, dass gezielt einzelne Volksbundmitarbeiter für die Verwendung als Gräberoffiziere angefordert wurden.[124] Auch der Bundesführer des Volksbundes Eulen wurde als aktiver Reserveoffizier 1939 zur Wehrmacht eingezogen, übernahm dort jedoch keine Gräberverwaltungsaufgaben, sondern soll als Offizier an verschiedenen Kriegsschauplätzen in den Niederlanden, Frankreich und Russland zum Einsatz gekommen sein.[125]

Der zweite Bereich war das Angebot, die Wehrmacht beratend bei der Anlage von Gräbern zu unterstützen. Dies wurde von der Wehrmacht durchaus begrüßt, machte die Wehrmacht aber noch lange nicht zur Schutzpatronin des Volksbundes, denn das OKW verfolgte eigene Ziele in der Frage, wie die Kriegsgräberfürsorge langfristig gestaltet werden sollte. Der Volksbund wurde weiterhin bei der Pflege der Friedhöfe des Ersten Weltkrieges eingebunden, die in den besetzten Gebieten jetzt ebenfalls in den Zuständigkeitsbereich der Wehrmacht fielen. Er zeigte sich vor allem über die raschen militärischen Erfolge in Polen erfreut, weil die Zusammenarbeit mit den polnischen Behörden in der Kriegsgräberfürsorge immer schwierig gewesen war. Die Besetzung Polens schien nun weitreichende Möglichkeiten zu eröffnen, auch hier noch Kriegsgräberstätten für die Toten des Ersten Weltkrieges zu schaffen.[126] Darüber hinaus machte sich der Volksbund bereits Hoffnungen auf eine Beteiligung am Bau monumentaler Großanlagen

122 Vgl. *Capdevila/Voldman*, War Dead, S. 155.

123 NLA-StAO, Rep 451 Wit Akz. 1/1984 Nr. 392, Kreisausschuss Wittlage, Rundschreiben VDK Berlin an Gauverbandsführer, 5.9.1939.

124 Überliefert ist beispielsweise der Brief eines Bezirksgeschäftsführers des Volksbundes vom Januar 1940, in dem er schreibt, er sei von Gauverbandsführer General v. Schenckendorff »verpflichtet worden nach Warschau zum Gräberoffizier. Herr Gauverbandsgeschäftsführer Hauptmann Albrecht ist bereits schon dort.« Von Schenckendorff selbst war im Rahmen der Mobilmachung der Wehrmacht im Sommer 1939 reaktiviert worden. Siehe NLA-StAO, Rep 451 Wit Akz. 1/1984 Nr. 392, Kreisausschuss Wittlage, Schreiben Bezirksgeschäftsführer Bültemeyer an Kreisinspektor Grothe, 27.1.1940; zu v. Schenckendorff siehe *Meyer-Düttingdorf*, General d. Infanterie Max von Schenckendorff, S. 481–488.

125 Vgl. *Böhme*, Eulen, S. 153 f.

126 Vgl. Wehrmacht und Volksbund Deutsche Kriegsgräberfürsorge, in: Kriegsgräberfürsorge 19 (1939), Nr. 10, S. 147.

für die Toten des aktuellen Krieges.[127] Zur Abstimmung in Kriegsgräberfürsorgefragen wurde unter Federführung der Wehrmacht der »Reichsausschuss für Werhmachtgräberfürsorge« eingerichtet.[128] Da auch in der Zwischenkriegszeit bereits Ausschüsse eingesetzt worden waren, die mit Vertretern der involvierten Ministerien sowie Fachexperten besetzt waren, erscheint die Bildung eines entsprechenden Gremiums während des Zweiten Weltkrieges zunächst wenig überraschend. Allerdings sah die Wehrmacht im Reichsausschuss nicht nur ein Instrument zur Koordination, sondern auch eine Art Aufsichtsgremium über den Volksbund, mit dem das während der Weimarer Republik praktizierte Modell der ergänzenden Fürsorge durch den Volksbund wiederhergestellt werden sollte und auch für die Nachkriegszeit angestrebt wurde. Die Wehrmacht sprach sich klar für einen Fortbestand des Volksbundes aus, weil er sich als Organisation zur Bündelung privater Ressourcen für die Kriegsgräberfürsorge bewährt hatte, kritisch wurden jedoch drei Entwicklungen gesehen, die sich durch den schwindenden Einfluss der Reichsministerien mit Auflösung des Verwaltungsrates des Volksbundes im Dezember 1933 ergeben hatten. Sie betrafen unmittelbar die Baupolitik des Volksbundes: Erstens hatte sich der Volksbund gezielt durch seine Kriegsgräberstätten in den Mittelpunkt der öffentlichen Aufmerksamkeit geschoben, der staatliche Anteil an der Kriegsgräberfürsorge wurde nicht mehr wahrgenommen. Zweitens war durch den monumentalen Baustil, den der Volksbund in den Dreißigerjahren entwickelt hatte, der Einzelgrabanspruch der Toten nicht mehr gesichert, und drittens hatte sich die Bauabteilung des Volksbundes eine Art Monopolstellung erarbeitet, die sie nun auch für den Bau künftiger Kriegsgräberstätten zu behaupten anstrebte.[129] Auf die Bauten des Volksbundes und ihr Verhältnis zu staatlichen Maßnahmen zur Kriegsgräberfürsorge wird im nachfolgenden Kapitel noch detailliert eingegangen. An dieser Stellte bleibt zunächst festzuhalten, dass der Volksbund als Organisation in der Wehrmacht durchaus einen Fürsprecher hatte, mit seinen Bauten hatte er jedoch jahrelang vor allem Parteiinteressen bedient, um sich damit als maßgebliche Kriegsgräberfürsorgeorganisation zu positionieren. Die Wehrmacht strebte dagegen an, das staatliche Primat in der Kriegsgräberfürsorge wiederherzustellen und den Verein dauerhaft ihrer Aufsicht zu unterstellen.

Die von der Wehrmacht erlassenen Vorschriften für die Anlage von Kriegsgräbern orientierten sich an kriegsrechtlichen Vorgaben sowie Erfahrungen des Ersten Weltkrieges. Durch die Wehrmacht angelegte Friedhöfe im Zweiten Weltkrieg waren von Beginn an nur als Provisorien gedacht und sollten dem Einzel-

127 Vgl. Kriegsgräberfürsorge in Polen, in: Kriegsgräberfürsorge 19 (1939), Nr. 12, S. 171.

128 OKW, Niederschrift über die Besprechung vom 6. August 1940 betreffs Bildung eines ständigen Ausschusses für die Wehrmachtgräberfürsorge, Berlin den 6. August 1940, in: Akten der Partei-Kanzlei der NSDAP, Mikrofiche Nr. 103 02407–103 02412.

129 Ebd.

grabanspruch der Gefallenen Rechnung tragen. Die Bestattung der Toten folgte pragmatischen Überlegungen. Gegenüber den Kriegszielen wurde der Bau von aufwändigen Friedhöfen als nachrangig eingestuft. Hierzu gehörte auch das bald nach Kriegsbeginn erlassene Überführungsverbot, das zunächst einmal sicherstellte, dass Transportkapazitäten nicht für Leichenüberführungen vergeudet wurden.[130] Der vom OKW unsentimental nach den Erfordernissen der Kriegsführung getroffenen Entscheidung wurde von der NS-Führung jedoch bald ein höherer Sinn nachgeliefert. Die Grabstätten der Gefallenen sollten nach Kriegsende die umkämpften Grenzen des Reiches markieren. Der Idee folgten Pläne und Entwürfe für monumentale Grabanlagen, die tausende Tote entlang der Frontlinien aufnehmen sollten. Diese Pläne waren auch für den Volksbund von Interesse, dem unverbindliche Zusagen gemacht wurden, bei der späteren Gestaltung der neuen Friedhöfe beteiligt zu werden. Mit ähnlichen Konzepten hatte er bereits in den Dreißigerjahren begonnen in Norditalien Grabmonumente für die Toten des Ersten Weltkrieges zu errichten. Monumentale Entwürfe wurden von der Wehrmacht aber weiterhin kritisch gesehen. Für die Planung der Grabmale wurde von Hitler auf Vorschlag Albert Speers am 16. März 1941 Wilhelm Kreis zum »Generalbaurat für die künstlerische Gestaltung der deutschen Friedhöfe« ernannt.[131] In einem bald einsetzenden Gerangel um Zuständigkeiten und Kompetenzen zwischen OKW, Speer und Kreis wurde der Volksbund zunehmend an den Rand gedrängt. Erst in diesem Zusammenhang wurden tatsächlich erstmals Pläne laut, den Volksbund in die Partei einzugliedern.[132] Hintergrund war, dass Kreis, der sich selbst als unmittelbar dem Führer unterstellt begriff, vom OKW dagegen als ihm unterstellter Berater betrachtet wurde und über keine eigene Dienststelle verfügte. Die Angliederung des Volksbundes an eine Parteiorganisation hätte es ihm eventuell ermöglicht, sich dessen Bauabteilung unterzuordnen, um unabhängig von OKW und Speer arbeiten zu können. In dieser Konstellation konnte der Volksbund keinen entscheidenden Einfluss auf die Gestaltungspläne für künftige Kriegsgräberstätten mehr nehmen und musste um seine Eigenständigkeit fürchten.

Der dritte Bereich, in dem der Volksbund versuchte, eine Unterstützung des Kriegseinsatzes zu leisten, war die Betreuung von Angehörigen. Seit seiner Gründung bot der Volksbund Angehörigen an, Fotografien von Gräbern zu übermitteln und über seine Verbindungsstellen im Ausland auf Wunsch Blumen oder Kränze auf den Gräbern niederlegen zu lassen. Das OKW übertrug diese Auf-

130 Rundschreiben OKW, Betr.: Überführung der Leichen gefallener oder gestorbener Wehrmachtsangehöriger, 13.11.1940, in: Akten der Partei-Kanzlei der NSDAP, Mikrofiche Nr. 101 11551; BArch R 36/2099, pag 242 f., Runderlass RMdI, Betr.: Fürsorge für die Gräber der Kriegsgefallenen, 5.9.1940; VKA, A.100-953, Merkblatt (Neudruck) des OKW, 1.10.1941.

131 BArch R 4606/648, pag. 132; Erlaß über die Gestaltung deutscher Kriegerfriedhöfe, 16.3.1941, in: *Moll*, Führer-Erlasse, Dokument Nr. 74.

132 BArch R 4606/648, pag. 85.

gabe während des Krieges dem Volksbund, der damit zur direkten Verbindungsstelle zwischen den Angehörigen und den Gräbern an der Front wurde.[133] Dies ist der einzige Bereich, in dem der Volksbund bereits während des Zweiten Weltkriegs die neuen Kriegsgräber der fortdauernden Kampfhandlungen mit in seine Arbeit einbezog. Die persönliche Hilfestellung für trauernde Angehörige verband persönliche Betroffenheit unmittelbar mit der Arbeit der Organisation und wurde vor allem nach Kriegsende ein Anknüpfungspunkt bei der Wiederaufnahme der Vereinstätigkeit. Die Vereinszeitschrift des Volksbundes berichtete außerdem über die Maßnahmen der Wehrmacht zur Sicherung ihrer Gräber. Vor allem in den ersten zwei Kriegsjahren vermischten sich dabei militärische Propaganda mit Bildern von frisch angelegten Wehrmachtsfriedhöfen und vollendeten Kriegsgräberstätten des Volksbundes, die den Eindruck eines wohlgeordneten Verlaufes des Krieges vermittelten und bereits einen Blick in die Zukunft zu gewähren schienen, wie nach dem errungenen »Endsieg« die Gräber der gefallenen Helden einmal aussehen würden.[134]

Der Volksbund unterstützte als Organisation die Kriegsanstrengungen des NS-Staates und half der Wehrmacht im Bereich der Wehrmachtsgräberfürsorge. Die Betonung, sich dem OKW zur Verfügung gestellt zu haben, ist somit nicht falsch. Sie ist jedoch kein Beleg für eine distanzierte Haltung zum NS-Regime. Dies ist eine Aussage, die im Kontext der Nachkriegsordnung gelesen werden muss und die in der frühen Bundesrepublik die Funktion erfüllte, sich vom NS-Regime abzugrenzen. Die engen personellen Verbindungen mit der Wehrmacht schützten den Volksbund zwar im Geflecht widerstreitender Interessen der NS-Polykratie. Die Begehrlichkeiten, die der Volksbund bei Wilhelm Kreis und angeblich auch bei der NSKOV weckte,[135] dürfen aber nicht darüber hinwegtäuschen, dass der Verein auch weiterhin vom NS-Staat unterstützt wurde und vom ihm profitierte. Die zu Kriegsbeginn erlassenen Verbote für öffentliche Spenden- und Mitgliederwerbung wurden für den VDK immer wieder aufgehoben.[136] Das bis Kriegsende ungebrochene Mitgliederwachstum legt außerdem die Vermutung nahe, dass die Mitgliederzahlen bewusst nach oben getrieben

133 Vgl. Pflege der Ruhestätten gefallener Soldaten und Kranzniederlegungen, in: Kriegsgräberfürsorge 21 (1941), Nr. 6, S. 78.

134 Vgl. z. B. Nr. 1 der Kriegsgräberfürsorge 1940. Die großzügig bebilderte Ausgabe präsentierte zunächst stilisierte Schlachtszenen und Kriegsgerät aller Waffengattungen, gefolgt von einer schrittweisen Abfolge von Bildern und Darstellungen, wie durch die Arbeit des Volksbundes aus einfachen Feldgräbern allmählich Ehrenmale werden sollten.

135 Der Hinweis auf Versuche der NSKOV den VDK zu übernehmen, finden sich in einem Schreiben Oscar Königs vom 16. Juni 1945, der nach Kriegsende kurzzeitig die Funktion des Geschäftsführers des Volksbundes übernahm, bevor er von diesem Amt wegen seiner NSDAP-Mitgliedschaft zurücktreten musste. Siehe VKA A.10-13, Arbeitsgenehmigungen für Berlin/Schriftwechsel 1945–46.

136 Vgl. BArch R 43-II/1289, pag. 152, Schreiben OKW an Reichsminister d. Innern, Betr.: Mitgliederwerbung für den Volksbund Deutsche Kriegsgräberfürsorge e. V., 20.7.1940.

wurden, um die angestrebte Marke von zwei Millionen als propagandistischen Erfolg verwerten zu können. Dies geschah sowohl mit Unterstützung von Parteiorganisationen als auch durch die Wehrmacht.

3. Vom Feldgrab zur Kriegsgräberstätte. Deutsche militärische Grabstätten in der Zwischenkriegszeit

Während des Ersten Weltkrieges waren tausende kleinerer Friedhöfe und Feldgräber in der Nähe der Front entstanden, die nach Kriegsende gemäß den getroffenen Vereinbarungen im Versailler Vertrag erhalten werden sollten. Die militärischen Gräberfelder wurden von einigen Nationen in den Nachkriegsjahren besonders ausgestaltet. Für die deutschen Kriegsgräber im Ausland erstreckte sich dieser Vorgang über zwei Jahrzehnte und war auch beim Ausbruch des Zweiten Weltkrieges noch nicht vollständig abgeschlossen. Hierfür ist eine Reihe von Faktoren ausschlaggebend. Einerseits mussten sich nach Kriegsende erst tragfähige Organisationsstrukturen entwickeln, die eine geordnete Kriegsgräberfürsorge ermöglichten. Diese entstanden im bereits beschriebenen Zusammenspiel zwischen staatlichen Stellen und dem ebenfalls aktiven Volksbund Deutsche Kriegsgräberfürsorge. Andererseits beeinflussten außenpolitische Parameter die Möglichkeiten, die zurückgebliebenen Kriegsgräber dauerhaft zu erhalten. Hierbei treten deutliche regionale Unterschiede hervor. An der früheren Westfront begann bald nach Kriegsende die Arbeit der amtlichen Gräberdienste, die die verstreut liegenden Gräber und Friedhöfe systematisch auflösten und die Toten auf großangelegte Friedhofsanlagen überführten. Der für die Westfront typische Stellungskrieg hatte zu einer hohen Konzentration von Toten auf engstem Raum geführt, deren Bergung und Identifizierung durch staatliche Stellen durchgeführt und überwacht wurde. Erschwert wurde die Suche nach Toten und provisorischen Feldgräbern, weil durch den massiven Einsatz von Artillerie während des Krieges die Körper der Gefallenen zum Teil bis zur Unkenntlichkeit zerrissen worden waren oder bereits angelegte Friedhöfe ebenfalls zerstört wurden. Anders war die Lage in Osteuropa. Dort hatte der Krieg einen geographischen Raum erfasst, der sich vom Baltikum bis zum Balkan erstreckte. Es war zu Frontverschiebungen über hunderte Kilometer gekommen. Während der Krieg im Westen 1918 endete, durchlebten viele Staaten im Zuge der geopolitischen Neuordnung Osteuropas außerdem eine Phase der politischen Instabilität oder sogar eine Fortsetzung bewaffneter Konflikte, was vergleichbare Maßnahmen zur Kriegsgräberfürsorge, wie sie an der Westfront zu beobachten sind, zunächst unmöglich machte. Hinzu kommt, dass die militärischen und zivilen Verluste in Osteuropa in Relation zur Gesamtbevölkerung höher waren als im Westen, was das Unterfangen einer geordneten Bestattung der Kriegstoten zusätzlich erschwerte. Wie Maria Bucur am Beispiel Rumäniens, aber auch mit

Verweis auf andere Länder Osteuropas gezeigt hat, vollzog sich die Betreuung der Gräber von Kriegstoten hier sehr viel stärker im privaten lokalen Rahmen.[137] Teilweise wurden private Initiativen zur Pflege von Kriegsgräbern auch für grenzübergreifende Kontakte genutzt, die den Anspruch einer rein staatlichen Kriegsgräberfürsorge unterwanderten oder fehlende staatliche Bereitschaft zum Erhalt der Gräber ersetzten.

Ungeachtet der regional sehr unterschiedlichen Bedingungen für die Betreuung deutscher Kriegsgräber entwickelten sich in der Zwischenkriegszeit Konzepte zur Gestaltung militärischer Grabstätten in Deutschland entscheidend weiter. Mit der Kriegsgräberstätte entstand eine neue Form des Friedhofs, die sich ästhetisch und ikonographisch von zivilen Friedhöfen abgrenzte und funktional nach den besonderen Anforderungen des dauerhaften Ruherechts gestaltet wurde. Entwürfe für deutsche Kriegsgräberstätten unterschieden sich zugleich auch von Vorschlägen für militärische Gräber, die noch während des Krieges in Deutschland diskutiert worden waren. Wesentlichen Einfluss hatten dabei die Erfahrungen, die bei der Bestattung der Toten an der früheren Westfront gewonnen wurden, und die Einbindung des Volksbundes beim Ausbau deutscher Friedhöfe seit Ende der Zwanzigerjahre, der fortan das Erscheinungsbild deutscher Kriegsgräberstätten wesentlich beeinflusste.

3.1 In fremder Erde. Die deutschen Kriegsgräber nach dem Ersten Weltkrieg

In den ersten Jahren nach Ende des Ersten Weltkrieges bestand in Deutschland allgemeine Unsicherheit über das zukünftige Schicksal der Kriegsgräber, die in den früheren Kampfgebieten zurückgeblieben waren. Denn trotz des im Versailler Vertrag zugesicherten Schutzes der Gräber bestand vor allem in der deutschen Öffentlichkeit grundsätzliches Mistrauen darüber, ob die einstigen Kriegsgegner ihren Verpflichtungen auch tatsächlich nachkommen würden. Zwischen Deutschland und Frankreich waren nach Inkrafttreten des Friedensvertrags die Details zu den kriegsgräberfürsorglichen Maßnahmen zügig geklärt worden.[138] Dabei wurde schnell deutlich, dass die Alliierten an der Westfront die Toten auf Friedhofsanlagen mit teilweise mehreren zehntausend Gräbern konzentrieren würden. Bereits während des Krieges vom Deutschen Heer angelegte

137 *Bucur*, Heroes; vgl. außerdem zum Kriegstotengedenken deutschsprachiger Minderheiten in Ostmitteleuropa *Böttcher*, Volk; zu Serbien *Bokovoy*, Graves; Siehe außerdem die Beiträge in der Online-Enzyklopädie 1914–1918 online. International Ecyclopedia of the First World War von *Jallonen/Richter/Szlanta*, Commemoration, sowie zu Südosteuropa *Pintar*, Bereavement.

138 Vgl. BArch R 80/1, Protokoll der Verhandlungen zwischen ZAK und französischer Militärmission für Vermisstenforschung.

Friedhöfe standen damit ebenso zur Disposition, wie auch die erarbeiteten Gestaltungsvorschläge, weil nun im Interesse einer vereinfachten Pflege eine einfache, einheitliche Gestaltung der Gräber angestrebt wurde. Zweifel an der Verlässlichkeit der Zusagen der Alliierten traten aber immer wieder hervor. Als etwa Franzosen und Belgier 1922 und 1923 begannen, ihre in Deutschland bestatteten Toten in die Heimat zu überführen, wurden sofort Befürchtungen wach, dies könne dazu führen, dass Frankreich und Belgien den Erhalt der deutschen Gräber einstellen würden, weil mit der Rückholung der Toten die Grundlage für das Gegenseitigkeitsprinzip entfiel.[139] 1920 hatte Deutschland aus diesem Grund anfänglich den Wunsch der US-Regierung abgelehnt, amerikanische Soldaten in Deutschland zu exhumieren und nach Hause zu bringen.[140]

In der deutschen Öffentlichkeit war es insbesondere das Erscheinungsbild der Friedhöfe in Frankreich und Belgien, das Anfang der Zwanzigerjahre die Verlustängste wach hielt. Die französischen Behörden überführten die deutschen und französischen Toten auf die vorgesehenen Friedhofsareale, wo die Gräber zunächst jedoch in einem provisorischen Zustand belassen wurden. Sie erschienen als schmucklose, öde Fläche, die übersäht war mit einfachen Holzkreuzen. Auch für den Volksbund, der mit der Vorstellung gegründet worden war, die Arbeit der Gräberoffiziere des Deutschen Heeres nicht unvollendet zu lassen, war dies in den Anfangsjahren noch eine frustrierende Erfahrung.

Für den Volksbund bedeutete der Beginn der Umbettungen in Frankreich, dass ihm die Rolle des passiven Beobachters zu Teil wurde. Über den Zustand der verschiedenen Friedhöfe und die Verlegung der Toten auf andere Anlagen wurden zwar fortlaufend berichtet, auf das Erscheinungsbild der Gräber oder der Friedhofsanlage konnte man aber zunächst keinen Einfluss nehmen. Bei Gesprächen im Innenministerium 1921 zur Abgrenzung der Kompetenzen zwischen ZAK und Volksbund war erneut betont worden, dass die eigentliche Verantwortung für die deutschen Gräber beim ZAK liege. Im Geltungsbereich des Versailler Vertrages wurde die ordnungsgemäße Pflege der Gräber in Absprache mit den ausländischen Behörden kontrolliert. Dem Volksbund wurde das Schmücken und Herrichten der Gräber als Ergänzung der staatlichen Maßnahmen zugestanden. Die Zusammenarbeit mit dem ZAK entwickelte sich allerdings anders, als es auf Seiten des Volksbundes noch während der Gründung des Vereins erwartet worden war. Ein geregelter Austausch mit der Behörde kam zunächst nicht zustande, auch die Zusammenarbeit mit ausländischen

139 Für ein lokales Beispiel siehe *Grobe*, Nordfriedhof, S. 21. Auf dem Erfurter Nordfriedhof wurden Kriegsgefangene verschiedener Nationen beerdigt. Die französischen Toten wurden hier 1926 nach Frankreich überführt. Vgl. auch *Brandt*, Kriegsschauplatz S. 138. Brandt sieht die Überführung der etwa 20.000 in Deutschland bestatteten französischen Kriegstoten direkt durch die Weigerung Deutschlands motiviert, sich an den anfallenden Kriegsgräberfürsorgekosten in Frankreich zu beteiligen.

140 Vgl. *Sledge*, Soldier Dead, S. 146.

Behörden entpuppte sich einstweilen als schwierig. Die Versuche des Volksbundes auf privatem Weg ebenfalls an der Pflege der deutschen Kriegsgräber mitzuwirken, wurde vor allem von den französischen Behörden missbilligt. Die anfängliche Hoffnung, die deutschen Gräber an Ort und Stelle durch die Vermittlung privater Hilfestellung in Ergänzung der staatlichen Maßnahmen erhalten zu könne, wich bald einem Lamentieren über die Verwahrlosung der deutschen Friedhöfe.[141] Das Reichsministerium des Innern hatte zwar in einer öffentlichen Bekanntmachung den Volksbund Deutsche Kriegsgräberfürsorge als »einzige von den beteiligten Reichs- und Staatsbehörden für das Gebiet der Kriegsgräberfürsorge anerkannte Organisationen«[142] privilegiert, gleichzeitig aber den Primat der staatlichen Stellen in Kriegsgräberfragen betont. Die Entscheidungen über Form und Umfang des Erhalts der Kriegsgräber blieben damit den zwischenstaatlichen Absprachen vorbehalten, die von den verantwortlichen Behörden getroffen wurden.

Es ist jedoch erkennbar, dass der Volksbund in Bereichen aktiv wurde, die nicht unmittelbar unter dem Vorbehalt behördlicher Eingriffe standen. Dies betraf zum Beispiel die Betreuung von Angehörigen bei persönlichen Anliegen. Der Volksbund bemühte sich um den Aufbau eines Netzes von Auslandskontakten, um Auskünfte über bekannte oder unbekannte Gräber zu gewinnen und Absprachen zur Pflege der Grabstätten treffen zu können. Die aufgebauten Auslandsverbindungen, auf die der Volksbund zurückgriff, waren regional unterschiedlich. In Frankreich und Belgien wurden systematisch Gemeinden in den früheren Kampfgebieten angeschrieben und um Auskunft über bekannte deutsche Gräber und Friedhöfe gebeten. Auch wenn größere Veränderungen am Grab von den französischen Behörden abgelehnt wurden, gelang es bereits ab 1920 über Kontaktpersonen vor Ort auf einigen französischen und belgischen Friedhöfen am Totensonntag, zu Weihnachten und an Pfingsten Blumen niederlegen zu lassen. Schwieriger war die Lage in Osteuropa. Die Gräber lagen hier über eine weitaus größere Fläche verstreut als an der früheren Westfront. Briefwechsel waren in der Regel langwierig. In Polen galten ebenfalls die Vereinbarungen des Versailler Vertrags. Das polnische Kriegsministerium hatte auch seine formale Zuständigkeit für die Kriegsgräber erklärt, konnte allerdings in den ersten Nachkriegsjahren noch keine detaillierten Auskünfte über einzelne Gräber an das ZAK übermitteln. Hier konnten die vom Volksbund aufgebauten Auslandskontakte weitere informelle Kommunikationskanäle eröffnen, die eine Betreuung deutscher Kriegsgräber in beschränktem Umfang dennoch ermöglichte. Ansprechpartner für den Volksbund in Polen und im Baltikum war zunächst die protestantische Kirche. Weitere Adressaten waren Auslandsdeutsche

141 Vgl. Jahresbericht 1921, in: Kriegsgräberfürsorge 2 (1922), Nr. 1, S. 2.

142 Bekanntgabe des Reichsministeriums des Innern, Berlin, den 9. Mai 1921. Nr. I M. 3669, in: Kriegsgräberfürsorge 1 (1921), Nr. 5, S. 35.

und Angehörige deutschsprachiger Minderheiten.[143] In Rumänien entstand die »Sächsischen Kriegsgräberfürsorge Siebenbürgen«, die enge Beziehungen zum Volksbund unterhielt und einen Teil der deutschen Gräber pflegte. In Österreich und Italien bestanden ebenfalls organisierte zivilgesellschaftliche Akteure, die als Ansprechpartner dienten. Das parallel mit der Gründung des Volksbundes in Österreich ins Leben gerufene Schwarze Kreuz (ÖSK) hatte einen vergleichbaren Entstehungshintergrund wie die deutsche Partnerorganisation.[144] In Italien unterstanden die Kriegsgräber staatlichen Behörden, daneben hatten sich jedoch auch zivilgesellschaftliche Initiativen formiert, die die Interessen von Kriegsopfern vertraten. Die Associazione Nazionale Madri e Vedove dei Caduti, die nationale Vereinigung der Mütter und Witwen der Gefallenen, hatte sich bereit erklärt, deutsche Gräber auf italienischen Friedhöfen durch ihre lokalen Komitees zu betreuen. Die 1917 von Damen des Mailänder Bürgertums gegründete Vereinigung verstand sich primär nicht als Kriegsgräberfürsorgeorganisation, sondern wollte Hilfestellung bei der Trauerbewältigung bieten. Der Kriegstod wurde dabei als patriotisches Opfer verstanden, dem überparteilich im Dienste für die Nation und Gott gedacht werden sollte. Die Vorsitzende der italienischen Kriegswitwenvereinigung war neben Angehörigen des ÖSK auch Gast auf dem Vertretertag des Volksbundes 1921, wo auch immer verschiedene deutsche Frauenverbände vertreten waren.[145] Die Betonung nationalkonservativer Werte und die Hervorhebung des Kriegstodes als Akt der Pflichterfüllung und nicht der Feindschaft eröffneten Anknüpfungspunkte, die die Gegnerschaft im Krieg überbrücken halfen. Diese Form der Beziehungspflege zu anderen privaten Initiativen entsprach auch dem in der Satzung des Volksbundes verankerten Prinzip der Gegenseitigkeit, das die utopische Idee einer internationalen Kriegsgräberfürsorgeorganisation ersetzt hatte. Wie auch privat Personen und Vereine in anderen Staaten für deutsche Gräber sorgten, ersuchte auch der Volksbund seine Mitglieder bekannte ausländische Gräber zu melden, Fotografien einzuschicken und gegebenenfalls Wünsche der Angehörigen zu erfüllen. Dies gelang jedoch nur dort, wo jenseits des staatlichen Zuständigkeitsbereichs zivile Vereinigungen bestanden, die sich an der Kriegsgräberfürsorge beteiligten. Die Motive, sich an der Pflege der Kriegsgräber zu beteiligen, sowie die sozialen Funktionen, die diese Tätigkeit in den unterschiedlichen Nachkriegsgesellschaften entfaltete, waren dabei nicht immer Deckungsgleich. Für die deutschsprachige Minderheit in Siebenbürgen etwa hatte die Pflege der deutschen Kriegsgräber auch eine identitätsstiftende Funktion in Abgrenzung zum staatlichen rumänischen

143 Zum Gefallenengedenken deutschsprachiger Minderheiten im Baltikum und den Gebieten der ehemaligen K. und K. Monarchie nach dem Ersten Weltkrieg vgl. *Böttcher*, Volk.

144 Zur Geschichte des ÖSK vgl. *Reichl*, Kriegsgräberwesen. Zur Zusammenarbeit mit dem VDK u. a. S. 293.

145 Der deutsche evangelische Frauenbund, der katholische Frauenbund und der jüdische Frauenbund waren zu dieser Zeit auch im Bundesvorstand des Volksbundes vertreten.

Totenkult.[146] Für die italienische Witwenvereinigung wird dagegen konstatiert, dass sie in ihrem Einsatz für die Interessen der Hinterbliebenen einerseits ein neues Aktionsfeld für die politische Partizipation von Frauen schuf.[147] Die Pflege und das Schmücken der Gräber, das häufig zusammen mit Schülerinnen durchgeführt wurde, vermittelte andererseits ein ganzes Bündel von konservativen Wertvorstellungen, die sich nicht bloß auf das Konzept des nationalen Opfer- und Heldentodes beschränkten, sondern darüber hinaus auch soziale Ordnungsansprüche und Geschlechterrollen miteinbezog.

Private Kontakte und Beziehungen zu Partnerorganisationen eröffneten dem Volksbund zum Teil Möglichkeiten, die staatlichen Stellen versperrt waren. In Polen, wo zunächst die polnischen Behörden wenig Anstalten machten in größerem Umfang deutsche Gräber herzurichten, zugleich aber auch der Zugang für das ZAK durch den Versailler Vertrag beschränkt war, bot sich dem Volksbund quantitativ das größte Betätigungsfeld. Hier wurden auf mehreren Hundert Friedhöfen Instandsetzungsarbeiten in kleinerem Umfang durchgeführt, die von der Herrichtung einzelner Gräber bis hin zur Umfriedung des gesamten Friedhofsareals reichten. Die benötigten Gelder wurden über die deutschen diplomatischen Vertretungen im Ausland an Kontaktpersonen überwiesen, die die Arbeiten ausführen ließen. Im Vergleich mit den groß angelegten Umbettungen an der Westfront hatten diese Arbeiten konservatorischen Charakter, die die bestehenden Friedhöfe an Ort und Stelle erhielten. Wo die amtliche Kriegsgräberfürsorge eine private Mitwirkung an der Pflege der Friedhöfe ausschloss, konzentrierte sich der Volksbund auf die Bereitstellung von Informationen. Hierzu zählten einerseits Berichte über einzelne Friedhöfe selbst, wie auch generelle Auskünfte zu verschiedenen Aspekten des Kriegsgräberfürsorgewesens in verschiedenen Ländern. Die Vermittlung von Grabschmuck zu den Totengedenktagen im Herbst oder anderen Feiertagen wurde mit dem sich zuspitzenden Wertverfall der deutschen Währung zeitweise unmöglich. Die Liste mit den ausländischen Friedhöfen, auf denen Angehörige gegen eine Gebühr Blumen und Kränze niederlegen lassen konnten, hatte sich zunächst stetig erweitert und umfasste im September 1922 Friedhöfe in neun Ländern,[148] musste im folgenden Jahr wegen des Währungsverfalls aber ausgesetzt werden.

In seinen Gründungsjahren hielt der Volksbund weiterhin an der Vorstellung fest, die Gräber der deutschen Soldaten an Ort und Stelle zu erhalten und zu Pflegen. Bei einer Gedenkfeier am 4. März 1923 für die Kriegstoten in Gelsenkir-

146 Vgl. *Bucur*, Heroes, S. 61; *Böttcher*, Volk, S. 392. Böttcher betont stärker, dass das deutsche Gefallenengedenken in Rumänien weniger durch eine direkte Konfrontation mit dem staatlichen Totenkult gekennzeichnet war. Durch eine enge konfessionelle Bindung und ein lokales Verständnis von Heimat war es vom nationalen Totenkult entkoppelt. Es half, die eigene Identität unter den neuen politischen Herrschaftsverhältnisse zu verorten und zu wahren.

147 *Lagorio*, Widows, S. 186ff.

148 Vgl. Kriegsgräberfürsorge 2 (1922), Nr. 9, S. 98f.

chen, die ganz im Schatten der Ruhrbesetzung stand, wurden noch ganz selbstverständlich Bilder von Friedhöfen gezeigt, die während des Krieges angelegt worden waren und nun langsam verfielen. »Das Geschaffene zu erhalten und das unfertig Gebliebene zu vollenden«,[149] wie es der Generalsekretär und ehemalige Gräberoffizier Eulen als Schlussfolgerung des Vortrages formulierte, war zu diesem Zeitpunkt noch selbstverständliches Ziel für die Arbeit des Volksbundes. Die bei der Versammlung im Ruhrgebiet gemeinsam auftretenden Vertreter aus Stadtverwaltung und Gewerkschaften erschienen Eulen zugleich als Vorbild für die vereinende Wirkung, die die Ehrung der Kriegstoten entfalten sollte. In der aufgeheizten Stimmung der Tage der Ruhrbesetzung wurde zugleich jedes Anzeichen einer versäumten Grabpflege als Indiz einer Angestrebten »Revision« des Versailler Vertrags ausgelegt, mit der sich insbesondere Frankreich seiner Verantwortung für die deutschen Kriegsgräber auf seinem Boden entledigen wollte.[150] Man übersah dabei gerne, dass die Franzosen bei der groß angelegten Umbettung der hunderttausenden von Toten keinen Unterschied zwischen ihren eigenen und den deutschen Gefallenen machten. Das wüste Erscheinungsbild der aufgelösten Friedhöfe und die kargen, noch nicht bepflanzten Gräber, waren ein provisorischer Zustand, der auch französische Gräber selbst betraf. Der größte Kontrast trat im Vergleich mit den britischen und amerikanischen Friedhöfen hervor, die im Ausbau bereits weiter vorangeschritten waren.

Proteste über angeblich verwahrloste Gräber konnten auch das ZAK treffen, dem als verantwortliche deutsche Behörde unterstellt wurde, die Aufsicht über die Vorgänge in Frankreich oder Belgien zu vernachlässigen. Empörende Berichte über verwahrloste deutsche Gräber hatten auch den Effekt, dass sie eine Flut von Beschwerden nach sich zogen. Die Behörde sah die Vorwürfe nicht nur als sachlich unberechtigt, sondern fühlte sich durch schriftliche Beschwerden auch unnötig in seiner Arbeit behindert. Als es im Zuge der sich zuspitzenden Inflationskrise, die auch den Volksbund schwer traf, zu personellen Wechseln in der Vereinsführung kam, wurden diese dazu genutzt, auch das angespannte Verhältnis zwischen Volksbund und ZAK auf eine neue Grundlage zu stellen.

Der unter dem Vorsitz von Pfarrer Siems teilweise neugewählte Vorstand des Volksbundes bemühte sich zu den regelmäßig einberufenen Sitzungen auch Vertreter aus den zuständigen Ministerien und Behörden hinzuzuziehen. Der Austausch zwischen Volksbund und staatlichen Vertretern führte zu einem besseren Verständnis für die in Frankreich noch immer nicht abgeschlossenen Umbettungen, die von den französischen Behörden vorgenommen wurden.

149 Gelsenkirchens machtvolle Kundgebung für unsere Kriegsgräber, in: Kriegsgräberfürsorge 4 (1924), Nr. 4, S. 19.

150 In der Kriegsgräberfürsorge erschienen im Juli 1923 Auszüge aus Kurt Jagows Buch »Unter dem Joch von Versailles«, in dem u. a. Frankreich und Belgien vorgeworfen wurde, deutsche Gräber nicht zu erhalten und zugleich deutschen Organisationen den Zugang zu den Friedhöfen zu verwehren.

Der skandalisierende Ton, der die Auflösung kleinerer Friedhöfe durch die französischen Behörden und die Umbettungen der Toten teilweise begleitete, wich einer sachlichen Beschreibung der durchgeführten Maßnahmen. Das noch triste Erscheinungsbild der neu geschaffenen Friedhöfe, von denen die größten mehr als 30.000 Tote bargen, wurde nun vor dem Hintergrund der noch nicht abgeschlossenen Arbeiten begründet.[151] Der Direktor des ZAK Jahn betonte auf dem Vertretertag des Volksbundes 1924 noch einmal deutlich, dass in Frankreich keine Unterschiede bei der Behandlung der Kriegsgräber gemacht würden. Darüber an seine Behörde herangetragene Beschwerden würden allerdings deren Arbeitsfähigkeit beeinträchtigen, da auch sie während der Inflation unter Personalkürzungen gelitten hätte und die knappen Ressourcen nicht auf die Beantwortung von Beschwerdeschreiben verwenden wollte.[152] Der Volksbund, der selbst jährlich mehrere Tausend Anfragen zu Gräbern beantwortete, konnte durch eine entsprechende Informationspolitik den öffentlichen Druck auf die amtlichen Stellen verringern.

In den nun regelmäßig veröffentlichten Reiseberichten, die auch in der Tagespresse erschienen, wurde ein Bild von französischen und belgischen Friedhöfen gezeichnet, das einen schlichten, aber gepflegten Eindruck vermittelte. Die zum Teil von den Besuchern immer noch als schockierend empfundene fehlende Bepflanzung der Gräber erschien vielen vor allem dadurch erträglicher, dass die französischen Grabstätten dasselbe Bild boten. Der einzige sichtbare Unterschied stellte die Farbe der Grabkreuze dar, die auf gemischten Friedhöfen die französischen Gräberfelder als weiße Fläche vom Schwarz der deutschen Kreuze abhob. Die bewusste Trennung der Toten nach Nationalität auf getrennten Friedhöfen oder Friedhofsteilen, die auch in der Gestaltung der Gräber kenntlich gemacht wurde, fand nach dem Ersten Weltkrieg systematische Anwendung. Diese Entwicklung hatte sich bereits nach dem deutsch-französischen Krieg abgezeichnet. Annette Becker hat die Regimentsdenkmäler für die Gefallenen von 1870/71 als Teil einer unsichtbaren Demarkationslinie interpretiert, da mit der Unterscheidung von Freund und Feind über den Tod hinaus die Monumente für die Gefallenen selbst zu nationalen Symbolen wurden.[153] Der Schwarz-Weiß-Kontrast der deutschen und französischen Kreuze wurde von deutschen Besuchern jedoch nicht als böswilliger Akt wahrgenommen, sondern diente der Unterscheidbarkeit zwischen den Nationalitäten, was den Zeitgenossen bereits als selbstverständlich erschien.[154]

151 Vgl. Kriegsgräberfürsorge in Frankreich, in: Kriegsgräberfürsorge 5 (1925), Nr. 4/5, S. 26–27.

152 Vgl. Niederschrift über die 4. Sitzung des Verwaltungsrates des Volksbundes Deutsche Kriegsgräberfürsorge e. V., in: Kriegsgräberfürsorge 4 (1924), Nr. 3, S. 24.

153 Vgl. *Becker*, War Memorials, S. 659 f.

154 Vgl. *Koselleck*, Ikonologie, S. 55.

Um die immer wieder geäußerten Bedenken des Volksbundes über den Umgang mit deutschen Gräbern in Frankreich zu prüfen, war auf einer gemeinsamen Besprechung mit ZAK und Auswärtigem Amt im Dezember 1924 vereinbart worden, dass der neue Direktor des ZAK Horning sich in Frankreich einen Überblick über das Erscheinungsbild der Friedhöfe verschaffen und mit den zuständigen französischen Vertretern über den weiteren Ablauf verständigen sollte. Horning bestätigte nach seiner Rückkehr erneut den aus Sicht des ZAK ordnungsgemäßen Ablauf der Umbettungen in Frankreich. Die vom Volksbund wiederholt beanstandeten Mängel, wie beispielsweise die Verwendung nicht witterungsbeständiger Holzkreuze, sollten schrittweise gegen hochwertige Grabzeichen ausgetauscht werden. Die Begrünung der Gräber sollte dann erfolgen, wenn sich die Erde auf den noch jungen Gräbern gesenkt hätte.[155] Der Abschluss der Umbettungen rückte zeitlich nun in greifbare Nähe. Frankreich hatte die über etwa 2.900 Orte verteilt liegenden Toten auf 165 deutsche, 147 französische und 76 gemischte Friedhöfe überführt. Für den Volksbund bestätigte sich damit zunächst der unabwendbare Verlust der ursprünglich von den deutschen Truppen angelegten Friedhöfe. Zugleich bargen die neu angelegten Gräberflächen das Potential für eine erneute Umgestaltung nach »deutschem Empfinden«.[156] War der Kampf für den Erhalt der zurückgelassenen Gräber ein letzter Akt gewesen, ein Stück der Würde und Ehre der Toten entgegen der Niederlage zu wahren, bedeutete dagegen die Gestaltung ganzer Friedhofsanlage, dass hiermit auch die Erinnerung an die Toten geformt werden konnte. »[... A]us den schmucklosen eintönigen Gräberfeldern [sollten] wieder Gedenkstätten werden, die für alle Zeiten von deutscher Art und deutscher Heldenehrung [zeugten].«[157] Durch den wechselseitigen Austausch mit den amtlichen Stellen setzte sich beim Volksbund mit Verzögerung die Einsicht durch, dass die Maßnahmen an der Westfront, die Konzentrierung vieler Gräber auf einigen zentralen Friedhöfen, für deren langfristigen Erhalt Vorteile bot. Einmal losgelöst von der Prämisse, das Erbe der Gräberoffiziere zu verwalten, ergaben sich damit ganz neue Möglichkeiten, Friedhöfe von Grund auf neu zu gestalten.

Neben den Bemühungen um den Zustand der deutschen Grabstätten im Ausland darf nicht vergessen werden, dass auch in Deutschland seit 1921 wieder die Möglichkeit bestand, Kriegstote überführen zu lassen. Die noch während des Krieges erlassenen Verbote waren von der Reichsregierung aufgehoben worden. Der Volksbund informierte pflichtbewusst im Sinne einer allumfassenden Beratung in Kriegsgräberfragen über die notwendigen Voraussetzungen, unterstrich

155 Vgl. Kriegsgräberfürsorge in Frankreich, in: Kriegsgräberfürsorge 6 (1926), Nr. 2, S. 26–27.

156 Kriegsgräberfürsorge in Frankreich, in: Kriegsgräberfürsorge 5 (1925), Nr. 4/5, S. 26–27.

157 Ebd., S. 27.

jedoch auch, dass er die Überführung von Gefallenen nicht befürworten würde. Ausschlaggebende Argumente waren für den Volksbund dabei der von ihm vertretene Helden- und Opferkult und Vorstellungen militärischer Kameradschaft. So verwies er darauf, dass die Gefallenen sich durch ihr Opfer einen Anspruch auf einen Platz in der fremden Erde erworben hätten, die durch ihr Blut zu einem Stück Heimat geworden sei. Einzelne Tote sollten nicht aus dem Kreis der getöteten Kameraden herausgerissen werden, mit denen sie sich gemeinsam für Deutschland geopfert hätten.[158] Die öffentlichen Diskussionen, die dieses Thema in Frankreich, England und den USA aufwarf, blieben in Deutschland dagegen aus. Die erlassenen Regelungen reflektieren daher auch keine vergleichbaren Debatten um eine Gleichbehandlung der Toten und darauf gefundene Antworten. Sowohl die gesetzlichen Regelungen als auch die scheinbare Hilfestellung des Volksbundes ermunterten nicht unbedingt dazu, überhaupt eine Überführung ernsthaft in Erwägung zu ziehen. Die Aufhebung des Verbotes stellte es zwar den Angehörigen frei, über die Lage des Grabes zu entscheiden, die Kosten für die Überführung und die organisatorischen Vorkehrungen mussten sie jedoch selbst übernehmen. Die Überführung eines Leichnams wurde somit zu einem bürokratisch aufwendigen und kostspieligen Unternehmen, was der Volksbund anschaulich in veröffentlichten Erfahrungsberichten darstellte.[159] Dem gegenüber standen prominente Einzelfälle, wie die Überführung Manfred von Richthofens, die zu einem öffentlichen Großereignis und nationalem Bekenntnis stilisiert wurde, die jedoch nicht zum Anlass dienten, eine generelle Rückholung aller Gefallener zu fordern.[160] Führt man sich noch einmal vor Augen, dass bereits während des Krieges die Diskussionen um die Gestaltung von Kriegsgräbern eigentlich immer unter der Annahme geführt wurden, die Kriegsgräber würden selbstverständlich in der Fremde verbleiben, entsprachen die in der Weimarer Republik erlassenen Regelungen vermutlich einer weitverbreiteten Erwartungshaltung.

3.2 Grabpflege und Friedhofsbau

Der kontinuierliche Austausch an der früheren Westfront zwischen den beteiligten amtlichen Stellen und die verbindlichen Absprachen auf Grundlage völkerrechtlicher Vereinbarungen führten zu einer schrittweisen Versachlichung der Kriegsgräberfrage. Die zu Beginn der Zwanzigerjahre noch häufig artikulierte Empörung von Seiten des Volksbundes, die auch der Unkenntnis über die

158 Vgl. Kriegsgräberfürsorge 1 (1921), Nr. 12, S. 90.

159 Vgl. Kriegsgräberfürsorge 5 (1925), Nr. 1 und Nr. 8.

160 Vgl. *Schilling*, Reichswehr, S. 27 ff; *v. Beguelin*, Manfred von Richthofens Heimführung, in: Kriegsgräberfürsorge 6 (1926), Nr. 1, S. 4–7.

längerfristige Planung geschuldet war, wich mit zunehmender Einbindung und Wissen über die Strukturen und Vorgehen auf französischer und belgischer Seite einem aufklärenden Tonfall. Für die amtlichen Stellen auf beiden Seite der Grenze wurde der Volksbund somit ein nützlicher Ansprechpartner, weil über ihn ein Teil der die Kriegsgräber betreffenden Anfragen von Angehörigen abgewickelt, Informationen gezielt vermittelt und Konflikte moderiert werden konnten. Angesichts des sich abzeichnenden Abschlusses der Umbettungsarbeiten in Frankreich ergriff der Volksbund im Sommer 1926 die Gelegenheit, um direkt Gespräche im zuständigen französischen Pensionsministerium über die weitere Ausgestaltung der deutschen Friedhöfe in Frankreich zu führen und Bedingungen für eine Zusammenarbeit zu besprechen.[161] Mit einem Vertreter des Auswärtigen Amtes traf Eulen und der für den Volksbund tätige Architekt Robert Tischler mit dem Leiter der Kriegsgräberfürsorgeabteilung im französischen Pensionsministerium General Vincensini zusammen. Das Ergebnis der Gespräche war eine allgemeine Verabredung zum Umgang mit direkten Anfragen zu Kriegsgräbern von privater Seite bei französischen Stellen. Außerdem wurde dem Volksbund in einem eng umrissenen Rahmen die Beteiligung an der weiteren Gestaltung der Friedhöfe zugesichert.[162]

Der Volksbund sollte seine bis dahin gepflegtes Vorgehen aufgeben, sich bei Wünschen zum Schmücken der Gräber direkt an die Friedhofsgärtner zu wenden. Auch sollte er seine Ortsgruppen und Mitglieder dazu anhalten, keine eigenmächtigen Versuche zu unternehmen auf die Gestaltung einzelner Gräber einzuwirken, weil dies französischen Vorschriften entgegen stand. Schriftliche Anfragen aus Deutschland, die an das Pensionsministerium gerichtet waren, sollten wiederum an den Volksbund weitergeleitet werden. Für die noch anstehende Bepflanzung der Friedhöfe behielt sich die französische Seite das letzte Wort vor. Dem Volksbund wurde nun aber zugestanden, Gestaltungsentwürfe vorzulegen, die nach der Prüfung von ZAK und Auswärtigem Amt auf offiziellem Weg an das Ministère des Pensions weitergeleitet werden sollten.[163]

Das in den Absprachen mit den französischen Behörden hervortretende Konfliktfeld, das sich aus dem Wunsch nach persönlicher Beteiligung an der Grabpflege von Familienangehörigen und der amtlichen Verpflichtung zur Aufrechterhaltung einer ordnungsgemäßen Kriegsgräberfürsorge ergibt, ist keineswegs auf die besondere Situation deutscher Kriegsgräber in Frankreich be-

161 Die Zuständigkeit für Kriegsgräber in Frankreich war am 31. März 1925 an den Service des Sépultures Militaires übergegangen, der dem Ministère des Pensions unterstand. Vgl. Historique du Service des Sépultures Militaires, in: Recueil Officiel des Sepultures Militaires.

162 Vgl. *S. Emmo Eulen*, Ausgestaltung unser Kriegerfriedhöfe in Frankreich, in: Kriegsgräberfürsorge 6 (1926), Nr. 8, S. 110–111.

163 Vgl. ebd.

grenzt,[164] sondern war in allen Gesellschaften ein zentraler Punkt in den Debatten über den Umgang mit den Gefallenen nach dem Ersten Weltkrieg. Wie bereits dargestellt wurde, fand man hierbei in verschiedenen Ländern unterschiedliche Lösungen, die Kriegsgräber als Gegenstand der öffentlichen Fürsorge dem privaten Zugriff bei der Pflege und Gestaltung mehr oder weniger entziehen oder es auch vollständig in der Obhut der Familie belassen konnten. Der Volksbund hatte bisher als Vertreter der Interessen der Angehörigen agiert und versucht, über seine Auslandskontakte eine private Mitwirkung bei der Grabpflege parallel zu den behördlichen Maßnahmen zu erwirken. Hierbei gerieten individuelle Interessen der Angehörigen immer wieder in Konflikt mit den sich über Jahre erstreckenden Umbettungsmaßnamen der staatlichen Gräberdienste, etwa dann, wenn zum Beispiel privat angeschaffte Grabkreuze nach der Verlegung eines Grabes auf einen neuen Friedhof verloren gingen oder eigenmächtig bepflanzte Grabbeete zerstört wurden. Mit der Einbindung des Volksbundes in die Gestaltung ganzer Friedhofsanlagen veränderte sich jedoch die Haltung des Vereins gegenüber eigenmächtigen Eingriffen in der Grabpflege durch Angehörige. Die Gestaltungskonzepte für die Friedhöfe sahen ein einheitliches Gesamtbild vor, individuelle Eingriffe und die Umgestaltung einzelner Gräber erschienen somit als Störfaktor.

Der weiteren gärtnerischen Ausgestaltung der Friedhöfe in Frankreich waren zunächst enge Grenzen gesetzt. Insbesondere die Anordnung der Gräber durfte nicht verändert werden. Damit waren bereits der Umriss des Friedhofsgeländes und die Anordnung der Grabflächen festgelegt. Die sogenannten gemischten Friedhöfe, auf denen es deutsche und französische Gräberfelder gab, sollten auf Wunsch der französischen Behörden vorerst ausgenommen bleiben, um das einheitliche Erscheinungsbild der Friedhöfe nicht zu gefährden und dem französischen Teil keine deutsche Prägung zu geben.

Frankreich vollzog damit eine entscheidende Kurskorrektur von der im Versailler Vertrag verankerten Position, die eine Beteiligung an der Kriegsgräberfürsorge auf staatliche Organisationen der Siegermächte beschränkt hatte. Mit dem Abschluss der Umbettungen der Kriegstoten waren die Kernforderungen des Friedensvertrages erfüllt, der Zustand der neuen Friedhöfe befriedigte jedoch beiderseits der Grenzen noch nicht die Gemüter. Die Einbindung der Deutschen brachte nun einen ganz wesentlichen Vorteil: Frankreich musste die mit dem weiteren Ausbau der Anlagen verbundenen Kosten nicht allein tragen. Dass diese nicht unerheblich sein würden, zeigte sich bereits beim ursprünglich zu-

164 Erinnert sei hier nur daran, dass auch in Frankreich selbst bei der Frage nach einem angemessenen Umgang mit den Kriegsgräbern nie zu einer einheitlichen Antwort kam und unterschiedliche Modelle parallel Anwendung fanden. Der Zustand der Friedhöfe an der ehemaligen Front in den Jahren der fortlaufenden Bergungs- und Umbettungsmaßnahmen wurde nicht nur von deutscher Seite kritisiert, sondern auch in Frankreich kritisch kommentiert. Vgl. *Sherman*, Bodies and Names, S. 453 ff.

gesicherten Austausch der behelfsmäßigen Grabkreuze. Dauerhafte Grabzeichen aus einem harten Holz oder Stein stellten bei der Zahl von 451.000 deutschen Einzelgräbern einen spürbaren Kostenfaktor dar. Das Pensionsministerium war daher dazu übergegangen, den Austausch auf Wunsch der Angehörigen zu veranlassen, die Kosten jedoch in Rechnung zu stellen. Andernfalls verblieben auf den Gräbern die einfachen Lattenkreuze, die von den Friedhofswärtern bei Bedarf erneuert wurden.[165] Die Einbindung des Volksbundes bei der weiteren Gestaltung der Friedhöfe bot für das zuständige französische Pensionsministerium dennoch Vorteile. Der Verein fungierte als zentraler Ansprechpartner und er strebte an, für eine vollständige Gestaltung des Friedhofsgeländes Sorge zu tragen. Dabei änderte sich zunächst nichts an den formellen Zuständigkeiten, denn der Volksbund musste seine Pläne über den etablierten Dienstweg einreichen, so dass die französischen Behörden zu jeder Zeit ihr Veto einlegen konnten. Zugleich entledigte sich das Pensionsministerium des Schriftverkehrs mit deutschen Privatpersonen, den es an den Volksbund abtrat. Der Volksbund wiederum festigte seine zentrale Stellung in der Kriegsgräberfürsorge. Mit der selbstständigen Gestaltung ganzer Friedhöfe konnte er nun im vollen Umfang eines seiner wichtigsten Anliegen verwirklichen.

Im selben Jahr entschloss sich auch die belgische Regierung von ihrer ursprünglichen Kriegsgräberpolitik abzuweichen. Auch hier waren finanzielle Gründe ausschlaggebend. Die Umbettung der Toten und der Ausbau der Friedhöfe waren hier noch nicht so weit fortgeschritten wie in Frankreich. In Belgien war frühzeitig Unmut über die Verpflichtungen des Versailler Vertrages aufgekommen. Prekär war vor allem die Tatsache, dass die ehemaligen Verbündeten die Kosten für Umbettungen, Überführungen oder die Pflege der Friedhöfe selber trugen, die Gräber des früheren Kriegsgegners jedoch durch die belgische Staatskasse gedeckt werden sollte. Belgien weigerte sich schließlich, die finanziellen Lasten der Kriegsgräberfürsorge für die deutschen Gräber zu übernehmen. Nach neuen Verhandlungen wurde am 6. März 1926 eine Vereinbarung getroffen, die die Verantwortung für den Ausbau und den Erhalt der deutschen Friedhöfe Deutschland übertrug. Die Umbettungen sollten weiterhin unter belgischer Aufsicht durchgeführt werden. Für die Betreuung der Friedhofsanlagen wurde der Amtliche Deutsche Gräberdienst eingesetzt, der der deutschen Gesandtschaft in Belgien unterstand.[166] Der Aufbau eigener Strukturen zur Friedhofspflege war in Frankreich nicht notwendig gewesen, weil der deutsche Beitrag sich dort nur auf die Mitsprache bei der Erarbeitung der Gestaltungsentwürfe beschränkte. Die Planung für die deutschen Friedhöfe in Belgien lag dagegen Federführend beim Auswärtigen Amt. Ergänzend wurde auch hier der Volksbund Deutsche

165 Vgl. Niederschrift über den achten (ordentlichen) Vertretertag des Volksbundes Deutsche Kriegsgräberfürsorge e. V., in: Kriegsgräberfürsorge 6 (1926), Nr. 7, S. 96.

166 Vgl. *Freytag*, Soldatenfriedhöfe, S. 19.

Kriegsgräberfürsorge miteingebunden. Die Mitwirkung des Volksbundes fand indirekt einmal über einen gemeinsamen künstlerischen Ausschuss statt, an dem sich neben dem Auswärtigen Amt auch das ZAK beteiligte. Der Volksbund übernahm außerdem selbst den vollständigen Ausbau zweier Friedhöfe, des Friedhofs de Ruyter und der prestigeträchtigen Anlage Langemark.

Während der Ausbau der Friedhofsanlagen durch den Amtlichen Deutschen Gräberdienst aus staatlichen Mitteln finanziert wurde, versuchte der Volksbund in der Zwischenkriegszeit die Finanzierung des Baus seiner Kriegsgräberstätten auch als Instrument zu nutzen, öffentlichkeitswirksam eine Möglichkeit zur gesellschaftlichen Beteiligung am Erhalt der Kriegsgräber herzustellen. Neben Geldern aus der Vereinskasse erfolgte die Finanzierung unter Beteiligung von sogenannten Paten. Patenschaften wurden vor allem anderen Vereinigungen oder Kommunen angetragen, die eine Verbindung zu den auf dem jeweiligen Friedhof bestatteten Gefallenen hatten, sie wurden aber auch von regionalen Gliederungen des Volksbundes selbst übernommen. Die Patenschaft sollte die Herrichtung des Friedhofes sichern und eine dauerhaften Verantwortung des Paten für die Gräber begründen, womit auch die gesamtgesellschaftliche Verantwortung für die deutschen Kriegsgräber zum Ausdruck kommen sollte.[167]

Bei den Gestaltungsmöglichkeiten waren die Grenzen eigentlich eng gesetzt. Neben den bestehenden amtlichen Auflagen musste der Volksbund auch den finanziellen Rahmen berücksichtigen, den ihm seine Mitgliedsbeiträge und Spendenerträge setzten. Die ersten Entwürfe, die der Architekt des Volksbundes Robert Tischler den französischen Behörden vorlegte, griffen das bekannte Motiv des Hains erneut auf. Die Vorgaben der französischen Behörden beschränkten die Gestaltung des Friedhofareals meist auf die Errichtung einer dauerhaften Umfriedung durch eine Mauer oder das Anpflanzen von Baumreihen, die den Friedhof umgaben und im inneren Strukturierten.[168] Für die Gräber selbst waren in der Regel immergrüne Bodendecker vorgesehen, die vor Erosion schützen und das kahle Erscheinungsbild beseitigen sollten. Blumenbeete dagegen zogen einen hohen gärtnerischen Aufwand nach sich. Die Erfahrung zeigte außerdem, dass das opulente Farbenspiel der Blütezeit bereits nach wenigen Wochen wieder der welken Tristesse der verblühten Pflanzen wich. Das Vorhaben, die oft kritisierten Holzkreuze gegen beständige Grabzeichen auszutauschen, ließ auch der Volksbund angesichts der immensen Kosten zunächst fallen und beließ es vorerst bei der von den französischen Behörden erdachten Lösung, die Angehörigen in die Pflicht zu nehmen. In Belgien zeigten sich, dass der vom Volksbund anfänglich als unzureichend bemängelte staatlich finanzierte Friedhofsbau durchaus auch Vorzüge haben konnte. Auf dem vom Volksbund gestalteten Friedhof de Ruyter griff man ebenfalls dankend auf die vom Amtlichen Deutschen Gräberdienst

167 Vgl. Jahrbuch 1925/26, S. 81 ff.
168 Für Beispiele für Gestaltungsentwürfe siehe z. B. Kriegsgräberfürsorge 7 (1927), Nr. 5.

verwendeten sogenannten »Stummelkreuze« aus Eiche zurück, um die behelfsmäßigen Kreuze der belgischen Behörden zu ersetzen.

Auf dem Vertretertag 1928 konnte Eulen stolz verkünden, dass inzwischen auf 42 deutschen Friedhöfen in Frankreich mit Arbeiten zur weiteren Gestaltung begonnen worden sei. Diese Friedhöfe beherbergten etwa vierzig Prozent der deutschen Kriegstoten in Frankreich.[169] Die Zusammenarbeit mit den französischen Behörden scheint nach den anfänglichen Vorbehalten einen routinierten Verlauf genommen zu haben, da im folgenden Jahr auch Pläne für eine gemeinsame Gestaltung der gemischten Friedhöfe vorgelegt wurden, die Frankreich ursprünglich von einem Ausbau durch deutsche Stellen ausgeschlossen hatte. Die Entwürfe trugen dem Wunsch nach einem geschlossenen Gesamtbild des Friedhofes Rechnung, erlaubten dabei aber die eigenständige Gestaltung der nationalen Ehrenteile. Der anfänglich zügig voranschreitende Ausbau der Friedhöfe brachte jedoch bald erste Rückschläge. Nachdem erneut bei den französischen Behörden Beschwerden über den Zustand der deutschen Gräber eingegangen waren, setzte das Pensionsministerium die Genehmigung weiterer Pläne zeitweise aus. Die in der Kriegsgräberfürsorge abgedruckten Entwürfe hatten bei Angehörigen falsche Erwartungen geweckt. Diejenigen, die die weite Anreise auf sich nahmen, um die Grabstätten zu besuchen, zeigten sich angesichts des Zustandes der frisch angelegten Friedhöfe enttäuscht. Die gepflanzten Bäume würden Jahre brauchen, um den gewünschten hainartigen Eindruck zu erwecken. Bei der Begrünung der Anlagen traten weitere Probleme zum Vorschein, die bei der Planung noch nicht vorhergesehen worden waren. Ein Teil der Pflanzen wuchs nicht an oder ging durch falsche Pflege der Friedhofswärter wieder ein, was ebenfalls zum unfertigen Eindruck beitrug. Die ersten Erfahrungen lehrten, dass die Gestaltung der Anlage außerdem den künftigen Aufwand für den notwendigen Unterhalt und Pflege bestimmte. Der Verwaltungsrat des VDK kam in einer anlässlich der schlechten Nachrichten aus Frankreich anberaumten Sitzung zu dem Ergebnis, dass nur ebenerdig angelegte Gräber mit einer flächendeckenden Bepflanzung dauerhaft zu erhalten seien.[170] Dieser Standpunkt war nicht unumstritten, Kritikern erschien es als Abkehr vom Prinzip des Einzelgrabes, wenn dieses in seinen Umrissen nicht mehr erkennbar und nur noch durch den Grabstein markiert würde. Einzeln eingefasste Gräber hatten jedoch gezeigt, dass sie sehr anfällig für Witterungseinflüsse waren und regelmäßig erneuert werden mussten. Als Vorbild wurde der Vergleich mit den amerikanischen Friedhöfen gezogen, die ebenfalls alle Gräber mit einer ge-

169 Niederschrift über den zehnten (ordentlichen) Vertretertag des Volksbundes Deutsche Kriegsgräberfürsorge e. V., in: Kriegsgräberfürsorge 8 (1928), Nr. 9, S. 138–142.

170 Niederschrift über die Verwaltungsratssitzung des Volksbundes Deutsche Kriegsgräberfürsorge, e. V., Montag, den 13. Oktober 1930, in: Kriegsgräberfürsorge 10 (1930), Nr. 12, S. 183–188.

schlossenen Grasdecke schützten und die Lage der einzelnen Toten durch weiße Marmorkreuze kenntlich machten. Die Friedhöfe der Amerikaner und Briten wurden sonst mit einer Mischung aus Neid und Ablehnung betrachtet, die man als »mit unerhörtem Luxus« ausgestatte »Paradefriedhöfe« abtat.[171] Um den dauerhaften Erhalt der Gräber zu sichern, hatten Briten und Amerikaner jedoch frühzeitig die richtigen Schlüsse gezogen, die nach den ersten Erfahrungen in Frankreich auch der Volksbund nachvollzog. Die Gestaltung des Kriegsgrabes musste vornehmlich unter dem Gesichtspunkt der Sicherung der dauerhaften Ruhe erfolgen.

Frankreich blieb das größte Tätigkeitsgebiet bei der Beteiligung an der Friedhofsgestaltung durch den Volksbund. In Belgien blieb die Mitwirkung durch die Zuständigkeit des Amtlichen Deutschen Gräberdienstes auf die zwei genannten Friedhöfe beschränkt. Im Osten blieb die Lage uneinheitlich. In den baltischen Ländern, die nicht zu den Unterzeichnern des Versailler Vertrags gehörten, hatte die deutsche Gesandtschaft die deutschen Gräber in den Jahren nach Kriegsende instand setzen lassen. In Litauen, wo sich etwa 25.000 Kriegsgräber befanden, kamen dabei Arbeitsgruppen zum Einsatz, die auch schon bei Arbeiten an Friedhöfen in Ostpreußen mitgewirkt hatten.[172] In Ostpreußen als einzigem Teil Deutschlands, in dem während des Krieges Kampfhandlungen stattgefunden hatten, hatte der Provinzialverband des Volksbundes zusammen mit den preußischen Behörden zahlreiche Friedhöfe errichtet. Bei den Arbeiten in Litauen, die 1927 abgeschlossen werden sollten, kam ebenfalls verstärkt der Aspekt der dauerhaften Anlage der Friedhöfe zur Sprache, nachdem sich gezeigt hatte, dass bereits 1922 bepflanzte Friedhöfe wenige Jahre später erneuert werden mussten. In den anderen östlichen Staaten kam es in den Zwanzigerjahren zu keiner geregelten Sicherung aller deutschen Kriegsgräber. Der Erhalt von bekannten Einzelgräbern oder kleineren Friedhöfen wurde durch die Vermittlung privater Pflege durch den Volksbund und durch die deutschen Auslandsvertretungen organisiert. Der Ausbau von ganzen Friedhofsanlagen durch den Volksbund wurde ab 1932 auch für die Friedhöfe in Jugoslawien (Semendria und Bitolj) und in Palästina (Nazareth) geplant. Bitolj (heute Bitola, Mazedonien) stellte dabei das erste von Robert Tischler entworfene und realisierte Baukonzept dar, das später unter der Bezeichnung »Totenburg« bei einer Reihe weiterer Kriegsgräberstätten bis zum Ende der Fünfzigerjahre Anwendung finden würde.

171 *E. Barth*, Eindrücke vom Besuch der Kriegsgräberstätten in Belgien und Frankreich, in: Kriegsgräberfürsorge 10 (1930), Nr. 7, S. 102.

172 Vgl. Kriegsgräberfürsorge 6 (1926), Nr. 9, S. 126.

3.3 Hinwendung zum Monumentalen. Baupolitik und Baupraxis des Volksbundes Deutsche Kriegsgräberfürsorge in den Dreißigerjahren

Die seit 1926 ausgehandelte und zum Ende der Zwanzigerjahre beginnende Beteiligung des Volksbundes an der Gestaltung der deutschen Kriegsgräberstätten in Frankreich erscheint zunächst als ein nur unwesentliches Detail, schließlich waren die Gestaltungsmöglichkeiten begrenzt und die angewandten landschaftsgärtnerischen Mittel nur von durchwachsenem Erfolg. Für die weitere Entwicklung der vom Volksbund angewandten Baukonzepte für Kriegsgräberstätten war die Abkehr von der Vorstellung, die im Krieg angelegten Gräber und Friedhöfe an Ort und Stelle erhalten zu wollen, aber ein ganz entscheidender Schritt. Denn einmal losgelöst von einem rein konservatorischen Anspruch, war der Weg frei für die eigenständige Planung ganzer Grabanlagen, die nicht mehr zwangsläufig gebunden waren an die Form klassischer Friedhöfe. Die Auseinandersetzung mit den von den Franzosen vorgenommenen Umbettungen, die zu Beginn der Zwanzigerjahre in Deutschland noch als zerstörerischer Akt empfunden worden waren, hatten schrittweise zur Einsicht geführt, dass im Interesse eines dauerhaften Erhalts der Kriegsgräber eine Konzentration der Toten auf wenige Orte sinnvoll ist. In der Bauabteilung des Volksbundes ging man jedoch einen Schritt weiter. Hier wurde die Suche nach einer geeigneten Form für die Anlage von Kriegsgräberstätten erneut aufgegriffen, die die erstrebte Dauerhaftigkeit der Gräber mit einer dezidierten Formensprache verband, die den kriegerischen Charakter hervorhob und von zivilen Friedhöfen abgrenzte. Als der Volksbund begann, seine Bautätigkeit in den Dreißigerjahren auch auf Länder auszuweiten, in denen bei der Gestaltung der Anlagen im Gegensatz zu Frankreich keine Grenzen gesetzt wurden, kam dies in einer Hinwendung zu monumentalen Bauformen zum Ausdruck, deren radikalste Form in den sogenannten »Totenburgen« verwirklicht wurden. Der Volksbund begann Anfang der Dreißigerjahre seine Bauprojekte außerdem gezielt für seine verbandspolitischen Interessen zu nutzen. Nach der »Gleichschaltung« des Vereins wurden die Bauprojekte des VDK rasch in den Dienst des Nationalsozialismus gestellt. Dabei ist erkennbar, dass die Bauleitung des Volksbundes bei der Gestaltung von Kriegsgräberstätten deutlich über die eigentlichen funktionalen Anforderungen an ein Kriegsgrab hinausschoss. Der Volksbund betrieb eine gezielte Baupolitik, die sowohl zum Ziel hatte, seine Mitgliederbasis durch spektakuläre Vorzeigeprojekte zu erweitern, als auch seine Stellung gegenüber dem Regime dadurch zu festigen, dass die Toten des Ersten Weltkriegs für ideologische Zwecke durch seine Bauten nutzbar gemacht wurden. Erste Ansätze hierzu zeigen sich bereits seit Ende der Zwanzigerjahre. Sie werden deutlich, wenn man eine Reihe von Bauprojekten untersucht, die der Volksbund dann in den folgenden Jahren realisierte. Sie werden im folgenden Abschnitt einmal im Hinblick auf ihre konkrete Gestaltung betrachtet als auch hinsichtlich der Einbindung von spezifischen Adressaten, die mit den Bauprojekten an den Volksbund gebunden werden sollten. Abschließend wird die Gestaltungspraxis des VDK mit den Verfahrensweisen der nach wie vor präsenten zuständigen staatlichen Stellen in der Kriegsgräberfürsorge verglichen.

Betrachtet man zunächst einmal die geographische Verteilung der in den Dreißigerjahren gebauten oder ausgestalteten Kriegsgräberstätten, so blieb das wichtigste Einsatzgebiet sowohl für den Volksbund als auch für den vorrangig in Belgien aktiven Amtlichen Deutschen Gräberdienst die ehemalige Westfront. Die meisten Friedhöfe entstanden hier, auch die Zahl der dort insgesamt bestatteten Kriegstoten war hier am höchsten. Hinzu kamen in den Dreißigerjahren aber weitere vom Volksbund errichtete Kriegsgräberstätten im Alpenraum, auf dem Balkan und in Palästina, die sich durch ihre besondere exponierte Lage im Gelände und ihre monumentale Gestaltung deutlich von den Friedhöfen in Flandern und Nordfrankreich unterschieden. In diesen Entwürfen wird am anschaulichsten deutlich, auf welche Weise der leitende Architekt des Volksbundes, Robert Tischler, versuchte, eine eigenständige Gestaltungsform für militärische Grabstätten zu entwickeln, die sich nicht länger am gewohnten Bild des Friedhofes orientieren sollte. Die teilweise an mittelalterliche Trutzburgen erinnernden Bauten schlossen die Gefallenen als Kampfgemeinschaft am Ort ihres Sterbens ein und bewahrten die Toten in ihrer Rolle als Krieger über das Leben hinaus. Die Idee, monumentale Grabmäler entlang des früheren Frontverlaufes zu errichten, ist dabei keine originäre Schöpfung Tischlers, sondern kursierte bereits in Form von Entwürfen seit dem Ersten Weltkrieg,[173] sie fand bei deutschen Kriegsgräbern nun jedoch erstmals praktische Anwendung. Hierbei ist zu erkennen, dass über die Gestaltung von Kriegsgräberstätten auch eine spezifische Form der Kriegserinnerung gestützt wurde, die den Kriegstod heroisch überhöhte. Der Kriegstod hatte unabhängig vom Kriegsausgang als heldenhaftes Opfer bestand und sollte kommenden Generationen als mahnendes Beispiel dienen. Folglich trat die Bedeutung der Einzelgräber als individuelle Grabstätten auf den Kriegsgräberstätten zurück. Gerade in Tischlers Totenburgen treten die Toten dem Besucher nur noch als monumental verewigtes Kollektiv gegenüber. Es greift allerdings zu kurz, wenn man in Tischlers Totenburgen nur eine architektonische Entartung der NS-Zeit sieht. In den Totenburgen verbanden sich schrittweise praktische Erfahrungen bei der Anlage von zunächst konventionell gestalteten Kriegsgräbern mit der Suche nach gestalterischen Ausdrucksformen für militärische Gräber, die sich mit einer nationalkonservativ-heroischen Tradierung der Kriegserfahrung verbanden. Dies fiel im Übergang zum NS-Regime auf fruchtbaren Boden und wurde ideologisch vollständig vereinnahmt. Die Idee

173 Das Ringmauergrab als Wahrzeichen auf den Schlachtfeldern des Stellungskrieges. Von Exz. Hoffmann, Generalleutnant z. D., in: Kriegerehrungen Nr. 10, 1918, S. 103–104.

der Totenburg beinhaltete aber auch funktionale Überlegungen, die sich in erster Linie nicht politisch-ideologisch herleiten lassen, sondern in der Sicherung der dauerhaften Ruhe begründet liegen. Erst in der detaillierten Betrachtung von Tischlers Bauten wird deutlich werden, wo genau der Architekt die Grenzen seines Bauauftrages überschritt und der ideologischen Sendung Vorrang vor dem Ruherecht der Toten einräumte.

Die ersten in Frankreich umgestalteten Friedhofsanlagen unterlagen noch den strengen Vorgaben der französischen Behörden. Die dort gesammelten ersten Erfahrungen hatten gezeigt, dass sich mit gärtnerischen Mitteln zwar das Gesamterscheinungsbild des Friedhofes aufwerten ließ, die Anlagen aber intensiver Pflege bedurften, um den gewünschten Eindruck fortwährend zu erhalten. In Belgien war auch das Auswärtige Amt daher zu dem Schluss gekommen, dass die Zahl der deutschen Friedhöfe reduziert und kleinere Gräberfelder zu Gunsten größerer Friedhöfe aufgelöst werden müssten, um den Aufwand bei der Instandhaltung zu begrenzen. Im Rahmen der hierbei notwendigen Umbettungen der Gräber und der Neugestaltung der Friedhöfe wurde auch der Volksbund an der Gestaltung der Friedhöfe de Ruyter und Langemark beteiligt. Anette Freytag verweist in ihrer Studie über die deutschen Kriegsgräberstätten in Belgien auf Aussagen des Architekten Fritz Höger, der nach einem Besuch der belgischen Friedhöfe 1927 für die weiteren anstehenden Arbeiten zu zentralen Schlussfolgerungen für die Gestaltung der deutschen Kriegsgräberstätten kam. Höger sah unter den Bedingungen beschränkter finanzieller Mittel sowie der knapp bemessenen Grundstücke, die vom belgischen Staat für die geplanten deutschen Kriegsgräberstätten zur Verfügung gestellt worden waren, eine möglichst einfache, schlichte Gestaltung der Anlagen geboten, die ohne weitere Pflege längere Zeit überdauern würde. Als negatives Beispiel wurde auf die britischen Friedhöfe verwiesen, die zwar eine gepflegten und würdevollen Eindruck machten, aber zu aufwendig gestaltet seien. Die bereits während des Krieges entwickelten Grundsätze könnten im Wesentlichen weiterhin Gültigkeit beanspruchen. Högers Einschätzung stieß im Kreis der mit den belgischen Kriegsgräbern betrauten Architekten, zu denen damals auch Robert Tischler zählte, auf allgemeine Zustimmung. Höger empfahl außerdem, die Friedhöfe zunächst in ihrem provisorischen Zustand zu belassen, solange die notwendigen Mittel für eine Gestaltung mit hochwertigen, beständigen Materialien fehlten.[174]

Im direkten Vergleich der vom Amtlichen Deutschen Gräberdienst und den von Robert Tischler für den Volksbund entworfenen Kriegsgräberstätten in den folgenden Jahren zeigt sich, wie beide Seiten ausgehend von den selben Prämissen zu sehr unterschiedlichen gestalterischen Lösungen kamen. Die Rahmenbedingungen für die Arbeit des Amtlichen Deutschen Gräberdienstes in Belgien waren durch zwei maßgebliche Faktoren eingeschränkt, die in Högers

174 Vgl. *Freytag*, Soldatenfriedhöfe, S. 20 ff.

Bericht bereits zur Sprache gekommen waren. Es fehlte an Raum und an Geld. Das mit Belgien getroffene Abkommen sah vor, dass die deutschen Kriegstoten vom belgischen Gräberdienst auf die vorgesehenen Grundstücke umgebettet werden sollten. Die Umgestaltung der Gräberfelder zu ordentliche Friedhöfen blieb der deutschen Seite vorbehalten. Die Toten wurden in der Regel unter der größtmöglichen Ausnutzung der Flächen zusammengebettet. Die Fläche für ein einzelnes Grab betrug in etwa $1m^2$. Hierdurch entstand das Gesamtbild dicht aneinander gereihter Grabkreuze, die sich über die gesamte Fläche erstreckten. Es wurde nur durch einige Wege durchbrochen, die das Betreten des Friedhofes ermöglichten. Bei der Gestaltung der Friedhöfe wurde die Raumaufteilung des Geländes somit maßgeblich durch die Lage der Gräber bestimmt. Die Bedingungen waren also mit denen in Frankreich vergleichbar. Als gestalterische Mittel boten sich daher vor allem Bepflanzung, Grabzeichen sowie zentrale Monumente an. Soweit bekannt, waren die ersten Maßnahmen die Anpflanzungen von Hecken und Baumreihen zur Einhegung des Areals und das Ersetzen der minderwertigen provisorischen Grabkreuze durch beständigere Kreuze aus einem festen Holz. Häufig fanden dabei in Belgien die sogenannten Stummelkreuze Verwendung. Die kleinen, etwas gedrungen wirkenden Eichenholzkreuze hatten einen im Verhältnis zum Längsbalken relativ kurzen Querbalken. Hierdurch ließ sich der optische Eindruck eines größeren Abstandes zwischen den Grabkreuzen erzielen, was den beengten Raumverhältnissen zumindest visuell entgegenwirkte. Das Erscheinungsbild der Friedhofsanlagen war jedoch zweitrangig hinter dem Schutz der Gräber, der durch den Austausch der Grabmarkierungen und einer flächendeckenden Bepflanzung erzielt wurde. Die Hecken und Bäume sollten mit der Zeit das gewünschte Bild ergeben, zur Überbrückung konnte bis dahin als behelfsmäßige Begrenzung des Geländes auch ein einfacher Drahtzaun dienen.

Der ab 1928 vom Volksbund in Pflege genommene belgische Friedhof de Ruyter wurde ebenfalls nach diesem Muster gestaltet. Weil der Friedhofspate, der bayrische Landesverband des VDK, nicht in der Lage war, Gelder im benötigten Umfang bereitzustellen, musste auch der Volksbund kleinlaut auf die vom Amtlichen Deutschen Gräberdienst verwendeten Grabkreuze zurückgreifen.

Im Gegensatz zum Friedhof de Ruyter wurde der Friedhof Langemark für den Volksbund zum einem Erfolgsprojekt, das auch verdeutlicht, welche Bedeutung einzelne repräsentative Friedhofsprojekte für die Außendarstellung des Vereins bekamen. Die Patenschaft für den Friedhof hatte die Deutsche Studentenschaft übernommen, von der die Initiative zur Wiederherrichtung des Friedhofes ausgegangen war. Zu einer Gedenkveranstaltung des »Langemarck-Ausschuß Hochschule und Heer« im Berliner Sportpalast 1929, bei der für das Friedhofsprojekt gesammelt wurde, kamen allein 15.000 Teilnehmer.[175] Für beide Seiten

175 Vgl. *Unruh*, Langemarck, S. 190.

war das Langemark-Projekt mehr als die Herrichtung eines Gräberfeldes. Es diente rechten Studentenvereinigungen und Organisationen den »Langemarck«-Mythos für sich zu vereinnahmen. Für den Volksbund war es ein medial inszeniertes Großprojekt, das weitaus mehr Aufmerksamkeit auf sich zog als bisherige Friedhöfe, und das half, die Bekanntheit des Vereins weiter zu steigern. Allein im Jahr der Einweihung des Friedhofs 1932 konnte der Volksbund die Zahl der ihm korporativ angeschlossenen studentischen Verbindungen mehr als verdoppeln.[176] Über den Friedhof Langemark und den ihn umkreisenden Mythos sollten nun auch jüngere Generationen angesprochen werden, die selbst nicht mehr zur Generation der Kriegsteilnehmer zählten.

Die von der Deutschen Studentenschaft für den Friedhof Langemark aufgebrachten Mittel schufen die finanziellen Voraussetzungen, die es Tischler ermöglichten, weitreichende Umgestaltungen am gesamten Gelände vorzunehmen. Bei der Gestaltung Langemarks wurden gezielt Elemente des Schlachtfeldes wie Bunker und Gräben in die Konzeption der Kriegsgräberstätte mit einbezogen. Dies gab der Anlage nicht nur einen betont kriegerischen Charakter, sondern evozierte auch den Eindruck eines authentischen Ortes. Die Bunker dienten einerseits als ästhetisches Mittel.[177] Sie standen im Kontrast zu den sie umgebenden Mohnblumen sowie dem als Hain angelegten eigentlichen Gräberfeld. Andererseits konservierte die Kriegsgräberstätte das Schlachtfeld selbst in einem scheinbaren Zustand der permanenten Bereitschaft, denn die Bunker waren nicht als Ruinen belassen, sondern wieder instandgesetzt worden. In dieser Form war die Kriegsgräberstätte Langemark mehr als einfach nur ein Grabmal. Sie war der als Erinnerungslandschaft ausgestaltete Mythos der Schlacht von Langemark, an dem die gefallenen Helden am Ort ihres Opfertodes weiterhin präsent erschienen. Ergänzt wurden die Reihen der Gefallenen mit den Namen der studentischen Korporationen, die als Paten den Bau des Friedhofes mit unterstützt hatten. Sie wurden in Steinquader eingraviert, die in einer geschwungenen Linie zwischen den Bunkern den fiktiven Verlauf der Frontlinie andeuteten.[178]

Robert Tischler hatte bei seiner Planung des Friedhofes weitreichende Änderungen am Grundriss und der Ausrichtung des Geländes vorgenommen. Als einschränkender Faktor erwies sich hierbei die Lage der Gräber. Sie sollten nach Tischlers Plänen in Blickrichtung einer Weihehalle oberhalb des Gräberfeldes ausgerichtet werden. Die Toten waren allerdings vom belgischen Gräberdienst im rechten Winkel zur später von Tischler gewünschten Sichtachse gebettet worden. Eine erneute Öffnung und Verlegung der Gräber war nicht möglich,

176 Vgl. Niederschrift über den vierzehnten (ordentlichen) Vertretertag des Volksbundes Deutsche Kriegsgräberfürsorge e. V., in: Kriegsgräberfürsorge 12 (1932), Nr. 7, S. 100.

177 Zur Symbolik und Materialsemantik des Friedhofes Langemark siehe *Fuhrmeister*, Klatschmohn.

178 Vgl. *Freytag*, Soldatenfriedhöfe, S. 34.

Abb. 2: Friedhof Langemark. Symbolkreuze und alter Bunker – *Quelle:* Volksbund Bildarchiv

weil dies von den belgischen Behörden untersagt worden war. Tischler bediente sich daher eines Kunstgriffes, um die gewünschte Gestaltung des Gräberfeldes zu erreichen. Die Gräber auf dem als Eichenhain angelegten Gräberfeld waren als Einzelgräber angelegt. Als Grabmarkierung diente eine Nummer, anhand der der Tote identifiziert werden konnte. Die auf dem Gräberfeld aufgestellten und für den Besucher von der Weihehalle sichtbaren Grabkreuze hatten dagegen eine rein symbolische Funktion, da sie weder das Grab eines individuellen Toten repräsentierten, noch auf die genaue Grablage hinwiesen.[179] Die vom Architekten des Volksbundes gefundene Lösung zeigt, dass er dem ästhetischen Gesamteindruck weitaus höhere Bedeutung zuschrieb als der individuellen Grabstätte des

179 Siehe ebd.

einzelnen Toten, der auf eine bloße Nummer reduziert wurde. Andererseits bot sie in funktionaler Hinsicht auch eine Reihe von Vorteilen, die die Gestaltung von deutschen Kriegsgräberstätten längerfristig beeinflussten. Der Verzicht, jedes Einzelgrab mit einem Grabkreuz oder Grabstein zu kennzeichnen und die Lage der Toten nur durch kleine Bodenplättchen zu markieren, erweiterte den Gestaltungsspielraum für das Gräberfeld. Es blieb als solches für den Betrachter erkennbar, hinterließ durch die geringere Zahl der Grabkreuze aber einen weniger bedrückenden Eindruck als die dichtgedränten Grabkreuze anderer Gräberfelder der Westfront. Die größeren Freiräume zwischen den Grabkreuzen erleichterten außerdem die notwendigen gärtnerischen Arbeiten.

Betrachtet man weitere Projekte Tischlers in dieser Zeit, wird eine Entwicklung erkennbar, bei der der Architekt das individuelle Grab immer weiter seinen gestalterischen Zielen unterordnete. Vom Prinzip des Einzelgrabes abweichende Entwürfe für Kriegsgräberstätten wurden von Tischler erstmals bei der Planung für die Anlagen in Bitolj und Nazareth vorgelegt und umgesetzt. Erste Entwürfe für die geplanten Kriegsgräberstätten in Palästina und Jugoslawien veröffentlichte der Volksbund im Juni 1932.[180] Der Bau eines zentralen Friedhofes in Nazareth, auf dem die Gräber der Kriegstoten im britischen Mandatsgebiet Palästina zusammengelegt werden sollten, war ein seit Ende der Zwanzigerjahre angestrebter Plan, der zwischen dem Auswärtigen Amt und den zuständigen britischen Stellen ausgehandelt worden war.[181] Der Beginn der eigentlichen Bauplanung hatte sich jedoch immer wieder verzögert, weil zunächst Uneinigkeiten über die Übernahme der Baukosten bestanden. Zu einer weiteren Unterbrechung führte der Tod des beauftragten Architekten Alex Baerwald. Er verstarb überraschend am 25. Oktober 1930 noch während seiner Arbeit an den Bauplänen. Baerwalds Plan sah eine dreistufige Unterteilung des Friedhofes in Terrassen vor, die dem leicht ansteigenden Geländeverlauf folgten. Das Friedhofsgelände schloss an einen bestehenden Friedhof an, von wo aus das neue Areal betreten werden konnte. Der Friedhof baut Raum für 188 Einzelgräber sowie vier Sammelgrabflächen für die unbekannten Toten. Vorgesehen waren außerdem ein Kenotaph zum Gedenken an die Gefallenen, deren Gräber nicht mehr hatten geborgen werden können und eine Gedenkhalle mit den Namen aller Gefallenen dieses Kriegsschauplatzes. Die von Baerwald angefertigten Entwürfe kamen nie zur Ausführung, denn im darauf folgenden Jahr erklärte sich der Volksbund bereit, den Bau und auch dessen Finanzierung zu übernehmen. Robert Tischler entwickelte nun eine vollständig neue Konzeption des Friedhofes. Anstelle des

180 Der erste Entwurf Tischlers wurde in der Juniausgabe der Kriegsgräberfürsorge 1932 veröffentlicht und auch als Sonderdruck herausgegeben. Siehe Kriegsgräberfürsorge 12 (1932), Nr. 6, S. 81–108.

181 Ausführlich zur Geschichte der deutschen Kriegsgräber des Ersten Weltkrieges in Palästina siehe *Schwake*, Soldatengräber. Zur Planung der Kriegsgräberstätte Nazareth hier insbesondere S. 256–285.

von Baerwald intendierten »Gartencharakters«[182] nahm Tischler eine Aufteilung des Geländes durch Mauern vor, wodurch eine Gruppe von aneinander anschließenden Innenhöfen entstand. Tischler ging von der Prämisse aus, dass herkömmliche Grabbeete unter den klimatischen Bedingungen Palästinas nicht erhalten werden könnten.[183] Die Gräber sollten linker und rechter Hand eines durch die Innenhöfe führenden Weges Platz finden, wo die Mauern ausreichend Schatten spendeten. Die Grabfläche sollte so klein wie möglich gehalten werden, weshalb zwei oder mehr Tote übereinander gebettet wurden.[184] Der Name jedes einzelnen Toten wurde auf Namenstafeln aufgeführt, die in Mauernischen angebracht waren. Tischlers Entwürfe wurden bis zum Baubeginn 1934 mehrfach überarbeitet und erweitert. Das Grundschema blieb dabei erhalten, wurde jedoch um eine Gedenkhalle erweitert, die durchschritten werden musste, um die Gräber zu erreichen. Das in der Gesamtansicht dominierende Element war ein hochaufragender Glockenturm, der im Vergleich zu den ersten 1932 veröffentlichten Entwürfen bis zur Fertigstellung in Breite und Höhe immer weiter anwuchs. Für die weitere Entwicklung von Tischlers Arbeit und den eigentlichen Umgang mit Kriegsgräbern stellt Nazareth einen wesentlichen Entwicklungsschritt dar, weil hier der Grundsatz des Einzelgrabes zugunsten der ästhetischen Komposition der Gesamtanlage aufgegeben wurde. Klar erkennbar, gerade auch im direkten Vergleich mit dem Entwurf Baerwalds, ist auch der offene Bruch mit der traditionellen Anlage von Friedhöfen. Auffällig ist hier schon das bewusste Wechselspiel Tischlers mit symmetrischer und asymmetrischer Raumordnung gegenüber der gleichmäßigen Gliederung des Entwurfes Baerwalds. Dieselbe Entwicklung ist auch bei der parallel verlaufenen Errichtung der Kriegsgräberstätte im jugoslawischen Bitolj zu beobachten.

Die Errichtung eines zentralen Friedhofes für die Gefallenen im Raum Bitolj war bereits 1927 vom Auswärtigen Amt empfohlen worden, da die deutschen Kriegsgräber in dieser Region weit verstreut und allgemein im schlechtem Zustand waren. Nachdem der Plan für die Zusammenbettung der Toten auf einen Zentralfriedhof zunächst bei der deutschen Gesandtschaft gelegen hatte, präsentierte der Volksbund 1932 einen Entwurf für eine Kriegsgräberstätte bei Bitolj.[185] Tischlers Entwurf hatte das Erscheinungsbild einer Rundburg, die durch ihre Lage auf einer Hügelkuppe eine weit sichtbare Landmarke sein würde. Das Gräberfeld innerhalb der massiven Rundmauer bildete eine geschlossene, mit einem robusten Bodendecker bewachsene Fläche, die keiner intensiven Pflege bedurfte. Es konnte in einem Rundweg entlang der Mauerinnenseite umgangen

182 Ebd., S. 260.
183 Vgl. Kriegsgräberfürsorge 12 (1932), Nr. 6, S. 85.
184 Vgl. *Schwake*, Soldatengräber, S. 262.
185 Vgl. Kriegsgräberfürsorge 12 (1932), Nr. 6, S. 84; Eine weitere Kriegsgräberstätte in Mazedonien wurde Ende der 1930er Jahre in Gradsko errichtet. Eine Abbildung des Baus ist überliefert in Kriegsgräberfürsorge 19 (1939), Nr. 3, S. 43.

werden, der durch ein wuchtiges Eingangsportal zu erreichen war. Innerhalb des Portals befand sich auch der Weiheraum, in dessen Mittelpunkt ein ebenfalls aus einem Granitblock gefertigter Sarkophag stand, der symbolisch für die Gefallenen stand. Über ihm schwebte wachsam ein als Deckenmosaik eingelassener riesiger Adler.

Wie auch in Nazareth war die monumentale Gestaltung der Grabstätte auch eng mit der Überlegung verbunden, wie die Gräber unter den besonderen Bedingungen ihrer abgeschiedenen Lage erhalten bleiben konnten. Wurde in Nazareth hierbei die glühende Sommerhitze und lange Dürrezeit als das größte Problem gesehen, ging man in Jugoslawien davon aus, dass aufgrund der Erfahrungen der Nachkriegsjahre von Seiten der jugoslawischen Regierung keine Unterstützung beim Erhalt der Kriegsgräber zu erwarten war. Mauern oder Hecken zum Schutz der Gräber vor Witterungseinflüssen und zur Abgrenzung vom umgebenden Gelände sind bei Friedhöfen üblich und daher für sich genommen auch bei den Kriegsgräberstätten noch keine Besonderheit. Das Mauerwerk der Kriegsgräberstätte Bitolj war aus rohen, großen Granitquadern errichtet, das mit seiner Außenhöhe von bis zu 6 Metern jedoch an die Dimensionen einer wirklichen Festungsmauer heranreichte.[186] Es war weit mehr als eine einfache Umfriedung zum Schutz vor Wind und Wetter, der man das Gräberfeld überhaupt erst durch die Wahl des Standortes auf der Bergkuppe aussetzte. Die hervorstechende topographische Lage gab der Kriegsgräberstätte eine beherrschende Stellung oberhalb der mazedonischen Stadt und verschmolz sie dauerhaft mit der Bergsilhouette. Die etwa 3.400 Toten, die nach Bitolj umgebettet wurden, stammten von mehr als zwei Dutzend verschiedenen kleineren Friedhöfen und aus Feldgräber im ganzen Umland, die noch während des Krieges angelegt worden waren und langsam verfielen. Die von den deutschen Gefallenen jetzt in Besitz genommene Anhöhe hatte selbst eigentlich keine militärische Bedeutung besessen. Der martialische Bau schien den Toten nun aber einen dauerhaften Ruheplatz in umkämpftem Territorium zu sichern. »Zeitlos-ewig, wie ein Walhall thront die Ringburg auf der Bergkuppe über der Stadt Bitolj und kündet für alle Zeiten vom Opfermut unserer Helden«,[187] verkündete der Volksbund stolz nach der Fertigstellung.

Die Bauarbeiten in Bitolj begannen 1934 und waren bis 1936 vollständig abgeschlossen. Die erwünschte Wirkung als weithin sichtbare Landmarke verfehlte die Anlage nicht, unter der einheimischen Bevölkerung war sie bald unter der Bezeichnung »Hitlerburg«[188] geläufig. Mit der Kriegsgräberstätte Bitolj wich der Volksbund erstmals bewusst vollständig vom Grundsatz des Erhalts des Einzel-

186 Vgl. *Franz Hallbaum*, Die Totenburg deutscher Helden in Bitolj, Jugoslawien, in: Kriegsgräberfürsorge 16 (1936), Nr. 1, S. 11.

187 Ebd., S. 13.

188 BArch R 43-II/1289, pag. 121.

grabes ab.[189] Damit vollzog er gegenüber seiner Haltung in den ersten Jahren nach Ende des Ersten Weltkrieges, wo gegen die Umbettungsmaßnahmen an der Westfront noch mit dem Vorwurf der Grabschändung polemisiert worden war, eine grundsätzliche Kehrtwende. In den Begründungen für diese monumentale Wende zeichnete sich ein verändertes Verständnis von Kriegsgräberfürsorge ab. Neben pragmatischen Rechtfertigungen, die die monumentale Gestaltung von Kriegsgräberstätten als geeignetes Mittel zum dauerhaften Erhalt der ansonsten latent bedrohten Kriegsgräber in einer unwirtlichen oder feindlichen Umgebung priesen, wurde den Kriegsgräberstätten selbst ein kulturgeschichtlicher Eigenwert zugesprochen, der in entfernter Zukunft Beleg der zivilisatorischen Höhe des deutschen Volkes sein würde. Gleich den Hinterlassenschaften antiker Hochkulturen, oder dann ab 1933 in einer germanisierten Spielart, wurden die Bauten des Volksbundes in eine Reihe mit bekannten Kulturdenkmälern gesetzt, die bei germanischen Hünengräbern begann und über das Grabmal Theoderichs und mittelalterliche Staufer Festungen zu Robert Tischlers Totenburgen führte.[190] Der Kriegstod des Einzelnen sollte hinter dem Gesamteindruck der aufwendig gestalteten Anlagen und ihrer historischen Tragweite zurücktreten.

»Bewusst und absichtlich, [...]« so wurde auf dem Führertag des Volksbundes 1934 verkündet,

> wird bei der Ausgestaltung der Gräberfelder durch den Volksbund das Einzelgrab der Idee der Gemeinschaft untergeordnet. Sie ist das Größere, Dauerndere. Über Jahrzehnte und Jahrhunderte gesehen – wenn einmal der Name verweht und verklungen sein wird – ist es nur wesentlich zu wissen, daß die, die hier zu ewiger Ruhe gebettet sind, Deutsche und Soldaten waren.[191]

Die mit Gründung des Volksbundes angestrebte würdevolle Gestaltung der Kriegsgräber zur Ehrung der Gefallenen, die als sogenannte Liebestätigkeit des deutschen Volkes durch das Wirken des Vereins zum Ausdruck kommen und den Hinterbliebenen Trost spenden sollte, war immer auch mit einem heroischen Opferverständnis verbunden gewesen. Im gemeinsamen Gedenken an die Gefallenen sollte sich das deutsche Volk auf seine gemeinsamen Werte besinnen und zur alten Stärke zurückfinden. Es war ein rückwärst gewandter Blick, der die Gegenwart zur Leidenszeit erklärte und die Toten zum Mittelpunkt nationaler Auferstehungshoffnungen machte. Das Kriegsopfer der Gefallenen war gleichsam eine Art moralisches Zeugnis, das Heldenmut und Opferbereitschaft

189 Vgl. hierzu auch den Reisebericht von Kaplan Walter Schlieper in Kriegsgräberfürsorge 14 (1934), Nr. 4, S. 51–58, in dem die Zusammenbettung der Toten in Bitolj nun als wegweisende »neuartige Idee« bei der Anlage künftiger Kriegsgräberstätten bezeichnet werden.

190 Vgl. Die Bauten des Volksbundes in ihrer geschichtlichen und kulturellen Bedeutung. Vortrag gehalten auf dem 1. Führertag des Volksbundes Deutsche Kriegsgräberfürsorge, am 7. Dezember 1934 in Kiel, in: Kriegsgräberfürsorge 15 (1935), Nr. 2, S. 36.

191 Ebd., S. 35.

bewies und zum Vorbild für künftige Generationen erklärt wurde. Je stärker das Einzelschicksal der Gefallenen mit der Zeit verblasste, desto größer wurde der Raum für eine kollektive Vereinnahmung der Toten durch die nationale Heldenrhetorik, als deren monumentaler Ausdruck die Kriegsgräberstätten selbst erschienen. Mit dem Übergang zur NS-Herrschaft führte dies zu einer völligen Veränderung der Kosten-Nutzen-Abwägungen bei der Planung von Kriegsgräberstätten. Hatten diese zuvor mit vertretbaren Mitteln das dauerhaft Ruherecht zu sichern, erschien nun jeder Aufwand gerechtfertigt, um deutsches Heldentum für die Ewigkeit zu bewahren. In den überlieferten Entwürfen Robert Tischlers ist erkennbar, dass die ersten 1932 vorgelegten Pläne für Nazareth und Bitolj noch deutlich zurückhaltender ausfallen. Die Rundmauer der Kriegsgräberstätte Bitolj war zunächst mit 1,75 Metern wesentlich niedriger und schmaler angedacht, ebenso verhält es sich mit dem Glockenturm in Nazareth, der bei seiner Fertigstellung Platz für die größte Glocke im Heiligen Land bot. Wie der Glockenturm so wuchsen auch die Baukosten in die Höhe. Baerwalds Entwurf war mit den für die Umsetzung veranschlagten 30.000 Mark vom Auswärtigen Amt noch für zu teuer befunden worden. Die vom Volksbund gebaute und finanzierte Anlage schlug letztendlich mit 120.000 Mark zu Buche.[192] Berücksichtigt man, dass im gleichen Zeitraum der Volksbund die Zahl seiner Vereinsmitglieder verdoppeln konnte und damit auch die Einnahmen aus Mitgliedsbeiträgen und Spenden sich beträchtlich erweiterten, wird deutlich, wie das rasanten Wachstum des Vereins unter der NS-Herrschaft bis dahin ungeahnte Möglichkeiten für die Realisierung von Bauprojekten schuf, die wiederum gezielt genutzt werden konnten, um die Stellung gegenüber dem Regime weiter zu festigen.

1936 wurden von Auswärtigen Amt und Volksbund Gespräche mit dem italienischen Gräberdienst über die Errichtung von Sammelgrabstätten in Norditalien geführt. Ziel war es auch hier, die Orte, an denen deutsche Kriegstote bestattet worden waren, auf eine überschaubare Zahl zu reduzieren und die Kriegsgräberstätten so zu gestalten, dass der Erhalt der Kriegsgräber für ein längeren Zeitraum gesichert werden konnte.[193] Die sterblichen Überreste der deutschen Kriegstoten waren neben den von den Truppen angelegten Begräbnisplätzen immer noch auch auf zahlreiche kleinere Gemeindefriedhöfe oder an entlegenen Stellen im Hochgebirge verstreut. Wie auch schon in Bitolj gingen die vom Volksbund vorgelegten Pläne für die Kriegsgräberstätten Quero, Pordoj und Tolmein (heute Tolmin, Slowenien)über die praktischen Zwänge zur Sicherung der dauerhaften Ruhe hinaus. Die Kriegsgräberstätten wurden entlang der früheren Frontlinie errichtet und spiegelten damit die ebenfalls vom nun verbündeten faschistischen Bruderstaat Italien errichteten Grabmäler für die italienischen Gefallenen an Piave und Isonzo. In der Wahl der Standorte der italienischen Grabmale

192 Vgl. *Schwake*, Soldatengräber, S. 276.
193 Vgl. Wir bauen in Italien, in: Kriegsgräberfürsorge 17 (1937), Nr. 10, S. 130.

verdichteten sich Momente des Kriegsverlaufes zu Schlüsselereignissen eines heldenhaften Abwehrkampfes gegen die deutsch-österreichischen Truppen, an denen die Gefallenen an der von ihnen erkämpften Grenze Wache hielten.[194] Während des Krieges war es durchaus noch üblich gewesen, dass italienische Gefallene von ihren Familien in ihre Heimatgemeinden zurück gebracht und dort bestattet wurden. Die öffentliche Trauer und Anteilnahme am Tod eines Gefallenen hatte dabei auch eine wichtige soziale Funktion für die Stellung bürgerlicher Familien innerhalb ihres Gemeinwesens eingenommen. Unter dem Einfluss des Faschismus wurden die Kriegstoten jedoch von den zivilen Friedhöfen auf rein militärische, monumentale Grabanlagen umgebettet.[195] Die größte unter ihnen, Redipuglia, versammelte 100.000 Tote, die hier zwischen 1936–38 beigesetzt wurden.[196]

Die Wahl der Orte für die deutschen Kriegsgräberstätten fiel ähnlich aus: Quero, gelegen auf einer Bergkuppe oberhalb des Piavetals, Pordoj, an einem Dolomitenpass auf einer Höhe von 2.239 Metern, und Tolmein, am Ufer des Isonzo, verwiesen die allesamt als Totenburgen entworfenen Kriegsgräberstätten auf die Wendepunkte des entbehrungsreichen Krieges im Alpenraum. Als konventioneller Friedhof blieb in Norditalien zu diesem Zeitpunkt nur der bereits von deutschen Truppen während des Krieges ebenfalls im Piavetal angelegte Friedhof Feltre erhalten, der vom Volksbund instandgesetzt wurde und steinerne Grabkreuz und eine robuste Bepflanzung erhielt.

Die frühere Gegnerschaft im Krieg geriet zu einer unbedeutenden Nebensächlichkeit. Der Opfertod war auf beiden Seiten das zu preisende Ideal, das der Krieg selbst erst zum Vorschein treten lassen konnte. Gegen wen er geführt wurde, war dabei unwesentlich. Der Volksbund pries seine Bauten wie gewohnt als eigenständige Kulturdenkmäler und ihr ästhetisches Zusammenspiel mit der Landschaft, in die sie eingebettet waren. Als »[...] eine steingewordene heroische Ballade in Mitten einer erhabenen Bergwelt«[197], beschrieb Klaus von Lutzau die Kriegsgräberstätte anlässlich ihrer offiziellen Einweihung 1939. Außer des bereits bestehenden Friedhofs Feltre, waren die drei in Norditalien errichteten Kriegsgräberstätten allesamt als Sammelgräber konzipiert. Bei der Umbettung der Toten von den umliegenden Friedhöfen wurden damit auch bewusst Einzelgräber aufgelöst. Die Namen der Toten wurden zwar in Inschriften verewigt, der Zugang zu einer individuellen Grabstätte wurde aber bewusst verbaut.

194 Vgl. *Tragbar*, Inszenierung.

195 Vgl. *Janz*, symbolisches Kapital, S. 200 ff.; *Dogliani*, Memory, S. 15. *Pisani*, Italian Monuments.

196 Zu Redipuglia sowie zum monumentalen Gefallenenkult in Italien vgl. *Isnenghi*, La Grande Guerre, S. 328 f.; *Nicoloso*, Architetture, S. 89–97; *Fiore*, Monumentalizzazione; *Foot*, Memory, S. 44 ff.

197 *Klaus v. Lutzau*, Feierstunden an Mahnmalen deutschen Heldentums in Italien, in: Kriegsgräberfürsorge 19 (1939), Nr. 7, S. 102.

Die offiziellen Einweihungszeremonien der Kriegsgräberstätten Quero, Feltre und Tolmein (Pordoj wurde erst nach dem Zweiten Weltkrieg fertiggestellt) in den Tagen vor Pfingsten 1939 wurden zu einer Inszenierung der neuen deutsch-italienischen »Waffenbrüderschaft«. Unter Anwesenheit von Repräsentanten der Regierung, des Militärs und der faschistischen Parteien und der ihr angeschlossenen Organisationen beider Länder übergab der Bundesführer des Volksbundes Eulen die Totenburgen in die »Obhut des Reiches«. Durch das enge Zeitfenster erschienen die sich wiederholenden Zeremonien als eine fast endlose Aneinanderreihung von militärischen Ehrbekundungen für die Gefallenen. Ehrenformationen wurden abgeschritten, verschiedene Abteilungen des italienischen Militärs marschierten auf, gefolgt von Abordnungen faschistischer Jugendorganisationen. Die gegenseitige Ehrbekundungen machten es notwendig, dass die deutsche Delegation auf ihrem Weg zu den verschiedenen Begräbnisstätten ebenso den italienischen Gefallenen ihre Aufwartung machte und Kränze an italienischen Grabmalen niederlegte, was ebenfalls mit allen militärischen Ehren begleitet wurde. Genauso harmonisch wie seine Bauten in die Landschaft fügten sich auch die Vertreter des Volksbundes in das inszenierte Bild der faschistischen Völkerfreundschaft. Der bei offiziellen Anlässen sonst eher in ziviler Festkleidung auftretende Eulen erschien in der Uniform eines SA-Sturmbannführers.

Nicht nur in Italien wurden Kriegsgräberstätten dazu genutzt den Schulterschluss der faschistischen Regime zum Ausdruck zu bringen. In Rumänien wurde erstmals eine vom Volksbund geplante Kriegsgräberstätte als Gemeinschaftsprojekt realisiert. Die Kriegsgräberstätte Petrisoru wurde als gemeinschaftliches Grabmal für die deutschen und rumänischen Gefallenen konzipiert. Friedhöfe, auf denen mehrere Nationalitäten bestattet wurden, sind für sich genommen zunächst nichts Ungewöhnliches. An der Westfront gibt es hierfür zahlreiche Beispiele. Sie sind eine logische Folge des Grundsatzes, dass alle Toten gleichbehandelt werden sollen. Zwanzig Jahre nach Kriegsende ging es beim Bau der Kriegsgräberstätte in Petrisoru jedoch nicht mehr um die Sicherung humanitärer Standards. Die deutschen Kriegsgräber in Rumänien waren bisher häufig mit Unterstützung der deutschsprachigen Minderheit gepflegt und erhalten worden. Der Bau einer gigantomanischen Nekropole war daher nicht einfach nur eine Maßnahme zur Sicherung der Grabstätten. Er wurde möglich, weil er zugleich als politisches Symbol die deutschen außenpolitischen Ambitionen in Südosteuropa unterstützte, die darauf abzielten, Rumänien wirtschaftlich und militärisch zu binden und die deutschsprachige Bevölkerung für den Nationalsozialismus zu gewinnen.[198] Die deutschen und rumänischen Toten fanden, jeweils für sich, in zwei massiven Türmen Platz, die an der Stirnseite der Anlage standen, deren rechteckiger Grundriss durch eine hoch aufragende Mauer markiert wurde. Je

198 Zur deutschen Außenpolitik in Südosteuropa vgl. *Broszat*, Deutschland-Ungarn-Rumänien; *Grenzebach*, Informal Empire, S. 237 ff.; *Böhm*, Indoktrination.

nach Standpunkt des Betrachters konnte der Festungsbau auch als Ausdruck deutscher Herrschaftsansprüche oder eines selbstbewussten Behauptungswillens der rumänischen Nation gesehen werden.

In den von Robert Tischler als Totenburgen entworfenen Kriegsgräberstätten des Volksbundes wird deutlich, wie der Verein seine Bauprojekte bereitwillig in den Dienst der NS-Propaganda stellte. Zugleich dienten ihm Versatzstücke der NS-Ideologie zur Legitimation seiner neuen Bauweise, die auch an Grundsätzen rüttelte, für die der Volksbund bei seiner Gründung eingetreten war. Das Aufgeben der Einzelgräber der Toten, die in den monumentalen Grabstätten im Alpenraum, Palästina und in Südosteuropa zusammengeführt wurden, wurde ideologisch mit dem Verweis auf den über alles stehenden Gemeinschaftsgedanken begründet, der in den Bauten zum Ausdruck käme. Der eigentliche Zweck der Kriegsgräberstätte, die dauerhafte Ruhe jedes einzelnen Toten zu sichern, wurde damit zwar nicht aufgegeben, mit der Abkehr vom Grundsatz des Einzelgrabes wurde die Individualität der Toten jedoch soweit in den Hintergrund gedrängt, dass diese vornehmlich als Kollektiv erschienen. Mant und Lovell haben betont, dass den Grab- und Erinnerungsstätten der Weltkriege oder auch des Holocaust immer die Eigenschaft innewohne, eine künstliche Gleichheit der Toten zu schaffen, die sie eines Teils ihrer Individualität beraubt und diese durch eine kollektive Identität ersetzt.[199] Autoren wie Marita Sturken haben zwar argumentiert, dass die Nennung der individuellen Namen der Toten auch einen Gegenpol zu deren kollektiver Vereinnahmung darstellen kann.[200] Diese Wirkung, die die tausenden Namen im Vietnam Veterans Memorial entfalten, auf das sich Sturken bezieht, erzeugen die Tafeln mit den Namen der Gefallenen in den Weiherräumen der Totenburgen aber nicht. Die im Kontext der Herrschaft der faschistischen Regimen in Europa in den Dreißigerjahren errichteten Nekropolen zeigen, dass die Individualität der Toten kein adäquates Gegengewicht zu den totalitären Opferdiskursen war, sondern im Gegenteil durch diese gezielt instrumentalisiert wurde. Mit der vollständigen Auslöschung des Einzelgrabes wurde die maximale Vereinnahmung des Toten durch seine symbolische Repräsentation durch das Grabmal erreicht. Hier kehrte sich das Verhältnis der Kriegsgräberstätte zu den Toten geradezu um. Die Kriegsgräberstätte diente nicht mehr ausschließlich dem Schutz der Gräber, sondern die Toten selbst dienten nun als Mittel, um der Kriegsgräberstätte die benötigte quasisakrale Aura zu verleihen, mit der ihre politische Botschaft Legitimität erhielt und auch ihre aufwendige Gestaltung gerechtfertigt werden konnte.

Bei der Planung der Bauten griff der Volksbund auf das bewährte Modell der Patenschaften zurück. Damit wurden nicht nur zusätzliche Spendengelder mobilisiert, sondern vor allem die von der Bundesgeschäftsstelle und der Bau-

199 Vgl. *Mant/Lovell*, Individual and Group Identity, S. 33.
200 Vgl. *Sturken*, The Wall, S. 126f.

abteilung des Volksbundes geleitete Bautätigkeit des Volksbundes mit der Arbeit der regionalen Verbände rückgekoppelt, die dies gegenüber ihren Mitgliedern als Erfolge ihres Einsatzes präsentieren konnten. So wurde etwa die Patenschaft für die Kriegsgräberstätte Feltre von einem Bezirksverband des sich unter der NS-Herrschaft besonders dynamisch entwickelnden niedersächsischen Gauverbandes übernommen. Tolmein wurde symbolisch von der schlesischen Schuljugend betreut und als Propagandainstrument in der Jungendarbeit genutzt.

Einen direkten Weg sich den NS-Organisationen durch seine Bauten anzudienen beschritt der Volksbund mit einer Reihe von ihm errichteten NS-Ehrenstätten, die den Kreis der gedenkwürdigen Toten über die eigentlichen Vereinsziele hinaus erweiterte. Hierzu zählen das Hans-Mallon-Ehrenmal auf Rügen als Ehrenmal für die HJ, das Freikorpsehrenmal auf dem Annaberg und das Ehrenmal Waldenburg, das neben den schlesischen Gefallenen des Weltkrieges auch den »Gefallenen der Bewegung« und den »Opfern der Arbeit« gewidmet war. Das Ehrenmal der HJ, die zugleich auch Baupate der vom Volksbund errichteten Gedenkstätte war, wurde zum Gedenken an den bei Straßenkämpfen getöteten Hitlerjungen Hans Mallon errichtet. Der mit einem Reetdach gedeckte Bau sollte einer altgermanischen »Kulthalle« nachempfunden sein.[201] Das Freikorpsehrenmal auf dem Annaberg ist dagegen ein weiteres Beispiel einer Totenburg.[202] Es war die Grabstätte für 51 Freikorpskämpfer, die bei bewaffneten Auseinandersetzungen in Oberschlesien 1921 ums Leben gekommen waren. Die Einweihung und Übergabe der Bauten auf Rügen und in Oberschlesien war verbunden mit der rituellen Übernahme der Kultstätten durch die Toten, die von Angehörigen der HJ, beziehungsweise SA in die Grüfte im Inneren getragen wurden. Waldenburg war im Gegensatz hierzu eine reine Gedenk- und keine Grabstätte, auch wenn sie von der Anlage her ebenfalls typische Merkmale für Tischlers Totenburgen aufweist, ohne jedoch mit einer Gruft ausgestattet zu sein. Dem Bau vorgelagert war ein Aufmarschplatz für Kundgebungen.[203]

Die Bauten, die der Volksbund für die Parteiorganisationen errichtete, waren nicht einfach nur opportunistische Maßnahmen, um sich das Wohlwollen der NS-Elite zu sichern. Die in weiten Teilen bereitwillig von der Vereinsführung selbst durchgeführte »Gleichschaltung« des VDK war so umfassend, dass der Verein seine Vereinstätigkeit in den Dienst des NS-Regimes stellte, ohne dass es hierzu unmittelbaren Zwanges bedurft hätte. Das Verhältnis zwischen NS-Staat und Volksbund war in der Praxis nicht von Befehl und Gehorsam geprägt,

201 Vgl. *Fuhrmeister*, Memorialarchitektur; *Franz Hallbaum*, Das Hans-Mallon-Ehrenmal der Hitlerjugend bei Bergen auf Rügen, in: Kriegsgräberfürsorge 19 (1939), S. 20–26.

202 Vgl. *Böck*, Bollwerk.

203 Für eine Darstellung und Abbildungen der Ehrenmale Waldenburg und Annaberg siehe »Das Ehrenmal in Waldenburg« und »Das Freikorps-Ehrenmal auf dem Annaberg«, in: Die Baukunst 2 (1939), S. 96–101 u. S. 102–109. Vgl. außerdem *Dobesz*, Architektura, S. 122–145; *ders.* Umgang, S. 188–198.

sondern eher ein symbiotisches, wenn auch natürlich mit ungleichen Partnern. Der Volksbund gedieh unter diesen Bedingungen allerdings prächtig. Seine sich stätig erweiternde Ressourcenbasis setzte er wiederum dafür ein, um durch seine rege Bautätigkeit Kriegsgräber- und Kultstätten zu errichten, die unmittelbar von Parteiorganisationen und NS-Propaganda genutzt werden konnten. Die Grenzen dieser nützlichen Beziehung bekam der VDK gelegentlich aufgezeigt, etwa wenn er versuchte, mit maßgeschneiderten Bauprojekten um die Patenschaft weiterer NS-Organisationen zu werben, die ihm zugleich neue Zuwendungen aus der Parteikasse der NSDAP bescheren sollten.[204]

Unabhängig von den Zurückweisungen, die der Volksbund manchmal auch von der NS-Führung erfuhr, lässt sich allgemein festhalten, dass sich die Bauleitung des VDK bei der Planung ihrer Bauten nicht mehr an den gültigen Kosten-Nutzen-Abwägungen orientierte, die noch die Planung und Arbeit der amtlichen Kriegsgräberfürsorge unter der Ägide des Auswärtigen Amtes in der zweiten Hälfte der Zwanzigerjahre gekennzeichnet hatte. Die von Tischler entworfenen Totenburgen konnten zwar eine große Zahl von Kriegstoten auf engstem Raum konzentrieren und erweckten den Eindruck, auch ohne weitere Pflege Jahrhunderte überdauern zu können. Tischler reklamierte damit für sich, die Empfehlungen für den Bau von Friedhöfen der Zwanzigerjahre nur konsequent weitergedacht zu haben. Die Umsetzung seiner Bauprojekte wurde allerdings nur möglich, weil Tischler bereit war, den Erhalt des Einzelgrabes als unumstößliche Vorgabe bei der Gestaltung von Kriegsgräberstätten aufzugeben, und sich die bereitgestellten finanziellen Mittel nach 1933 erheblich erweiterten.

In der Arbeit des Amtlichen Deutschen Gräberdienstes finden wir dagegen auch nach 1933 keine Hinwendung zu monumentalen Bauformen. Die vom Amtlichen Deutschen Gräberdienst betreuten Friedhöfe in Belgien orientierten sich weiterhin an den etablierten Standards zur Gestaltung von Kriegsgräbern.[205]

204 Vgl. BArch R 43-II/1289, pag. 126–128, Schreiben VDK Bundesführer an den Chef d. Reichskanzlei, 25.2.1939. Das Schreiben enthielt eine Auflistung der vom Volksbund errichteten oder geplanten Ehrenmale und potentielle Paten, wie die SA, NSKOV, NSFK und NSKK zur Unterstützung der Projekte. Der Volksbund erhielt zur Unterstützung eine Spende von 500.000 Reichsmark aus dem Vermögen der NSDAP. Die aufgeführten Organisationen konnten die Baukosten der Projekte aber nicht übernehmen, da sie selbst am finanziellen Tropf der NSDAP hingen.

205 Vgl. hierzu auch den Schriftwechsel zwischen dem früheren Beauftragten des Amtlichen Deutschen Gräberdienstes in Belgien Georg Bickel und dem Büro für Friedensfragen vom Februar 1949, in: BArch Z 35/340. Ein Teil von Bickels Aussagen in den Briefen müssen mit Vorbehalt gelesen werden, da sie durch persönliche Interessen motiviert erscheinen. Ungeachtet dessen sind die Aussagen zu den Gestaltungsgrundsätzen von Interesse, mit denen er sich von der Arbeit des VDK in dieser Zeit abgrenzt. Hierzu heißt es u. a.: »Im Rahmen eines Gesamtprogramms für den Ausbau jeden Friedhofs gebührte immer den eigentlichen Gräberanlagen und deren pflanzliche Gestaltung der Vorrang vor den rein architektonischen Mitteln, sodass auch ohne sonst notwendige bauliche Gestaltung die Gräberstätten stets ein geschlossenes, würdiges und ernstes Bild zeigten.«

Hierfür ist ausschlaggebend, dass die Betreuung der Kriegsgräber an der Westfront inzwischen in zwischenstaatliche Routinen eingebunden war. Die mit Belgien getroffene Einigung, die Pflege der deutschen Kriegsgräber in deutsche Hände zu übertragen, führte zu einer größeren Kompromissbereitschaft bei der Handhabung der im Versailler Vertrag verankerten Grundsätze. Die noch zu Beginn der Zwanzigerjahre zu beobachtende steife Haltung der deutschen Stellen, die eisern auf die Erfüllung der Verpflichtungen des Versailler Vertrages pochten, wich der Einsicht, dass dies in vielen Ländern nicht zu einer Verbesserung des Zustandes deutscher Kriegsgräber führte. Das Auswärtige Amt begann daher, über die deutschen Auslandsvertretungen Berichte über notwendige Maßnahmen zum Erhalt bekannter deutscher Grabstätten in den Ländern einzuholen, in denen keine wirksame Zusammenarbeit zwischen den mit der Kriegsgräberfürsorge betrauten amtlichen Stellen zustande gekommen war. Die Übernahme der Kosten für den Bau von Friedhöfen blieben aber ein wunder Punkt, da eine bereitwillige Kostenübernahme durch die deutsche Regierung die Vertragsprinzipien des Friedensvertrages vollends ausgehöhlt hätten. In Nazareth hatte dies zu einer mehrjährigen Verzögerung bei der Aufnahme der Bauplanung zur Folge. Die Übernahme von ganzen Bauprojekten durch den Volksbund bot hier einen Ausweg. Für weiterreichende Gestaltungsmaßnahmen oder kostenintensive Bauprojekte in Ländern, in denen sich die finanziellen Belastungen nicht an fremde Regierungen abwälzen ließen, stellte der Volksbund für die staatlichen Stellen eine bequeme Ausweichmöglichkeit dar. 1928 waren für die Gestaltung der deutschen Friedhöfe durch den Amtlichen Deutschen Gräberdienst in den nächsten Jahren vom Reich 200.000 RM bereitgestellt worden. Bereits zu diesem Zeitpunkt wendete der Volksbund jährlich mehr als die doppelte Summe für seine Instandsetzungsarbeiten auf Friedhöfen in ganz Europa auf.[206] Ab 1935 wurden dann die staatlichen Kriegsgräberfürsorgemaßnahmen im Ausland im Rahmen der Devisenbewirtschaftung weiter eingeschränkt. Hinzu kam, dass trotz der formalen staatlichen Zuständigkeit für die Kriegsgräberfürsorge im Ausland die notwendigen Kompetenzen für den Bau und die Pflege von Kriegsgräbern nach wie vor nicht bei einer Behörde gebündelt waren, sondern noch weiter zerfaserten, nachdem das Auswärtige Amt auch die Aufsicht über die Dienststelle des Amtlichen Deutschen Gräberdienst in Belgien 1934 an die Reichsbaudirektion abgab.[207] Der Volksbund konnte zusätzliche eigene finanzielle Mittel bereitstellen als auch durch seine Bauabteilung ausgewählte Friedhofsprojekte planen und umsetzen. Er hatte sich seit seiner Einbindung bei der Herrichtung der französischen Friedhöfe außerdem als verlässlicher Partner erwiesen, so dass die Übertragung von weiteren Bauprojekten

206 Vgl. Niederschrift über den zehnten (ordentlichen) Vertretertag des Volksbundes Deutsche Kriegsgräberfürsorge e. V., in: Kriegsgräberfürsorge 8 (1928), Nr. 9, S. 140.
207 Vgl. *Freytag*, Soldatenfriedhöfe, S. 25.

in den Dreißigerjahren folgerichtig erschien. Dies führte jedoch auch dazu, dass sich der VDK in der Außendarstellung als die zentrale Instanz in der Kriegsgräberfürsorge etablierte und der staatliche Anteil an den Leistungen zum Erhalt der Kriegsgräber kaum mehr sichtbar wurde. Da die aktiven Werbemaßnahmen des Volksbundes um neue Mitglieder und um die Gunst der NS-Führung auch immer damit verbunden waren, die Ergebnisse des bisher Geleisteten sowie zukünftige Projektentwürfe zu präsentieren, geriet in der öffentlichen Darstellung der Maßnahmen zur Kriegsgräberfürsorge der Anteil der staatlichen Stellen ins Hintertreffen. Der Verein erschien nun als die eigentliche Kriegsgräberfürsorgeorganisation, die die bisher nur unzureichend geachteten Gräber der Gefallenen in einen Zustand bringen würde, der der Stellung der Toten angemessen wäre. Dabei verschob sich das Verständnis von Kriegsgräberfürsorge einseitig von seinem humanitären Grundgedanken hin zu einer stark heroisierenden Totenehrung.[208]

Diese Form der Arbeitsteilung zwischen amtlicher und privater Kriegsgräberfürsorge bekam 1935 erstmals auch völkerrechtliche Relevanz. Auf Initiative des Gründers und Vorsitzenden der Imperial War Graves Commission Fabian Ware wurde zwischen Großbritannien, Deutschland und Frankreich ein Abkommen geschlossen, das die zukünftige Grundlage für die Pflege der britischen und deutschen Kriegsgräber auf Friedhöfen in den jeweils anderen Vertragsstaaten bilden sollte.[209] Im Rahmen des Abkommens wurde die Einrichtung eines gemeinsamen Ausschusses vereinbart, der sich aus Vertretern der für Kriegsgräberfürsorge verantwortlichen Ministerien und Organisationen der jeweiligen Länder zusammensetzen sollte. Für Deutschland wurden als ständige Mitglieder ein Vertreter des Auswärtigen Amtes, der Direktor des ZAK und der Bundesführer des Volksbundes bestimmt und der Volksbund als nichtamtliche Organisation neben dem staatlicherseits zuständigen Amtlichen Deutschen Gräberdienst anerkannt. Auf deutscher Seite bildete der gemeinsame Ausschuss damit in seiner Zusammensetzung die Entwicklungen in der Kriegsgräberfürsorge der letzten Jahre ab. Aus Sicht der IWGC war die Einrichtung des Gremiums mit zwei Zielen verbunden. Er sollte die Kommunikation bei der grenzüberschreitenden Betreuung der Kriegsgräber erleichtern, weshalb auch ein Beitritt Belgiens zum Abkommen ausdrücklich erwünscht wurde, um die flandrischen Friedhöfe integrieren zu können. Daneben hatte die gemeinsame Runde der ehemaligen Kriegsgegner vor allem aber symbolische Bedeutung. David Crane ist zu dem Urteil gekommen, dass der Leiter der IWGC der Vorstellung anhing, über die gemeinsame Arbeit in der Kriegsgräberfürsorge den Frieden in Europa erhalten

208 Vgl. *Brandt*, Kriegsschauplatz, S. 136 f.

209 Zum Vertragstext siehe Vereinbarung über Kriegsgräber, 1935, in: Verträge der Bundesrepublik Deutschland, Serie A: Multilaterale Verträge, Bd. 40, hg. v. Auswärtigen Amt, Bonn 1973, A 557.

zu können.[210] Man kann Wares Initiative somit als Anhängsel zur britischen Appeasement Politik begreifen. Auf der sachlichen Ebene hatten sich die zwischenstaatlichen Beziehungen in Kriegsgräberfragen in den Nachkriegsjahren in der Tat erstaunlich gut entwickelt und zwischen einzelnen Beteiligten auch freundschaftlichen Charakter bekommen. Ware überschätze jedoch die Reichweite seines Arbeitsfeldes und die politische Instrumentalisierung, die der Kult um die gefallenen Helden in Nazideutschland erfuhr. Als der gemeinsame Ausschuss 1936 in Köln zusammentraf, wurde Ware auch zur zeitgleich stattfindenden Reichstagung des Volksbundes eingeladen. Er hielt seine Gastrede in einem Meer aus Hakenkreuzfahnen.[211] Die Anwesenheit der ausländischen Gäste wurde zur Geste der Achtung vor dem Opfer der gefallenen deutschen Krieger verklärt. Die Einbindung des Volksbundes in die Arbeit des gemeinsamen Gräberausschusses und dessen Verankerung in einem zwischenstaatlichen Vertrag hatten vor allem aber langfristige Auswirkungen auf die deutsche Kriegsgräberfürsorge, was nach dem Zweiten Weltkrieg erneut Relevanz bekamen und die Stellung und Handlungsmöglichkeiten des Volksbundes beeinflusste.

210 Vgl. Crane, Empire, S. 243.
211 Kriegsgräberfürsorge 17 (1937), Nr. 1, S. 7 f.

III. Geteilte Verantwortung: Kriegsgräberfürsorge nach dem Zweiten Weltkrieg

Das Ende des Zweiten Weltkrieges und der Zusammenbruch des NS-Staates, so wurde es in der Forschung mehrfach formuliert, werden als Zäsur im politischen Totengedenken gesehen, weil insbesondere die militärische Kriegstotenehrung durch den Nationalsozialismus diskreditiert war und die Gründung der Bundesrepublik sich nicht mehr mit einer positiven Sinnstiftung des Kriegstodes verbinden ließ.[1] Dies wurde vor allem mit Blick auf staatliche Gedenkakte formuliert, die Frage, wie denn aber mit den Gräbern der Kriegstoten verfahren wurde, für die eine staatliche Verantwortung bestand, ist bisher nicht erschöpfend beantwortet worden. Und gerade vor dem Hintergrund der nach Kriegsende von den Alliierten geforderten und für den demokratischen Neubeginn notwendigen Abkehr von Nationalsozialismus, Militarismus und allem, was irgendwie ideologisch kontaminiert erschien, stellt sich umso mehr die Frage, wie sich eine öffentliche Kriegsgräberfürsorge, die immer untrennbar mit der militärischen Totenehrung verbunden gewesen war und gerade im Nationalsozialismus fast vollends ideologisch vereinnahmt wurde, auch nach dem Zweiten Weltkrieg fortsetzen ließ und welche Begründung insbesondere der dauerhafte Erhalt von Kriegsgräbern als besonderes Merkmal der öffentlichen Ehrung erfuhr.

Die Entwicklung der Kriegsgräberfürsorge nach dem Zweiten Weltkrieg lässt sich nicht begreifen, ohne die in der Zwischenkriegszeit bei der Errichtung militärischer Grabstätten in Europa gesammelten Erfahrungen und die geschaffenen staatlichen und zivilgesellschaftlichen Strukturen zur Betreuung der Kriegsgräber zu berücksichtigen. Es entstanden internationale Normen zum Umgang mit den Gräbern von Kriegstoten, es bestanden nationalspezifische Formen der Friedhofs- und Grabmalgestaltung ebenso wie ritualisierte öffentliche Gedenkpraktiken, die auch weiterhin Auswirkungen auf die Kriegsgräberfürsorge im Nachkriegsdeutschland hatten. Fasst man die Entwicklung der Kriegsgräberfürsorge in Deutschland bis 1945 nochmals zusammen, lässt sich diese in drei Phasen unterteilen, die durch wesentliche Schritte für die Herausbildung des

1 Zum Niedergang des Gefallenenkultes nach 1945 vgl. *Mosse*, Vaterland, S. 268. Koselleck spricht von einem »tiefgreifenden Wandel« des politischen Totenkultes, der sich nach dem Zweiten Weltkrieg vollzieht und mit einem Verlust politischer Sinnstiftungsangebote einhergeht. *Koselleck*, Einleitung, S. 10; ders., Transformation. Kritisch hierzu *Kaiser*, Helden, S. 227.

Organisationswesens, des Friedhofbaus und der Grabpflege sowie des Grades der gesellschaftlichen Einbindung gekennzeichnet sind.

Die Erste erstreckt sich zeitlich bis etwa 1924 und ist organisatorisch gekennzeichnet durch die Herausbildung einer dualen Struktur in der Kriegsgräberfürsorge, innerhalb der die begrenzten staatlichen Maßnahmen durch den Volksbund als privilegierte, jedoch in seinem Bestand noch nicht gefestigte Organisation unterstützt werden sollten. Zugleich waren dabei die tatsächlichen Möglichkeiten zur Pflege der deutschen Kriegsgräber im Ausland durch die rechtlichen und außenpolitischen Rahmenbedingungen eng begrenzt. Die Zielvorstellungen, wie deutsche Kriegsgräber zu erhalten seien, waren noch von Gestaltungsideen für Friedhöfe geleitet, die während des Krieges entstanden waren.

Die zweite Phase beginnt Mitte der Zwanzigerjahre. Die Strukturen der Kriegsgräberfürsorge in Deutschland können seitdem als konsolidiert bezeichnet werden. Dem Volksbund Deutsche Kriegsgräberfürsorge war es gelungen, sich als Organisation nach Überwindung der inflationsbedingten Krise zu festigen. Das Verhältnis zwischen dem Verein und den Behörden sowie die amtlichen Zuständigkeiten zwischen den beteiligten staatlichen Stellen, insbesondere Auswärtigem Amt und dem Zentralnachweiseamt für Kriegerverluste und Kriegergräber (ZAK), waren in den Jahren zuvor verbindlich geregelt worden und etabliert. Das Verhältnis zu den ausländischen Gräberdiensten im Westen entwickelte sich zu einer sachorientierten Kooperation, die es nun auch ermöglichte, entgegen der ursprünglichen Satzung des Versailler Vertrages deutsche Stellen an der Gestaltung deutscher Kriegsgräber im Ausland zu beteiligen. Auf dieser Grundlage konnte auch der Volksbund Deutsche Kriegsgräberfürsorge Pläne für die Gestaltung ganzer Friedhöfe entwickeln und umsetzen. Der Verein begann mit dem Aufbau einer eigenen Bauabteilung. Diese entwickelte eigene Konzepte zur Friedhofsgestaltung in Frankreich und Belgien, die auf den Voraussetzungen aufbauten, die durch die staatlichen Maßnahmen zur Bergung der Kriegstoten an der Westfront geschaffen worden waren. In diesem Zeitraum erreichte der Verein eine deutschlandweite Verbreitung mit mehr als einhunderttausend Mitgliedern.

Als dritte Phase lässt sich der Übergang zur NS-Diktatur bis zum Kriegsende 1945 bezeichnen. Hier gewann das Bauprogramm des Volksbundes deutlich an Volumen. Auch international wurde die Stellung des VDK neben dem ZAK anerkannt. Der Volksbund wurde als Organisation 1935 in ein zwischen Großbritannien, Frankreich und Deutschland geschlossenes Abkommen zur wechselseitigen Kriegsgräberfürsorge einbezogen. Zugleich rückte der Volksbund in der öffentlichen Wahrnehmung als wichtigste Kriegsgräberfürsorgeorganisation in den Vordergrund. Seine Aktivitäten begannen den Anteil der staatlichen Maßnahmen zu überdecken, was durchaus die Interessen der NSDAP bediente. Denn die Baukonzepte der Bauabteilung des VDK wurden im Nationalsozialismus ideologisch Überfrachtet. Die Kriegsgräberstätten des Volksbundes in den Dreißigerjahren stellten die Kriegstoten in den Dienst der NS-Ideologie. Dies kommt vor allem in den sogenannten »Totenburgen« zum Ausdruck, bei denen zentrale humanitäre Prinzipien der Kriegsgräberfürsorge in den Hintergrund treten. Für die Festigung der Stellung des Volksbundes als deutsche Kriegsgräberfürsorgeorganisation sind jedoch nicht nur seine umfangreichen Bauaktivitäten entscheidend. Es gelang ihm gleichzeitig mit Unterstützung des NS-Regimes, seine Organisation und Mitgliederbasis enorm zu erweitern und deutschlandweit zu verankern. Der Volksbund wurde zu einer Massenorganisation mit mehreren Hunderttausend Mitgliedern, die sehr eng mit kommunalen Verwaltungsstrukturen verflochten war und Vereinsgliederungen selbst in strukturschwachen ländlichen Regionen aufbaute. Der Verein erhielt Zugang auf Inhalte des Schulunterrichts und konnte weiterhin öffentlich für sein Anliegen werben. Trotz der umfassenden »Gleichschaltung« blieb er formal aber immer eigenständig und wurde nie zu einer offiziellen Parteiorganisation der NSDAP. Während des Krieges unterstand die Kriegsgräberfürsorge der Oberhoheit der Wehrmacht. Der Volksbund stand aber in enger Verbindung mit ihr und stellte Personal und Wissen zur Verfügung.

Als im Mai 1945 der Krieg endete, lag zwar die Geschäftsstelle des Volksbundes in Trümmern, sein Präsident war selbst im Krieg gefallen. Durch sein deutschlandweites Netz aus örtlichen Vereinsniederlassungen bestand aber weiterhin eine bekannte Struktur, die sich wiederbeleben ließ, um sich der Kriegsgräber zunächst vor Ort, dann aber auch in ganz Europa anzunehmen. In den folgenden Kapiteln wird zunächst untersucht, wie sich die Reorganisation der Kriegsgräberfürsorge im Nachkriegsdeutschland vollzog. Betrachtet werden dabei zunächst die Handlungsspielräume, die sich für den Volksbund und die verbliebenen behördlichen Strukturen während der Besatzungszeit ergaben. Hierbei wird deutlich werden, wie sich die Kontinuität des Volksbundes als Organisation über das Kriegsende hinaus erklären lässt und welche Veränderungen die Kriegsgräberfürsorge strukturell im Übergang zur Bundesrepublik durchlief. Kriegsgräberfürsorge blieb zwar weiterhin staatliche Aufgabe, kam aber in der praktischen Durchführung vor allem unter Rückgriff auf den Volksbund als zivilgesellschaftliche Organisation zum Tragen. Der Erhalt deutscher Kriegsgräber stand damit auch nach 1945 in einer Traditionslinie, die seit 1919 mit Gründung des Volksbundes beschritten worden war. Wie sich dies im praktischen Umgang mit Kriegsgräbern nach dem Zweiten Weltkrieg niederschlug, wird anhand der Kriegsgräberfürsorgemaßnahmen der Bundesrepublik untersucht, die vom Volksbund vor allem zwischen den Fünfziger- und Siebzigerjahren durchgeführt wurden. Kriegsgräberfürsorge bewegte sich zwischen Tradition, völkerrechtlicher Praxis und den sozialen Bedürfnissen einer Nachkriegsgesellschaft, wobei der Umgang mit deutschen Kriegsgräbern schrittweise den sich wandelnden gesellschaftlichen und politischen Erwartungshaltungen angepasst wurde.

1. Die Reorganisation des Kriegsgräberfürsorgewesens in der Besatzungszeit

Im Hinblick auf die organisatorischen Voraussetzungen erschienen die Bedingungen für eine zukünftige geordnete Betreuung deutscher Kriegsgräber am 8. Mai 1945 denkbar schlecht. Vergleicht man die Lage mit der Ausgangssituation nach dem Ersten Weltkrieg, treten nicht nur die ungleich größeren quantitativen Ausmaße von Tod und Zerstörung hervor, sondern auch das Erliegen der Arbeit sämtlicher mit der Erfassung und Verwaltung von Kriegsgräbern betrauten zivilen und militärischen Stellen. Der Prozess der Reorganisation und Restrukturierung der Kriegsgräberfürsorge in Deutschland begann jedoch bereits in der unmittelbaren Nachkriegszeit und erstreckte sich zeitlich bis in die ersten Jahre der Bundesrepublik. Nach dem Ersten Weltkrieg hatten die vormals militärischen Dienststellen relativ zügig in eine zivile Verwaltungsstelle überführt werden können. Wie bereits dargestellt wurde, war hierbei sozusagen als ein Nebenprodukt der Volksbund Deutsche Kriegsgräberfürsorge entstanden. Die noch zur Beginn der Weimarer Republik angedachte Ergänzung der staatlichen Kriegsgräberfürsorge durch Beteiligung privater Initiativen geriet durch die zunehmend umfangreicheren Bauprojekte des Volksbundes bereits in den Dreißigerjahren aus der Balance. Unter den Bedingungen der alliierten Besatzungsherrschaft verlagerte sich die Aufgabenwahrnehmung in der Kriegsgräberfürsorge zwischen den beteiligten staatlichen Stellen sowie dem Volksbund nun jedoch soweit, dass der Volksbund wesentliche Aufgaben eines amtlichen Gräberdienstes übernahm. Für die Reorganisation der staatlichen Kriegsgräberfürsorge einerseits und des Volksbundes andererseits bestanden unter den Nachkriegsbedingungen unterschiedliche Voraussetzungen und Handlungsspielräume, die diesen Prozess beeinflussten.

Die Erfahrungen des Ersten Weltkrieges und die anschließende Bergung der Toten von den Schlachtfeldern hatten dazu geführt, dass bei Ausbruch des Zweiten Weltkrieges die beteiligten Streitkräfte organisatorisch wesentlich besser auf die Registrierung von Gefallenen und ihrer Gräber vorbereitet waren, als dies noch 1914 der Fall gewesen war.[2] Die hierzu relevanten völkerrechtlichen Vereinbarungen waren im Genfer Abkommen 1929 zudem konkretisiert worden. Im Genfer Abkommen waren nun erstmals konkrete Verfahrensweisen zum Umgang mit Kriegstoten implementiert worden, die darauf abzielten, alle Toten zu identifizieren und die Bestattungsorte zeitnah zu dokumentieren. Im Kriegsfall waren alle Armeen dazu verpflichtet, die notwendigen bürokratischen Voraussetzungen dafür zu schaffen, um im Kriegsfall eigene wie auch fremde

2 Vgl. *Capdevila/Voldman*, War Dead, S. 61.

Kriegstote ordnungsgemäß zu bestatten und Informationen über die Lage der Gräber zentral zu erfassen.[3]

Mit Ausbruch des Zweiten Weltkrieges wurde die Zuständigkeit für Kriegsgräber daher an die Wehrmacht übertragen.[4] Die Wehrmacht trug die Verantwortung für alle Kriegsgräber in den besetzten oder umkämpften Gebieten, im Inland war das Reichsministerium des Innern beteiligt. Für die administrative Erfassung von Kriegsgräbern, Verlusten sowie die Registrierung von Kriegsgefangenen wurde wenige Tage vor dem Überfall auf Polen eine eigene Dienststelle, die Wehrmachtauskunftstelle für Kriegerverluste und Kriegsgefangene (WASt), eingerichtet, die dem Wehrmachtverlustwesen des OKW untergeordnet war.[5] Für die Bestattung von Kriegstoten und die ordnungsgemäße Anlage von Friedhöfen an der Front waren wie auch schon im Ersten Weltkrieg die sogenannten Gräberoffiziere verantwortlich.[6] Dem ZAK oblag weiterhin die administrative Zuständigkeit für die Kriegstoten des Ersten Weltkrieges. Mit der Besetzung Frankreichs und Belgiens fielen die in der Zwischenkriegszeit dort angelegten Friedhöfe ebenfalls in den Hoheitsbereich der Wehrmacht. Die Verantwortung für die Pflege und Instandhaltung dieser Kriegsgräber lag somit ebenfalls beim OKW. Die in der Zwischenkriegszeit etablierten Strukturen in der Kriegsgräberfürsorge wurden in gewissem Umfang auch während des Zweiten Weltkrieges genutzt. Das ZAK als eine dem Reichsministerium des Innern unterstellte Behörde wurde bei der Erfassung von Kriegsgräbern im Inland eingebunden. Der Volksbund unterstützte die Wehrmacht bei der Angehörigenbetreuung und der Pflege der Friedhöfe des Ersten Weltkrieges, soweit es die Lage zuließ. Beide gaben zudem Personal an die Wehrmacht zur Verwendung im Wehrmachtverlustwesen oder als Gräberoffiziere ab.[7]

Die Wehrmachtauskunftstelle erfüllte während des Krieges die Funktion einer Auskunftstelle gemäß der Genfer Konvention. Neben der Erfassung von Kriegsgefangenen, die sich in deutschem Gewahrsam befanden, war die WASt gleichzeitig zuständig für die Auswertung der Verlustmeldungen der Wehrmacht. Hierzu zählte auch die Führung der zentralen Gräberkartei, in der die

3 Siehe insbesondere Artikel 4 des Genfer Abkommens zur Verbesserung des Loses der Verwundeten und Kranken der Heere im Felde vom 27. Juli 1929, in: RGBl. II 1934, S. 208–226, hier S. 214. Vgl. außerdem *Henckaerts*, Customary International Humanitarian Law, Bd. 1, Rule 115 u. Rule 116, S. 414–420.

4 Vgl. Verordnung über die Gräberfürsorge der Wehrmacht des Großdeutschen Reiches. Vom 2. April 1940, in: RGBL I 1940, Nr. 64, S. 621.

5 Zur Geschichte der Wehrmachtauskunftstelle sowie des Wehrmachtverlustwesens siehe *Remmers*, Deutsche Dienststelle, sowie *Overmans*, Verluste.

6 Vgl. *Woche*, Wehrmachtgräberoffiziere.

7 Overmans erwähnt, dass der Personalstamm bei Einrichtung der WASt 1939 weitestgehend aus dem Personal des ZAK zusammengezogen wurde. Vgl. *Overmans*, Verluste, S. 95. Personelle Transfers vom Volksbund zur Wehrmacht sind ebenfalls belegt. Siehe hierzu auch Kapitel II.2.5.

von den Gräberoffizieren der Wehrmacht gemeldeten Grablagen verzeichnet wurden. In der Gräberkartei waren sowohl Ort und Lage des Grabes als auch die Identität des Toten verzeichnet, der zudem über seine Erkennungsmarke und die Grabmarkierung einwandfrei zu identifizieren war. Zum Schutz vor Fliegerangriffen war die Wehrmachtauskunftstelle und ihr gesamtes Datenmaterial bereits 1943 nach Saalfeld und Meiningen in Thüringen ausgelagert worden. Mit dem Vorstoß der alliierten Truppen geriet die WASt im April 1945 zunächst unter US-amerikanische Kontrolle.[8] Der WASt wurde von den Amerikanern eine besondere Stellung zuerkannt, die sich aus der Umsetzung der völkerrechtlichen Konventionen herleitete, so dass die WASt ihre Arbeit unter Aufsicht des US-Militärs fortsetzen durfte. Mit der Übergabe Thüringens an die Sowjetische Militäradministration im Juli 1945 wurde die Wehrmachtauskunftstelle mit den in Saalfeld verwahrten Unterlagen in die amerikanische Besatzungszone in das Ministerial Collecting Center nach Fürstenhagen überführt. Das Aktenmaterial in Meiningen, wozu auch die Gräberkartei zählte, wurde von den sowjetischen Truppen übernommen.[9] Die völkerrechtliche Bedeutung des Aufgabenspektrums der Wehrmachtauskunftstelle spielte eine gewisse Rolle bei den Entscheidungen der Alliierten, wie künftig mit der Wehrmachtsbehörde und ihren Unterlagen verfahren werden sollte. Die Überführung des Aktenmaterials nach Fürstenhangen muss aber auch im Kontext der breitangelegten Zusammenführung von Verwaltungsschriftgut durch die Amerikaner und Briten gesehen werden. Die im Rahmen der Operation Goldcup in Fürstenhagen zusammengezogenen Aktenbestände und Verwaltungsbeamte sollten die Grundlage für den Neuaufbau einer deutschen Verwaltung bilden.[10] Hierdurch wird deutlich, dass auch die Neuordnung der Kriegsgräberfürsorge stark von den Interessen und Plänen der Alliierten für die deutsche Nachkriegsordnung abhängig war. Sowohl bei der Frage der Zukunft der Wehrmachtauskunftstelle als auch im speziellen Fall der zukünftigen Gestaltung der Kriegsgräberfürsorge in Deutschland bestanden immer auch spezifische Eigeninteressen der Besatzungsmächte, die die Entwicklung der Organisationsstrukturen des Kriegsgräberfürsorgewesens in der Nachkriegszeit wesentlich prägten.

Aus logistischen Gründen konnte nur ein Teil der Wehrmachtsunterlagen beim Abzug aus Saalfeld und Meiningen in die amerikanische Besatzungszone überführt werden. Die Dokumente der WASt umfassten Karteien und Akten mit einem Gesamtgewicht von 531 Tonnen und hätten vollständig nur mit erheblichem Aufwand verlegt werden können.[11] Im Vorfeld des Umzuges

8 Vgl. *Böhme*, Gesucht wird, S. 17.

9 Vgl. *Remmers*, Deutsche Dienststelle, S. 35.

10 Vgl. Zur Operation Goldcup und dem Umgang mit deutschem Aktenbeständen und Verwaltungsunterlagen durch die Alliierten siehe *Eckert*, Kampf, S. 36 f.; *Armbruster*, Rückerstattung, S. 154–180.

11 Vgl. *Overmans*, Verluste, Anhang 6.1, S. 326.

nach Fürstenhagen war daher bei einer vorläufigen Sichtung der Unterlagen entschieden worden, dass vor allem die Dokumente überführt werden sollten, die Aufschluss über den Verbleib vermisster oder gefangener Militärangehöriger der Westalliierten enthielten. Diese Unterlagen waren in Saalfeld verwahrt, wo sich außerdem die ebenfalls gerettete Zentralkartei befand, in der alle deutschen Verlustmeldungen verzeichnet waren. Diese Kartei bildete die wesentliche Arbeitsgrundlage für die Fortsetzung der Arbeit der WASt.[12]

Am Standort Meiningen wurden dagegen neben der Gräberkartei unter anderem die Karteien mit sowjetischen Kriegsgefangenen verwahrt, so dass diese mit der Übergabe des Standortes an die sowjetische Militäradministration gewissermaßen in die Hände ihres natürlichen Interessenten fielen.[13] Die Gräberkartei war zwar ein kaum zu ersetzendes Hilfsmittel für den Verbleib der über ganz Europa verstreuten Gräber der Toten der Wehrmacht. Sie schien aus alliierter Sicht für die unmittelbare Fortführung der Arbeit der Wehrmachtauskunftstelle am neuen Standort Fürstenhagen aber entbehrlich, denn deren Aufgabe sollte vornehmlich darin bestehen, noch nicht erfasste Verlustmeldungen abzuarbeiten und die Sterbefälle bei den zuständigen Standesämtern zur Anzeige zu bringen. Die Amerikaner gingen zu diesem Zeitpunkt davon aus, dass die WASt diese Aufgabe bis zum Frühjahr oder Sommer 1946 erledigt haben würde und dann aufgelöst werden könne.[14]

Die Gräberkartei dagegen wurde unter der Verfügungsgewalt der sowjetischen Militäradministration nicht für behördliche oder private Anfragen zugänglich gemacht. Im Westen war ihr Verbleib fortan ungeklärt. Sie tauchte erst nach der Wiedervereinigung in einer Außenstelle des Staatsarchives der DDR wieder auf.[15] Aus diesen Umständen ergab sich, dass nach Kriegsende zwar die Arbeit der Wehrmachtauskunftstelle auch unter Kontrolle der alliierten Besatzungsmächte fortgesetzt wurde, diese sich aber auf die Bearbeitung von Kriegssterbefällen konzentrierte. Der Verlust der Gräberkartei bedeutete, dass damit bei der WASt zunächst kein zentrales Verzeichnis für Kriegsgräber mehr vorhanden war. Der Aufgabenschwerpunkt wurde auch in der offiziellen Bezeichnung der Behörde deutlich, die von der amerikanischen Militärregierung nun als »Deutsche Dienststelle für die Benachrichtigung der nächsten Angehörigen

12 Vgl. *Smith*, Million, S. 52.

13 Vgl. *Remmers*, Deutsche Dienststelle, S. 35.

14 Coordinating Committee, Military Directorate, Notification of the Death of Members of the Former German Armed Forces to their Next of Kin, in: Allied Control Authority Germany, Enactments and Approved Papers of the Control Council and Coordinating Committee, Volume I (1945), S. 245 ff.; Smith verweist auf eine Aussage von General Clay vom Dezember 1945, der zu diesem Zeitpunkt ebenfalls noch von einem Zeitraum von sechs Monaten ausging. Siehe *Smith*, Million, S. 53.

15 Vgl. *Remmers*, Deutsche Dienststelle, S. 37 u. S. 69; *Overmans*, Verluste, S. 132.

von Gefallenen der ehemaligen deutschen Wehrmacht«, oder kurz einfach als »Deutsche Dienststelle (WASt)« geführt wurde.

Rüdiger Overmans hat außerdem darauf hingewiesen, dass die WASt für die Registrierung von Sterbefällen und Wehrmachtsgräbern an der Front zuständig gewesen sei, jedoch während des Zweiten Weltkrieges nicht der Fall vorhergesehen worden war, dass sich die Front ins Inland verlagern könnte. Hierdurch waren die offiziellen Meldewege der Wehrmacht mit den rechtlichen Vorgaben der im Inland geltenden Personenstandsverordnung kollidiert, nach der die örtlichen Standesämter für die Beurkundung von Sterbefällen zuständig waren, was teilweise dazu geführt hatte, dass die WASt diese zunächst nicht erfasste.[16] Die Lage von Kriegsgräbern auf inländischen Friedhöfen hätten der WASt wiederum über einen regelmäßigen Abgleich von Gräberverzeichnisse der kommunalen Friedhöfe zur Kenntnis gebracht werden sollen, den das ZAK durchführte.[17] Der Dienstsitz des ZAK wurde bei einem Luftangriff am 3. Februar 1945 jedoch zerstört, bei dem ein Großteil der Unterlagen verloren ging. Hinzu kam der allgemeine fortschreitende Zusammenbruch der Kommunikationswege, der militärischen Verbände und der Verwaltungsstrukturen in den letzten Kriegsmonaten.[18] Er brachte das militärische Meldewesen bereits Ende 1944 an den Rand des Kollapses, so dass militärische Verlust- oder Grabmeldungen nicht mehr vollständig bearbeitet werden konnten oder gar nicht erst übermittelt wurden.[19]

Die nahe Zukunft der ehemaligen Wehrmachtauskunftstelle blieb auch am neuen Standort weiterhin ungewiss. 1946 wurde die Deutsche Dienststelle (WASt) weiter nach Berlin verlegt, wo sie im Juni der französischen Gruppe des Alliierten Kontrollrates unterstellt wurde. Nachdem sich abgezeichnet hatte, dass die ursprünglich angedachte rasche Abarbeitung der ausstehenden Wehrmachtsverlustmeldungen sich über Jahre hinziehen würde, hatte die US-Militärregierung eine vollständige Vernichtung des gesamten verbliebenen Aktenmaterials in Erwägung gezogen.[20] Gemäß den besatzungspolitischen Vorgaben zur vollstän-

16 Vgl. *Overmans*, Verluste, S. 94. Dieses Problem war der Wehrmacht bereits zu Kriegsbeginn durchaus bewusst. Jedoch wurde davon ausgegangen, dass Bestattungen von Wehrmachtsangehörigen im Inland nur in Einzelfällen vorkommen würden, etwa wenn diese während des Heimaturlaubes oder bei Lazarettaufenthalten verstarben. Siehe VKA, A.100-953, Abschrift RdErl. d. RMdI. v. 15.5.1940 – VI c 3161/40–6140.

17 Vgl. Richtlinien über die Fürsorge für die Gräber der Kriegsgefallenen auf den nichtreichseigenen Friedhöfen, in: MBliV Nr. 29 (1942), S. 1513 ff.; Richtlinien über die Fürsorge für die Gräber der Kriegsgefallenen des jetzigen Krieges auf den nichtreichseigenen Friedhöfen und über die Gestaltung von Kriegergräberanlagen, in: MBliV Nr. 49 (1943), S. 1817 ff.

18 Vgl. hierzu allgemein *Kershaw*, Das Ende, sowie im Hinblick auf den Zusammenbruch des Feldpostwesens *Echternkamp*, Kriegsschauplatz.

19 Vgl. *Remmers*, Deutsche Dienststelle, S. 52 u. S. 63.

20 Coordinating Committee, Disposition to be Made of the Archives of the German Agency for Notifying Germans of the Death of Their Near Relatives Who Had Served in the

digen Demilitarisierung Nachkriegsdeutschlands sollten die Wehrmachtsunterlagen nicht für einen möglichen Wiederaufbau der Wehrmacht genutzt werden können. Frankreich erhoffte sich seinerseits jedoch noch weitere Hinweise auf das Schicksal französischer Staatsangehöriger in den Unterlagen der früheren Wehrmachtauskunftstelle und hatte die Vernichtung der Unterlagen weiter hinausgezögert. Der Deutschen Dienststelle (WASt) wurde mit Übergang unter französische Kontrolle auch die Zuständigkeit für die Bearbeitung von Kriegsverlusten weiterer Organisationen übertragen, die im Krieg militärisch in irgendeiner Form zum Einsatz gekommen waren. Sie war außerdem die einzige Stelle, die in der Lage war, Meldungen über deutsche Gefallene auszuwerten, die beim Internationalen Roten Kreuz verwahrt waren.[21] Damit wurde aus dem Provisorium bald eine dauerhafte Einrichtung. 1951 wurde die Deutsche Dienststelle (WASt) in eine aus Bundesmitteln finanzierte Landesbehörde des Landes Berlins, die bis zur Aufhebung des Viermächtestatus Berlins im Zuge der Wiedervereinigung formal französischer Kontrolle unterstand. Als zuständige Behörde für die rechtsverbindliche Bestätigung von Kriegssterbefällen hatte sie in der Nachkriegszeit eine Schlüsselfunktion bei der Aufklärung von Kriegsschicksalen,[22] sie war jedoch kein amtlicher Gräberdienst und hatte auch keine koordinatorische Funktion bei der geordneten Bestattung von Kriegstoten.

In der Zwischenkriegszeit hatte Kriegsgräberfürsorge weitestgehend Maßnahmen zur Dokumentation und Erhalt militärischer Grabstätten umfasst. Das Kriegsgrab sollte dabei den militärischen Dienst honorieren sowie die Würde des Toten und das Trauerbedürfnis der Angehörigen respektieren. Mit dem Zusammenbruch des »Dritten Reiches« und dem Aufbau des Besatzungsregimes wurde die öffentliche militärische Totenehrung ausdrücklich untersagt und die Gräber der Gefallenen auf ihre private Funktion begrenzt.[23] Dagegen gewann das Zusammenspiel von geordneter Bestattung der Kriegstoten und verwaltungs-

Former German Army and Who Died during the War, in: Allied Control Authority Germany, Enactments and Approved Papers of the Control Council and Coordinating Committee, Volume III (1946), S. 176ff.

21 Vgl. *Smith*, Million, S. 53f.

22 Vgl. *Remmers*, Deutsche Dienststelle, S. 39f.; BArch Z 1/1068, Denkschrift über die Aufgaben der Deutschen Dienststelle, 1.3.1949.

23 Maßgebliche war hierfür die Direktive Nr. 30 des Alliierten Kontrollrates, mit der eine Beseitigung von Denkmälern mit militaristischem oder nationalsozialistischem Bezug angeordnet wurde. Sie wurden in den verschiedenen Besatzungszonen unterschiedlich restriktiv gehandhabt. Bei der Bestattung von Kriegstoten wurde die Verwendung von Wehrmachts- und NS-Symbolen auf Grabsteinen in der Regel untersagt. Siehe Direktive Nr. 30. Beseitigung deutscher Denkmäler und Museen militärischen und nationalsozialistischen Charakters, in: Die Alliierte Kommandantur der Stadt Berlin (Hg.), Der Alliierte Kontrollrat in Deutschland. Gesetze, Direktiven, Befehle, Anordnungen, Sammelheft 2., Januar bis Juni 1946, Berlin 1946, S. 138–139. Zur unterschiedlichen Anwendung der Direktive, vor allem in der SBZ siehe *Johst*, Totenehrung.

technischer Klärung von Kriegssterbefällen in den Nachkriegsjahren enorm an Bedeutung.

Die Registrierung von Kriegsgräbern berührte in den Nachkriegsjahren unmittelbar die Aufklärung von Vermisstenschicksalen.[24] Ein zentrales Verzeichnis, das alle bekannten Kriegsgräber enthielt, hätte die Möglichkeit eines Abgleiches mit Vermisstenlisten geboten und auch die Suche nach ausländischen Kriegstoten und deren Überführung in die Heimat erleichtert. Unklar blieb jedoch, welche Organisationen in die Kriegsgräberfürsorge einbezogen werden sollten. Zwischen den Alliierten bestand 1945 zwar grundsätzlich Einigkeit darüber, dass eine zentrale Erfassung aller Kriegsgräber notwendig sei und diese sich nicht allein auf die Gräber der militärischen Toten beschränken dürfe, sondern auch zivile Kriegstote und Kriegsgefangene einschließen müsse.[25] Der Alliierte Kontrollrat lehnte gleichzeitig jedoch eine zonenübergreifende Gräberregistrierung ab, da gerade die Stellen, die hierfür in Frage gekommen wären, im Zuge der angestrebten Demilitarisierung Nachkriegsdeutschlands beseitigt werden sollten. Die Fortsetzung der Arbeit der WASt wurde nur unter unmittelbarer alliierter Kontrolle geduldet und war zunächst nicht als dauerhafte Lösung gedacht. Ebenso wurde das ZAK abgelehnt, das man aus britischer Sicht zwar als amtliches Pendant zur IWGC betrachtete. Durch seine Nähe zur Wehrmacht während des Krieges stieß es aber auf Vorbehalte. Die Möglichkeit einer Einbindung des Volksbundes wurde bereits 1945 ebenfalls in Erwägung gezogen. Er wurde aber nur für den Bereich der Grabpflege in Erwägung gezogen, nicht jedoch für die amtliche Registrierung von Kriegsgräbern.[26]

Für die ersten Nachkriegsmonate bleibt zunächst festzuhalten, dass es keine organisatorische Lösung für die zentrale Registrierung von Kriegsgräbern gab. Dennoch spielte die Haltung der Besatzungsmächte bei der Neuordnung des Kriegsgräberfürsorgewesens in der Nachkriegszeit eine ganz wesentliche Rolle. Vor allem die britische Militärverwaltung trug maßgeblich dazu bei, dem Volksbund nicht nur den Weg zur Wiederaufnahme seiner Vereinsaktivitäten zu ebnen, sondern zu einer weitaus umfassenderen Stellung zu verhelfen, als sie der Verein in Vorkriegszeit inne gehabt hatte. Das Schicksal der Gräberverwaltung der Wehrmacht ist in Grundzüge bereits skizziert worden. Unabhängig von den Überlegungen der Besatzungsbehörden unternahmen die beiden anderen als Alternative für den Aufbau einer Gräberverwaltung in Frage kommenden Organisationen, das ZAK und der Volksbund, von sich aus schon wenige Wochen nach der Kapitulation eigene Versuche, ihre Arbeit wieder aufzunehmen und

24 Vgl. *Smith*, Million, S. 54.

25 Vgl. TNA, FO 1050/17, CCG (BE), I. A. & C. Division an Office of the Chief of Staff, Betr. German War Graves, 26.10.1945.

26 Vgl. TNA, FO 1050/17, CCG (BE), I. A. & C. Division, Adm. and Local Government Branch an I. A. & C. Division, Betr. Maintenance of German War Graves, 14.12.1945.

sich als zukünftiger Gräberdienst anzubieten. In der noch offenen Frage, durch wen und wie in Zukunft deutsche Kriegsgräber betreut werden würden, kam es hierbei zu einer offenen Konkurrenzsituation.[27] Die Handlungsspielräume bei der Restrukturierung der eigenen Organisation und im Kampf um die offizielle Anerkennung waren für die staatliche Behörde und den Verein unterschiedlich begrenzt.

Beide hatten gegen Kriegsende dasselbe Schicksal ereilt. Die Büroräume waren in Folge der Luftangriffe auf Berlin schwer beschädigt oder zerstört, ein Großteil der Unterlagen vernichtet worden. Die verbliebenen Mitarbeiter des ZAK versuchten, in den Wochen nach der Kapitulation neue Aufgaben für ihre Behörde zu suchen. Im Bewusstsein, dass die Arbeit der Wehrmachtauskunftstelle zum Erliegen gekommen war, strebte das ZAK nun an, eine Stellung einzunehmen, die seiner Funktion in der Zwischenkriegszeit entsprochen hätte. Sein Aktionsradius reichte dabei aber kaum über Berlin hinaus. Zunächst begann das Amt mit Genehmigung der sowjetischen Truppen Informationen über Kriegstote und Kriegsgräber in den Straßen Berlins zu sammeln. Eine Aufgabe, die ihm in den folgenden Monaten auch offiziell übertragen wurde, sich aufgrund des Besatzungsstatus jedoch auf Berlin beschränkte. Am 15. Oktober 1945 wurde das Amt unter der Bezeichnung »Amt für die Erfassung der Kriegsopfer« (AEK) der Kontrolle der französischen Gruppe des Alliierten Kontrollrates unterstellt, die ein Jahr später auch die Aufsicht über die nach Berlin verlegte Deutsche Dienststelle (WASt) übernahm, der es 1951 angegliedert wurde.[28]

Bis zu diesem Zeitpunkt wird in der Entwicklung des Amtes die fortdauernde Uneinigkeit der Besatzungsmächte deutlich, wie der organisatorische Rahmen für die Verwaltung der Kriegsverluste und Kriegsgräber in Deutschland gestaltet werden sollte. Das AEK begann eine ganze Bandbreite von Zuständigkeitsbereichen zu akkumulieren. Es fand über die Grenzen Berlins hinaus jedoch keine allgemeine Anerkennung. Das AEK strebte an, sich durch Ausweitung seiner Tätigkeiten als zentrale amtliche Auskunftstelle in allen personenbezogenen Fragen zu Kriegsschicksalen zu positionieren.[29] Allerdings war der einzige Dokumentenbestand des vormaligen ZAK, der zur Auskunftserteilung herangezogen werden konnte, einige erhaltene Lazarettunterlagen. Neben der Erfassung und Identifizierung von Kriegsgräbern in Berlin und dem näheren

27 VKA A.10-11, SchreibenVDK Geschäftsstelle Berlin, M. Zimmermann an Oberbürgermeister der Stadt Berlin, 4.7.1945.

28 BArch B 106/8703, Bericht über die Geschäfts- und Organisationsprüfung bei der Deutschen Dienststelle für die Benachrichtigung der nächsten Angehörigen von Gefallenen der ehemaligen deutschen Wehrmacht – früher Wehrmachtauskunftstelle für Kriegerverluste und Kriegsgefangene – in Berlin (WASt), 31.3.1953. Vgl. auch *Remmers*, Deutsche Dienststelle, S. 41.

29 BArch Z 13/766, Schreiben AEK an Verwaltung des Vereinigten Wirtschaftsgebiets, Oberdirektor Pünder, Frankfurt a. M., 7.8.1948.

Umland sollten daher als weitere Aufgabenfelder die Beurkundung von Sterbefällen in Konzentrationslagern und die Registrierung von Kriegsgefangenen hinzukommen. Hierbei geriet das Amt allerdings in direkte Konkurrenz zu ebenfalls bestehenden Einrichtungen in den Westzonen. Vom AEK erstattete Sterbefallanzeigen wurden nicht von allen Standesämtern in den westlichen Besatzungszonen als Grundlage für eine Beurkundung von Sterbefällen akzeptiert und die Einrichtung eines Sonderstandesamtes für die Bearbeitung von KZ-Sterbefällen machte das AEK auch in diesem Bereich bald obsolet.[30] Der Leiter des AEK versuchte über den Kontakt zur Besatzungsverwaltung in den Westzonen sein Amt als anerkannte Behörde zu etablieren. Aus den Reaktionen geht aber eindeutig hervor, dass das AEK nur insoweit Teil weiterführender Pläne war, als dass man mittelfristig anstrebte, es in irgendeiner noch zu schaffenden behördlichen Struktur aufgehen zu lassen, weshalb es zunächst in Ermangelung konkreter Pläne in seinem auf Berlin beschränkten Rahmen bestehen blieb.[31]

Das Vorgehen des Volksbundes in der unmittelbaren Nachkriegszeit ist dem der in Berlin verbliebenen Mitarbeitern des ZAK nicht unähnlich.[32] Auch hier versuchten einige Angehörige der Berliner Bundesgeschäftsstelle bereits in den ersten Nachkriegswochen sowohl Informationen über im Raum Berlin befindliche Kriegsgräber einzuholen, als auch Möglichkeiten zu eruieren, die für eine Wiederaufnahme der Vereinstätigkeit bestanden. Der Volksbund versuchte dabei ebenfalls direkt in die Lücke vorzustoßen, die durch den Zusammenbruch der Wehrmachtsgräberfürsorge entstand. Relativ schnell trat dabei die direkte Konkurrenzsituation zum ehemaligen ZAK hervor, nachdem bei dem Versuch über Friedhofsverwaltungen und Kirchen an Unterlagen über Kriegsgräber zu gelangen, Mitarbeiter des Volksbundes schnell feststellten, dass das ZAK dort ebenfalls vorstellig geworden war. Beide Seiten sprachen der jeweils anderen die Befähigung zur Übernahme der Verantwortung für die Kriegsgräberfürsorge ab. Das ehemalige ZAK bezog sich auf den formalen Standpunkt, seine Zuständigkeit aus seinem Status als frühere Reichsbehörde herzuleiten und die Beteiligung des Volksbundes abzulehnen. In den Augen des Volksbundes war dagegen das

30 Vgl. BArch Z 1/1097, Schreiben Innenministerium Württemberg-Baden an den Magistrat von Groß Berlin – Amt für die Erfassung der Kriegsopfer, Betr.: Sterbefallanzeigen des Amts für die Erfassung der Kriegsopfer in Berlin, 30.7.1949.

31 Vgl. BArch Z 11/77; BArch Z 13/766, Personalamt der Verwaltung des Vereinigten Wirtschaftsgebiets an den Vorsitzenden des Verwaltungsrates des Vereinigten Wirtschaftsgebiets, 25.1.1949; BArch Z 106/8704, Vermerk über ein Treffen des Innenministers mit Vertretern des VDK, 13.12.1949. Zur Haltung der Briten gegenüber dem Amtsleiter des AEK Krause siehe TNA, FO 1050/17, Graves Service HQ Berlin an Mil. Gov. HQ Staff CCG (BE), Betr.: Otto Krause and HQ OKW/ZAK German War Graves Organisation, 12.9.1945.

32 Zur Situation des VDK in Berlin in den ersten Nachkriegsmonaten siehe VKA A.10-11, Berliner Geschäftsstelle 1945–1946, Briefwechsel zwischen Zentralnachweiseamt für Kriegerverluste und Kriegergräber (ZAK) und Volksbund und Gesprächsprotokolle, Juli bis September 1945.

ZAK durch den Verlust der Wehrmachtsunterlagen gar nicht handlungsfähig. Der Volksbund versuchte sich bereits im Juli 1945 als offizieller Nachfolger des ZAK ins Spiel zu bringen. Bald jedoch war klar, dass als Voraussetzung für eine Wiederaufnahme der Vereinstätigkeit die Vorgaben der Alliierten zur Entnazifizierung erfüllt sein mussten, die sich nur über eine Änderung der Vereinssatzung und den Ausschluss NS-belasteter Mitglieder und Mitarbeiter aus Führungsämtern erreichen ließ.[33] Die Arbeit der Berliner Geschäftsstelle war zudem durch die eingeschränkten Kommunikationsmöglichkeiten behindert. Informationen über Entwicklungen in den anderen Besatzungszonen trafen nur verzögert und verzerrt ein. Berlin als Standort für die Bundesgeschäftsstelle erwies sich aufgrund der durch den besonderen Besatzungsstatus isolierten Lage als ungeeignet.

Zum wichtigsten Standort des Volksbundes während der Besatzungszeit entwickelte sich daher Oldenburg, das ab 1946 übergangsweise auch offizieller Sitz der Bundesgeschäftsstelle wurde. Oldenburg war der Heimatort Wilhelm Ahlhorns, der sich als langjähriges Volksbundmitglied von dort aus parallel zu den Bemühungen in Berlin um eine Neuordnung des Verbandes bemühte. Ahlhorn war 1933 als oldenburgischer Staatsrat in den vorzeitigen Ruhestand versetzt worden und galt daher als politisch unbelastet. Er war seit 1938 Mitglied im Vorstand des Volksbundes und übernahm mit der Neufassung der Vereinssatzung 1946 auch den Vorsitz des Volksbundes. Der von Berlin aus die Geschäfte leitende frühere stellvertretende Bundesführer Zimmermann musste wegen seiner NSDAP-Mitgliedschaft seinen Vorstandsposten aufgeben. Mit ihm schieden mit Ausnahme Wilhelm Ahlhorns auch alle weiteren Vorstandsmitglieder aus, die den Volksbund unter der NS-Herrschaft vertreten hatten.[34] Damit waren zwar formale Mindestvoraussetzungen für die Eintragung als rechtsfähiger Verein erfüllt, um die angestrebten Aufgaben in der Kriegsgräberfürsorge wirklich wahrnehmen zu können, war aber die weitere Haltung der Besatzungsmächte entscheidend.

Die Verlagerung der Bundesgeschäftsstelle nach Oldenburg ergab sich aus den notwendigen personellen Veränderungen an der Spitze des Volksbundes. Vor allem aber war sie eine strategische Entscheidung. Es war absehbar, dass in naher Zukunft eine Arbeitsgenehmigung für den Volksbund für Berlin nicht erteilt werden würde und die angestrebten Aufgaben hier bereits vom AEK übernommen wurden, dessen Tätigkeit auch von der russischen Militäradministration abgesegnet worden war. In Oldenburg waren die Aussichten auf einen möglichen Neuaufbau weitaus besser.[35] Die Briten standen dem Volksbund nicht ablehnend

33 Vgl. VKA A.10-13, Arbeitsgenehmigungen für Berlin/Schriftwechsel 1945–46.

34 VKA A.10-11, Niederschrift einer Besprechung beim Berliner Magistrat, Amt für Handel und Handwerk, 16.11.1945; VKA A.10-11, Berlinern Geschäftsstelle 1945–46, Schreiben M. Zimmermann an E. Franck, Bauleitung des VDK in München, 9.1.1946.

35 VKA A.10-11, Schreiben M. Zimmermann an E. Franck, Bauleitung des VDK in München, 9.1.1946.

gegenüber und strebten selbst eine organisatorische Neuordnung der Kriegsgräberfürsorge an. Ahlhorn war es außerdem gelungen, Kontakt zu weiteren Gliederungen herzustellen. An verschiedenen Orten zeigten sich Anzeichen einer dezentralen Reorganisation des Volksbundes. Diese Entwicklung galt es zügig zusammenzuführen und, soweit es unter den gegebenen Bedingungen möglich war, zu koordinieren. Ahlhorn war um eine rasche Neuordnung der Vereinsstruktur des Volksbundes bemüht. Die hierarchische Struktur aus Gauverbänden der NS-Zeit sollte aufgebrochen werden. An deren Stelle sollten wieder Landesverbände treten, die eigenständig Handlungsfähig sein sollten, um schnelle Hilfe bei der Betreuung von Kriegsgräbern leisten zu können.[36]

Der Volksbund sah sich in der Phase seiner verbandlichen Neuordnung nicht allein in Konkurrenz zum früheren Zentralnachweiseamt, sondern beobachtete auch verschiedene private Initiativen, die sich an anderen Orten gegründet hatten und anstrebten, auf dem Feld der Gräberregistrierung mitzuwirken.[37] Diese Entwicklung muss allgemein im Zusammenhang mit den zahlreichen Suchdiensten gesehen werden, die in der Nachkriegszeit überall entstanden. In der Umbruchszeit nach Kriegsende bestanden neben anerkannten amtlichen Stellen und internationalen Organisationen wie dem Roten Kreuz auch eine Reihe weiterer »Dienste« mit lokaler oder überregionaler Reichweite, die bei der Suche nach vermissten Angehörigen Hilfestellung anboten.[38] Diese war nicht immer allein durch humanitäre Beweggründe motiviert, sondern stellte in der Nachkriegszeit auch eine Erwerbsquelle dar.[39]

Ein befürchteter Wildwuchs unterschiedlicher Gräberdienste wurde durch eine Entscheidung der britischen Besatzungsbehörden bereits im März 1946 unterbunden. Die Briten erteilten dem Volksbund nicht nur die Genehmigung zur Wiederaufnahme seiner Vereinstätigkeit, sondern übertrugen ihm innerhalb der britischen Besatzungszone auch die Registrierung von Kriegsgräbern, also ein Aufgabenbereich, der eigentlich dem früheren ZAK unterstanden hatte. Da sich abzeichnete, dass die Einrichtung einer zentralen Stelle zur zonenübergreifenden Gräberregistrierung nicht zu erwarten war und in vielen besatzungspolitischen Fragen zwischen den Alliierten Uneinigkeit herrschte, hatten sich die Briten zu einer auf ihre Besatzungszone begrenzten Lösung entschlossen. Eine Beteiligung des Volksbundes an der Kriegsgräberfürsorge war als Möglichkeit von den Briten immer diskutiert worden.[40] Bereits im Sommer 1945 war in einer Eingabe eines deutschen Kriegsgefangenen auf die Notwendigkeit einer übergeordneten, die Kriegsgräberfürsorge koordinierenden, Stelle hingewiesen und

36 VKA A.10-15, Schreiben W. Ahlhorn an M. Zimmermann, 29.8.1945.
37 VKA A.10-11, Schreiben E. Franck an M. Zimmermann, 22.1.1946.
38 Vgl. *Mittermaier*, Vermißt wird, S. 20–38; *Böhme*, Gesucht wird.
39 Vgl. *Kalcyk/Westholt*, Suchdienst-Kartei, S. 25.
40 TNA, FO 1050/17, pag. 1–28 A.

dabei auf den Volksbund aufmerksam gemacht worden.[41] In den Dokumenten der britischen Militärregierung tritt der Volksbund dann verstärkt ab Herbst 1945 in Erscheinung, als sich die Zweifel an einer wirksamen Viermächteverwaltung Deutschlands innerhalb der britischen Militärregierung mehrten und die Notwendigkeit einer auf die britische Zone begrenzten Lösung realistischer wurde.[42] Aus Dokumenten der britischen Besatzungsbehörden geht außerdem hervor, dass bei der Frage der Neuordnung der Kriegsgräberfürsorge zwei Bereiche unterschieden wurden: die Registrierung der Kriegsgräber, sowie die Pflege der Grabstätten.[43] Die Briten erkannten, dass beide Bereiche in Deutschland in der Zwischenkriegszeit organisatorisch nicht unter einem Dach vereint worden waren, was aber kein grundsätzliches Problem darstellte. Zunächst favorisierten die Briten die Übertragung der Kriegsgräberfürsorge auf kommunale zivile Ausschüsse, die alle mit der Kriegsgräberfürsorge verbundenen Aufgaben übernehmen sollten. Es wurde jedoch schnell deutlich, dass viele unbekannte Tote nicht vor Ort identifiziert oder Angehörige nicht ermittelt werden konnten. Diese Aufgabe ließ sich nur durch Einrichtung einer zentralen Instanz bewältigen, die alle angelegten Gräber registrierte, verfügbare Informationen über die Identität der Toten sammelte und fehlende Daten dann im Austausch mit anderen Stellen wie der Deutschen Dienststelle (WASt) ergänzte. Die Briten verfolgten mit der Idee lokaler Kriegsgräberausschüsse das Ziel, die Betreuung von Kriegsgräbern und das Totengedenken soweit wie nur möglich staatlichem Einfluss zu entziehen. Dies brachte jedoch keinen Fortschritt in der Frage der notwendigen zentralen Registrierung der Gräber. Zudem deuten verschiedene Quellen unterschiedlicher Provenienz darauf hin, dass an verschiedenen Orten der Volksbund bereits frühzeitig nach Kriegsende die Bestattung von Kriegstoten und deren Umbettung in ordentliche Gräber in die Hand nahm.[44] Die Einführung ziviler Ausschüsse änderte nichts an dieser bestehenden Praxis, da der Volksbund in die Arbeit der Ausschüsse einbezogen wurde.[45]

41 TNA, FO 1050/17, Petition Hermann Behrman, 22.7.1945.

42 Vgl. *Schneider*, Besatzungspolitik, S. 51 f.

43 TNA, FO 1050/17, Schreiben CCG (BE), I. A. & C. Division an S. O. I., Betr. War Graves, 15.11.1945.

44 Im Regierungsbezirk Lüneburg erhielt der dortige Bezirksverband des VDK bereits am 4. Juli 1945 die Genehmigung »deutsche Soldatengräber [...] zu erfassen, zu registrieren, erforderliche Umbettungen im Verein mit den zuständigen Gesundheits- und Kirchenbehörden auszuführen«, KrA-UE, Fin Kriegsgräber, 12.9, Bescheinigung, 4.7.1945. Ebenfalls nachweisbar sind Aktivitäten des VDK im Raum Osnabrück, siehe z. b. NLA-StAO, Dep 59 b, Nr. 911, Schreiben Landrat Bersenbrück an die Bürgermeister im Kreis, 8.1.1946, in dem Mitgeteilt wird, dass der VDK seine Arbeit wieder aufgenommen hat und um Unterstützung gebeten wird.

45 Vgl. KrA-UE, Fin Kriegsgräber, 12.9, Schreiben Landrat Kreis Uelzen an Stadtdirektor Uelzen, 4.5.1946.

Der Volksbund erfüllte als Verein die von den Briten gewünschte Voraussetzung. Durch die Neufassung der Vereinssatzung und die Neubesetzung des Vorstandes war nun auch die notwendige Distanz zum NS-Regime formal hergestellt. Ende März 1946 wurde dem Volksbund von der britischen Militärregierung daher die Aufgabe übertragen, die Arbeit der lokalen Ausschüsse zu koordinieren.[46] Zeitgleich erging eine Anordnung des Oberpräsidenten der Provinz Hannover, der die Kompetenzübertragung an den Volksbund konkretisierte. Mit Wirkung zum 1. April 1946 wurde dem niedersächsischen Landesverband des Volksbunds die Wahrnehmung der Aufgaben des ZAK auf Grundlage der noch aus den Kriegszeiten stammenden Gesetze und Verordnungen übertragen.[47] Dies bedeutete, dass der Volksbund nicht nur lokal an Maßnahmen zur Kriegsgräberfürsorge mitwirkte, sondern damit auch den Ausfall einer verantwortlichen amtlichen Stelle kompensierte, die alle Kriegsgräber zentral erfasste. Zugleich wurde damit eine einheitliche Regelung für die gesamte britische Besatzungszone geschaffen, die sanktionierte, was sich vielerorts in den Monaten zuvor bereits durchgesetzt hatte.

Innerhalb der britischen Zone begann der Volksbund zunächst, die ihm von den Landkreisen sowie Gemeindeverwaltungen zugehenden Gräberlisten zu erfassen. Eine Unterscheidung von militärischen und zivilen Toten wurde in der Nachkriegszeit bei der Bestattung nicht vorgenommen, wenn auch der Volksbund sich seinem Selbstverständnis nach vor allem den Gefallenen verpflichtet sah. Verboten wurde von den Alliierten die Verwendung des Eisernen Kreuzes oder anderer symbolischer Ehrbekundungen auf den Grabstätten. Kriegsgräberfürsorge hatte ausschließlich humanitäre Zwecke zu erfüllen und sollte helfen, das Schicksal der Verstorbenen zu dokumentieren. Ungeachtet der Ausweitung des Kreises der zu erfassenden Gräber, spielten die Toten der Wehrmacht zahlenmäßig die größte Rolle. Bei der Identifizierung von Wehrmachtsangehörigen war der Volksbund auf die Zusammenarbeit mit der Deutschen Dienststelle (WASt) angewiesen, die im Besitz des Erkennungsmarkenverzeichnisses war. Zugleich profitierte die Deutsche Dienststelle (WASt) bei der Aufklärung von Sterbefällen durch die vom Volksbund übermittelten Grabmeldungen. Ebenso schwierig wie die Identifizierung eines Toten konnte die Ermittlung seiner Angehörigen sein, da in Folge des Krieges, Flucht oder Vertreibung, Adressangaben nicht mehr stimmten oder Angehörige selbst verstorben waren. Der niedersächsische Landesverband des Volksbunds begann daher 1946 mit der Veröffentlichung von sogenannten Verlustlisten, in denen Kriegstote aufgeführt waren, deren

46 TNA, FO 1050/17, Rundschreiben CCG (BE), Administration and Local Government Branch, Betr. Maintenance of German War Graves, 28.3.1946.

47 KrA-UE, Fin Kriegsgräber, 12.9, Schreiben Oberpräsident Provinz Hannover an Regierungspräsidenten, Betr. Fürsorge der Gräber der Kriegsgefallenen, 20.3.1946.

Angehörige nicht hatten ermittelt werden können. 1947 wurde mit der Anlage einer fortlaufend erweiterten Gräberkartei bei der VDK Bundesgeschäftsstelle begonnen, in der bekannte Kriegsgräber im In- und Ausland erfasst wurden und die die Verlustlisten ersetzte.[48] Am 28. Oktober 1947 übertrug auch das Bayerische Staatsministerium des Innern dem Volksbund die Aufgabe eine Erfassung alle Kriegsgräber in Bayern durchzuführen.[49]

Der Volksbund konnte seine Aufgaben auch deshalb effizient erfüllen, weil in der NS-Zeit der Ausbau der Vereinsorganisation engmaschig vorangetrieben worden war. Gerade in den Regionen, die unter britischer Besatzungsverwaltung standen, waren außerdem die Vereinsgliederungen des Volksbundes eng mit den regionalen Verwaltungsstrukturen verwoben. Um den ländlichen Raum für den Volksbund zu erschließen, hatte der Landesverband Niedersachsen bereits in den Zwanzigerjahren begonnen, die Landräte als Repräsentanten für die Kreisverbände des Volksbundes zu werben. Mancherorts hatte das Landratsamt zugleich als Adresse für den örtlichen Kreisverband gedient.[50] Die personellen Umbrüche in den Landratsämtern im ersten Jahr unter britischer Besatzung waren trotz der angestrebten Entnazifizierungspolitik begrenzt.[51] Innerhalb des Volksbundes gab es zwar Klagen darüber, dass NS-belastete Mitglieder und Mitarbeiter zum Teil ihre Posten räumen mussten, da man den Verlust qualifizierten Personales befürchtete, insgesamt erschütterten die personellen Veränderungen sowohl beim Volksbund als auch in der Verwaltung aber nicht die etablierten Strukturen.

Die personellen Verflechtungen auf allen Verwaltungsebenen machen auch verständlich, warum die Übertragung der Kompetenzen des Zentralnachweiseamtes an den Volksbund innerhalb der Verwaltung keinerlei Widerspruch provozierte. Die Übermittlung von Gefallenenlisten durch die Landratsämter an den Volksbund war in Niedersachsen außerdem ein bereits aus der Vorkriegszeit bekannter Vorgang. Der Volksbund hatte diese Listen genutzt, um Friedhöfe

48 Bis 1948 wurden acht Verlustlisten herausgegeben. Sie versuchten ein geographisches mit einem personenbezogenen Ordnungsprinzip zu verbinden, das jedoch bedingt durch die Listenform an Grenzen stieß. Enthalten waren alle bekannten persönlichen Angaben zum Toten und bekannte Angehörige, wobei die verfügbaren Informationen zwischen einem bloßen Nachnamen bis hin zu vollständigen biographischen Daten reichen konnten. Der Aufbau eines komplexen Karteisystems war gegenüber einfachen Listen jedoch deutlich überlegen.

49 Vgl. Kriegsgräber 1939/45 in Bayern, in: Kriegsgräberfürsorge 30 (1954), Nr. 8, S. 114.

50 Ein Arbeitsbericht des VDK aus dem Regierungsbezirk Osnabrück für das Jahr 1937 zeigt, dass von den neun Kreisgruppen im Bezirk sieben von Landräten geleitet wurden, eine vom Regierungspräsidenten, ein Vorsitz war zur Zeit unbesetzt. Die engen personellen Verflechtungen zwischen Landratsamt und Volksbund setzten sich auch nach dem Krieg fort. Siehe NLA-StAO, Dep 59 b, Nr. 911.

51 Vgl. *Schneider*, Nach dem Sieg, S. 60; *Arend*, Bürger, S. 23 ff.

im Ausland zu ermitteln, auf denen eine größere Zahl von Gefallenen aus derselben Herkunftsregion begraben lagen, um gezielt Friedhofspatenschaften vermitteln zu können.[52] Dass die während des Zweiten Weltkrieges noch an das ZAK versandten Listen mit vor Ort nachgewiesenen Kriegsgräbern von nun an dem Volksbund übermittelt wurden, war somit in der praktischen Durchführung ein weit geringeres Novum, als die damit verbundene Verlagerung des zentralen Gräbernachweises innerhalb der britischen Besatzungszone vom ZAK zum Volksbund.

Trotz der angestrebten Reinigung Deutschlands von Nationalsozialismus und Militarismus stärkten die Briten damit eine Organisation, die ihre Arbeit nachweislich in vollem Umfang in den Dienst der NS-Herrschaft gestellt hatte. Es ist dabei keineswegs so, dass die Briten bei ihren Versuchen das Totengedenken vor einer Vereinnahmung durch einen wiederaufkeimenden NS-Totenkult zu bewahren, die NS-Verstrickungen des Volksbundes schlichtweg übersahen. Ein vor der vollständigen Freigabe des Vereinsvermögens des VDK eingeholtes Gutachten bescheinigte ausdrücklich, dass der Volksbund mit dem HJ-Ehrenmal und dem Freikorpsehrenmal auf dem Annaberg NS-Kultstätten errichtet hatte. Für die Freigabe der Vereinskonten war jedoch nur entscheidend, dass der Volksbund die Bauten aus eigenen Mittel finanziert hatte und formal unabhängig von Staat und Partei gewesen war.[53] Die zügige Wiedereinbindung des Volksbundes nach Kriegsende durch die Briten war eine pragmatische Entscheidung. Grundsätzlich wollten die Briten den staatlichen Einfluss auf die Kriegsgräberfürsorge gering halten, weshalb sie dem Volksbund als Koordinierungsinstanz gegenüber einer amtlichen, der ehemaligen Wehrmacht nahestehenden Behörde wie dem ZAK den Vorrang gaben. Durch die besondere Stellung in der NS-Zeit als eigenständige Organisation, die nicht einer Parteiorganisation einverleibt wurde, erfüllte der Verein auf dem Papier die notwendigen Voraussetzungen. Zudem blieben weitere Entnazifizierungsmaßnahmen auf der personellen Ebene hiervon unberührt. Jedoch blieben damit genau die Strukturen erhalten, die überhaupt erst unter den Bedingungen der NS-Herrschaft geschafften worden waren und die die Voraussetzung dafür bildeten, dass der VDK weitreichende Aufgaben in der Kriegsgräberfürsorge übernehmen konnte. Dieser Gegensatz aus Entnazifizierungsdruck und strukturellen Beharrungskräften waren wesentliches Merkmal britischer Besatzungspolitik, das auch bei der Neuordnung der Kriegsgräberfürsorge hervortrat. Die Briten strebten an, zügig eine dezentrale zivile deutsche Selbstverwaltung aufzubauen, die nicht mit Funktionsträgern

52 NLA-StAO, Rep 450 Bers Akz 21/84 Nr. 403, VDK Provinzialverband Hannover an die Landräte der Provinz Hannover, 7.12.1925.

53 TNA, FO 1046/199, Schreiben CCG (BE), HQ Berlin, Property Control Branch, Finance Division an CCG (BE) HQ Land Schleswig-Holstein; Kiel, Betr. Volksbund Deutsche Kriegsgräberfürsorge e. V., 9.4.1948.

des alten Regimes belastet war, im Interesse einer »funktionalen Kontinuität deutscher Administrationen«[54] aber in ihren Strukturen erhalten blieb.[55] »[A]lle Gesetzte, Verordnungen Rechtsvorschriften, teilweise Institutionen, die nicht ausgesprochen nationalsozialistischen Charakter hatten, blieben ausdrücklich bestehen.«[56] Hierzu zählten auch der Volksbund und die während des Krieges erlassenen Verordnungen zur Kriegsgräberfürsorge.

Die Einbindung des Volksbundes in die Kriegsgräberfürsorge in der britischen Besatzungszone ist von grundsätzlicher Bedeutung, weil sie von den anderen beiden westlichen Besatzungsmächten in den folgenden Jahren nachvollzogen wurde. Zugleich war die Benennung des Volksbundes als einzige offiziell anerkannte Kriegsgräberfürsorgeorganisation verbunden mit einem Ausschluss konkurrierender Initiativen.[57] Dies betraf private Unternehmungen wie auch das aus dem ZAK hervorgegangene AEK in Berlin. In der amerikanischen Besatzungszone erhielt der Volksbund offiziell 1948 eine Arbeitsgenehmigung. Der Volksbund war damit der einzig amtlich anerkannte Gräberdienst in der Bizone. Die Franzosen scheinen zunächst ein organisatorisches Modell im Gewand einer behördlichen Lösung bevorzugt zu haben. Da sowohl die Deutsche Dienststelle (WASt) als auch das AEK der Aufsicht der französischen Kontrollratsgruppe unterstanden und erkennbar war, dass die Arbeit des Volksbundes auf die Errichtung und Betreuung von Grabstätten für die Kriegstoten ausgerichtet war, dabei die behördlichen Aufgaben bei der Aufklärung von Kriegssterbefällen nicht beschnitten wurden, sondern im Gegenteil sich beide Bereiche ergänzten, erkannten die Franzosen den Volksbund 1949 an.[58]

Das Interesse an der Wiedereinrichtung einer verantwortlichen Organisation für die dauerhafte Betreuung deutscher Kriegsgräber wurde zusätzlich dadurch gestärkt, dass den Alliierten gemäß Völkerrecht die Verantwortung für die deutschen Kriegsgräber in den Gebieten zufiel, die seit 1942 zurückerobert worden waren. Dieser Verpflichtung kamen die britischen und amerikanischen Truppen auch nach, indem sie, wenn sie auf deutsche Kriegstote stießen, diese bestatteten und nach Kriegsende begannen, die getöteten Wehrmachtssoldaten auf Sammelbegräbnisplätze umzubetten. Diese Maßnahmen erfüllten zwar die Vorgaben des Genfer Abkommens, konnten jedoch nicht zu einer dauerhaften Lösung führen, da die von den alliierten Truppen angelegten Friedhöfe mit deutschen Kriegstoten sich auf fremden Staatsgebiet befanden. Die Frage, wie und durch wen zukünftig die deutschen Kriegsgräber betreut werden sollten, war letztendlich

54 *Schneider*, Besatzungspolitik, S. 59.
55 Vgl. *Rudzio*, Neuordnung, S. 33 ff.
56 *Schneider*, Besatzungspolitik, S. 59.
57 VKA A.10-10, Schreiben CCG (BE), A & L. G. Branch, 10.4.1946.
58 Demarest zeigt, dass die Situation innerhalb der französischen Besatzungszone nicht einheitlich geregelt war. Vgl. *Demarest*, Arbeit, S. 28–31.

eine politische Frage, die von einer kommenden deutschen Regierung mit den betroffenen Staaten ausgehandelt werden musste. Solang jedoch keine verantwortliche deutsche Stelle existierte, die die Betreuung deutscher Kriegsgräber übernehmen konnte, verblieb diese Aufgabe bei den alliierten Streitkräften oder den Regierungen der Länder, in denen die Wehrmacht ihre Toten zurückgelassen hatte. Auch hier wurde von britischer Seite der Volksbund als mögliche Lösung in Spiel gebracht.[59] Anknüpfungspunkt für eine Übertragung der Kriegsgräberfürsorge im Ausland auf den VDK war das zwischen Großbritannien, Deutschland und Frankreich 1935 geschlossene Abkommen, in das auch der Volksbund als verantwortliche Organisation neben dem Amtlichen Deutschen Gräberdienst aufgenommen worden war.[60] Die Briten betrachteten das Abkommen auch über den Krieg hinaus als gültig. Großbritannien strebte insbesondere in Nordafrika an, mit der fortschreitenden Demobilisierung seiner Truppen die Verantwortung für den Erhalt der deutschen Kriegsgräber möglichst schnell abzutreten. Ebenso kamen Anfragen aus Italien eine Lösung für die zukünftige Verantwortung für die Betreuung deutscher und italienischer Kriegsgräber in beiden Ländern herbeizuführen. Der Volksbund war auch hier bereits ab 1948 in die Betreuung deutscher Kriegsgräber eingebunden und hatte eine aus ehemaligen deutschen Kriegsgefangenen gebildete Dienststelle beim italienischen Gräberdienst als Verbindungsstelle übernommen.[61]

Die sowjetische Militäradministration blockierte dagegen den Aufbau eines zentralen Gräberdienstes in ihrer Besatzungszone. Insbesondere die Betreuung von Kriegsgräbern durch den Volksbund wurde als Ausdruck eines deutschen Militarismus betrachtet und abgelehnt. Um überhaupt eine zentrale Stelle für Anfragen zu Kriegstoten und Kriegsgräbern in Ostdeutschland zu schaffen, wurde als Kompromisslösung die Einrichtung einer Abteilung Kriegsgräberfürsorge bei der Evangelischen Kirchenkanzlei geduldet. Die evangelische Kirche übernahm im Sommer 1949 auch das vom Volksbund bisher unter der Bezeichnung »Außenstelle Ost« geführte West-Berliner Büro am Hohenzollerndamm, das weiterhin als Verbindungsstelle in die SBZ und spätere DDR dienen sollte. Angestrebt war, dass über die Pfarrämter Informationen über Kriegsgräber ermittelt und dort zentral erfasst werden sollten. Die evangelische Kirche übernahm nicht nur die Büroräume des Volksbundes, sondern auch Teile des Personals, das seine Arbeit unverändert fortführte und mindestens bis 1960 auch weiterhin durch den Volksbund finanziert wurde.[62]

59 TNA, FO 1049/1741.

60 Siehe Vereinbarung über Kriegsgräber, 1935, in: Verträge der Bundesrepublik Deutschland, Serie A: Multilaterale Verträge, Bd. 40, hg. v. Auswärtigen Amt, Bonn 1973, A 557.

61 Siehe hierzu auch Kapitel III.4.1.

62 VKA A.10-21.

Die kirchliche Verwaltung bot in der SBZ/DDR eine Alternative zu den im Westen etablierten Strukturen des Volksbundes mit ihrer engen Anbindung an die regionale Verwaltung. Jedoch konnten die Pfarrämtern bei weitem nicht die Arbeit leisten, die der Volksbund in den ersten Nachkriegsjahren in den westlichen Besatzungszonen übernahm. In Ostdeutschland unterblieb in der Nachkriegszeit vielerorts eine geordnete Suche nach verstreuten Feldgräbern sowie eine gezielte Umbettung von Kriegstoten auf gesonderte Friedhofsbereiche, um diese Gräber dauerhaft erhalten zu können, da hierfür nicht ausreichend Ressourcen zur Verfügung standen und die politische Unterstützung fehlte.[63] Maßnahmen zur Bergung von Kriegstoten durch die DDR Regierung waren unzureichend und wurden ab 1960 vollständig eingestellt. Vor allem in den Regionen Ostdeutschlands, die in den letzten Kriegswochen heftig umkämpft waren, blieben so nach Schätzungen aus den Neunzigerjahren bis zu 200.000 Kriegstote ohne ordentliches Grab zurück.[64]

In den westlichen Besatzungszonen verblieb es nicht allein bei der Übertragung der administrativen Aufgabe des ZAK an den Volksbund, sondern der Verein wurde entsprechend seines Selbstverständnisses auch aktiv bei der Anlage von Kriegsgräberstätten in Inland tätig. Bis zum Inkrafttreten des Kriegsgräbergesetzes 1952, das einen rechtlichen Rahmen für den Umgang mit Kriegsgräbern in der Bundesrepublik schuf und die Verantwortung der Länder für die Kriegsgräber innerhalb der Bundesrepublik wiederherstellte, war der Volksbund am Bau von mehr als 400 Kriegsgräberstätten im Inland beteiligt. Die Bauabteilung des Volksbundes in München nahm 1948 ihre Arbeit wieder auf und wirkte planerisch oder beratend an zahlreichen Friedhofsanlagen mit. Finanziell ging der Volksbund bei diesen Projekten in Vorleistung, da auch die Kostenbeteiligung an der Kriegsgräberfürsorge durch Bund und Länder erst mit der Verabschiedung des Kriegsgräbergesetzes geregelt wurde.[65] Zwischen Volksbund und Deutscher Dienststelle entwickelte sich zugleich ein routinemäßiges Verfahren, bei dem beide Stellen bei der Identifizierung von Kriegstoten und der Erfassung von Kriegsgräbern erfolgreich zusammenarbeiteten. Der VDK unterstütze auf kom-

63 Es fehlte in der DDR nicht an einem engmaschigen Netz örtlicher Gedenkstätten, das politische Gedenken an die Opfer des Zweiten Weltkrieges folgte aber einem Täter-Opfer-Schema, in dem die Toten der Wehrmacht allesamt der Seite der faschistischen Täter zugerechnet wurden und damit nicht gedenkwürdig waren. Vgl. *Redlin*, Totenrituale, S. 24f. u. S. 118.

64 Für einen groben Überblick zur Situation in der DDR siehe *Overmans*, Verluste, S. 133f. Zur Bedeutung des kirchlichen Engagements bei der Kriegsgräberfürsorge in der DDR kann exemplarische auf die Lebensgeschichte Pfarrer Ernst Teichmanns und dessen Einsatz für den Waldfriedhof Halbe verwiesen werden. Siehe hierzu *Potratz/Stark*, Vorwort, S. 7–14.

65 Vgl. BArch Z 35/340, pag. 115ff., Denkschrift über die Neuregelung der Kriegsgräberfürsorge, 3.12.1948.

munaler Ebene außerdem die Verwaltung bei Umbettungen, Suchanfragen und dem Informationsaustausch mit internationalen Suchdiensten.[66]

2. Kriegsgräberfürsorge in der Bundesrepublik

Die Neuordnung des Kriegsgräberfürsorgewesens nach dem Zweiten Weltkrieg war ein längerfristiger Prozess, der sich bis in die zweite Hälfte der Fünfzigerjahre erstreckte. Die Gründung der Bundesrepublik war die Voraussetzung für die Schaffung eines einheitlichen Ordnungsrahmens für die Betreuung von Kriegsgräbern. Das Kriegsgräbergesetz von 1952 stellt hierbei einen wichtigen Etappenschritt dar, weil es für den Geltungsbereich der Bundesrepublik Fragen der Zuständigkeit und Finanzierung regelte sowie einen Katalog von Opfergruppen festlegte, deren Gräber unter staatliche Obhut gestellt werden konnten. In der Interaktion der an der Kriegsgräberfürsorge beteiligten Stellen mussten sich Aufgabenverteilung und Rollenverständnis jedoch erst entwickeln. Dies betraf insbesondere das Verhältnis zwischen Volksbund als privater Verein und den beteiligten staatlichen Stellen. Wie im vorangegangenen Kapitel dargelegt wurde, hatte der Volksbund in der Besatzungszeit auf vielfältige Weise in der Kriegsgräberfürsorge mitgewirkt und dabei den Ausfall der zu Kriegszeiten zuständigen Wehrmachtsverwaltung und der nur eingeschränkt handlungsfähigen zivilen Nachfolgebehörden zumindest teilweise aufgefangen. Nach Gründung der Bundesrepublik wurde die Aufgabenwahrnehmung und Kompetenzverteilung in der Kriegsgräberfürsorge schrittweise neu geordnet und dabei auch die Stellung des Volksbundes ausgehandelt.

2.1 Rechtliche Rahmenbedingungen

Mit Gründung der Bundesrepublik fiel die Kriegsgräberfürsorge in den Regelungsbereich des deutschen Gesetzgebers. Die Aufnahme der »Sorge für die Kriegsgräber« in Artikel 74 (10) des Grundgesetzes erklärte die Kriegsgräber-

66 KrA-UE, Fin Kriegsgräber, 12.9, Schreiben Landkreis Fallingbostel, Oberkreisdirektor an den Landkreis Uelzen, Betr.: Kriegsgräberfürsorge, 11.1.1950. In dem Schreiben wird deutlich, dass der Volksbund noch 1950 sehr weitreichende Aufgaben übernahm, die in die behördliche Zuständigkeit hineinreichte. Hierzu heißt es, der VDK übernehme »durch einen seiner Angestellten die büromäßige Bearbeitung in folgenden Angelegenheiten: [...]« 1. Identifizierung von Gefallenen, 2. Angehörigenermittlung, 3. Ermittlung der Grablage, 4. Bearbeitung von Suchanfragen, 5. Ermittlung fehlender Personalien, 6, Mitwirkung am Beurkundungsverfahren mit der Deutschen Dienststelle, 7. Bearbeitung von Umbettungsanträgen, 8. Erfassung von ausländischen Kriegsgräbern, 9. Bearbeitung von Suchanfragen aus dem Ausland, 10. Aufsicht über Kriegsgräber und deren Pflege. Der Landkreis beteiligte sich zur Hälfte an den Personalkosten.

fürsorge zur Staatsaufgabe. Die seit dem deutsch-französischen Krieg bestehende Tradition, gesamtstaatliche Regelungen zum Schutz von Kriegsgräbern zu erlassen, blieb somit ungebrochen. In den folgenden Jahren wurde eine neue bundesrechtliche Grundlage für die Betreuung von Kriegsgräbern geschaffen, die die bestehende Weimarer Rechtsordnung und die ergänzenden Durchführungsverordnungen aus der NS-Zeit ersetzte. Das 1952 erlassene Kriegsgräbergesetz hatte gegenüber der in wesentlichen Punkten überholten Kriegsgräbergesetzgebung von 1922 einen deutlich erweiterten Geltungsbereich.[67] Es sollte eine einheitliche Rechtsgrundlage für den Umgang mit der Vielzahl von Gräbern unterschiedlichster Personengruppen schaffen, die während des Krieges gewaltsam umgekommen waren. Hatte sich das Weimarer Recht ausdrücklich auf die Gräber gefallener »Krieger« bezogen, wurde nun der wesentlich weiter gefasste Begriff des »Kriegsgrabes« eingeführt, der es erlaubte, sowohl durch kriegerische Gewalt ums Leben gekommene zivile Tote mit einzubeziehen, als auch den Kreis der Toten zu erfassen, der bei Ausübung »militärähnlichen Dienstes« gestorben war und damit über die Angehörigen der Wehrmacht hinaus ging.[68] Paragraph 6 des Kriegsgräbergesetzes führte zusätzlich einen Katalog von weiteren Opfergruppen ein, für deren Gräber ebenfalls die öffentliche Hand aufzukommen hatte, soweit deren Betreuung nicht von anderer Seite, zum Beispiel durch die Angehörigen, sichergestellt war. Hierzu zählten alle Toten, die im Gesamtzusammenhang von NS-Herrschaft und den erweiterten Folgen des Zweiten Weltkrieges gesehen wurden. Neben den NS-Verfolgten waren dies Vertriebene und Umsiedler, Zivilinternierte, »verschleppte Deutsche«, ausländische Zwangsarbeiter sowie Flüchtlinge, die in Sammellagern einer anerkannten internationalen Flüchtlingsorganisation verstorben waren.

Die Erweiterung der staatlichen Gräberfürsorge auf zivile Kriegstote ist keine originär bundesrepublikanische Neuerung, sondern war bereits während des Zweiten Weltkrieges vorgenommen worden und hatte vorerst den zivilen Opfern der Luftangriffe gegolten. Die Gräber der Opfer der NS-Verfolgung und von Zwangsarbeitern waren bereits durch Maßnahmen der Alliierten in der Nachkriegszeit geschützt worden, die sicherstellen sollten, dass auch Opfer der NS-Verbrechen anständig bestattet würden. Das Kriegsgräbergesetz vollzog diese Entwicklung nach, es war jedoch mit einem Geburtsfehler behaftet. Denn die Übernahme der Pflegekosten für einen erweiterten Kreis von Gräbern in Paragraph 6 ging nicht einher mit der ausdrücklichen Gewährung des seit jeher die besondere öffentliche Anerkennung des Kriegstodes kennzeichnenden Vor-

67 Gesetz über die Sorge für die Kriegsgräber (Kriegsgräbergesetz), vom 27. Mai 1952, in: BGBl. 1952, Nr. 23 (28.5.1952), S. 320–322. Für eine zeitgenössische Beschreibung der rechtlichen Neuerungen durch das Kriegsgräbergesetz siehe *Gaedke*, Handbuch, S. 114 ff. Für eine komprimierte retrospektive Zusammenfassung der rechtlichen Grundlagen der Kriegsgräberfürsorge vgl. *Vogt*, Den Lebenden, S. 218.

68 Vgl. ebd.

rechtes der dauerhaften Ruhe. Die öffentliche Ehrung der Toten durch dauerhafte Ruhe und die öffentliche Fürsorge waren nicht deckungsgleich. Auch wenn die Abkehr vom Begriff des »Kriegers« im Kriegsgräbergesetz eine inhaltliche Erweiterung ermöglichte, bestanden wesentliche Strukturmerkmale des Weimarer Kriegergräbergesetzes fort. Auch die Weimarer Rechtslage hatte bereits einen begrenzten Kreis weiterer Gräber benannt, auf die die Vorschriften des Gesetzes ebenfalls Anwendung finden konnten. Zu den »Kriegern« gehörten die bis zum Waffenstillstand im November 1918 Gefallenen der deutschen Streitkräfte. Als mit ihnen gleichgestellt konnten die Gräber der mit Deutschland Verbündeten sowie der gegnerischen Truppen behandelt werden sowie die »nach dem Waffenstillstand gegründeten deutschen Truppenverbände mit Ausnahme der Reichswehr«,[69] was die im Osten gebildeten Freikorps mit einschloss. Als einzige nichtmilitärische Gräbergruppe konnten außerdem Gräber von Zivilinternierten mit einbezogen werden, was völkerrechtlichen Konventionen entsprach.[70] Zahlenmäßig fielen diese Gräber gegenüber den Kriegergräbern aber kaum ins Gewicht, womit anhand dieser rechtlichen Konstruktion deutlich wird, dass die dauerhafte Ruhe ein besonderes Merkmal war, das die Grenzen zwischen kriegerischer und ziviler Sphäre markierte. Mit der während des Zweiten Weltkriegs zu beobachtenden Ausweitung der vormals als rein militärische Ehrbekundung verstandenen dauerhaften Ruhe auf zivile Kriegstote tritt der Kombattantenstatus als wesentliches Qualifikationsmerkmal zurück. Die heroische Deutung des Kriegstodes als Sacrificium, die bewusste Opferbereitschaft für ein höheres Ziel, wurde in der Nachkriegszeit durch ein passives Opferverständnis ersetzt, das auch die Gefallenen zu Opfern des Krieges erklärte.[71]

Auch wenn das Kriegsgräbergesetz 1952 der Intention folgte, einen weiten Kreis von Gräbern in Fürsorgemaßnahmen mit einbeziehen zu können, operierte es weiterhin mit tradierten Unterscheidungsmustern und folgte im Aufbau der Struktur des Gesetzes von 1922. Das dauerhafte Ruherecht war an das unmittelbare Kriegsgeschehen gebunden und wurde im ersten Paragraphen verankert, die öffentliche Gräberfürsorge dagegen erstreckte sich auf einen Katalog heterogener Opfergruppen, der im letzten Abschnitt des Gesetzestextes aufgeführt wurde und deren Legitimität sich aus unterschiedlichen Quellen herleitete. Kurzfristig stellte das Kriegsgräbergesetz sicher, dass für alle Toten, die nach Kriegsende aufgefunden und bestattet worden waren, die Pflege der Grabstätten sichergestellt war. Auf lange Sicht hinterließ es jedoch die Gräber, die nicht im engeren Sinne als Kriegsgräber zu definieren waren, in einem rechtlichen unübersichtlichen Zustand.

69 RGBl. I, 1923, Nr. 2, Gesetz über die Erhaltung der Kriegergräber aus dem Weltkrieg. Vom 29. Dezember 1922, § 5.

70 Ebd.

71 Vgl. *Hettling/Echternkamp*, Heroisierung, S. 140.

Eine vollständige Gleichstellung von Kriegsgräbern mit den Gräbern der anderen Opfergruppen wurde erst mit einer Gesetzesreform 1965 erreicht, die insbesondere den Anschein einer ungleichen Behandlung der Grabstätten der Wehrmachtsgefallenen und der NS-Opfer beseitigen sollte.[72] Die auch öffentlich artikulierte Befürchtung, die sogenannten »§ 6-Gräber« wären durch fehlenden Rechtsschutz mittelfristig durch Einebnung bedroht, war vermutlich unbegründet, da die Gräber zusätzlich durch völkerrechtliche Verpflichtungen der Bundesrepublik[73] sowie durch ergänzende landesrechtliche Vorschriften gesichert waren.[74] Die hierdurch etwas unübersichtliche Rechtslage hatte seit 1956 immer wieder zu Diskussionen auf Fachtagungen der beteiligten Innenministerien der Länder und des Bundes geführt, die um juristische und verwaltungstechnisch Detailfragen kreisten. Die Frage der formalen rechtlichen Gleichstellung der verschiedenen Gräbergruppen wurde seit Anfang der Sechzigerjahre jedoch zunehmend erinnerungspolitisch aufgeladen.[75] Den Aufwand einer Gesetzesänderung hatten die beteiligten Ministerien zunächst vermeiden wollen. Der Anteil unter den § 6-Gräbern, deren Ruhefrist tatsächlich auszulaufen drohte, wurde auf 15 Prozent geschätzt.[76] Ihr Schutz sollte durch ergänzende Verwaltungsvorschriften der Länder gesichert werden und stellte in der Praxis nach Ansicht der Innenministerien zunächst eigentlich kein Problem dar. Die rechtlich ungleiche Stellung der Gräber der verschiedenen Opfergruppen wurde jedoch vermehrt öffentlich kritisiert. Verschiedene Opfergruppen, wie die »Hilfsstelle für Rasseverfolgte« bei der evangelischen Gesellschaft in Stuttgart, die von Pfarrer Majer-Leonhard ins Leben gerufen worden war, intervenierten hartnäckig bei Ministerien und Volksbund, um auf den befürchteten ungenügenden Schutz der Gräber von NS-Verfolgten auf kommunalen Friedhöfen hinzuweisen.[77] Auch die VVN griff das Thema auf, um auf die Vernachlässigung zahlreicher

72 Siehe Gesetz über die Erhaltung der Gräber der Opfer von Krieg und Gewaltherrschaft (Gräbergesetz). Vom 1. Juli 1965, in: BGBl. I 1965, Nr. 29, S. 589–592.

73 Neben bilateralen Abkommen wie dem sogenannten deutsch-französischen Deportationsabkommen verpflichtete auch der Überleitungsvertrag, der die deutsche Souveränität wiederherstellte, zum Erhalt der Gräber »alliierter ziviler Kriegsopfer [...], verschleppter Personen und nichtdeutscher Flüchtlinge im Bundesgebiet«. Siehe siebter Teil, Art. 1 (e), Vertrag zur Regelung aus Krieg und Besatzung entstandener Fragen, in: BGBl. II 1955, Nr. 8, S. 441.

74 Vgl. *Vogt*, Den Lebenden, S. 218.

75 Zum Verlauf der Diskussionen um die Reform des Kriegsgräbergesetzes seit Mitte der Fünfzigerjahre siehe BArch B 106/8698.

76 BArch B 106/20372, Entwurf eines Schreibens Bundesministers des Innern an den Zentralrat der Juden in Deutschland, Betr.: Gräber gem. § 6 Buchst. a.) Kriegsgräbergesetz, 18.5.1962.

77 Zur internen Diskussion im Bundespräsidium des VDK über die Eingaben Majer-Leonhards siehe die Protokolle der Präsidiumssitzungen am 29. März und 9. Juni 1963, VKA, BP 1963-03-29 Präsidium, u. BP 1963-09-06 Präsidium. Siehe außerdem die Korrespondenzen in VKA, A.10-166.

Gräber osteuropäischer Zwangsarbeiter in der Bundesrepublik hinzuweisen.[78] Das weitgehende öffentliche Unverständnis für die juristischen Hintergründe der nach moralischem Ermessen fragwürdigen Rechtslage,[79] führte zu Beginn der Sechzigerjahre schließlich zu einer Abkehr vom pragmatischen Kurs, den die Innenministerien bisher betrieben hatte und der Ad-hoc-Lösungen auf dem Verordnungswege den Vorzug vor komplexen Gesetzesreformen gegeben hatte.

Die Reform des Kriegsgräbergesetzes sollte die sich aus verschiedenen Rechtsquellen herleitenden Vorgaben zum Erhalt der Gräber einheitlich in einem Bundesgesetz zusammenführen, um eine bundeseinheitliche Betreuung der Gräber und deren dauerhaften Erhalt sicherzustellen. Hierzu war letztendlich eine Änderung des Grundgesetzes notwendig, die die »§ 6-Gräber« unter der neu geschaffenen Sammelbezeichnung der »Gräber anderer Opfer des Krieges und Opfer von Gewaltherrschaft« zusammenfasste und diese neben den Kriegsgräbern ebenfalls der Normierungskompetenz des Bundes unterstellte. Die Einführung einer zusätzlichen Gräberkategorie wurde letztendlich als notwendig angesehen, weil der Begriff des Krieger- oder Kriegsgrabes ein seit der Weimarer Republik etablierter und auch völkerrechtlich verankerter Rechtsbegriff war, der sich ausschließlich auf die Gräber von Personen bezog, die den Tod durch unmittelbare Kriegsumstände gefunden hatten.[80] Dies waren der Tod auf dem Schlachtfeld, im Lazarett, im Kriegsgefangenen- oder Internierungslager. Gräber von Menschen, die durch NS-Verbrechern oder indirekte Kriegsfolgen umgekommen waren, unterstanden somit gar nicht der Gesetzgebungskompetenz des Bundes. Der neue Sammelbegriff für die Gräber der verschiedenen Opfergruppen stellte diese hinsichtlich der Ruherechtsregelung nicht nur den Kriegsgräbern gleich. Der Begriff »Gewaltherrschaft« bekam zugleich eine gegenwartspolitische Dimension, denn in den Opferkatalog des neuen Gräbergesetzes wurden nun auch die Toten an der innerdeutschen Grenze aufgenommen.

Auf die gedenkpolitischen Aspekte, die die Reform des Gräbergesetzes berührte, wird an anderer Stelle noch eingegangen werden.[81] Festzuhalten bleibt zunächst, dass sich die rechtliche Ausgestaltung der Kriegsgräberfürsorge in der Bundesrepublik sehr eng an den bereits in der Weimarer Republik gültigen

78 Diese Sicht wurde grundsätzliche auch vom VDK geteilt, für den der Zustand osteuropäischer Kriegsgräber in Deutschland ein wichtiges Argument war, um den erhofften Zugang zu den deutschen Kriegsgräbern in Osteuropa zu erhalten. Direkte Gespräche mit der VVN wurden jedoch abgelehnt, weil die Vereinigung als »kommunistisch gesteuert« eingeschätzt wurde. Siehe VKA, BV 1964-02-28 Vorstand. Auf vergleichbare Proteste der VVN Ende der Fünfzigerjahre hat auch Ann Katrin Düben anhand eines regionalen Beispiels im Emsland hingewiesen. Auch hier zeigen sich die zeittypischen antikommunistischen Reflexe, vgl. *Düben*, Orte, S. 206

79 Vgl. Die vergessenen Toten. Was geschieht mit den Gräbern der KZ-Opfer?, in: Die ZEIT, Nr. 42, 16.10.1964.

80 Zu Entstehung des Gräbergesetzes 1965 siehe BArch B 141/18804 bis 18807.

81 Siehe hierzu Kapitel III.5.1.

Normen orientierte. Dies betrifft nicht nur den strukturellen Aufbau des Gesetzestextes selbst, sondern auch die durch das Gesetz geschaffenen Zuständigkeiten und Verwaltungsabläufe, sowie gesetzte Standards für die Grabpflege. Das Kriegsgräbergesetz übertrug die Verantwortung für die Durchführung der Kriegsgräberfürsorge den Ländern. Dies beinhaltete sowohl den »Nachweis« der Gräber, die friedhofsweise in Listen zu erfassen und der Deutschen Dienststelle zu übermitteln waren, als auch die Anlage, Pflege und Instandsetzung der Gräber. Die Kosten für die Anlage eines Kriegsgrabes sowie eine damit eventuell verbundene Umbettung des Toten hatte der Bund zu tragen, der außerdem jährliche Kostenpauschalen gemäß der gemeldeten Zahl der Gräber für deren Pflege erstattete. Dies war in Grundzügen die bereits in der Weimarer Republik festgelegte Verfahrensweise.[82] Die in der Zwischenkriegszeit entwickelten Grundsätze zur Anlage von Kriegsgräbern behielten ebenfalls ihre Gültigkeit. Die Gestaltung von Grabstätten für die Toten des Krieges und der NS-Diktatur sollte die humanitären Mindestanforderungen achten und ein würdevolles, aber leicht zu pflegendes Erscheinungsbild sicherstellen. Die staatliche Kriegsgräberfürsorge blieb somit auf die elementare Sicherung der Grabstätten ausgerichtet und kein potentielles Betätigungsfeld für staatliche Memorialarchitektur. Die Möglichkeit zur privaten Beteiligung an der Grabpflege sollte ausdrücklich gegeben bleiben und nur durch behördliche Eingriffe ersetzt werden, wenn es ein mangelhafter Zustand des Grabes verlangte. Die Einbeziehung des Volksbundes wurde ausdrücklich vorgesehen.[83]

2.2 Administrative Voraussetzungen

Für den Volksbund bedeutete die Verabschiedung des Kriegsgräbergesetzes, sich nach den Jahren der Neuorganisation wieder auf den Kern dessen konzentrieren zu können, was er seit seiner Gründung für den eigentlichen Mittelpunkt seiner Aufgaben erachtete: der Schutz der deutschen Kriegsgräber fernab der Heimat. Die rechtliche Neuordnung der Kriegsgräberfürsorge im Inland und der geplante Beginn der Kriegsgräberfürsorge im Ausland standen aus Sicht des Volksbundes

82 Siehe hierzu Verordnung über die Erhaltung der Kriegergräber aus dem Weltkrieg, in: RMBl. 51 (1923), Nr. 2, S. 9–10; Gesetz über die Erhaltung der Kriegergräber aus dem Weltkrieg, in: RGBl. I 1923, Nr. 2, S. 25–26.

83 Vgl. Kriegsgräberfürsorge – RdErl. d. Innenministers v. 11.8.1952 – I 18–80 Nr. 1367/49, in: MBl. NRW 5 (1952), Nr. 58, S. 1025–1028. Hier wurden die Anweisungen zur Anlage von Kriegsgräbern noch wortwörtlich aus entsprechenden Verwaltungsverordnungen von 1922 übernommen, vgl. Verordnung über die Erhaltung der Kriegergräber aus dem Weltkrieg, vom 31.12.1922, in: RMBl. 51 (1923), Nr. 2, S. 9–10. Die 1953 erlassenen bundeseinheitlichen allgemeinen Verwaltungsvorschriften zum Kriegsgräbergesetz setzten dies Sinngemäß fort. Vgl. Allgemeine Verwaltungsvorschriften zur Ausführung des Gesetzes über die Sorge für die Kriegsgräber. Vom 21. August 1953, in: Bundesanzeiger 5 (1953), Nr. 162, S. 1.

in direktem Zusammenhang, da die Beteiligung an der Errichtung von Kriegsgräberstätten im Inland Ressourcen band, die für die bisher nur unzureichend erfassten und ungeschützten Gräber im Ausland benötigt wurden. Bis 1953 hatte der Volksbund 9,14 Millionen Mark aus seinen Mitteln für die Anlage von Kriegsgräberstätten im Inland beigesteuert.[84] Nach Verabschiedung des Kriegsgräbergesetzes wurden die ab 1951 aufgewendeten Mittel rückwirkend zur Hälfte vom Bund erstattet. Ohne die umfangreichen Vorleistungen des VDK wäre der Bau von ordentlichen Friedhöfen in den ersten Nachkriegsjahren kaum möglich gewesen.[85] Die Beteiligung an der Kriegsgräberfürsorge im Inland erfolgte zukünftig über die Landesverbände, die weiterhin als Ansprechpartner für Länder und Kommunen zu Verfügung standen.[86] Die Arbeit und Mittel der Bundesgeschäftsstelle wurde dagegen vollends auf die Auslandsarbeit ausgerichtet.

Über die bereits seit Ende der Vierzigerjahre aufgebauten Auslandskontakte, zumeist deutschsprachige Vertrauensleute, die in der Lage waren, vor Ort Informationen über deutsche Kriegsgräber einzuholen oder Kontakte zu fremden Behörden aufzubauen, kam der Volksbund bereits zu einer differenzierten Lageeinschätzung über den Zustand der über ganz Europa verstreuten deutschen Kriegsgräber.[87] Die in der Gräberkartei fortlaufend erfassten Informationen über bekannte Grablagen im In- und Ausland hatten bis 1951 einen Umfang von etwa 800.000 Kriegsgräbern erreicht, wovon sich mehr als eine halbe Million im Ausland befanden.[88] Ein beträchtlicher Teil der dokumentierten Kriegsgräber im Ausland waren von den alliierten Gräberdiensten registriert worden, die dem Volksbund direkt oder über das Internationale Rote Kreuz in Genf zugeleitet wurden. Als weitere Quelle dienten zivile Organisationen und christliche Vereinigungen im Ausland, vom Volksbund eingerichtete Verbindungsstellen und Kontaktpersonen sowie Hinweise von heimkehrenden Kriegsgefangenen.[89]

84 Vgl. BArch B 136/5067, Volksbund Deutsche Kriegsgräberfürsorge. Arbeitsbericht zum Vertretertag 1953, S. 8.

85 BArch B 106/8704.

86 Vgl. Kriegsgräberfürsorge 32 (1956), Nr. 4, S. 52. Der Volksbund wies in einer Zusammenfassung des Jahresberichtes für 1955 anlässlich seines Vertretertages daraufhin, dass die Neuregelung der Kriegsgräberfürsorge im Inland eine finanzielle Entlastung bedeutet hätte, fast alle Bundesländer jedoch den Volksbund um Mithilfe in der Kriegsgräberfürsorge ersucht hätten. Der Volksbund blieb daher nach eigenen Angaben weiterhin an der Errichtung von fast allen Kriegsgräberstätten im Inland beteiligt und beteiligte sich auch an den Baukosten.

87 VKA A10–124, Grundsätzliches zur Kriegsgräberfürsorge im Auslande, 1.8.1951, pag. 13, sowie Lage der deutschen Gräber in den einzelnen Ländern, Juli 1951, pag. 12.

88 BArch B 106/8709, Besprechung vom 18. Dezember bezüglich Aufstellung einer Gräberkartei.

89 BArch Z 1/1089, Auszug aus dem Referat von Herrn Knellessen vom Volksbund deutsche Kriegsgräberfürsorge in Hannover vor dem Ausschuss für Kriegsgefangenenfragen am 13.4.1948 in Stuttgart.

Anhand der zu Beginn der Fünfzigerjahre verfügbaren Informationen ergab sich ein zwiespältiges Bild über den Zustand und die Aussichten für den Erhalt deutscher Kriegsgräber. In Italien waren 1951 bereits 94.000 Kriegsgräber erfasst, was zugleich bedeutete, dass die Zahl der verschollenen Kriegstoten in dieser Region verhältnismäßig gering ausfallen würde. Die vom Volksbund registrierten Kriegsgräber waren jedoch über 2.500 Grablageorte verstreut.[90] Auch für Frankreich erwartete der Volksbund, dass hier trotz der bereits von den alliierten Truppen begonnenen Maßnahmen mindestens 100.000 Umbettungen vorgenommen werden müssten.[91] Mit Ausnahme von Belgien und den Niederlanden, wo die deutschen Kriegstoten von den Alliierten fast vollständig auf die Friedhöfe Lommel und Bastogne beziehungsweise Ysselsteyn zusammengelegt wurden, fanden sich in ganz Europa und Nordafrika noch zahlreiche kleinere von der Wehrmacht angelegte Friedhöfe, Einzel- und Feldgräber. Außerdem waren die alliierten Gräberdienste häufig nicht in der Lage gewesen, die deutschen Toten zu identifizieren. Bei der Erfassung von personenbezogenen Angaben oder der Abschrift der für die Identifizierung wichtigen Erkennungsmarken kam es zusätzlich häufig zu Übertragungsfehlern. Eine gesicherte Identitätsfeststellung der Toten war nur unter Einbeziehung der bei der Deutschen Dienststelle befindlichen Wehrmachtsunterlagen und Erkennungsmarkenverzeichnisse möglich.[92] Der angestrebte dauerhafte Erhalt der Gräber wiederum erforderte, dass bei der Anlage der Friedhöfe grundlegende Gestaltungsgrundsätze berücksichtigt wurden, die sich auf die bereits in der Zwischenkriegszeit gewonnenen Erfahrungswerte stützten.[93]

Ungeachtet des Zustandes oder der Zahl der Kriegsgräber, die die verschiedenen Länder beherbergten, blieb auch nach dem Zweiten Weltkrieg die Frage des Zugangs zu den Gräbern für eine deutsche Organisation bestehen. Die nach

90 VKA A 10–124, Lage der deutschen Gräber in den einzelnen Ländern, Juli 1951, S. 6, pag. 12. Zu diesem Zeitpunkt ging die Deutsche Dienststelle schätzungsweise von etwa 100.000 Gefallenen in Italien aus. Bis zum Abschluss der Umbettungen in Italien stieg die Zahl der Kriegsgräber schließlich auf fast 110.000.

91 VKA A 10–124, Die deutschen Kriegsgräber in Frankreich, 10.2.1951, S. 6. Der Bericht liefert eine insgesamt sehr düstere Beschreibung der Lage in Frankreich, die vor allem der französischen Regierung angelastet wird, die im Gegensatz zu den britischen und amerikanischen Truppen ihrer humanitären Verpflichtung gegenüber den deutschen Kriegstoten nur unzureichend nachkäme. Er ist damit den nach dem Ersten Weltkrieg immer wieder vorgebrachten Grabschändungsvorwürfen zum Teil nicht unähnlich.

92 BArch Z 1/1089, Auszug aus dem Referat von Herrn Knellessen vom Volksbund deutsche Kriegsgräberfürsorge in Hannover vor dem Ausschuss für Kriegsgefangenenfragen am 13.4.1948 in Stuttgart.

93 VKA A 10–124, Regelung der deutschen Kriegsgräberfürsorge im Auslande. Memorandum des Volksbundes Deutsche Kriegsgräberfürsorge e. V. Das Memorandum spricht sich für eine konsequente Zusammenlegung aller Kriegsgräber auf zentralen Kriegsgräberstätten aus, weil nur so das »ewige Ruherecht« mit vertretbarem Kostenaufwand gesichert werden könne.

dem Ersten Weltkrieg im Versailler Vertrag verankerte Lösung, dass jedes Land die Verantwortung für die Kriegsgräber auf seinem Boden trug, hatte zunächst wie ein Ausschluss deutscher Stellen von der Beteiligung an der Kriegsgräberfürsorge im Ausland gewirkt, war in den Jahren nach dem Ersten Weltkrieg in der Praxis jedoch zunehmend aufgeweicht worden. Nach dem Zweiten Weltkrieg wurde die Einbindung einer deutschen Organisation dagegen unterschiedlich gesehen. Der aufziehende »Eiserne Vorhang« teilte Europa in zwei Zonen.[94] In den sozialistischen Staaten im Osten wurde eine deutsche Kriegsgräberfürsorge abgelehnt. Neben dem politischen Systemkonflikt und der deutschen Kriegsführung in Osteuropa könnten auch die bereits nach dem Ersten Weltkrieg in vielen Teilen Osteuropas schlechter entwickelten grenzübergreifenden institutionellen Beziehungen in der Kriegsgräberfürsorge ein weiterer Faktor sein, der die Betreuung deutscher Kriegsgräber erschwerte bis unmöglich machte. Im Westen wurde gerade in denjenigen Ländern eine deutsche Übernahme der Verantwortung für die eigenen Kriegsgräber gefordert, wo sich Kriegsgräberfürsorge in der Zwischenkriegszeit zu einer transnationalen Praxis entwickelt hatte, die auf der Arbeitsebene soweit entpolitisiert war, dass auch nach dem Zweiten Weltkrieg die Einbeziehung Deutschlands denkbar blieb. Gerade Frankreich und Großbritannien strebten keine Rückkehr zum Versailler Modell an, sondern gingen als Basis für weitere Verhandlungen über die zukünftige Betreuung deutscher Kriegsgräber von der bereits in den Dreißigerjahren praktizierten Verfahrensweise aus, die Herrichtung und Pflege deutscher Kriegsgräberstätten weitestgehend den Deutschen selbst zu überlassen. In Ermangelung eines einheitlichen, die Kriegsgräberfrage regelnden Vertrages mussten nach dem Zweiten Weltkrieg diesbezügliche Absprachen mit allen betroffenen Staaten bilateral ausgehandelt werden.[95]

Die Bereitschaft, die deutschen Gräber auf eigene Kosten zu erhalten, war wenigen Ausnahmen vorbehalten. Nur Norwegen war bereit, sich in einem Abkommen zur vollständigen Übernahme aller mit dem Erhalt deutscher Kriegsgräber verbundenen Kosten zu verpflichten. Aber auch diese scheinbar entgegenkommende Haltung war vor allem eine Folge des Kalten Krieges. Die meisten Kriegsgräber auf norwegischem Boden waren die Gräber sowjetischer Kriegsgefangener, die in deutschen Lagern umgekommen waren. Die Toten wurden Anfang der Fünfzigerjahre in der sogenannten »Operation Asphalt« von der norwegischen Regierung auf den Friedhof Tjøtta umgebettet, da man aus Furcht vor russischer Spionage keinen russischen Gräberdienst in Norwegen dulden wollte. Hätte man der Bundesrepublik die Pflege der deutschen Kriegsgräber gestattet,

94 BArch 136/5067, Volksbund Deutsche Kriegsgräberfürsorge. Arbeitsbericht zum Vertretertag 1953, S. 6–7.

95 Vgl. *Bothe*, War Graves, S. 1373.

wäre eine Ablehnung eines entsprechenden Gesuchs Moskaus schwer zu begründen gewesen.[96]

Auch die Niederlande übernahmen zunächst alle deutschen Kriegsgräber in staatliche Obhut, weil eine deutsche Beteiligung an der Grabpflege nicht gewünscht wurde. In den Fünfzigerjahren kam es vor dem Friedhofsgelände Ysselsteyn zu Auseinandersetzungen zwischen Gruppen ehemaliger holländischer Widerstandskämpfer und niederländischen SS-Veteranen, was die innergesellschaftliche Brisanz der Gräberfrage in den Niederlanden beleuchtet. Zu offiziellen Anlässen wie dem Volkstrauertag wurde der Friedhof daraufhin von den Behörden für niederländische Besucher gesperrt.[97] Der Friedhof Ysselsteyn wurde erst 1976 ohne großes öffentliches Aufsehen in deutsche Pflege übergeben.[98]

Die Wahrnehmung der Kriegsgräberfürsorge im Ausland fiel dem Auswärtigen Amt zu. Eine Übertragung der Durchführung der notwendigen Maßnahmen an den Volksbund als ausführende Organisation im staatlichen Auftrag war bereits zum Zeitpunkt der Wiedereinrichtung des Auswärtigen Amtes alternativlos. Bedenken, den Volksbund wieder mit der Errichtung von Kriegsgräberstätten zu betrauen, wurden in Arbeitsgesprächen zwischen dem Generalsekretär des VDK und den für Kriegsgräber zuständigen Vertretern der Kulturabteilung des Auswärtigen Amtes schnell zerstreut.[99] Die vom Volksbund seit den Dreißigerjahren entwickelten Gestaltungsprinzipien und realisierten Bauten wurden in der Nachkriegszeit vornehmlich aus einem funktionalen Blickwinkel präsentiert.[100] Vor dem Eindruck des vielerorts desolaten Zustandes der deutschen Kriegsgräber, deren Sicherung für die Angehörigen ein gewichtiges menschliches Bedürfnis darstellte, das durch die hohe Zahl der Betroffenen auch einen politischen Faktor darstellte, traten die politischen Verwicklungen

96 BArch B 136/5066, Kabinettsvorlage, Betr. Bereitstellung von Mitteln im Haushaltsjahr 1954 für die Kriegsgräberfürsorge im Ausland, 10.2.1954; einen Überblick zur Geschichte russischer Kriegsgräber in Norwegen liefert der Ausstellungskatalog Sovjetiske krigsfanger i Norge/Soviet prisoners of war in Norway, hg. v. Falstadsenteret (Falstadsenterets Skriftserie Nr. 5), Ekne 2010. Zu den Hintergründen des deutschen Lagersystems und der Entwicklung der heutigen Gedenkstättenlandschaft siehe *Reitan*, Legacies. Zum erstarkenden Antikommunismus in Norwegen um 1950 vgl. *Halvorsen*, Auseinandersetzung, S. 262.

97 BArch MA, N24/178, Bericht über eine Besprechung mit dem deutschen Botschafter Dr. Löns, am 25.5.1959 in Den Haag/Holland, 2.6.1959.

98 PA AA, B 92 Bd. 304 und B 85 Bd. 1419.

99 VKA A.100-133, Bericht über eine Besprechung im Auswärtigen Amt in Bonn am 30. Juni 1951, 5.7.1951. Zur Haltung der Vertreter des Auswärtigen Amtes zu den Plänen des Volksbundes vermerkte der Generalsekretär des VDK Margraf u. a.: »Die Besprechung dauerte fast 3 Stunden. Während Herr von Trützschler sehr nüchtern und vor allem stark mit Bedenken behaftet und daher ängstlich ist, ist Herr Hergt mehr gefühlsmäßig eingestellt und als alter Soldat – er war vom ersten bis zum letzten Tage an der Front – für unsere Arbeit besonders aufgeschlossen.«

100 VKA A.100-143, Aktenvermerk über eine Besprechung am 27.10.1953 in der Bundesgeschäftsstelle [des VDK], 27.10.1953.

des Verbandes in der nahen Vergangenheit vor der nüchternen Lageanalyse über den Zustand deutscher Kriegsgräber in den Hintergrund.

Bei den Planungen und Vorbereitungen der Auslandseinsätze des Volksbundes wurde bald erkennbar, dass es hierbei auch einer engen Abstimmung mit der Deutschen Dienststelle bedurfte. Der vom Volksbund begonnene Aufbau einer eigenen Gräberkartei hatte zwar dazu beigetragen, dass bereits Anfang der Fünfzigerjahre wieder mehr als eine halbe Million Grablagen im Ausland erfasst waren. Es waren hierbei aber auch die Unzulänglichkeiten bei der Registrierung deutscher Kriegsgräber durch ausländische Stellen hervorgetreten, die deutlich machten, dass eine verlässliche Identifizierung der Toten sich auf das Unterlagenmaterial der Wehrmacht stützen musste. Die beim Volksbund aufgebaute Gräberkartei war das Produkt einer Sammlung von Informationen über die Lage deutscher Kriegsgräber, die aus unterschiedlichsten Quellen zusammengetragen wurden. Die Deutsche Dienststelle (WASt) hatte ebenfalls mit dem Aufbau einer Gräberkartei begonnen. Diese hatte jedoch bei weitem nicht den Umfang erreicht wie die des Volksbundes.[101]

Der Volksbund wies nachdrücklich daraufhin, dass der einzige gangbare Weg, um eine große Zahl von Kriegsgräbern erhalten zu können, eine Konzentration der Toten auf eine möglichst kleine Fläche voraussetzte. Die tausenden Einzel- und Feldgräber und kleineren Friedhöfe mussten zugunsten größerer Anlagen aufgelöst und die Toten auf einige zentral gelegene, von den Gastländern zur Verfügung gestellte Grundstücke umgebettet werden, die dann zu Kriegsgräberstätten ausgestaltet werden sollten. Da die bisher in den meisten Ländern getroffenen Maßnahmen zum Schutz der deutschen Kriegsgräber unzureichend waren oder nicht alle Gräber erfassten, war eine wesentliche Voraussetzung für eine systematische Zusammenbettung aller deutschen Kriegstoten die Verfügbarkeit einer Dokumentationsgrundlage, in der die Orte verzeichnet waren, an denen während des Krieges von der Wehrmacht Kriegsgräber angelegt worden waren.[102] Wenn auch der Volksbund nicht müde wurde immer wieder anzuregen, eine Herausgabe der verschollenen Gräberkartei auf diplomatischen Wege zu erwirken,[103] war bereits zu Beginn der Fünfzigerjahre klar, dass die von den sowjetischen Truppen beschlagnahmte Wehrmachtsgräberkartei als verschollen einzustufen war und bei der Planung für die Erfassung deutscher Kriegsgräber im Ausland keine Berücksichtigung finden konnte. Dies machte es notwendig, weitere Quellen für eine möglichst umfassende Rekonstruktion der Gräberkartei zu erschließen. Im Vorfeld der sich anbahnenden rechtliche Neu-

101 BArch B 106/8709, Besprechung vom 18. Dezember 1951 bezüglich Aufstellung einer Gräberkartei.

102 BArch B 136/5067, Volksbund Deutsche Kriegsgräberfürsorge. Arbeitsbericht zum Vertretertag 1953, S. 7.

103 BArch B 136/5067, Abschrift eines Aktenvermerks des Generalsekretärs des VDK Margraf, 27.1.1953.

ordnung der Kriegsgräberfürsorge in der Bundesrepublik hatten die Deutsche Dienststelle (WASt) und der Volksbund begonnen, Grundsätze für die zukünftige Zusammenarbeit und einen Informationsaustausch zu erarbeiten.[104] Mit der Einführung des Kriegsgräbergesetzes wurde der Deutschen Dienststelle (WASt) auch die Aufgabe des amtlichen Gräbernachweises übertragen. Ihre bereits bisher ausgeführte Funktion, die Beurkundung von Kriegssterbefällen, verlieh den bei ihr verwahrten Unterlagen die Qualität von urkundlichem Material, das nicht ohne weiteres an den Volksbund abgetreten werden konnte. Im Gegenzug war die beim Volksbund geführte Gräberkartei Anfang der Fünfzigerjahre aber weitaus umfangreicher als die bisher nur stiefmütterlich behandelte Gräberdokumentation der Deutschen Dienststelle (WASt). In den folgenden Jahren wurden zwischen beiden Seiten Verfahren entwickelt, die es ermöglichten, einerseits dem Volksbund die benötigten Informationen bereitzustellen, um ihm die Suche nach Kriegsgräbern und die Identifizierung von Kriegstoten im Ausland zu erleichtern, anderseits die Dokumentationsbasis der Deutschen Dienststelle effektiver zu strukturieren und durch den Zufluss von neuen gewonnenen Erkenntnissen aus der Arbeit des VDK im Ausland zu erweitern.[105]

Im Mittelpunkt stand dabei eine umfangreiche Neuverkartungsaktion zur Wiederherstellung der verlorenen Wehrmachtsgräberkartei. Die Rekonstruktion der Kartei war möglich, weil in der Zentralkartei der ehemaligen Wehrmachtauskunftstelle, die bei der Verlegung von Saalfeld nach Fürstenhagen gerettet worden war, ebenfalls Grabmeldungen verzeichnet waren. Die Kartei wurde jedoch personenbezogen geführt. Der Volksbund benötigte für die Suche nach Kriegsgräbern im Ausland und für eine Überprüfung der Identität der Toten ein Karteisystem, dass sich auch nach geographischen Kriterien ordnen lies. So konnten die Karteikarten für die Suche nach Gräbern vor Ort sowie zum Abgleich mit aufgefundenen Grabstätten verwendet werden. Hierdurch wurde es auch möglich, die Identität von Toten anhand der Lage des Grabes innerhalb eines Friedhofes zu ermitteln, wenn andere Hinweise fehlten oder durch den zeitlichen Abstand zum Krieg verloren gegangen waren. Die Voraussetzung hierfür war, dass sämtliche Karteikarten, die Grabmeldungen enthielten, aus der Zentralkartei der Deutschen Dienststelle herausgezogen und auf neue Karteikarten übertragen wurden.[106] Dies war ein enorm aufwendiges Unternehmen, denn der Umfang der Zentralkartei belief sich auf zwanzig Millionen Karteikarten. Der

104 BArch B 106/8709, Niederschrift über eine Besprechung zwischen der Deutschen Dienststelle und Volksbund Deutsche Kriegsgräberfürsorge e. V. am 4., 5. und 6. März 1952 in Berlin-Wittenau.

105 PA AA, B 92 Bd. 273, Arbeitsverfahren für die Erfassung und Identifizierung Kriegstoter bei der Deutschen Dienststelle und der Bundesgeschäftsstelle des Volksbundes Deutsche Kriegsgräberfürsorge e. V., 25.1.1958.

106 Siehe hierzu PA AA, B 10 Bd. 2233, Mikrofiche Nr. 9360.

Neuaufbau der Gräberkartei wurde vor dem Hintergrund des geplanten Beginns der Kriegsgräberfürsorge in Frankreich zunächst auf Westeuropa beschränkt.[107]

Der Anstoß für die Aktion war bei den Vorbereitungen für den Beginn der Umbettungen in Frankreich vom Generalsekretär des Volksbundes Otto Margraf gegeben worden. Margraf verfügte durch seinen Dienst beim Wehrmachtverlustwesen während des Krieges über detaillierte Kenntnisse der von der Wehrmacht angelegten Verzeichnisse.[108] Margraf hatte die Möglichkeit einer Rekonstruktion der Wehrmachtsgräberkartei bei Gesprächen im Auswärtigen Amt zur Sprache gebracht. Die Einbindung des Auswärtigen Amtes, dem die Zuständigkeit für die Kriegsgräberfürsorge im Ausland unterstand, war die Voraussetzung für den umfangreichen Eingriff in das behördliche Unterlagenmaterial der Deutschen Dienststelle (WASt). Die Abschrift der Karteikarten, die einen Zeitraum von anderthalb Jahren in Anspruch nahm, war nur mit erheblichem Personalaufwand möglich. Insgesamt wurden hierbei etwa 1,1 Millionen Gräberkarten erstellt. Die Kosten der Neuverkartung wurden aus dem Etatposten für Kriegsgräberfürsorge des Auswärtigen Amtes beglichen.[109]

Zwischen Deutscher Dienststelle (WASt) und Volksbund war vereinbart worden, dass die neuerstellten Karteikarten an den Volksbund übergeben werden sollten, der diese dann mit den von ihm geführten Unterlagen abglich. Die ins Ausland entsandten Umbetter wurden mit mobilen Gräberkarteien ausgestattet, die für die Identifizierung der Toten vor Ort genutzt werden konnten und in denen nach einer Umbettung die neue Grablage vermerkt wurde. Nach Abschluss der Umbettungen erhielt die Deutsche Dienststelle (WASt) die Karten mit den vorgenommenen Änderungen durch den Volksbund zurück. Auf diese Weise wurde nicht nur ein Ersatz für die nach dem Krieg verlorene Wehrmachtsgräberkartei geschaffen, sondern auch der vollständige Austausch und Abgleich der Gräberdokumentation zwischen Volksbund und Deutsche Dienststelle (WASt) erreicht. Ein weiterer positiver Nebeneffekt der Neuverkartungsaktion war, dass die zur Abschrift entnommenen Karteikarten ohne großen Aufwand vor der Wiedereinordnung mit noch unbearbeiteten Vermisstmeldungen abgeglichen werden konnten. Das Schicksal von etwa 70.000 Vermissten konnte auf diese Weise aufgeklärt werden, da sich ihr Tod durch das Auffinden des Grabes bestätigte.[110]

Der Aufbau einer Gräberkartei für Westeuropa einschließlich der Kriegsgräber in Nordafrika wurde 1955 abgeschlossen. Damit waren zehn Jahre nach Kriegsende die Kompetenzverteilung und Verfahrenspraxis zwischen dem Volksbund

107 PA AA, B 92 Bd. 273, Bericht über einen Besuch bei der Deutschen Dienststelle vom 13.–15.4.1955.

108 Vgl. *Overmans*, Verluste, S. 32, FN 52.

109 Vgl. *Remmers*, Deutsche Dienststelle, S. 63.

110 PA AA, B 92 Bd. 37.

als ausführendem Organ im Ausland und der Deutschen Dienststelle (WASt) als für die amtliche Dokumentation zuständige Behörde hinsichtlich der verwaltungstechnischen Aspekte der Kriegsgräberfürsorge geklärt. Die erfolgreiche Bilanz, die alle Beteiligten aus dem Verlauf der Aktion zogen, war Anlass, die rekonstruierte Gräberkartei durch den Aufbau einer sogenannten Ostkartei zum Abschluss zu bringen. Im Unterschied zur vorherigen Praxis sollte die Ostkartei nicht der unmittelbaren Vorbereitung der Arbeit des Volksbundes im Ausland dienen, sondern zunächst die sachliche Grundlage für politische Argumente liefern, um die Kriegsgräberfürsorge eines Tages auf Osteuropa ausweiten zu können. Die DDR-Führung hatte zu Beginn der Fünfzigerjahre die Arbeit der teilweise überlasteten Deutschen Dienststelle auch als Argument genutzt, um die in der Bundesrepublik umlaufenden Zahlen über die in der Sowjetunion verbliebenen Kriegsgefangenen und die Kriegsgräber im Osten als unseriös zurückzuweisen.[111] Der Entschluss zum Aufbau einer Ostkartei fiel nun vor dem Hintergrund sich anbahnender Verhandlungen mit der Sowjetunion im Zuge einer Moskaureise Adenauers im Herbst 1957, bei der auch die Kriegsgräberfrage wieder angesprochen werden sollte.[112] Die feinsäuberliche Erfassung der Grablagen in Osteuropa änderte jedoch nichts am Widerstand Moskaus. Erst nach der Wiedervereinigung konnte die ursprüngliche Wehrmachtsgräberkartei von der Deutschen Dienststelle mit dem rekonstruierten Datenbestand der Fünfzigerjahre abgeglichen werden. Für das Gebiet der ehemaligen Sowjetunion waren 2,2 Millionen deutsche Kriegsgräber an 120.000 Orten erfasst. Auf Grundlage von Gräberabkommen mit Russland und den GUS-Ländern in den Neunzigerjahren wurde schließlich der Volksbund auch hier aktiv, um die noch auffindbaren Grabstätten zu sichern.[113]

2.3 Außenpolitische Parameter

Diente die Gräberkartei Ost lange Zeit vor allem als ein politisches Argument, war ihr Gegenstück für Westeuropa die notwendige Dokumentationsgrundlage für die hier in den Fünfzigerjahren anlaufenden Umbettungs- und Identifizierungsmaßnahmen. Die rechtlichen Rahmenbedingungen für die Kriegsgräberfürsorge, die im Inland durch das Kriegsgräbergesetz geschaffen worden waren, mussten im Ausland durch zwischenstaatliche Abkommen geregelt werden. Diese sogenannten Gräberabkommen wurden vom Auswärtigen Amt unter Beteiligung des Volksbundes mit allen Staaten geschlossen, in denen sich eine größere Zahl von Kriegsgräbern des Zweiten Weltkrieges befand. Der Zeitraum

111 Zu den internen Problemen der Deutschen Dienststelle siehe PA AA, B10 Bd. 2233.
112 PA AA, B 92 Bd. 237.
113 Vgl. *Remmers*, Deutsche Dienststelle, S. 76 ff.

der Verhandlungen erstreckte sich von den Fünfziger- bis in die Siebzigerjahre, ergänzt durch eine Reihe von weiteren Vereinbarungen mit den ehemaligen sozialistischen Staaten in Osteuropa seit den Neunzigerjahren.

Auch wenn nach dem Zweiten Weltkrieg die Handhabung der Kriegsgräberfrage in einzelnen Staaten zunächst variierte und die von deutscher Seite angestrebte eigenmächtige Bestattung der Kriegstoten auf fremden Boden zum Teil auf Vorbehalte stieß, die durch kollektive Kriegs- oder Besatzungserfahrungen genährt wurden, welche den Abschluss eines Gräberabkommens verzögerten, ergeben die von der Bundesrepublik getroffenen bilateralen Vereinbarungen in ihrer Gesamtheit ein insgesamt homogenes Bild. In ihm zeichnet sich die nach dem Zweiten Weltkrieg durchsetzende allgemeine völkerrechtliche Praxis ab, Kriegsgräberfürsorge als humanitäre Maßnahme anzuerkennen. Sie bestätigten außerdem die sich bereits seit der Zwischenkriegszeit abzeichnende strukturelle Entwicklung in Deutschland zu einem Organisationsmodell, das die unmittelbare Betreuung der Kriegsgräber in gesellschaftlicher Trägerschaft beließ und die staatliche Verantwortung auf den administrativen Bereich und die anteilige Finanzierung beschränkte.

Das Territorialitätsprinzip des Versailler Vertrags, das bereits in den Zwanzigerjahren zu keiner befriedigenden Lösung bei der grenzüberschreitenden Betreuung von Kriegsgräbern geführt hatte, blieb nach dem Zweiten Weltkrieg als Gedankenspiel in Teilen der deutschen Ministerialbürokratie noch erhalten, fand jedoch international nur noch in Ausnahmefällen Anwendung. Vor allem das Bundesfinanzministerium war naturgemäß ein entschiedener Vorreiter, wenn es darum ging, Wege zu suchen, die finanziellen Belastungen für die Staatskasse durch die zu erwartenden Pflegekosten für den Erhalt von Kriegsgräbern möglichst klein zu halten. Das Auswärtige Amt machte jedoch sehr deutlich Bedenken geltend, dass es weder moralisch noch juristisch haltbar wäre, sich in Verhandlungen mit anderen Staaten auf den Versailler Vertrag zu beziehen, um sich der Kosten für die Pflege deutscher Kriegsgräber zu entziehen.[114] Inhaltliches Vorbild für die nach dem Zweiten Weltkrieg geschlossenen Gräberabkommen wurde dagegen das deutsch-britisch-französische Abkommen von 1935. Das Abkommen hatte es der Imperial War Graves Commission ermöglicht, britische Kriegsgräber in Deutschland zu betreuen, sowie einen gemeinsamen Gräberausschuss geschaffen, der geholfen hatte, die wechselseitige Pflege fremder Kriegsgräber zu koordinieren. Mit dem Abkommen, für das die Briten auch weiterhin Gültigkeit beanspruchten, lag ein Präzedenzfall vor, der das deutsche

114 Auch die Kriegsgräber des Ersten Weltkrieges wurden nach dem Zweiten Weltkrieg in deutsche Pflege übernommen. Die im Versailler Vertrag getroffenen Regelungen wurden aufgrund der sich bereits in der Zwischenkriegszeit anders entwickelnden Praxis auch von der Bundesrepublik als letztendlich als überholt akzeptiert. Siehe zu den zähen Verhandlungen mit Frankreich und Belgien sowie den Widerständen von Seiten des Bundesfinanzministers BArch B 136/5066; PA AA, B 92 Bd. 292.

Anliegen nicht allein als Sonderwunsch erscheinen ließ, sondern als gewohnte völkerrechtliche Praxis auswies. Die Gräberabkommen sicherten den deutschen Kriegsgräbern das dauerhafte Ruherecht zu und klärten die hierzu notwendigen Voraussetzungen für deren Erhalt, wie die Bereitstellung von Grundstücken für Kriegsgräberstätten und die zollfreie Einfuhr von Baugerät und Material für durchzuführende Arbeiten. Insbesondere aber wurde in allen nach dem Zweiten Weltkrieg geschlossenen Gräberabkommen der Volksbund als von der Bundesregierung mit der Durchführung beauftragte Organisation benannt. Der Aufbau einer direkt dem Auswärtigen Amt unterstellten Organisation zur Kriegsgräberfürsorge im Ausland, wie der »Amtliche Deutsche Gräberdienst« der Zwischenkriegszeit, wurde nicht wieder unternommen.

Die durch die Gräberabkommen ermöglichte Kriegsgräberfürsorge im Ausland bewegte sich innerhalb des seit dem Ersten Weltkrieg vorgeprägten Begriffsverständnisses und der in der Zwischenkriegszeit entwickelten Maßnahmen, insbesondere an der ehemaligen Westfront. Dies entsprach auch dem Selbstverständnis und den Zielen des Volksbundes. Als ausführendes Organ und zugleich Beteiligter bei den Verhandlungen im Ausland sowie bei der Gestaltung des Kriegsgräbergesetzes, konnte er seine Vorstellungen von Kriegsgräberfürsorge als Norm durchsetzen. Hierzu zählte auch der dauerhafte Erhalt der Kriegsgräber vor Ort. Eine Überführung der Kriegstoten nach Deutschland wurde nicht in Erwägung gezogen, sondern blieb eine private Entscheidung der Angehörigen, die hierfür auch die Kosten tragen mussten. Der Verein war nach dem Zweiten Weltkrieg auch seiner eigenen Bautradition verpflichtet, in die einerseits die Erfahrungen bei der Anlage und Gestaltung dauerhaft zu erhaltender Friedhöfe einflossen, andererseits aber auch die Hinwendung zu fragwürdigen monumentalen Bauformen mit einschloss. Die nach dem Ersten Weltkrieg gezogenen notwendigen Lehren im Friedhofsbau wurden nach dem Zweiten Weltkrieg innerhalb Deutschlands auch auf die Anlage von Gräberfeldern für zivile Kriegstote und NS-Opfer übertragen, die nicht in private Pflege übernommen wurden. Es kamen Maßnahmen zur Anwendung, die in der Kriegsgräberfürsorge entwickelt und erprobt worden waren, es fanden dieselben Rechtsvorschriften Anwendung. Kriegsgräberfürsorge an sich blieb im Verständnis der Nachkriegszeit jedoch das Bündel aus Vorkehrungen und Maßnahmen zum Schutz der Gräber der Gefallenen des Ersten und Zweiten Weltkriegs. Dies wird auch im internationalen Vergleich deutlich.

Die Vorbereitungen zum Beginn der deutschen Kriegsgräberfürsorge im Ausland in den Fünfzigerjahren müssen als wechselseitiger Prozess gesehen werden, der einherging mit entsprechenden Maßnahmen fremder Regierungen in Deutschland, um Gräber ihrer Staatsangehörigen zu sichern oder sie in die Heimat zu überführen. Hierbei konnte es sich sowohl um militärische Tote als auch zivile Opfer handeln. Der traditionelle Kriegsgräberbegriff stieß vor allem angesichts der NS-Verbrechen an seine Grenzen. Es ist aber erkennbar, dass die rechtlichen Grundsätze sowie praktischen Verfahrensweisen und Methoden, die bei der Bergung und Bestattung von Kriegstoten nach Kriegsende angewandt wurden, von den Alliierten auch auf die Toten in den deutschen Konzentrations- und Arbeitslagern übertragen wurden. So bezog sich etwa das erste deutsch-französische Gräberabkommen von 1954 aus deutscher Sicht ausschließlich auf die Gräber der deutschen Gefallenen in Frankreich, die gemäß den völkerrechtlichen Konventionen auf Sammelfriedhöfe umgebettet und dort dauerhaft erhalten werden sollten. Unmittelbar mit dem Abkommen verknüpft war zugleich das sogenannte Deportationsabkommen, dass die Suche nach Gräbern französischer Staatsangehöriger regelte, die als Zwangsarbeiter oder in Konzentrationslagern in Deutschland umgekommen waren. Die auf Grundlage dieses Abkommens in Deutschland aktive französische Gräbermission nahm etwa 50.000 Exhumierungen vor.[115]

2.4 Kriegsgräberfürsorge zwischen staatlicher Regulierung und privater Trägerschaft

Unter den Bedingungen der Nachkriegszeit und alliierter Besatzungsherrschaft hatte der Volksbund mit offizieller Duldung und im Zusammenspiel mit der örtlichen Verwaltung bei der Planung von Kriegsgräberstätten eigenständig handeln können. Der Verein konnte sich dabei auf sein weitverzweigtes Netzwerk und die engen personellen Verflechtungen mit Funktionsträgern und lokalen Honoratioren stützen. Er verfügte außerdem über ausreichende finanzielle Mittel, um bei der Anlage von Friedhöfen in Vorleistung gehen zu können. Der Aufbau einer umfangreichen Informationsbasis machte ihn zum ersten Ansprechpartner bei der Suche nach vermissten Gräbern. Der Volksbund sah sich nicht nur selbst als ersten Adressaten in allen Kriegsgräberfragen, er wurde auch allgemein als solcher betrachtet und verfügte über die in diesem Aufgabenbereich relevanten Ressourcen. Die rechtliche Neuordnung der Kriegsgräberfürsorge zu Beginn der Fünfzigerjahre schuf einen regulatorischen Rahmen, der Zuständigkeits- und Finanzierungsfragen regelte sowie die juristischen Kriterien zur Eingrenzung des Geltungsbereiches der staatlichen Gräberfürsorge an die Nachkriegsbedingungen anpasste. Die auch weiterhin enge Einbindung des Volksbundes in der praktischen Durchführung bei der Sicherung von Kriegsgräbern ergab sich aus der langjährigen Tradition des Vereins und insbesondere der hervorgehobenen Rolle, die er unmittelbar nach dem Zweiten Weltkrieg einzunehmen begonnen hatte. Damit hatte sich seine Stellung im Vergleich zur Zwischenkriegszeit noch erweitert. Gerade dies bedeutete, dass mit der formellen Wiederherstellung

115 Zu den Verhandlungen im Vorfeld des Deportationsabkommens siehe PA AA, B 92 Bd. 45. Zu den Aktivitäten der französischen Gräbermission siehe PA AA, B 92 Bd. 297.

des staatlichen Primats in der Kriegsgräberfürsorge das Verhältnis zwischen staatlichen Stellen und dem Volksbund neu ausgehandelt werden musste.

Die Frage nach dem Verhältnis zwischen Volksbund und Staat ist dabei keine rein theoretische, sondern stellte für die Vereinsführung lange Zeit ein latentes Problem dar. Ebenso war die dauerhafte und umfangreiche Einbeziehung des Volksbundes in Maßnahmen zur Kriegsgräberfürsorge keine zwangsläufige Entscheidung, sondern wurde in den Bonner Amtsstuben durchaus kritisch hinterfragt. Die auch vom Volksbund gewollte Übernahme der Verantwortung für die Kriegsgräber in staatliche Obhut war der Garant für den geforderten dauerhaften Schutz der Gräber. Die Regelung der Kriegsgräberfürsorge im Inland war außerdem die Voraussetzung dafür, dass sich der VDK vollständig auf die deutschen Kriegsgräber im Ausland konzentrieren konnte. Jedoch wurde die aus Sicht des Volksbundes eigentlich als selbstverständlich empfundene Beteiligung des Verbandes damit letztendlich zu einer politischen Entscheidung, die keineswegs Bestand bis in alle Ewigkeit haben musste. Der Volksbund war daher bemüht, nicht nur die Verfahrensweisen bei der Zusammenarbeit mit den beteiligten Stellen, wie etwa der Deutschen Dienststelle, zu klären, sondern auch eine Verständigung über die grundsätzliche Beziehung zum Staat zu erreichen, die seinen Status als anerkannte Organisation in der Kriegsgräberfürsorge dauerhaft absicherte.

Der Volksbund verstand seine Arbeit als unmittelbaren Auftrag der Bundesregierung, den er gemeinsam mit den staatlichen Stellen in einer gleichberechtigten Partnerschaft erfüllte. Die Herleitung dieses offiziellen Auftrages fußte Anfang der Fünfzigerjahre noch auf einer großzügigen Auslegung eines Schreibens Konrad Adenauers, in welchem der Bundeskanzler dem Volksbund für seine geleistete Arbeit dankte und die Bitte zum Ausdruck brachte, er möge sein Engagement auch in Zukunft fortsetzen.[116] Die Vorstellung einer gleichberechtigten Partnerschaft wurde auch in Gesprächen mit den Vertretern des Auswärtigen Amtes vorgebracht.[117] Die Grundsätze der Zusammenarbeit wurden im sogenannten »Trützschler-Abkommen« festgehalten, ein Gesprächsprotokoll der Arbeitsbesprechung mit dem anwesenden Leiter der für Kriegsgräberfürsorge damals zuständigen Kulturabteilung des Auswärtigen Amtes Heinz Trützschler

116 VKA A.10-143, Schreiben Bundeskanzler und Bundesminister des Auswärtigen an Präsident des VDK, 23.11.1954. Dass der Volksbund die »Bitte« um Mitwirkung des Bundeskanzlers unmittelbar als einen Auftrag der Bundesregierung auslegte, wird bereits im Antwortschreiben deutlich, in dem es heißt: »Mit verbindlichem Dank bestätige ich den Empfang Ihres Schreibens vom 23.11., mit dem Sie dem Volksbund Ihre Anerkennung für die bisher geleistete Arbeit aussprechen und ihn mit der Betreuung der deutschen Kriegsgräber im Ausland beauftragen.« PA AA, B92 Bd. 271, Antwortschreiben VDK an Bundeskanzler, 16.12.1954.

117 PA AA, B92 Bd. 37, Aktennotiz, 14.1.1955.

von Falkenstein.[118] Das ausgeprägte Bedürfnis nach einer formalen Absicherung der eigenen Stellung als ausführendes Organ in der Kriegsgräberfürsorge erscheint aus heutiger Sicht und in Kenntnis der Gesamtquellenlage eigentlich als übertrieben. Die leitenden Vertreter und Mitarbeiter des Volksbundes standen jedoch noch unter dem Eindruck der Erfahrungen der Kriegszeit, als sowohl Wehrmacht als auch Partei versucht hatten, ihren Einfluss auf die Kriegsgräberfürsorge und den Volksbund auszuweiten. Aus Sicht des Auswärtigen Amtes hätte sich als Alternative zu einer Zusammenarbeit mit dem Volksbund nur die erneute Einrichtung eines staatlichen Gräberdienstes geboten. Die Erfahrungen der Zwanziger- und Dreißigerjahre, die man mit dem Amtlichen Deutschen Gräberdienst in Belgien gemacht hatte, sprachen jedoch nicht dafür. Der Aufbau eigener Kompetenzen für Maßnahmen zur Kriegsgräberfürsorge unter dem Dach einer staatlichen Behörde wäre aufwendiger und kostspieliger gewesen, als sich des Volksbundes zu bedienen. Befürchtet wurde außerdem der politische Flurschaden, den man hinterlassen hätte, wenn man den Volksbund ins Abseits gestellt hätte. Die mehr als eine halbe Million Mitglieder des VDK waren zahlenmäßig durchaus eine politisch relevante Größe.

Verbindlichkeit erlangte die Stellung des Volksbundes weniger durch freizügig ausgelegte Schriftstücke von Regierungsvertretern, sondern durch die offizielle Benennung als zuständige Organisation in den Gräberabkommen, die von der Bundesrepublik mit anderen Staaten geschlossenen wurden.[119] In den von den Ländern erlassenen Durchführungsverordnungen zum Kriegsgräbergesetz wurde der Volksbund ebenfalls als zu konsultierende Organisation genannt, womit die VDK-Landesverbände auch weiterhin bei größeren Friedhofsprojekten im Inland eingebunden blieben. Die Vorstellungen des Volksbundes über sein Verhältnis zum Staat hatten jedoch Auswirkungen auf die sich in den Fünfzigerjahren herausbildenden Verfahrensweisen bei der Projektplanung. Diese wurden von den staatlichen Vertretern in den folgenden Jahren einer gründlichen Revision unterzogen.

Das seit der Übernahme von Projekten zum Ausbau und der Gestaltung von Friedhofsanlagen durch den Volksbund seit Ende der Zwanzigerjahre gewohnte Vorgehen war, dass die Bauabteilung des VDK weitgehend eigenständig Pläne entwickelte und der Verein die für die Bauarbeiten und Anpflanzungen benötigten Mittel selbst aufbrachte. Im Laufe der Fünfzigerjahre wurde die Bauplanung von Kriegsgräberstätten in einen staatlich regulierten Rahmen

118 VKA A.10-64, Niederschrift Betr. Verhandlungen mit den Herren des Auswärtigen Amtes am 10.1.1955 in der Bundesgeschäftsstelle in Kassel.

119 Siehe hierzu auch den interministeriellen Schriftverkehr zwischen Finanzministerium und Auswärtigem Amt über die Stellung des VDK, PA AA, B92 Bd. 271, Der Bundesminister der Finanzen an das Auswärtige Amt, Betr. Kriegsgräber; hier: Erstattungsansprüche des Volksbundes Deutsche Kriegsgräberfürsorge e.V. für die Zeit ab 1.4.1951, 6.4.1955,; sowie Antwortschreiben Auswärtiges Amt an den Herrn Bundesminister der Finanzen, 2.5.1955.

eingefasst, der zwar nicht direkte gestalterische Vorgaben setzte, jedoch den VDK üblichen Planungsvorgaben bei öffentlichen Bauprojekten unterwarf.[120] Die Kosten für die Umbettung der Kriegstoten sowie die Anlage und den Erhalt der Grabstätte gingen auch bei der Kriegsgräberfürsorge im Ausland zu Lasten des Bundes, der Volksbund beteiligte sich Anteilig an den Kosten für den Bau der Kriegsgräberstätten.[121] Die vom Volksbund angedachte Konstruktion eines partnerschaftlichen Verhältnisses zum Staat wurde von amtlicher Seite in eine formal hierarchische Beziehung zurechtgerückt. Der Volksbund war als Empfänger öffentlicher Mittel den gültigen Vergabe- und Verwendungsrichtlinien unterworfen, die eine Anpassung der Organisations- und Arbeitsabläufe der Bundesgeschäftsstelle an behördliche Vorgaben und Vorbilder erzwang. Baupläne und Kostenvoranschläge wurden routinemäßig von der Bundesbaudirektion auf den zweckmäßigen Einsatz der finanziellen Mittel geprüft.[122] Zudem drängte vor allem die Finanzverwaltung Anfang der Sechzigerjahre sukzessiv auf eine stärkere Beanspruchung der sich beim Volksbund anhäufenden Spendengelder für Bauprojekte im Ausland. Die besagten Gelder wurden hinter vorgehaltener Hand in den Bonner Amtsstuben auch als der »Juliusturm«[123] des Volksbundes bezeichnet. Sie wurden vom Volksbund als Rücklage für den erhofften Fall gesehen, dass eines Tages die Kriegsgräberfürsorge auch nach Osteuropa ausgedehnt werden könnte. Langjähriger Streitpunkt und zugleich effektives Mittel, den staatlichen Anteil an den Baukosten zu drücken, war die sperrige Haltung, nachträglich Mittel für unerwartete Kostensteigerungen zu bewilligen, die sich bei mehrjährigen Planungszeiträumen unweigerlich inflationsbedingt ergaben, und diese immer wieder einseitig dem VDK aufzubürden. Für den Volksbund war dies eine Aufkündigung der alten, als Partnerschaft titulierten Beziehung.[124] Wie aus internen Schriftwechseln des Auswärtigen Amtes hervorgeht, wurde die staatliche Verantwortung und die damit verbundene Kostenübernahme für die Betreuung deutscher Kriegsgräber nicht in Abrede gestellt, dem Volksbund aber

120 Zu den Abrechnungsverfahren im Detail siehe PA AA, B 92 Bd. 62.

121 VKA A.10-63, Besondere Bewilligungsbedingungen in Ergänzung der Allgemeinen Bewilligungsbedingungen für die Gewährung von Zuwendungen aus Bundesmitteln § 64a RHO an den Volksbund Deutsche Kriegsgräberfürsorge.

122 Einwände erhob insbesondere der Bundesrechnungshof, der sich umfassende Rechte zur Prüfung auch beim Volksbund vorbehielt. Siehe VKA A.10-143, Aktenvermerk Betr. Verhältnis zwischen Bundesregierung und Volksbund auf dem Gebiet der Kriegsgräberfürsorge im Ausland, 3.8.1957.

123 PA AA, B 92 Bd. 293, Aktenvermerk zu einer Reise zu deutschen Kriegsgräberstätten in Frankreich und Belgien auf Einladung des VDK 1964. Der Juliusturm war eine in den Fünfziger- und Sechzigerjahren geläufige Metapher für staatliche Haushaltsüberschüsse. Sie bezog sich auf den Juliusturm der Zitadelle Spandau, wo bis 1914 ein Teil der Goldreserven des Deutschen Reiches verwahrt wurden.

124 PA AA, B 92 Bd. 272.

aufgrund seines durch die Vereinssatzung vorgegebenen Zwecks eine Interessenkongruenz mit den staatlichen Stellen unterstellt, weshalb haushaltsrechtliche Vorgaben das Auswärtige Amt anhielten, auf eine angemessene Kostenbeteiligung des Volksbundes als Empfänger öffentlicher Gelder zu drängen. Rechtliche Handhabe eine Kostenbeteiligung erzwingen zu können, bestand jedoch nicht. Gerade die Stellung des Volksbundes als einzige für die Durchführung der Kriegsgräberfürsorgemaßnahmen in Frage kommende Organisation, drängte dazu, eine einvernehmliche Lösung zu suchen.[125]

Betrachtet man die Beziehung zwischen Volksbund und Staat auf einer grundsätzlichen Ebene vor dem Hintergrund der Frage, wie durch staatliches Handeln der Verpflichtung zum Erhalt von Kriegsgräbern Geltung verschafft wurde, lassen sich die in der Auseinandersetzung zwischen Volksbund und Auswärtigem Amt aufgetretenen Spannungen aber auch als Ausdruck eines sich im langen Bogen vollziehenden verändernden Verständnisses von Staatlichkeit und der Beziehung zwischen Staat und organisierten gesellschaftlichen Interessen begreifen. Trotz der kurzzeitig im Umfeld von Heeresverwaltung und Innenministerium 1919 unterstützten Gründung des Volksbundes, war die Haltung der Verwaltung in der Weimarer Republik dadurch gekennzeichnet, dass Kriegsgräberfürsorge als im Kern staatliche Aufgabe auch durch unmittelbar staatliches Handeln erbracht werden müsse. Dies geschah durch die Einrichtung des ZAK und des Amtlichen Deutschen Gräberdienstes beim Auswärtigen Amt. Die behördliche Aufgabenwahrnehmung unter den Bedingungen des Versailler Vertrages sowie der begrenzten Ressourcenausstattung wurde fortan vom ebenfalls aktiven Volksbund immer als defizitär kritisiert. Die auf dem Verordnungsweg zunächst festgesetzte Aufgabenteilung und die dem Volksbund zugestandene ergänzende Fürsorge führte zwar zu einer zusätzlichen Bereitstellung von Ressourcen für den Erhalt deutscher Kriegsgräber, schuf zugleich aber auch eine unterschwellige Konkurrenzsituation zwischen staatlicher und privater Kriegsgräberfürsorge. Zugleich handelte der Volksbund innerhalb des ihm zugeschriebenen Aufgabenbereiches, der als ergänzende Fürsorge und damit als außerhalb der staatlichen Fürsorgeverpflichtung definiert worden war, relativ autonom.

Die nun in den Fünfzigerjahren zum Vorschein tretenden divergierenden Vorstellungen über die künftige Beziehung zwischen Verein und Auswärtigem Amt bei der Kriegsgräberfürsorge im Ausland waren Folge der sich verändernden Aufgabenwahrnehmung in der Kriegsgräberfürsorge. Der Volksbund übernahm nicht mehr bloß ergänzende Tätigkeiten, sondern brachte die staatliche Fürsorgeverpflichtung durch seine Arbeit selbst erst vollständig zur Geltung. Er wurde nun dabei aber regulatorischen Vorgaben unterworfen, die in vormals autonome Bereiche seiner Vereinstätigkeit hineinwirkten und mit der eine

125 PA AA, B 92 Bd. 272, Referat 602–85 an 502 (V 3), 23.1.1963.

indirekte politisch-administrative Einflussnahme auf die Kriegsgräberfürsorge möglich wurde.

Die in den Quellen von den Beteiligten beider Seiten zum Ausdruck kommende Selbstwahrnehmung der Beziehung zwischen Volksbund und Auswärtigem Amt werden beide dem tatsächlichen Verhältnis nicht im vollen Umfang gerecht. Der instrumentelle Charakter, den der VDK vom Auswärtigen Amt zugesprochen bekam, erweckte eher den Eindruck einer funktionalen Privatisierung eines Teilbereiches innerhalb einer ansonsten durch die Verwaltung erbrachten staatlichen Leistung. Dem stand gegenüber, wie auch selbst vom Auswärtigen Amt eingestanden wurde, dass die Kompetenzen zur Sicherung deutscher Kriegsgräber vollständig beim Volksbund lagen, dem außerdem ein größerer Anteil an den Kosten auferlegt werden sollte. Die vom Volksbund unterstellte gleichberechtigte Partnerschaft wiederum war ein Konstrukt, das dem Volksbund größtmöglichen Freiraum verschaffen sollte und statt rechtlicher und verwaltungstechnischer Vorgaben informelle Absprachen unter den Beteiligten bevorzugte. Am treffendsten lassen sich die in der Bundesrepublik entwickelten Strukturen in der Kriegsgräberfürsorge als eine Form der regulierten Selbstregulierung erfassen.[126] Sie unterscheidet sich von der in der Weimarer Republik noch stärker akzentuierten und vom Staat beanspruchten Eigenwahrnehmung der Kriegsgräberfürsorge erkennbar und ersetzte diese durch ein Modell, das die beim Volksbund vorhandenen gleichgelagerten Interessen im Sinne des Allgemeinwohls nutzt, zugleich aber Verfahrensregeln setzt, die sicherstellen, dass die aufgewendeten öffentlichen Mittel für die bestimmten Zwecke verwendet werden. Die regulatorischen Eingriffe wurden vom Volksbund zwar zeitweise als eine Veränderung von einer als gleichberechtigt erhofften, hin zu einer hierarchischen Beziehung empfunden, jedoch darf dabei nicht übersehen werden, dass jenseits der Möglichkeit auf staatlicher Seite Verfahrensregelungen in der Kriegsgräberfürsorge rechtlich vorzugeben, der Volksbund wiederum nicht nur über einen faktischen Kompetenz- und Ressourcenvorsprung verfügte, sondern sich bei der Vermittlung seiner Interessen aller Handlungsoptionen eines mitgliederstarken und politisch gut vernetzten Interessenverbandes bedienen konnte. Hierzu zählte zum Beispiel auch, dass bei Konflikten mit Vertretern der

126 Das Konzept der regulierten Selbstregulierung geht im Unterschied zu direkten staatlichen Eingriffen von einer »Form der Verflechtung oder Vernetzung staatlicher Regulierung mit gesellschaftlicher Selbstregulierung im Zusammenspiel des Staates mit wirkmächtig organisierten gesellschaftlichen Interessenverbänden« aus, um gewünschte öffentliche Leistungen zu erbringen, *Groh*, Selbststeuerung, S. 33. Als theoretischer Ansatz entstammt es politik- und verwaltungswissenschaftlicher Steuerungs- und Governancetheorien, die in aktuellen Beiträgen vor allem mit Blick auf staatliche Handlungs- und Steuerungsfähigkeit unter den Bedingungen zunehmender Komplexität durch europaweite politische und globale ökonomische Integration diskutiert werden. Vgl. *Göhler*, Perspektiven, S. 35 f. In den vergangenen Jahren sind jedoch auch Angebote für eine historisierende Perspektive vorgelegt worden. Vgl. *Collin*, Regulierte Selbstregulierung; ders., Selbstregulierung im 19. Jahrhundert.

Ministerialverwaltung der Volksbund diese durch Kontakt zu Abgeordneten und politischen Entscheidungsträgern zu beeinflussen suchte.[127]

Die in den Fünfzigerjahren schrittweise durchgesetzten behördlichen Verfahrensregeln entfalteten eine eher unterschwellige, jedoch langfristig spürbare Wirkung. Die Eingriffe der staatlichen Behörden in die Verfahrensabläufe bei der Planung von Maßnahmen zur Kriegsgräberfürsorge im Ausland erstreckten sich vor allem auf den Bereich der Prüfung der sachgemäßen Verwendung der bereitgestellten Gelder. Eine ästhetische Bewertung der vorgelegten Entwürfe oder Auseinandersetzung mit ihrer symbolischen Aussage unterblieb dagegen. Für die Arbeit der Bauabteilung des VDK, die auch nach dem Zweiten Weltkrieg unter Leitung Robert Tischlers in München angesiedelt blieb, hatten die sich verändernden Rahmenbedingungen bei der Planung von Kriegsgräberstätten dennoch deutliche Konsequenzen. Der von Tischler auch in den Fünfzigerjahren noch unbeirrt fortgesetzte heroisch-monumentale Stil wurde von den beteiligten Bundesministerien nicht direkt kritisiert, war aber innerhalb des Volksbundes nicht unumstritten, weil Tischler bereit war, den Grundsatz des Einzelgrabanspruches seinen gestalterischen Prinzipien unterzuordnen. Was bereits während des Krieges von der Wehrmacht kritisiert worden war, schwelte als nicht ausgeräumter Streitpunkt auch in den Fünfzigerjahren weiter.[128]

Die Anfechtungen waren unmittelbar mit der Arbeitsweise und autonome Stellung der Bauabteilung insgesamt verbunden. Die Quellenlage über die frühere Münchener Bauabteilung des Volksbundes ist außerordentlich schlecht. Die wenigen verbliebenen Dokumente deuten jedoch daraufhin, dass es Ende der Fünfzigerjahre zunehmend zu Konflikten sowohl innerhalb des Münchener Büros als auch zwischen Bundesgeschäftsstelle und Tischler kam, die insgesamt auf seinen Führungsstil und das Festhalten an gewohnten Arbeitsweisen zurückzuführen sind. Die in diesem Zeitraum zunehmenden Anforderungen bei der Projektplanung, insbesondere bei der Kostenplanung, kollidierten mit der gewohnten Unabhängigkeit Tischlers bei seiner Arbeit. Vor allem die von Tischler gepflegte enge Zusammenarbeit mit einem ihm vertrauten Kreis von Künstlern und Kunsthandwerkern, die während der NS-Zeit noch als am Ideal der mittelalterlichen Bauhütte orientiert stilisiert wurde, kam nun zunehmend in Bedrängnis.[129] Tischler rechtfertigte seine Arbeit wie auch seine Gestaltungsprinzipien immer mit der notwendigen künstlerischen und materiellen Qualität,

127 Siehe hierzu exemplarisch PA AA, B92 Bd. 292. Aus der Akte geht hervor, dass der Volksbund im Zuge der Auseinandersetzungen mit dem Finanzministerium mehrere Bundestagsabgeordnete mobilisierte, zu denen er Kontakt über seinen sogenannten Parlamentarischen Ring pflegte. Sie wurden zu Gesprächen mit den beteiligten Ministerialbeamten am 8./9.11.1962 hinzugezogen.

128 Vgl. *Lurz*, Heimat, S. 67.

129 Siehe *Fuhrmeister*, Klatschmohn, S. 130.

die es sicher zu stellen gelte.[130] Flankenschutz erhielt er dabei beispielsweise von Werner Lindner, der in Fachkreisen für die Arbeitsweise Tischlers warb. Lindner übernahm 1952 die Geschäftsführung der Arbeitsgemeinschaft Friedhof und Denkmal, die ebenso wie der Volksbund in Kassel ansässig wurde und eng mit dem Verein kooperierte. In einem 1951 in einer Fachzeitschrift für Steinmetze veröffentlichten Artikel über die Arbeit der Bauleitung des Volksbundes wurde diese von ihm geradezu zu einem Bollwerk deutscher Handwerkskunst stilisiert:

Gegen die allgemeine Verwirrung und Verflachung der Grundbegriffe im Bau- und Gärtnerhandwerk zog die Bauleitung des Volksbundes von Anfang an kraftvoll zu Felde. Sie verfügte und verfügt über einen Stamm bester Handwerker, Kunsthandwerker und sonstiger unentbehrlicher Fachleute. Ihrem Vorbild müssen alle Nacheifern.[131]

Kritiker sahen hierin vor allem ein intransparentes Geflecht, das Günstlingswirtschaft förderte und sich einer zweckrationalen Kosten-Nutzen-Prüfung versperrte.[132] Die sich bereits ab 1959 anbahnende Verlagerung von baulicher Planungskompetenz zur Bundesgeschäftsstelle nach Kassel führten letztendlich zur Schließung der Münchener Bauabteilung wenige Jahre später. Sie wurde letztendlich auch durch den Umstand erleichtert, dass Tischler 1959 unerwartet

130 VKA A.10-143, Aktenvermerk über den Besuch der Herren Reg. Baurat Kuhnert und Beckmann von der Bundesbaudirektion Bonn in der Bundesgeschäftsstelle Kassel am 20. 3. und in der Bundesbauleitung München am 22.3.1956. Tischler rechtfertigte seine Arbeits- und Bauweise ausführlich in einigen überlieferten Briefen an das Auswärtige Amt, wo er hoffte, noch Gehör zu finden, weil er sich selbst bereits als ein für das Präsidium des Volksbundes »rotes Tuch« sah. In den Schreiben vermischen sich die Überzeugung einer notwendigen historischen Sendung für die Nachwelt, die in seinen Bauten zum Ausdruck kommen müsse, mit funktionalen Rechtfertigungen, die den hohen baulichen Aufwand mit geringen Grabpflegekosten wirtschaftlich erscheinen lassen sollten. Siehe insbesondere PA AA, B 92 Bd. 61, Schreiben Tischler an Legationsrat Hergt, 23.1.1957 u. 15.1.1958.

131 *Werner Lindner*, Ehrenstätten des Volksbundes Deutsche Kriegsgräberfürsorge, in: Steinmetz und Bildhauer 67 (1951), Nr. 11, S. 304. Lindner war bereits im Ersten Weltkrieg Geschäftsführer beim Deutschen Bund Heimatschutz, was sich auch inhaltlich noch stark in seinen Schriften abzeichnet. Für den Volksbund erarbeitete Lindner außerdem 1953 eine Handreichung mit Gestaltungsempfehlungen für Kriegsgräber, die sich eng an Tischlers Arbeitsweise orientierte. Siehe *VDK*, Gestaltung. Zu Lindner vgl. *Linse*, Ökopax, S. 29 ff.; *Lurz*, Kriegerdenkmäler, Bd. 6, S. 118.

132 Vgl. BArch B 106/20371, Schreiben des Hauptverbandes des deutschen Steinmetz- und Bildhauerhandwerks an Bundesminister des Innern, Betr.: Allgemeine Verwaltungsvorschriften zur Ausführung des Gesetzes über die Sorge für die Kriegsgräber v. 21.8.53, 17.10.1953; zum »Mäzenatentum« des Volksbundes siehe auch einen ausführlichen Aktenvermerk in den Beständen des Bundesministerium des Innern, der die Baupolitik des VDK insgesamt äußerst kritisch kommentiert, vgl. BArch B 106/8698, Vermerk zum Ergebnisprotokoll der Besprechung mit den Ländern am 4.1.1956 Tagesordnung. Punkt 6, S. 6. In Ansätzen deuten sich die auch über den Tod Tischlers hinaus schwelenden Konflikte innerhalb der Münchener Bauabteilung im Nachlass des Zweiten Schriftführers des VDK Hoßbach an. Siehe BArch MA N 24/165.

verstarb. Bei der Bauplanung griff der Volksbund seitdem auf externe Architekten zurück.[133]

Die Kontrollmechanismen bei der Prüfung geplanter Kriegsgräberstätten zielten zwar auf die sachgerechte Verwendung der bereitgestellten öffentlichen Mittel ab und beinhalteten keine Bewertung der gestalterischen Ausführung. Sie hatten dennoch Auswirkungen auf die Bauten des Volksbundes, da sie die überkommenen Strukturen von Tischlers Bauabteilung aufbrachen und transparente Planungs- und Vergabeverfahren bei der Bauplanung einforderten. Dies führte nicht zu einem vollständigen Bruch mit den seit dem Ersten Weltkrieg entstandenen Gestaltungsformen deutscher militärischer Grabstätten, die durch die Arbeit des Volksbundes und die Entwürfe Tischlers stark beeinflusst wurden. Die gestalterische Arbeit Tischlers sowie die Realisierung der zum Teil sehr aufwendigen Friedhofsprojekte des Volksbundes in den Dreißigerjahren, allen voran die sogenannten Totenburgen, waren aber gerade nur unter den spezifischen Bedingungen ihrer Zeit möglich gewesen. Tischlers weitgehende Unabhängigkeit ermöglichte es ihm, über Jahre hinweg konzeptuell an Gestaltungsprinzipien für Kriegsgräberstätten zu arbeiten. Der Volksbund als Organisation konnte sich durch die anders gelagerten Strukturen in der Kriegsgräberfürsorge der Zwischenkriegszeit auf Einzelprojekte konzentrieren. Der hierbei betriebene im Vergleich zur Arbeit der amtlichen Gräberdienste zum Teil enorme bauliche Aufwand bedurfte während der NS-Herrschaft keiner Rechtfertigung. In der Bundesrepublik wurde der Maßstab für das Erscheinungsbild der Grabstätten der Weltkriegstoten wieder an den gebotenen Mindestanforderungen für ein gewünschtes dauerhaftes und würdiges Erscheinungsbild ausgerichtet und die Wahl der gestalterischen Mittel den funktionalen Anforderungen an ein Kriegsgrab untergeordnet. Die Übernahme der Verantwortung für die Betreuung der Gesamtheit der deutschen Kriegsgräber im Ausland machte es notwendig, nach Lösungen zu suchen, die den Schutz und die Pflege möglichst aller Kriegsgräber sicherstellte. Dabei musste der Volksbund seine Mittel so einplanen, dass die Kriegstoten im Ausland möglichst zeitnah auf Kriegsgräberstätten umgebettet werden konnten, weil davon auszugehen war, dass die Wahrscheinlichkeit Tote bergen und identifizieren zu können, mit der Zeit abnahm. Aufwendige Einzelprojekte hätten finanzielle Mittel gebunden, die dann eventuell an anderer Stelle gefehlt und zu einer Ungleichbehandlung der Toten geführt hätten.

133 PA AA, B 92 Bd. 272, Vermerk über die Besprechung im Bundesministerium für wirtschaftlichen Besitz des Bundes am 25. Juni 1959 betreffend Baumaßnahmen des Volksbundes Deutsche Kriegsgräberfürsorge e. V., 9.7.1959.

3. Ankunft in der Bonner Republik. Der Volksbund als Verein und Organisation in der Bundesrepublik

Der Volksbund Deutsche Kriegsgräberfürsorge wurde nach Ende des Zweiten Weltkrieges schnell in Maßnahmen zur Kriegsgräberfürsorge eingebunden, weil er über die notwendigen Fachkompetenzen verfügte und personell mit Politik und Verwaltung verflochten war. In der britischen Besatzungszone war außerdem seine Organisationsform als Verein ein gewichtiges Argument für seine Beteiligung bei der Betreuung von Kriegsgräbern gewesen, um das Wiederaufleben eines staatlichen, militaristischen Totenkultes in Deutschland zu unterbinden. Das Vereinsmodell als Volksbund stützte sich seit der Vereinsgründung 1919 auf die Vorstellung, eine möglichst breite Mitgliederbasis aufzubauen, um damit die gesamtgesellschaftliche Verantwortung für die Kriegsgräberfürsorge zu unterstreichen. Der rasante Aufstieg zu einer Massenorganisation war dem Volksbund aber erst im »Dritten Reich« gelungen. Die Voraussetzungen dafür, eine große Zahl von Mitgliedern an sich zu binden, war erst unter den gesellschaftlichen und politischen Verhältnissen der NS-Diktatur geschaffen worden. In diesem Kapitel wird untersucht, wie und inwieweit es dem Volksbund gelang, sein Vereinsmodell an die bundesrepublikanischen Nachkriegsverhältnisse anzupassen und wie sich die Bedeutung einer breiten Mitgliederbasis als politische und ökonomische Ressource langfristig entwickelte.

3.1 Neuordnung der Verbandsstruktur

Die verbandliche Neuordnung, die während der Besatzungszeit zunächst dezentral verlaufen war, führte mit Duldung und schließlich Anerkennung der Arbeit des Volksbundes in den westlichen Besatzungszonen zu einer vollständigen Wiederherstellung der Vereinsorganisation. Die mehrgliedrige, am Verwaltungsaufbau der Bundesländer orientierte Unterteilung in Landes-, Bezirks- und Kreisverbände sowie der lokalen Ortsgruppen war Anfang der Fünfzigerjahre wiederhergestellt. Auch wenn sich der Verein nach Ende der NS-Herrschaft auf seine Wurzeln in der Weimarer Republik berief, wurde die Verbandsstruktur jedoch nicht einfach in den Zustand vor der »Selbstgleichschaltung« im Zuge der Satzungsänderung im Dezember 1933 zurückversetzt. Das Führerprinzip war unter den Vorgaben der Besatzungsmächte als eine der ersten Maßnahmen zur Neuordnung der Vereinsgeschäfte beseitigt worden. Nicht rückgängig gemacht wurde dagegen der 1933 aufgegebene Status der niederen Vereinsgliederungen als eigenständige rechtliche Körperschaften. Dies hatte während der NS-Herrschaft die Möglichkeit zur schnellen Erweiterung der nun stark hierarchischen Vereinsstruktur erheblich gesteigert, weil die Gründung von Ortsgruppen und

Kreisverbänden nicht mehr an die üblichen Voraussetzungen und Prozeduren einer Vereinsgründung gebunden waren. Wenn auch bei der Reorganisation des Volksbundes in der Nachkriegszeit die Eigenständigkeit der Landesverbände in der Kriegsgräberfürsorge wieder gestärkt wurde, verblieben diese und die ihnen nachgeordneten Vereinsgliederungen innerhalb der Vereinsorganisation dennoch ohne eigene Rechtsfähigkeit und in einer formal abhängigen Stellung zur jeweils höheren Verbandsebene.[134]

Die besondere Stellung, die der Volksbund zunächst in der britischen Besatzungszone eingenommen hatte, kam Anfang der Fünfzigerjahre noch in der regionalen Verteilung der Mitglieder innerhalb des Volksbundes zum Ausdruck. 1953 vom Volksbund veröffentlichte Zahlen, die den Mitgliederstand der einzelnen Landesverbände in Relation zur Gesamtbevölkerung des jeweiligen Bundeslandes auswiesen, spiegeln noch den regionalen Schwerpunkt des verbandlichen Neuaufbaus in der Nachkriegszeit wider. Mit 2,2 Prozent der niedersächsischen Bevölkerung, die als Mitglied im VDK erfasst waren, war hier der Neuaufbau der Vereinsorganisation am weitesten fortgeschritten. Auch langfristig blieb der niedersächsische gegenüber dem traditionell mitgliederstarken bayerischen Landesverband oder dem des bevölkerungsreichsten Bundeslandes Nordrheinwestfalen ein verbandsinternes regionales Gegengewicht. Der ländliche Raum Nordwestdeutschlands, der für den Volksbund in den Zwanzigerjahren noch schwer zu erschließen gewesen war, zeichnete sich nach dem Zweiten Weltkrieg durch eine ausgesprochen dichtes Netz von Vereinsgliederungen und ehrenamtlichen Mitarbeitern aus.[135] Hatte der Volksbund in der Weimarer Republik die Voraussetzungen für die Gründung lokaler Vereinsgruppen nur im städtischen Umfeld gefunden, blieben die in den Dreißigerjahren geschaffenen Voraussetzungen für die Erschließung des ländlichen Raums über das Kriegsende hinaus wirksam. Im direkten Vergleich zum niedersächsischen Landesverband fällt auf, dass nun gerade die Landesverbände der Stadtstaaten Bremen, Hamburg und Berlin eine nur geringe Einbindung der Bevölkerung in den Volksbund aufwiesen.[136]

134 Vgl. Breitling, Verbände, S. 158.

135 Vgl. Bericht des Vorstandes über die Arbeit des Volksbundes Deutsche Kriegsgräberfürsorge im Jahre 1971, Kassel 1972. Der Landesverband Niedersachsen verfügte 1971 über 4.940 ehrenamtliche Mitarbeiter und 3.242 Ortsverbände, gefolgt von Bayern mit 4.153 ehrenamtlichen Mitarbeitern in 3.038 Ortsverbänden.

136 Gilat Margalit hat auf die erkennbaren Schwierigkeiten des Volksbundes in Hamburg hingewiesen, nach Kriegsende einen neuen Mitgliederstamm aufzubauen und Personen des öffentlichen Lebens für repräsentative Vereinsämter zu gewinnen. Dies erklärt er damit, dass dem Volksbund noch der Ruf einer NS-Organisation anhing. Vgl. *Margalit*, Guilt, S. 121 f.

3.2 Elitenkontinuität und generationeller Umbruch

Der provisorische Sitz der Bundesgeschäftsstelle in Oldenburg wurde 1948 zunächst nach Nienburg an der Weser und im Mai 1951 weiter nach Kassel verlegt, wo in den folgenden Jahren ein modernes Bürogebäude bezogen wurde, das dem inzwischen erheblich gestiegenen Personal und Raumbedarf gerecht wurde.[137] Der Sitz der Bauleitung verblieb in München. Die räumliche Nähe zu politischen Institutionen und Entscheidungsträgern, die mit dem Umzug in die hessische Provinz verloren ging, versuchte der Volksbund durch ein Bonner Büro zu überbrücken, wo ein sogenannter Beauftragter bei der Bundesregierung Kontaktpflege zu Parlamentariern, Ministerialbeamten und anderen Interessenvertretern betrieb.

Die Gesamtvertretung des Volksbundes oblag einem von den Delegierten der Landesverbände gewähltem Präsidium, das den Volksbund nach außen vertrat und dem zugleich die Bundesgeschäftsstelle und die Bauabteilung unterstanden. Alle Vereinsämter wurden ehrenamtlich geführt. Die Arbeit in der Bundesgeschäftsstelle und den jeweiligen Landesgeschäftsstellen übernahmen hauptamtlich Beschäftigte.[138] In den leitenden Positionen der Bundesgeschäftsstelle sowie hohen Vereinsämtern ist eine hohe personelle Kontinuität im Übergang von der NS-Zeit zur Bundesrepublik erkennbar, wobei die beruflichen Werdegänge der Beteiligten durch die NS-Diktatur unterschiedlich beeinflusst wurden. Die frühe Nachkriegszeit war dadurch gekennzeichnet, dass Amtsträger eine gewisse Distanz zum Nationalsozialismus auch in biographischen Brüchen glaubhaft machen mussten. Mitglieder und Mitarbeiter, die durch eine Mitgliedschaft in der NSDAP politisch belastet waren, hatten während der Besatzungszeit noch aus leitenden Positionen ausscheiden müssen. In den Fünfzigerjahren fand sich aber auch schon bald wieder Verwendung für altgediente Kräfte, für die die NS-Zeit keine Leidenszeit gewesen war. Die Vereins- und Geschäftsführung verblieb in den Händen eines engumrissenen Kreises, der die Entwicklung des Vereines seit den Dreißigerjahren miterlebt und aktiv mitgestaltet hatte. Bis 1970 wurde das Amt des Vereinspräsidenten von Personen übernommen, die bereits vor 1945 hohe Vereinsämter bekleidet hatten. Dies gilt auch für die aktive Geschäftsführung, wo sich ein personeller Umbruch schrittweise seit den Sechzigerjahren vollzog. Die führenden Repräsentanten des Volksbundes setzten sich zusammen aus Vertretern mit vormals leitenden Positionen in Verwaltung und Kirche, sowie langjährigen hauptamtlichen Mitarbeitern, deren Tätigkeit

137 Zum Umzug nach Kassel siehe die zeitgenössische Presseberichterstattung in VKA A.100-99.

138 Die Zahl der Beschäftigten in der Bundesgeschäftsstelle lag bis in die Siebzigerjahre bei etwa 200 und wurde dann schrittweise bis Ende der Achtzigerjahre auf 120 reduziert.

beim Volksbund zum Teil durch den aktiven Dienst bei der Wehrmacht während des Krieges unterbrochen worden war.

Der erste Präsident des Volksbundes nach dem Zweiten Weltkrieg, Wilhelm Ahlhorn, war nach der Machtübernahme der NSDAP als oldenburgischer Staatsrat in den vorzeitigen Ruhestand versetzt worden.[139] Auf ähnliche biographische Erfahrungen blickte auch sein Nachfolger Eberhard Hagemann zurück, der ebenfalls 1933 seinen Posten als Landeshauptmann in Hannover einbüßte und danach als Rechtsanwalt in Celle tätig war. Für den Volksbund hatte er Anfang der Dreißigerjahre zugleich den Vorsitz des Provinzialverbandes Hannover übernommen, bis dieser mit der Satzungsänderung 1933 in die Gauverbandsstruktur der NS-Zeit überführt worden war. Nach dem Krieg war er für fünf Monate als Oberpräsident in Hannover eingesetzt worden und wurde danach bis zu seiner Pensionierung Landesgerichtspräsident in Verden. Er begleitete den verbandlichen Neuaufbau des Volksbundes von 1949 bis 1952.[140] Ihm folgte bis 1959 Gustav Ahlhorn, der jüngere Bruder Wilhelm Alhorns und ehemaliger Präsident des Landeskirchenamtes der Hannoverschen Landeskirche.[141] In den Dreißigerjahren war er Mitglied des Lutherrates gewesen, einem Zusammenschluss verschiedener lutherischer Landeskirchen, die sich zur Bekennenden Kirche zählten.[142] War Gustav Ahlhorn noch aktiver Teilnehmer des Ersten Weltkrieges, trat mit seinem Nachfolger Walter Trepte in den Sechzigerjahren erstmals ein Präsident in Erscheinung, dessen berufliche Karriere und leitende Stellung im Volksbund maßgeblich durch die NS-Zeit geprägt worden war und für den die Erfahrung des Zweiten Weltkriegs das zentrale Kriegserlebnis darstellte. Trepte war Militärgeistlicher gewesen und war als Wehrkreisoberpfarrer in Königsberg zwischen 1934 und 1945 auch Vorsitzender des Gauverbandes Ostpreußen-Danzig gewesen. Vor seiner Wahl zum Präsidenten hatte er seit 1954 den Vorsitz über den Landesverband Hessen geführt.[143]

Die Leitung der Bundesgeschäftsstelle unterstand dem Generalsekretär des Volkbundes. Diese Aufgabe übernahm nach seiner Rückkehr aus der Kriegsgefangenschaft Otto Margraf, der diese Stellung bereits seit 1934 unter der Bezeichnung Bundesamtsführer innegehabt hatte.[144] Auch sein Stellvertreter Klaus von Lutzau hatte seine Karriere 1935 beim Volksbund in der Abteilung

139 Zu W. Ahlhorn siehe Nachruf in Kriegsgräberfürsorge 44 (1968), Nr. 6, S. 83 sowie Lebenslauf in BArch B 122/637.

140 BArch B 122/637.

141 Siehe Nachruf in Kriegsgräberfürsorge 47 (1971), Nr. 3, S. 71.

142 Siehe *Boberach*, Handbuch, S. 133.

143 Zu Trepte siehe Kriegsgräberfürsorge 18 (1938), Nr. 6–7, S. 109; Kriegsgräberfürsorge 47 (1971), Nr. 1, S. 4; vgl. außerdem *Boberach*, Handbuch, S. 451 u. 457 f. Während des Krieges wurde Trepte als Armeepfarrer an verschiedenen Standorten eingesetzt.

144 Zu Margrafs Rolle im Wehrmachtverlustwesen siehe *Overmans*, Verluste, S. 32 f.; Nachruf in Kriegsgräberfürsorge 37 (1961), Nr. 7, S. 111.

für Presse und Öffentlichkeitsarbeit begonnen.[145] Das Erbe des 1945 gefallenen Mitbegründers und langjährigen Bundesführers Emmo Eulen verkörperte seine Witwe Christel, die von 1946 bis 1970 die Aufgabe der Schriftführerin im Bundesvorstand übernahm.[146]

Der sich nach dem alters- und gesundheitsbedingtem Ausscheiden Otto Magrafs 1960 zunächst in der Geschäftsführung anbahnende personelle Umbruch führte zu Strukturreformen innerhalb des Volksbundes, die vor allem in der Verlagerung der Baukompetenzen zur Bundesgeschäftsstelle deutlich wurden und damit die in Gestalt Robert Tischlers bis 1959 fortlebende Kontinuität in der Bauplanung beseitigte. Der endgültige personelle Bruch mit der Vorkriegszeit wurde 1970 vollzogen, als Willi Thiele das Amt des Präsidenten des Volksbundes übernahm. Dies änderte zwar nichts an der Praxis, Vereinsämter mit amtierenden oder ehemaligen Funktions- und Mandatsträgern aus Politik, Verwaltung und Kirche zu besetzen. Erstmals wurde nun jedoch ein Präsident gewählt, der auf eine Karriere in Wissenschaft und Verwaltung in der Bundesrepublik zurückblicken konnte und nicht innerhalb des Vereins, beziehungsweise in seinen Strukturen vor 1945 sozialisiert worden war.[147] Thiele war zugleich der erste sozialdemokratische Präsident des Volksbundes. Der Beginn der Amtszeit Thieles markiert auch einen Wendepunkt in der inhaltlichen Ausrichtung des Vereins. Sie steht in direktem Zusammenhang mit im Umfeld des fünfzigjährigen Jubiläums des Volksbundes aufgeworfenen Fragen über die zukünftigen Aufgaben des Vereins, seines Selbstverständnisses und die Fähigkeit, nachfolgende Generationen für die Fortsetzung seiner Arbeit und eine Mitgliedschaft gewinnen zu können. Vor allem der sich unter den Mitgliedern abzeichnende generationelle Umbruch von Kriegs- zur Nachkriegsgeneration erzwang eine erneute Auseinandersetzung mit der Frage, wie die Arbeit des Volksbundes begründet und nach außen dargestellt werden sollte, um weiterhin breite gesellschaftliche Unterstützung zu erhalten. Erkennbar ist ein sich zu dieser Zeit veränderndes Verständnis der Jugendarbeit beim Volksbund, die zunehmend als politische Bildungsarbeit begriffen wurde. Institutionell wurde die pädagogische Arbeit durch die Einrichtung sogenannter Jugendarbeitskreise eingebunden und durch Stellen für Bildungsreferenten in allen Landesverbänden professionalisiert

145 Zu v. Lutzau siehe Kriegsgräberfürsorge (48) 1972, Nr. 3, S. 66f.; Nachruf zum Tode Lutzaus in Kriegsgräberfürsorge 54 (1978), Nr. 4, S. 127.

146 Siehe Nachruf in Kriegsgräberfürsorge (47) 1971, Nr. 4, S. 74–76.

147 Thiele war Honorarprofessor an der TU Braunschweig sowie seit 1964 Verwaltungsbezirkspräsident in Braunschweig. 1965 hatte er bereits den Vorsitz des VDK Bezirksverbandes Braunschweig und 1968 dann des niedersächsischen Landesverbandes des Volksbundes übernommen. 1977 trat Thiele vorzeitig von seinem Amt zurück, nachdem der Vorwurf der Vorteilsgewährung bei der Vergabe einer Spielbankkonzession in Bad Harzburg öffentlich wurde. Vgl. Kriegsgräberfürsorge 47 (1971), Nr. 1, S. 5; BArch B 122/14359, pag. 198; VKA A.100-927.

und ausgebaut. Die hier für die Verbandsstruktur und Verbandsführung beschriebenen Prozesse des Neuaufbaus nach 1945 sowie die seit den Sechzigerjahren erkennbaren Veränderungen müssen zugleich im Zusammenhang mit der Entwicklung des Vereins und seiner Mitglieder insgesamt gesehen werden.

3.3 Mitgliederbasis und gesellschaftliche Vernetzung

Das vom Volksbund verkörperte Modell einer gesellschaftlich getragenen Kriegsgräberfürsorgeorganisation hatte von seiner Gründung an immer eine möglichst hohe Zahl von Vereinsmitgliedern angestrebt. Nur so ließ sich der Volksbundgedanke glaubwürdig vertreten. Zudem war eine breite Mitgliederbasis Voraussetzung, um die benötigten Ressourcen für die Betreuung der Kriegsgräber aufzubringen. Die Untersuchung der Vereinsentwicklung in der Zwischenkriegszeit hat gezeigt, dass es dem Volksbund bis Ende der Zwanzigerjahre gelungen war, sich als deutschlandweit aktive Großorganisation mit 100.000 Mitgliedern zu etablieren.[148] Die meisten Quellen wie auch der bisherige Forschungsstand deuten darauf hin, dass der VDK trotz seines Anspruches, alle Deutschen über soziale und politische Grenzen hinweg im gemeinsamen Gedenken an die Kriegstoten zu vereinen, vor allem Zulauf aus dem bürgerlich-nationalkonservativen Milieu erfuhr. Erst unter den Bedingungen der NS-Herrschaft erhielt der Mitgliederzuwachs eine bis dahin unbekannte Dynamik, die den Mitgliederstand bis zum Vorabend des Zweiten Weltkrieges auf etwa eine halbe Million anschwellen ließ; erst hier war der Aufbau eines feingliedrigen Vereinsnetzes möglich, das in die kleinste Ortschaft reichte. Der »Volksbundgedanke« und die propagierte NS-Volksgemeinschaft gingen dabei Hand in Hand.

Diese Strukturen erwiesen sich nach Kriegsende im Mai 1945 zugleich als Voraussetzung dafür, dass trotz des Zusammenbruchs der staatlichen und militärischen Verwaltung überhaupt frühzeitig eine geordnete Registrierung und Betreuung deutscher Kriegsgräber einsetzte. Meinhold Lurz kam angesichts der Stellung, die der Volksbund nach dem Zweiten Weltkrieg in der Kriegsgräberfürsorge einnahm, zu dem saloppen Urteil, der Verein sei ein »Kriegsgewinnler«.[149] Lurz' Bemerkung kann auch als Seitenhieb verstanden werden, der auf die lange Zeit mangelnde Bereitschaft des Vereins abzielte, sich mit seiner Stellung währen der NS-Diktatur kritisch auseinanderzusetzen. Der nach Kriegsende von der Vereinsführung gepflegte Widerstandsmythos, der unterstellte, der Verein habe seine Unabhängigkeit gegen die Begehrlichkeiten von NS-Organisationen behaupten müssen, kaschierte den engen Schulterschluss zwischen Vereinsführung und NSDAP. Unhinterfragt blieb auch die personelle Kontinuität führender Mit-

148 Siehe Kapitel II.2.4.
149 *Lurz*, Heimat, S. 67.

arbeiter in der Bundesgeschäftsstelle und der Bauabteilung, die während der NS-Zeit in der Verantwortung standen. Die kritischen Fragen, denen sich der Volksbund in späteren Jahrzehnten ausgesetzt sah, machen deutlich, dass der Fortbestand der Organisation und die Fortsetzung seiner Arbeit in der Bundesrepublik auch für Irritationen sorgten. Die erfolgreiche Wiederaufnahme der Vereinstätigkeit nach dem Zweiten Weltkrieg lässt sich jedoch nur aus den komplexen Zusammenhängen der Nachkriegszeit verstehen. Für die britische Militärregierung, die nachweisbar einen gewichtigen Anteil daran hatte, den Verein für die Kriegsgräberfürsorge zu reaktivieren, war der Volksbund zunächst einmal ein gesellschaftlich getragenes Organisationsmodell, das versprach, die Betreuung der Grabstätten der Kriegstoten dezentral und fern von staatlichen Einflüssen übernehmen zu können. Die Rolle, die der Volksbund während der NS-Herrschaft gespielt hatte, war den Briten bekannt. Die Entscheidung, ihn mit zentralen Aufgaben in der Kriegsgräberfürsorge zu betrauen, war eine Mischung aus Pragmatismus und dem Vertrauen in sich selbst organisierende zivile Strukturen. Die enge Verflechtung von Volksbund und Verwaltung darf hierbei in der Frühphase der Reorganisation nicht unterschätzt werden, für den längerfristigen Erfolg des Volksbundes war aber vor allem die Fähigkeit entscheidend, Mitglieder weiterhin oder wieder dauerhaft an sich zu binden. In der NS-Zeit war der sprunghafte, in manchen Regionen geradezu explosionsartige Zulauf von neuen Mitgliedern Folge des hohen Konformitätsdrucks gewesen, seine Zugehörigkeit zur NS-Volksgemeinschaft durch Beitritt in eine mit der NS-Ideologie sich im Einklang befindende Organisation glaubhaft untermauern zu müssen. Nach dem Zweiten Weltkrieg musste der Volksbund dagegen Unterstützer von seinem Anliegen und seiner Arbeit wirklich überzeugen und für sich gewinnen.

Die Mitgliedschaft im Volksbund soll im Folgenden aus mehreren Blickwinkeln untersucht werden. Zunächst wird die Entwicklung der Mitgliederzahlen nach dem Zweiten Weltkrieg anhand der verfügbaren Quellen im zeitlichen Längsschnitt betrachtet. Hieraus ergibt sich ein grobes Bild über die allgemeine Bereitschaft, den Volksbund durch Beitritt zu unterstützen. Wie bereits erläutert, berührte die möglichst breite gesellschaftliche Einbindung von Mitgliedern den Kern des Selbstverständnisses des Volksbundes. Aus der Betrachtung von Mitgliederzahlen allein lassen sich jedoch kaum tiefergehende inhaltliche Aussagen gewinnen. Die Betrachtung der konjunkturellen Entwicklung der Mitgliederzahlen soll daher nicht als Indikator für den Erfolg oder Misserfolg der Arbeit des Volksbundes verstanden werden, sondern auf langfristige Entwicklungstrends hinweisen, deren Wendepunkte Umbrüche markieren, die auf sich verändernde Rahmenbedingungen für Kriegsgräberfürsorge und die Arbeit des Volksbundes hindeuten. Ergänzt wird die quantitative Beschreibung der Mitgliederentwicklung deshalb um eine qualitative Analyse der Strategien des Volksbundes sowohl Mitglieder zu werben, als auch die angestrebte gesellschaftliche Einbindung zum Ausdruck zu bringen.

Die ersten verfügbaren Zahlen zum Mitgliederstand des Volksbundes nach dem Zweiten Weltkrieg sind aus dem Jahr 1951. Sie wiesen etwa 480.000 Mitglieder aus. Bis Mitte der Siebzigerjahre wurden Vereinsmitglieder nicht in einem zentralen Mitgliederverzeichnis erfasst, sondern Mitgliederverzeichnisse bei allen Vereinsgliederungen geführt, die die Zahl ihrer Mitglieder an die Bundesgeschäftsstelle meldeten.[150] Der in den Jahren des Neuaufbaus nach dem Zweiten Weltkrieg neu erfasste Mitgliederbestand wies gegenüber den 1944 kolportierten Zahlen von zwei Millionen also einen deutlichen Schwund auf. Berücksichtigt man, dass die während des Krieges erreichte Mitgliederzahl vermutlich weniger das Ergebnis des massenhaften freiwilligen Beitrittes von Hunderttausenden, sondern eine politisch gewünschte Zielmarke gewesen war, die mit Hilfe von etwas Nachdruck von Partei und Wehrmacht möglich wurde, erscheint dieser Rückgang weniger überraschend.[151] Der Volksbund erreichte dennoch mit seinen Mitgliederzahlen auch Anfang der Fünfzigerjahre das Vorkriegsniveau, obwohl sein Aktionsradius nun auf Westdeutschland begrenzt blieb. Er blieb auch in der noch jungen Bundesrepublik eine Großorganisation. Die überlieferten Mitgliederzahlen unterscheiden nicht immer eindeutig zwischen Einzelmitgliedern und korporativen Mitgliedern. Das Fehlen eines zentralen Mitgliederverzeichnisses und die Tatsache, dass der Volksbund ihm verfügbare statistische Informationen über die ihm angeschlossenen Personen, Vereine und Körperschaften über längere Zeiträume hinweg nicht einheitlich ausgewertet hat, lässt eine differenzierte Darstellung der Mitgliederentwicklung im gesamten Zeitraum der Vereinsgeschichte nur eingeschränkt zu. Grob kann man jedoch sagen, dass das Verhältnis von Einzelmitgliedern zu korporativen Mitgliedern in den ersten zwei Jahrzehnten der Bundesrepublik bei etwa zehn zu eins lag. Der überwiegende Teil der korporativen Mitglieder waren dabei Gemeinden und Schulen.[152]

Mehr als noch in der Weimarer Republik, wo die korporative Einbeziehung von kleinen Gemeinden zuerst vor allem als Mittel gedacht gewesen war, der Strukturschwäche des ländlichen Raums zu begegnen, bekam die fast vollständige Aufnahme aller deutschen Gebietskörperschaften nun die symbolische

150 BdV 1977, S. 17. Die 1973 vom Vertretertag beschlossene Verwaltungsreform wurde bis 1977 abgeschlossen. Ziel war der Aufbau einer zentralen EDV gestützten Mitgliederverwaltung in der Bundesgeschäftsstelle sowie eine Zentralisierung des Rechnungswesens und der Buchhaltung, um Verwaltungskosten einzusparen.

151 Zur Steigerung der Mitgliederzahlen in der NS-Zeit vgl. *Lurz*, Heimat, S. 67.

152 Breitling verzeichnet, dass 1952 bereits 22.000 Gemeinden und 20.000 Schulen dem Volksbund beigetreten waren. Dies entsprach ca. neunzig bzw. siebzig Prozent aller Gemeinden und Schulen in der Bundesrepublik. Vgl. *Breitling*, Verbände, S. 159. Hierzu ist anzumerken, dass der Volksbund den Begriff der Mitgliedschaft zu diesem Zeitpunkt recht großzügig auslegte und insbesondere in Bezug auf Schulen nicht von einem förmlichen Vereinsbeitritt im Sinne des Vereinsrechts auszugehen ist, sondern von einer mehr oder weniger verbindlich vereinbarten Zusammenarbeit, die die Schulen zusicherten.

Funktion, die in Weimar noch mit der Anbindung zahlreicher Verbände und Organisationen unterschiedlicher politischer Lager angestrebt worden war. Der Anspruch einer gesamtgesellschaftlich getragenen Kriegsgräberfürsorge wurde durch eine umfassende Einbindung des politischen Gemeinwesens auf allen Ebenen des Vereins zum Ausdruck gebracht. Ebenso wie die meisten Gemeinden hatten auch alle westdeutschen Landesregierungen in verschiedener Form ihren Betritt erklärt,[153] alle amtierenden Bundespräsidenten, mit Ausnahme Gustav Heinemanns, haben zudem seit 1952 die Schirmherrschaft über den Volksbund übernommen. Die symbolische Unterstützung durch das Staatsoberhaupt unterstrich die offizielle Anerkennung der vom Volksbund wahrgenommenen Aufgaben auch gegenüber ausländischen Organisationen.[154]

Der allgemeine Trend der Mitgliederentwicklung zeigt einen konstanten Zuwachs, der sich bis Ende der Sechzigerjahre erstreckte und sich nach einer kurzen Phase der Stagnation in den Siebzigerjahren umkehrte. Seitdem sind die Mitgliederzahlen rückläufig. Der Zuwachs bis in die Sechzigerjahre war zugleich begleitet von einer fortgesetzten Ausdifferenzierung der Strukturen des Gesamtverbandes, die 1967 ihren Höhepunkt erreichte. Unterhalb der Ebene der sich anhand der föderalen Struktur der Bundesrepublik anlehnenden Landesverbände bestanden 33 Bezirks- und 411 Kreisverbände, in denen insgesamt 13.338 Ortsgruppen zusammengefasst waren.[155]

Der seit Überschreiten des Höhepunktes des Mitgliederstandes Ende der Sechzigerjahre in der Bundesrepublik zu beobachtende stetige Rückgang der Mitgliederzahlen ist von einem Rückbau der lokalen Vereinsstrukturen begleitet. Zwischen 1965 und 1976 verringerte sich die Zahl der Mitglieder um 11 Prozent, die Zahl der Ortsgruppen ging im selben Zeitraum um 22 Prozent zurück. Auch die Zahl der ehrenamtlichen Mitarbeiter unter den Mitgliedern, die der Volksbund 1965 noch mit mehr als 18.000 angab, verringerte sich im selben Umfang auf etwa 14.000. Legt man die ein Jahr später nach Einführung einer zentralen Datenbank erfassten Mitgliedszahlen zu Grunde, fällt der Mitgliederschwund mit 27 Prozent noch dramatischer aus, da bei der Umstellung der Mitgliederverwaltung noch erfasste, aber bereits verstorbene Mitglieder gestrichen wurden. Ende der Siebzigerjahre erreichte der Mitgliederstand des Volksbundes somit wieder das Niveau der frühen Fünfzigerjahre. Mitgliederrückgang und Wegfall

153 BArch Z 12/7.

154 Der Volksbund ersuchte um die Schirmherrschaft des Bundespräsidenten u.a. auch mit dem Verweis auf seine Auslandstätigkeit, wo er häufig hochrangigen staatlichen Vertretern gegenüberstand. Die Schirmherrschaft des Bundespräsidenten gab der Arbeit des VDK somit einen zusätzlichen offiziellen Anstrich. Vgl. hierzu BArch B 122/21446, Schreiben VDK Präsident Thiele an Staatssekretär Frank im Bundespräsidialamt, 1.7.1974, sowie Chef des Bundespräsidialamtes an Bundespräsident Walter Scheel, 10.7.1974.

155 Die Zahlen basieren auf veröffentlichten Angaben in Vorstandsberichten des Volkbundes.

der lokalen Vereinsrepräsentanz sind die seit der zweiten Hälfte der Sechzigerjahre bis in die Gegenwart bestimmend gebliebenen Erfahrungen für den Volksbund. Auch die Möglichkeit nach der Wiedervereinigung Landesverbände in den neuen Bundesländern zu gründen und Menschen im Osten Deutschlands den Beitritt zu ermöglichen, konnte den Abwärtstrend nicht wieder umkehren, weil die Zahl der neu gewonnenen Mitglieder die der Abgänge insgesamt nicht überstieg.[156]

Betrachtet man die Entwicklung der Mitgliederzahlen über den gesamten Zeitraum seit Vereinsgründung, dann erscheinen die Fünfzigerjahre rein numerisch wie eine Fortsetzung der in den Dreißigerjahren beginnenden Erweiterung der Vereinsstrukturen. Dies wird noch deutlicher, wenn man ergänzend zu den Mitgliederzahlen die Zahl der Ortsgruppen hinzuzieht. Bis Kriegsende sollen 15.000 Ortsgruppen gegründet worden sein. Dieser Wert wurde in Friedenszeiten nie wieder erreicht, die ersten für 1956 vorliegenden Zahlen weisen jedoch immer noch mehr als 10.000 lokale Repräsentanzen des Vereins aus und erreichten damit den Stand am Vorabend des Zweiten Weltkrieges. Im Unterschied zur Weimarer Republik, wo der Volksbund zwar bereits deutschlandweit aktiv gewesen war, Gründungen von örtlichen Niederlassungen sich in der Regel aber nur in Städten und größeren Gemeinden als tragfähig erwiesen hatten, blieb die in der NS-Zeit vorangetriebene Erschließung des ländlichen Raumes auch über die Nachkriegszeit hinaus erhalten. Vermutlich war es gerade dieses feingliedrige Netzwerk, welches es dem Volksbund ermöglichte, durch direkte und persönliche Ansprache vor Ort einen Teil seines Mitgliederbestandes nach dem Zweiten Weltkrieg zunächst zu erhalten und dann, vor dem Hintergrund des sich vor allem in den Fünfziger- und Sechzigerjahren vollziehenden Baus deutscher Kriegsgräberstätten im In- und Ausland, auch zu erweitern.

Deutlich wird dies, wenn man entsprechende Vorgänge auf lokaler Ebene in den Blick nimmt. Mit der Erteilung der Genehmigung zur Wiederaufnahme seiner Vereinsaktivitäten durch die britischen Besatzungsbehörden in Nordwestdeutschland begann der Volksbund zugleich Mitglieder für seine Sache zu werben. Entsprechende Vorgänge sind beispielsweise im Raum Osnabrück aktenkundig. In mehreren Rundschreiben wies der Landrat von Bersenbrück, der zugleich den Kreisverband des Volksbundes vertrat, im Januar 1946 die Bürgermeister der umliegenden Gemeinden auf die beginnende Arbeit des Volksbundes hin.[157] Hierbei bat er auch um Unterstützung bei der Erfassung und Werbung alter und neuer Mitglieder. Eine Besonderheit war, dass der Landrat ausdrücklich darum bat, alte und neue Mitglieder getrennt zu erfassen. Hierdurch wird erkennbar,

156 Die Zahl der ostdeutschen Mitglieder blieb zehn Jahre nach Mauerfall unter 15.000. Vgl. VDK, Schicksal in Zahlen, S. 100.

157 NLA-StAO, Dep 59 b, Nr. 911, Schreiben Landrat Bersenbrück an die Bürgermeister im Kreis, 8.1.1946.

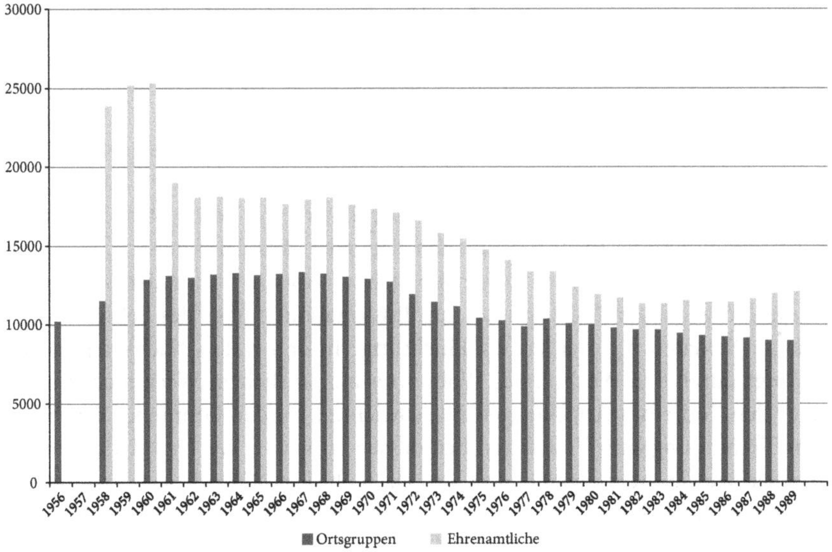

Grafik 2: Zahl der VDK Ortsgruppen und ehrenamtliche Mitarbeiter

in welchem Verhältnis zahlenmäßig beide Gruppen zueinander standen. Die überlieferten Zahlen reichen zwar nicht aus, um sie auf die Mitglieder des Volksbundes insgesamt zu übertragen. Der Schriftverkehr zwischen Landratsamt und den zugehörigen Gemeinden erlaubt jedoch zumindest einen Einblick in die Vorgänge bei der Bestandsaufnahme und Mitgliederwerbung in der Nachkriegszeit auf lokaler Ebene, die sich tendenziell mit den überlieferten Zahlen für den Gesamtverband in Beziehung setzen lassen. Auf die bereits angesprochene enge Verbindung von Kreisverwaltung und den örtlichen Gliederungen des Volksbundes sowie deren Bedeutung bei der Reorganisation der Kriegsgräberfürsorge in der Besatzungszeit, die auch hier wieder hervortritt, soll an dieser Stelle nicht weiter eingegangen werden.[158] In Bezug auf die an dieser Stelle angesprochene Mitgliederwerbung zeigt sich neben dem quantitativen Verhältnis von alten zu neuen Mitgliedern auch, wie Maßnahmen zur Kriegsgräberfürsorge in der Nachkriegszeit im Rahmen der Ansprache potentieller Mitglieder und Spender kontextualisiert und welcher Personenkreis vorrangig umworben wurde.

Die ersten Rückmeldungen bei der Bestandsaufnahme ergaben, dass ein Teil der alten Mitglieder, die dem Volksbund vor Kriegsende beigetreten waren, nun von einer Mitgliedschaft nichts mehr wissen wollte. Mitunter gaben Personen an, grundsätzlich keiner Vereinigung beitreten zu wollen, da sie durch Mitgliedschaften in NS-Organisationen nach Kriegsende persönliche Nachteile erlitten hätten. Um ähnliche Erfahrungen in Zukunft auszuschließen, wurde

158 Siehe hierzu Kapitel III.1.

nun jegliche Beteiligung gemieden. Der Bürgermeister der Stadt Bramsche konnte im März 1946 vermelden, dass 280 alte und 330 neue Mitglieder erfasst worden seien. Zugleich verkündete er den korporativen Beitritt der Stadt zum Volksbund.[159]

In dieser Zeit begann der Volksbund mit der Herausgabe der ersten sogenannten Verlustlisten, wodurch auch in der Öffentlichkeit auf den engen Zusammenhang von Kriegsgräberfürsorge und der Aufklärung von Vermisstenschicksalen hingewiesen wurde. In den ländlichen Regionen Westdeutschlands, in denen auch zahlreiche Flüchtlinge eine neue Heimat fanden, wurde der Volksbund damit ein wichtiger Anlaufpunkt, um Informationen über das Schicksal vermisster Soldaten zu erhalten, da Flüchtlinge in den ersten Nachkriegsjahren bedingt durch den Wechsel des Wohnortes auf amtlichem Wege nicht immer über den Tod eines Angehörigen benachrichtigt werden konnten. Dies stellte eine Verbindung zum Volksbund her, dessen Arbeit als konkrete Hilfestellung gesehen wurde. Auch der Landrat von Bersenbrück stellte diesen Zusammenhang ausdrücklich her:

> Ich weise darauf hin, dass für die Flüchtlinge aus dem Osten dies eine der wenigen Möglichkeiten ist, evtl. Näheres über das Schicksal ihrer vermissten Angehörigen zu erfahren. Die Verlustliste Nr. 1 enthält Namen von gefallenen deutschen Wehrmachtsangehörigen, von denen angenommen wird, dass die Angehörigen noch nicht verständigt werden konnten.[160]

Der gemessen an den unterstellten Mitgliedszahlen zu Kriegsende gravierende Mitgliederschwund wurde in der Nachkriegszeit durch eine neue Beitrittswelle abgedämpft, die vor allem von Menschen getragen wurde, die einen unmittelbaren persönlichen Verlust erlitten hatten. Der Bezirksverband Osnabrück wuchs bis Anfang der Fünfzigerjahre wieder auf über 25.000 Mitgliedern an. Die Hilfestellung, die der Volksbund bot, umfasste nicht allein die Grabpflege, sondern auch die für Angehörige wichtige Bereitstellung von verschiedenen Informationen, die um das Kriegsgrab kreisten. Aus Sicht der Betroffenen war der Volksbund die erste Adresse, um Auskunft darüber zu erhalten, wo sich überhaupt die letzte Ruhestätte eines Kriegstoten befand. Die Beitrittsschwelle war zugleich weiterhin niedrig. Der Mindestmitgliedsbeitrag für neue Mitglieder betrug monatlich zunächst 50 Pfennig, bestehende Mitglieder zahlten weiterhin ihren alten Beitrag, der deutlich niedriger ausfallen konnte. Dies wurde mit Wiedererscheinen der Vereinszeitschrift »Kriegsgräberfürsorge« 1949 zu einem Problem, weil der Beitrag von 50 Pfennig nicht ausreichte, um die Kosten für Druck und Versand zu decken. Im Raum Osnabrück erhielten daher zunächst nur etwa

159 NLA-StAO, Dep 59 b, Nr. 911, Antwortschreiben an den Landrat in Bersenbrück, 5.3.1946.

160 NLA-StAO, Dep 59 b, Nr. 911, Schreiben Landrat Bersenbrück an die Bürgermeister im Kreis, Betr. Kriegsgräberfürsorge, 20.2.1946.

zehn Prozent der Mitglieder die »Kriegsgräberfürsorge«, weil der Großteil nicht bereit oder in der Lage war, einen höheren Beitrag zu entrichten und weiterhin von den günstigen Konditionen Gebrauch machte.[161] Für den Volksbund war die Erweiterung des Mitgliederbestandes zu diesem Zeitpunkt jedoch von größerem Interesse als die Anpassung der individuellen Beiträge.

Quantitativ lässt sich die Mitgliederentwicklung des Volksbundes insgesamt recht gut erfassen. Einen genauen Einblick über die soziale Zusammensetzung der Mitglieder zu bekommen, ist dagegen nicht nur aus heutiger Sicht schwierig, sondern zwang bereits zeitgenössische Betrachter zu Vermutungen. In einer Studie zur Verbandslandschaft der Bundesrepublik aus den Fünfzigerjahren, in der der Volksbund als gewichtige Großorganisation noch ausführlich Erwähnung fand, kam der Politologe Rupert Breitling zu dem Schluss, »[d]ie persönlichen Mitglieder dürften vorwiegend Frauen (Kriegerwitwen) sein. Unter den männlichen Mitgliedern ist ein hoher Prozentsatz von Beamten, ehemaligen Beamten und Berufssoldaten zu vermuten.«[162] Breitling stützte sich bei seiner Darstellung vor allem auf Selbstauskünfte des Volksbundes. Inwieweit diese das tatsächliche Mitgliederprofil widerspiegeln, ist nicht genau überprüfbar. Aus internen Handreichungen für ehrenamtliche Mitarbeiter zur Mitgliederwerbung geht hervor, dass es sich bei dem genannten Personenkreis in Teilen um die vom Volksbund umworbene Zielgruppen handelte. Gezielt auf eine Mitgliedschaft sollten Familienangehörige von Kriegstoten und ehemalige Kriegsteilnehmer angesprochen werden. Um die längerfristige Fortführung der Arbeit des Volksbundes zu sichern, sollten außerdem Jugendliche gewonnen werden.[163] Die Beamtenschaft als bevorzugte berufsständische Gruppe wird im Zusammenhang mit der Mitgliederwerbung eigentlich nicht genannt. Sie dürfte aber insbesondere bei der Übernahme von Vereinsämtern eine Rolle gespielt haben, da auch nach dem Zweiten Weltkrieg Vertreter aus Verwaltung, Schule und Kirche zu den bevorzugten Repräsentanten auf allen Vereinsebenen zählten.

Der Erfolg bei der Mitgliederwerbung unter den genannten Adressaten fiel gemischt aus. Aus dem Umfeld der Angehörigen scheint der Volksbund größeren Zuspruch bekommen zu haben als im Kreis der ehemaligen Kameraden. Diese Entwicklung wurde sowohl auf regionaler Ebene registriert,[164] als auch in der Bundesgeschäftsstelle wahrgenommen. Der Volksbund setzte vor allem

161 NLA-StAO, Dep 63 b Akz. 2002/011 Nr. 60, Stadt Meppen, Rundschreiben VDK Bezirk Osnabrück an Mitarbeiter, Betr. Sondernummer des Mitteilungsblattes »Kriegsgräberfürsorge«, ohne Datum.

162 *Breitling*, Verbände, S. 159.

163 NLA-StAO, Dep 63 b Akz. 2002/011 Nr. 60, Stadt Meppen, Mitteilungsblätter des VDK Bezirksverbandes Osnabrück/Aurich, Allgemeines Merkblatt für unsere Mitarbeiter.

164 NLA-StAO, Dep 63 b Akz. 2002/011 Nr. 60, Stadt Meppen, VDK Bezirk Osnabrück/Aurich, Mitteilungsblatt Nr. 6, Betr. Erhebung der Einzelmitgliedsbeiträge, Werbung neuer Mitglieder, August 1955.

Hoffnung auf korporative Beitritte der zahlreichen in den Fünfzigerjahren von ehemaligen Wehrmachtsangehörigen gegründeten Soldatenverbände und Traditionsvereinigungen. 1954 waren jedoch nur siebzig der etwa 3.000 im Verband deutscher Soldaten zusammengeschlossenen Mitgliedsvereine der Anregung des Volksbundes gefolgt, ihn durch korporativen Beitritt zu unterstützen.[165] Die Gründe für die zunächst geringe Resonanz lassen sich nicht erschließen, denn die organisierten Veteranen zählten eigentlich immer zu den ersten Ansprechpartnern bei der Planung lokaler Veranstaltungen im Rahmen des Volkstrauertages oder auch für politische Allianzen auf gesamtverbandlicher Ebene, zum Beispiel in Form der »Arbeitsgemeinschaft der Kriegsopfer- und Kriegsteilnehmerverbände«, der der Volksbund angeschlossen war.

Die Zurückhaltung beim korporativen Zusammenschluss sagt allerdings nichts darüber aus, ob nicht trotzdem im Rahmen von Einzelmitgliedschaften Zuläufe von früheren Wehrmachtsangehörigen zu verzeichnen waren. Zu berücksichtigen bleibt hierbei, dass für Angehörige die Arbeit des Volksbundes mit konkreten nutzbaren Angeboten verbunden war. Auch wenn die Auskunftserteilung oder die Pflege der Kriegsgräber durch den Volksbund nicht an eine Mitgliedschaft geknüpft waren, stellten die vom Verein erbrachten Leistungen einen Anreiz dar, dies durch eine Mitgliedschaft oder Spende zu honorieren. Für Menschen, die nicht durch die unmittelbare eigene Trauer und über ein Kriegsgrab mit dem Verein in Beziehung standen, hätte die Mitgliedschaft eher den Charakter einer Fördermitgliedschaft gehabt, was ein gewisses Maß an Altruismus voraussetzte oder Motive, die jenseits rationaler Kosten-Nutzen-Abwägungen angesiedelt waren. Hierzu zählen insbesondere emotionale Verbindungen.

Durch Verlusterfahrung und Trauer war das Thema Kriegsgräberfürsorge emotional aufgeladen. Als Trauernde wurden vorrangig Frauen in ihrer Rolle als Mütter und Witwen vom Volksbund angesprochen. Der Typus des trauernden Vaters tritt in Überlegungen zur Mitgliederwerbung kaum in Erscheinung. Auch in der »Kriegsgräberfürsorge« erscheinende Berichte, in denen häufig Situationen geschildert wurden, bei denen Angehörige endlich die lange erhoffte Nachricht über das Schicksal des verschollenen Sohnes oder Ehemannes erreichte, bedienten häufig das Bild einer nun ihren Seelenfrieden findenden Mutter oder Witwe. Dies entsprach auch dem bekannten Rollenverständnis der Zwischenkriegszeit.[166] Männer wurden dagegen in ihrer Rolle als ehemalige Kämpfer angesprochen. Emotionalisierung wurde unterschwellig durch Verweise auf das Kriegserlebnis und den Kameradschaftsgedanken erzeugt, die ein Äquivalent zur weiblich konnotierten Trauer darstellten. Der Volksbund appellierte auch hier unterschwellig an Wertvorstellungen, die bereits in der Weimarer Republik im Mittelpunkt des militärischen Ehr- und Gemeinschaftsgedankens des bürger-

165 VKA A.10-97, Aktennotiz, 20.10.1954.
166 Vgl. *Fehlemann*, Stille Trauer.

lich-nationalkonservativen Milieus gestanden hatten. Die von Thomas Kühne anhand der Semantik des Kameradschaftsbegriffes aufgezeigten Moral- und Ordnungsvorstellungen wie auch die Geschlechterrollen sind im Selbstverständnis des Volksbundes auch in der Nachkriegszeit erkennbar und weisen eine große Schnittmenge zu den von den Veteranen- und Traditionsvereinen geprägten Deutungsmustern der Kriegserinnerung auf.[167] Die Forschung zur Veteranenkultur der Bundesrepublik hat zugleich betont, dass die Mehrheit der Kriegsteilnehmer den Beitritt in eine Veteranenorganisation aber scheute.[168] Der Verweis auf das Kriegserlebnis konnte als emotionale Brücke dienen, die eine positive Bindung zum Volksbund herstellte, wenn die Kriegserfahrung nicht als grundsätzlich negativer Bestandteil der persönlichen Biographie gesehen und abgelehnt wurde. Wer sich in dem in der Nachkriegszeit dominanten Bild des in der Überzeugung vaterländischer Treue gutgläubig und anständig kämpfenden Wehrmachtsoldaten wiederfand, für den bedeutete die Unterstützung der Kriegsgräberfürsorge ein praktisches Angebot, nicht nur einen letzten Dienst an den Gefallenen zu leisten und sich solidarisch mit den Angehörigen zu zeigen, sondern auch seine moralische Integrität als »guter Kamerad« zum Ausdruck bringen zu können. In exakten Zahlen lässt sich die emotionale Motivation für eine Mitgliedschaft allerdings nicht abbilden. Langfristig hatte für die Entwicklung des Mitgliederbestandes die direkte familiäre Beziehung zum Kriegsgrab vermutlich eine höhere Bedeutung als Kameradschaftsromantik und Fronterlebnis, beide Motive waren jedoch immer präsent.

Betrachtet man die Beziehungen, die der Volksbund zu anderen Verbänden und Vereinen unterhielt über die enge Form der direkten Einbindung durch korporative Mitgliedschaft hinaus auch auf der Ebene der zwischenverbandlichen Zusammenarbeit, zeigt sich ein ähnliches Bild. Der Volksbund knüpfte verbandliche Beziehungen zu einer Reihe von Organisationen, die in der Arbeitsgemeinschaft der Kriegsteilnehmer- und Kriegsopferverbände zusammengeschlossen waren. Die angeschlossenen Vereinigungen umfassten Dachverbände, die Veteranen unterschiedlicher militärischer Einheiten und Waffengattungen repräsentierten und sich einem militärischen Traditionsverständnis verpflichtet sahen bis hin zu auf sozialen Belangen ausgerichtete Organisationen, die auf Anerkennung spezifischer Kriegsfolgen ihrer Mitglieder hinarbeiteten und sozialpolitische Interessenpolitik betrieben. Die gemeinsame inhaltliche Schnittmenge zwischen den Verbänden bestand unter anderem in der Deutung des Krieges und der Kriegsfolgen aus dem Blickwinkel des erlittenen menschlichen Schicksals.[169]

167 Vgl. *Kühne*, Kameradschaft, S. 45 ff.

168 Ebd. S. 221; zur Veteranenkultur der frühen Bundesrepublik außerdem *ders.*, Vernichtungskrieg, S. 94.

169 Vgl. *Schwelling*, Heimkehr, für eine Typologie der Verbände insbesondere S. 12, FN 13; zu militärischen Traditionsverbänden *Kühne*, Vernichtungskrieg; *Echternkamp*, Krieg.

Für den Volksbund stellten diese Verbände in der Nachkriegszeit sozusagen sein natürliches verbandliches Umfeld dar. Die Beziehungen auf Ebene der Spitzenverbände dienten der politischen Vernetzung und der Durchsetzung von gemeinsamen Interessen.[170] Zugleich hatten die partnerschaftlichen Beziehungen zu anderen Großorganisationen für die mediale Vermittlung der Arbeit des Volksbundes einen Multiplikatoreffekt, da Hinweise auf die Arbeit des Volksbundes in Mitgliederzeitschriften anderer Verbände erschienen.[171] Vertreter von Kriegsopferverbänden und organisierten Veteranen zählten außerdem zum Kreis der Adressaten, die es für die Teilnahme an örtlichen Volkstrauertagsveranstaltungen zu kontaktieren galt.[172]

Der seit der zweiten Hälfte der Sechzigerjahre erkennbare Rückgang der Mitgliederzahlen beim Volksbund erklärt sich aus einer generationellen Verschiebung, die sich in der Mitgliederstruktur nachhaltig bemerkbar machte. Zählten in den ersten Nachkriegsjahren Eltern, Ehefrauen und Kriegsheimkehrer zum Kern der Mitglieder, verlagerte sich mit zunehmendem zeitlichem Abstand zum Krieg der Kreis der emotional Betroffenen auf die zweite Generation der Kriegshinterbliebenen. Dies bestätigt sich auch in vom Volksbund erfassten sogenannten Erstanfragen. Erstanfragen waren erstmalige Auskunftsgesuche von Angehörigen zu beim Volksbund registrierten Kriegsgräbern. Die Zahl der monatlich eingehenden Erstanfragen lag 1960 bei etwa 1.000 und ging seit den Siebzigerjahren langsam zurück. Zugleich veränderte sich das Profil der Anfragesteller. Kamen 1960 noch 95 Prozent der Erstanfragen von Eltern und Ehefrauen der Gefallenen, entfiel zehn Jahre später mehr als die Hälfte auf

170 Symbolisch wurde die Verbundenheit öffentlich auch durch Einladung von Spitzenvertretern zu Verbandstreffen oder auch Preisverleihungen bekräftigt. So erhielt etwa der Volksbund 1970 den Friedenspreis des VdK. Siehe K. Leppin, Leistung von geschichtlicher Bedeutung, in: Kriegsgräberfürsorge 46 (1970), Nr. 5, S. 120.

171 Der Reichsbund räumte dem Volksbund in den Fünfzigerjahren in seiner Verbandszeitschrift regelmäßig Raum für Hinweise auf seine Arbeit, Gräberreisen und weitere Informationen zum Thema Kriegsgräberfürsorge ein. Sie erschienen in einer eigenen Rubrik unter dem Titel »Der Volksbund Deutsche Kriegsgräberfürsorge berichtet«. Siehe zum Beispiel die kurze Darstellung der Auslandsarbeit des Volksbundes, in: Reichsbund 8 (1954), Nr. 1, S. 17. Unter dem gleichen Titel bot auch der BDKK dem Volksbund Raum zur Information über seine Arbeit. Zugleich finden sich in der monatlich erscheinenden Verbandszeitschrift (ab August 1954 unter dem Titel »Deutsche Kriegsopfer-Stimme«) auch weitere Berichte oder fiktionale Erzählungen, in denen die Suche nach Kriegsgräbern thematisiert wird. Siehe etwa: Heldenfriedhöfe in Nordafrika, in: Deutsche Kriegsopfer-Stimme, Nr. 15, 1.8.1954, S. 10.

172 NLA-StAO, Dep 104 V Akz. 1A/1984 Nr. 1160, Landkreis Wittlage bis 1972, enthält eine nicht datierte Auflistung von Verbänden, die für die Vorbereitungen zum Volkstrauertag anzusprechen waren. Aufgeführt werden aus dem Kreis der Kriegsopfer- und Kriegsteilnehmerverbände sowie der Vertriebenenverbände der VdK, VdS, VdH, der Reichsbund, der Bund der Heimatvertriebenen, der Stahlhelm, der Zentralverband der vertriebenen Deutschen, der BDKK und der Bund ehemaliger deutscher Fallschirmjäger.

Geschwister und Kinder von Kriegstoten, die Auskünfte über das Kriegsgrab des Bruders oder Vaters erbaten.

Tab. 1: Erstanfragen zu Kriegsgräbern beim Volksbund 1960 und 1970. Zusammensetzung der Antragsteller nach Verwandtschaftsverhältnis zum Toten.

	1960	**1970**
Eltern	80%	25%
Ehefrauen	15%	21%
Geschwister	2%	34%
Kinder	3%	20%

Quelle: BArch B 122/21447, Volksbund Deutsche Kriegsgräberfürsorge, Schicksal in Zahlen, 1971.

Der für den Volksbund Ende der Sechzigerjahre spürbar werdende Rückgang seiner Mitglieder wurde auch an der Spitze der Landesverbände unmittelbar mit dem altersbedingten Ausscheiden der Kriegsgeneration in Verbindung gebracht. Der Volksbund war damit denselben Veränderungen ausgesetzt, die auch die Landschaft der Kriegsopferverbände insgesamt erfasste. Die in den Fünfzigerjahren noch einflussstarken Verbände verloren nach Ende der sozialpolitischen Debatten um Lastenausgleich und Kompensation der Kriegsfolgen an Bedeutung.[173] Die größeren Organisationen vollzogen schrittweise den Wandel zu allgemeinen Sozialverbänden, die einen erweiterten Kreis von Mitgliedern vertraten, die nicht mehr zu den Kriegsopfern zählten.[174] Thomas von Winter hat darauf hingewiesen, dass vor allem in der Nachkriegszeit unter den Mitgliedern der Kriegsopferverbände eine hohe affektive Bindung an den Verband bestand, die dann schrittweise durch rationale Anreize für eine dauerhafte Mitgliedschaft ersetzt wurde.[175] Dieser Weg war für den Volksbund jedoch nicht gangbar, weil seine Arbeit nicht auf die materiellen Interessen eines begrenzten Kreises von Betroffenen ausgerichtet war, sondern die von ihm eingeworbenen Mittel einem allgemeinen humanitären Zweck zukommen sollten. Der Volksbund reagierte seit Ende der Sechzigerjahre auf die sinkenden Mitgliederzahlen und

173 Zum Ausbau des bundesdeutschen Sozialstaates in der frühen Bundesrepublik siehe *Schmidt*, Sozialpolitik, S. 78 ff.

174 Die Besatzungsmächte hatten die Gründung von Verbänden, die ausschließlich Kriegsopfer vertraten, nicht gestattet, weshalb alle Organisationen in gewissem Umfang auch die Interessen von Mitgliedern vertraten, deren Anliegen nicht in Zusammenhang mit den Kriegsfolgen standen. Diese waren zahlenmäßig in den Fünfzigerjahren aber noch deutlich unterrepräsentiert. Vgl. Donner, Kriegsopferverbände, S. 7 und 19 ff.

175 Vgl. *v. Winter*, Sozialverbände, S. 354.

schwindenden Bindekräfte seiner Organisation bei der Werbung jüngerer Mitglieder auf doppelte Weise. Die lange Zeit als selbstverständlich vorausgesetzte persönliche Beziehung der deutschen Bevölkerung zu »ihren« Kriegsgräbern wurde von der Nachkriegsgeneration nicht mehr zwangsläufig geteilt. Um auch weiterhin Menschen für sich gewinnen zu können, mussten neue Begründungen für die Arbeit des Volksbundes gefunden werden, die die öffentliche Relevanz von Kriegsgräberfürsorge herausstellte und den fehlenden persönlichen Bezug zum Kriegsgrab kompensierte.

Neben der inhaltlichen Neuausrichtung, die sich in den Sechzigerjahren in der Arbeit des Volksbundes abzuzeichnen begann und vor dem Hintergrund des demographischen Umbruches unter den Mitgliedern, der für verbandsinternen Reformdruck sorgte, zielte eine weitere Strategie auf die Abwehr der ökonomischen Folgen der sich verkleinernden Mitgliederbasis. Der Nettoverlust von zum Teil mehreren Zehntausend Mitgliedern pro Jahr seit Ende der Sechzigerjahre war ein Prozess, der sich nicht nur in abstrakten Zahlen im Jahresbericht des Vorstandes ausdrückte, sondern in der Vereinsarbeit zunehmend spürbar wurde, wenn Ortsgruppen verschwanden oder ehrenamtliche Mitarbeiter fehlten. Trotz dieser Entwicklung führte das Schrumpfen der Vereinsbasis aber zu keinem Zeitpunkt zu einer existenziellen Gefährdung der wahrgenommenen Aufgaben, denn dem Volksbund gelang es gleichzeitig seine Einnahmen kontinuierlich zu steigern.

Der Verlust von Mitgliederstärke, die in der Vergangenheit gleichbedeutend mit der Verfügbarkeit von finanziellen Ressourcen war, wurde durch eine stetige Ausweitung der erzielten Vereinserträge ausgeglichen. Der Wendepunkt in der Mitgliederentwicklung fiel zusammen mit der Liberalisierung des Spendenmarktes in der Bundesrepublik, der ein sich schnell erweiterndes und professionalisierendes Feld für gemeinnützige Organisationen schuf, um ihre Ertragsbasis zu erweitern. Gabriele Lingelbach hat dargestellt, dass die seit der NS-Zeit gültigen Beschränkungen für öffentliche Spendensammlungen auch in der Bundesrepublik zunächst fortbestanden und auf dem Spendenmarkt ein Oligopol von einigen großen Wohlfahrtsverbänden schuf, die von der staatlichen Genehmigungspraxis begünstigt wurden und ein Großteil der Spendenerlöse auf sich vereinen konnten.[176] Der Volksbund stellt hierbei eine Ausnahme dar, da er ebenfalls bereits seit der Weimarer Republik immer zum Kreis der Organisationen zählte, die durch die staatliche Regulierung öffentlicher Sammlungen begünstigt wurden und diesen Status über alle Systemwechsel hinweg behaupten konnte, also gerade nicht durch die von Lingelbach beschriebenen Bedingungen benachteiligt wurde. Der Volksbund konnte dennoch von der weitgehenden Deregulierung seit Mitte der Sechzigerjahre profitieren, weil die sich hierdurch schnell erweiternden Möglichkeiten der Spendenwerbung auch für ihn neue Möglichkeiten boten, die Vereinseinnahmen zu erhöhen.

176 Vgl. *Lingelbach*, Entwicklung, S. 131 ff.

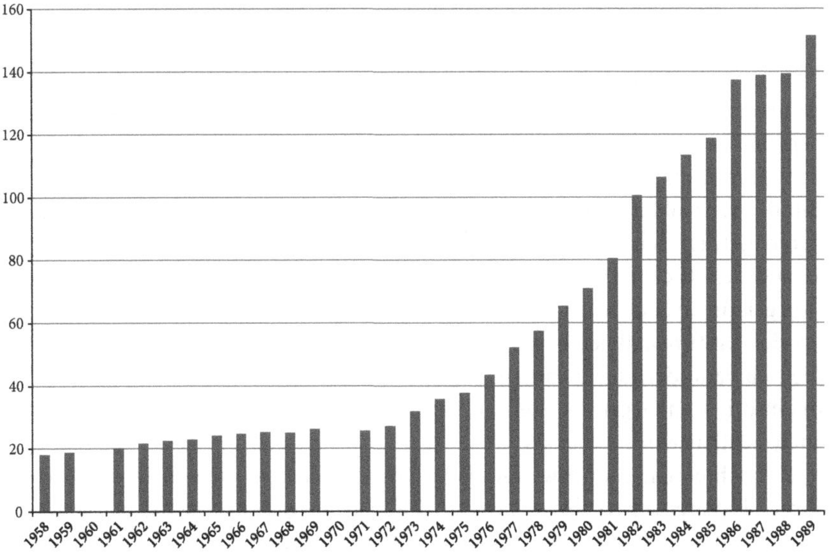

Grafik 3: Durchschnittliche Verbandseinnahmen (ohne staatliche Zuschüsse) pro Einzelmitglied in DM

In den Fünfzigerjahren hatten vor allem Straßen- und Haussammlungen die monatlich zugehenden Mitgliedsbeiträge ergänzt. Fortsetzung fanden zunächst auch die bereits aus der NS-Zeit bekannten Sammlungen von Schülern, die ihren »Opferpfennig« gaben.[177] Die neuen Entwicklungen auf dem Spendenmarkt erlaubten nun einen Strategiewechsel bei der Einwerbung von Spenden und Mitgliedsbeiträgen. In der Nachkriegszeit hatte der Volksbund auf eine möglichst breite gesellschaftliche Einbindung gesetzt und hierzu die Beitrittsschwelle durch geringe Beiträge niedrig gehalten. Dies führte zu einer hohen Zahl von Mitgliedern, deren Beiträge jedoch zum Teil kaum die Verwaltungskosten deckten, wie beim Versand der Mitgliedszeitschrift deutlich wurde. Straßensammlungen waren mit großem Personalaufwand verbunden, der den Volksbund bereits in den Fünfzigerjahren vor Probleme stellte, weil die Mitgliedschaft für viele Mitglieder passiven Charakter hatte und diese sich nicht aktiv an Sammelaktionen beteiligten.[178] Seit den Siebzigerjahren ist jedoch erkennbar, dass es gelang, so-

177 NLA-StAO, Rep 430 Dez 400 Nr. 76, Regierung Osnabrück – Kirchen und Schulen, Rundschreiben VDK Bezirk Osnabrück an Leiter der Volks-, Handels-, Gewerbe-, Berufs- und höheren Schulen in den Regierungsbezirken Osnabrück und Aurich, Oktober 1954; vgl. auch Kriegsgräberfürsorge 34 (1958), Nr. 1, S 13.

178 NLA-StAO, Dep 104 V Akz. 1A/1984 Nr. 1094, Landkreis Wittlage bis 1972, Rundschreiben VDK Bezirk Osnabrück an den Verband der Heimkehrer usw. [sic], 8.2.1954. Anschaulich wird das Problem in einem Schreiben des Osnabrücker Bezirksverbandes an die

wohl die Prokopfbeiträge der Mitglieder als auch die Spendenerlöse zu steigern. Mitglieder wurden nun mit in Testverfahren ausgewählten Anschreiben um die Erhöhung des Beitrages gebeten, Spendensammlungen und Mitgliederwerbung kampagnenartig durchgeführt. Nicht unbedeutend war außerdem die Partnerschaft mit der Bundeswehr, die für den Volksbund seit ihrer Gründung jährliche Sammlungen durchführte. Die zunächst eher internen Sammlungen unter Bundeswehrsoldaten entwickelten sich zu öffentlichen Straßensammelaktionen, deren Erträge seit den Sechzigerjahren deutlich anstiegen.[179] Der Volksbund konnte den Rückgang seiner Mitglieder insgesamt nicht aufhalten, auch wenn es ihm gelang, in den Siebziger- und Achtzigerjahren jährlich noch neue Mitglieder im vier- bis fünfstelligen Bereich zu gewinnen. Die wirtschaftliche Anpassung an die sich verändernden Rahmenbedingungen gelang dabei aber erfolgreich, was in der direkten Gegenüberstellung der Mitglieder- zur Einnahmenentwicklung auch sichtbar wird.

Betrachtet man die Entwicklung des Volksbundes Deutsche Kriegsgräberfürsorge als Verein nach dem Zweiten Weltkrieg insgesamt, lässt sich festhalten, dass er sich in der Nachkriegszeit vor allem auf die in den Dreißigerjahren geschaffenen Strukturen stützen konnte. Diese gaben den notwendigen Rückhalt für die schnelle Anpassung an die Nachkriegsordnung, bei der der Verein auch die notwendige Distanzierung vom Nationalsozialismus vollzog, wenn auch personelle Kontinuitäten die Vereinsführung bis in die Sechzigerjahre prägten. Auch wenn der Mitgliederstand seit 1933 künstlich nach oben getrieben worden war und nach Kriegsende zurückging, verfügte der Volksbund nach 1945 dennoch über ein engmaschiges Netz an örtlichen Vereinsgruppen und einen Mitgliederbestand, der um ein Vielfaches größer war als in der Weimarer Republik. Der Volksbund wurde nicht nur aufgrund seiner fachlichen Kompetenzen im staatlichen Auftrag in die Kriegsgräberfürsorge miteinbezogen, er wurde auch durch seine enge Verflechtung mit Politik und Verwaltung, mit weiteren organisierten Interessengruppen und seine mehreren Hunderttausend

Kriegsopferverbände, in dem der Volksbund um Unterstützung bei Straßensammlungen bat, weil ihm ehrenamtliche Helfer fehlten. Aus anderen Quellen ist bekannt, dass dem Bezirksverband zu diesem Zeitpunkt eigentlich über 25.000 Mitglieder angeschlossen waren, was die Mobilisierungsschwäche des Volksbundes verdeutlicht, wenn es darum ging, Freiwillige für konkrete Aktionen zu mobilisieren.

179 BArch MA, BW 1/114848, Dokumentation über die erfolgreiche Zusammenarbeit zwischen der Bundeswehr im Wehrbereich VI und dem Landesverband Bayern des Volksbundes Deutsche Kriegsgräberfürsorge e. V. im Jahr 1976, VDK Landesverband Bayern, 21.2.1977. Enthält eine Auflistung der von der Bundeswehr in Bayern für den Volksbund gesammelten Spenden zwischen 1956 und 1976. Stammte in den Fünfzigerjahren noch ein Großteil der Spenden von den Soldaten selbst, wuchs mit Ausweitung der Aktion zu Straßensammlungen der Umfang der öffentlichen Spenden schnell an. 1961 wurde die Marke von 100.000 DM überschritten, in den Siebzigerjahren wurden allein in Bayern bereits jährlich Spendenerlöse von über einer Million DM erzielt.

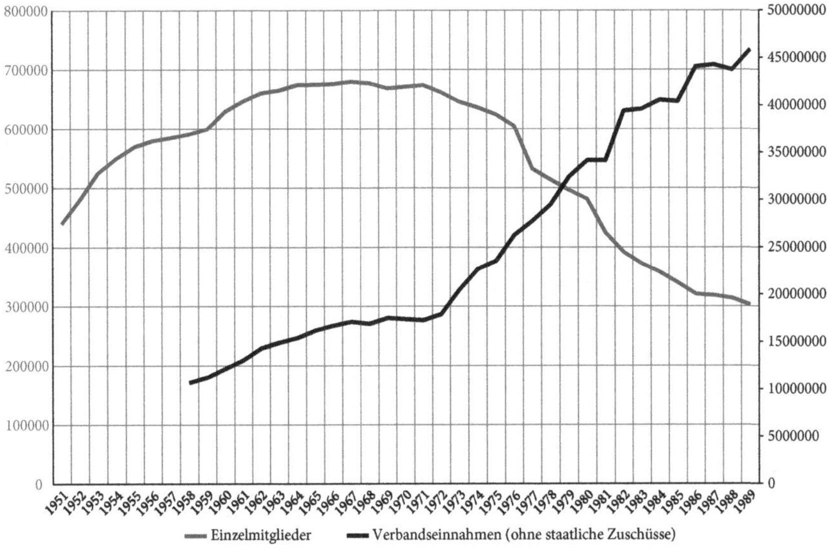

Grafik 4: Entwicklung der Mitgliederzahlen und Verbandseinnahmen 1951/58–1989

Mitglieder faktisch zur Kriegsgräberfürsorgeorganisation der Bundesrepublik, die einen staatlichen Gräberdienst obsolet machte. Das sich bis in die zweite Hälfte der Sechzigerjahre fortschreibende Wachstum des Volksbundes steht in unmittelbarem Zusammenhang mit den Fortschritten, die der Volksbund bei seinen Aufgaben in der Kriegsgräberfürsorge zu verzeichnen hatte. Mit dem generationellen Umbruch, der sich seit den Sechzigerjahren vollzog und der sowohl die persönliche Beziehung zum Kriegsgrab als auch die kollektive Erinnerung des Zweiten Weltkrieges und der NS-Zeit spürbar veränderte, verlor der Volksbund langsam, aber kontinuierlich seine Massenbasis. Wie diese Entwicklungen in Zusammenhang mit den praktischen Maßnahmen zur Kriegsgräberfürsorge der Bundesrepublik stehen, wird im nachfolgenden Kapitel untersucht.

4. Kriegsgräberstätten nach dem Zweiten Weltkrieg

Der Volksbund Deutsche Kriegsgräberfürsorge betreut heute mehr als zweieinhalb Millionen Kriegsgräber im Ausland im Auftrag der Bundesregierung. Wie in den vorangehenden Kapiteln dargelegt wurde, veränderte sich die Stellung des Vereins nach dem Zweiten Weltkrieg erkennbar. Von einer privaten Fürsorgeorganisation in der Weimarer Republik, die die unzureichenden staatlichen Maßnahmen zum Schutz der Kriegsgräber unterstützen wollte, übernahm der Volksbund nach dem Zweiten Weltkrieg die Funktion, die in den meisten Ländern einem offiziellen, meist staatlichen Gräberdienst entspricht. Diese Rolle entsprach durchaus dem breiten Erfahrungsschatz in allen Fragen der Kriegsgräberfürsorge, über den der Verein verfügte, und in der Nachkriegszeit unter Beweis gestellt hatte. Während das Auswärtige Amt die diplomatischen Voraussetzungen schuf, um eine Betreuung deutscher Kriegsgräber im Ausland zu ermöglichen, übernahm der Volksbund die technische Durchführung der notwendigen Maßnahmen. Damit wurde aber auch eine Organisation mit der Errichtung von Friedhöfen für die deutschen Kriegstoten betraut, die selbst in einer Tradition der militärischen Totenehrung verwurzelt war, die insbesondere in der NS-Zeit in eine Glorifizierung des Opfertodes hinausgelaufen war. Kriegsgräberfürsorge bekam nach Kriegsende zwar eine gewichtige humanitäre Bedeutung, da die Suche nach Kriegstoten und ihre Identifizierung bei der Aufklärung von Vermisstenschicksalen half. Gerade im Bereich des Friedhofbaus hatte der Volksbund in den Dreißigerjahren aber eine eigene Bautradition entwickelt, die er in den Kriegsgräberstätten fortführte, die nun unter dem Hoheitszeichen der Bundesrepublik errichtet wurden. Im nachfolgenden Kapitel wird zunächst untersucht, wie die praktischen Maßnahmen zur Kriegsgräberfürsorge als gleichermaßen staatliche Verpflichtung, humanitäre Notwendigkeit und unliebsamer Traditionsbestand innerhalb der sich nach 1945 ausbildenden Strukturen umgesetzt wurden. Daran anschließend wird die eigentliche Gestaltung der nach 1945 errichteten deutschen Kriegsgräberstätten betrachtet. Diese standen funktional unter der primären Anforderung, das völkerrechtlich verankerte dauerhafte Ruherecht der Toten zu sichern. Ihren vorrangig humanitären Zweck auch in der Anlage der Grabstätten hervorzuheben, war ein Prozess, der sich in der Nachkriegszeit schrittweise vollzog und erst in einer detaillierten Analyse sichtbar wird. Der dauerhafte Erhalt des Kriegsgrabes als humanitäres Prinzip wurde nach dem Zweiten Weltkrieg auch auf zivile Opfer erweitert, zu denen sowohl Kriegstote als auch Opfer politischer Gewalt zählten. Wie die Einbeziehung weiterer Opfergruppen in eine Praxis gelang, das ursprünglich als ein Privileg des gefallenen Soldaten galt, wird im dritten Abschnitt behandelt.

4.1 Vom Nordkap bis in die Wüste. Kriegsgräberfürsorge zwischen humanitärer Praxis und Kriegserinnerung

Innerhalb der westdeutschen Besatzungszonen erfolgte die Erfassung von Kriegsgräbern und die Umbettung von verstreuten Feldgräbern auf Kriegsgräberstätten auf kommunaler Ebene unter Mitwirkung des sich in der Nachkriegszeit neuformierenden Volksbundes, der die Behörden sowohl bei administrativen Vorgängen zur Registrierung und Identifizierung der Kriegsgräber und Kriegstoten unterstützte, als auch den Bau von Kriegsgräberstätten mit eigenen Mitteln vorantrieb. Bereits in den ersten Nachkriegsjahren galt die Aufmerksamkeit des

Verbandes aber nicht allein den Kriegsgräbern im Inland, sondern vor allem den von der Wehrmacht zurückgelassenen Toten im Ausland. In den Fünfzigerjahren begann die Bundesrepublik bilaterale Vereinbarungen über den Erhalt deutscher Kriegsgräber zu treffen. Voraussetzungen hierfür waren die Wiedereinrichtung des Auswärtigen Amtes 1951 und die Wiederherstellung der staatlichen Souveränität mit Inkrafttreten der Pariser Verträge am 5. Mai 1955. In den sogenannten Gräberabkommen wurde der dauerhafte Erhalt der deutschen Kriegsgräber vereinbart. Es sollte eine begrenzte Anzahl von Kriegsgräberstätten geschaffen werden, wo die Toten ihre letzte Ruhestätte finden sollten. Für die Umbettung der Toten und den Bau der Friedhöfe wurde der Volksbund als verantwortliche Organisation benannt. Der Volksbund hatte ebenfalls im Zuge seines organisatorischen Neuaufbaus begonnen, erste Auslandskontakte zu knüpfen, die den außenpolitischen Handlungsmöglichkeiten der Bundesrepublik zum Teil vorausgingen. Die Reorganisation des Volksbundes als Trägerorganisation der Kriegsgräberfürsorge in Deutschland muss daher als paralleler Vorgang zu den Entwicklungen im Ausland in den frühen Nachkriegsjahren gesehen werden. Der Volksbund begann im Zuge seines sich rasch vollziehenden Neuaufbaus auch auf Entwicklungen im Ausland zu reagieren und in seine Strukturen einzubinden.

Durch die Verfahrensweise der Wehrmacht während des Krieges, Gefallene nicht zu überführen, sondern in der Nähe der Kampfschauplätze zu bestatten, spiegelte die geografische Verteilung der deutschen Kriegstoten den militärischen Verlauf des Zweiten Weltkrieges wider.[180] Die größten Verluste hatte die Wehrmacht bei den Kämpfen mit der Roten Armee an der Ostfront zu verzeichnen gehabt. Dennoch konzentrierte sich die Aufmerksamkeit des Volksbundes vor allem auf West- und Südeuropa sowie Nordafrika, weil keine Möglichkeiten bestanden, Zugang zu den sozialistischen Staaten im Osten zu erhalten. Die meisten Kriegsgräber in Westeuropa befanden sich in Frankreich. Allein hier bezifferten sich die deutschen Verluste des Zweiten Weltkrieges auf etwa eine viertel Million. Ein weiterer Schwerpunkt lag in Italien, wo bei Abschluss des deutsch-italienischen Gräberabkommens 1955 von fast 110.000 deutschen Kriegstoten ausgegangen wurde. In den Niederlanden waren etwa 31.500, in Belgien 45.000 und Luxemburg 11.000 Kriegsgräber verzeichnet. In Griechenland (ca. 15.000 Kriegsgräber) verzögerte sich die Errichtung von Kriegsgräberstätten wegen politischer Vorbehalte bis in die Siebzigerjahre. In Skandinavien befand sich eine größere Anzahl von Gräbern nur in Dänemark, auch wenn hier keine schweren Kampfhandlungen stattgefunden hatten. Dänische Häfen waren gegen Kriegsende zum Anlaufpunkt für deutsche Schiffe geworden, die deutsche Zivilisten und Verwundete aus dem Osten vor den vorrückenden sowjetischen Truppen über die Ostsee evakuierten. Die letzten deutschen Flüchtlinge konnten

180 Zur Wehrmachtsgräberfürsorge im Zweiten Weltkrieg siehe *Janz*, Totenhügel.

erst 1949 nach Deutschland übersiedeln. Aus der Zeit der deutschen Besatzung und den Nachkriegsjahren blieben etwa 25.000 Gräber zurück, davon 15.000 mit zivilen Toten, die gegen Kriegsende oder danach in den Lagern verstorben waren. In einer ähnlichen Größenordnung bewegte sich auch die Zahl der Kriegsgräber auf dem afrikanischen Kriegsschauplatz. Die fast 20.000 bekannten Gräber des Afrikafeldzuges verteilten sich jedoch entlang der Mittelmeerküste von Tunesien bis nach Ägypten über eine Distanz von zweieinhalbtausend Kilometer.[181]

Der Volksbund begann ab 1946 alle Hinweise auf Grablageorte im In- und Ausland in einer Kartei zu erfassen. Trotz der Maßnahmen der Wehrmachtsgräberoffiziere sowie der alliierten Truppen, die gemäß der Genfer Konvention auf ihrem Vormarsch auch deutsche Kriegstote auf Sammelbegräbnisplätze überführten, waren in den meisten Ländern mehrere Tausend Orte dokumentiert, an denen deutsche Kriegsgräber vermutet wurden oder nachgewiesen waren. Nach Kriegsende begannen die Alliierten für ihre Gefallenen ordentliche Friedhöfe anzulegen. Die US-Armee begann außerdem mit der Rückführung der Toten, die auf Wunsch ihrer Angehörigen in den USA bestattet werden sollten.[182] Auf den während des Krieges angelegten provisorischen Sammelbegräbnisplätzen blieben die deutschen Kriegsgräber zurück, die von den Alliierten in die Verantwortung der zivilen Behörden der jeweiligen Länder übergeben wurden. In Belgien und den Niederlanden wurden 1946 die deutschen Kriegsgräber von der US-Armee an nationale Gräberdienste übergeben, die alle verbliebenen deutschen Gefallenen auf die Friedhöfe Lommel (Belgien) und Ysselsteyn (Niederlande) zusammenbetteten.[183] In Luxemburg bestand mit dem Friedhof Sandweiler ein von den Amerikanern angelegtes Gräberfeld, das bereits einen Großteil der Kriegsgräber der Region zusammenfasste und in den folgenden Jahren für die Zubettung noch verstreuter Einzelgräber genutzt werden konnte, die mit Zustimmung der luxemburgischen Regierung durch den Volksbund vorgenommen wurde. Durch die Arbeit des Graves Registration Service der US-Armee waren die deutschen Kriegstoten in diesen Ländern bereits an wenigen Orten konzentriert. Die Gefahr des vollständigen Verlustes einzelner Gräber wurde so minimiert. Problematisch blieb jedoch die hohe Zahl der nicht identifizierten Toten, die eine erneute Graböffnung durch deutsche Stellen notwendig machte.

181 Detaillierte Angaben zu Kriegsgräbern und Kriegsgräberstätten in der ganzen Welt können den Publikationen des VDK »Schicksal in Zahlen« und »Deutsche Kriegsgräberstätten im Westen« entnommen werden.

182 Zum Vorgehen der US-Armee nach dem Zweiten Weltkrieg bei der Suche nach vermissten Kriegstoten und der Anlage endgültiger Friedhöfe siehe *Sledge*, Soldier, S. 69 ff. u. S. 180 ff.; *Steere/Boardman*, Final Disposition, Kapitel 10.

183 In Belgien bestand als weiteres größeres von der US-Armee angelegtes Gräberfeld der Friedhof Recogne-Bastogne, außerdem noch hunderte Friedhöfe aus dem Ersten Weltkrieg, deren Zahl in den Fünfzigerjahren deutlich reduziert wurde.

In Frankreich und Italien wurden ebenfalls Behörden für die Betreuung von Kriegsgräbern geschaffen, eine systematische Umbettung aller fremden Kriegsgräber wurde aber nicht durchgeführt. Somit befanden sich in beiden Ländern neben größeren von den Truppen angelegten Gräberfeldern auch zahlreiche verstreute Feldgräber und Gräber, die auf bestehenden zivilen Friedhöfen angelegt worden waren. Dass eine deutsche Beteiligung als Bedingung für einen dauerhaften Erhalt der Kriegsgräber in den meisten Ländern stillschweigend vorausgesetzt wurde und das Modell des Versailler Vertrages als Lösung für die Kriegsgräberfrage nach dem Zweiten Weltkrieg nicht mehr in Frage kam, deutete sich auch in der Praxis der britischen Armee und im Verhalten der italienischen und französischen Behörden an. Diese orientierten sich an den bestehenden Vereinbarungen aus der Zwischenkriegszeit, die erwarten ließen, dass für die Gräber der Gefallenen des Zweiten Weltkrieges eine vergleichbare Lösung getroffen werden würde. Während des Krieges war es bereits üblich gewesen, Kriegsgefangene für die Anlage von Friedhöfen einzusetzen, die die Gräber ihrer Landsleute betreuten. Diese aus Kriegsgefangenen gebildeten Gräberkommandos wurden nach Kriegsende häufig die Rekrutierungsbasis für das Personal, das nun in den Dienst der amtlichen Gräberdienste übernommen wurde und die Suche nach und Umbettung von Kriegsgräbern vor Ort fortsetzte. In Italien bestand von 1947 bis 1955 beim Commissariato Generale per le Onoranze ai Caduti in Guerra eine eigene Abteilung für deutsche Kriegsgräber, die aus ehemaligen deutschen Kriegsgefangenen der sogenannten Enklave Rimini gebildet wurde, die dort den deutschen Soldatenfriedhof Cervia angelegt hatten.[184] In dem von der britischen Armee eingerichteten Lagersystem hatten die deutschen Kriegsgefangenen weitreichende Selbstverwaltungskompetenzen übertragen bekommen, was zunächst die Fortsetzung der Wehrmachtsgräberfürsorge und dann ihre schrittweise Überführung in eine zivile Struktur ermöglichte.[185]

Eine ähnliche Entwicklung nahm auch die Betreuung der deutschen und italienischen Kriegsgräber in den britisch kontrollierten Gebieten Nordafrikas. Hier war es zunächst eine italienische Abordnung, die sich auch um die Gräber der im Afrikafeldzug verbündeten deutschen Truppen kümmerte, bevor Anfang der Fünfzigerjahre der Volksbund mit eingebunden werden konnte. Die Briten strebten an, mit dem Rückzug ihrer Truppen auch die Verantwortung für die Gräber in der Wüste abzugeben. Eine dauerhafte Betreuung der deutschen Friedhöfe durch die IWGC kam zudem nicht in Frage, da diese aufgrund ihrer Statuten hierfür kein Mandat besaß. Ägypten und das sich in einer Phase des

184 Vgl. *Tampieri*, Ricostruzione, S. 134–138.

185 Vgl. zu den deutschen Kriegsgefangenenlagern in Italien Weindel, Leben, S. 45f. Die Hintergründe der Entstehung der deutschen Abteilung beim italienischen Gräberdienst werden in einem anderen Zusammenhang in einem Schreiben des Generalsekretärs des VDK Margraf an die Redaktion des Spiegels erläutert. Siehe PA AA, B 92 Bd. 58, Abschrift Schreiben VDK Generalsekretär an Spiegelredaktion Hamburg, 6.9.1956.

postkolonialen Übergangs befindende Libyen wiederum sahen sich selbst bloß als Kulisse eines von fremden Mächten auf ihrem Boden geführten Krieges, aus der sie keine direkte Verpflichtung zum Erhalt der Kriegsgräber herleiteten und bestenfalls bereit waren, diese auf ihrem Territorium zu dulden, nicht jedoch Maßnahmen zur Grabpflege zu treffen.[186] Innerhalb Deutschlands war die vor allem von den Briten vorangetriebene Einbindung des Volksbundes in die Kriegsgräberfürsorge vorrangig dem besatzungspolitischen Paradigma der »indirect rule« geschuldet, brachte aber zugleich den Vorteil mit sich, eine Organisation zu installieren, die auch die Verantwortung für die deutschen Gräber in Nordafrika übernehmen konnte, wo die Briten ihre militärische Präsenz und politische Verantwortung abbauen wollten.[187]

Der Aufbau von offiziellen Auslandskontakten durch den Volksbund hatte 1948 zunächst in Italien begonnen. Der Volksbund erstattete der italienischen Regierung die Kosten für die deutsche Abteilung in der italienischen Gräberverwaltung und übernahm diese später im Zuge der deutsch-italienischen Verhandlungen zu einem Gräberabkommen vollständig als Außenstelle in Rom. Durch Vermittlung der IWGC wurde der Volksbund ab 1951 auch in Nordafrika aktiv und begann mit der Suche nach in der Wüste verbliebenen Gräbern, die dann im Verlauf der Fünfzigerjahre in die errichteten Kriegsgräberstätten Tobruk und El Alamein überführt wurden. Mit der beginnenden Auslandsarbeit des Volksbundes übernahm der Verein die Funktionen der offiziellen ausländischen Gräberdienste und überführte die Betreuung deutscher Kriegsgräber in geordnete Strukturen, die teilweise noch von den Überresten der durch Kriegsgefangenschaft konservierten Wehrmachtsgräberfürsorge gekennzeichnet war.

Die Entsendung der »Einsatzgruppe Afrika« 1951 nach Libyen war die erste Auslandsmission des Volksbundes, in der der Verein alle Aufgaben eines offiziellen Gräberdienstes übernahm. Den formalen Rahmen für den Auslandseinsatz bildete ein offizielles Ersuchen der IWGC, die in Bonn um Unterstützung durch den Volksbund gebeten hatte.[188] Libyen stand zu diesem Zeitpunkt noch unter britischer und französischer Verwaltung und sollte nach einem Plan der Vereinten Nationen bis 1952 in die Unabhängigkeit entlassen werden. Seit 1949 verfügte der Volksbund über einen Verbindungsmann im benachbarten Ägypten, der vor Ort Kontakt zur italienischen Gräbermission sowie zum britischen Mi-

186 Vgl. zur Situation der deutschen Kriegsgräber in Nordafrika aus britischer Sicht TNA, FO 1049/1585; FO 371/73671; FO 371/69264.

187 Auch der für den Bau der italienischen Kriegsgräberstätte verantwortliche Paolo Caccia Dominioni spricht in seinen Erinnerungen davon, dass die Briten anstrebten, die Verantwortung für fremde Kriegsgräber schnellstmöglich abzutreten. Vgl. *Caccia Dominioni*, Alamein, S. 265.

188 Zu den Verhandlungen und Vorbereitungen des Libyeneinsatzes siehe die Dokumente in TNA, FO 371/93573. Vgl. außerdem BArch B 136/5067, Volksbund Deutsche Kriegsgräberfürsorge. Arbeitsbericht zum Vertretertag 1953, S. 16.

litär und den ägyptischen Behörden hielt und Informationen über den Zustand der deutschen Gräber einholte.[189] Der Volksbund drängte auf rasches Handeln in Nordafrika, weil er die Kriegsgräber durch die besonderen natürlichen Gegebenheiten und die weiträumige Verteilung vom Verlust bedroht sah. Zugleich war die Dokumentationsgrundlage über die verschiedenen Kampfgebiete gut. Die Briten und Italiener hatten bereits wertvolle Vorarbeiten bei der Erfassung von Kriegsgräbern geleistet und einen Teil der Toten umgebettet. Die ehemaligen Angehörigen des Deutschen Afrikakorps verfügten außerdem über einen hohen Organisationsgrad. Die Veteranen des Afrikakorps waren eine wichtige Informationsquelle für konkrete Hinweise auf Grablageorte. Durch das Netzwerk der Veteranen erhielt der Volksbund zudem zahlreiche Ausrüstungsgegenstände als Sachspenden für seine Einsatzgruppe zur Verfügung gestellt. Das entsandte Personal selbst bestand ebenfalls aus ehemaligen Afrikakämpfern.[190]

Der Afrikafeldzug, der während des Krieges propagandistisch ausgeschlachtet und anhand der fast mythischen Figur Rommels personalisiert worden war, erfuhr auch in der Nachkriegszeit ungetrübte Aufmerksamkeit im In- und Ausland. Die Suche nach den Gräbern in der Wüste und die Errichtung von Kriegsgräberstätten für die Gefallenen des Deutschen Afrikakorps müssen daher auch vor dem Hintergrund der besonderen öffentlichen Wahrnehmung Nordafrikas als Kriegsschauplatz gesehen werden. Der Afrikafeldzug galt als »ritterlicher« Schlagabtausch gleichwertiger, sich achtender Gegner. Der Begriff der »Ritterlichkeit« war ein immer wiederkehrendes Schlagwort, das sich durch die zahlreichen Erzählungen und Erlebnisberichte von Afrikaveteranen zog, die ab Ende der Vierzigerjahre auf dem deutschen Buchmarkt auftauchten.[191] Die Geschichten von Rommels Afrikakorps waren auch der Gegenentwurf zum schändlichen Bild einer Wehrmacht, die sich willfährig in den Dienst des NS-Regimes gestellt und an einer verbrecherischen Kriegsführung beteiligt hatte. Die Deutungshoheit über die Ereignisse lag klar bei den ehemaligen Protagonis-

189 Verbindungsmann des Volksbundes war Othmar Pauer, Professor an der Universität Alexandria. Vgl. Kriegsgräberfürsorge 26 (1950), Nr. 3, S. 21 f.; *Caccia Dominioni*, Alamein, S. 193.

190 Hierzu zählten etwa Hermann Schultze-Dewitz, der in zeitgenössischen Presseberichten als ehemaliger Ordonanzoffizier Rommels bezeichnet wird, was sich anhand von Personalakten laut Auskunft des Militärarchivs in Freiburg jedoch nicht einwandfrei bestätigen lässt. Zu Schultze-Dewitz siehe Personalien: Hermann Schultze-Dewitz, in: Der SPIEGEL, Nr. 20, 12.05.1954, S. 24.

191 Vgl. z. B. *Hans Gert v. Esebeck*, Afrikanische Schicksalsjahre. Geschichte des deutschen Afrika-Korps unter Rommel, Wiesbaden 1949. Esebeck war als Kriegsberichterstatter in Nordafrika gewesen. Außerdem *Kurt Neher*, Nordafrika findet keinen Frieden, [München] 1953, eine für den Leser nicht vollständig auflösbare Vermischung von Reisebericht, Kriegserinnerung und fiktionalen Elementen, in denen sich aber unter anderen auch eine aus anderen Quellen belegbare authentische Schilderung einer Gedenkfeier für die Gefallenen des Afrikakorps findet (S. 205–206).

ten selbst.[192] Der Blick auf die militärischen Ereignisse wurde von den Personen beeinflusst, die in der Nachkriegszeit führende Positionen in den sich zusammenschließenden Veteranenverbänden bekleideten.[193] Siegfried Westphal oder Fritz Bayerlein, beide zeitweise Stabschef unter Rommel, veröffentlichten bereits 1950 eigene Kriegserinnerungen und waren auch an der posthumen Herausgabe von Rommels Einsatztagebüchern zusammen mit dessen Witwe beteiligt.[194] Einflussreich waren auch internationale Publikationen, wie die Rommel Biographie des britischen Generals Desmond Young, die als Vorlage für eine internationale Filmproduktion herangezogen wurde. Hierdurch erhielt das gezeichnete Bild des ehrenhaften Feldherren, der sich im Gewissenskonflikt mit militärischen Prinzipien und der Loyalität zu einer fatalerweise zu spät als verbrecherisch erkannten politischen Führung befand, enorme öffentliche Verbreitung und Anerkennung.[195]

Die Arbeit des Volksbundes in Libyen und Ägypten war eng mit den medialen Konstrukten und populären Bildern des Krieges in der Wüste verflochten, die ihre Ursprünge im aufgebauten Rommelbild der NS-Propaganda hatten.[196] Sie waren der referentielle Rahmen, auf den sich der Einsatz in der Wüste bezog und innerhalb dessen er öffentlich wahrgenommen wurde. Die Gräber der Toten des Afrikakorps waren zum Teil selbst Bestandteil der literarischen Produktion, der Volksbund wiederum produzierte in seinen ausführlichen Berichten über den Fortgang der Arbeiten selbst Bilder, die sich in das bestehende mediale Konstrukt einfügten und es fortsetzten. Die Bildberichterstattung zum Libyeneinsatz etwa weckt nicht nur zufällig Assoziationen mit den Propagandabildern der Wochenschau, denn der begleitenden Fotograf Julius Weitmann hatte bereits als Bildberichterstatter einer Propagandakompagnie den Wüstenkrieg begleitet. Die Afrikaerzählungen der Fünfzigerjahre schlossen nahtlos an die Kriegsberichterstattung des Weltkrieges an.[197] Die Suche nach den Gräbern erschien eher als

192 Vgl. *Remy*, Mythos, S. 8.

193 Zum Einfluss der organisierten Veteranen auf die populäre Kriegserinnerung der Fünfzigerjahre vgl. *Kühne*, Vernichtungskrieg, S. 95.

194 *Siegfried Westphal*, Heer in Fesseln. Aus den Papieren des Stabschefs von Rommel, Kesselring und Rundstedt, Bonn 1950; *Erwin Rommel*, Krieg ohne Hass, hg. v. Lucie-Maria Rommel u. Fritz Bayerlein, Heidenheim 1950.

195 Westermann wertet den Film auch »als ein Plädoyer für die Rehabilitierung des Offizierskorps« vor dem Hintergrund der einsetzenden Wiederbewaffnungsdebatte, siehe *Westermann*, Identität, S. 67. Maßgeblich für die Filmproduktion waren aber wohl in erster Linie kommerzielle Interessen der US-amerikanischen Produktionsfirma, die mit der Verfilmung eines internationalen Bestsellers ein bereits auf dem deutschen und britischen Markt erfolgreiches Genre bedienten. Für eine zeitgenössische Rezension siehe *Muth*, Rommelfilm.

196 Zur medialen Konstruktion Rommels während des Krieges in Deutschland und Großbritannien vgl. *Kubetzky*, Mask of Command, S. 282–369; *Reuth*, Rommel, S. 149–201.

197 Über den Verlauf der Reise und der Umbettungsarbeiten berichtete der Volksbund ab Januar 1952 monatlich in seiner Vereinszeitschrift in einer eigenständigen Rubrik, dem »Afrikanischen Tagebuch«.

das letzte, abschließende Kapitel in einer mit der Landung Rommels in Libyen begonnenen Geschichte, und nicht als der Auftakt zu etwas Neuem. Zugleich ließ es die Auslandsarbeit des Volksbundes als Teil einer großen, abenteuerlichen Geschichte erscheinen, die es ermöglichte, Kriegsgräberfürsorge auch mit positiven Affekten zu besetzen.

Die technischen Abläufe bei der Suche nach Kriegsgräbern und der Umbettung der Toten in Libyen und Ägypten wurden durch die besondere öffentliche Wahrnehmung des Kriegsschauplatzes nicht direkt beeinflusst, sie kam stattdessen bei der Bauplanung der Kriegsgräberstätten wieder zum Vorschein. Die vierköpfige Einsatzgruppe des Volksbundes begann im Winter 1951 zunächst in Libyen Schritt für Schritt in den ehemaligen Kampfgebieten nach Gräbern zu suchen, die noch nicht von den Briten auf Sammelbegräbnisplätze überführt worden waren. Ein Großteil der Toten befand sich bereits auf kleineren Friedhöfen entlang der Küstenstraße. Verbliebene Feldgräber in der Wüste wurden mit Hilfe einheimischer Führer gesucht. Hierbei konnten etwa 800 noch verschollene Kriegstote geborgen werden. Die insgesamt etwa 6.000 bekannten Kriegsgräber in Libyen wurden nach Tobruk überführt, das als Standort für eine Kriegsgräberstätte ausgewählt worden war.[198]

Ein weiterer Schwerpunkt der Arbeit bildete die Identifizierung der Toten, die durch die Briten nur unvollständig hatte vorgenommen werden können. Als Dokumentationsgrundlage diente eine für die Region rekonstruierte Gräberkartei, die auf Grundlage von verschiedenen Wehrmachtsdokumenten erstellt worden war und von der Eisatzgruppe mitgeführt wurde. Ein Verfahren, das mit der vollständigen Rekonstruktion der verschollenen Wehrmachtsgräberkartei bei der Deutschen Dienststelle in den folgenden Jahren auch in anderen Ländern Anwendung fand. Nordafrika war somit nicht nur ein für den Volksbund erfolgreiches Testfeld, um sich als Organisation auch im Ausland zu bewähren, sondern lieferte auch erste belastbare Erfahrungen über die Reichweite der Rekonstruktionsmöglichkeiten der verlorenen Wehrmachtsdokumente.[199]

Die Umbettungsarbeiten in Libyen konnten bis zum Sommer 1953 abgeschlossen werden. Parallel hatten Vorbereitungen für den Bau der Kriegsgräberstätte in Tobruk begonnen, die 1955 fertiggestellt wurde. Die »Einsatzgruppe Afrika« wurde direkt von Libyen nach Ägypten verlegt, wo sie mit der Umbettung aller deutschen Kriegstoten nach El Alamein begann. In Ägypten waren bereits die meisten Kriegstoten in den Jahren zuvor durch den Einsatz der Briten und Italiener aus der Wüste geborgen worden, weshalb der Einsatz bereits im Dezember 1953 beendet werden konnte. Aus britischer Sicht zahlte sich die Kooperation mit den Gräberdiensten der früheren Kriegsgegner nicht nur durch die Ent-

198 Vgl. Kriegsgräberfürsorge 31 (1955), Nr. 12, S. 186.

199 Vgl. In Nordafrika hat die Arbeit begonnen, in: Kriegsgräberfürsorge 27 (1951), Nr. 12, S. 135f.

lastung der eigenen Ressourcen aus. Der Volksbund stieß bei seiner Suche in der Wüste auch auf bisher unentdeckte britische Gräber, die andernfalls verschollen geblieben wären.[200]

Für den Beginn der Kriegsgräberfürsorge in Westeuropa und Nordafrika spielten die bestehenden Strukturen der Zwischenkriegszeit eine zentrale Rolle. Maßnahmen zur Sicherung der Grabstätten der Kriegstoten oder deren Überführung durch ausländische Gräberdienste wurden nach dem Zweiten Weltkrieg zwischen den Staaten, die entsprechende Erfahrungen gemacht hatten, als Gepflogenheit im Rahmen internationaler Konventionen gesehen. Der Fortbestand des Volksbundes als Organisation erleichterte die schnelle Einbindung Deutschlands bei der Übernahme der Verantwortung für die eigenen Gräber. Die personelle Kontinuität bei Teilen des Führungspersonals sowohl beim VDK als auch bei zuständigen Behörden im Ausland erleichterte zusätzlich die Anknüpfung an bestehende Kontakte und Absprachen der Vorkriegszeit. Erleichtert wurde der Beginn der Arbeit des Volksbundes auch durch die Voraussetzungen, die die britischen Kriegsgefangenenlager geschaffen hatten. Hier waren durch deutsche und italienische Kriegsgefangene nicht nur wertvolle Vorarbeiten geleistet worden, sie hatten dadurch auch das notwendige Personal geschaffen, das für die Durchführung der weiteren Maßnahmen benötigt wurde. War die Haltung der Briten vor allem durch Pragmatismus gekennzeichnet, erscheinen die deutsch-italienischen Beziehungen zwischen Volksbund und dem italienischen Generalkommissariat in der Nachkriegszeit auch noch stark vom Verständnis als früher Bündnispartner geprägt. Es kommt sowohl in der Einbindung ehemaliger Wehrmachtssoldaten in die behördlichen Strukturen des italienischen Gräberdienstes bis zur Übernahme der deutschen Abteilung durch den Volksbund zum Ausdruck als auch im allgemein freundschaftlich-kollegialen Umgang zwischen den beteiligten Vertretern beider Seiten. In Nordafrika wurde dies von den Beteiligten vor Ort zusätzlich durch die gemeinsame Kriegserfahrung in der Wüste gestützt. Im Unterschied zu allen anderen westlichen Staaten war Italien auch das einzige Land, das für seine Kriegstote größere Friedhöfe in Deutschland errichtete und diese nicht in die Heimat überführte.

Wurde die Übernahme der Kriegsgräberfürsorge im Ausland durch den Volksbund aktiv vorangetrieben, bestand während der Fünfzigerjahre bei der Bundesregierung noch kein eindeutiges Meinungsbild, ob die Betreuung der deutschen Kriegsgräber im Ausland eigenverantwortlich übernommen oder aber weiterhin ein Standpunkt in Anlehnung an den Versailler Vertrag ver-

200 Vgl. PA AA, B 92 Bd. 271, Bericht des VDK über Arbeit in Nordafrika, 7.12.1953. Demnach wurden in Libyen umgebettet: 5.261 Deutsche, 100 Italiener, 187 Briten, 9 Franzosen. Ägypten: 1.156 Deutsche, 116 Italiener, 93 Briten. Die Ergebnisse der Umbettungsarbeiten wurden einen Monat später auch der Öffentlichkeit mitgeteilt. Vgl. Kriegsgräberfürsorge 30 (1954), Nr. 1, S. 7.

treten werden sollte, der auf eine völkerrechtliche Verpflichtung anderer Staaten hinauslief, die laufenden Kosten für die Pflege deutscher Kriegsgräber zu tragen. Nach dem Zweiten Weltkrieg gingen jedoch fast alle westeuropäischen Staaten selbstverständlich davon aus, dass die Bundesrepublik für die Pflege der deutschen Kriegsgräber aufkommen würde und drängten darauf, die Bundesrepublik in die Pflicht zu nehmen.[201] Das Modell des Versailler Vertrags galt aufgrund der sich bereits in der Zwischenkriegszeit verändernden Praxis als überholt. Frankreich strebte in den Verhandlungen zum deutsch-französischen Gräberabkommen nun auch explizit an, die Kosten für den Erhalt der Kriegsgräber des Ersten Weltkrieges vollständig an Deutschland abzutreten. War der Versailler Vertrag noch von der Vorstellung geprägt, das Errichten von Grabstätten für die deutschen Gefallenen durch eine deutsche Organisation käme dem Eindringen in das nationale Hoheitsgebiet gleich, waren die Verhandlungen nach dem Zweiten Weltkrieg vorrangig von finanziellen Interessen geleitet. Die Erfahrungen der Zwischenkriegszeit hatten gezeigt, dass der Unterhalt von hunderttausenden Gräbern einerseits mit erheblichen Kosten verbunden war, andererseits die Einbeziehung ausländischer Gräberdienste und Organisationen bei der Grabpflege sich international durchgesetzt und auch in Frankreich bewährt hatte. Widerstand gegen eine vollständige Übertragung der Verantwortung für die deutschen Kriegsgräber, die auch die des Ersten Weltkrieges miteinschloss, kam vor allem von Seiten des deutschen Finanzministeriums, das alle zusätzlichen Belastungen für den Bundeshaushalt abwehren wollte. Der Volksbund hatte eine Einbeziehung der Friedhöfe des Ersten Weltkrieges in das deutsch-französische Gräberabkommen frühzeitig befürwortet, als sich abzeichnete, dass ein Verweis auf die Regelung des Versailler Vertrages durch die Entwicklungen der Zwischenkriegszeit überholt und zudem, wie die Rechtsabteilung des Auswärtigen Amtes betonte, völkerrechtlich fragwürdig erschien.[202] Die Kriegsgräber des Ersten Weltkrieges wurden auch deshalb erneut ein Thema, weil viele der Friedhöfe inzwischen bedingt durch Planungsfehler der Zwischenkriegszeit, Kriegsschäden oder schlicht auf Grund ihres Alters sanierungsbedürftig waren. Die strittige Frage der Kostenübernahme für die Kriegsgräber des Ersten Weltkrieges wurde zunächst zwischen Frankreich und Deutschland, dann aber vor allem zwischen dem deutschen Finanzministerium und dem Auswärtigen Amt ausgetragen. Die Finanzverwaltung sorgte mit ihrer sperrigen Haltung letztendlich dafür, dass das von ihr seit längerer Zeit angestrebte Ziel, den Volksbund noch stärker an den Kosten für die Kriegsgräberfürsorge zu beteiligen, teilweise durchgesetzt

201 Vgl. TNA, FO 371/93573, Schreiben Office of the High Commissioner U.K. an Foreign Office, 19. März 1951.

202 Vgl. PA AA, B 92 Bd. 292, Gedanken zur Frage der Durchsetzbarkeit des Prinzips, daß die Pflegekosten für die deutschen Kriegsgräber im Ausland von dem Land, in dem sich die Kriegsgräber befinden, zu tragen ist, 5.1.1959; ebd., Memorandum [des VDK] über die Pflege der deutschen Soldatengräber im Auslande, insbesondere in Frankreich, 17.12.1958.

wurde. Der Volksbund erklärte sich bereit, drei Viertel der Instandsetzungskosten für die Kriegsgräber des Ersten Weltkrieges zu übernehmen. Die noch bestehenden Friedhöfe des Ersten Weltkrieges wurden in der Folge unter dem Gesichtspunkt einer vereinfachten Grabpflege vom Volksbund nach Abschluss der Arbeiten an den Kriegsgräberstätten des Zweiten Weltkriegs umgestaltet oder zusammengelegt.[203]

Das im Versailler Vertrag gegenüber Deutschland verankerte Territorialitätsprinzip, das die Verantwortung für die Kriegsgräber dem Land übertrug, das sie beherbergte, war damit als völkerrechtliche Praxis weitestgehend überholt. Ungeachtet der prinzipiell geltenden kriegsvölkerrechtlichen Normen zum humanitären Umgang mit Kriegstoten und den damit verbundenen Verpflichtungen in Bezug auf Registrierung und Erhalt der Gräber während eines Krieges, geht inzwischen die völkerrechtliche Lehrmeinung aufgrund der Verfahrensweisen insbesondere seit dem Zweiten Weltkrieg davon aus, dass kein Land gegen seinen Willen nach Beendigung eines bewaffneten Konfliktes zum dauerhaften Unterhalt fremder Gräber verpflichtet ist, wenn es ausländischen Gräberdiensten ausreichend Gelegenheit zur Instandsetzung der Gräber oder Heimführung der Toten eingeräumt hat. Petrig betont, dass mit dem ersten Zusatzprotokoll zum Genfer Abkommen 1977 die Vorgabe des dauerhaften Erhalts der Kriegsgräber nicht mehr als zeitlich unbeschränkte Bestimmung betrachtet wurde, sondern als prozessorale Vorgabe, die gelte, bis eine einvernehmliche Lösung zwischen den Parteien gefunden worden ist.[204] Der dauerhafte Schutz der Gräber wird damit nicht in Abrede gestellt, es wird jedoch deutlich, dass die Kriegsgräberfrage als politische Frage innerhalb der Nachkriegsordnung zu sehen ist, die im Idealfall auf dem Wege zwischenstaatlicher Verträge und nationaler Rechtssetzung den grundsätzlichen Intentionen des humanitären Völkerrechtes zur Geltung verhilft. Dies ist eine Auslegung der völkerrechtlichen Normen, die sich in der Erwartungshaltung und Praxis der meisten westlichen Staaten nach dem Zweiten Weltkrieg erkennbar wiederfindet und langfristig normative Bedeutung erhielt. Sie wurde nach dem Zerfall des Ostblocks auch von den Staaten in Ost und Ostmitteleuropa anerkannt.

Die seit Mitte der Fünfzigerjahre von der Bundesrepublik abgeschlossenen Gräberabkommen markieren nicht den unmittelbaren Beginn der Kriegsgräberfürsorge im Ausland nach dem Zweiten Weltkrieg, sie überführten aber die bis dahin nur unvollständig reglementierten Aktivitäten des Volksbundes in einen zwischenstaatlichen Ordnungsrahmen. Die Gräberabkommen sicherten den dauerhaften Schutz der Gräber, der Volksbund setzte diesen um, indem

203 PA AA, B 92 Bd. 544, VLR I Gellbach an Leiter d. Ministerbüros, Entwurf eines Schreibens Betr. Terminwunsch des Präsidenten des Volksbundes Deutsche Kriegsgräberfürsorge bei dem Herrn Minister, 4.2.1971.

204 Vgl. *Petrig*, War Dead, S. 359 f.; *Bothe*, War Graves, S. 1373 f.

er die Überführung der Kriegstoten auf Kriegsgräberstätten durchführte. Mit dem Aufbau eines professionellen Umbettungs- und Pflegedienstes im Ausland durch den VDK kamen private Eingriffsmöglichkeiten in der Grabpflege weitgehend zum Erliegen. Die Auslandsaktivitäten des Volksbundes, die sich in den ersten Nachkriegsjahren noch in einem nicht immer klar politisch definierten Rahmen bewegt hatten, wurde mit Wiedereinrichtung des Auswärtigen Amtes außerdem enger an die protokollarischen Gepflogenheiten im zwischenstaatlichen diplomatischen Verkehr gebunden und der außenpolitischen Interessenlage angepasst.

Trotz der frühzeitigen Einrichtung einer verantwortlichen amtlichen Stelle für die deutschen Kriegsgräber in Italien und dem Aufbau von Umbettungskommandos, die die Sicherung und Identifizierung von Kriegsgräbern in Westeuropa vornahmen, sind in den Nachkriegsjahren neben den Bemühungen des Volksbundes Auslandskontakte aufzubauen, auch verschiedene Formen individueller Bemühungen zu beobachten, für die Pflege einzelner Kriegsgräber zu sorgen oder auch nach verschollenen Gräbern zu suchen. Es kam durchaus vor, dass Angehörige, denen die Lage eines Kriegsgrabes bekannt geworden war, ins Ausland reisten und vor Ort individuelle Absprachen zur Grabpflege trafen. Für den Volksbund waren eigenmächtige Unternehmungen zum Schutz der Gräber eine zwiespältige Angelegenheit. Sie belegten einerseits, dass die Bereitschaft zu dem von ihm immer wieder eingeforderten aufopferungsvollen Einsatz für die Kriegsgräber durchaus vorhanden war und erbracht wurde. Andererseits konnte das Engagement für deutsche Kriegsgräber, sofern es sich in handfester Tätigkeit äußerte, eine Reihe von Problemen aufwerfen. Die Entscheidung, die deutschen Kriegsgräber im Ausland zu belassen und nicht vollständig nach Deutschland zu überführen, hatte nach dem Zweiten Weltkrieg bereits den Charakter eines tradierten Grundsatzes, an dem nicht mehr gerüttelt wurde. Die Erfahrungen in der Kriegsgräberfürsorge seit dem Ersten Weltkrieg hatten gezeigt, dass sich der dauerhafte Erhalt von Kriegsgräbern praktisch nur durchsetzen ließ, wenn alle Kriegsgräber auf wenige geschlossene Friedhofsanlagen überführt wurden. Die vom Volksbund seit den Fünfzigerjahren im Ausland durchgeführten Umbettungen erfüllten gleichzeitig auch die Funktion, die Toten soweit möglich eindeutig zu identifizieren. Unbekannte Kriegstote konnten zum Teil durch nachträgliche Graböffnungen mit Hilfe der verfügbaren Unterlagen der Deutschen Dienststelle auch viele Jahre nach Kriegsende noch identifiziert werden. Voraussetzung hierfür war jedoch eine ordnungsgemäßes Erfassen und Verwahren von persönlichen Nachlassgegenständen, Ausweisdokumenten und der Erkennungsmarke des Toten sowie eine genaue Dokumentation aller vorgenommenen Schritte zur Veränderung der Grablage durch die amtlichen Gräberdienste. Nichtsachkundige Umbettungen konnten fatale Konsequenzen für die Möglichkeit zur Identifizierung des Toten haben. Fälle, wie der der unter dem Namen Mama Lucia bekannt gewordenen Italienerin, die in der Umgebung ihres Heimatortes nach deutschen Feldgräbern suchte, um die Toten zu bergen und auf dem Gemeindefriedhof christlich zu bestatten, bereiteten dem Volksbund ernsthafte Probleme. Mama Lucia zeigte bei ihrem Einsatz nämlich kein Interesse für die Erkennungsmarken der Toten, die geholfen hätten, ihnen auch ihren Namen zurückzugeben. Die Geschichte einer alten Frau, die sich um ein fremdes deutsches Kriegsgrab kümmerte, war ein in den Fünfzigerjahren in unterschiedlichen Spielarten medial durchaus verbreitetes Motiv, das die gemeinsame Leid- und Verlusterfahrung der trauernden Eltern oder Witwen unterstrich.[205] Durch rührselige Presseberichte motiviert, die die Geschichte immer wieder aufgriffen, barg sie über mehrere Jahre hinweg mehrere Hundert deutsche Kriegstote. In Deutschland wurde Mama Lucia als Beleg für die versöhnende Kraft der Kriegsgräberfürsorge gepriesen und 1957 sogar mit dem Bundesverdienstkreuz ausgezeichnet.[206] Der öffentliche Zuspruch machte alle Ermahnungen und Verbote des Volksbundes und der italienischen Behörden wirkungslos.

Für Länder wie Italien oder Frankreich, in denen sich nach Kriegsende zunächst noch zahlreiche deutsche Kriegsgräber auch auf privaten Grundstücken oder örtlichen Gemeindefriedhöfen befanden, finden sich immer wieder Einzelberichte, aus denen hervorgeht, dass sich jemand vor Ort dieser Gräber angenommen haben musste. Die individuelle Betreuung von Kriegsgräbern und die mit ihr verbundenen Vorstellungen von einer angemessenen Form der letzten Ruhe konnten durchaus konträr zu den vom Volksbund durchgeführten Maßnahmen stehen. Eigenmächtige Umbettungen von Privatpersonen waren ein Problem, weil sie eher schadeten als nutzten, denn sie erschwerten die Identifizierungsarbeiten und sicherten in der Regel nicht die dauerhafte Ruhe des Grabes. Bei den privaten Eingriffen kollidierte die besondere Stellung des Kriegsgrabes als Objekt öffentlicher Fürsorge und des staatlichen Schutzes mit der persönlichen Bedeutung des Grabes als Bezugspunkt der individuellen Trauer. Unterschwellig bedrohten Konflikte mit Angehörigen damit auch immer die Legitimität

205 Ein fiktionales Beispiel ist die 1954 unter dem Pseudonym Justus Immergrün erschienene Erzählung »An einem Soldatengrab«, die die Geschichte einer deutschen Witwe erzählt, die in Italien das Grab ihres Mannes aufsucht, das dort von einer Frau gepflegt wird, die selbst ihren Mann und zwei Söhne im Krieg verloren hat. Die Erzählung betont einerseits die individuelle, aber verallgemeinerbare Leiderfahrung der Hinterbliebenen, andererseits aber auch idealtypische Eigenschaften des deutschen Soldaten, der sich durch Opferbereitschaft, Tapferkeit und Kameradschaftsgeist ausgezeichnet hat und als moralisch integer erscheint. Siehe Justus Immergrün, An einem Soldatengrab, in: Deutsche Kriegsopfer-Stimme Nr. 17, 1. September 1954.

206 Zur Geschichte »Mama Lucias« siehe den Bericht eines ehemaligen deutschen Mitarbeiters des Commissariato Generale Onoranze ai Caduti in Guerra, Mama Lucia. Neuerdings der Engel der deutschen Toten [ohne Datum], in: PA AA, B 92 Bd. 302; außerdem: Soldatengräber im Süden, in: FAZ Nr. 270, 21.11.1957, S. 5 und Heuss in Neapel und Palermo, in: FAZ Nr. 273, 25.11.1957, S. 3.

des Volksbundes als allein verantwortliche Kriegsgräberfürsorgeorganisation, weil er sich selbst als Fürsprecher der Hinterbliebenen in Gräberfragen verstand. Mit Beginn der großangelegten Umbettungen in Italien und Frankreich in den Fünfzigerjahren wurden Volksbund und Auswärtiges Amt mit einer Reihe von Eingaben von Angehörigen konfrontiert, die selbständig Absprachen zur Pflege der Ruhestätten mit Einheimischen getroffen hatten und nach Erhalt der Benachrichtigung über die Umbettung des Grabes Einwände erhoben. Die zwischenstaatlichen Regelungen zur grenzübergreifenden Betreuung von Kriegsgräbern schränkten den Spielraum für private Absprachen im Ausland jedoch stark ein.[207]

Die international übliche Zuerkennung unbegrenzter Ruhefristen für Kriegsgräber machten eine Umbettung der Toten nicht nur aus grabpflegetechnischen Gründen notwendig, sondern auch weil die Gewährung des dauerhaften Ruherechtes für Grabstätten, die sich auf privatem Boden befanden, einer Enteignung des betroffenen Grundstückteiles gleichgekommen wäre, die entsprechende Entschädigungsansprüche der Eigentümer nach sich gezogen hätte. So musste auch der von deutschen Kriegsgefangenen angelegte Friedhof Cervia aufgelöst werden, der den Ausgangspunkt für die Betreuung deutscher Kriegsgräber in Italien gebildet hatte. Die örtliche Gemeinde wollte das Grundstück nicht abtreten, weil sich abzeichnete, dass mit dem Wiederaufleben des Badetourismus an der Adriaküste das Gelände einen erheblichen Nutzwert für die bauliche Erschließung bekommen würde.[208] Auch für den Volksbund sprach eine Reihe von weiteren sachlichen Argumenten gegen den Standort Cervia,[209] jedoch hatte der Friedhof bereits einen hohen symbolischen Stellenwert bei den Angehörigen der Gefallenen und ehemaligen Kriegsgefangenen, der dadurch gefestigt wurde, dass sich erste Ansätze eines Gräbertourismus entwickelten. Die Gräber in Cervia waren nicht bloß ein entfernter Ort, sondern konkretes Ziel für Reisende, die an die Adria kamen und dort die Gräber herrichteten.[210] Dem Volksbund gelang es, diesen Konflikt dadurch zu moderieren, indem den Toten, die alle auf die Kriegsgräberstätte Futa-Pass überführt wurden, in der dort errichteten Krypta ein eigener Raum gewidmet wurde.

207 PA AA, B 92 Bd. 37, Schreiben VDK stellvertr. Bundesgeschäftsführer v. Lutzau an AA, Betr.: Kriegsgräberfürsorge; hier: Im Auslande bevorstehende Umbettungen, 19.1.1955.

208 PA AA, B 92 Bd. 56, Abschrift Schreiben Generalskommissariat zur Ehrung der Gefallenen an VDK Bundesgeschäftsstelle, Betr. Endgültige deutsche Militärfriedhöfe, die in Italien vorgesehen sind, 29.7.1955.

209 PA AA, B 92 Bd. 58, Aktenvermerk über Besprechung in Viserba und Cervia über die Frage der Erhaltung des Friedhofs Cervia, 31.8.1956, sowie Schreiben VDK an AA, Betr. Kriegsgräberfürsorge – Deutscher Soldatenfriedhof Cervia (Ravenna) / Italien, 10.10.1956.

210 PA AA, B 92 Bd. 56, Anlage zum Bericht der Botschaft Rom, Betr. Kriegerfriedhof [sic] Cervia, 9.9.1955.

Der Verbleib eines deutschen Kriegsgrabes außerhalb einer Kriegsgräberstätte war nur unter der Voraussetzung möglich, dass die eigentumsrechtlichen Fragen und eventuelle Ruherechtsentschädigungen von den Angehörigen selbst geklärt wurden und das Grab aus der staatlichen Fürsorgeverantwortung ausschied. Ein weiterer Ausweg zu den im Rahmen der Gräberabkommen veranlassten Umbettung der Kriegstoten auf die vom Volksbund errichteten Kriegsgräberstätten bestand nur in der Möglichkeit, eine Überführung des Toten nach Deutschland zu veranlassen. Mit Beginn der Umbettungen in Italien zeigte sich aber sehr schnell, dass keine Flut von Überführungsanträgen einsetzte.[211] Ähnliche Erfahrungen machten auch die italienischen Behörden bei der Bestattung ihrer Kriegstoten in Nordafrika, wo für weniger als ein Prozent der Kriegstoten Anträge auf Heimführung gestellt wurden.[212] Der mit einer Überführung verbundene organisatorische Aufwand und die anfallenden Kosten, die die Angehörigen selbst zu tragen hatten, bewirkten wie auch schon nach dem Ersten Weltkrieg, dass Rückführungen gemessen an der Gesamtzahl der Gräber Ausnahmen blieben.[213] Für die Überführung von Kriegstoten aus dem Ausland wurden meist einheitliche Antragsverfahren vereinbart, die sich am Vorbild einer deutsch-belgischen Vereinbarung orientierten, die Anfang der Fünfzigerjahre getroffen worden war. Voraussetzung für eine Umbettung war eine eindeutig nachweisbare Grablage des Toten, wodurch der Volksbund zumindest in den Fünfzigerjahren eine wichtige Stellung innerhalb des Antragsverfahren einnahm, da der amtliche Gräbernachweis bei der Deutschen Dienststelle noch unvollständig war und nur der VDK auf Grundlage seiner Unterlagen die genaue Lage eines Grabes bestätigen konnte.[214]

Die besondere Stellung des Volksbundes bei der Errichtung von Kriegsgräberstätten führte dazu, dass die in der Zwischenkriegszeit entwickelten Prämissen

211 Der Volksbund erwartete aufgrund der Erfahrungen in Belgien und den Niederlanden, dass in Italien mit etwa 500–600 Anträgen auf Überführung zu rechnen sei. PA AA, B 92 Bd. 271, Schreiben VDK Generalsekretär Margraf an AA, Betr. Überführung von Kriegstoten aus dem Ausland in Verbindung mit den Umbettungsaktionen, 27.2.1956

212 Vgl. *Caccia Dominioni*, Alamein, S. 281.

213 Vgl. hierzu exemplarisch den Schriftwechsel zwischen Auswärtigem Amt und der Witwe eines im Krieg getöteten Offiziers, die sich über den Zustand des Grabes beklagte und um Überführung des Toten bat, hierfür jedoch über keine finanziellen Mittel verfügte. Das Auswärtige Amt verwies in seiner Antwort auf den bevorstehenden Bau von Kriegsgräberstätten in Frankreich und schloss eine Übernahme von Überführungskosten kategorisch aus. PA AA, B91 Bd. 51, Frau A. Polter an Bundeskanzleramt, 27.1.1955, sowie Antwort des Auswärtigen Amtes, 7.3.1955. Für die Beschwerde eines Angehörigen im Zusammenhang mit der erneuten Umbettung von Kriegsgräbern des Ersten Weltkrieges in Belgien nach dem Zweiten Weltkrieg siehe die Schriftwechsel zwischen O. Kösler und Auswärtigem Amt und VDK in PA AA, B 92 Bd. 52.

214 PA AA, B 92 Bd. 52, Bundesminister des Innern an VDK Kassel, Betr.: Anträge auf Überführung deutscher Kriegstoter von den Friedhöfen Lommel und Recogne-Bastogne (Belgien) in die Bundesrepublik Deutschland, 19.8.1955.

und seine Bautraditionen in der Kriegsgräberfürsorge nach dem Zweiten Weltkrieg zur allgemeinen Norm für den Umgang mit deutschen Kriegsgräbern wurden. Die Toten im Ausland zu belassen und dort auf Kriegsgräberstätten zusammenzubetten, wurde dabei auch nach dem Zweiten Weltkrieg nie Gegenstand einer öffentlichen Debatte. Auch wenn die Bestattung der Kriegstoten in der Fremde dem etablierten Muster des Ersten Weltkrieges folgte, fußte die Begründung für den Erhalt der Gräber am Schauplatz der Kämpfe letztendlich auch auf der vom Volksbund seit seiner Gründung vorgebrachten martialischen Metaphorik der durch das vergossene deutsche Blut zur Heimat gewordenen fremden Erde. Die faktische Alternativlosigkeit zum Volksbund als Organisation und seine unangefochtene Diskurshoheit in Kriegsgräberfragen verschoben den Widerspruch zu den vom Volksbund getroffenen Maßnahmen auf die Ebene der individuellen Beschwerdeführung. Der Volksbund und das Auswärtige Amt begegneten Vorbehalten gegenüber den Maßnahmen zur Kriegsgräberfürsorge im Ausland mit einer sachlichen Begründung der Umbettungen. Die in den aktenkundigen Eingaben vorgebrachten Beschwerden umfassen ein breites Spektrum von empfundenen Missständen, in denen sich abzeichnete, dass es durchaus divergierende Vorstellungen über einen angemessenen Umgang mit Kriegsgräbern gab. Einerseits finden sich auch nach dem Zweiten Weltkrieg die bereits aus den Zwanzigerjahren bekannten Klagen über den schlechten Zustand deutscher Kriegsgräber im Ausland, auf dessen Beseitigung der Volksbund selbst hinwirken wollte und gerade in seiner Gründungsphase aufmerksam gemacht hatte. Mit der vollständigen Übernahme der Verantwortung für die Kriegsgräberfürsorge im Ausland stand er nun aber auch selbst unter Rechtfertigungsdruck, die zum Teil langwierigen Verhandlungen und Vorbereitungen hinter den Kulissen zu begründen und nicht als Untätigkeit erscheinen zu lassen. Andererseits trat aber auch zum Vorschein, dass die der Arbeit des Volksbundes zu Grunde liegenden Prämissen nicht vorbehaltlos von allen geteilt wurden. Die Umbettung auf eine Kriegsgräberstätte und das dauerhafte Ruherecht waren nicht für alle Hinterbliebenen erstrebenswert, hatten sich aber zugleich als zwischenstaatliche Verfahrensweise verfestigt und galten als internationale Norm. Dieser Befund ist an sich wenig überraschend, da gerade der internationale Vergleich zeigt, dass seit dem Ersten Weltkrieg bereits in fast allen Ländern öffentliche Debatten über Umfang und Form der staatlichen Beteiligung am Erhalt der Kriegsgräber zu beobachten sind. Im Gegensatz zu Ländern wie den USA, Frankreich und Großbritannien wurden Fragen der Kriegsgräberfürsorge jedoch nicht offen unter Beteiligung der politischen Institutionen geführt, sondern frühzeitig durch den Volksbund monopolisiert. In Deutschland stand bedingt durch die besonderen Umstände nach dem Ersten Weltkrieg zudem nicht die Frage, wie die Toten bestattet werden im Vordergrund, sondern es wurde der befürchtete Verlust der Kriegsgräber angeprangert, deren Verbleib im Ausland als unabänderliche Tatsache als gesetzt galt. Auch Fachdiskussionen zur Grab- und Friedhofsgestaltung, die während des Ersten Weltkrieges und in der Weimarer Republik noch in halböffentlichen Fachzirkeln geführt wurden, verloren mit der schrittweisen Übernahme der Gestaltung und des Baus von Kriegsgräberstätten durch den Volksbund an Bedeutung, weil die Planung der Bauvorhaben in den Händen der weitgehend autonomen Münchener Bauabteilung des Volksbundes lag. Unter den Bedingungen der sich entwickelnden arbeitsteiligen Beziehungen in der Kriegsgräberfürsorge zwischen Volksbund und den staatlichen Stellen sowie dem auf breiten Konsens ausgerichteten »Volksbundgedanken«, entwickelten sich kaum öffentliche Artikulationsmöglichkeiten, die die Art und Weise der Betreuung deutscher Kriegsgräber hinterfragt und Ausgangspunkt für eine breitere gesellschaftliche Debatte hätten werden können. Der Volksbund erfüllte die Funktion einer intermediären Instanz, die strittige Fragen der Kriegsgräberfürsorge kanalisierte. Konflikte mit Einzelpersonen oder anderen Verbänden verlagerten sich somit in einen vorpolitischen Raum, der nicht die parteipolitischen Auseinandersetzungen der Bundesrepublik hineinragte und sich auch nicht an parteipolitischen Konfliktlinien orientierte.

Eine gewisse Öffnung für eine inhaltliche Auseinandersetzung und Reflektion über seine Arbeit setzte ein, als die personellen und strukturellen Kontinuitäten der Vorkriegszeit, die den Verband in den Fünfzigerjahren noch prägten, mit dem altersbedingten Ausscheiden der alten Verbandseliten und führenden Mitarbeiter endete. In Verbindung mit dem sich abzeichnenden Umbruch in der Mitgliederstruktur des Gesamtverbandes und den Rekrutierungsschwierigkeiten bei jüngeren Mitgliedern, bekam die Frage nach deren Mitgestaltungsmöglichkeiten zusätzliches Gewicht.

4.2 Gestaltung von Kriegsgräberstätten nach dem Zweiten Weltkrieg

Bisher wurde argumentiert, dass sich die Kriegsgräberfürsorge nach dem Zweiten Weltkrieg bereits in einem durch internationale Konventionen und Praktiken definierten Rahmen vollzog, der vor allem durch die Erfahrungen Deutschlands und der Westmächte nach dem Ersten Weltkrieg geprägt worden war. Die besondere Situation, dass der Volksbund als bereits in der Zwischenkriegszeit einflussreiche Organisation in der Kriegsgräberfürsorge nach dem Zweiten Weltkrieg vollends die Funktion eines deutschen Gräberdienstes übernahm, führte dazu, dass die vom Verband entwickelten Grundsätze auch die Kriegsgräberfürsorge der Bundesrepublik prägten. Gestützt wurde dies sowohl durch die Kontinuität der Organisationsstrukturen des Volksbundes, die ihm eine schnelle Reorganisation nach dem Zweiten Weltkrieg erlaubte und gesellschaftlichen und politischen Rückhalt als mitgliederstarke Großorganisation verschaffte als auch durch die personelle Kontinuität des Führungspersonals, was ein direktes Anknüpfen an die Arbeit der Vorkriegszeit ermöglichte.

Dies trifft insbesondere auf die Bauabteilung des Volksbundes zu, die auch nach dem Zweiten Weltkrieg bis Ende der Fünfzigerjahre unter Leitung von Robert Tischler weitgehend eigenständig in München für die Planung der Bauprojekte im Ausland verantwortlich war. Wie bereits dargelegt wurde, suchte Tischler vor dem Hintergrund der wachsenden Erfahrungen bei der Anlage und Gestaltung von Kriegsgräberstätten seit Ende der Zwanzigerjahre nach Gestaltungsformen, die Kriegsgräberstätten unter Berücksichtigung der funktionalen Anforderungen des dauerhaften Ruherechtes vom Vorbild des zivilen Friedhofes lösen und als militärische Grabanlage erkennbar machen sollten. Bei den vom Volksbund unter Tischler vor allem in den Dreißigerjahren projektierten Anlagen war die Bedeutung des einzelnen Grabes vor der gestalterischen Wirkung der Gesamtanlage immer weiter in den Hintergrund getreten. Ihre Ausrichtung an einem stark heroisierenden militärischen Totengedenken war zu dieser Zeit im internationalen Vergleich an sich noch nicht außergewöhnlich, wurde jedoch im »Dritten Reich« ideologisch überformt und fand in der Hinwendung zu monumentalen Bauformen in Gestalt von sogenannten Totenburgen seinen radikalsten baulichen Ausdruck. Problematisch ist an der Entwicklung, die Tischlers Arbeit nahm, allein genommen noch nicht sein Monumentalismus und auch nicht zwangsläufig die Heroisierung des Kriegstodes, sondern die Abwendung vom zentralen humanitären Prinzip der Kriegsgräberfürsorge, das für jeden Kriegstoten ein individuelles Grab vorsieht. In den Gedenktraditionen der demokratisch verfassten Staaten verband sich der Grundsatz des angestrebten Einzelgrabes immer mit egalitär-staatsbürgerlichen Vorstellungen, wogegen die Nekropolen der faschistischen Regime der Dreißigerjahre durch eine Reduzierung der Individualität der Toten und ihre Subordination in die militärische Gemeinschaft gekennzeichnet sind. »[D]er gefallene Soldat [trat] als Individuum gänzlich gegenüber dem als organisches Ganzes verstandenen ›deutschen Vaterland‹ zurück«.[215]

Es ist bekannt, dass Robert Tischler bei der Planung von Kriegsgräberstätten nach dem Zweiten Weltkrieg an den von ihm entwickelten Prämissen festhielt und seine Arbeiten keine grundsätzliche inhaltliche Revision erfuhren.[216] Die internen Spannungen, die gegen Ende seines Lebens zwischen der Münchener Bauleitung und der Kasseler Bundesgeschäftsstelle des Volksbundes auftraten, sind im vorangegangenen Abschnitt vor allem vor dem Hintergrund der Implementierung formaler bürokratischer Verfahren bei der Vergabe der öffentlichen Kriegsgräberfürsorgemittel betrachtet worden, was die lange Zeit autonome Stellung Tischlers eingeschränkt hatte. In diesem Kapitel wird nun untersucht, wie sich die Gestaltung deutscher Kriegsgräberstätten in der Bundesrepublik entwickelte und rezipiert wurde. Hierbei wird zunächst Tischlers späte Schaf-

215 *Fischer*, Geschichte, S. 73.
216 Vgl. *Kappel*, Totenburgen, Abs. 1.

fenszeit in den Fünfzigerjahren bis zu seinem unerwarteten Tod 1959 in den Blick genommen.

Als prominenteste Beispiele treten in dieser Zeit die auch weiterhin im Stile von Totenburgen errichteten Kriegsgräberstätten Tobruk und El Alamein hervor. Sie können keineswegs für sich beanspruchen, exemplarisch für die nach dem Zweiten Weltkrieg errichteten Kriegsgräberstätten zu sein, sondern stellen eher Ausnahmebauten dar, die unter den besonderen Bedingungen entstanden, unter denen der Volksbund in den Fünfzigerjahren in Nordafrika arbeitete. Jedoch ermöglichen sie, gerade weil sie eine Fortsetzung eines in der Vorkriegszeit von Tischler entwickelten Baukonzeptes darstellen, zu überprüfen, inwieweit die gewählte bauliche Form der Kriegsgräberstätte und ihre Symbolik vom Architekten eine neue sachliche Begründung und Deutung erfuhr. Zugleich muss dabei hinterfragt werden, ob Tischlers Entwürfe überhaupt zeitgenössischer Kritik ausgesetzt waren und worauf diese gegebenenfalls abzielte. Gerade im Zusammenhang mit der schrittweisen Angliederung der Bauplanung an die Bundesgeschäftsstelle des Volksbundes seit Ende der Fünfzigerjahre wird auch die Frage aufgeworfen, ob mit dem Tode Tischlers eine Zäsur verbunden ist, die sich auf Ebene der Friedhofsgestaltung erkennbar niederschlägt. Um die architektonische Auseinandersetzung mit den Bautraditionen des Volksbundes und Tischlers Erbe untersuchen und nachvollziehen zu können, wird den Referenzobjekten Tobruk und El Alamein ein ebenfalls bekanntes Beispiel gegenübergestellt, die Kriegsgräberstätte am Futa-Pass. Der Bau der Kriegsgräberstätte Futa-Pass markiert auf planerischer Ebene genau den Bruch mit den Strukturen der Münchener Bauleitung, die mit der Ära Tischler assoziiert werden; durch ihre architektonische Gestaltung erscheint sie auf den ersten Blick geradezu als Antithese zu Vorgängerbauten des Volksbundes. Dies ermöglicht es, im direkten Bezug zueinander die zentralen Kontroversen bei der Anlage von deutschen Kriegsgräberstätten herauszudestillieren. Die auch große öffentliche Aufmerksamkeit, die die Kriegsgräberstätte Futa-Pass lange Zeit erfahren hat, gibt außerdem Einblick in die Wahrnehmung der Bauten des Volksbundes von außen. Zugleich besaß die im Jahr des fünfzigjährigen Verbandsjubiläums offiziell eingeweihte Kriegsgräberstätte auch hohe vereinsinterne Symbolkraft, um Reformwillen und Veränderungsbereitschaft in einer auch von den Beteiligten als Umbruchszeit wahrgenommenen Phase der Vereinsgeschichte zu signalisieren.[217]

Der Bau der Kriegsgräberstätten in Libyen und Ägypten kann als ein zusammenhängender Vorgang gesehen werden. Vorbereitung und Durchführung schlossen direkt an die Maßnahmen der vom Volksbund nach Nordafrika entsandten Einsatzgruppe zur Sicherung der deutschen Gräber an. Die Bauarbeiten in Libyen begannen im April 1954. Als Standort für die Kriegsgräberstätte hatte

217 Fischer zählt sie zu den »bedeutendsten Anlagen nach dem Zweiten Weltkrieg«, *Fischer*, Geschichte, S. 77.

man eine Anhöhe etwa drei Kilometer oberhalb der Stadt Tobruk bestimmt. Der Bau war von Robert Tischler als burgartige Anlage geplant. Vier massive Türme markierten die Eckpunkte des vierzig mal vierzig Meter langen Grundrisses. Die Baupläne sahen vor, dass die äußere Mauer einen Innenhof umfassen sollte, dessen Mittelpunkt eine Gruppe Engelsstatuen bildete, die mit erhobenen Händen gemeinsam eine Feuerschale stützten. Die Statuen standen auf einem Sockel inmitten einer quadratischen Fläche, die mit einer einheimischen Pflanzenart begrünt werden sollte. Unter dem Innenhof befand sich die Gruft mit den Sarkophagen der Toten. Die Grünfläche oberhalb der Gruft sollte den Anschein eines Gräberfeldes erwecken. Umgeben war es von einem mit Arkaden überwölbten Rundgang, der an drei Innenseiten der Außenmauer anschloss. Den Rundbögen gegenüber waren Nischen in die Wand eingelassen, in denen auf Mosaiktafeln die Namen der Toten und die Orte der Schlachten aufgelistet waren. Zunächst wurden die Gruft und die Fundamente für die äußere Mauer angelegt. Die Ruhestätte für die Toten war bereits im Sommer 1954 fertiggestellt und die knapp über 6.000 Toten beigesetzt worden. Die religiöse Weihe des Grabes übernahm der Leiter des italienischen Gräberdienstes in Libyen, Monsignore Nani. Die weiteren Bauarbeiten zogen sich bis in den Herbst 1955. Kunsthandwerkliche Arbeiten sowie die Tafeln mit den Namen der Toten wurden in Deutschland gefertigt und mit einem zweiten Transport zur letzten Bauphase nach Libyen eingeschifft. Die Arbeiten in Libyen waren mit zusätzlichem logistischem Aufwand verbunden, da Baugerät und Fachkräfte aus Deutschland mitgebracht werden mussten. Die Stadt Tobruk war im Krieg durch die mehrfachen Belagerungen und Eroberungen stark zerstört worden. Die Hafenanlagen waren auch mehr als zehn Jahre danach kaum funktionstüchtig, in der Bucht rosteten Schiffswracks. Trotz der Beeinträchtigungen durch die im Krieg stark beschädigte Infrastruktur konnte die Arbeiten aber planmäßig abgeschlossen werden.[218]

Der Bau der Kriegsgräberstätte El Alamein konnte nach Beendigung der Bauarbeiten in Libyen zügig aufgenommen werden. Die bereits seit 1953 laufenden Verhandlungen zwischen der Bundesrepublik und Ägypten über die künftige Betreuung der deutschen Kriegsgräber ermöglichten die direkte Überführung des Bautrupps von Libyen nach Ägypten auf dem Landweg.[219] Ein Grundstück war bereits am 14. August 1955 von der ägyptischen Regierung für den Bau einer Kriegsgräberstätte übergeben worden. Das Gelände befand sich nur wenige Kilometer vom provisorischen deutsch-italienischen Friedhof Tell El Eyssa entfernt. Durch die enge Zusammenarbeit zwischen Volksbund und italienischem Gräberdienst in Nordafrika war zunächst die Überlegung entstanden, eine ge-

218 Zum Bau und Einweihung siehe Die Ehrenstätte Tobruk, in: Kriegsgräberfürsorge 31 (1955), Nr. 12, S. 184–190.

219 Vgl. PA AA, B 92 Bd. 63, Schreiben VDK an AA, Betr. Ehrenmal in El Alamein/Ägypten, 27.4.1955.

Abb. 3: Kriegsgräberstätte Tobruk - Libyen. Luftaufnahme, November 1955 - *Quelle:* Volksbund Bildarchiv

meinsame deutsch-italienische Kriegsgräberstätte zu errichten, die den Friedhof Tell El Eyssa ersetzen sollte. Bereits das Gebäude des italienischen Gräberdienstes auf der sogenannten Höhe 33, das sowohl als Basislager als auch als Gedenkstätte fungierte, verfügte über zwölf Ausstellungsräume, in denen die Kämpfe in der Wüste dokumentiert wurden. Zwei davon waren den deutschen Truppen gewidmet.[220] Grundlegende Übereinstimmung bestand zunächst darin, dass ein Ossuarium als letzte Ruhestätte in der Wüste besser geeignet sei als ein konventioneller Friedhof. Die diskutierten Entwürfe für eine gemeinsame Grabstätte kreisten um einen Bau mit zwei Türmen.[221] Dieser Idee war Tischler bereits in den Dreißigerjahren in Rumänien bei der Kriegsgräberstätte Petrisoru gefolgt. Auch für El Alamein sah Tischlers Entwurf vor, beide Türme in ein Gebäude zu integrieren, wogegen die italienische Seite sich für zwei freistehende Turmbauten aussprach. In den Gesprächen zeichnete sich frühzeitig ab, dass eine Verständigung auf einen gemeinsamen Entwurf nicht möglich sein würde. Bereits im Oktober 1953 berichtete VDK Generalsekretär Otto Margraf nach

220 Vgl. *Caccia Dominioni*, Alamein, S. 276.

221 Skizzen des italienischen Entwurfs vom 27.10.1952 sowie des deutschen Gegenentwurfs vom 25.9.1953 sind im Anhang der italienischen Ausgabe der Aufzeichnungen von Caccia Dominioni enthalten. Vgl. Caccia Dominioni, Alamein 1933–1962, Anhang 7.

Abb. 4: Feuerschale im Innenhof der Kriegsgräberstätte Tobruk – *Quelle:* Volksbund Bildarchiv

Verhandlungen in Rom von einem absehbaren Scheitern des Bauprojektes. Sowohl Tischler als auch der italienische Architekt Paolo Caccia Dominioni hatten ihre Entwürfe und Vorschläge präsentiert, wobei in der Diskussion beiden Seiten schnell klar wurde, dass es schwierig sein würde, eine gemeinsame Linie zu finden und zwei getrennte Bauprojekte einfacher zu realisieren sein würden.[222] Tischler erhob Bedenken wegen unterschiedlicher Auffassungen über die zu verwendenden Baumaterialien und der künstlerischen Ausfertigung des Baus. In den Aufzeichnungen Caccia Dominionis waren die italienischen Vorbehalte gegenüber dem deutschen Entwurf von Befürchtungen geprägt, der Bau würde

222 Vgl. PA AA, B 92 Bd. 61, Bericht über Besprechung mit General Verdoja in Rom über die deutsch-italienische Ehrenstätte El-Alamein, 15.10.1953.

als rein deutsche Gedenkstätte wahrgenommen werden, wenn die beiden Türme zu einem Gebäudekomplex vereinigt würden.[223] Die beiden separaten Türme, die sich äußerlich glichen, jedoch genug Raum für eine unterschiedliche Gestaltung des Innenraums gelassen hätten, sollten auch den gleichberechtigten Beitrag der deutschen und italienischen Truppen auf dem afrikanischen Kriegsschauplatz zum Ausdruck bringen. Die schillernde Figur des Wüstenkrieges auch in der internationalen Wahrnehmung war jedoch Rommel. Er und sein Afrikakorps erschienen als die Hauptgegner der alliierten Truppen. Der Beitrag der Italiener wurde in dieser Lesart häufig auf die Rolle von Hilfstruppen reduziert. Entsprechend empfindlich reagierten italienische Afrikaveteranen, zu denen auch Caccia Dominioni selbst zählte, auf Darstellungen, die die Kampfkraft und Einsatzbereitschaft der italienischen Verbände in Nordafrika in Frage stellten. Der Verzicht auf den Bau eines Gemeinschaftsprojektes bedeutete daher für beide Seiten auch, die Hoheit über die Darstellung des Krieges in den eigenen Händen zu behalten und nicht auf Befindlichkeiten des früheren Bündnispartners Rücksicht nehmen zu müssen.

Beide Länder begannen 1956 getrennt voneinander mit den Bauarbeiten. Was als gemeinsame Geschichte mit dem deutsch-italienischen Friedhof Tell El Eyssa begann, endete 1956 mit dem getrennten Bau der beiden Grabanlagen. Die enge Verwandtschaft des italienischen Ossuariums und der deutschen Kriegsgräberstätte von El Alamein blieb jedoch augenscheinlich erhalten. Der realisierte Entwurf der Italiener griff auch weiterhin die Idee des Turmes auf, der nun ohne seinen deutschen Zwilling leicht erhöht, mittig auf einem terrassenartigen Unterbau thronte. Das zentrale gemeinsame Merkmal der beiden Nekropolen war ihr achteckiger Grundriss. Wie auch schon in den Entwürfen von 1952/53 war der deutsche Bau deutlich niedriger. Das im direkten Vergleich gedrungenere Erscheinungsbild und die massive Bauweise verliehen dem Bau den für die Tischler'schen Totenburgen typischen festungsartigen Charakter. Mit einer Höhe von zwölf Metern und einem Durchmesser von 42 Metern waren die deutschen Kriegsgräberstätten von El Alamein und Tobruk in etwa gleich groß. Auch in El Alamein war ein offener Innenraum vorgesehen. In seiner Mitte sollte ein Obelisk Platz finden.[224]

Der Obelisk im zentralen Innenraum sollte die Verbindung der bei europäischen Kriegerdenkmälern bekannten Form zur ägyptischen Kultur (oder zumindest das, was man dafür hielt) herstellen. Der achteckige Grundriss mit acht Türmen war eine architektonische Referenz an Castel del Monte, einer süditalienischen Burganlage Kaiser Friedrich II. aus dem 13. Jahrhundert. Inwieweit damit auch die ursprüngliche Planung als deutsch-italienisches Gemeinschaftsprojekt bei der weiteren Gestaltung der Anlage noch nachhallte, lässt sich heute

223 Vgl. *Caccia Dominioni*, Alamein, S. 278.
224 Vgl. Kriegsgräberfürsorge 32 (1956), Nr. 4, S. 57.

Abb. 5: Kriegsgräberstätte El Alamein – Ägypten. Einweihungszeremonie am 28. Oktober 1959 unter Beteiligung der ägyptischen Armee – *Quelle:* Volksbund Bildarchiv

nicht mehr genau ermitteln. In den überlieferten Erläuterungen zu Bauentwürfen wird eine historische Analogie strapaziert, die einen Bogen vom mittelalterlichen Reich der Staufer in Italien bis zur Niederlage des Afrikakorps schlägt:

Der Grundriss hat die Form eines Achtecks – eine uralte arabisch-sarazenische Gestaltungsweise, von den Normannen in Sizilien und Süditalien übernommen und an die Staufer weitergegeben. Kaiser Friedrichs II. Schloss Castel del Monte in Apulien ist so gebaut. Mit voller Absicht hat der Architekt des Volksbundes diese Form gewählt, die den Forderungen von Landschaft und Klima gerecht wird und sich dort bewährt hat; zugleich aber wird angeknüpft an die Tradition deutscher Geschichte und Kultur, wird die Verbindung geschaffen zu dem Schicksal der Staufer: dort und hier der Ausgriff in die lockende Südwelt des Mittelmeeres und zu den Toren des Ostens – dort und hier der Ruhm grosser Taten und das Scheitern an der letztlich falschen Beurteilung der Weltsituation – Glanz und Trauer dort und hier.[225]

Der achteckige Grundriss tritt als Motiv bereits beim Bau des Reichsehrenmals Tannenberg in Erscheinung. Weitere Gestaltungselemente der Kriegsgräberstätten

225 PA AA, B 92 Bd. 283, Die Ehrenstätte El Alamein, 31.7.1956, S. 3. In der später erschienenen, deutlich kürzeren offiziellen Begleitbroschüre des Volksbundes fehlt der ausdrückliche Verweis auf das architektonische Vorbild, vgl. PA AA, B 92 Bd. 63, Dokumentationsschrift El Alamein.

von Tobruk und El Alamein finden sich ebenfalls in früheren Entwürfen Tischlers, wie zum Beispiel das 1938 eingeweihte Ehrenmal Waldenburg und das Freikorps Ehrenmal auf dem Annaberg.[226] Die ebenfalls im Stile von Totenburgen errichteten NS-Kultstätten weisen in ihrer Gestaltung enge Parallelen zu den in den Fünfzigerjahren in Nordafrika errichteten Kriegsgräberstätten auf.[227]

Die nordafrikanischen Kriegsgräberstätten sind sicherlich die auffälligsten Beispiele, die veranschaulichen, wie der Architekt des Volksbundes seine Arbeit in den Fünfzigerjahren weiterführte. Neben der rein baulichen Form sind weitere für Tischlers Entwürfe typische Stilmittel erkennbar, die in den von ihm gestalteten Anlagen zur Anwendung kamen. Sie beschränken sich nicht allein auf seine »Totenburgen«, sondern finden sich auch bei konventionell gestalteten Friedhöfen. Deutlich wird dies zum Beispiel, wenn man in den Blick nimmt, wie Tischler bei der Konzeption seiner Anlagen gezielt das Verhältnis des Besuchers zu den dort bestatteten Toten beeinflusste. Bekannt aus der Zwischenkriegszeit sind die vom Architekten des Volksbundes bewusst eng gehaltenen Einlässe und Durchgänge zu und in die Kriegsgräberstätten, die es den Besuchern erlauben, nur Einzeln vor die Toten zu treten. Die funktionale Begründung war der Schutz der Totenruhe, weil beim Betreten der Kriegsgräberstätte Besuchergruppen zwangsläufig aufgelöst werden, was den Einzelnen zur Ruhe kommen lässt. Zugleich konfrontiert es den somit isolierten Betrachter mit den Kriegstoten als geschlossene Gemeinschaft und mit der ästhetischen Gesamtwirkung der Kriegsgräberstätte. Dieser Effekt wurde dadurch potenziert, dass Tischler die Bedeutung des Einzelgrabes in seinen Entwürfen immer weiter relativierte. In den Kriegsgräberstätten in Nordafrika wurden die Toten zwar individuell beigesetzt, dem Besucher erschien der Tote jedoch nur als Name an der Wand zwischen den Namen seiner Kameraden.[228] Einen vergleichbaren Effekt erzielte Tischler auch bei Kriegsgräberstätten, die als konventionelle Friedhöfe angelegt waren, wie etwa der Kriegsgräberstätte Sandweiler (Luxemburg), die Anfang der Fünfzigerjahre angelegt wurde. Der Zugang zum Gräberfeld erfolgte durch ein schmales schmiedeeisernes Tor, das Durchlass durch die das Areal umgebende Friedhofsmauer nur für eine Person bot. Das Gräberfeld präsentierte sich dem Besucher als mit vereinzelten Bäumen bepflanzte Wiese. Das bereits von der US-Armee als Gräberfeld angelegte Gelände war vor dem Ausbau durch den Volksbund ein endloser Wald dicht gedrängter Holzkreuze gewesen. Diese fehlten nun vollständig, stattdessen waren Kleingruppen von jeweils fünf grob behauenen Natursteinkreuzen aufgestellt worden, die in größeren Abständen über die Wiese

226 Vgl. »Das Ehrenmal in Waldenburg« und »Das Freikorps-Ehrenmal auf dem Annaberg«, in: Die Baukunst 2 (1939), S. 96–101 u. 102–109.

227 Vgl. *Dobesz*, Umgang, S. 191 f.; *ders*., Architektura, S. 145. Zu den Totenburgen allgemein außerdem *Brands*, World War I.

228 Für eine Abbildung einer Namenstafel in einer Wandnische in der Kriegsgräberstätte Tobruk siehe Kriegsgräberfürsorge 31 (1955), Nr. 12, S. 190.

verstreut waren. Sie erfüllten die symbolische Funktion, den Friedhof als solchen erkennbar zu machen und den Gedanken der hier gemeinsam in Kameradschaft bestatteten Toten zu verkörpern. Die einzelnen Gräber wurden durch im Boden eingelassene Keramikplatten nachgewiesen, sie waren aus der Ferne jedoch nicht sichtbar. Mit diesem Kunstgriff, der den unerwünschten deprimierenden Eindruck langer und enger Grabreihen vermeiden half, hatte Tischler schon zu Beginn der Dreißigerjahre in Langemark gearbeitet. Als gestalterisches Mittel fand er auch über den Tod Tischlers hinaus Anwendung, jedoch zeigt sich, dass die Stellung des Einzelgrabes innerhalb der Kriegsgräberstätte im Verlauf der kritischen Beurteilung von Tischlers Arbeitsweise eine neue Fundierung erhielt. Dies zeigt sich, wenn man die vom Volksbund initiierten Bauprojekte am Übergang zu den Sechzigerjahren betrachtet. Insbesondere der Bau der Kriegsgräberstätte Futa-Pass war eine direkte Auseinandersetzung mit den durch Tischlers Arbeiten geprägten Bautraditionen des Volksbundes.

Die Vorbereitungen zur Errichtung einer Kriegsgräberstätte auf einer Bergkuppe in der Nähe der auf etwa halbem Wege zwischen Bologna und Florenz gelegenen Passstraße über den Passo della Futa begannen 1959 konkretere Züge anzunehmen. An der Auswahl der von der italienischen Regierung zur Verfügung gestellten Grundstücke für die deutschen Kriegsgräberstätten in Italien Mitte der Fünfzigerjahre waren noch der damalige Generalsekretär Otto Margraf und Robert Tischler beteiligt gewesen. Die Wahl, eine Kriegsgräberstätte auf einer Bergkuppe in 952 Metern Höhe zu errichten, die sich als weit sichtbare Landmarke vor der Kulisse des Apennins abzeichnete, folgte dem bereits aus den Dreißigerjahren im Alpenraum bekannten Muster. Militärhistorisch verweist die Kriegsgräberstätte auf die schweren Kämpfe entlang der »Gotenstellung«, die am Futa-Pass vor allem im September 1944 und April 1945 zehntausende Soldaten auf beiden Seiten das Leben gekostet hatte.[229] Mit 30.658 Toten[230] ist sie die größte deutsche Kriegsgräberstätte Italiens. An der Planung und Ausführung des Baus war Tischler nicht mehr beteiligt.

Bereits 1957 hatte der Volksbund Kontakt zu Dieter Oesterlen aufgenommen, um bei den anstehenden umfangreichen Bauprojekten in Frankreich und Italien auch externe Architekten einzubeziehen. Oesterlen war zu diesem Zeitpunkt bereits mit dem Bau des Niedersächsischen Landtages in Hannover betraut und galt als renommierter Architekt der Nachkriegszeit, der vor allem im Raum Hannover den Wiederaufbau mitprägte. Zu seinen Arbeiten zählten auch eine Reihe von Sakralbauten. Anne Schmedding beschreibt Oesterlens Gesamtwerk

229 Für eine plastische Beschreibung der Kampfhandlungen siehe *Holland*, Italy's Sorrow, S. 347 ff; Außerdem *Gooderson*, A Hard Way, S. 289 ff.

230 Zur genauen Zahl der Toten finden sich verschiedene, geringfügig voneinander abweichende Angaben. Die hier genannten Angaben beziehen sich auf die im Zeitraum der Einweihung der Kriegsgräberstätte am 28. Juni 1969 vom Volksbund veröffentlichten Zahlen.

als eine Auseinandersetzung mit traditionellen Formen, die er »in die eigene Gegewart, den zeitgemäßen Raum« zu überführen suchte,[231] und sich dabei an Vorbildern der klassischen Moderne anlehnte.[232] Oesterlen arbeitete bei der Planung und Ausführung der Kriegsgräberstätte mit den Landschaftsarchitekten Walter Rossow sowie Ernst Cramer zusammen, dessen Büro bereits Aufträge in Italien betreut hatte.[233]

Oesterlen war wohl zunächst für die Planung eines Friedhofes in Frankreich vorgesehen, bis ihm der Volksbund dann 1959 den Futa-Pass als Projekt vorschlug. Es ist anzunehmen, und vieles deutet auch daraufhin, dass sich Oesterlen in dieser Zeit mit den Bauten des Volksbunds und dessen Gestaltungsprinzipien auseinandersetzte. Anne Schmedding betont vor allem, gestützt auf Aussagen Walter Rossows, dass Oesterlen in seinem Entwurf versuchte, die baulichen Elemente aus der Topographie des Ortes heraus zu entwickeln und die Kriegsgräberstätte in das Landschaftsbild einzufügen. Dieser Ansatz war nicht neu, sondern wurde so vom Volksbund als gestalterischer Leitgedanke bereits vor dem Zweiten Weltkrieg postuliert, weshalb davon ausgegangen werden kann, dass Oesterlen dies als Vorgabe oder Anregung seines Auftraggebers übernahm. Auch die Arbeiten Robert Tischlers waren Oesterlen nicht unbekannt, von dessen historisierenden Anleihen er sich jedoch explizit distanzierte. In einer 1992 von Oesterlen veröffentlichten Retrospektive seiner Schriften und Bauten nahm er direkt Bezug auf die vom Vorbild Castel del Montes abgeleiteten Grabmale. Er verwies sie ebenso, wie die »andere häufig angewandte Konzeption der erdrückenden Massenhaftigkeit durch eine mechanistische Aufreihung von Totenkreuzen.«[234] Die ihm gestellte Aufgabe hätte zum Ziel gehabt, ein in das Landschaftsbild eingepassten Friedhof zu entwickeln, der trotz der großen Zahl der Toten die Gräber überschaubar strukturiere und auffindbar mache. Das in Kameradschaft erlittene Schicksal solle zum Ausdruck kommen, ohne dabei jedoch »Pathos in üblicher Gestalt anzuwenden«[235] und den Krieg zu Glorifizieren.

In den vom Volksbund als Bauherren formulierten Anforderungen kommen somit einerseits neben der bekannten Forderung der Einbindung in die Landschaft auch die seit den Zwanzigerjahren bestehende Kritik am konventionellen Friedhofsdesign, vor allem der Gräberfelder an der Westfront, zum Ausdruck. Ungewöhnlich erscheint dagegen die ausgesprochene Vorgabe, den Zugang zu den einzelnen Gräbern herzustellen. Verbunden mit der Ablehnung glorifizierender Gestaltungsmerkmale und der Reduzierung des militärischen Gehalts der Anlage auf den Kameradschaftsgedanken sowie der von Oesterlen selbst

231 *Schmedding*, Dieter Oesterlen, S. 18.
232 Ebd., S. 15.
233 Zu Cramer und dessen Beteiligung vgl. *Weilacher*, Visionäre Gärten, S. 126–131.
234 *Oesterlen*, Bauten, S. 84.
235 Ebd.

formulierten Ablehnung des Totenburgkonzepts, deutet sich wieder die seit Ende der Fünfzigerjahre aufkommende Unzufriedenheit mit den insbesondere von Robert Tischler verfolgten Konzepten an, die sowohl im Hinblick auf die hier geäußerten Vorgaben zur symbolischen Strahlkraft der Gesamtanlage als auch den Umgang mit den individuellen Toten bei den von Tischler gefundenen Lösungen entgegenstanden. Der Volksbund hatte bereits im März 1958 einen Katalog von Gestaltungsgrundsätzen für die Kriegsgräberstätten des Zweiten Weltkrieges erarbeitet, der zwar auch weiterhin a priori keine Festlegung auf eine bauliche oder gärtnerische Anlage der Grabstätten vorschrieb, jedoch unabhängig von der gewählten Form den Einzelgrabanspruch und die Zugänglichkeit zum individuellen Bestattungsort innerhalb der Kriegsgräberstätte einforderte. Sammelgräber waren nur für Kriegstote zulässig, deren Gebeine untrennbar vermengt worden waren und keine persönliche Zuordnung mehr ermöglichten. Auch die Vermeidung von Pathosformeln und »nationalistischer Herausforderung« wurden formuliert und Kriegsgräberstätten demgegenüber als Mahnung für den Frieden positioniert.[236]

Damit wird erkennbar, dass die an Oesterlen gerichteten Vorgaben im Vorfeld der Planung der Kriegsgräberstätte Futa-Pass Teil einer weitergehenden Revision der bisherigen Bauplanung und Gestaltungspraxis des Volksbundes waren, bei dem der Bau der größten deutschen Kriegsgräberstätte in Italien nicht nur einer der ersten Anwendungsbeispiele der überarbeiteten Baurichtlinien war, sondern als Ergebnis den Bruch mit den kritisierten Formen der Grabgestaltung sichtbar nach innen und außen Kommunizieren sollte.

Neben den allgemeinen Vorgaben für die Gestaltung einer Kriegsgräberstätte bestanden für den Futa Pass zudem weitere bauliche Elemente, die unter den Voraussetzungen des besonderen Geländeprofils in die Anlage integriert werden mussten. Hierzu zählte insbesondere die Krypta, die die Gebeine der Toten aufnehmen sollte, die nicht für eine Bestattung im Einzelgrab in Frage kamen, sowie Räume, die für das Totengedenken und zu Informationszwecken für Besucher genutzt werden konnten. Oesterlens Entwurf, den er 1960 vorlegte, sah vor, das Gelände durch eine 2.100 Meter lange Natursteinmauer zu unterteilen, die sich spiralförmig vom Eingang bis zur Bergkuppe zog, wo sie in einem steil aufragenden, abstrakten Zacken ihren Abschluss fand. Die Mauer diente als verbindendes Glied, das alle baulichen Elemente miteinander verband. Durch den sich wie ein Blitz in den Himmel aufragenden Abschluss, der aus dem Berg heraus zu wachsen schien, verwandelte sie die gesamte Anlage zugleich in eine Art Landschaftsskulptur.[237]

236 VKA, A.10-122, Richtlinien für die Gestaltung der Kriegsgräberstätten des Zweiten Weltkrieges im Ausland, 28.3.1958.

237 Vgl. *Weilacher*, Visionäre Gärten, S. 127.

Entlang der Mauer ließ sich ein Weg vom Eingangsbereich bis zur Bergkuppe beschreiten, der an drei Stellen von Treppen durchbrochen wurde, die einen direkten Aufstieg ermöglichten. Zugleich hatte die Mauer eine stützende Funktion, die eine Terrassierung des Geländes ermöglichte. Die Gräber waren auf kleinere, insgesamt 72 umlaufende Gräberfelder verteilt. Als Grabmarkierung hatte man sich für flache, im Boden eingelassene Steinplatten entschieden, wobei ein Grabstein die Namen zweier Toter erfasste. Dies war ein vom Volksbund bereits seit Anfang der Dreißigerjahre bewusst eingesetztes Mittel, um zumindest optisch den bedrückenden Eindruck eng aneinander gereihter Gräber aufzubrechen. Unterstützt wurde dieser Effekt durch die Aufteilung des Geländes. Die Gräberfelder waren so um den Hang gruppiert, dass von keinem Punkt am Boden alle der mehr als 30.000 Gräber gleichzeitig eingesehen werden konnten. Für die Bepflanzung der Gräberfelder zeichnete Walter Rossow verantwortlich, der die notwendige Expertise für die hier wesentlichen Fragen der Bepflanzung und der Be- und Entwässerung des Geländes mitbrachte. Die Begrünung erfolgte mit einfachen Berggräsern, vereinzelt wurden auch Bäume gepflanzt. Hinzu kamen mit der Zeit auf natürlichem Wege weitere wildwachsende heimische Pflanzenarten.[238]

Auf der Kuppe angekommen, erhielt die Anlage einen monumentalen Abschluss. Die Mauer stieg nun steil auf und ragte an ihrem höchsten Punkt 16 Meter empor. Mit der letzten Windung umschloss sie den sogenannten Ehrenhof, unter dem sich die Krypta befand. Die Namen der im Sammelgrab bestatteten 397 Toten wurden in Inschriften festgehalten. Die Krypta war als weitgehend schmuckloser Raum konzipiert. Drei Fensteröffnungen gaben den Blick auf den Apennin frei und banden somit das umgebende Landschaftspanorama ein. Dominierendes Element innerhalb des Raumes war eine von Fritz Kühn entworfene Dornenkrone aus Stahl, die unterstützt durch den Bibelvers Matthäus 5,4 das Totengedenken in einen christlichen Zusammenhang stellte.[239] Ein zentrales Hochkreuz als christliche Referenz hatte die Anlage nicht, dagegen traten entlang des Mauerverlaufs Kreuze aus dem Mauerwerk hervor. Die spätere Ausgestaltung eines Teils der Krypta als Cervia-Raum, in dem die Gedenksteine des dort aufgelösten Friedhofes aufgestellt wurden, war noch nicht Teil des Entwurfs der ausführenden Architekten.[240]

Oesterlen hatte sich für einen Verzicht auf überschüssige Symbolik ausgesprochen und sich sowohl einem zentralen Hochkreuz als auch Fahnenmasten

238 Vgl. Helga Apsen, Berg der Gefallenen im Apennin, in: Kriegsgräberfürsorge 45 (1969), Nr. 5, S. 114 f.

239 »Selig sind, die da Leid tragen; denn sie sollen getröstet werden«

240 Zur Beschreibung der Kriegsgräberstätte, Baupläne und Abbildungen vgl. *Weilacher*, Visionäre Gärten; *Latini*, Cemetery, S: 165 f.; *Schemdding*, Dieter Oesterlen; *Collotti*, Paesaggio; aktuelle Abbildungen bei *Bello*, Cimitero. Zur Darstellung des VDK seiner Kriegsgräberstätten siehe die entsprechende Datenbank unter http://www.volksbund.de/kriegsgraeberstaette [Stand 5.3.2018].

Abb. 6: Kriegsgräberstätte Futa-Pass – Italien – *Quelle:* Volksbund Bildarchiv

verweigert. Die Fahnenmasten, als politisches Hoheitszeichen der Bundesrepublik, wurden dennoch nach Abschluss der Bauarbeiten gesetzt. Die von ihm gewählten abstrakten Formen erlaubten keine klare Zuschreibung von Bedeutung mehr. Auch wenn Oesterlen selbst den sich steil in den Himmel erhebenden und plötzlich abreißenden Mauerabschluss als Sinnbild des Soldatentodes bezeichnet hat,[241] zwingt sich diese Interpretation des Baus einem Außenstehenden nicht zwangsläufig auf. Wo sich Robert Tischler bemühte, durch seine Bauten dem Soldatentod eine fiktive historische Tiefe zu verleihen, vermeidet Oesterlen die niemals zu beantwortende Sinnfrage. Mit der von ihm gewählten »kristallinen Form«[242], die sich sowohl aus der Vogelperspektive im Mauerverlauf wie auch in der baulichen Gestaltung des Mauerabschlusses abzeichnet, knüpfte er an expressionistische Formensprache an. Direkter Bezugspunkt, so wird es in der architekturhistorischen Forschung herausgestellt, war Walter Gropius' Denkmal für die Märzgefallenen auf dem Weimarer Hauptfriedhof von 1920.[243] Oesterlen hat mit dem Futa-Pass die Kriegsgräberstätte nicht neu erfunden, denn gerade in der Anlage der Gräberfelder wird eher der lange Erfahrungsschatz des Volks-

241 Siehe Oesterlens Ausführungen in Eingebettet in die Landschaft. Gedanken zur Planung des Soldatenfriedhofes auf dem Futapaß, in: Kriegsgräberfürsorge 45 (1969), S. 117.
242 *Schmedding*, Dieter Oesterlen, S. 116.
243 Vgl. *Collotti*, Paesaggio, S. 77; *Schmedding*, Dieter Oesterlen, S. 113; Kurz zur Einordnung Gropius' Denkmal in die Entwicklungsgeschichte deutscher Gefallenendenkmäler siehe *Koselleck*, Ikonologie, S. 52–53.

bundes deutlich, auf begrenztem Raum einfach zu pflegende Gräber für eine große Zahl von Kriegstoten zu schaffen. Die Leistung des Architekten bestand vor allem darin, einerseits durch eine geschickte Raumaufteilung trotz der hohen Zahl der Gräber den einzelnen Toten nicht in der Fläche verschwinden zu lassen, und andererseits die Kriegsgräberstätte als Gesamtwerk hervortreten zu lassen, die sich markant von allen bisherigen Bauten des Volksbundes abhob.

Die öffentliche Wahrnehmung und Kritik an der im Juni 1969 eingeweihten Kriegsgräberstätte fiel dennoch gespalten aus. In der Literatur wird die auch internationale Beachtung der Gestaltung der Anlange betont. Der Volksbund konnte bereits vor der offiziellen Einweihung auf breites Interesse und einen regen Besucherandrang verweisen, der auch in den nachfolgenden Jahrzehnten nicht abriss.[244] Die FAZ würdigte in einem längeren Artikel im Vorfeld der offiziellen Einweihung Oesterlens Werke als »außerordentliche Leistung«.[245] Der Autor sah die Konzeption der Kriegsgräberstätte nicht völlig frei von Pathos und Monumentalismus, jedoch sei es Oesterlen gelungen, den dünnen Grat, auf dem beide sich begegnen, nicht zu überschreiten. Die Anlage erscheine betont sachlich, und hier zog er den direkten Vergleich zum Marine-Ehrenmal Laboe, im Ausdruck weder triumphierend noch wehklagend, was sie von Entwürfen der Zwischenkriegszeit unterscheide.

Kritische Stimmen richteten sich vor allem grundsätzlich gegen die monumentale Gestaltung der militärischen Grabstätte. Hierbei ist auffällig, dass die Arbeit Oesterlens nicht im Zusammenhang einer seit dem Ersten Weltkrieg bestehenden Bautradition gesehen, sondern die Zusammenbettung tausender deutscher Kriegstoter auf einem Friedhof mehr als zwei Jahrzehnte nach Kriegsende an sich in Frage gestellt wurde. Eine von Gottfried und Anton Hansjakob in der Zeitschrift der Deutschen Gesellschaft für Gartenkunst und Landschaftspflege veröffentlichte Polemik ging auf die eigentliche Frage, mit welchen Mitteln der verantwortliche Architekt die ihm gestellte Aufgabe umgesetzt habe, kaum ein. Stattdessen holten die beiden Münchener Landschaftsarchitekten zu einem Generalangriff gegen den der Kriegsgräberfürsorge innewohnenden militärischen Totenkult aus, der die Gefallenen auch Jahrzehnte nach dem Krieg in ihre kriegerische Rolle zwänge und zugespitzt in der Feststellung mündete: »Keinem Soldaten ist erlaubt, als Zivilist in die Ewigkeit zu desertieren.«[246] Die in Oesterlens Entwurf nicht mehr erkennbare Verbindung von Form und Funktion, die Betrachtern, die mit den Entwürfen Tischlers vertraut waren, als bewusster

244 Die Kriegsgräberstätte Futapass wurde bereits vor der offiziellen Einweihung für Besucher frei gegeben. Der Volksbund gibt an, dass zwischen 1967 und der Einweihung im Juni 1968 etwa 100.000 Besucher am Futa-Pass verzeichnet wurden. Vgl. Helga Apsen, Berg der Gefallenen im Apennin, in: Kriegsgräberfürsorge 45 (1969), Nr. 5, S. 115.

245 Eberhard Schulz, Der Totenberg am Futa-Paß. Deutsche Kriegsgräber auf dem Apennin, in: FAZ Nr. 129, 7.6.1969.

246 *Hansjakob*, Krieg und Friedhof, S. 376.

Bruch mit einem überkommenen Zeitgeist erschienen, bezeichneten die Hansjakobs nach wie vor als »germanische Trutzburg in italienischer Landschaft«.[247]

Dass der Futa-Pass zugleich auch als Ausdruck der strukturellen Veränderungen innerhalb des Volksbundes wahrgenommen wurde, zeigt ein an das Auswärtige Amt gerichtetes Schreiben des Münchener Weihbischofs Neuhäusler, dem zusätzlich ein Beschwerdeschreiben des Münchener Architekten Max Ramer beigelegt war. Neuhäusler erneuerte vor allem die von kirchlicher Seite immer wieder vorgebrachte Forderung, Kriegsgräberstätten klar erkennbar unter das Zeichen des Kreuzes zu stellen. Negative Bezugspunkte waren die 1965 fertig gestellte Kriegsgräberstätte auf dem Münchener Waldfriedhof und der in Bau befindliche Futa-Pass. Ramer, der die Kritik vermutlich fachlich untermauern sollte, sah in beiden Entwürfen die Aufgabe verfehlt. Als positives Gegenkonzept bezeichnete er dagegen die ebenfalls Anfang der Sechzigerjahre realisierte Kriegsgräberstätte Andilly, die als konventionelles Gräberfeld angelegt war. Die von Oesterlen vorgenommene Reduktion auf ein einziges Bauelement, das dem gesamten Friedhofsgelände seine räumliche Struktur verlieh und die funktionalen Bereiche miteinander verband, erschien Ramer bloß als »unverständliche Anordnung schneckenförmig endloser Mauern«.[248] Als ursächlich für die Fehlentwicklung in der Bauplanung des Volksbundes sah er die »systematische Aus[s]chaltung der Bauleitung«[249] in München durch den Vorstand des Volksbundes.

Der Verlust des erkennbaren Zusammenhangs der von Oesterlen gestalteten Landschaft mit ihrer Funktion als Grabanlage, bildet die gemeinsame Schnittmenge vieler geäußerter Kritiken, die ansonsten in Bezug auf ihrer Haltung zum Umgang mit dem Kriegstod völlig unterschiedliche Positionen vertraten. Ramer, der selbst Bauprojekte für den bayerischen Landesverband des Volksbundes umgesetzt hatte, kann hier stellvertretend für alle angesehen werden, die sich an einer konventionellen Friedhofsgestaltung orientierten und für die der Rückgriff auf abstrakte expressionistische Formen der Verlust eines eindeutigen symbolischen Bezugsrahmens bedeutete.[250] Zugleich ließen sich grundsätzliche Kritiker der Kriegsgräberfürsorge auch mit gewagten Entwürfen nicht überzeugen, weil sie Kriegsgräberstätten unabhängig von ihrer formalen Gestaltung als Ausdruck einer generell fragwürdigen Praxis rezipierten, auch wenn diese vom Ballast des Tischler'schen Erbes befreit waren.

247 Ebd., S. 375.

248 PA AA, B 92 Bd. 271, Schreiben Max Ramer vom 24.2.1964. Anlage zum Schreiben J. Neuhäusler an Staatssekretär D. Sattler (AA), 27.2.1964.

249 Ebd.

250 Belegt sind etwa Ramers Beteiligung am russischen Soldatenfriedhof Puchheim oder der 1963 umgestalteten Kriegergedächtniskapelle in Grünwald bei München. Vgl. *Scherer*, Soldatenfriedhof, S. 182–183; http://www.sanktpeterundpaul.de/pages/kriegerkapelle.html [Stand Februar 2018].

Kehrt man zurück zu der Frage, ob der Bau der Kriegsgräberstätte am Futa-Pass einen Umbruch in der Gestaltung deutscher Kriegsgräberstätten markiert, bleibt zunächst festzuhalten, dass Oesterlens Konzeption sicherlich als Einzigartig in ihrer »abstrakt-skulpturalen«[251] Form gelten kann. Als direktes Vorbild für Nachfolgeprojekte diente sie nicht. Vielmehr erscheint sie als Symptom einer Übergangsphase, die der Volksbund in den Sechzigerjahren durchlief und die sich auch in der baulichen Gestaltung niederschlug. Die internen Diskussionen über die Gestaltung deutscher Kriegsgräber sowie die öffentliche Wahrnehmung und Kritik an den Bauten des Volksbundes hatten gezeigt, dass eine Festlegung auf eine einheitliche, allgemeinbefriedigende Form niemals möglich sein würde. Bereits die 1958 vorgelegten Gestaltungsrichtlinien griffen diesen Umstand auf und bezogen daher keinen festen Standpunkt, der sich entlang der Frage bewegte, ob einer landschaftsgärtnerischen oder baulichen Gestaltung der Vorrang gebühre, sondern besannen sich auf grundsätzliche Prinzipien, die vom Umgang mit dem individuellen Toten ausgingen und Kriegsgräberfürsorge vorrangig aus ihrem humanitären Ursprüngen herleiteten.

Die Konsequenzen, die sich hieraus für die Konzeption deutscher Kriegsgräberstätten ergaben, werden deutlich, wenn man etwa die 1975 und 1977 eigenweihten Anlagen Dionyssos-Rapendoza (Griechenland) und Bordj Cedria (Tunesien) betrachtet. Beide Kriegsgräberstätten waren als bauliche Anlagen errichtet worden, in denen die Sarkophage mit den Gebeinen der Toten in Grüften, beziehungsweise Ossuarien untergebracht waren. Die Kriegsgräberstätte Bordj Cedria vereinte die bisher auf sechs kleinere Friedhöfe in Tunesien verteilten deutschen Kriegsgräber an einem Ort, die bereits unter französischer Verwaltung von deutschen Kriegsgefangenen angelegt worden waren. Unter den 8.562 Toten galten etwa 2.000 noch als unbekannt, von denen ein Großteil jedoch im Zuge der Umbettungen identifiziert werden konnte. Mit dem Bau einer Kriegsgräberstätte in Tunesien konnte das Kapital Nordafrika endgültig abgeschlossen werden. Die an einem Berghang errichtete Anlage weckte vom Fuß des ansteigenden Geländes aus durchaus Erinnerungen an die festungsartigen Bauten in Tobruk und El Alamein.[252] Von innen betrachtet offenbarte sich der Bau jedoch als Ensemble von Innenhöfen, die von einer schlanken Natursteinmauer umfasst waren. In ihnen befanden sich die Ossuarien, in denen gemäß der Anordnung auf den alten Friedhöfen die Sarkophage aufbewahrt wurden. Sie hatten die

251 *Schmedding*, Oesterlen, S. 21.

252 Die Kriegsgräberstätte Bordj Cedria wird von Schmedding ebenfalls mit Dieter Oesterlen in Verbindung gebracht. Der von Oesterlen eingereichte Entwurf wurde jedoch nicht realisiert. Zur Ausführung kam der Bau des Hamburger Architekten Fritz Trautwein. Vgl. Kriegsgräberfürsorge 53 (1977), Nr. 3, S. 204. Hier nachfolgend auch Beschreibungen des Bauverlaufs. Zur offiziellen Einweihung siehe Ständige Mahnung, in: Kriegsgräberfürsorge 53 (1977), Nr. 4, S. 236–239. Für Abbildungen und Erläuterungen zu Oesterlens Entwurf siehe *Oesterlen*, Bauten, S. 94.

Gestalt von gemauerten rechteckigen Blöcken, an deren Längsseite die Namen der Toten erfasst waren. Im Gegensatz zu den von Tischler gestalteten Totenburgen war mit der Inschrift des Namens des Toten auch konkret die Stelle bezeichnet, an der sich die sterblichen Überreste befanden, so dass es Angehörigen auch nach der Umbettung möglich blieb, unmittelbar an die Grabstätte heranzutreten. Dasselbe Prinzip war bereits bei der Planung der Kriegsgräberstätte in Griechenland befolgt worden. Hier schloss die Ummauerung drei Höfe ein, in denen die Toten in Grüften bestattet worden waren. Ihre Namen waren in den Grabplatten verewigt und gestatteten ein direktes Herantreten an den Ruheplatz.[253]

Die individuelle, namentliche Nennung aller Toten stand auch in den Entwürfen Tischlers nicht zur Disposition, die genaue Bezeichnung der Grablage durch eine mit den persönlichen Angaben versehene Grabmarkierung wurde jedoch dem Gesamterscheinungsbild des Friedhofes untergeordnet. Der Kunstgriff, mehrere Kriegstote unter einem Grabzeichen zu vereinen, um den optisch unerwünschten Eindruck zu dicht aneinander gedrängter Kreuze oder Grabsteine zu vermeiden, wurde vom Volksbund auch weiterhin angewendet. Die Reduktion der Grabkreuze auf eine rein symbolische Funktion, die auf das Gräberfeld verwiesen ohne dabei aber auf den eigentlichen Bestattungsort eines Toten hinzuweisen, wie es Tischler in Langemark oder auch auf den ersten nach dem Zweiten Weltkrieg konzipierten Friedhöfen in Frankreich und Luxemburg vorgenommen hatte, wurde aber ausgeschlossen.[254] Die Kreuzgruppen auf der luxemburgischen Kriegsgräberstätte Sandweiler wurden Ende der Siebzigerjahre bei Instandsetzungsarbeiten wieder ausgetauscht.[255] Heute stehen auf dem Gräberfeld wieder Grabkreuze, die auf Vorder- und Rückseite jeweils die Namen von drei Kriegstoten tragen und den Lageplatz der Gräbergruppe genau bezeichnen. Damit sollten die Grabkreuze auch in einer festen Relation zur Gesamtzahl der dort bestatteten Toten stehen, die für den Betrachter einschätzbar bleibt, wenn auch mit dem bewusst kalkulierten reduktionistischen Effekt.[256]

253 Vgl. Gastrecht in Griechischer Erde, in: Kriegsgräberfürsorge 52 (1976), Nr. 1, S. 8–11.

254 Aktuelle Gestaltungsrichtlinien sehen vor, dass »die Gräber mit Bezug zur Grablage gekennzeichnet werden.« Symbolkreuze werden nur für Sammelgräber in Betracht gezogen, um das Gräberfeld als solches kenntlich zu machen. Siehe *VDK*, Handreichung, S. 7–8. In Gestaltungsempfehlungen, die nach Inkrafttreten des Kriegsgräbergesetzes Anfang der Fünfzigerjahre von Werner Lindner formuliert wurden, war zwar ebenfalls von einer individuellen namentlichen Kennzeichnung der Gräber die Rede, jedoch ist erkennbar, dass die Frage der Grabmarkierung sehr viel stärker noch der Gesamtgestaltung untergeordnet wird. Vgl. *VDK*, Gestaltung.

255 Vgl. Natursteinkreuze für Sandweiler, in: Kriegsgräberfürsorge 54 (1978), Nr. 2, S. 64.

256 Vgl. *Boehlke*, Zentralinstitut, S. 70. Die Arbeitsgemeinschaft Friedhof und Denkmal sah die Umgestaltung des Friedhofes skeptisch, da der ursprüngliche Charakter des Friedhofes zerstört wurde, den die Teilnehmer einer Exkursionsfahrt 1984 bereits als eine »zeittypische« Erscheinung der Nachkriegszeit werteten.

Abb. 7: Kriegsgräberstätte Sandweiler – Luxemburg. Aufnahme von 1999 – *Quelle:* Volksbund Bildarchiv

Insgesamt betrachtet ist die Entwicklung der Gestaltung deutscher Kriegsgräberstätten auch in der Bundesrepublik durch eine enorme Vielfalt von unterschiedlichen Konzepten gekennzeichnet, die sich letztendlich zwischen den bereits seit dem Ersten Weltkrieg hervortretenden Bereichen der Landschafts- und Gartenplanung und der Architektur bewegen. Die Festlegung auf eine verbindliche Form wurde auch nach dem Zweiten Weltkrieg nicht angestrebt. Die Planung einer Kriegsgräberstätte wurde immer als Einzelfallentscheidung betrachtet, die zweckrationalen Abwägungen zu Folgen hatte, bei denen die Sicherung der dauerhaften Ruhe der Gräber im Mittelpunkt stand. Nicht angetastet wurde dabei der Grundsatz, die Toten im Ausland zu belassen, der als zwingende Voraussetzung die Konzentrierung der Toten auf Kriegsgräberstätten zur dauerhaften Sicherung der Gräber erfordert. Die Auseinandersetzung mit der in den Fünfzigerjahren zunehmend in Frage gestellten Arbeitsweise Robert Tischlers führte dabei zu einer Festlegung auf Gestaltungsprinzipien, die sich an den funktionalen Anforderungen der Kriegsgräberfürsorge orientierten und die politischen Prämissen der Nachkriegszeit berücksichtigten, die eine heroisierende Totenehrung ausschlossen.

4.3 Die Gräber der anderen. Zur Integration unterschiedlicher Opfergruppen in die kriegsgräberfürsorgliche Praxis

Als mit Ende des Zweiten Weltkrieges das volle Ausmaß der Kriegsschäden, der menschlichen Verluste und vor allem der volle Umfang der von Deutschen verübten Verbrechen sichtbar wurde, standen den durch militärische Gewalt umgekommenen Kriegstoten weitere Opfer gegenüber, die sich etablierten Kategorisierungen entzogen, die von den Zeitgenossen aber unmittelbar mit den Kriegsereignissen in Verbindung gebracht wurden. Die historische Forschung hat für die Zeit nach 1945 einen tiefgreifenden Bruch im öffentlichen Totengedenken in Deutschland konstatiert. Kriegsniederlage und NS-Verbrechen ließen sich nicht mit einer positiven politischen Sinnstiftung verbinden. Formen eines militärischen Heldengedenkens waren durch die NS-Zeit diskreditiert. Ebenso wurde aber betont, dass die Aufgabe eines heroischen Kriegsopfergedenkens im Nachkriegsdeutschland nicht bedeutete, dass die Opfer von NS- und Wehrmachtsverbrechen sofort allgemeine Anerkennung gefunden hätten.[257] Welchen Einfluss diese Vorgänge auf die Bestattung dieser Toten und den Umgang mit ihren Gräbern hatte, ist bisher noch nicht untersucht worden. Im folgenden Abschnitt soll daher genauer betrachtet werden, inwieweit das Auftreten von zahlreichen Toten, die gewaltsam im erweiterten Zusammenhang des Zweiten Weltkrieges ums Leben gekommen waren, die aus der militärischen Kriegstotenehrung hervorgegangenen Strukturen und Praktiken der Kriegsgräberfürsorge beeinflussten, beziehungsweise diese selbst Auswirkungen auf den Umgang mit den Gräbern von Gewaltopfern hatten. Die Frage, wie und ob verschiedene Kriegs- und Gewaltopfer in den Rahmen einer bestehenden militärischen Gräberfürsorge und das öffentliche Totengedenken einbezogen werden sollten, betraf nach Kriegsende in unterschiedlichem Ausmaß alle vom Krieg betroffenen Gesellschaften, weshalb nicht allein Maßnahmen deutscher Behörden und des Volksbundes betrachtet werden, sondern versucht wird, eine grenzübergreifende Perspektive einzunehmen, die auch das Vorgehen ausländischer Gräberdienste mit berücksichtigt.

Die Ausweitung der Schutzbestimmungen auf Gräber von NS-Opfern begann unter alliierter Besatzung und wurde 1952 mit Einführung des Kriegsgräbergesetzes und mit dessen Reform 1965 auch bundesrechtlich Verankert.[258] Vor allem bei den Diskussionen im Vorfeld der Gesetzesreform Anfang der Sechzigerjahre, wo der Begriff der »Opfer von Krieg und Gewaltherrschaft«

257 Vgl. *Mosse*, Vaterland, S. 268. *Koselleck*, Einleitung, S. 10; *ders.*, Transformation; *Behrenbeck*, Pain; *Koonz*, Memory; *Wolfrum*, Suche, S. 191.

258 Zu ersten Anweisungen der britischen Armee zum Erhalt von Grab- und Erinnerungsstätten für NS-Opfer vgl. *Staats*, Schritte, S. 344ff.

aus der parallel verlaufenden Debatte zur Errichtung des Bonner Ehrenmals unmittelbar übernommen und als rechtliche Kategorie verankert wurde, rückte die unterschiedslose Behandlung aller Opfer als erklärtes politisches Ziel in den Mittelpunkt des Gesetzgebungsprozesses. Die normative Gleichstellung der verschiedenen Opfergruppen im (Kriegs-)Gräbergesetz und ihre gleichberechtigte Einbeziehung in öffentliche Gedenkakte sagt jedoch noch nichts darüber aus, wie tatsächlich mit Gräbern umgegangen wurde, die nicht zu der etablierten Kategorie des Kriegs- oder Kriegergrabes zu zählen waren und in welchem Verhältnis sie zu diesen standen.

Es ist im Verlauf dieser Arbeit immer wieder auf die Bedeutung internationaler Zusammenhänge in der Kriegsgräberfürsorge hingewiesen worden. Auch für den Umgang mit zivilen Gräbern aus der Zeit des Zweiten Weltkriegs spielen grenzübergreifende Maßnahmen und Absprachen zur Suche, Sicherung und auch Überführung von Toten eine gewichtige Rolle. Zu unterscheiden sind hierbei einerseits Maßnahmen zur Suche nach Toten ausländischer Herkunft in Deutschland, die nach dem Zweiten Weltkrieg von verschiedenen Staaten veranlasst wurden, andererseits von Deutschland ausgehende Initiativen zur Pflege von Gräbern ziviler Opfer, die nicht durch bestehende völkerrechtliche Bestimmungen zum Schutz von Kriegsgräbern erfasst waren.

Nach Kriegsende befanden sich auf deutschem Boden aus der Kriegszeit mehrere hunderttausend Gräber von ausländischen Toten, die im Hinblick auf die Umstände ihres Todes, ihres rechtlichen Status und den Bedingungen, unter denen sie während des Krieges in Deutschland festgehalten wurden, ein äußerst heterogenes Bild abgaben. Neben den militärischen Toten, die während der Kämpfe in den letzten Kriegsmonaten auf deutschem Boden gefallen waren, sowie den Kriegsgefangenen, die in Kriegsgefangenenlagern verstorben waren, waren dies vor allem die Gräber von Menschen, die aus den von der Wehrmacht besetzten Gebieten zur Zwangsarbeit oder aus Gründen rassischer oder politischer Verfolgung in Konzentrations- und Arbeitslager verschleppt worden waren. Länder wie die USA und Großbritannien konnten nach Kriegsende die Suche nach vermissten oder verstorbenen Staatsangehörigen auf deutschem Boden bereits in der Besatzungszeit abschließen, da es sich ausschließlich um Angehörige der Streitkräfte handelte. Im Zuge der Nachforschungen der militärischen Gräberdienste wurden konfiszierte Unterlagen der Wehrmacht nach Hinweisen auf vermisste Personen ausgewertet und ganz Deutschland systematisch in sogenannten »sweeps« nach noch verbliebenen Gräbern abgesucht. Alle bekannten Kriegstoten wurden dabei geborgen und überführt.[259] Die systematischen Such- und Bergungsaktionen der militärischen Gräberdienste stützte sich auf den völkerrechtlichen Status der Kriegsgräber, der durch die Genfer Konvention bereits

259 Detailliert zur Planung und Vorbereitung der Such- und Bergeaktionen des US-Armee siehe *Steere*, Final Disposition, S. 144–164.

grundsätzlich geregelt war.[260] Sie vollzogen sich in der Besatzungszeit zunächst weiterhin im Rahmen der militärischen Organisationsstrukturen. Dagegen gab es für den zwischenstaatlichen Umgang mit den Gräbern von Zwangsarbeitern und NS-Opfern keinen Präzedenzfall. Der Tod in den Arbeits- und Konzentrationslagern wurde allerdings von den Besatzungsmächten in einem untrennbaren Zusammenhang mit dem Krieg und den politischen Herrschaftsverhältnissen gesehen. Um die Möglichkeit zur Aufklärung von Einzelschicksalen nicht aus der Hand zu geben, die Würde der Toten zu achten sowie die begangenen Verbrechen zu dokumentieren, wurde von den Besatzungsmächten frühzeitig auch der Schutz der Gräber dieser zivilen Kriegs- und NS-Opfer angeordnet.[261] Die Bemühungen verschiedener ausländischer Regierungen um die Gräber ihrer in Deutschland umgekommenen Staatsangehörigen fielen in den Nachkriegsjahren allerdings sehr unterschiedlich aus. Um die Gräber der Toten als Gegenstand öffentlicher Maßnahmen zur Grabpflege handhabbar zu machen, mussten diese entweder als eigenständige Kategorie etabliert oder einem bestehenden Kreis von Toten hinzugefügt werden, deren Gräber öffentliche Anerkennung erfuhren. Hierbei spielten die jeweiligen nationalen Erfahrungen bei der Bestattung und Ehrung von Kriegstoten des Ersten Weltkrieges eine gewichtige Rolle, weil sie als Vorlage für den öffentlichen Umgang mit dem Massensterben herangezogen werden konnten und zugleich erlaubten, den gewaltsamen Tod im Lager in den Kontext des Gedenkens an den aktiven Kampf gegen Nazi-Deutschland einzubinden und Sinnhaftigkeit zu verleihen. Die gesellschaftliche Konstruktion von Opfergruppen spiegelte dabei weniger die subjektive Erfahrung und die unterschiedlichen Hintergründe des gewaltsamen Aufenthaltes in deutschen Lagern, vielmehr verweist sie auf gesellschaftliche Auseinandersetzungen über das politische Selbstverständnis in unterschiedlichen Nachkriegsgesellschaften.

Die Suche nach Gräbern von Kriegstoten mit fremder Staatsangehörigkeit in der Bundesrepublik erstreckte sich über die Besatzungszeit hinaus bis zum Beginn der Sechzigerjahre. Den rechtlichen Rahmen für die von ausländischen Gräberdiensten auf deutschem Boden vorgenommenen Exhumierungen, Umbettungen und Überführungen bildeten zum Teil eigenständige zwischenstaatliche Abkommen und Vereinbarungen, die die bestehenden völkerrechtlichen Konventionen zur Sicherung militärischer Grabstätten ergänzten und auf zivile Kriegs- und NS-Opfer erweiterten. Die Überführung der italienischen Toten auf zentrale Friedhöfe in Hamburg, Frankfurt a. M., West-Berlin und München wurde mit der Bundesrepublik im Rahmen des deutsch-italienischen

260 Vgl. *Edkins*, Missing, S. 149;

261 Die britische Militärregierung sah eine Zuständigkeit des militärischen Gräberdienstes für die Massengräber in Bergen-Belsen nicht gegeben, erkannte jedoch zugleich die Notwendigkeit, Maßnahmen zum Schutz der Grabstätte und zum Gedenken der Toten einzuleiten. Siehe TNA, FO 1032/829, internes Schreiben der britischen Militärregierung, 30.9.1945, abgedruckt in: *Knoch*, Bergen-Belsen, S. 35.

Gräberabkommens vereinbart.[262] Da es sich bei den italienischen Opfern auf deutschem Boden überwiegend um italienische Soldaten handelte, die nach der Kapitulation Italiens interniert worden waren, bewegte sich das Abkommen im Rahmen der internationalen Absprachen zur militärischen Gräberfürsorge, auch wenn den italienischen Soldaten von deutscher Seite während des Krieges die Anerkennung als Kriegsgefangene im Sinne der Genfer Konvention verweigert worden war, um sie als Zwangsarbeiter einsetzen zu können. Die Todesumstände der italienischen Gefangenen war denen anderer Zwangsarbeiter damit weitaus näher, als dem Schicksal der Gefallenen an der Front.[263] Die italienischen Gräberfelder in Deutschland werden jedoch alle als militärische Friedhöfe (cimitero militare) geführt, womit die Aberkennung des militärischen Status zumindest nach dem Tod revidiert wurde.

Richtet man den Blick auf Westeuropa, erhält man ein anderes Bild. Mit Frankreich und Belgien wurden die sogenannten Deportationsabkommen geschlossen. Sie ergänzten die mit der Bundesrepublik getroffenen Vereinbarungen zur deutschen Kriegsgräberfürsorge in den beiden Ländern. Mit den Niederlanden bestand ebenfalls eine Vereinbarung, die es der verantwortlichen niederländischen Kriegsgräberfürsorgeorganisation, der Oorlogsgravenstichting, ermöglichte, nach Toten zu suchen und diese auf Wunsch der Angehörigen zu überführen.[264] Die Deportationsabkommen räumten den Angehörigen uneingeschränkten Zugang zu den Grab- oder Gedenkstätten für die Toten ein und beinhalteten auch Fahrkartenkontingente zur vergünstigten Anreise mit der Deutschen Bundesbahn. Der Begriff der Deportation war in Frankreich und Belgien zugleich ein zentraler politischer Leitbegriff, der die Inklusion verschiedener Opfergruppen ermöglichte und die Verbindung mit einem heroischen Widerstandsnarrativ erlaubte. Bereits im November 1945 wurden per Verordnung von der französischen Regierung bestimmt, dass die seit dem Ersten Weltkrieg gesetzlich den im Kampf gefallenen Soldaten als Ehrbezeichnung zuerkannte Grabinschrift »Mort pour la France« auch allen Toten zustehe, die unter allen erdenklichen Umständen in feindlichem Gewahrsam umgekommen waren.[265] Die zunächst noch engere

262 Dokumente zur Tätigkeit der italienischen Gräbermission in Deutschland in PA AA, B 92 Bd. 77.

263 Zu den italienischen Kriegsgefangenen in Deutschland siehe die umfangreiche Studie von Gerhard Schreiber, Die italienischen Militärinternierten im deutschen Machtbereich 1943–1945. Schreiber bezeichnet die Internierung der italienischen Soldaten als eine »verschärfte und falsch etikettierte Kriegsgefangenschaft« (S. 23), wobei der erzwungene Arbeitseinsatz klar als Zwangsarbeit bewertet werden müsse (vgl. S. 345).

264 Vgl. Rd.Erl. d. Innenministers v. 1.8.1952 – I 18–80 Nr. 984/52. Tätigkeit der niederländischen Gräberfürsorgebehörde »Oorlogsgravenstichting« in der Bundesrepublik, in: MBl. NRW 5 (1952), Nr. 55, S. 1005 f.

265 Ordonnance n° 45–2717 du 2 novembre 1945 relative aux actes de décès des militaires et civils »Morts pour la France«. Artikel 8 wurde so formuliert, dass alle Todesumstände von Personen in feindlichem Gewahrsam erfasst wurden: »De tout otage, tout prisonnier de guerre,

Begriffsverwendung der Bezeichnung als Deporté für vornehmlich Verfolgte des NS-Regimes wurde in der Nachkriegszeit zu einem Sammelbegriff, mit dem sich eine Vielzahl von Opfergruppen identifizierte und Anerkennung für sich reklamierte. Er umfasste Kriegsgefangene ebenso wie Zwangsarbeiter, politisch Inhaftierte genauso wie aus rassistischen Motiven Verfolgte.[266]

In Frankreich und Belgien wurde der Kreis der nationalen Helden und Märtyrer mit den Opfern der Deportationen erweitert, bewegte sich dabei aber im bestehenden Rahmen des militärischen Totengedenkens, wie er sich nach dem Ersten Weltkrieg herausgebildet hatte.[267] In den Niederlanden wurden ebenfalls nicht zwischen den Todesumständen oder nach zivilem oder militärischem Status differenziert. Bedingt durch die Neutralität im Ersten Weltkrieg bestanden hier jedoch keine Traditionen der militärischen Totenehrung, in die die zivilen Opfer hätten integriert werden müssen. Der öffentliche Totenkult in Frankreich und Belgien der Zwischenkriegszeit diente in den Niederlanden eher als negativer Bezugspunkt, weil die einflussreiche Stellung von Veteranenverbänden in Frankreich und Belgien auf das militärische Totengedenken als unerwünschte Herausstellung einer Teilgruppe unter den Kriegsopfern gesehen wurde.[268] Dies zeichnet sich entsprechend auch im niederländischen Verständnis des Kriegsgräberbegriffes ab, der alle niederländischen Toten einschließt, die während des Zweiten Weltkrieges in der Heimat umgekommen, im KZ ermordet oder in den Kolonien im Kampf gegen Japan gestorben sind. Beim Aufbau der verantwortlichen Trägerorganisation 1946 waren jedoch die etablierten Organisationsmodelle in der Kriegsgräberfürsorge Vorbild. Bei der Einrichtung der Oorlogsgravenstichting als autonome Körperschaft in Form einer Stiftung unter der Schirmherrschaft der Krone stand die britische IWGC Pate.

Alle drei hier verglichenen Länder begannen in den Fünfzigerjahren in Deutschland nach Gräbern und sterblichen Überresten von Kriegsopfern zu suchen. Wie schon nach dem Ersten Weltkrieg war Frankreich bestrebt, soweit möglich alle Toten zu repatriieren. In Belgien und den Niederlanden lag die Entscheidung bei den Angehörigen, wobei sich die Mehrheit für eine Überführung aussprach. Die als Voraussetzung für eine Heimführung der Toten notwendige individuelle Identifizierung war bei NS-Opfern jedoch häufig schwierig zu er-

toute personne requise par l'ennemi, tout déporté, exécutés par l'ennemi ou décédés en pays ennemi ou occupé par l'ennemi des suites de blessures, de mauvais traitements, de maladies contractées ou aggravées ou d'accidents du travail survenus du fait de leur captivité ou de leur déportation«.

266 Vgl. *Lagrou*, Legacy, S. 296 f.; *Forges*, Lager.

267 Ebd.; vgl. zum langfristigen Wandel des Kriegsgedenkens in den BeNeLux Ländern von einem heroischen Bild des nationalen Widerstandes zu einer opferzentrierten Perspektive *Kesteloot*, Stellung, S. 47, zur nationalen Überformung von Gedenkveranstaltungen in KZ-Gedenkstätten siehe *Eschebach*, Gedenken, S. 142–154.

268 Vgl. *Lagrou*, Victims, S. 206–208.

füllen. Massengräber oder nicht gekennzeichnete Grabstätten, fehlende Dokumente oder das vollständige Verbrennen der Leichen in Krematorien machten ein nachträgliches Auffinden der Gebeine und eine namentliche Zuordnung häufig unmöglich. In den Niederlanden bedeutete dies, dass für 72 Prozent der niederländischen Kriegsopfer kein Grab mehr nachweisbar war.[269] Den größten Aufwand zur Suche und Identifizierung von Opfern der Deportationen betrieb Frankreich, das bei den Verhandlungen zu den deutsch-französischen Gräberabkommen durchgesetzt hatte, eine französische Suchmission nach Deutschland zu entsenden. Die Kosten gingen zu Lasten der Bundesrepublik. Die französische Gräbermission war zwischen 1957 und 1963 in Bad Neuenahr stationiert und nahm in diesem Zeitraum etwa 50.000 Exhumierungen vor. Die Zahl der erfolgreichen Identifizierungen blieb dabei mit etwa 5.000 aber gering.[270] In Frankreich war die Suche nach den französischen Gräbern in Deutschland ein Thema, das politisch vor allem von Vereinigungen ehemaliger Widerstandskämpfer besetzt wurde. Die Deportation und der Tod in deutschen Lagern wurden als letzter Widerstandsakt gesehen und im Kontext des Kampfes der Resistance gegen die Besatzung gedeutet. Die Arbeit der Gräbermission sollte ursprünglich nach drei Jahren abgeschlossen sein, die Beendigung wurde von französischer Seite jedoch immer wieder hinausgezögert. Strittig blieb bis zuletzt das Vorhaben, Massengräber auf dem Friedhof Hohne bei Bergen-Belsen zu öffnen, um dort vermutete französische Gebeine zu bergen. Der französischen Forderung nach der Heimkehr der französischen Opfer der Deportation standen Einwände des Zentralrates der Juden und weiterer jüdischer Organisationen entgegen, die den Schutz der Totenruhe der jüdischen Gräber einforderten. Sie wurden dabei von der Bundesrepublik unterstützt. Der Streit führte bis vor ein internationales Schiedsgericht, das sich letztendlich gegen eine Öffnung der Gräber aussprach.[271]

269 In der Bundesrepublik befinden sich noch etwa 3.500 niederländische Gräber, die Anfang der Fünfzigerjahre auf sieben Friedhöfe in Nord- und Westdeutschland überführt wurden. Ein Großteil der niederländischen Toten konnte nicht individuell bestattet werden, weil es sich um in Konzentrationslagern ermordete Juden handelte. Den insgesamt 180.000 Kriegsopfern, die bei der Oorlogsgravenstichting verzeichnet sind, stehen 50.000 Gräber gegenüber, von denen sich etwa die Hälfte in den ehemaligen holländischen Kolonien in Indonesien befindet. Siehe hierzu die Informationsbroschüren »Nederlandse erevelde in Duitsland« u. »The Netherlands War Graves Foundation«, hg. v. Oorlogsgravenstichting, Den Haag (o. J.).

270 Zur Arbeit der französischen Gräbermission siehe die Dokumente in PA AA, B 92 Bd. 297.

271 Vgl. »Die Umgestaltung des Friedhofs Hohne«, und »Eine Wallfahrt für französische Überlebende«, in: *Knoch*, Bergen-Belsen, S. 100 u. S. 90, sowie PA AA, B 92 Bd. 297, Schreiben d. Staatssekretärs des Bundesministeriums der Finanzen an Staatssekretär Lahr AA, Betr.: Französische Gräbersuchmission in Bad Neuenahr, 20.7.1962. Siehe außerdem Aufzeichnungen des VLR I. Born, 19.1.1962, in: Akten zur Auswärtigen Politik der Bundesrepublik Deutschland 1962, Bd. I, Dok. 31, und Aufzeichnung des Ministerialdirigenten Meyer-Lindenberg, 27.9.1962, in: ebd., Bd. III, Dok. 365. Zum Schiedsspruch siehe PA AA, B 92 Bd. 532.

Das Beispiel verdeutlicht auch, wie sich die »Sinnstiftung der Überlebenden« auf die posthum vorgenommene Identitätsrekonstruktion der Toten auswirkte, die nun als geschlossene Kollektive hervortraten.[272] Die Proteste des Zentralrates der Juden richteten sich gegen die Verletzung der Totenruhe jüdischer Gräber. Die vermuteten mehreren Tausend Toten innerhalb des Sammelgrabes wurden allesamt über ihre religiöse Zugehörigkeit als Juden gesehen, für die die Einhaltung der religiösen Gesetze als höheres Gut gewertet wurde als eine individuelle Identifizierung des einzelnen Leichnams und einer Zuordnung nach nationaler Zugehörigkeit. Religiöse Differenz und die rassistische Dimension der NS-Verbrechen ging in der französischen Wahrnehmung der Toten dagegen unter. Sie wurden als französische Staatsbürger betrachtet, die aus der Anonymität des Massengrabes befreit und zur letzten Ruhe nach Hause gebracht werden sollten. Entsprechend des laizistischen Staatsverständnisses spielte religiöse Zugehörigkeit dabei keine Rolle. Rudy Koshar betont, dass ein egalitäres Staatsbürgerverständnis auch die Konzepte der britischen Besatzungsbehörden kennzeichne, die 1947 ein Denkmal für die Opfer in Bergen-Belsen errichteten. »The specific identities of the victims were downplayed. To stress the ethnic, religious, or national identities of the victims was to affront British liberal principles of treating all minorities equally in the modern nation state.«[273] Ein Obelisk vor einer fünfzig Meter langen Mauer mit Inschriften in fünfzehn verschiedenen Sprachen verdeutlichte die unterschiedlichen Herkunftsländer der Opfer, erfasste jedoch nicht die rassistische Dimension der Judenverfolgung, die nationale Kategorien überschritt.

In der Planungsphase der Gedenkstätte war 1945 auch ein Entwurf des deutschen Landschaftsarchitekten Wilhelm Hübotter eingeholt worden, der als geeignete Vorbilder für die landschaftsarchitektonische Gestaltung des Geländes auf die Kriegsgräberstätten Langemark, Nazareth und Bitolj hinwies. Hübotters Entwurf kam nicht zum Zug, er war durch seine Nähe zum NS-Regime kompromittiert.[274] Die Bezugnahme Hübotters auf die Arbeiten Robter Tischlers illustriert aber, dass die Konzeption von Grab- und Gedenkstätten für die zivilen Opfer der Kriegszeit als eine Erweiterung bestehender Praktiken der Kriegsgräberfürsorge begriffen wurde. Deutlich wird dies auch auf rechtlicher Ebene. In der Bundesrepublik wurden die verschiedenen zivilen Opfergruppen in das Anfang der Fünfzigerjahre neu formulierte Kriegsgräbergesetz integriert. Für die Bestattung von Kriegsopfern in der Nachkriegszeit auf Kriegsgräberstätten und gesonderten Ehrenteilen bestehender Friedhöfe bedeutete dies in

272 Zum Verhältnis von individuelle und kollektiver Identität bei Grab- und Gedenkstätten des Zweiten Weltkrieges vgl. *Mant/Lovell*, Identitiy. Zu KZ-Gedenkstätten insbesondere S. 24 ff.

273 *Koshar*, Monuments, S. 251. Vgl. außerdem zum britischen Bild des KZ Bergen-Belsen *Schulze*, Images.

274 Vgl. *Wiedemann/Wolschke-Bulmahn*, Bergen-Belsen, S. 80 ff.

der Regel, dass hierbei dieselben Gestaltungsprinzipien Anwendung fanden, die bei der Anlage von militärischen Friedhöfen erprobt worden waren. Im Vordergrund stand auch hier die Sicherung der individuellen Ruhestätte durch eine funktionale Grabgestaltung, die eine serielle Bestattung einer größeren Zahl von Toten und eine langfristig vereinfachte Pflege der Gräber ermöglichte, was sie im Vergleich zu zivilen Gräbern in privater Pflege mitunter etwas trist erscheinen lassen konnte. Auf größeren Friedhöfen wurden die Gräber ausländischer Kriegsopfer in der Regel nach Nationalität zusammen gruppiert, um eine eventuelle spätere Exhumierung durch einen ausländischen Gräberdienst oder das Aufsuchen der Grabstätte für Angehörige zu erleichtern. Verbunden mit den geschilderten Maßnahmen der verschiedenen Gräberdienste hatte dies Folgen für das Erscheinungsbild und die Wahrnehmung der Gräber der NS-Opfer insgesamt. Wurden die Kriegsgräber westlicher Staaten bis Ende der Fünfzigerjahre entweder in die Heimat überführt oder auf wenige zentrale Friedhöfe innerhalb Deutschlands umgebettet, prägten somit die eh schon zahlenmäßig überlegenen Kriegstoten aus Osteuropa das Bild der Gräber fremder NS-Opfer. Allein die Gräber russischer Kriegsgefangener und Zwangsarbeiter des Zweiten Weltkrieges werden heute für Westdeutschland auf 323.000 geschätzt.[275] Es ist vielfach beschrieben worden, dass im Nachkriegsdeutschland die in der NS-Zeit geprägten rassistischen Kategorien und Feindbilder nachwirkten und eine Anerkennung und Einbeziehung bestimmter Opfergruppen erschwerte. Die eigenen Opfer, das waren zunächst die im Krieg gefallenen Soldaten, die zivilen Opfer der Kämpfe und Luftangriffe bis hin zu den auf der Flucht oder durch Vertreibung Umgekommenen.[276] Daran änderte auch die im Inland weitergreifende Einbeziehung der Gräber der NS-Opfer in den rechtlichen Geltungsbereich behördlicher Maßnahmen zur Kriegsgräberfürsorge nichts. »Russengräber«, Gräber von KZ-Insassen, Opfern der Euthanasie, der NS-Justiz usw. hatten in der öffentlichen Wahrnehmung lange Zeit eine randständige Bedeutung. Ihr formaler Schutz war ein Akt des politischen Willens, nicht aber der gesamtgesellschaftlichen Würdigung des erlittenen Unrechts.[277] Im Hinblick auf die Grabstätten dieser Opfer kam es in den Fünfzigerjahren immer wieder zu Kritik von Opfergruppen, die sich gegen eine befürchtete Verwahrlosung der Gräber richtete. Der juristische Schutz der Gräber von Opfern der NS-Verfolgung war zwar in der Regel auch in den Fünfzigerjahren gegeben, er leitete sich jedoch nicht unmittelbar aus dem Kriegsgräbergesetz her, das als Geburtsfehler das dauerhafte Ruherecht nur für Kriegsgräber im engeren Sinn zuerkannte. Die

275 https://russische-botschaft.ru/de/embassy/buro-fur-kriegsgraberfursorge-und-gedenkarbeit/ (Stand Februar 2018).

276 Vgl. *Goschler*, Versöhnung, S. 874.

277 Für ein regionales Beispiel, den Umgang mit russischen Kriegsgräbern im Emsland vgl. *Düben*, Orte.

Gräber von zivilen NS-Opfern waren dagegen durch ein unübersichtliches Gemisch aus ergänzenden Landesvorschriften, bilateralen Vereinbarungen und Vorgaben aus der Besatzungszeit geschützt. Dass die Ängste vor einer möglichen Einebnung der Gräber nach Ablauf einer bestimmten Ruhefrist oder mangelhaften Pflege durch kommunale Friedhofsverwaltungen trotz der anders gelagerten Rechtslage nicht ganz unbegründet gewesen sein können, zeigt ein Aufsatz in der »Hessischen Städte- und Gemeinde-Zeitung«, der noch 1985 die immer wieder zu Tage tretende Missachtung der geltenden Vorschriften zum Erhalt und Nachweis der Gräber der Opfer von Krieg und Gewalt durch die Friedhofsträger anprangerte.[278] Gerade der Pflege der zahlreichen russischen Kriegsgräber in Deutschland wurde dabei auch eine Bedeutung für die auch in den Achtzigerjahren noch immer erhoffte Möglichkeit zur Suche nach Kriegsgräbern in Osteuropa beigemessen:

> Eine [...] ungleiche Behandlung erschwert die Bemühungen des Volksbundes deutsche Kriegsgräberfürsorge e.V. um die Erhaltung deutscher Kriegsgräber im Ausland, insbesondere in Osteuropa. Es ist bekannt, daß Angehörige der sowjetischen Militärmission Gräber von Sowjetsoldaten und Zwangsarbeitern aus der Sowjetunion einschließlich der baltischen Staaten besuchen und sich über deren Pflegezustand informieren.[279]

Die rechtliche Stellung der Gräber osteuropäischer Kriegsopfer, NS-Verfolgter und anderer marginalisierter Gruppen unterschied sich spätestens seit der Gräbergesetzreform 1965 eigentlich nicht von dem der deutschen Kriegsgräber, allerdings beseitigten die Rechtsvorschriften nicht das gesellschaftliche Desinteresse am Schicksal der Kriegsgefangenen und Zwangsarbeiter aus dem Osten, das gerade in den ersten beiden Jahrzehnten der Bundesrepublik zusätzlich vom allgegenwärtigen Antikommunismus überschattet wurde.[280]

Die mit der Reform des Gräbergesetzes 1965 vom Gesetzgeber noch einmal deutlich gemachte Klarstellung, dass es keine Vorrangstellung militärischer Gräber gegenüber den verschiedenen Gruppen der zivilen Kriegsopfer sowie zwischen Opfern unterschiedlicher nationaler Herkunft gibt, zeichnet sich in der praktischen Kriegsgräberfürsorge in den ersten zwei Nachkriegsjahrzehnten als Prozess ab, bei dem sich der Volksbund und die verantwortlichen staatlichen Stellen erst schrittweise von tradierten Mustern lösten. Vorbildcharakter für die Würdigung aller Toter sollte die 1960 eingeweihte und explizit auch als »Kriegsopferfriedhof« bezeichnete Ruhestätte im hessischen Kloster Arnsburg haben, die vom hessischen Landesverband des Volksbundes und der hessischen Landes-

278 *Maiwald*, Einzel- und Sammelgräber.
279 Ebd., S. 10.
280 Vgl. *Schwartz*, Antikommunismus, S. 165.

regierung eingerichtet wurde.[281] Kloster Arnsburg ist nicht die einzige derart konzipierte Friedhofsanlage, es finden sich noch weitere Beispiele in Hessen, ihre Entstehungsgeschichte und die sie begleitenden öffentlichen Kontroversen sind hier jedoch gut dokumentiert.[282] Auf dem Kriegsopferfriedhof Kloster Arnsburg wurden auch 87 ermordete Häftlinge unterschiedlicher nationaler Herkunft des KZ-Hirzenhain sowie weitere Kriegsgefangene und Zwangsarbeiter aus Russland, Polen und Rumänien bestattet.[283] Mit der alten Klosterruine hatte man bewusst eine besondere Umgebung für den Friedhof gewählt. Die heterogene Zusammensetzung der insgesamt 447 Toten sollte deutlich machen, dass alle Todesumstände gleichermaßen anzuerkennen und zu Ehren seien und insbesondere die militärischen Toten keine Vorrangstellung genossen, die hier ebenfalls nur noch als Opfer des Krieges, nicht jedoch für ihre Taten geehrt wurden. Eine Inschrift verwies außerdem auf die Gefallenen im Osten, deren Gräber nicht zugänglich waren.[284] Die normative Forderung nach einer gleichberechtigten Stellung aller Opfer hatte Ende der Fünfzigerjahre, als die Idee für das Friedhofskonzept entstand, vor allem gegenüber der Lobby der organisierten Wehrmachtsveteranen auch provokativen Charakter. Die Gleichstellung von Gefallenen und KZ-Insassen wurde als ehrabschneidend empfunden und von den Soldatenverbänden energisch bekämpft.[285] Der Kriegsopferfriedhof Kloster Arnsburg steht jedoch nicht nur allein für gedenkpolitischen Anspruch der Bundesrepu-

281 Zum Hintergrund und Entstehungsgeschichte siehe den Aufsatz des damals verantwortlichen Landesgeschäftsführers des VDK Landesverbands Hessen Haffke, der jedoch kontroverse Hintergründe ausspart. Siehe *Haffke*, Kriegsopferfriedhof; detailliert zur Entstehungsgeschichte und kritisch zum Umgang mit den Toten des KZ-Hirzenhain siehe *Keller*, »Das mit den Russenweibern ist erledigt«.

282 Eine weitere vergleichbare Anlage ist die Kriegsgräberstätte der hessischen Stadt Schlüchtern, auf der gemeinsam Tote der Wehrmacht und Waffen-SS, zivile Kriegstote, umgekommene und umgebrachte Zwangsarbeiter, Kriegsgefangene und KZ-Häftlinge und standrechtlich Erschossene bestattet sind. Krause-Vilmar verweist außerdem auf den Fall des Kriegsopferfriedhofs Ludwigstein. Hier sollen von Gestapo und SS erschossene Häftlinge bestattet worden sein, die nach der Umbettung auf den Friedhof jedoch nur noch als unbekannte Kriegstote bezeichnet wurden. Der eigentlich bekannte Hintergrund, die Ermordung im Lager, wurde somit mit dem recht allgemeinen Begriff des Kriegsopfers überdeckt. Vgl. *Krause-Vilmar*, NS-Täter, S. 53.

283 Siehe auch die Einträge Hirzenhain, Wetteraukreis und Lich, Hessen, in: *Puvogel/Stankowski*, Gedenkstätten, Bd. I, S. 324 u. 337 f.

284 Verbunden mit der Einbeziehung der sowjetischen Gräber in die Anlage unterstrich dies die immer wieder vom Volksbund vorgebrachte Forderung gegenüber der Sowjetunion, gleichermaßen auch Maßnahmen zur Kriegsgräberfürsorge in Osteuropa zuzulassen.

285 Vgl. *Moeller*, Opfer, S. 41. Besonders deutlich kam diese Haltung bei der Reform des Gräbergesetzes und der Planung des Ehrenmals im Bonner Hofgarten zum Ausdruck. Siehe hierzu VKA, A.10-165, Aktennotiz Betr.: Besprechung mit General a.d. Westphal über Ehrenmal Bonn am 19. März 1963, 21.3.1963. Hier wird der ebenfalls anwesende General a. D. Hölter sinngemäß mit den Worten wiedergegeben: »Unter den KZ-Opfern befinden sich aber auch Kriminelle jeder Kategorie, die zu ehren die Soldaten keine Veranlassung hätten.«

blik, in ihm verdichtet sich zugleich auch die ganze Problematik des bundesdeutschen Opferverständnisses. Denn der Kreis der gedenkfähigen Opfer wurde nicht nur in eine Richtung erweitert. Im Kloster Arnsburg ruhen ebenfalls Tote der 6. SS-Gebirgsdivision Nord. In der Entstehungsphase des Friedhofes kursierten verschiedene Mythen, die einen Teil der dort bestatteten SS-Angehörigen moralisch entlasteten und ebenfalls zu Opfern verklärten.[286] Sie erzeugten das Bild eines fanatischen Kerns innerhalb der Waffen-SS, der für Kriegsverbrechen verantwortlich zeichnete, und dem die einfachen Soldaten gegenüberstanden, die ihren Dienst bei SS und Wehrmacht pflichtbewusst abgeleistet, sich dabei aber nichts hatte zu Schulden kommen lassen. Der Friedhof erscheint damit auch als Teil der in den Fünfzigerjahren aufkommenden Entkriminalisierungsstrategie, die Mitglieder der SS von pauschalen Verurteilungen freisprach und als normalen Bestandteil der deutschen Streitkräfte neben der Wehrmacht zu etablieren suchte. Die HIAG beteiligte sich bis in die Achtzigerjahre offiziell an Gedenkveranstaltungen und Kranzniederlegungen auf dem Friedhof. Auf Kritik von Angehörigen der Opfer der Toten von Hirzenhain sowie der VVN stieß der Friedhof aber nicht unbedingt, weil NS-Opfer Seite an Seite mit SS-Männern ruhten, sondern weil die Dokumentation der Todesumstände der KZ-Insassen unzureichend war. Vor allem Forderungen der VVN seit Ende der Siebzigerjahre kreisten nicht mehr um die noch in der Nachkriegszeit angeprangerte Missachtung der Opfer, sondern forderten nun eine deutliche Kenntlichmachung des erlittenen Schicksals und die klare Benennung von Tätern und Tathergang.[287]

Die Frage, inwieweit die Gräber von zivilen Opfern in den Rahmen der Kriegsgräberfürsorge miteinbezogen werden sollten, trat auch bei den deutschen Maßnahmen im Ausland zum Vorschein. Das internationale Verständnis des Kriegsgräberbegriffes war zwischen den Staaten, die bereits auf entsprechende Erfahrungen nach dem Ersten Weltkrieg zurückblickten, auf militärische Gräber beschränkt. Doch auch hier zeigten sich nach dem Zweiten Weltkrieg Grauzonen, die sich einer eindeutigen Kategorisierung entzogen oder für die keine Präzedenzfälle bestanden. Ebenso wurden das Auswärtige Amt und der Volksbund mit Ländern konfrontiert, in denen keine Traditionen in der Kriegsgräberfürsorge bestanden und die scheinbar sicher geglaubte Prinzipien in Frage stellten.

Der Volksbund verzeichnete im Zuge der in der Nachkriegszeit beginnenden Bestandsaufnahme über Lage, Zahl und Zustand der über ganz Europa verteilten deutschen Kriegsgräber auch etwa 25.000 Grabstätten in Dänemark. Das Land war während des Krieges von direkten Kampfhandlungen weitgehend verschont geblieben, hatte im Zustand der faktischen deutschen Besatzung aber als Erholungsort für deutsche Truppen und mit der Evakuierung der deutschen Ostgebiete auch als Anlaufpunkt für Flüchtlingstransporte über die Ostsee

286 Vgl. Keller, »Das mit den Russenweibern ist erledigt«, S. 161 ff.
287 Ebd, S. 172 f.

gedient. Aufgrund der prekären Versorgungslage in Deutschland hatten die Alliierten eine schnelle Überführung der deutschen Flüchtlinge aus Dänemark nach Deutschland zunächst verweigert, so dass die letzten erst 1949 Dänemark verließen.[288] Aber auch in Dänemark war die Ernährung und medizinische Versorgung der Flüchtlinge in der Endphase des Krieges und den ersten Monaten der Nachkriegszeit unzureichend, was zu einer erhöhten Sterblichkeitsrate vor allem unter Alten, Verwundeten und Kranken sowie Kleinkindern führte. Dies schlug sich auch in der Zusammensetzung der Gräber nieder. Etwa 15.000 stammten von in der Zeit zwischen 1945 und 1949 in den Auffangunterkünften verstorbenen deutschen Flüchtlingen, davon ein Großteil von Frauen und Kindern, die etwa achtzig Prozent der Lagerbewohner stellten.[289]

Aus Sicht des Volksbundes, der 1953 erste Gespräche mit dem zuständigen dänischen Kirchenministerium über Möglichkeiten einer Betreuung der deutschen Gräber zu führen begann, war Dänemark zunächst kein Land, in dem schnelles Handeln geboten war, da die Toten bereits auf Gemeindefriedhöfen bestattet waren und die Gefahr eines vollständigen Verlustes von Grabstätten somit nicht bestand. Auch war von den dänischen Behörden eine vollständige Registrierung aller deutschen Gräber veranlasst worden. Insgesamt waren deutsche Gräber an 475 verschiedenen Orten nachgewiesen. Der Volksbund strebte auch hier an, alle deutschen Gräber an einigen zentral gelegenen Orten zusammenzufassen und dort dauerhaft zu erhalten. Die Verhandlungen über ein deutsch-dänisches Gräberabkommen verliefen jedoch weitaus schwieriger als vom Volksbund erwartet. Vor allem die Kernforderung, die Gewährung unbegrenzter Ruhefristen für Kriegsgräber, stieß in Dänemark auf grundsätzliche Ablehnung.[290] Ebenso stieß die geplante Umbettung der deutschen Toten auf Unverständnis und führte auch über den politischen Verhandlungsprozess hinaus zu einer mehrjährigen innenpolitischen Kontroverse. Das Konzept des Kriegsgrabes als dauerhaft zu erhaltende Grabstätte war in Dänemark unüblich. Der strenge außenpolitische Neutralitätskurs seit dem deutsch-dänischen Krieg 1864 hatte dazu geführt, dass sich in Dänemark kein ausgeprägter militärischer Totenkult und keine Strukturen zur Betreuung von Kriegsgräbern entwickelt hatten.[291] In Kopenhagen wurde nach Kriegsende zwar eine nationale Gedenkstätte für den dänischen Widerstand eingerichtet, wo dänische Widerstandskämpfer beigesetzt wurden, die auf dem Kasernengelände Ryvangen von der deutschen Sicherheitspolizei hingerichtet worden waren. Eine mit den militärischen Gräberdiensten anderer Staaten vergleichbare Organisationsstruktur zur Pflege und Administration

288 Vgl. *Lammers*, Kriegsende, S. 105.

289 Vgl. *Christensen*, Danmark, S. 743–746; *Jensen*, Versöhnung, S. 65–67; *Zägel/Steinweg*, Vergangenheitsdiskurse, S. 42 f.; *Mix*, Flüchtlinge, S. 124.

290 PA AA, B 10 Bd. 2233, Reisebericht Margraf, 30.8.1954; *Havrehed*, Flüchtlinge, S. 238.

291 *Jensen*, Versöhnung, S. 64.

von Kriegsgräbern bestand jedoch nicht. Kriegsgräberfragen wurden dem Kirchenministerium zugewiesen.

Von dänischer Seite wurde die Pflege fremder Gräber mit einer anderen Tradition verglichen. Der schon seit Jahrhunderten in dänischen Gemeinden übliche Brauch, sich auch der Pflege der Gräber ausländischer Seeleute und unbekannter Schiffbrüchiger anzunehmen, sollte auch bei den unfreiwillig in Dänemark gestrandeten Flüchtlingen Anwendung finden. Ein besonderes Ruherecht für fremde Gräber kannte man jedoch nicht. Mit diesem Einwand war auch die IWGC konfrontiert, die beabsichtigte, Begräbnisplätze für die etwa 1.000 britischen Kriegstoten in Dänemark anzulegen. Die besondere Achtung von Kriegsgräbern, die vom Volksbund und der Imperial War Graves Commission als universelle völkerrechtliche Norm betrachtet wurden, war in dänischen Augen bloßer Usus der kriegerischen Großmächte. Den Dänen erschien außerdem nicht schlüssig, warum die Gräber der aus den Ostgebieten evakuierten Deutschen überhaupt mit in die Kriegsgräberfürsorge einbezogen werden sollten, weil die in Deutschland als selbstverständlich empfundene Verwendung des Begriffs Flüchtling für die aus den Ostgebieten evakuierten Zivilisten sowie die Assoziierung ihrer Gräber mit Kriegsgräbern von dänischer Seite nicht vorbehaltlos geteilt wurde.[292]

Bereits kurz nach Ende des Krieges waren die deutschen Toten, für die man kurzfristig Platz auf den Friedhöfen hatte finden müssen, zu einem Problem geworden. An einigen Orten sprengten sie die Kapazitäten der örtlichen Friedhöfe oder sorgten für ein unerwünschtes Missverhältnis zwischen dänischen und deutschen Gräbern. Die deutschen Besatzer schienen auch vor den Friedhöfen nicht Halt zu machen. Mit einem Verbot der Verwendung »antichristlicher Symbole« versuchte man zumindest gegen NS-Symbole vorzugehen. Grabkreuze- und Steine, auf denen sich Hakenkreuze oder Inschriften wie »gefallen für Führer, Volk und Vaterland« fanden, wurden entfernt.[293] Auf einigen Friedhöfen kam es auch zur vollständigen Entfernung der Grabmarkierungen. Die geplante Umbettung der deutschen Toten und die Ausdehnung der Ruhefristen weckten Befürchtungen einer erneuten Störung der Friedhofsruhe und Ängste, dass auf dänischen Friedhöfen die dänischen Gräber nach Ablauf der Ruhefristen eingeebnet würden, wogegen die Gräber von deutschen Soldaten und Flüchtlingen erhalten blieben und zu nationalistischen Pilgerstätten verkommen würden.[294]

Ein Gräberabkommen zwischen Deutschland und Dänemark konnte erst 1962 geschlossen werden, weil Detailfragen den Verhandlungsprozess in die Länge zogen. In den zentralen Streitpunkten wurde eine Kompromisslösung erzielt, die das Abkommen zwar von mit anderen Staaten geschlossenen Verein-

292 Vgl. *Havrehed*, Flüchtlinge, S. 240 f.
293 Ebd., S. 236.
294 Vgl. ebd., S. 235 f.

barungen unterschied, jedoch die Umbettung der deutschen Toten letztendlich ermöglichte.[295] Das dänische Kirchenministerium akzeptierte, dass auch die Gräber der deutschen Flüchtlinge in die Umbettungsmaßnahmen einbezogen werden sollten, weil diese in der deutschen Öffentlichkeit als Kriegsgräber wahrgenommen und nach deutschem Recht auch als mit ihnen gleichgestellt behandelt wurden. Um den Eindruck deutscher Kultstätten zu vermeiden, sollten nur bereits bestehende deutsche Gräberfelder auf dänischen Friedhöfen erweitert, nicht jedoch neue, rein deutsche Kriegsgräberstätten gebaut werden, was die baulichen Aktivitäten des Volksbundes einschränkte. In der Frage der Ruhefristen einigte man sich auf eine Lösung, die zwischenzeitlich auch mit Großbritannien getroffen worden war und die eine Dauer von sechzig Jahren vorsah, die vor Ablauf verlängert werden konnte.[296]

Das Ende der politischen Verhandlungen setzte jedoch noch nicht den erhofften Schlusspunkt, sondern war der Auftakt zu mehrjährigen Protesten, die den Beginn der deutschen Umbettungsmaßnahmen begleiteten. Neunzig dänische Gemeinderäte schlossen sich einer Verfassungsklage gegen das geschlossene Gräberabkommen und die Umbettungsmaßnahmen an. Sie sahen in der Öffnung der deutschen Gräber einen Eingriff in die Friedhofsruhe und die verfassungsrechtlich geschützte Autonomie der Kirchengemeinden.[297] Die sich gegenüberstehenden Konfliktparteien, das dänische Kirchenministerium als Vertreter des Staates auf der einen Seite, und der Anwalt Ove Rasmussen als Vertreter der klagenden Gemeinden auf der anderen, fügte sich dabei aus Sicht der protestierenden Öffentlichkeit in ein aus der Vergangenheit bekanntes dichotomes Deutungsmuster. Die Vertreter der dänischen Regierung waren erneut im Begriff mit den Deutschen zu kollaborieren und leichtfertig die dänische Eigenständigkeit zu Gunsten deutscher Interessen zu opfern, wie es bereits 1940 geschehen war; das Aufbegehren der Gemeinde wurde zum Widerstandsakt stilisiert. Die dänische Kirchenministerin Bodil Koch bemühte sich um eine gemäßigte Gegenposition und warnte vor dem Aufbrechen nationaler Ressentiments. In der dänischen Presse wurde das Thema jedoch zeitweise mit einer Leidenschaft behandelt, so formuliert es der dänische Historiker Henrik Havrehed, »als ginge es um einen erneuten Widerstandskampf gegen die Deutschen«.[298] Der damalige Staatssekretär im dänischen Kirchenministerium August Roesen bezeichnete in seinen Lebenserinnerungen den Streit um die deutschen Gräber auch als

295 BArch MA N24/178, Protokoll der Vorstandssitzung vom 6.4.1962, Top 3, Betr.: Dänemark – Grundgedanken für Planung der Arbeit.

296 PA AA, B 92 Bd. 52, Bericht über Besprechung im dänischen Außenministerium in Kopenhagen am 30.11.1954. Zum Verlauf der gesamten Entwicklung der Verhandlungen im Vorfeld des deutsch-dänischen Gräberabkommens siehe den Bestand PA AA, B 92 Bd. 290.

297 PA AA, B 92 Bd. 531; *Jensen*, Versöhnung, S. 71.

298 *Havrehed*, Flüchtlinge, S. 243.

»heiligen Krieg«.[299] Die Debatten endeten erst mit der Entscheidung des dänischen Obersten Gerichtes 1967, das die Klage letztendlich zurückwies.[300] Diese letzte Phase in der Auseinandersetzung um die deutschen Kriegsgräber in Dänemark muss als rein innerdänischer Konflikt gesehen werden. Die öffentliche Meinung in Dänemark kochte zu einem Zeitpunkt hoch, als in anderen Teilen Europas bereits Kriegsgräberstätten für mehrere Hunderttausend deutsche Kriegstote angelegt worden waren oder kurz vor der Fertigstellung standen, was noch einmal verdeutlicht, dass die besonderen Maßnahmen zum dauerhaften Erhalt von Kriegsgräbern in Dänemark auf Unverständnis stießen und außerdem durch die besondere Rolle des Landes während des Krieges anders wahrgenommen wurden.[301]

Aus deutscher Sicht, insbesondere für den Volksbund Deutsche Kriegsgräberfürsorge, bedeuteten die in den Verhandlungen zum Gräberabkommen eingenommenen Standpunkte und erzielten Kompromisse eine Abkehr von zwei traditionellen Positionen. Der Volksbund erweiterte seine Arbeit auf Gräber, die gemäß seinem am traditionellen Kriegsgräberbegriff ausgerichteten Verständnis nicht zu den Kriegsgräbern zählten, in der öffentlichen Wahrnehmung in Deutschland aber als selbstverständlich hinzugerechnet wurden und im Inland auch in den Geltungsbereich des Kriegsgräbergesetzes fielen. Das sakrosankte ewige Ruherecht bekam durch die zeitliche Eingrenzung eine fassbare Kontur, die auf lange Dauer angelegt, aber nicht mehr zwingend endlos war.

Vom Standpunkt der technischen Durchführung aus betrachtet, ließen sich die deutschen Flüchtlinge in Dänemark problemlos in das deutsch-dänische Gräberabkommen einbeziehen, weil es sich um eine klar definierbare Gruppe handelte. Schwieriger wurde die Frage, ob, wie und von wem ein Grab in die öffentliche Gräberfürsorge einbezogen werden sollte, wenn sich die Todesumstände und die nationale Zugehörigkeit von Toten in einer Grauzone bewegten, die sich einer eindeutigen Kategorisierung versperrten. Dänemark hatte, neben seinen anfänglichen Bedenken Flüchtlingsgräber wie Kriegsgräber zu behandeln, auch die Frage aufgeworfen, wie mit den Gräbern von SS- und Wehrmachts-

299 Roesen widmet unter diesem Titel ein ganzes Kapitel seiner Erinnerungen der Auseinandersetzungen um die deutschen Kriegsgräber. Siehe *Roesen*, Kustoden, S. 46–55.

300 Klage jütländischer Gemeinderäte abgewiesen, in: Kriegsgräberfürsorge 43 (1967), Nr. 1; S. 4.

301 Jensen bescheinigt den dänischen Protesten antideutsche Untertöne, da sich diese nicht gegen vergleichbare Maßnahmen der Alliierten gerichtet hätten. *Jensen*, Versöhnung, S. 71. Roesen kritisiert außerdem das Verhalten der dänischen Boulevardpresse, die die Stimmung zusätzlich anheizte und nicht immer mit der gebotenen journalistischen Sorgfalt arbeitete. Vgl. *Roesen*, Kustoden, S. 53 f. Es muss allerdings ebenfalls gesehen werden, dass in der dänischen Tagespresse auch gemäßigten Standpunkte eingenommen wurden und versucht wurde, die Streitpunkte angemessen abzubilden. Vgl. etwa die Artikel in der Tageszeitung Politiken: Ingen tyske »helte-monumenter«, in: Politiken, 16.11.1965; Ove Rasmussen, Tyve år efter, in: Politiken, 11.11.1965 u. Bodil Koch, De tyske grave, in: Politiken, 26.3.1965.

angehörigen und Hilfstruppen nichtdeutscher Herkunft verfahren werden sollte. War für die deutsche Seite die Staatsangehörigkeit des Toten zum Todeszeitpunkt oder seine Zugehörigkeit zur Wehrmacht ausschlaggebend, wollte Dänemark zunächst nur Gräber von Personen als deutsche Kriegsgräber gelten lassen, die auch noch zum gegenwärtigen Zeitpunkt die deutsche Staatsangehörigkeit besessen hätten. In der Praxis hatten diese Bedenken kaum Relevanz, da aus dem Ausland nie Ansprüche geltend gemacht wurden, Gräber von Personen pflegen zu wollen, die auf deutscher Seite gekämpft hatten.[302] In der Erwiderung zu den dänischen Einwänden wird aber auch deutlich, dass die bereitwillige Aufnahme der nichtdeutschen Waffenbrüder in die Maßnahmen zur Kriegsgräberfürsorge nicht nur aus praktischen Erwägungen erfolgte, sondern auch mit der Aufrechterhaltung alter Feinbilder einherging. Der deutsche Botschafter in Kopenhagen spitzte die deutschen Bedenke mit den Worten zu:

> Man braucht nur an die vielen aus den Ostgebieten stammenden zu denken, von denen gewiß eine sehr große Zahl es abgelehnt hätte, in ihre kommunistisch gewordene Heimat zurückzukehren, sondern die lieber Deutsche geblieben wären. Will die dänische Regierung diese Personen nach ihrem Tod gegen ihren Willen zu Kommunisten stempeln?[303]

Der Kampf auf Seiten der deutschen Streitkräfte wurde als eindeutiges Bekenntnis ausgelegt, für welche Seite sich der Tote entschieden hatte. Genauso lehnten etwa die Niederlande offiziell die Verantwortung für holländische Kriegstote der Wehrmacht und Waffen-SS ab. Aber auch die Gräber ziviler Kriegstoter, die etwa der Kollaboration verdächtigt wurden, behielten in vielen Ländern auch über den Tod hinaus eine randständige Stellung oder wurden gar aus der nationalen Erinnerungsgemeinschaft ausgeschlossen. Welchen Toten die Maßnahmen zur Sicherung der belgischen oder französischen Gräber in Deutschland gelten sollte, wurde bereits in der Bezeichnung als »Deportationsabkommen« deutlich. Eine nicht intendierte Nebenwirkung des Abkommens war hier allerdings, dass die zugesicherten Besuchsrechte für Angehörige der Toten es auch flämischen SS-Veteranen ermöglichten nach Deutschland zu reisen, um dort Gedenkfeiern an den Gräbern ihrer Kameraden abzuhalten.[304] Die Gräber von zivilen Kriegsopfern im Ausland in den Geltungsbereich der deutschen Gräberabkommen einzubeziehen, die sich am klassischen Kriegsgräberbegriff orientierten, bewegte sich wiederum häufig in einer Grauzone.

Als Beispiel für das Problem der Einbeziehung der Gräber von zivilen Kriegstoten in den Rahmen der durch die Gräberabkommen geregelten Um-

302 PA AA, B 92 Bd. 290, Schreiben VDK an Auswärtiges Amt, 1.4.1959.

303 PA AA, B 92 Bd. 290, Entwurf eines Schreibens des dt. Botschafters Feine an Dänisches Außenministerium, 13.3.1959.

304 PA AA, B 92 Bd. 530.

bettungsmaßnahmen des Volksbundes im Ausland kann ein kleiner Friedhof herangezogen werden, der nach Kriegsende in der Nähe des ehemaligen Konzentrationslagers Natzweiler-Struthof im Elsass angelegt worden war. Das Lager war nach seiner Befreiung zur Internierung von Kriegsgefangenen, aber auch von deutschsprachigen Elsässern und deutschen Zivilisten und der Kollaboration verdächtigten Franzosen genutzt worden, von denen einige während der Internierung verstarben. Die Gräber waren in den Nachkriegsjahren auf Veranlassung von Angehörigen in private Begräbnisse überführt worden, einige Dutzend Grabstätten mit überwiegend deutschen Toten waren jedoch auf dem Friedhof zurückgeblieben. Der Zustand der Gräber wurde in den Fünfzigerjahren von Angehörigen als unwürdig und verwahrlost empfunden, wenn auch die für den Friedhof zuständige Gemeinde Natzweiler die formalen Vorgaben zum Erhalt der Gräber erfüllte. Der Volksbund hatte erklärt, die deutschen Gräber jedoch nur nach einer vorherigen Absprache zwischen den deutschen und französischen Behörden auf eine deutsche Kriegsgräberstätte umbetten zu können, weil die Toten nicht durch das deutsch-französische Gräberabkommen erfasst seien.[305] Derartige Einzelfallentscheidungen waren vorrangig ein verwaltungstechnisches Problem, das die französischen Behörden in der Regel pragmatisch handhabten. Anders war die Lage jedoch, wenn es um NS-Opfer ging.

Das Auswärtige Amt wurde 1953 durch die Eingabe der Schwester des jüdischen Freiburger Nationalökonom Robert Liefmann auf das Problem aufmerksam, dass sich im Ausland auch zahlreiche privat gepflegte Gräber von Personen befanden, die vom NS-Regime ins Ausland deportiert und dort verstorben waren. Die Familie Liefmann war 1940 in das französische Lager Camp de Gurs gebracht worden. Durch Familienangehörige in der Schweiz war ihnen die Ausreise ermöglicht worden, Robert Liefmann verstarb jedoch wenige Tage nach Verlassen des Lagers in Südfrankreich. Else Liefmann hatte um die Übernahme der jährlichen Pflegekosten für das Grab ihres Bruders gebeten, da sie sich selbst wegen ihres hohen Alters nicht mehr in der Lage sah, für die Pflege zu sorgen. Im Wege standen der Übernahme der Grabpflegekosten zunächst bürokratische Hürden. Die rechtlichen Vorgaben zum Einsatz der für den Unterhalt von Kriegsgräbern bereitgestellten Mittel hatten einen Fall Liefmann nicht vorgesehen. Das Mitteldispositiv wurde in den folgenden Jahren so angepasst, dass auf Wunsch von Angehörigen auch eine Pflege der Gräber von NS-Opfern im Ausland möglich wurde.[306] Das Auswärtige Amt versuchte zugleich Hinweise auf ähnlich gelagerte Fälle zu erhalten, stellte seine Bemühungen jedoch ein, nachdem sich jüdische Opferorganisationen in Frankreich und französische

305 PA AA, B 92 Bd. 67, Schreiben VDK an Auswärtiges Amt, Betr. Interniertenfriedhof Struthof/Natzwiller (Bas Rhin), 29.10.1958.

306 PA AA, B 92 Bd. 61, Aufzeichnung Betr. Pflege der Gräber von Personen, die infolge nationalsozialistischer Verfolgung ausgewandert und im Ausland verstorben sind.

Behörden zu einer Ausweitung der Gräberfürsorge auf Gräber von NS-Verfolgten ablehnend geäußert hatten, wenn auch der Volksbund zugleich Anfragen jüdischer Organisationen aus Deutschland und der Schweiz erhielt, die sich über die Möglichkeit einer Einbeziehung jüdischer Gräber in die Maßnahmen zur Kriegsgräberfürsorge erkundigten, was vom VDK aber mit Hinweis auf das deutsch-französische Gräberabkommen, das nur eine Betreuung militärischer Gräber vorsah, zurückgewiesen wurde.[307] Die Übernahme von Pflegekosten für Opfer der NS-Verfolgung im Ausland war generell möglich, aber an den ausdrücklichen Wunsch und die individuelle Antragsstellung der Angehörigen gebunden. Vor allem aber bewegte sie sich außerhalb des rechtlichen Rahmens und der organisatorischen Abläufe der Kriegsgräberfürsorge.

Das Auswärtige Amt war durchaus dafür sensibilisiert, dass es jenseits der hunderttausenden Wehrmachtsgräber auch noch Grabstätten von Personen gab, die sich nicht in die Verfahrensweisen der zwischenstaatlichen Absprachen zur Kriegsgräberfürsorge einfügen ließen. Insbesondere die Gräber jüdischer Opfer waren aber nicht nur wegen der Haltung jüdischer Opferverbände ein politisch sensibler Komplex, sondern auch, weil er in den Bereich der Entschädigungsfrage für NS-Opfer hineinragte. Diese Erfahrung mussten auch der deutsche Konsul in Lyon und das zuständige Referat für Kriegsgräberfürsorge in der Kulturabteilung des Auswärtigen Amtes machen, als sie einer jüdischen Gemeinde voreilig Zusagen für die Unterstützung bei der Instandsetzung eines Friedhofes mit Gräbern von deutschen Juden machten, die im französischen Exil während des Krieges erschossen worden waren. Der deutsche Konsul in Lyon, Graf Yorck, hatte 1963 der jüdischen Gemeinde in Villeurbanne Unterstützung für den Bau eines Friedhofes und einer Gedenkstätte in La Boisse für die ermordeten Gemeindemitglieder zugesichert. Auch die Kulturabteilung des Auswärtigen Amtes signalisierte zunächst Zustimmung für das Projekt, konnte dann jedoch keine finanziellen Mittel bereit stellen, da das Finanzministerium den Einsatz zusätzlicher Gelder für die Instandsetzung jüdischer Friedhöfe außerhalb der Verhandlungen zwischen der Bundesrepublik und der Jewish Claims Conference strikt ablehnte, um keinen Präzedenzfall für weitere Forderungen anderer Gemeinden zu schaffen.[308] Anstatt nun der Gemeinde in Villeurbanne die schlechte Nachricht vom Scheitern des Projektes zu überbringen, suchten die Beteiligten,

307 PA AA, B 92 Bd. 61, Schreiben Zentralwohlfahrtsstelle der Juden in Deutschland e. V. an Volksbund Deutsche Kriegsgräberfürsorge, 22.8.1956.

308 Ein ähnlicher Fall trat 1971 auf, als sich der Zentralverband der ehemaligen osteuropäischen Rabbiner an die Bundesregierung wandte und um eine Wiederherrichtung zerstörter jüdischer Friedhöfe in Osteuropa ersuchte. Auch hier vertrat die Bundesregierung die Haltung, dass aus den Mitteln zur Wiedergutmachung keine Friedhöfe instandgesetzt, sondern die Gelder in vollem Umfang den überlebenden Opfern zugutekommen sollten. Vgl. BArch B 136/5067, Schreiben AA an Bundeskanzleramt, Betr.: Wiederherstellung zerstörter jüdischer Friedhöfe in Osteuropa, 21.7.1971.

die sich persönlich durch die vorherigen Versprechungen gebunden sahen, nach alternativen Wegen, Gelder für den Bau des Friedhofes zu beschaffen. Da der Einsatz staatlicher Mittel versperrt war, wurden nun die Kirchen und der Volksbund Deutsche Kriegsgräberfürsorge um Unterstützung gebeten, die sich letztendlich bereit erklärten, das Projekt gemeinsam mit 400.000 DM zu unterstützen.[309]

Für den Volksbund platzte die Anfrage des Auswärtigen Amtes mitten hinein in interne Diskussionen um die Auswirkungen des erwarteten neuen Gräbergesetzes. Die Gesetzesreform hatte innerhalb des Volksbundes für Unruhe gesorgt, weil sie die Frage aufwarf, ob damit auch eine Ausweitung seiner Arbeit im Ausland auf die Gräber der Opfer der NS-Verfolgung verbunden sein würde. Wenn sich auch zur Erleichterung des Bundesvorstandes des VDK keine rechtlichen Konsequenzen für die Kriegsgräberfürsorge im Ausland ergaben, sah sich der Volksbund jedoch weiterhin mit den Folgen des zunehmenden öffentlichen Unverständnisses einer formaljuristischen Unterscheidung zwischen verschiedenen Gräbergruppen konfrontiert. Die einseitige Ausrichtung der Kriegsgräberfürsorge entlang des völkerrechtlich tradierten Kriegsgräberbegriffes auf die Gefallenen, bestenfalls noch zivilen Kriegstoten, nicht jedoch auf die Leidtragenden der NS-Gewalt, stieß zunehmend auf Unverständnis und erzeugte Rechtfertigungsdruck, sich in irgendeiner Form auch zu diesen Opfern zu positionieren.[310] Das Projekt La Boisse sollte vor allem die Bereitschaft zur Auseinandersetzung mit der Kritik an der Volksbundarbeit deutlich machen. Es zielte dabei nicht allein auf Außenwirkung, sondern richtete sich auch an die eigenen Mitglieder. Öffentliche wie auch interne Kritik am Volksbund wurden zu dieser Zeit als Generationenkonflikt gedeutet, bei dem sich am Vorbild militärischer Totenehrung orientierte ältere Mitglieder und militärische Traditionsverbände einer nachwachsenden Generation zukünftiger Mitglieder gegenüberstanden, die eine rein militärische Memorialkultur ablehnten. Die Bauarbeiten auf dem jüdischen Friedhof in La Boisse, die nach langen Verzögerungen und Komplikationen schließlich Anfang der Siebzigerjahre begannen, wurden durch einen freiwilligen Arbeitseinsatz von Jugendlichen begleitet, den der Berliner Landesverband des Volksbundes gemeinsam mit der Aktion Sühnezeichen durchführte.[311] Damit wurde auch ein konkretes Aktionsfeld geschaffen, das die Bereitschaft zur inhaltlichen Auseinandersetzung mit aufgeworfenen Kritikpunkten greifbar machte.

Die in Deutschland in den Fünfzigerjahren von Opferverbänden immer wieder kritisierte Missachtung der Opfer der NS-Verbrechen sollte im Gräbergesetz

309 PA AA, B 92 Bd. 294.

310 Vgl. hierzu die Protokolle der Vorstands- und Präsidiumssitzungen des VDK im Februar und März 1963, VKA, BV 1963-02-22 Vorstand, TOP 9; VKA, BP 1963-03-29 Präsidium.

311 PA AA, B 85 Bd. 1414. Legerer datiert das Projekt La Boisse auf 1967. Der Baubeginn verzögerte sich jedoch, so dass das Jugendlager erst später durchgeführt werden konnte. Vgl. *Legerer*, Tatort, Anhang S. 488.

sowie in der auch im öffentlichen Totengedenken angewandten Bezeichnung der »Opfer von Krieg und Gewaltherrschaft« beseitigt werden. In der praktischen Anwendung in der Kriegsgräberfürsorge im Ausland stieß die Einbeziehung der Opfer des NS-Regimes aber an Grenzen, die aber nicht allein mit einer fehlenden Bereitschaft auf deutscher Seite erklärt werden kann, diese Toten in das kollektive Gedenken einzubeziehen. In Westeuropa waren die Opfer der NS-Verfolgung bereits selbst Bestandteil der jeweils nationalen Konstruktionen von Opferschaft und Widerstand. Diese war in den ersten Nachkriegsjahrzehnten antagonistisch strukturiert und häufig heroisch aufgeladen. Für Deutschland war hier nur Platz als unterlegener und moralisch diskreditierter Widersacher. Es der Bundesrepublik zu gestatten, die Fürsorge für Gräber von Opfern zu übernehmen, die von den Deutschen während der NS-Zeit umgebracht worden waren, erschien daher mehr als Verrat an den Toten als eine Form der Wiedergutmachung. Die politisch eingeforderte, jedoch in der Nachkriegszeit noch gesellschaftlich umstrittene Gleichstellung aller Opfer ließ sich für den Bereich der Gräberfürsorge nur bei Friedhofsprojekten innerhalb der Bundesrepublik realisieren.

Zusammenfassend lässt sich festhalten, dass nach dem Zweiten Weltkrieg der Grundsatz des Anspruches einer Grabstätte als Ausdruck letzter menschlicher Würde sowie die besondere öffentliche Ehrung von Toten, die gewaltsam durch besondere politische Umstände umgekommen sind, sich von militärischen Kriegstoten auf einen Kreis von zivilen Opfern erweitert hat, deren Tod im Kontext der NS-Herrschaft und des Zweiten Weltkrieges anzusiedeln war. In den meisten Ländern Westeuropas wurden die Gräber dieser Toten in den bestehenden Rahmen zum Schutz von Kriegsgräbern integriert. In Deutschland geschah dies durch Einbeziehung in die Kriegsgräbergesetzgebung und der Ausweitung des dauerhaften Ruherechtes. Bei der Grabgestaltung kamen Gestaltungsgrundsätze zur Anwendung, die ursprünglich aus dem Bereich der militärischen Gräberfürsorge stammen und auf eine vereinfachte Grabpflege ausgerichtet sind. In Bezug auf die rechtliche Stellung der Gräber von NS-Opfern muss weniger von einer Ungleichbehandlung gesprochen werden, die Opfer der NS-Verbrechen wurden in den ersten Nachkriegsjahrzehnten in vielen Ländern eine Position innerhalb der nationalen Kriegserinnerung zugewiesen, die die spezifischen Besonderheiten der NS-Verbrechen unterschlugen. In Deutschland war dies die Unterordnung der Toten unter ein Opferverständnis, das ohne Unterscheidung der Todesumstände und Hintergründe jeden Tod als gleichwertige Leiderfahrung auslegte. In Westeuropa wurde der Tod im deutschen Lager dagegen in den Kontext allgemeiner nationaler Widerstandshandlungen gedeutet, ohne dabei zum Beispiel die rassistischen Dimensionen der Deportationen zu benennen. Die Konstruktion von Opferkategorien folgte häufig einem aus dem Krieg übernommenen Freund-Feind-Schema, wobei jedoch immer wieder Grauzonen entstanden, die sich einer klaren Zuordnung entzogen oder auch dominanten nationalen Opfernarrativen entgegenstanden.

5. Das Kriegsgrab zwischen militärischem Traditionsbestand und demokratischem Neubeginn. Bedeutungswandel und Sinngebung der Kriegsgräberfürsorge seit 1945

Im vorherigen Kapitel wurde unter anderem gezeigt, wie bei der Bestattung von deutschen Kriegstoten nach dem Zweiten Weltkrieg das Verständnis von militärischer Totenehrung der Vorkriegs- und NS-Zeit bis in die Fünfzigerjahre nachwirkte und sich insbesondere in der Gestaltung deutscher Kriegsgräberstätten niederschlug. Diese Relikte einer heroisch konnotierten Totenehrung erklären sich durch strukturelle und personelle Kontinuitäten, sind aber zugleich Ausdruck einer Übergangszeit, in der eine gesamtgesellschaftliche Verständigung über geeignete Ausdrucksformen der Kriegserinnerung und des Totengedenkens erst neu hergestellt werden musste und in der das Verständnis von Opferschaft eine grundlegende Veränderung erfuhr. Dabei hat sich langfristig auch das Verständnis von Kriegsgräberfürsorge insgesamt verändert. Diese Vorgänge werden in ihrer vollen Dynamik sichtbar, wenn man zwei Bereiche in den Blick nimmt: Dies sind das öffentliche Totengedenken am Volkstrauertag und die Entstehung der Jugend- und Bildungsarbeit unter dem Dach des Volksbundes Deutsche Kriegsgräberfürsorge, die nicht nur das Tätigkeitsfeld der Organisation nach dem Zweiten Weltkrieg, sondern auch den Begriff der Kriegsgräberfürsorge um eine inhaltliche Dimension erweitert hat.

5.1 Kriegstod und Kriegsgrab im Spiegel der öffentlichen Totenehrung

Kriegsgräberfürsorge war in der Nachkriegszeit für viele Menschen, die einen Angehörigen im Krieg verloren hatten, mit elementaren Alltagsproblemen verbunden. Die enge Verbindung zwischen der ordnungsgemäßen Bestattung von Kriegstoten mit der Abarbeitung ungeklärter Kriegssterbefälle hatte unmittelbare Relevanz für erbrechtliche Fragen und Versorgungsansprüche der Hinterbliebenen. Die Gewissheit, dass ein Toter eine letzte Ruhestätte gefunden hatte, war für viele Menschen außerdem ein wichtiger Schritt bei der Trauerarbeit. Solang das Totengedenken und die Betreuung der Gräber auf seine privaten Dimensionen beschränkt blieb sowie die administrative Registrierung der Kriegsgräber half, die bürgerliche Ordnung einer versprengten Nachkriegsgesellschaft wiederherzustellen, wurde die organisatorische Neuordnung der Kriegsgräberfürsorge zwischen kommunalen Behörden und Volksbund in der Besatzungszeit in den westlichen Besatzungszonen unterstützt oder zumindest geduldet. Restriktiv wurde dagegen gegen jede Form des öffentlichen Kriegstotengedenkens vorgegangen, das den geringsten Anschein eines Wiederauflebens militaristischer oder nationalsozialistischer Riten und Symbole weckte.[312] Andrea Kaiser hat in ihrer Studie zum Volkstrauertag in Anschluss an die Arbeit von Maciejewski die ersten Nachkriegsjahre daher als einen Zeitraum beschrieben, in dem der Rückgriff auf allgemein etablierte Rituale und Formen der kollektiven Sinnstiftung zur Verarbeitung von Kriegsniederlage und dem Verlust von Angehörigen noch nicht möglich war.[313] In dieser Zeit entstanden mehrere Vorschläge für öffentliche Gedenktage, die diese Leerstelle ausfüllen sollten. Sie unterschieden sich sowohl hinsichtlich der Gewalterfahrung und Opfergruppen, die sie in den Vordergrund rückten, als auch durch ihren Zuschnitt als staatspolitischer oder zivilgesellschaftlich getragener Gedenkakt. Mit der Wiedereinführung des Volkstrauertages 1952 wurde schließlich ein einheitlicher offizieller Gedenktag für die Toten der Weltkriege und die Opfer des NS-Regimes geschaffen. Volkstrauertag und Kriegsgräberfürsorge stehen zugleich in einer engen Beziehung zueinander, denn die Einführung des Gedenktages geht unmittelbar auf eine Initiative des Volksbundes in der Weimarer Republik zurück und sollte den Erhalt der Kriegsgräber mit einer kollektiven Sinnstiftung verbinden.

Für den Volksbund war die Forderung nach einem öffentlichen Gedenktag für die Gefallenen bereits seit seiner Gründung ein Vereinsziel gewesen, das die angestrebte Fürsorge für die zurückgelassenen Kriegsgräber in der Fremde begleitete, um die Toten im »ehrenden Gedächtnis« zu bewahren. Wie auch die Mitglieder im Volksbund als Trägerorganisation, sollte sich am Volkstrauertag das gesamte deutsche Volk vor dem Hintergrund des gemeinsamen Kriegstotengedenkens versammeln und über alle politischen Gegensätze hinweg vereinigen. Der Volkstrauertag stellte eine Verbindung her zu der praktischen Arbeit des Volksbundes auf den Friedhöfen, die somit ausdrücklich mehr darstellen sollte als eine reine Dienstleistung für die Hinterbliebenen. Der Erhalt der Kriegsgräber wurde als kollektive Verpflichtung gegenüber den Toten verstanden, die über die individuelle Betroffenheit hinausging. Der Volkstrauertag war zugleich immer auch ein Mittel, mit dem der Volksbund als Organisation öffentlichkeitswirksam in Erscheinung treten konnte, um auf seine Arbeit aufmerksam zu machen und um Spenden und neue Mitglieder zu werben.

312 Mit Direktive Nr. 30 des Alliierten Kontrollrats wurde die Verwendung von Symbolen im öffentlichen Raum, »die darauf abzielen, die deutsche militärische Tradition zu bewahren und lebendig zu erhalten, den Militarismus wachzurufen oder die Erinnerung an die nationalsozialistische Partei aufrechtzuerhalten, oder ihrem Wesen nach in der Verherrlichung von kriegerischen Ereignissen bestehen« untersagt. Bei den Gefallenen wurden lediglich Grab- und Gedenksteine zur individuellen Erinnerung an die Toten regulärer militärischer Einheiten geduldet. Siehe Direktive Nr. 30. Beseitigung deutscher Denkmäler und Museen militärischen und nationalsozialistischen Charakters, in: Die Alliierte Kommandantur der Stadt Berlin (Hg.), Der Alliierte Kontrollrat in Deutschland. Gesetze, Direktiven, Befehle, Anordnungen, Sammelheft 2, Januar – Juni 1946, Berlin 1946, S. 138–139.

313 Vgl. *Kaiser*, Helden, S. 211 f.

Seit 1925 wurden Volkstrauertagsfeiern in allen Teilen Deutschlands begangen, eine einheitliche landesweite Feiertagsregelung, die den Volkstrautag zu einem offiziellen nationalen Gedenktag erhoben hätte, kam in der Weimarer Republik aber nie zustande.[314] Auch wurde die gesamtgesellschaftliche Einbindung über die sozial und politisch stark fragmentierten Lager- und Milieugrenzen nie erreicht, sondern erfasste vermutlich vor allem das nationalkonservative bürgerliche Milieu, wogegen die organisierte Arbeiterschaft den Gefallenen in eigenen Gedenkveranstaltungen gedachte.[315] Widerstand gegen einen säkularen Totengedenktag wurde zum Teil auch von den Kirchen vorgebracht. 1934 wurde der Volkstrauertag in Heldengedenktag umbenannt. Dies bedeutete zugleich, dass damit dem Volksbund die Kontrolle über die zentrale Gedenkfeier in Berlin entzogen und als NS-Propagandaveranstaltung inszeniert wurde. Die Gedenkfeiern wurden nun allerdings auch mit Unterstützung der örtlichen Parteiorganisationen und Dank des sich im »Dritten Reich« schnell ausdifferenzierenden regionalen Netzes der lokalen Vereinsgliederungen des Volksbundes ein flächendeckendes Phänomen, das dem öffentlichen Gefallenengedenken einen einheitlichen Rahmen verlieh.[316] Der Volksbund bemühte sich frühzeitig nach Ende des Zweiten Weltkrieges parallel zum Wiederaufbau seiner Verbandsstrukturen um eine Fortführung des Gedenktages, der, nun bewusst anknüpfend an die Weimarer Tradition, wieder als Volkstrauertag begangen wurde und damit eine Brücke über die NS-Zeit schlagen sollte.[317]

Es braucht hier nicht im Detail die gesamte Geschichte des Volkstrauertages noch einmal erzählt werden, hierzu liegen bereits Studien vor. Der Volkstrauertag wurde hierbei bisher jedoch nicht im Zusammenhang mit der kriegsgräberfürsorglichen Praxis betrachtet. Auch der organisationsgeschichtliche Hintergrund des Volksbundes als Träger des Gedenktages wurde nur unzureichend berücksichtigt, was sich durch die nur unvollständig untersuchte Verbandsgeschichte erklärt. Petersens Studie zur Geschichte des Volkstrauertages ist durch eine rechtsgeschichtliche Perspektive gekennzeichnet und orientiert sich an der Entwicklung der gesetzlichen Feiertagsregelungen zum Schutz des Volkstrauertages.[318] Die Geschichte des Volksbundes selbst wird dabei nur oberflächlich für den Zeitraum vor 1945 behandelt. Ebenfalls mit einem Schwerpunkt auf der Weimarer Zeit und der NS-Zeit hat sich Karin Hausen mit dem Volkstrauertag

314 Vgl. *Behrenbeck*, Kult, S. 261; *Petersen*, Geschichte, S. 9–16.

315 Vgl. *Saehrendt*, Stellungskrieg, S. 156 f; zur sozialdemokratischen Kritik am Volkstrauertag und republikanischen Gedenkritualen vgl. *Ziemann*, Veteranen, S. 169–176; vgl. außerdem *Kühne*, Kameradschaft, S. 34–37.

316 Vgl. *Kaiser*, Helden, S. 180–183; *Schellack*, Nationalfeiertage, S. 302; NLA-StAO, Rep 451 Wit Akz. 1/1984 Nr. 392, Rundschreiben VDK Gau Niedersachsen Nord, Richtlinien für Abhaltung von Heldengedenkfeiern, 6.11.1934.

317 Vgl. Warum Volkstrauertag?, in: Kriegsgräberfürsorge 26 (1950), Nr. 2, S. 11.

318 Vgl. *Petersen*, Geschichte.

befasst.[319] Sie kontextualisiert den Volkstrauertag im Rahmen gesellschaftlicher Prozesse der Auseinandersetzung mit kollektiven Erfahrungen von Krieg, Tod und Niederlage nach dem Ersten Weltkrieg und verortet ihn innerhalb bestehender Traditionen der Ehrung und des Gedenkens an Kriegstote. Hausen sieht den Volksbund mit seiner Forderung nach einem nationalen Gedenktag für die Kriegstoten in enger Verbindung zu nationalistischen Gruppierungen, die die Kriegstotenehrung mit einer republikfeindlichen und revisionistischen Sinngebung verbanden. Kritisch wertet sie vor allem die fast nahtlosen Übergänge von Volkstrauer- und Heldengedenktag über die politischen Systemwechsel hinweg bis in die Bundesrepublik, wo das Kriegstotengedenken gerade in den Fünfzigerjahren noch von einer selektiven Wahrnehmung der Opfer geprägt war, die die Opfer der NS-Verbrechen ausgrenzte und dem weiterhin eine tendenziell heroische Sinngebung anhaftete. Die Einbeziehung weiterer Opfergruppen in das Gedenken am Volkstrauertag wird von ihr einerseits als Folge der innergesellschaftlichen Auseinandersetzung mit den NS-Verbrechen in den Sechzigerjahren, insbesondere der Studentenproteste, gedeutet, andererseits aber auch als erinnerungspolitische Strategie interpretiert, die es ermöglicht die Verantwortung für die NS-Verbrechen auszublenden. Hausen betont in diesem Zusammenhang auch die personellen und strukturellen Kontinuitäten innerhalb des Volksbundes beim Übergang von NS-Diktatur zur Bundesrepublik, die auch in der vorliegenden Arbeit bestätigt werden konnten.[320] Der zeitliche Zuschnitt ihres Aufsatzes bedingt aber, dass die weitergehende Entwicklung des Kriegsopfergedenkens in der Bundesrepublik nicht mehr betrachtet wird und somit die Frage nach der langfristigen Transformation älterer Traditionsbestände der militärischen Totenehrung und auch NS-belasteter Gedenkformen in der Bonner Republik offen bleibt.

Die bereits mehrfach angesprochene Gesamtdarstellung der Geschichte des Volkstrauertages von Alexandra Kaiser ist die einzige Arbeit, die die Entwicklung des Gedenktages von seinen Anfängen in den Zwanzigerjahren bis in die Gegenwart behandelt.[321] Der Schwerpunkt der Arbeit liegt dabei aber auf formeller, inhaltlicher und ritueller Gestaltung der zentralen Gedenkfeier. Die vom Volksbund seit den Fünfzigerjahren im Bonner Bundeshaus veranstaltete Gedenkstunde zum Volkstrauertag bekam durch den Veranstaltungsort und die Beteiligung von Vertretern aller Verfassungsorgane den Charakter eines Staatsaktes. Anhand der Gestaltung und Durchführung der Gedenkfeier als zentraler politischer Akt lassen sich Entwicklungslinien des öffentlichen Toten-

319 Vgl. *Hausen*, Volkstrauertag.

320 Vgl. ebd., S. 323.

321 *Kaiser*, Helden. Siehe außerdem die verschiedenen Aufsätze, die die Autorin zu Teilaspekten des Themas veröffentlicht hat: *Kaiser*, Allerheldentotenfest; *dies.*, Material; *dies.*, Sie wollen gar nicht, dass wir mit lauten Worten sie ›Helden‹ nennen; *dies.*, Volkstrauertag.

gedenkens in der Bundesrepublik nachzeichnen. Mit der zentralen Gedenkfeier wurde der normative Anspruch für das Gedenken an die verschiedenen Opfergruppen formuliert, derer am Volkstrauertag gedacht werden sollte und deren Zusammensetzung sich im Verlauf der Zeit immer wieder veränderte. Jedoch wird ein Zugriff auf den Volkstrauertag allein über die Gedenkveranstaltung in der Bundeshauptstadt der Eigenschaft des Gedenktages als überregionale Veranstaltung nicht ganz gerecht, die sich in hunderten am selben Tag in ganz Deutschland stattfindenden Gedenkveranstaltungen niederschlägt und die eng mit der Volksbundidee verknüpft ist. Die Anerkennung des Volkstrauertages nach dem Zweiten Weltkrieg als offizieller Gedenktag für die Kriegstoten in der Bundesrepublik sowie die Möglichkeit der Ausrichtung der offiziellen Gedenkveranstaltung im politischen Zentrum der Bonner Republik, war für den Volksbund ein wichtiger Schritt bei der öffentlichen Anerkennung seiner Arbeit.

Auch wenn sich der Volksbund in der Nachkriegszeit bemühte, die von ihm etablierte Tradition des Volkstrauertages nicht abreißen zu lassen, waren mit dessen Wiedereinführung 1952 zwei Einschnitte verbunden, die ihn vom Gedenktag der Weimarer Zeit unterschied. Dies war erstens die Verlegung des Datums vom Sonntag Reminiscere im März auf den zweiten Sonntag vor Beginn der Adventszeit,[322] und zweitens die Ausweitung des Totengedenkens über die militärischen Toten hinaus. Beides waren politische Konzessionsentscheidungen, die der Volksbund mittragen musste, um letztendlich den Anspruch auf einen einheitlichen landesweiten Gedenktag aufrechterhalten zu können. Während die Verschiebung des Termins unmittelbar zum Tragen kam, war die Einbeziehung eines erweiterten Kreises von Opfern, insbesondere der Opfer der NS-Verfolgung, ein langwieriger und gesellschaftlich konfliktbeladener Prozess.

Die Frage des Datums, an dem der Volkstrauertag zu begehen sei, hatte schon immer hohe symbolische Bedeutung gehabt. Der Sonntag Reminiscere, der zweite Sonntag in der Fastenzeit, verband das Kriegstotengedenken sowohl mit allgemeinen Assoziationen vorösterlicher Naturmetaphorik als auch vulgärtheologischen Analogien zur Passionsgeschichte.[323] Auch die Nationalsozialisten machten von der Datumssymbolik Gebrauch, als sie den bereits in Heldengedenktag umdeklarierten Volkstrauertag 1939 aus dem Kontext des christlichen Jahreszyklus herauslösten und zur Erinnerung an die Wiedereinführung der allgemeinen Wehrpflicht auf den Sonntag vor dem 16. März verlegten.[324] Der Volksbund ergriff bereits 1946 die Initiative, um den Volkstrauertag wiederzubeleben. Er sollte nicht nur einen Bezugspunkt für die gemeinsame Trauer schaffen, sondern auch ein lebhaftes Zeichen für die Wiederaufnahme seiner

322 Kaiser sieht in der Terminverschiebung »den einschneidendsten Bruch in der Symbolik des Volkstrauertages nach 1945.« *Kaiser*, Helden, S. 242.

323 Vgl. ebd., S. 234.

324 Vgl. *Petersen*, Geschichte, S. 22.

Arbeit setzen. Um den Anschein zu vermeiden, den militaristischen Totenkult der NS-Zeit fortzuführen, wurde nun wieder sowohl auf die aus der Weimarer Republik bekannte Bezeichnung Volkstrauertag als auch auf den dort vom VDK favorisierten, wenn auch nicht landesweit durchgesetzten Termin Sonntag Reminiscere zurückgegriffen. Die restriktive Haltung der Besatzungsmächte setzte zudem enge Grenzen für Trauer- und Gedenkfeiern, weshalb sich der Volksbund an die Kirchen wandte, um den Volkstrauertag in Form von landesweiten Gedenkgottesdiensten zu begehen. Begleitet waren diese von Spendenaufrufen und Kollekten für die Kriegsgräberfürsorge.[325] Kaiser hat herausgearbeitet, dass die Unterstützung der evangelischen Kirche in diesem Jahr nur als temporäre Lösung angesehen wurde und die Kirchen sich eigentlich gegen die Festsetzung des Volkstrauertages in der Osterzeit aussprachen. Die evangelische Kirche befürwortete vor allem eine Zusammenlegung mit dem Totensonntag,[326] auch wenn es in den nachfolgenden Jahren vereinzelt immer wieder zu Gedenkgottesdiensten am Sonntag Reminiscere kam.[327]

Die Diskussionen um einen geeigneten Zeitpunkt und die angemessene Form für einen Gedenktag für die Opfer des Krieges bewegten sich nicht allein zwischen Volksbund und Kirche, sondern wurden auch von Konzepten für politische Gedenktage begleitet. Bereits 1945 wurde nach einem Aufruf des Berliner Magistrats ein Gedenktag für die Opfer des Faschismus (OdF-Tag) ins Leben gerufen, der ab 1947 von der VVN als Trägerorganisation veranstaltet wurde und für den sich als einheitlicher Termin der zweite Sonntag im September durchsetzte.[328] Das Gedenken an die NS-Opfer konnte zu diesem Zeitpunkt jedoch keine breite integrative Wirkung entfalten, zudem wurde die VVN zunehmend als kommunistisch unterwandert wahrgenommen.[329] Der Gedenktag für die Opfer des Faschismus war dann in Westdeutschland spätestens mit der Instrumentalisierung des NS-Opfer-Gedenkens durch die SED politisch diskreditiert.[330] Als bundesrepublikanisches Gegenkonzept wurde zwischen 1950 und 1952 versucht, den Nationalen Gedenktag des deutschen Volkes einzuführen. Er nahm zeitlich den OdF-Tag um einige Tage vorweg und sollte ebenfalls das Gedenken an die Kriegstoten, hier nun sowohl die Gefallenen als auch die

325 VKA A.10-15, Schreiben Bundeszentrale West an Landesverband Berlin, Betrifft: Volkstrauertag, 14.1.1946; vgl. auch *Kaiser*, Helden, S. 235 f., mit Verweis auf entsprechende kirchliche Quellen.

326 VKA A.10-124, Denkschrift des VDK »Der Volkstrauertag als Gedenktag für die Toten beider Weltkriege«, August 1952.

327 VKA A.10-15, Schreiben Außenstelle Berlin an Bundeszentrale bzgl. Volkstrauertag, 13.6.1947.

328 Vgl. *Coppi/Warmbold*, Sonntag, S. 14 ff.; *Reuter/Hansel*, Leben, S. 88.

329 Vgl. *Margalit*, Guilt, S. 133. Zum Einsetzen der Debatte um Verbote kommunistischer Organisationen in der Bundesrepublik Anfang der Fünfzigerjahre, die auch die VVN betraf, siehe *Kössler*, Grenzen, S. 239 f.

330 Vgl. *Reuter/Hansel*, Leben, S. 266–271; *Herf*, Memory, S.164.

zivilen Opfer einschließlich der Opfer der NS-Verbrechen, mit einer staatslegitimatorischen Funktion verknüpfen, indem er mit dem gewählten Datum, dem 7. September, auf die konstituierende Sitzung des ersten Deutschen Bundestages verwies.[331] Neben der Abgrenzung vom Totengendenken der DDR nahm der Nationale Gedenktag des deutschen Volkes auch Forderungen vom rechten Rand etwas Wind aus den Segeln. Die rechte Splitterpartei WAV hatte sich 1949 im Bundestag und in ihrer landespolitischen Hochburg Bayern für einen »Nationaltrauertag« stark gemacht.[332]

Dem Nationalen Gedenktag des deutschen Volkes war jedoch nur eine kurze Lebensdauer beschieden.[333] Den offiziellen Rahmen für den Gedenkakt bildete eine Gedenkfeier im Bonner Bundeshaus. Hier hatte 1950 auch der VDK bereits im Frühjahr eine Gedenkstunde abhalten können, was die direkte Konkurrenzsituation der unterschiedlichen Gedenktagsentwürfe noch einmal verdeutlicht. Verfügten Volkstrauertag wie auch die kirchlichen Totengedenktage im Herbst über eine längere Tradition und Verwurzlung in der Bevölkerung, war der Nationale Gedenktag des deutschen Volkes vor allem ein politisches Konstrukt, das auf Betreiben der Bundesregierung zurückging. Bereits 1951 wurde daher unter Einbindung von Bund und Ländern, Kirchen und Volksbund ein neuer Anlauf versucht, um eine einheitliche Lösung für einen landesweiten Gedenktag herbeizuführen. Als Ergebnis stand der vom Volksbund favorisierte Volkstrauertag, der jedoch künftig im November begangen werden sollte.[334] Bei den hierbei geführten Auseinandersetzungen lassen sich drei Ebenen unterscheiden, die bei der Frage, wie ein künftiger bundesdeutscher Gedenktag gestaltet werden sollte, für die beteiligten Akteure unterschiedliches Gewicht hatten. Dies waren neben der erstens symbolisch bedeutsamen Datumsfrage, zweitens die Ausrichtung auf ein partikulares oder universelles Opfergedenken und drittens der Rahmen des öffentlichen Totengedenkens als primär staatliches Gedenken gegenüber einem gesamtgesellschaftlichen Gedenkkonzept. Einigkeit bestand zwischen den staatlichen Vertretern, den Kirchen sowie dem Volksbund, dass eine erkennbare Distanzierung zum Heldengedenken des »Dritten Reiches« hergestellt werden musste. Aus Sicht des Volksbundes sollte dies durch die bewusst

331 Siehe *Kaiser*, Helden, S. 213–219; *Petersen*, Geschichte, S. 30 f. Mit einem stärkeren Akzent auf die sozialpolitischen Interessenlagen bei der symbolischen Aufwertung verschiedener Opfergruppen zu Lasten der NS-Verfolgten siehe *Goschler*, Wiedergutmachung, S. 217 ff.

332 Vgl. *Petersen*, Geschichte, S. 32; zur WAV *Woller*, Die Wirtschaftliche Aufbau-Vereinigung.

333 Die Bezeichnung fand 1963 noch einmal Verwendung, als der bereits 1953 zum Feiertag erhobene 17. Juni, das Gedenken an den Arbeiteraufstand in der DDR, zusätzlich von Bundespräsident Lübke zum »Nationalen Gedenktag des deutschen Volkes« erklärt wurde. Vgl. BGBl. I 1963, Nr. 31, S. 397. Die ursprüngliche Intention eines Gedenktages für die Opfer des Weltkrieges wurde damit aber nicht mehr aufgegriffen, die bereits Anfang der Fünfzigerjahre deutliche Abgrenzung zur DDR war dagegen umso deutlicher.

334 Vgl. *Kaiser*, Helden, S. 226 ff.

erkennbare Staatsferne seines Volkstrauertages hergestellt werden, die er gezielt als Argument vorbrachte. Der VDK bezog gegen Pläne eines von ihm abwertend als »Staatstrauertag« bezeichneten Gedenktages deutlich Stellung und brachte außerdem als Drohkulisse die geschlossene Phalanx der Kriegsopfer und Traditionsverbände in Stellung:

> Wenn also das Bundesministerium des Innern trotzdem an seiner Idee festhalten will, einen ›Staatstrauertag‹ einzuführen, so muß man sich klar darüber sein, daß es eben ein *Staats*-Trauertag und kein *Volks*-Trauertag mehr ist. Alle in Frage kommenden Verbände wollen sich nämlich nicht noch einmal vom Staat zu einem Trauertag kommandieren lassen. Wenn also ein solcher Tag von Staatswegen eingeführt wird, so wird er von der Beamtenschaft und von der Ministerialbürokratie als Staatsfeiertag gefeiert. Das Volk wird zu einem Volkstrauertag aufgerufen werden und zwar von denjenigen Organisationen, die sich hierzu berufen fühlen: Volksbund, Verband der Kriegsbeschädigten und Soldatenbünde pp.[335]

Sollte also durch die betonte Staatsferne und den Rückgriff auf die Weimarer Tradition der Gedenktag von seiner propagandistischen Instrumentalisierung im Nationalsozialismus abgegrenzt werden, war man auf politischer Seite vor allem bestrebt, inhaltliche Korrekturen vorzunehmen, um den Vorwurf einer einseitigen Heldenverehrung zu begegnen, der durch eine rein militärische Totenehrung entstand. Die erste Gedenkfeier im Bonner Bundeshaus 1950 hatte noch allein den Kriegsopfern im engeren Sinne gegolten, den Gefallenen und den zivilen Kriegstoten. Für die Bundesregierung stand jedoch fest, dass der weitergreifende Einschluss von unterschiedlichen Opfergruppen in den staatlichen Gedenktag am 7. September bei einer einheitlichen Gedenktagslösung zugunsten des Volkstrauertages nicht aufgegeben werden sollte. Wie auch die Verlegung des Termins des Volkstrauertages war auch die Aufgabe des rein militärischen Totengedenkens eine Konzession, die der Volksbund einzugehen hatte, um die besondere Stellung des Volkstrauertages als landesweit anerkannten Gedenktag unter seiner Federführung zu erhalten. Der Volkstrauertag in seiner 1952 erdachten Form war somit ein Kompromiss, bei dem der Volksbund den von ihm ins Leben gerufenen Gedenktag bewahrte, die Bundesregierung im Gegenzug jedoch eine entscheidende Weichenstellung vornahm, um ihn von seinem ursprünglich rein militärischen Bezug zu lösen. Die Kirchen wiederum erreichten, dass der Volkstrauertag nicht in Konflikt mit dem kirchlichen Jahreszyklus geriet und seine österliche Konnotation verlor.

Theodor Heuss, der als Bundespräsident die Rede zum ersten offiziellen Volkstrauertag 1952 hielt, übernahm zugleich die ihm vom Volksbund angetragene Schirmherrschaft über den Verein. Dadurch erhielt die Gedenkveranstaltung

335 BArch B 122/637, Schreiben Beauftragter des VDK bei der Bundesregierung in Bonn an Bundespräsidialamt, 28.8.1951.

im Plenarsaal des Bundeshauses und der Volksbund als Trägerorganisation der Kriegsgräberfürsorge in Deutschland politische Anerkennung. In Heuss' Rede deutete sich aber auch an, dass der Preis, den der Volksbund für die Anerkennung seines Gedenktages als quasi Staatsakt zu zahlen hatte, die unmittelbare politische Einwirkung auf Inhalte und Verlauf der Veranstaltung sein würde. Im Mittelpunkt der Ansprache des Bundespräsidenten stand die Abgrenzung zu heroischen Formen des Kriegstotengedenkens, die er zugleich mit der bewussten Einbeziehung der zivilen Kriegsopfer und der Opfer der NS-Verfolgung in den Kreis der gedenkfähigen Opfer verband.[336] Die im Hinblick auf ihre Rolle während des Krieges und der NS-Zeit völlig unterschiedlichen Gruppen von Toten unter einem passiven Opferverständnis zusammenzufassen, entwickelte sich in der Nachkriegszeit zum gedenkpolitischen Paradigma der Bundesrepublik, das die Gedenkpraxis des Volkstrauertages als wesentliches Merkmal vollends seit Beginn der Sechzigerjahre kennzeichnet.[337]

Die Vermischung des Gefallenengedenkens mit dem Gedenken an die Opfer der NS-Verfolgung wurde in der Forschung teilweise auch als bewusste erinnerungspolitische Strategie oder Ausdruck eines kollektiven psychologischen »Tätertraumas« gedeutet.[338] Beides sollte die Auseinandersetzung mit den NS-Verbrechen und Fragen nach individueller Verantwortung und Schuld vermeiden helfen, indem sie ein allgemeines Verständnis aufrechterhielt, vor allem selbst Opfer des Nationalsozialismus geworden zu sein. Auf der Grundlage einer dichotomischen Unterscheidung zwischen »Tätern« und »Opfern« erscheint dann eine inklusive Gedenkpraxis, die die Unterscheidung zwischen beiden Gruppen verwischt, als ein fortgesetztes Unrecht gegenüber den NS-Opfern bei der Anerkennung des erlittenen Unrechts, weil der Tathergang und die Verantwortlichen nicht angemessen benannt werden und den Peinigern die gleiche Ehrung zu Teil wird, wie denen, die unter ihnen leiden mussten. Die »Täter-Opfer-Problematik« in der bundesdeutschen Gedenkpraxis ist als moralisches Problem nicht von der Hand zu weisen und war schon immer Gegenstand von öffentlicher Kritik. Wenn man die sozialen und politischen Mechanismen verstehen will, die zur Anerkennung als Opfergruppe im Nachkriegsdeutschland führten, ist eine »paradigmatische Konstellation von Tätern und Opfern«[339] aber nicht immer hilfreich. Versteht man dagegen Opfer nicht als eine Kategorie sui generis, sondern als ein soziales Konstrukt, das in den Nachkriegsjahren erst

336 Vgl. »Euer Opfer ist unsere Verpflichtung: Frieden!« Die Ansprache des Bundespräsidenten Theodor Heuss am Volkstrauertag im Bundeshaus, in: Bulletin des Presse- und Informationsamtes der Bundesregierung, Nr. 181/1952, S. 1597–1598.

337 Vgl. *Kaiser*, Helden, S. 264.

338 Vgl. neben *Hausen*, Volkstrauertag, auch *Wittig*, Tod, S. 91; der Begriff des »Tätertraumas« in Bezug auf den Volkstrauertag wird von Kaiser unter Rückgriff auf Überlegungen Bernhard Giesens eingeführt. Vgl *Kaiser*, Helden, S. 210 f.; *Giesen*, Tätertrauma.

339 *Assmann*, Schatten, S. 83.

durch gesellschaftliche Aushandlungsprozesse und Kämpfe um symbolische Anerkennung, politische Teilhabe und wirtschaftliche Ressourcen hergestellt und dabei maßgeblich von der politischen Nachkriegsordnung beeinflusst wurde, wird auch die Entwicklung von Gedenkpraktiken in ihren zeitlichen Zusammenhängen verständlicher.[340]

In Deutschland ging der Wandel von einem heroischen Opferbegriff zu einem passiven Opferverständnis einher mit einer Ausweitung des in der Zwischenkriegszeit exklusiv gehandhabten Opferstatus. In Ostdeutschland wurde etwa die Frage, wer eigentlich als Opfer des Faschismus anerkannt werden sollte, innerhalb der OdF-Ausschüsse zunächst sehr restriktiv gehandhabt. Opfer des Faschismus war eine »Elitenkategorie«[341], die aktiven politischen Widerstandskämpfern vorbehalten bleiben sollte und zugleich die oppositionelle Haltung gegenüber dem NS-Regime mit politischen Führungsansprüchen für die Nachkriegsordnung verband. Viele jüdische Opfer der Rassenverfolgung wären damit ausgeschlossen gewesen. Ebenso ist zu beobachten, dass das Verständnis, wer als Kriegsopfer bezeichnet wurde, sich erst während des Zweiten Weltkrieges von ausschließlich militärischen Toten auf zivile Kriegsopfer, vor allem die »Bombenopfer«, erweiterte. Zu Beginn der Fünfzigerjahre gelang es in Westdeutschland dann auch den Vertriebenen, sich erfolgreich als anerkannte Opfergruppe zu positionieren. In der Auseinandersetzung um Anerkennung sehr unterschiedlicher gesellschaftlicher Teilgruppen, die sich unter der Selbstbezeichnung als Opfergruppe zusammenfanden, stellte die Versammlung unter einem sehr weitgefassten Opferverständnis zu Beginn der Fünfzigerjahre in der Bundesrepublik auch ein Instrument der gesellschaftlichen Befriedung dar, das gleichermaßen öffentliche Anerkennung für dennoch disparate Leiderfahrungen zugestand. Die Herausstellung einzelner Opfer wurde dagegen als störend für den innergesellschaftlichen Frieden empfunden. Die Ausblendung der Unterschiede zwischen den verschiedenen Opfergruppen, insbesondere der NS-Opfer, ist nach dieser Lesart weniger Ausdruck eines kollektiv verdrängten Schuldbewusstseins, sondern Teil eines Stillschweigekonsenses, der den Übergang zu einer Nachkriegsnormalität und auch die Einbindung des NS-belasteten Teils der Bevölkerung ermöglichte.[342] In diesem »moralischen Wett-

340 Vgl. *Schildt*, Schatten; mit Betonung des Kalten Krieges als gewichtiger Einflussfaktor auf das Gedenken im Nachkriegsdeutschland *Margalit*, Guilt, S. 122–146.

341 *Reuter/Hansel*, Leben, S. 80.

342 Vgl. *Goschler*, Wiedergutmachung, S. 223; vgl. dazu auch *Frei*, Vergangenheitspolitik. Frei bezeichnet mit dem Begriff »Vergangenheitspolitik« eine Reihe von politischen und legislativen Maßnahmen, mit denen bis Mitte der Fünfzigerjahre eine »Bewältigung der NS-Bewältigung« erreicht werden sollte. Maßnahmen gegen NS-belastete Personengruppen wurden rückgängig gemacht, abgemildert oder Versorgungsleistungen ausgeweitet. Damit wurde das hiermit verbundene Wählerpotential an die großen Volksparteien gebunden und wirkte einer möglichen Systemopposition gegen die noch junge Bundesrepublik entgegen. Gleichzeitig wurde damit aber auch einer selbstkritischen Auseinandersetzung mit der NS-

streit«[343] verschiedener Opfergruppen verbarg sich zugleich enormes sozialintegratives Potential, das in den Fünfzigerjahren die bundesrepublikanische Gesellschaft als Gemeinschaft von Opfern konstituierte. Das Beharren des Bundespräsidenten auf einen gemeinsamen Gedenkakt für alle Opfer des Krieges und der NS-Verbrechen ist in diesem Zusammenhang gleichermaßen als Integrationsangebot als auch Mittel der normativen Abgrenzung zu sehen. Eine Ausgrenzung der NS-Opfer wurde offiziell nicht geduldet. Diese in Kreisen der Wehrmachtsveteranen durchaus als Zumutung empfundene Forderung hinzunehmen, eröffnete jedoch zugleich ein weites Feld für die Wiederherstellung des angekratzten Ehrgefühls, weil es im Gegenzug in begrenztem Umfang auch die Erinnerungspflege der Wehrmachtszeit erlaubte.

Für den Volksbund standen zu Beginn der Fünfzigerjahre wie auch bei seiner praktischen Arbeit die gefallenen Soldaten im Mittelpunkt. Die Abgrenzung zum Heldengedenken der Nationalsozialisten sollte aus seiner Sicht keineswegs durch eine vollständige Abwendung vom militärischen Totengedenken geschehen, sondern durch die Rückbesinnung auf den Kern des militärischen Ehrbegriffes, für den überzeitliche Gültigkeit beansprucht wurde. Als weiterhin ehrbekundungsfähig wurde die Opferbereitschaft im Dienste der Vaterlandsverteidigung gesehen, die auch die Gefallenen der Wehrmacht unter Beweis gestellt hätten.[344] Diese wurden nun gleichermaßen wie auch die anderen Toten als Opfer des NS-Regimes gedeutet, das diese an sich ehrenwerte Gesinnung für seine politischen Ziele missbraucht hätte. Theodor Heuss hatte 1952 in seiner Volkstrauertagsrede die Eckpfeiler abgesteckt, die die Grenzen markierten, innerhalb derer sich das Gedenken an die Kriegsopfer bewegen sollte. Mit den Worten »Ach, da ist es vorbei mit dem Heroisieren; da ist einfach grenzenloses Leid«[345], hatte er eine Rückkehr zum Heldengedenken der Vorkriegszeit ausgeschlossen und alle Opfer »[m]it Absicht [...] auf eine Stufe gestellt«,[346] wie es

Zeit entgegen gearbeitet. Jeffrey Herf hat ebenfalls betont, dass in der Ära Adenauer dem wirtschaftlichen Wiederaufbau, Demokratisierung und Westbindung Vorrang vor einer direkten Konfrontation mit den NS-Verbrechen eingeräumt wurde, weil dies als wirksamstes Mittel gegen einen Rückfall in eine Diktatur gesehen wurde. Vgl. *Herf*, Memory, S. 208 f.

343 *Moeller*, Deutsche Opfer, S. 33.

344 Vgl. Ihr seid nicht allein und verlassen in eurem Leid. Ein Rückblick auf den Volkstrauertag 1950, in: Kriegsgräberfürsorge 26 (1950), Nr. 4, S. 26–27.

345 *Heuss*, Euer Opfer.

346 Kriegsgräberfürsorge (1952), Nr. 12, S 142. Der Volksbund fasste die Rede des Bundespräsidenten nur sinngemäß und nicht wortwörtlich zusammen. Die Formulierung, die verschiedenen Opfer auf eine Stufe zu stellen, wählt Heuss gerade nicht, sondern versucht zu vermitteln, dass die Einbeziehung der zivilen Opfer in das Kriegstotengedenken auf Ebene der Leid- und Trauererfahrung möglich sei und nicht »die Würde des soldatischen Sterbens« mindere. Vgl. hierzu auch *Kaiser*, Helden, S. 269, die der Benennung der jüdischen Opfer mehr Gewicht einräumt, wobei sie sich allerdings nicht auf die Rede Heuss‹ im Originalwortlaut stützt, sondern auf die Zusammenfassung des VDK zurückgreift, was zu einem verzerrten Bild führt.

der Volksbund später wesentlich deutlicher zusammenfasste, als es Heuss selbst formuliert hatte. Dem weitverbreiteten Bedürfnis nach einer Vorstellung vom anständigen deutschen Soldaten hatte der Bundespräsident zugleich eine breite Brücke gebaut.[347] In Heuss‹ Rede tritt sie rhetorisch in der Figur des »ernsten Soldaten« in Erscheinung:

[M]ancher wird murren, daß ich diese Opfer einer bösen Politik in einem nenne. Ich weiß aber, daß der ernste Soldat an meiner Seite steht. Ihm war das so gesicherte wie hysterische Zivilistengeschrei von dem, nach dem totalen Krieg zutiefst zuwider. Denn es proklamiert die letzte Brutalität, verhöhnte, verscheuchte, was als Ritterlichkeit in einer großen Überlieferung vorhanden. Er, der Soldat, trug auch aufs schwerste daran, daß er nicht nur den Boden der Heimat zu schirmen hatte – das tat er gerne –, sondern daß auf diesem Boden die Verdrängung von Redlichkeit und Recht durch Zynismus und plumpe Gewalt den inneren Sinn des ›gerechten Krieges‹ ausgehöhlt hatte, der doch Schutz des Mensch-Seins will. Die Soldatenrevolte vom Juli 1944 hatte hier, gerade hier ihren tiefsten Quell.[348]

Der »totale Krieg« hatte nichts mehr gemein mit althergebrachten Vorstellungen von Ritterlichkeit und Vaterlandsverteidigung, sondern war Ausdruck derselben »sittlichen Zerrüttung«,[349] die Deutschland im Inneren zersetzt hatte. Damit standen die Opfer des Krieges unterschiedslos neben denen der Konzentrationslager, und auch der Widerstand am 20. Juli 1944 ließ sich so in das Gesamtbild integrieren, das insgesamt den Anschein einer Entfremdung des deutschen Soldaten von seiner politischen Führung bekam.

Dies änderte jedoch nichts daran, dass in den folgenden Jahren auch weiterhin die Gefallenen im Mittelpunkt der Gedenkfeiern standen, was den Eindruck einer ungeschriebenen Hierarchie der Opfer entstehen ließ. Auf die anderen Opfergruppen wurde zwar in Reden verwiesen, ihre Bedeutung trat jedoch erkennbar in den Hintergrund. Den in der Rede von Heuss ebenfalls angesprochenen militärischen Widerstand, dem das Stigma des Verrats anhaftete, in das Gedenken zu integrieren, erzeugte im Umfeld militärischer Traditionsverbände weniger Missbilligung als die Ausweitung des Gedenkens auf die Opfer der NS-Verfolgung.[350] Genauso wie auch Angehörige der Wehrmacht, die ihrem Leben

347 Vgl. *Echternkamp*, Krieg, S. 82 f.

348 *Heuss*, Euer Opfer.

349 Ebd.

350 Manig betont, dass das Bekenntnis der Bundesregierung zum Erbe des 20. Juli nur auf Druck der Alliierten gegenüber starker Widerstände im VDS aufrechterhalten wurde. Vgl. *Manig*, Politik, S. 593. Der Volksbund nahm in dieser Frage jedoch frühzeitig eine Position ein, die darauf hinauslief, auch Kriegstote, die durch Verweigerungs- oder Widerstandsakte in Erscheinung getreten waren, mit einzubeziehen. Dies war einerseits ein politisches Zugeständnis zur Wiederaufnahme der Vereinsaktivitäten, andererseits darf nicht unterschlagen werden, dass z. B. der spätere VDK Verbandsvertreter in Bonn, Konstantin von Béguelin, selbst nach dem Hitlerattentat an die Ostfront versetzt worden war und Sympathien für die

durch Suizid ein Ende gesetzt hatten, oder die als Deserteure standrechtlich erschossen worden waren, waren alle letztendlich immer noch als Soldaten gestorben. Dies entsprach auch dem Vorgehen des Volksbundes bei der Umbettung und Bestattung der Kriegstoten, der keine »Schindanger für Selbstmörder und Hingerichtete«[351] dulden wollte.

Der Volksbund selbst hatte sich gegenüber Heuss gegen eine Verbindung des Kriegstotengedenkens mit der Ehrung anderer Opfergruppen ausgesprochen. Das entscheidende Definitionskriterium zur Eingrenzung der Kriegstoten war für ihn, dass die Todesursache direkt oder indirekt durch »Feindeinwirkung«[352] herbeigeführt worden war. Dies war ein Begriff, der sich einseitig auf die Opfer militärischer Gewalt bezog und zugleich unterschwellig die während der NS-Zeit verankerten Mechanismen des Einschlusses und Ausschlusses aus der Volksgemeinschaft reproduzierte.[353] Der NS-Opfer zu gedenken wurde damit nicht grundsätzlich in Abrede gestellt, jedoch sollte dies durch entsprechende Opferverbände im Rahmen eigenständiger Gedenkveranstaltungen erfolgen.[354]

Attentäter hegte. Siehe hierzu Schriftwechsel in VKA A.10-13 Arbeitsgenehmigungen für Berlin/Schriftwechsel 1945–46; zu von Béguelin siehe BArch B 122/637, Persönliche Angaben und Lebensläufe von Persönlichkeiten des VDK zur Information an das Bundespräsidialamt wegen Empfang beim Bundespräsidenten.

351 BArch MA N24/160, Schreiben Walther Sonntag an Friedrich Hoßbach, 8.1.1961. In dem Brief wird auf einen Vorfall bei Umbettungen in Frankreich sowie eine Anfrage des Bezirksverbandes Braunschweig Bezug genommen, wie mit den Gräbern von Deserteuren umgegangen werden solle. Die Umbettung von Gräbern von erschossenen Deserteuren bei Reims hatte zu Protesten in der französischen Bevölkerung geführt, war also nicht allein für Wehrmachtsveteranen ein kritischer Punkt, sondern für Anhänger traditioneller militärischer Ehrkonzepte auf beiden Seiten der Grenze. Für die Bestattung von Selbstmördern mit militärischen Ehren bestand bereits während des Krieges ein gewisser Ermessensspielraum (vgl. Richtlinien über die Fürsorge für die Gräber der Kriegsgefallenen auf den nichtreichseigenen Friedhöfen, MBliV 1942, Nr. 29, S. 1515). Capdevila und Voldman führen Beispiele aus Frankreich während der Besatzungszeit an, die zeigen, dass Selbstmörder und Deserteure hier auf Weisung der Wehrmacht räumlich getrennt von den militärischen Ehrengräbern bestattet wurden, die Gräber aber ebenfalls ordentlich gepflegt wurden. Vgl. *Capdevila/Voldman*, War Dead, S. 151. Der Volksbund vertrat nach dem Zweiten Weltkrieg in dieser Frage eine eindeutige Haltung, keine nachträgliche Bewertung der Todesumstände vorzunehmen. Siehe hierzu außerdem BArch MA N24/165, VDK Kreisverband Braunschweig an Bezirksverband Braunschweig, Betr.: Kriegsgräberfürsorge, Behandlung von Gräbern zum Tode verurteilter Soldaten, 9.1.1961, und BArch MA N24/165, Zu der Vorlage der Bundesgeschäftsleitung Z/F/Wie/Ge, Betr.: Behandlung von Gräbern zum Tode verurteilter Soldaten, 17.2.61.

352 BArch B 122/637, Stellungnahme des Beauftragten des Volksbundes bei der Bundesregierung K. v. Béguelin zu einem Schreiben der Deutschen Friedensgesellschaft an den Bundespräsidenten, 14.3.1950.

353 Vgl. *Behrenbeck*, Pain, S. 41.

354 BArch B 122/637, Stellungnahme des Beauftragten des Volksbundes bei der Bundesregierung K. v. Béguelin zu einem Schreiben der Deutschen Friedensgesellschaft an den Bundespräsidenten, 14.3.1950. Von Béguelin wehrte sich zugleich gegen Andeutungen in der Presse, die den VDK in die politisch rechte Ecke rückten, indem er auf die Erfahrungen

Vor dem Hintergrund der unterschiedlichen, miteinander konkurrierenden Gedenktage bediente der neue Volkstrauertag vor allem den politischen Wunsch, das Opfergedenken gerade nicht in einer Vielzahl unterschiedlicher Gedenktage zerfasern zu lassen, die sich schnell zu einer politischen Bühne für unterschiedliche Opferverbände hätte entwickeln können. Die somit umrissenen politischen Vorgaben für das Gedenken am Volkstrauertag konnte der Volksbund nicht ohne weiteres übergehen, wenn er der besonderen Stellung des Volkstrauertages durch einen zentralen Gedenkakt in Bonn mit Beteiligung der höchsten Staatsorgane zur Geltung verhelfen wollte. Als landesweite Veranstaltung war der Volksbund jedoch nicht allein auf politische Unterstützung angewiesen, sondern strebte eine breite gesellschaftliche Mitwirkung an, die auf lokaler Ebene natürlich durch möglichst zahlreiches Erscheinen der Bevölkerung, aber auch durch Einbindung örtlicher Vereine erreicht werden sollte. Ute Frevert hat dazu angemerkt, dass »je weiter man sich vom Zentrum und seiner offiziellen Diktion [dem Gedenken an alle Opfer, J. B.] entfernte, desto stärker sich das Gedenken auf die gefallenen Soldaten […]«[355] verengt hätte. Dieser Befund, der vor allem für den Zeitraum der Fünfziger und Sechzigerjahre Gültigkeit beanspruchen kann, macht deutlich, in welchem Spannungsverhältnis sich der Volksbund bewegte. Die normative Vorgabe einer gleichwertigen Stellung der Gefallenen und der NS-Verfolgten stand noch im Gegensatz zu den bestehenden Traditionen des Volksbundes, der durch seine Arbeit und Selbstverständnis eigentlich nur auf die klassischen Kriegstoten ausgerichtet war, was zugleich auch die allgemeine Erwartungshaltung an die lokalen Volkstrauertagsfeiern bestimmte. Der Volksbund musste die Erweiterung des Totengedenkens am Volkstrauertag in den Rahmen der Gedenkveranstaltung integrieren und zum Ausdruck bringen, er musste dies auch gegenüber seinen Mitgliedern und den Vereinigungen, die er um Unterstützung bat, kommunizieren und vermitteln. Gerade aus dem Umfeld der Soldatenverbände wurde die Erweiterung des Kreises der gedenkfähigen Toten nur widerwillig hingenommen. Auch wenn sich vielerorts Beispiele für das Fortbestehen von Gedenkpraktiken finden lassen, die an Traditionen der Kriegerehrung ausgerichtet blieben, hieße es jedoch diese zu beobachtenden Phänomene einseitig auf die ihnen innewohnenden konservativen Beharrungskräfte zu verkürzen, wenn man sie allein zur Charakterisierung des Volkstrauertages heranziehen würde. Die Entwicklung des Volkstrauertages in seiner gesamten Breite muss vielmehr als ein dauerhafter kommunikativer Prozess verstanden werden, der Forderungen nach inhaltlichen und formalen Veränderungen als

verschiedener Volksbundvertreter während der NS-Zeit hinwies, die aus politischen Gründen Repressionen oder Benachteiligungen ausgesetzt gewesen waren. Er nahm damit selbst die für die Fünfzigerjahre typische Haltung ein, für sich eine Opferrolle zu reklamieren, um von dieser Warte aus seine Argumente vorzutragen.

355 *Assmann/Frevert*, Geschichtsvergessenheit, S. 210.

auch deren Abwehr mit einschloss. Dies tritt sowohl bei der zentralen Gedenkstunde in Bonn als auch bei den regionalen Veranstaltungen hervor.

Bei der Gestaltung der zentralen Gedenkstunde im Plenarsaal des Bonner Bundeshauses versuchte der Volksbund gleichzeitig den Volkstrauertag durch eine Neugestaltung des Ablaufes der Gedenkveranstaltung vom Heldengedenktag abzugrenzen. Die seit der Weimarer Zeit bekannte Abfolge von Redebeiträgen mit musikalischen Einschüben, die im »Lied vom guten Kameraden« ihren Höhepunkt fanden, wurde in den Fünfzigerjahren durch verschiedene künstlerische Beiträge durchbrochen. Bis 1959 experimentierte der Volksbund mit verschiedenen Formaten, wie szenischen Lesungen, musikalischen Kompositionen sowie der eigens in Auftrag gegebenen Inszenierung »Der Andere«, die den Schlusspunkt unter die Suche nach einem »neuen Stil« für die zentrale Gedenkstunde setzte. Für die Weiterentwicklung der Gedenkstunde wurde ein Ausschuss gebildet, der in mehreren Arbeitsgesprächen und Tagungen unter Beteiligung des Bundesinnenministeriums und externer Berater und Künstler Vorschläge diskutierte.[356] Als inhaltliche Vorgabe hatte der stellvertretende Geschäftsführer des Volksbundes Klaus von Lutzau formuliert, dass ein Weg gefunden werden müsse, die Besonderheit des Soldatentodes herauszustellen ohne dabei in rühmendes Gedenken zu verfallen, da dies in Deutschland nicht mehr möglich sei. Bei der zentralen Volkstrauertagsfeier in Bonn gewann in den Fünfzigerjahren auch die mediale Vermittlung zunehmend an Bedeutung. Die Planung der Gedenkstunde durfte sich nicht allein an den anwesenden Gästen im Bundeshaus orientieren, sondern musste berücksichtigen, dass Hunderttausende die Gedenkveranstaltung zeitgleich im Radio verfolgten.[357]

Die am Volkstrauertag 1959 aufgeführte Inszenierung »Der Andere« von Otto Heinrich Kühner war deshalb als sechzigminütiges Hörspiel konzipiert. Das Stück zeichnete ein Bild des Krieges, der schicksalhaft wie eine Naturgewalt über die Völker hereinbricht. Es war besetzt mit allegorischen Figuren, die allesamt für die unterschiedlichen Blickwinkel der Hinterbliebenen auf die schmerzhafte Verlusterfahrung durch den Kriegstod standen. »Die Mutter« und »das Mädchen« standen für typisch weibliche Rollenbilder der trauernden Mutter, Witwe oder Verlobten; »der Tischler (der Eine)« und »der Geiger (der Andere)« waren die in den Krieg ziehenden männlichen Protagonisten, denen »der Tod« vorab verkündet, dass nur einer von ihnen ohne seinen Kameraden zurückkehren wird. Der Plan des Todes geht jedoch insoweit nicht auf, weil am Ende des Stückes die am Grabe trauernde Mutter die Erinnerung an den Toten wach hält

356 VKA A.10-88, Schreiben Präsident d. VDK Ahlhorn an Ministerialrat Dr. Gussone, BdI, 1.3.1957.

357 VKA A.10-69 Volkstrauertag – Ausschuss Gestaltungsaufgaben der zentralen Volkstrauertags-Feier 1955–1959 und VKA A.10-70 Volkstrauertag – Ausschuss Gestaltungsaufgaben der zentralen Volkstrauertags-Feier 1959–60; ausführlich zu den Neugestaltungsplänen siehe außerdem *Kaiser*, Helden, S. 246–267.

und damit den Fängen des Todes entreißt.[358] In der Aufführung nahm damit wie bei allen Volkstrauertagsveranstaltungen der Fünfzigerjahre vornehmlich das Verständnis des Kriegstodes als Soldatentod den größten Raum ein, reduziert auf eine passive Leiderfahrung. Das Bild der am Grabe trauernden Mutter verwies außerdem über die Gedenkveranstaltung hinaus auf die Bedeutung der Arbeit des Volksbundes.

Die Suche nach neuen Gestaltungsmöglichkeiten für die zentrale Gedenkfeier am Volkstrauertag wurde vom Volksbund im folgenden Jahr aufgegeben. Die Ursachen für eine Rückkehr zum traditionellen Ablauf der Gedenkstunden sind Folge politischer Interventionen. Die Resonanz auf die neugewählte Form für die Gestaltung der Gedenkfeier war unter den Zuschauern und Zuhörern durchmischt ausgefallen. Die unmittelbaren Reaktionen auf die Inszenierung sind bekannt, weil der Volksbund selbst um Rückmeldungen bat und diese auswertete.[359] Auch wenn es unter den eingegangenen Zuschriften deutliche Äußerungen gab, die sich befremdet über die Inszenierung zeigten, war die Kritik insgesamt nicht so verheerend, als dass der VDK die Volkstrauertagsfeier 1959 sofort als gescheitert verbucht hätte. Die Pläne des Ausschusses zur Gestaltung des Volkstrauertages waren jedoch sowohl innerhalb des Volksbundes als auch auf Seiten der Bundesregierung nicht unumstritten und standen damit auf tönernen Füßen.[360] Kaiser verweist auf die bereits im Vorfeld des Volkstrauertages sperrige Haltung gegenüber den Aufführungsplänen im Bundeskanzleramt. Konrad Adenauer verweigerte schließlich sogar seine Teilnahme, so dass die Verlesung des Totengedenkens von Innenminister Schröder als Vertreter der Bundesregierung übernommen wurde. Seit 1959 wurde in Bonn zudem darüber diskutiert, die Planung der zentralen Gedenkstunde am Volkstrauertag dem Volksbund zu entziehen, was jedoch mit dem Argument verworfen wurde, damit Erinnerungen an die Umwandlung des Volkstrauertages in den Heldengedenktag 1934 zu wecken. Als treibende Kräfte sieht Kaiser vor allem das Verteidigungsministerium und Bundeskanzler Adenauer, die vor dem Hintergrund der neuen Rolle der Bundesrepublik an der Seite der Westmächte in der NATO sich nun eine stärkere Akzentuierung des militärischen Charakters und die Beteiligung der Bundeswehr am Volkstrauertag gewünscht hätten, um damit die Akzeptanz der Streitkräfte in der Bevölkerung zu stärken.[361]

358 Für eine zeitgenössische Erläuterung und inhaltliche Zusammenfassung des Stückes siehe VKA A.10-69, »Der Andere«, 5.10.1959.

359 VKA A.10-70, Volkstrauertag – Ausschuss Gestaltungsaufgaben der zentralen Volkstrauertags-Feier 1959–60.

360 Ablehnend hatte sich bereits vor dem Volkstrauertag 1959 der Schatzmeister des VDK Noll geäußert. Siehe BArch MA N24/156, VDK Präsident an Mitglieder des Vorstands Betr.: Gestaltung des Volkstrauertages, 23.10.1959.

361 Vgl. *Kaiser*, Helden, S. 258ff.

Adenauer und dem Verteidigungsministerium ging es wohl weniger um eine wirkliche Erweiterung der Beteiligung der Bundeswehr, sondern eher um einen verlässlichen Ablauf der Gedenkveranstaltung, der die künstlerischen Experimente des Volksbundes beenden sollte. Denn wenn etwas in den Fünfzigerjahren am Volkstrauertag kritisiert wurde, dann war dies gerade, dass die Veranstaltungen zu militärisch geprägt waren. Die Beteiligung der Bundeswehr war bereits seit 1956 durch einen Erlass des Verteidigungsministeriums geregelt, der die Entsendung von Abordnungen zu den örtlichen Volkstrauertagsveranstaltungen an den Truppenstandorten und Kranzniederlegungen und Ehrposten an ausgewählten Gedenkstätten verfügte, an denen sich auch die alliierten Streitkräfte beteiligten.[362] Der Volksbund bemühte sich außerdem um eine enge Zusammenarbeit mit der Militärseelsorge.[363] Zugleich hatte die Wiederbewaffnungsdebatte ihren Zenit schon überschritten. Bundeswehrkritische Stimmen waren damit nicht verstummt, jedoch waren die westdeutschen Streitkräfte Ende der Fünfzigerjahre bereits ein unabänderliches Faktum, so dass pazifistische Positionen nun durch die anhaltende Bedrohungslage des Ost-West-Konfliktes und des nuklearen Aufrüstens konturiert wurden.[364] Die veränderte Stellung der Bundesrepublik ab 1955 fand im Zeremoniell des Volkstrauertages schon im selben Jahr ihren Niederschlag. Bei der traditionellen Kranzniederlegung auf dem Bonner Nordfriedhof folgten unmittelbar auf den Repräsentanten der Bundesregierung und des Bundespräsidenten in zweiter Reihe Generäle der NATO.[365] Bereits Eisenhowers Ehrerklärung 1951 hatte militärische Ehrbekundungen der alliierten Streitkräfte für die deutschen Gefallenen möglich gemacht und damit geholfen, das öffentliche Bild des deutschen Soldaten wieder aufzuwerten.[366]

Die zunehmende Experimentierfreude des Volksbundes bei der Gestaltung des Volkstrauertages fiel jedoch zusammen mit einem auf Seiten der Bundesregierung wahrgenommenen Defizit bei internationalen protokollarischen Gepflogenheiten, die auch gewichtiger Bestandteil der beginnenden Diskussionen über den Bau des Bonner Ehrenmals waren.[367] Der Bonner Nordfriedhof, der nicht nur am Volkstrauertag, sondern auch bei Staatsbesuchen für Kranz-

362 Vgl. Beteiligung der Bundeswehr an der Totenehrung aus Anlaß des Volkstrauertages, in: VMBl. 1956, S. 78. Vgl. außerdem die Zusammenfassung der Volkstrauertagsfeiern in Bonn und im Bundesgebiet in: Kriegsgräberfürsorge 31 (1956), Nr. 8, S. 116–120 und 32 (1957), Nr. 8, S. 4–13.

363 VKA A.10-59, Schreiben VDK an den Militärbischof Prälat D. Hermann Kunst, 21.05.1957.

364 Vgl. *Wette*, Nuklearpazifismus, S. 145–146.

365 Vgl. Abbildung in Kriegsgräberfürsorge 31 (1955), Nr. 12, S. 179.

366 Vgl. *Frevert*, Nation, S. 329; zur Interessenpolitik ehemaliger Berufssoldaten im Kontext der Wiederbewaffnungsdebatte vgl. *Manig*, Politik, S. 197 ff.

367 Vgl. *Stein*, Symbole, S. 77; BArch B 106/21011, Auszug aus dem Kurzprotokoll der 69. Sitzung des Haushaltsausschusses am 21. März 1963 – Beratung über den Einzelplan 60 des Bundeshaushaltsplanes 1963.

niederlegungen genutzt wurde, erschien als repräsentativer Ort für derartige Anlässe nicht mehr angemessen. Der Volkstrauertag bewegte sich zwar nicht auf derselben politischen Ebene wie ein Staatsempfang, jedoch war er durch die Beteiligung der Bundesregierung und internationaler militärischer Repräsentanten eine öffentliche Bühne, die zwangsläufig protokollarische Fragen aufwarf. Die Gestaltungshoheit dem Volksbund zu überlassen, stellte einen unberechenbaren Störfaktor dar, weil dieser anscheinend künstlerischen Darbietungen den Vorrang vor den tradierten Abläufen zu gewähren bereit war. Vergessen werden darf auch nicht, dass sich im selben Zeitraum die generelle Haltung in Bonn gegenüber dem Volksbund veränderte und angestrebt wurde, den Verein enger an politische Vorgaben zu binden.[368]

Das Ende der Gestaltungsexperimente bei der Bonner Gedenkstunde kam 1960 letztendlich eher zufällig durch das Vorpreschen des Bonner Vertreters des Volksbundes Konstantin von Béguelin bei Bundespräsident Lübke zustande. Von Béguelin hatte ohne vorherige Rücksprache mit dem Bundesvorstand den Bundespräsidenten um Teilnahme am kommenden Volkstrauertag gebeten.[369] Die Zusage Lübkes bedeutete nicht nur, dass damit der Volksbund vor vollendete Tatsachen gestellt wurde, sondern zugleich, dass die Vorbereitungen für die Gedenkstunde in enger Absprache mit dem Bundespräsidialamt verliefen, das seinen Einfluss nutzte, um die Veranstaltung wieder in traditionelle Bahnen zu lenken, zumindest was die Abläufe betraf. Die von Lübke gewählten Worte bei seiner Rede sprachen gleichzeitig wesentlich deutlicher als bisher die Opfer der NS-Verbrechen an. Was sich seit Beginn der Sechzigerjahre in der Gestaltung der zentralen Gedenkfeiern zum Volkstrauertag sowie in den zu dieser Zeit verlaufenden Debatten zum Bau des Bonner Ehrenmals als auch bei der Reform des Kriegsgräbergesetzes abzeichnete, war einerseits der Versuch, die Gedenkveranstaltung an ein bekanntes staatlich-repräsentatives Zeremoniell zu knüpfen und hierfür geeignete Orte und Rahmenbedingungen zu schaffen, andererseits aber die aus der öffentlichen Gefallenenehrung erwachsenen Gedenkrituale insoweit neu zu kodieren, dass sie nicht mehr den Kriegstod mit einer positiven politischen Sinngebung belegten, sondern das Gedenken an den gewaltsam herbeigeführten Tod in Abgrenzung zur Diktatur als normatives Leitbild festlegten, welches alle Toten als passive Opfer einschloss. Das am Volkstrauertag verlesene Totengedenken erhielt ab 1961 die bis heute geläufige Form einer Abfolge der unterschiedlichen Opfergruppen, derer Gedacht wird. Das Totengedenken war bereits in den Fünfzigerjahren in einer sprachlich standardisierten Form verlesen worden und hatte sich auf »die vielen Millionen Opfer, die die beiden

368 Siehe Kapitel III.2.4.

369 BArch MA N24/186, Zu Pkt. 3b der TO der Vorstandssitzung vom 26.2.1960, Betr.: Spitzenfeier des Volkstrauertages 1960.

Weltkriege und politischer Terror«[370] gefordert hatten, bezogen. Der seit Anfang der Sechzigerjahre verlesene Opferkatalog benannte differenziert die einzelnen Opfergruppen, die schon bald nicht mehr dem binären Schema »deutsche Opfer« und »Opfer der Deutschen« folgen sollten. Die Auflistung der Opfergruppen sollte diese deutlicher benennen und zugleich voneinander, vor allem aber vom eigentlichen Begriff der Kriegstoten, abgrenzen, der wie auch der Begriff des Kriegsgrabes der deutschen Rechtstradition seit der Weimarer Republik folgte und vom Volksbund entsprechend verwendet wurde. Kriegstod war vor allem der Tod auf dem Schlachtfeld sowie die zivilen Kriegsverluste durch zum Beispiel Luftangriffe. Die Benennung der Opfergruppen war bereits im Kriegsgräbergesetz geläufig und wurde auch nach dessen Reform 1965 beibehalten. Der hierbei eingeführte Oberbegriff der »Opfer der Gewaltherrschaft«, unter dem nun alle Gräbergruppen zusammengefasst wurden, die nicht unter den tradierten Kriegsgräberbegriff fielen, gab vor allem dem Totengedenken am Volkstrauertag eine neue gegenwartspolitische Stoßrichtung. Denn er bezog sich nicht allein auf die NS-Herrschaft, sondern richtete sich nun auch gegen die realexistierende Diktatur auf der anderen Seite der Mauer.

Der Begriff der Gewaltherrschaft tritt etwa zeitgleich in den Diskussionen zur Reform des Gräbergesetzes und als Komponente der Inschrift des Bonner Ehrenmals 1962, also einige Monate nach dem Bau der Berliner Mauer, in Erscheinung.[371] Der Zusammenhang ist nicht zufällig, sondern wurde von den Beteiligten selbst hergestellt. Die Ausweitung des dauerhaften Ruherechtes auch auf die »Fluchtopfer« sollte den Mauerbau unmittelbar anprangern. Uneinigkeit bestand noch darin, ob nur die Mauer oder gleich die DDR als Ganzes als verbrecherisch gebrandmarkt werden sollte. Jede diplomatische Zurückhaltung gegenüber der DDR und den sozialistischen Staaten ließ der nordrheinwestfälische Innenminister Willi Weyer (FDP) fallen, der gegenüber seinen Amtskollegen sein Unverständnis darüber bekundete,

> [...] es solle nur die Mauer, nicht aber das System hinter der Mauer verurteilt werden [...]. Die kommunistische Gewaltherrschaft auf deutschem Boden ist ein einheitlich zu wertender Tatbestand, der im Zusammenhang mit der Änderung und Ergänzung des Kriegsgräberrechts politisch angemessen berücksichtigt werden sollte.[372]

370 Die Bundesregierung zum Volkstrauertag, in: Kriegsgräberfürsorge 33 (1957), Nr. 8, S. 9.

371 Zum Gräbergesetz siehe BArch B 106/127305; zur Planung des Bonner Ehrenmals BArch B 106/77167 und B 106/21011. Vgl. auch Lützeler, Universität, S. 269.

372 BArch B 189/9396, Innenminister des Landes Nordrhein-Westfalen an die Arbeitsgemeinschaft der Innenministerien, Betr.: Kriegsgräberrecht, hier: Behandlung der Gräber für Opfer der Gewaltherrschaft, Düsseldorf, 26.4.1963. Weyer vertrat die Position, auch die Gräber von Toten, die infolge von politischer Inhaftierung in der SBZ oder DDR umgekommen waren, in den Geltungsbereich des Gräbergesetzes aufzunehmen. Diese Regelung wurde jedoch erst nach der Wiedervereinigung eingeführt.

Erkennbar symbolisch aufgeladen war auch die Sitzung des Bundestages, bei der die notwendige Grundgesetzänderung im Vorfeld der Abstimmung zum neuen Gräbergesetz 1965 beschlossen wurde. Der Bundestag hatte die Sitzung von Bonn nach Berlin verlegt, um damit seinen Anspruch auf ein vereinigtes Deutschland und Berlin als Bundeshauptstadt zu unterstreichen, was von der DDR-Führung mit politischen Protesten und vor allem lautstark durch Tieffliegerübungen russischer MiGs über der Stadt kommentiert wurde.[373] Die Grundgesetzänderung und das neue Gräbergesetz wurde von allen Fraktionen einstimmig angenommen und damit die seit Jahren kritisierte Ruherechtsregelung für die Gräber von NS-Opfern einheitlich gelöst. Neu war, dass den Kriegsgräbern des Ersten Weltkriegs und dem erweiterten Kreis der Gräber des Zweiten Weltkriegs und der NS-Diktatur nun aber auch die Gräber der Toten an der innerdeutschen Grenze hinzugefügt wurden.

Der Begriff der Gewaltherrschaft wurde damit inhaltlich ausgefüllt. Er umfasste nicht allein die NS-Herrschaft, sondern stellte das Schicksal der heterogenen Opfergruppen, die deutsche Nachkriegsgeschichte und gegenwärtige politische Konfliktlagen in ein zeitliches Kontinuum. Wenn auch der »heldenhafte Opfertod« nach 1945 nicht mehr für die politische Identitätsstiftung herangezogen werden konnte, sind auch im öffentlichen Kriegstotengedenken der Bundesrepublik, so wie es sich bis in die Sechzigerjahre ausbildete, die Konturen des Selbstverständnisses als politisches Gemeinwesen erkennbar, das sich nun in negativer Abgrenzung zur politischen und kriegerischen Gewalt definierte, deren Folgen in der Zahl der Opfer ablesbar war, in der deutschen Teilung sichtbar blieb und die auch für unbestimmte Zukunft der Bundesrepublik konstitutiv sein würde. In dieser Perspektive spielte das Spannungsverhältnis zwischen »Opfern« und »Tätern« im bundesdeutschen Kriegstotengedenken zu diesem Zeitpunkt eine noch untergeordnete Rolle. Im Katalog der Opfergruppen, der beim Totengedenken am Volkstrauertag verlesen wurde, sollten sich alle wiederfinden, die ihr Schicksal durch Krieg und Diktatur gezeichnet sahen. Die normative Abgrenzung, die hier vorgenommen wurde, zog nicht nur eine Trennlinie zum Nationalsozialismus, sondern verwies auf das grundsätzlich antitotalitäre Selbstverständnis der Bundesrepublik, die sich auch von den sozialistischen Staaten im Osten abgrenzte.[374] Der bewusst gegenwärtige Bezug des Gedenkens an die Opfer von Krieg und Gewaltherrschaft erlaubte zugleich immer wieder Modifikationen, die über die Einbindung weiterer Opfer die Thematisierung der deutschen Vergangenheit mit gegenwärtigen Ereignissen verknüpfte. So wurde

373 Der Spiegel kommentierte: »Grunewald und Ost-Berlins Wuhlheide glichen akustisch den Dschungeltälern Nordvietnams«, Der SPIEGEL, Berlin Sitzung: So, so, Nr. 16, 14.4.1965, S. 31.

374 Vgl. allgemein zur Funktion des Antikommunismus in der politischen Kultur der frühen Bundesrepublik *Wentker*, Antikommunismus, S. 355 f.

etwa 1977 auch der Opfer der RAF-Anschläge gedacht, seit 2006 werden auch die Toten der Bundeswehrauslandseinsätze mit in das Gedenken einbezogen.[375]

Kaiser hat die Einführung des Totengedenkens in seiner seit 1961 gebräuchlichen Form als geschickten Schachzug des Volksbundes gedeutet, vor allem die Vorrangstellung der Gefallenen zu sichern, die trotz Nennung der anderen Opfer weiterhin an erster Stelle standen.[376] Für den Volksbund war es in den Diskussionen um die Reform des Gräbergesetzes, die Gestaltung des Volkstrauertages sowie die Planung des Bonner Ehrenmals vor allem wichtig, den Bezug zu seiner Arbeit aufrechtzuerhalten und die Verbindung von Kriegsgrab und Kriegstotengedenken nicht abreißen zu lassen.[377] Wie auch der Begriff des Kriegsgrabes eigenständig neben der neuen Gräberkategorie (»Opfer der Gewaltherrschaft«) erhalten blieb, ließ auch die gewählte Inschrift des Bonner Ehrenmals »Den Opfern der Kriege und der Gewaltherrschaft« noch das Beharren auf eine formelle Unterscheidung zwischen den Todesumständen erkennen. Das Kriegstotengedenken am Volkstrauertag hatte sich für den Volksbund immer »vom Grab«[378] hergeleitet, war also immer eine Ergänzung seiner praktischen Arbeit gewesen, die sich am rechtlich eng umrissenen Kriegsgräberbegriff orientierte. Die NS-Opfer mit in das Gedenken einzubeziehen, entsprang nicht den satzungsgemäßen Zwecken des Vereins, war aber eine politische Vorgabe, der sich der Verein nicht verschließen wollte, um die öffentliche Anerkennung seiner Arbeit nicht zu gefährden. Die Veränderungen im bundesdeutschen Kriegstotengedenken erschienen gerade aus Sicht der Soldatenverbände auch als Abwehrkampf gegen den schleichenden Bedeutungsverlust. Bei den organisierten Veteranen stieß eine Einbeziehung der zivilen Opfer in das Kriegstotengedenken auf grundsätzliche Ablehnung.[379] Dies war eine Position, der sich der Volksbund nicht anschließen konnte, wenn er sich nicht vollständig aus den politischen Verhandlungen verabschieden wollte. Aus den Vorbereitungen zum Bonner Ehrenmal hatte das Bundespräsidialamt, das die Federführung für das Projekt

375 Vgl. *Kaiser*, Helden, S. 277.

376 Vgl. ebd., S. 272.

377 BArch B 189/9396, Vermerk, Betr.: Vorsprache des Präsidenten des Volksbundes Deutsche Kriegsgräberfürsorge, Pfarrer Trepte beim Herrn Minister, 5.2.1963.

378 BArch MA N24/186, Stellungnahme zu Überlegungen über eine zukünftige Gestaltung der Zentralfeier am Volkstrauertag in Bonn, 20.05.1960.

379 Der RDS und der VdS sprachen sich gegenüber dem Bundesinnenministerium für eine Änderung der Inschrift aus, die durch die Zeilen »Den Opfern der beiden Weltkriege. An dem Ruhm dieser Toten sollt ihr euch aufrichten« ersetzt werden sollte. Siehe BArch B 106/77167, Vermerk, Betr.: Ehrenmal in Bonn, 20.3.1963.

Gegenüber dem Volksbund hatten Vertreter der Soldatenverbände zugleich sehr scharf die Verbindung von Kriegs- und NS-Opfergedenken kritisiert und beklagt, dass der Volksbund das, was er bei der Reform des Kriegsgräbergesetzes bekämpfe, »in Erz gegossen« als Inschrift des Ehrenmals hinnehmen würde. VKA A.10-165, Aktennotiz, Betr.: Besprechung mit General a. D. Westphal über Ehrenmal Bonn am 19. März '63, 21.3.1963.

Anfang der Sechzigerjahre an sich zog, den Volksbund jedoch schrittweise verdrängt und in eine neue Rolle manövriert. Ihm oblag es nun vor allem, seine Beziehungen zu den Soldatenverbänden zu nutzen, um die unter den Veteranen unbeliebte Konzeption der Gedenkstätte zu kommunizieren.[380]

Dies war auch die generelle Situation, in der sich der Volksbund mit Verfestigung der Gedenkpraxis am Volkstrauertag in den Sechzigerjahren bewegte. Die Akzeptanz für ein konsensfähiges Gedenkmodell musste nicht nur zwischen Verband und politischen Entscheidungsträgern durch Aushandlung hergestellt, sondern auch gegenüber den eigenen Mitgliedern sowie der lokalen Öffentlichkeit am Volkstrauertag vermittelt werden. Konflikte um die Stellung der unterschiedlichen Opfergruppen sowie die Benennung der NS-Verbrechen bei Gedenkansprachen traten bei örtlichen Volkstrauertagsveranstaltungen deutlicher hervor als bei der zentralen Gedenkstunde in Bonn. Im Gegensatz zum Gedenkakt in der Bundeshauptstadt wurden Gedenkveranstaltungen auf lokaler Ebene gemeinsam vom Volksbund, den Gemeinden und unter starker Beteiligung der örtlichen Vereine geplant, wobei die Kriegsopfer- und Kriegsteilnehmerverbände lange Zeit einen gewichtigen Anteil hatten. Die rituellen Abläufe orientierten sich dabei an den jeweils vor Ort etablierten Traditionen, die bis in die Weimarer Republik zurückreichen konnten.[381]

Wie spannungsgeladen die Einbeziehung der NS-Opfer in das Kriegstotengedenken war, wird anhand eines Vorfalls am Volkstrauertag in Hamm 1960 deutlich. Die Gedenkveranstaltung war gemeinsam vom Volksbund, der Gemeindeverwaltung, den Kirchen sowie verschiedenen Verbänden vorbereitet worden.[382] Die Gedenkrede hielt ein junger katholischer Vikar, der auch schon zwei Jahre zuvor diese Aufgabe übernommen hatte. Er war dabei auch auf die Opfer in den Konzentrationslagern zu sprechen gekommen, was vor allem unter den Veteranenorganisationen für Verstimmung gesorgt hatte. Als er nun erneut die Konzentrationslager ansprach, kam es zum Eklat. Der Kreisverbandsvorsitzende des Volksbundes, ein 82 jähriger ehemaliger Schuldirektor, brach die Rede

380 BArch B 106/21011, Vermerk über die Besprechung beim Kanzler der Universität in Bonn am 8. Oktober 1962, 9.10.1962.

381 NLA-StAO, Dep 104 V Akz. 1A/1984 Nr. 1160, Aufstellung derjenigen Organisationen, die sich an den Veranstaltungen am Volkstrauertag beteiligen wollen und mit denen die örtliche Verbindung aufgenommen werden muß, ohne Ort u. Datum; siehe exemplarisch im selben Bestand auch das Programm der Einweihung des Ehrenmals auf dem Friedhof in Venne am Sonntag, den 23.11.1952. Beide Dokumente benennen ein weites Feld lokaler Vereine wie auch überregional aktiver Organisationen, die bei der Vorbereitung und Durchführung von Gedenkfeiern des Volksbundes beteiligt waren.

382 Zu den beteiligten Verbänden gehörten die Kameradschaft ehem. Pioniere und Verkehrstruppen, der Verband Deutscher Soldaten, der Bund der Vertriebenen, die Marinekameradschaft von Hamm, der Verband der Heimkehrer, der Reichsbund der Kriegsbeschädigten, die HIAG und die Kameradschaft ehem. Jäger und Schützen. Vgl. Die ZEIT, Politik verbeten! Die Feierstunde in Hamm fand ein peinliches Ende, Nr. 48, 25.11.1960.

vorzeitig ab. Bereits im Vorfeld hatte der Vertreter des Volksbundes versucht, Einfluss auf den Inhalt der Rede zu nehmen, hatte von der Kirche jedoch eine Abfuhr erfahren. Der eigentliche Vorfall wurde von den meisten Teilnehmern zunächst gar nicht bemerkt, da weder die Rede des Vikars als ungewöhnlich empfunden, noch die Intervention des Volksbundvertreters wahrgenommen wurde. Der Volksbundvorsitzende hatte durch ein dezentes Handzeichen vorzeitig den Aufmarsch einer Militärkapelle bewirkt, als gegen Ende der Rede die unerwünschten Inhalte zur Sprache kamen.[383] Erst im medialen Echo der Ereignisse werden die kontroversen und nichtkontroversen Bereiche des öffentlichen Totengedenkens zu dieser Zeit wirklich deutlich. Der Vikar war keineswegs von üblichen rhetorischen Darstellungen abgewichen, die den einfachen Soldaten als Opfer des Nationalsozialismus auslegte, blendete den Aspekt der Schuld und Verantwortung für begangenes Unrecht jedoch nicht vollständig aus. Aus Sicht der Veteranen und des alten Volksbundmannes war damit aber bereits die Grenze zur »politischen Rede«[384] überschritten. Das Kriegstotengedenken sollte nach Ansicht des Volksbundmannes auf militärische Leistungen und die Bereitschaft zur Verteidigung des Vaterlandes verweisen, »ohne Rücksicht darauf, wie und von wem es regiert wird.«[385] Gemeindevertreter, Kirchen und auch der übergeordnete Landesverband des Volksbundes selbst bezogen jedoch eindeutig für den jungen Vikar Position, der Kreisverbandsvorsitzende musste in der Folge zurücktreten.

Im öffentlichen Gedenken bestand durchaus großzügig bemessener Raum für die Toten der Wehrmacht, der sich auch mit weitreichenden Entschuldungsnarrativen verbinden konnte, wie etwa im Bereich der Kriegsgräberfürsorge bei dem im selben Zeitraum in Hessen vom Volksbund erprobten Konzept des Kriegsopferfriedhofs sichtbar wurde.[386] Einen exklusiven Status für die militärischen Toten zu beanspruchen, der sich ausnahmslos auf zeitlose militärische Ehrvorstellungen stützte, war jedoch nicht mehr durchsetzbar. Der Volksbund, der auf Ebene des Bundesverbandes in den Fünfzigerjahren noch selbst versucht hatte, tradierte Formen der Kriegstotenehrung in die Bundesrepublik hinüberzuretten, orientierte sich zunehmend an politisch konsensfähigen Vorstellungen. Dies war einerseits notwendig, um einen breite Öffentlichkeit ansprechen zu

383 Im Bericht der ZEIT wird das Auftreten des Kreisverbandsvorsitzenden wesentlich energischer dargestellt, der den Geistlichen angeschrien haben soll. Die Schriftwechsel auf Seiten des Volksbundes deuten dagegen darauf hin, dass der Kreisverbandsvorsitzende bestrebt war, Aufsehen zu vermeiden und diskreter vorging. Erst durch die Presseberichterstattung wurde die Geschichte im vollen Umfang öffentlich. Vgl. BArch MA N24/160, Aktennotiz vom 15.11.1960.

384 BArch MA, N24/160, Schreiben Bezirksverband Ruhrgebiet an Landesverband Nordrhein/Westfalen, Betr.: Bericht des Vorsitzenden des Kreisverbandes Hamm, 15.11.1960.

385 Kreisverbandsvorsitzender des Volksbundes Rektor a. D. Carriee zit. nach Die ZEIT, Politik Verbeten! Nr. 48, 25.11.1960.

386 Siehe Kapitel III.4.3.

können, die über den Kreis der eigenen Mitglieder hinausging, andererseits Folge der Einbindung in politische Aushandlungsprozesse als Organisation, die in der Kriegsgräberfürsorge im staatlichen Auftrag handelte.

Der Vorfall in Hamm steht exemplarisch für die Auseinandersetzungen um die Ausrichtung des Volkstrauertages innerhalb des Volksbundes. Die Wiederherstellung der militärischen Ehre der Wehrmachtsveteranen hatte für Ältere und vor allem den Soldatenverbänden nahestehende Mitglieder zentrale Bedeutung. Sie verband sich in den Fünfzigerjahren mit einem ganzen Bündel gegenwärtiger sozialpolitischer Interessenlagen und wurde durch den Ost-West-Konflikt ideologisch eingefasst. Unter dem Einfluss des ausgeprägten Antikommunismus der Adenauer-Jahre wurde die Anerkennung der Opferbereitschaft der Gefallenen häufig auch mit der Fähigkeit der bundesdeutschen Gesellschaft verknüpft, der gefühlten Bedrohung durch die Sowjetunion die Stirn bieten zu können.[387]

Dagegen wurde vor allem von den Kirchen und christlichen Gruppen oder den Gewerkschaften der Volkstrauertag unter den Leitgedanken der Mahnung zum Frieden und Versöhnung gestellt.[388] Als Leitgedanken rückten diese Begriffe an der Wende zu den Siebzigerjahren auch in den Mittelpunkt der Volksbundarbeit, zu Beginn der Dekade erschienen sie dem konservativen Flügel des Volksbundes aber noch als Ausdruck eines »bedrohlichen Pazifismus«. Vor allem in den Augen ehemaliger Offiziere trat er immer dann hervor, wenn der Charakter des Volkstrauertages öffentlich als zu militärisch kritisiert wurde oder das Bild der sauberen Wehrmacht einzutrüben drohte. Eine Abkehr vom traditionellen militärischen Totengedenken und soldatischem Ehrbegriff wurde von ihnen auch als allgemeine Gefahr gesehen, weil hierdurch die Wehrbereitschaft jüngerer Generationen untergraben würde und die Bundesrepublik damit schutzlos den Interessen Moskaus ausgeliefert sei.[389]

387 Vgl. *Kühne*, Kameradschaft, S. 237 ff.; *Schwartz*, Antikommunismus, S. 164 f.; *Wehler*, Gesellschaftsgeschichte, Bd. 5, S. 304.

388 Zur Haltung des DGB Mitte der Fünfzigerjahre zum Volksbund siehe Stuckmann, Gewerkschaften.

389 Vgl. beispielsweise das Schreiben Walther Sonntags an Fritz Debus vom 5.3.1961, in dem Sonntag den bestehenden Unmut in den Bezirksverbänden Braunschweig und Lüneburg unter den ehemaligen Wehrmachtsangehörigen über die »Glorifizierung der KZler« und die Friedensrhetorik der Kirche »angesichts der tödlichen Bedrohung durch den Weltkommunismus« ausdrückt, in: BArch MA N24/160. Der zweite Schriftführer des VDK Hoßbach, selbst ehemaliger Offizier, sah sich in einem anderen Zusammenhang, ebenfalls gegenüber dem Bezirksverband Braunschweig, genötigt klarzustellen, dass der Friedensbegriff des VDK nichts gemein hätte »mit jenem schädlichen Pazifismus, der den Willen zur Selbstbehauptung von Volk und Vaterland zersetzt, die Notwendigkeit der militärischen Wehrbereitschaft leugnet und die Anerkennung der soldatischen Tugenden ablehnt.« BArch MA N24/165, Zu der Vorlage der Bundesgeschäftsleitung Z/F/Wie/Ge, Betr.: Behandlung von Gräbern zum Tode verurteilter Soldaten, 17.2.1961.

Als allgemeiner Trend ist festgestellt worden, dass die Gedenkfeiern am Volkstrauertag mit zeitlichem Abstand zum Krieg langfristig an öffentlicher Resonanz einbüßten. Betrachtet man etwa die örtlichen Volkstrauertagsfeiern im Raum Bremen, über die für das Jahr 1970 eine Sammlung von Presseberichten vorliegt, stellt man fest, dass das von Frevert pauschal formulierte Diktum, der Gedenktag wäre in ländlichen Regionen in verkrusteten Ritualen steckengeblieben und irgendwann eingegangen, nicht ganz von der Hand zu weisen ist.[390] Es unterschlägt allerdings auch die Dynamik, die durch die schon zeitgenössisch formulierte Kritik an den Gedenkfeiern entstehen und auch auf lokaler Ebene für ein dennoch vielgestaltiges Bild sorgen konnte. Die dokumentierten Beispiele umfassen Gemeinden im niedersächsischen Umland, in denen die Organisation des Volkstrauertages durch die Arbeiterwohlfahrt unter Ausschluss der Kirche durchgeführt wurde ebenso wie Orte, an denen der Volkstrauertag mit Gedenkgottesdienst und Kranzniederlegung am Kriegerdenkmal durch den Schützenverein begangen wurde. Das traditionelle Format scheint hierbei zu überwiegen, wobei die vorhandene dörfliche Infrastruktur (Kirche, Gemeindehaus, Kriegerdenkmal, Friedhof) auch ein determinierender Faktor sein konnte.[391] In Bremen selbst wurde der Volkstrauertag mit Beteiligung der Kirchen, der Bundeswehr, der jüdischen Gemeinde und der Delegation einer französischen Partnerstadt begangen, zugleich die Zukunft der Veranstaltung aber bereits sehr offen diskutiert. Erkennbar ist dabei, dass die traditionelle Form des Volkstrauertages aber vorrangig als Blaupause diente. Für die zukünftige Gestaltung des Volkstrauertages traten thematische Forderungen hervor, die die inhaltliche Ausrichtung der Volksbundarbeit in den kommenden Jahren stark beeinflussten und vor allem im Bereich der seit den Sechzigerjahren intensivierten Jugendarbeit ihren Niederschlag fanden.

Die Haltung zu den verschiedenen Opfergruppen und in welcher Form und Umfang diesen der Volksbund in seiner Arbeit Rechnung tragen sollte, blieb in den Sechzigerjahre ein virulentes Thema, das am Vertretertag 1969 mit dem fünfzigjährigen Jubiläum des Volksbundes auf gesamtverbandlicher Ebene in der Verabschiedung des »Berliner Manifestes« mündete. Mit diesem wurden neue Leitlinien für die Arbeit des Volksbundes verkündet.[392] Im Mittelpunkt standen dabei weiterhin die Kriegsgräber, ihr Erhalt und ihre Pflege wurde nun jedoch nicht mehr in den Dienst des ehrenden Gedächtnisses gestellt, sondern waren eine humanitäre Geste gegenüber den Toten und Hinterbliebenen, die in die Zukunft gerichtet zum Erhalt des Friedens beitragen sollte, wofür die Gräber als

390 VKA A.100-69, Volkstrauertag 1970. Stimmen und Berichte der Bremer und Bremerhavener Presse.

391 Vgl. *Assmann/Frevert*, Geschichtsvergessenheit, S. 210.

392 VKA, BVT 1969-06-12 Vertretertag. Laut Protokoll des Bundesvertretertages wurde das Manifest einstimmig und ohne weitere Wortmeldungen beschlossen.

mahnendes Beispiel stünden. Dort hieß es: »Die ursprüngliche Hauptaufgabe – Sorge für die deutschen Soldatengräber – hat sich durch den totalen Krieg und infolge der politischen Gewaltherrschaft erweitert.«[393] Die offizielle Eröffnung der Kriegsgräberstätte Futa-Pass im Jubiläumsjahr sollten auch baulich die veränderten Ansprüche ausdrücken. Mitte der Sechzigerjahre hatte sich außerdem, wenn auch zaghaft und zurückhaltend, die Beteiligung am jüdischen Friedhof La Boisse angebahnt. Diese war bereits Ausdruck der noch unbestimmten Suche, wie weit die sich verändernde Aufgabenwahrnehmung reichen konnte und sollte. In der praktischen Gräberfürsorge reichte sie in der Regel auch weiterhin nicht über die eigentlichen Kriegstoten hinaus, das Gedenken und die ab den Siebzigerjahren bedeutend werdende politische Bildungsarbeit beschränkte sich jedoch nicht mehr allein auf die deutschen Gefallenen. Der Volkstrauertag sollte ebenfalls die Veränderungen im Volksbund abbilden sowie den veränderten gesellschaftlichen Anforderungen an einen angemessenen Gedenktag gerecht werden.[394]

5.2 Jugendarbeit und Völkerverständigung. Kriegsgräberstätten in der politischen Bildungsarbeit.

Eine weitere Besonderheit der Kriegsgräberfürsorge in Deutschland ist neben ihrem strukturellen Merkmal der geteilten staatlichen und gesellschaftlichen Aufgabenwahrnehmung die Verbindung des dauerhaften Erhalts der Kriegsgräber mit einer eigenständigen Jugendarbeit mit einer pädagogischen Zielsetzung. Die Arbeit mit Jugendlichen auf Kriegsgräberstätten wird heute als Bestandteil einer historisch-politischen Bildungsarbeit verstanden, die die Friedhöfe als Medium einer kritischen Auseinandersetzung mit der deutschen Vergangenheit und Orte der Völkerverständigung begreift. Sie wird aus öffentlichen Mitteln seit den Fünfzigerjahren gefördert, die Einbindung von Jugendlichen und die Institutionalisierung einer professionellen pädagogischen Arbeit innerhalb des Volksbundes haben sich seitdem schrittweise entwickelt und wurde als Vereinszweck 1989 fest in der Satzung des Vereins verankert. Die Jugendarbeit hat mit dazu beigetragen, den Erhalt von Kriegsgräbern im Nachkriegsdeutschland durch ein weiteres praktisches Tätigkeitsfeld inhaltlich neu auszufüllen und politisch zu legitimieren. Wie alle Bereiche der Kriegsgräberfürsorge hat sich auch die Jugendarbeit in Auseinandersetzung mit den Vereinsinteressen des Volksbundes, politischen Vorgaben und Rahmenbedingungen sowie gesellschaftlichen

393 Achtung vor dem Menschen, in: Kriegsgräberfürsorge 45 (1969), Nr. 6, S. 149.

394 Vgl. hierzu auch die Ausführungen des VDK-Präsidenten Thiele anlässlich des Landesvertretertages des VDK 1971 zu den gewandelten Anforderungen an die Arbeit des Volksbundes, in: BArch MA BW 1/73593.

Stimmungslagen entwickelt. Ziele, Inhalte und Formen der Jugendarbeit haben sich im Verlauf dieser Entwicklung verändert, letztendlich aber das Verständnis von Kriegsgräberfürsorge um eine Komponente erweitert. Die Jugendarbeit ist entgegen der Baupraxis des Volksbundes oder dem Gedenken am Volkstrauertag der Bereich, der am wenigsten durch ältere Traditionen sowohl des Vereins als auch des öffentlichen militärischen Totengedenkens vorgeprägt ist. Während zudem der Bau einer Kriegsgräberstätte in der Regel eine einmalige Angelegenheit ist und der Volkstrauertag sich nach dem Zweiten Weltkrieg sehr bald wieder in stark ritualisierte Abläufe fügte, ist die Jugendarbeit ein Bereich, der sich fortlaufend entwickelte und angepasst werden konnte. Die Mitwirkung an Angeboten des Volksbundes, das bekannteste Beispiel sind die internationalen Jugendlager, an denen sich im Untersuchungszeitraum 1953–1989 fast 140.000 Jugendliche beteiligten, stützt sich letztendlich auf Freiwilligkeit. Ihre Durchführung war vielfach abhängig von weiteren öffentlichen Fördermitteln und geschah in Zusammenarbeit mit weiteren Trägern und Bildungseinrichtungen. Damit kann die Jugendarbeit nicht nur als einseitiges Angebot des Volksbundes betrachtet werden, sondern insgesamt als ein Bereich, in dem ein allgemeines Verständnis ausgehandelt wurde, wofür Kriegsgräber und ihr Erhalt eigentlich stehen sollten.

Wissenschaftliche Untersuchungen zur Jugendarbeit des Volksbundes liegen bisher kaum vor. Die älteste Untersuchung ist die 1977 vorgelegte Dissertationsschrift des Belgiers Geert Demarest, der die Jugendarbeit des Volksbundes nach dem Zweiten Weltkrieg vor dem Hintergrund des deutsch-französischen Annäherungsprozesses untersucht.[395] Auch wenn Demarests Arbeit von einer weitgehend unkritischen Übernahme der Selbstdarstellung des Vereins geprägt ist, stellt sie heute dennoch eine unverzichtbare Quelle dar, wenn man den Prozess der Institutionalisierung und Professionalisierung der Jugendarbeit innerhalb des Verbandes sowie deren inhaltlichen Wandel nachvollziehen will. Demarest interpretiert aus dem Blickwinkel der Siebzigerjahre die Jugendlager des Volksbundes als friedenspädagogisches Konzept, das bereits in der verbandlichen Neuausrichtung der Nachkriegszeit angelegt war. Den Aufbau der Jugendarbeit in der Nachkriegszeit beschreibt er als eine lineare Entwicklung, die inhaltlich durch den Leitbegriff »Frieden« bestimmt und personell durch die Einrichtung von Jugendreferenten bei Bundes- und Landesverbänden gestützt wurde. Aus heutiger Sicht ist diese Darstellung ergänzungsbedürftig. Demarests Studie ist aber vor allem nützlich, weil sie sich erstens auf zum Teil nur mündlich überlieferte Informationen von damals unmittelbar beteiligten Personen stützt, die nur unvollständig in den überlieferten Dokumenten enthalten sind, und zweitens selbst ein Beispiel dafür darstellt, wie die Arbeit des Volksbundes in den Siebzigerjahren rezipiert werden konnte. Zu hinterfragen und ergänzen

395 *Demarest*, Arbeit.

ist jedoch die Einordnung der Jugendarbeit als reines Nachkriegsphänomen und die damit verbundene Prämisse der vollständigen verbandlichen Neuausrichtung nach 1945. Die bisherigen Befunde dieser Arbeit haben gezeigt, dass aus heutiger Sicht gerade der von Demarest untersuchte Zeitraum als zentrale Umbruchsphase für den Volksbund und für den Umgang mit Kriegsgräbern in der Bundesrepublik begriffen werden muss. Die von Demarest als kontinuierliche, selbstverständliche Entwicklung wahrgenommene Einbindung der Arbeit mit Jugendlichen muss daher selbst als ein Symptom dieser Vorgänge betrachtet werden. Ebenfalls mit einem regionalen Fokus behandelt Christine Gundermann als Teil ihrer Studie zu deutsch-niederländischen Versöhnungsinitiativen nach dem Zweiten Weltkrieg die Jugendarbeit des Volksbundes im Umfeld der Kriegsgräberstätte Ysselsteyn.[396] Sie ist aufschlussreich, da sie sich im Gegensatz zur älteren Studie Demarests kritisch mit dem Versöhnungsverständnis und Opferbergriff des Volksbundes auseinandersetzt und die Aktivitäten des VDK in den breiteren Kontext der Entwicklung zivilgesellschaftlicher Beziehungen zwischen den beiden Ländern einordnet. Demarests und Gundermanns Untersuchungen bieten damit bereits einen grundlegenden Einblick in eine Form der Jugendarbeit, die ganz wesentlich die Aktivitäten auf deutschen Kriegsgräberstätten und die Wahrnehmung der Arbeit des Volksbundes im Ausland mitgeprägt hat. Internationale Jugendlager haben sich zu einer Begleiterscheinung des Baus deutscher Kriegsgräberstätten im Ausland entwickelt, die auch als politisches Argument dienten, den Erhalt militärischer Gräber nach dem Zweiten Weltkrieg in einem neuen Kontext zu verorten, der in den Gastländern auf Duldung stieß. Neben diesem speziellen Format in der Jugendarbeit lassen sich historisch weitere Ansätze festmachen, bei denen versucht wurde, Kriegsgräberfürsorge in der Jugendarbeit mit unterschiedlichen pädagogischen Zielsetzungen zu thematisieren. Hierbei lassen sich der Bereich der schulischen und der außerschulischen Jugendarbeit unterscheiden. Erste Ansätze, das Thema Kriegsgräberfürsorge in schulische Curricula einzubinden und Schulen und Schüler an Aktivitäten des Volksbundes zu beteiligen, reichen bereits bis in die Zwanzigerjahre zurück, wenn auch der Aufbau einer eigenständigen Jugendarbeit und ihre Institutionalisierung innerhalb des Volksbundes erst in den Fünfzigerjahren begannen. Bis in die Gegenwart hat sie einen Zustand erreicht, der das Verständnis von Kriegsgräberfürsorge insgesamt erweitert hat, so dass diese ohne eine Verbindung mit politischen Bildungsinhalten heute kaum mehr denkbar wäre. Dem Volksbund kommt als Trägerorganisation in diesem Zusammenhang eine Schlüsselstellung zu, die Entwicklung seiner Jugendarbeit soll hier jedoch nicht allein als Institutionalisierungsprozess beschrieben werden, sondern im Hinblick auf seine besondere Stellung zwischen politischem Auftrag und unterschiedlichen gesellschaftlichen Erwartungshaltungen und Konflikt-

396 *Gundermann*, Bürger, S. 333–373.

feldern untersucht werden, die die Form und Inhalte der Arbeit mit Jugendlichen auf Kriegsgräberstätten beeinflusste.

In der Weimarer Republik war die Aufforderung an die Jugend, das Vermächtnis der Gefallenen zu bewahren und ihrem Vorbild nachzueifern, ein in allen politischen Lagern verbreiteter Appell. Eine unmittelbare Verbindung zwischen dem Gefallenenkult innerhalb der Jugendbewegung und den sich in den Zwanzigerjahren entwickelnden Strukturen und Maßnahmen zur Kriegsgräberfürsorge entstand jedoch kaum. Der Volksbund, der selbst anstrebte mit dem Erhalt der Kriegsgräber einen integrativen Rahmen zu bieten, der die Auseinandersetzung um das politische Erbe der Gefallenen überbrücken oder zumindest kaschieren sollte, hatte bis Ende der Zwanzigerjahre vor allem Angehörige und Veteranen im Blick. Beziehungen zu organisierten Jugendverbänden wurden nicht systematisch aufgebaut. Es ist daher nicht überraschend, dass eines der ersten großen Projekte, das gezielt den Erhalt von Grabstätten an der Westfront mit dem Werben um die Nachkriegsgeneration verband, dem Volksbund zunächst eher angetragen, dann aber von diesem begeistert aufgriffen wurde.

Mit dem Bau des Friedhofes Langemark wurde erstmals durch ein konkretes Bauprojekt die direkte Beteiligung am Erhalt der deutschen Kriegsgräber ermöglicht. Die Patenschaft für den Friedhof übernahm die Deutsche Studentenschaft, die mit großem Aufwand Spendengelder für den Bau der Kriegsgräberstätte mobilisierte und damit auch das Erbe des Langemarkgedenkens für die politische Rechte erfolgreich vereinnahmte.[397] Ihr wurde während der feierlichen Einweihung der Schlüssel zum Friedhofstor und damit symbolisch die Wacht über die Gräber in die Hände der deutschen Jugend übergeben. Über die allgemein bekannte »Langemarck«-Legend sollten vor allem Schüler und Studenten unmittelbar angesprochen werden.[398] Die Einweihung war ein geschickt inszeniertes Ereignis, an dem die Studentenschaft landesweit teilhaben konnte, denn die Rede des Vorsitzenden der Deutschen Studentenschaft wurde synchron zur Einweihungszeremonie in Belgien auch in zahlreichen deutschen Universitäten verlesen.[399] Die Förderung der Kriegsgräberfürsorge sollte damit vom generationellen Bezug auf die aktiven Kriegsteilnehmer gelöst und die Jugend auf das Gedenken an die Gefallenen verpflichtet werden.[400] Mit dem Appell

397 Vgl. *Freytag*, Soldatenfriedhöfe, S. 28 ff.; *Unruh*, Langemarck, S. 190 f.

398 Vgl. *Ketelsen*, Jugend; zu Langemarck als Reiseziel für Jugendgruppen vgl. Deutsche Jugend auf der Fahrt zu den Friedhöfen der Westfront, in: Kriegsgräberfürsorge 13 (1933), Nr. 7, S. 98–100.

399 Vgl. Langemarck. Ein Vermächtnis. Worte von Josef Magnus Wehner, am 10. Juli 1932, zur Stunde der Übernahme des Gefallenen-Friedhofs in Langemarck durch die Deutsche Studentenschaft, gesprochen an allen deutschen Hochschulen, verbunden mit Briefen Gefallener, München 1932.

400 Zum »Langemarck«-Kult der nationalistischen Studentenschaft siehe *Saehrendt*, Stellungskrieg, S. 111–113.

an das »Vermächtnis« der Gefallenen griff der Volksbund zugleich ein politisches Schlagwort auf, das nicht allein von der nationalen Rechten besetzt war, sondern wie Arndt Weinrich hervorgehoben hat, seit Ende der Zwanzigerjahre innerhalb der Jugendverbände eine »erinnerungskulturelle Schnittmenge« darstellte, »[...] die als vorpolitischer Wertekonsens die Grenzen zwischen den weltanschaulichen Lagern transzendierte.«[401] Der Aufruf, es den Gefallenen gleichzutun, konnte sich dabei sowohl mit revisionistischen Zielen wie auch mit pazifistischen Positionen verbinden, wobei alle ein positives Bild des Frontsoldaten teilten. Trotz des Erfolges des Bauprojektes Langemark ist erkennbar, dass auf Seiten des Volksbundes aber noch keine ausgereiften Konzepte bestanden, das durchaus in Teilen der Jugendverbände erkennbare Interesse an den Gräbern der Gefallenen zu nutzen und diese an den Verein heranzuführen. Auch wenn im Anschluss an das Langemark-Projekt eine Reihe studentischer Korporationen dem Volksbund beitraten, folgten dies und die Finanzierung des Baus durch die übernommene Patenschaft vorrangig den etablierten Mustern, wie der Volksbund in den Zwanzigerjahren den Auf- und Ausbau seiner Vereinsstrukturen insgesamt betrieb.

Ebenfalls seit Ende der Zwanzigerjahre belegt sind Fahrten von Jugendgruppen zu Kriegsgräbern und Friedhöfen. Vor allem die Bündische Jugend rief dazu auf, Kriegsgräber im Ausland aufzusuchen. Vorbereitung und Durchführung der Fahrten verliefen dabei ohne Beteiligung des Volksbundes oder amtlicher Stellen.[402] Ein ausformuliertes Konzept für eine gezielte Ansprache von Jugendlichen, um diese für die Kriegsgräberfürsorge zu gewinnen, erschien erst 1932 in der Vereinszeitschrift des Volksbundes. Der Autor, der Aachener Studienrat Schunck, sah entsprechend seiner Profession vor allem die Schulen als den Ort an, wo der Nachwuchs für den Erhalt deutscher Kriegsgräber sensibilisiert werden sollte. Er sprach sich dafür aus, dass an jeder Schule ein Lehrer als Repräsentant des Volksbundes fungieren sollte.[403] Mit Beginn der NS-Diktatur lieferten die neuen Herrschaftsbedingungen bald die idealen Voraussetzungen für die von Schunck aufgeworfenen Überlegungen. Während der populäre »Langemarck«-Mythos sehr schnell von der HJ vereinnahmt wurde,[404] wurde das Thema Kriegsgräberfürsorge von Schulbehörden im Schulterschluss mit dem Volksbund sehr bald als Vehikel genutzt, um den NS-Gefallenenkult in die Klassenzimmer zu tragen.

Die Anbindung ganzer Schulen an den Volksbund ist vereinzelt schon in den Zwanzigerjahren zu beobachten, wurde mit Beginn der NS-Herrschaft aber zu

401 *Weinrich*, Weltkrieg, S. 16.
402 Vgl. ebd., S. 78–82.
403 Wie gewinnen wir unsere Jugend zur Mitarbeit in der Fürsorge für die Kriegsgräber?, in: Kriegsgräberfürsorge 12 (1932), Nr. 12, S. 182.
404 Vgl. *Unruh*, Langemarck, S. 190–191.

einer gezielten Maßnahme, um systematisch Jugendliche anzusprechen. Die Einbindung des Themas Kriegsgräberfürsorge in die schulischen Curricula wurde von den Schulbehörden unterstützt und der geschlossene Beitritt ganzer Schulklassen zum Volksbund offiziell eingefordert.[405] Der Volksbund, der trotz seiner formalen Eigenständigkeit faktisch als NS-Organisation betrachtet werden kann, lieferte über das von ihm für den Schulunterricht bereitgestellte Lehrmaterial Flankenschutz für die allgegenwärtige NS-Propaganda. Um den Sinn für die den Gefallenen zugeschriebene »Opferbereitschaft« zu schärfen, sollten die Schüler einige Pfennige von ihrem Taschengeld als Spende an den Volksbund abführen. Unterstützung fanden auch andere Projekte, die die Ehrfurcht vor den geleisteten Taten der Gefallenen wecken halfen, denen es eines Tages nachzueifern galt. Als etwa ein Gymnasium im niedersächsischen Uelzen in seiner Aula eine »Heldenorgel« errichtete, auf deren Pfeifen die Namen der vor Langemark gefallenen ehemaligen Schüler eingraviert wurden, verlieh der Volksbund dem Instrument höhere Weihen, indem er eine Urne mit Friedhofserde und eines der auf belgischen Friedhöfen verwendeten Holzkreuze zur Aufbewahrung im Inneren der Orgel zur Verfügung stellte.[406] Der somit unterstrichene pädagogische Wert der Kriegsgräberfürsorge festigte damit gleichzeitig auch die Stellung des Volksbundes als Organisation, die im Schulterschluss mit den Behörden die flächendeckende Mobilisierung für die Unterstützung der Kriegsgräberfürsorge betrieb und die Vereinsgliederungen nach 1933 zu einem engmaschigen Netz ausbauen konnte.[407]

Die schon in der Vorkriegszeit praktizierte Einbindung von Schulen blieb auch nach dem Zweiten Weltkrieg zuerst das favorisierte Rekrutierungs- und Fördermodell. Wie bereits bei der Untersuchung der Entwicklung der Vereinsstrukturen dargestellt wurde, erfolgte die Reorganisation des Volksbundes nach dem Zweiten Weltkrieg innerhalb der vor allem seit 1933 ausdifferenzierten Vereinsstrukturen. Auch die Anbindung institutioneller Körperschaften, und hierzu wurden vom Volksbund bis in die Sechzigerjahre auch Schulen gerechnet, folgte dem in den Dreißigerjahren entwickelten Muster.[408] Für die Entwicklung der Jugendarbeit des Volksbundes nach dem Zweiten Weltkrieg ist es aber bezeichnend, dass bis Mitte der Sechzigerjahre Schulen als korporative Mitglieder noch regelmäßig statistisch erfasst wurden, seitdem jedoch in den Angaben zu

405 NLA-StAO, Rep 726 Nr. 3, Ernst-Moritz-Arndt Gymnasium Osnabrück, Rundschreiben Oberpräsident der Provinz Hannover, Abteilung für das höhere Schulwesen, 12.10.1935.

406 Vgl. *Kukureit*, Schulorgel; *Werner*, Gefallenenehrung im Realgymnasium zu Uelzen (Hannover), in: Kriegsgräberfürsorge 17 (1937), Nr. 4, S. 61–63; KrA-UE, Spenden des Kreises zu den Kosten der Heldenorgel des Gymnasiums 1938–1942.

407 Siehe Kapitel II.2.5.

408 Vgl NLA-StAO, Dep 63 b Akz. 2002/011 Nr. 60, Stadt Meppen, Rundschreiben VDK Bezirk Osnabrück/Aurich an Mitarbeiter, Dezember 1955. Hier heißt es wörtlich: »Wie nach dem ersten Weltkrieg wollen wir hier alle Schulen als korporative Mitglieder gewinnen.«

den Mitgliederzahlen nicht mehr ausgewiesen wurden. Damit ist nicht gesagt, dass Schulen für den Volksbund schlagartig an Relevanz verloren hätten. Mehr als neunzig Prozent aller deutschen Schulen wurden noch 1965 vom VDK als korporatives Mitglied gewertet. Der Umstand, dass Schulen als nichtrechtsfähige Anstalten des öffentlichen Rechts gar keine wirkliche Vereinsmitgliedschaft im Sinne des Vereinsrechts eingehen können, verdeutlicht umso mehr, dass es dem Volksbund zu dieser Zeit auch um Außendarstellung ging. Für die Ausrichtung der Jugendarbeit verlor diese Form der Anbindung von Schulen, die mehr symbolischen als partizipatorischen Charakter hatte, aber an Bedeutung. Hierfür waren zwei Entwicklungen verantwortlich: Erstens begann der Volksbund seit den Fünfzigerjahren eigene Kompetenzen in der Jugendarbeit aufzubauen und sich gezielt mit anderen Trägern der Jugendarbeit zu vernetzen. Zweitens entstanden als neues und bevorzugtes Format für die Arbeit mit Jugendlichen die internationalen Jugendlager, bei denen Jugendliche selbst auf den Kriegsgräberstätten bei der Herrichtung von Kriegsgräbern mitwirkten. Sie hatten Anfang der Fünfzigerjahre noch experimentellen Charakter, entwickelten sich dann aber sehr schnell zu einem Markenzeichen des Vereins und dienten bald auch zur politischen Legitimation des Erhalts deutscher Kriegsgräber im Ausland. Vorstellungen der Vorkriegszeit und etablierte Muster, wie Jugendliche für die Kriegsgräberfürsorge gewonnen und welche Werte damit transportiert werden sollten, verflüchtigten sich allerdings nicht schlagartig, sondern wurden im Zuge des gesellschaftlichen Wandels der Sechzigerjahre schrittweise angepasst. Der Versuch etwa, das Thema Kriegsgräberfürsorge im Schulunterricht zu etablieren, wurde nicht aufgegeben, die dabei in den Dreißigerjahren bevorzugte Methode, Schulen durch eine sogenannte korporative Mitgliedschaft an den Volksbund zu binden, war letztendlich aber immer auch ein Mittel gewesen, um in einer möglichst umfassend erscheinenden Mitgliederzusammensetzung den gewünschten Eindruck einer gesamtgesellschaftlichen Repräsentation auszudrücken, die der Selbstbezeichnung als Volksbund gerecht wurde. Die Inhalte der Mitgliedschaft, die auch in den Nachkriegsjahren vor allem darin bestanden, dass die Schüler ihren »Opferpfennig« abführten und den Schulen die Vereinszeitung »Kriegsgräberfürsorge« zur erhofften Verwendung im Unterricht zur Verfügung gestellt wurde, waren somit recht dünn und erlaubten keine zielgerichtete Ansprache der Jugendlichen. Um die von den Schülern gesammelten Spenden möglichst anschaulich mit der konkreten Arbeit des Volksbundes zu verknüpfen, griff der Verein weiterhin die schon zum Ende der Weimarer Republik angewandte Idee auf, den Bau einer Kriegsgräberstätte mit dem ideellen Einsatz der Jugend zu verbinden. Wie schon der Friedhof Langemark aus Spenden der Deutschen Studentenschaft mitfinanziert worden war, flossen nun auch die Schulspenden in den Bau des 1955 öffentlich eingeweihten Friedhofs Sandweiler in Luxemburg. Unterstützt von den Schulbehörden, warb der Volksbund um die Unterstützung der Schulen und Schüler, durch deren Beitrag das fortdauernde Gedenken an die Toten zum Ausdruck kommen sollte. In einem Rundschreiben vom Mai 1954 an Schulleiter im Bezirk Osnabrück wurden Baukonzept, Opferverständnis und die Stellung und Rolle der Jugend in der Kriegstotenehrung verdichtet zum Ausdruck gebracht:

> Auf blutgetränkter Erde entstehen die vom Volksbund Deutsche Kriegsgräberfürsorge errichteten Bauwerke zum Gedächtnis unserer Gefallenen.
>
> Diese Bauwerke, die im innigsten Einklang mit der sie umgebenden Landschaft in möglichst einfacher, zeitlos gültiger Form aus dauerhaften Baustoffen gestaltet werden, sind Bastionen des europäischen und damit des christlichen Kulturbewusstseins, die weit mehr grosse Gesinnung als grosse Taten bezeugen. An dieser Gesinnung aber haben in kaum minderem Maße als die Gefallenen ihre überlebenden Zeitgenossen teil, die solche Grab-Monumente wollten, gestalteten und verwirklichen halfen.
>
> Es ist von besonderer Bedeutung, dass Deutschlands Schuljugend den Friedhof Sandweiler/Luxemburg als ›ihren Soldatenfriedhof‹ bezeichnen kann, gestaltet doch der Volksbund Deutsche Kriegsgräberfürsorge diese Ehrenstätte ausschliesslich aus den Beiträgen der deutschen Schuljugend, die diese alljährlich zur Verfügung stellt. Manch wirkliches Opfer ist darunter – ein Verzicht auf kleine Freuden oder ersparte Groschen.
>
> So wird dieses Feld von 10.000 deutschen Gefallenen zu einer Stätte wirklichen Trostes für die Hinterbliebenen, kündet es doch eindringlich davon, dass Deutschlands Jugend das Vermächtnis der Toten in Treue bewahren wird.[409]

Damit bekam die Jugend noch eine Rolle zugewiesen, die sich nicht von der ihr zugedachten Stellung in der Kriegsgräberfürsorge der Vorkriegszeit unterschied. »Das Vermächtnis der Toten« war die Achtung vor dem erbrachten Opfer. Die »grosse Gesinnung«, die die Toten unter Beweis gestellt hatten, war die Opferbereitschaft an sich, die nun als überzeitliche Tugend vom politischen Kontext der tatsächlichen Todesumstände gelöst und als ehrbekundungsfähig erhalten blieb.

Unterstützung erhoffte sich der Volksbund auch im Rahmen des Volkstrauertages. Schulen sollten eigene Gedenkstunden abhalten und auch bei den örtlichen Gedenkfeiern wurde eine aktive Mitgestaltung durch in den Vereinen aktiven Jugendlichen angeregt. Hierbei stößt man jedoch bereits Anfang der Fünfzigerjahre nicht nur auf die vom Volksbund routinemäßig verkündeten Erfolgsmeldungen über die bereitwillige Unterstützung von Jugendlichen, sondern auch auf typische Formen der Kritik und Vorbehalte an der Gestaltung der Gedenkfeiern des Volksbundes und den Beteiligungsformen für Jugendliche, die über die kommenden Jahrzehnte hinweg virulent blieben. Im Vorfeld des Volkstrauertages 1952 ging Hans Soltau, der erste Jugendreferent des Volksbundes, auf

409 NLA-StAO, Rep 430 Dez 400 Nr. 76, Regierung Osnabrück – Kirchen und Schulen, Rundschreiben VDK Bezirk Osnabrück und Aurich an die Schulleiter Regierungsbezirke Osnabrück und Aurich, Mai 1954.

Einwände von Jugendleitern ein, die sich gegen überschwängliches »nationales Pathos«[410] bei den Gedenkfeiern ausgesprochen und zurückhaltend auf die Aufforderung der Mitwirkung reagiert hatten. Der Sachbearbeiter für Jugendfragen des VDK wertete dagegen den Beitrag der Jugend als Zeichen eines Bekenntnisses zum Frieden, das durch eine frühzeitige Mitwirkung der Jugendgruppen auch bei der Gestaltung der Feiern zum Ausdruck gebracht werden könne.[411] Gerade der sich nach dem Zweiten Weltkrieg schnell verfestigende ritualisierte Ablauf der Volkstrauertagsfeiern, die vielerorts verbunden waren mit einer gewohnheitsmäßigen Beteiligung von Veteranen-, Kriegsopfer- und Vertriebenenverbänden, machten eine wirkliche Einflussnahme auf die inhaltliche und formelle Gestaltung der Gedenkfeiern durch Jugendgruppen jedoch schwierig. Die Friedensmahnung, die das Kriegstotengedenken auch in der Zwischenkriegszeit immer schon begleitet hatte, gewann nach dem Zweiten Weltkrieg jedoch zentrale Bedeutung und sollte gerade in Form der Jugendarbeit besonders sichtbar gemacht werden. Sie sollte den Leerraum ausfüllen, der durch die normative Abkehr von einer politischen Sinnstiftung des Kriegstodes entstand, die auf ein heroisches Opferverständnis rekurrierte.

Die schrittweise Emanzipation der Jugendarbeit von einem Werbe- und Rekrutierungsinstrument für den Volksbund, das sich inhaltlich zudem noch nicht scharf von ideologischen Vorstellungen der Zwischenkriegs- und NS-Zeit abgrenzen ließ, zu einem eigenständigen Arbeitsgebiet im Bereich der politischen Bildungsarbeit, lässt sich auf mehreren Ebenen nachvollziehen. Dies sind zum einen die Institutionalisierung und Professionalisierung der Jugendarbeit innerhalb des Volksbundes seit den Fünfzigerjahren, zum anderen äußere Faktoren, wie die sich vor allem seit den Sechzigerjahren deutlich verändernden gesellschaftlichen und politischen Rahmenbedingungen, die die über das Thema Kriegsgräberfürsorge transportierten Inhalte und Werte veränderten.

Demarest konnte zeigen, dass der Volksbund seit 1950 begann, schrittweise auf allen Verbandsebenen Stellen für Jugendreferenten zu schaffen, die die Zusammenarbeit mit Trägern der Jugendarbeit koordinieren und weiterentwickeln sollten. Die Anfänge der Jugendarbeit nach dem Zweiten Weltkrieg lassen sich anhand des ersten und langjährigen Jugendreferenten des Volksbundes Hans Soltau detailliert nachverfolgen.[412] Soltau war zunächst im Bezirk Lüneburg

410 NLA-StAO, Dep 104 V Akz. 1A/1984 Nr. 1160, Landkreis Wittlage bis 1972, VDK Bundesgeschäftsstelle Kassel an die Jugendorganisationen, Landesjugendringe, Landesjugendpfleger und Jugendleiterschulen, Betr. Volkstrauertag, 10.10.1952.

411 Ebd.

412 Hans Soltau kam mit Mitte Zwanzig nach seiner Rückkehr aus der Kriegsgefangenschaft im Bezirksverband Lüneburg unter. Der Bezirksverband stand unter der langjährigen Leitung seines Vaters, der, wie sich anhand von Quellenfunden belegen lässt, nach Kriegsende aktiv daran beteiligt war, die Kriegsgräberfürsorge im Regierungsbezirk Lüneburg zu reorganisieren (Siehe etwa KrA-UE, Fin Kriegsgräber 12.9, Schreiben VDK BV Lüneburg an

tätig, wo er eine enge Zusammenarbeit mit den in den Kreisjugendringen zusammengefassten Vereinen und Organisationen herstellte. Dieses Modell machte bald Schule und wurde schrittweise auf Bezirks- und Landesebene ausgeweitet. Soltau wechselte 1952 in die Bundesgeschäftsstelle nach Kassel, von wo aus er den Aufbau der in Niedersachsen erprobten Strukturen in den anderen Landesverbänden besser koordinieren konnte.[413] Die Einrichtung von Stellen für hauptamtliche Jugendreferenten in den Landesverbänden verlief regional unterschiedlich und erstreckte sich bis in die Sechzigerjahre. Auch wurde der Jugendarbeit innerhalb der Landesverbände nicht immer der gleiche Stellenwert eingeräumt, entwickelte sich langfristig aber zu einem eigenständigen Bestandteil der Verbandsarbeit.

Die Versuche, eine Beziehung zwischen den Jugendabteilungen der örtlichen Vereine und dem Volksbund herzustellen, ergänzten zunächst sowohl die Bestrebungen des Volksbundes in der Jugendarbeit in den Schulen als auch die generelle Strategie, eine umfassende gesellschaftliche Einbindung zu erreichen. Im Unterschied zu der passiven Ansprache von Schülern und Jugendlichen seit den Dreißigerjahren, war die Idee einer gezielten Jugendarbeit unter dem Dach des Volksbundes in den Fünfzigerjahren bereits mit der Vorstellung verbunden, Jugendlichen aktive Möglichkeiten zur Mitgestaltung zu ermöglichen. Allerdings stand die Absicht zukünftige Mitglieder zu gewinnen und zu binden noch im Mittelpunkt. Für die Durchsetzung von Jugendlagern als prägende Erscheinungsform der Jugendarbeit des Volksbundes spielte die Institutionalisierung der Jugendarbeit innerhalb des Verbandes eine wichtige Voraussetzung. Es ist bekannt, das Hans Soltau bereits mit Jugendgruppen Pflegeeinsätze auf Friedhöfen im Raum Lüneburg durchführte und diesen Ansatz als vielversprechendes Modell für den Volksbund begriff. Als sich Anfang der Fünfzigerjahre Kontakte zu einer kirchlichen Initiative ergaben, die mit einer ähnlichen Idee in Belgien aktiv werden wollte, traf diese daher bei Soltau auf offene Ohren.

Besuche von Kriegsgräbern durch Jugendgruppen waren Anfang der Fünfzigerjahre im Grunde kein Novum. Jugendlager und internationale Jugendbegegnungen lassen sich ebenfalls schon vereinzelt in den Dreißigerjahren nachweisen. Hierzu zählten Fahrten von Jugendgruppen zu Friedhöfen an der Westfront oder auch erste Ansätze eines internationalen Jugendaustausches, wie etwa das deutsch-englische Jugendlager, das von HJ und englischen Pfadfindergruppen mehrfach veranstaltet wurde.[414] Eine direkte Verbindung von Jugend-

Landrat Kreis Uelzen, Betr.: Volksbund Deutsche Kriegsgräberfürsorge, Kreisgruppe Uelzen, 13.11.1945). Soltau zählt damit nicht zur Generation der Volksbundmitarbeiter, die bereits vor dem Krieg die Geschäfte des Vereins lenkten, er war jedoch durch die Tätigkeit seines Vaters sozusagen von klein auf mit den Traditionen des Vereins vertraut. Vgl. *Demarest*, Arbeit, S. 54.

413 Ebd., S. 54ff.

414 Vgl. Deutsche und englische Jugend ehrt die Gefallenen des Weltkrieges, in: Kriegsgräberfürsorge 15 (1935), Nr. 9, S. 138.

arbeit mit pädagogischem Anspruch und Kriegsgräberfürsorge bestand jedoch nicht. In der Weimarer Republik waren Fahrten zu Friedhöfen des Weltkrieges in der Bündischen Jugend verbreitet. Nachdem alle Jugendorganisationen der HJ einverleibt worden waren, entdeckte diese ab Mitte der Dreißigerjahre Fahrten zu Kriegsgräbern für sich. Sowohl für Bündische Jugend als auch HJ galt allerdings, dass nicht der Erhalt der Gräber als Wert vermittelt werden sollte, sondern der Besuch der Grabstätten als authentischer Ort und der Opfertod der Gefallenen als ideologische Botschaft im Mittelpunkt standen.[415] Auch der Gedanke, internationalen Jugendaustausch als Instrument in den zwischenstaatlichen Beziehungen einzusetzen, war in Zwanziger- und Dreißigerjahren noch weitgehend fremd und wurde politisch kaum genutzt.[416] Jugendlager und -fahrten zu Kriegsgräbern waren dementsprechend noch nicht als feste Komponente der Vereinsarbeit beim Volksbund verankert und wurden nicht zentral koordiniert. Fahrten von Jugendgruppen zu den Friedhöfen wurden zwar vom Volksbund in seinem Vereinsorgan freudig erwähnt, wenn er davon Kenntnis erhielt, jedoch noch nicht aufgegriffen, um daraus ein konkretes Angebot zu entwickeln. Dies änderte sich nach dem Zweiten Weltkrieg grundlegend.

Als sein erstes Jugendlager bezeichnet der Volksbund eine 1953 von Kolpingwerk und CVJM durchgeführte Fahrt mit einer Gruppe von etwa sechzig Teilnehmern, die Arbeiten auf dem belgischen Friedhof Lommel durchführten. Das Lager war aus einer Initiative von jungen Jesuiten hervorgegangen, die an der Universität Leuven studierten und seit 1951 Jugendlager mit Jungen aus Deutschland und weiteren Ländern veranstalteten. Das erste Lager im Sommer 1951 in Tongerloo hatte eher touristischen Charakter und sollte vor allem der Völkerverständigung dienen.[417] Ein Ausflugsziel war dabei der Friedhof Lommel, der bei den Teilnehmern einen tiefen Eindruck hinterließ und die Idee weckte, selbst auf dem Friedhof zu arbeiten. Bereits im folgenden Jahr wurden mit einer Gruppe Gräber des Ersten Weltkrieges in Flandern hergerichtet. Dies bildete den Auftakt für weitere Fahrten nach Belgien und Frankreich in den folgenden Jahren, die von den kirchlichen Trägerorganisationen ab 1953 zusammen mit dem Volksbund durchgeführt wurden, der die Arbeit auf dem Friedhof Lommel und später auch auf anderen Kriegsgräberstätten des Zweiten Weltkrieges ermöglichte. Die ersten Jugendlager stießen bei den für Jugendfragen Verantwortlichen im Volksbund auf große Unterstützung, weil diese Jugendliche unmittelbar mit der eigentlichen

415 Vgl. *Weinrich*, Weltkrieg, S. 78–82. Weinrich weist auch darauf hin, dass obwohl das »Fronterlebnis« zu den Gründungsmythen der NSDAP gehörte, das Gefallenengedenken innerhalb ihrer Jugendorganisation in den Zwanzigerjahren noch keine große Bedeutung hatte. Siehe ebd., S. 131.

416 Vgl. mit Blick auf die deutsch-französischen Jugendbeziehungen der Zwanzigerjahre *Tiemann*, Völkerversöhnung, S. 129.

417 Reiseberichte und zahlreiche Fotos der ersten Flandernfahrt sind im Archiv des Volksbundes erhalten. Siehe VKA, A.100-4.

Arbeit des Vereins in Berührung brachte, dem Erhalt der Kriegsgräber. Im Ausland sollte die freiwillige Grabpflege der Jugendlichen zum Ausdruck bringen, dass mit der Kriegsgräberfürsorge friedfertige Absichten verbunden wurden. Der Erhalt der Gräber wurde weniger als Ausdruck einer besonderen Form der militärischen Totenehrung ausgelegt, sondern als zeitlose, miteinander geteilte abendländische Kulturtechnik. Von der politischen Verantwortung für den Krieg unbefleckt, sollte es den Jugendlichen außerdem möglich sein, während ihres Aufenthaltes mit der einheimischen Bevölkerung in Kontakt zu treten und Vorbehalte gegenüber Deutschen abzubauen.

Bereits 1954 wurde die Zahl der Teilnehmer deutlich ausgeweitet. Das Lager in Lommel erstreckte sich zeitlich nun über mehrere Wochen, so dass sich verschiedene Gruppen im Zweiwochenrhythmus ablösen konnten.[418] Ab 1958 wurden die Vermittlung von Zuschüssen aus Mitteln des Bundesjugendplanes und die möglichen Einsatzorte für interessierte Jugendgruppen zentral von der Bundesgeschäftsstelle des Volksbundes in Kassel koordiniert.[419] Die inzwischen bestehenden Gräberabkommen mit Italien, Frankreich und Belgien und die angelaufenen Arbeiten auf den dort geplanten oder bereits errichteten Kriegsgräberstätten eröffneten damit zahlreiche Einsatzmöglichkeiten für freiwillige Hilfsarbeiten. Die Folge der vereinfachten Antragstellung für interessierte Vereine und Gruppen und der öffentlichen Förderung war eine Verzehnfachung der Teilnehmerzahlen. Neben mehrwöchigen Lagern wurden nun auch kürzere Gruppenfahrten ermöglicht, die von Vereinen und Schulklassen unternommen werden konnten. Einen weiteren Schub erhielt diese Entwicklung mit der Gründung des Deutsch-Französischen Jugendwerkes 1963. Das finanziell gut ausgestattete und politisch geförderte Programm zum binationalen Jugendaustausch fiel zusammen mit der Hochbauphase des Volksbundes in Frankreich. Die Fördersätze des DFJW lagen deutlich höher als die Gelder, die im Rahmen des Bundesjugendplanes für vergleichbare Aktionen in anderen Ländern bereitgestellt wurden.[420] Dies zeichnete sich nicht nur im quantitativen Anstieg der Teilnehmerzahlen ab, die 1964 ihren jährlichen Höchststand mit 6.704 Jugendlichen erreichten. Langfristige Folge der Einbindung der Jugendarbeit des Volksbundes in die Förderstrukturen der deutsch-französischen Jugendpartnerschaften war eine einseitige Ausrichtung der Jugendlager auf Frankreich, wo zwischen 1953 und 1990 allein 1.677 der insgesamt 2.606 Lager stattfanden und die 71 Prozent der insgesamt knapp 140.000 Teilnehmer anzogen.

418 Vgl. Versöhnung über Gräbern. 10 Jahre Jugendarbeit im Volksbund Deutsche Kriegsgräberfürsorge e. V., hg. v. Volksbund Deutsche Kriegsgräberfürsorge, Kassel 1963, S. 2–13. Zur Entstehung und Vorgeschichte der Lager siehe *Demarest*, Arbeit, S. 60–73; Berichte zu den einzelnen Lagern siehe BArch B 153/1691.

419 Siehe Mittel des Bundesjugendplans für Gräberpflege im Ausland, in: Kriegsgräberfürsorge 34 (1958), Nr. 4, S. 52.

420 Vgl. *Plum*, Jugend, S. 103–104; *Bock*, Komplizierung, S. 69f.

Betrachtet man den Ablauf der Jugendlager selbst und die Entwicklung, die diese durchliefen, tritt bei den ersten Arbeitseinsätzen von Jugendlichen in Belgien und Frankreich in den Fünfzigerjahren hervor, dass zumindest von den beteiligten kirchlichen Organisationen, dem katholischen Kolpingwerk und dem protestantischen CVJM, der ökumenische Aspekt der Aktion einen gewichtigen Anteil hatte. Dem gewählten Motto »Versöhnung über den Gräbern«, das bald als Leitmotiv des Volksbundes für seine Arbeit insgesamt übernommen wurde, wohnte ursprünglich auch ein christliches Versöhnungsverständnis inne. In der Ankündigung des Kolpingwerkes für das Lager im Sommer 1954 war es noch mit dem Zusatz »Wir wollen ein vereintes christliches Europa« begleitet.[421] Der Volksbund verwies in seinen Präsentationen der Jugendfahrten frühzeitig auf die positiven Erfahrungen, die durch den direkten Kontakt der Jugendlichen zur einheimischen Bevölkerung gemacht worden seien und die geholfen hätten, antideutsche Ressentiments ein Stück weit aufzubrechen.[422] In verschiedenen Quellen tritt jedoch auch hervor, dass für die Beteiligten der kirchlichen Organisationen nicht allein die Versöhnung zwischen Deutschen, Belgiern und Franzosen im Mittelpunkt stand, sondern die Überwindung einer gespaltenen Christenheit. Die Lagerteilnehmer aus verschiedenen Nationen sollten den Lageraufenthalt als christliches Gemeinschaftserlebnis erfahren.[423] Mit der Ausweitung der Jugendlager und der Einbindung weiterer Trägerorganisationen in den folgenden Jahren sowie die enge Einbindung in den deutsch-französischen Jugendaustausch trat die ökumenische Bedeutung weitgehend zurück. Als wesentlicher Teil des Versöhnungsgedankens des Volksbundes galten nun die in den Lagern erfahrbaren Auslandskontakte bei der Arbeit auf den Kriegsgräberstätten und das gemeinsame Totengedenken, das alle Kriegstoten undifferenziert als Opfer des Krieges miteinschloss.

Die Arbeit auf den Friedhöfen war insbesondere zum Zeitpunkt, als sich die meisten Kriegsgräberstätten im Westen noch im Bau befanden, durchaus mit schwerer körperlicher Tätigkeit verbunden. Die Jugendlichen, die etwa in Lommel zum Einsatz kamen, legten zur Umfriedung des Geländes in den ersten

421 VKA, A.100-4. Während die in vier Sprachen abgefassten Schreiben alle den Wunsch nach einem geeinten christlichen Europa im Untertitel zum Ausdruck brachten, wiesen sie Abweichungen bei der Übersetzung des Leitmotives auf. »Versöhnung über den Gräbern« wurde eins zu eins ins Englische (»reconciliation at the graves«) übersetzt, in der französischen Fassung (»fraternite chrétienne par-dessus les tombeaux«) war dagegen der Gedanke der christlichen Lagergemeinschaft präsenter; in der flämischen wurde schlicht von Freundschaft (»vriendschap«) über den Gräbern gesprochen.

422 Vgl. *VDK*, Versöhnung über den Gräbern.

423 BArch B 153/1691, Anlage zum Schreiben des CVJM-Reisedienst an Bundesministerium des Innern, Betr.: Freiwilliger Arbeitseinsatz in Lommel (Belgien), 30.11.1955. Hier wird u. a. der Vertreter des VDK in Belgien mit den Worten zitiert: »Eines, das erkenne ich hoch an, daß Sie es vorzuleben wußten, daß religiöse Spannungen garnicht in Erscheinung traten.«

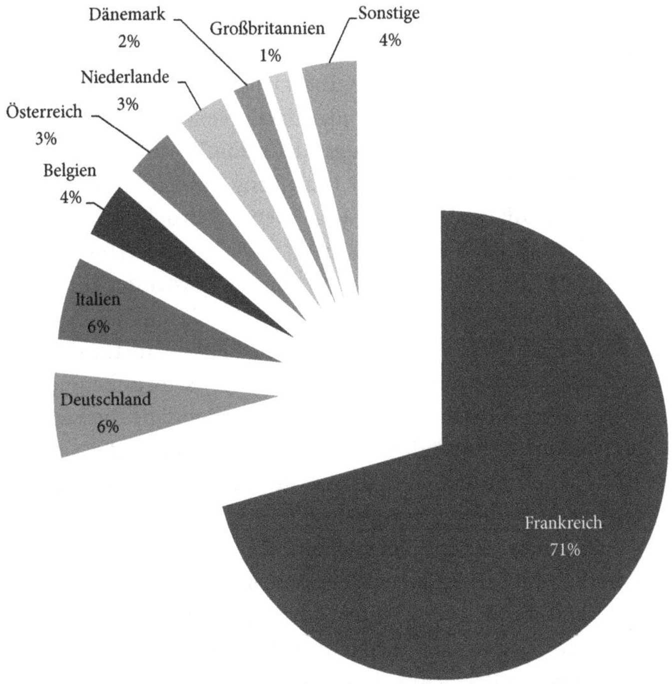

Grafik 5: Regionale Verteilung der Jugendlager nach Teilnehmerzahl, 1953–1990

drei Jahren des Lagers einen 1,4 Kilometer langen Erdwall an.[424] Trotz der harten Arbeit boten aber auch die Lager in den Fünfzigerjahren bereits weitere Anreize wie gemeinsame Ausflüge und Freizeitaktivitäten nach getaner Arbeit.[425] Ein Teil der Jugendlager wurde als internationale Jugendbegegnung durchgeführt und brachte die deutschen Teilnehmer mit Jugendgruppen aus dem Gastgeberland zusammen. Die Motivation zur Teilnahme an den sommerlichen Grabpflegeaktionen, für die unabhängig von der allgemeinen Mitgliederentwicklung des VDK eine konstante Nachfrage zu verzeichnen war, erklärt sich auch aus dem Freizeitwert der Lager, die für Jugendliche die Möglichkeit boten, für wenig Geld mit Gleichaltrigen ins Ausland zu fahren.[426]

424 Vgl. *VDK*, Versöhnung über den Gräbern, S. 11. Außer dem Erdwall, der das Gelände vor Verwehungen schützen sollte, wurden insgesamt 600m^3 Erde ausgetauscht, die Gräber von Unkraut und Gräsern befreit und 20 km Gartenwege instandgesetzt.

425 BArch MA, BW 1/313165, Merkblatt des Kreisjugendrings Kulmbach für die Teilnehmer des Kriegsgräbereinsatzes in Lugo, 19.5.1960.

426 Zur Motivation junger Menschen Ende der Siebzigerjahre zur Teilnahme an einem Jugendlager siehe den Presseausschnitt »Urlaub mit Gräberpflege und Bundeswehrkost« aus der Stuttgarter Zeitung vom 12. Juli 1977, in: BArch MA, BW 1/114848.

Die mit dem Elysée-Vertrag 1963 politisch vorangetriebene deutsch-französische Aussöhnung baute darauf auf, den Verständigungsprozess zwischen beiden Ländern auf Regierungsebene und zwischen politischen Institutionen durch die Förderung einer weitreichenden zivilgesellschaftlichen Annäherung zu untermauern. Insbesondere der Jugendaustausch war dabei eine wichtige Komponente und wurde bereits in der Einleitung des Vertragswerks aufgegriffen.[427] Die seit den Fünfzigerjahren entwickelten kulturpolitischen Beziehungen sowie aus gesellschaftlicher Eigeninitiative erwachsene Verbindungen unterhalb der staatlichen Ebene wurden genutzt, um die Geister der »Erbfeindschaft« gründlich auszutreiben und langfristig in ein Erfolgsmodell der grenzübergreifenden Partnerschaft zu verwandeln. Das DFJW als institutioneller Überbau zur Förderung von Jugendprojekten schuf organisatorische und finanzielle Rahmenbedingungen, die den Ausbau des Jugendaustausches befeuerten, wovon auch die internationalen Jugendbegegnungen des Volksbundes sichtbar profitierten. Wichtig ist aber auch, dass damit die Jugendlager und Jugendeinsätze auf den Weltkriegsfriedhöfen unverkennbar in die politischen Konturen der auf höchster staatlicher Ebene vorgelebten Verständigungspolitik eingepasst wurden. Deutsch-französische Jugendlager erschienen einerseits als ein weiteres Mosaik im Gesamtbild der vielfältigen Austauschbeziehungen beider Länder, die zum Beispiel in Form von Städtepartnerschaften oder Schüleraustausch zur Normalität wurden. Andererseits bildeten gerade die Friedhöfe der beiden Weltkriege eine immer wieder gewählte Kulisse, um bei besonderen Staatsakten die historische Dimension der deutsch-französischen Freundschaft hervorzuheben und mit der Gewalterfahrung der Weltkriege zu kontrastieren. Die hierin beschworene Symbolik konnte spiegelbildlich im Kleinen auch für die Jugendlager abgerufen werden. In den Zwanziger- und Dreißigerjahren war in Deutschland der Besuch der Kriegsgräber immer mit der Aufforderung an die Jugend begleitet, dem Vorbild der Gefallenen nachzueifern und auf eine wie auch immer geartete Erneuerung des Vaterlandes hinzuarbeiten. Die politische Botschaft, die sich nach dem Zweiten Weltkrieg mit der Arbeit von Jugendlichen auf den Kriegsgräberstätten verband, richtete sich dagegen nicht mehr nach innen, sondern zielte auf das gemeinsame Opfergedenken im Kontext einer (west)europäischen Friedensordnung.

Gundermann hat mit Blick auf die Jugendarbeit des Volksbundes in den Niederlanden gezeigt, dass der Versöhnungsansatz des Volksbundes lange Zeit zu Lasten einer historisch-kritischen Auseinandersetzung mit der Geschichte des Zweiten Weltkrieges ging. Kontroverse Bereiche der Erinnerung an die deutsche Besatzungsherrschaft blieben in den deutsch-niederländischen Begegnungen lange ausgeblendet, um eine Annäherung zu erleichtern.[428] Dieses Bild

427 Vgl. *Defrance/Pfeil*, Elysée-Vertrag, S. 85; *Plum*, Jugend, S. 79.
428 Vgl. *Gundermann*, Bürger, S. 354–355.

Abb. 8: Jugendlager des Volksbundes im Zeichen der Völkerverständigung. Fort-de-Malmaison, Frankreich, Juni 1961. – *Quelle:* Volksbund Bildarchiv

bestätigt sich auch anhand von Berichten aus anderen Ländern, wo ein gemeinsames Kriegsopfergedenken als Bindeglied genutzt wurde, um die zivilgesellschaftlichen Beziehungen in die europäischen Nachbarländer erfolgreich zu festigen.[429] Gerade die Jugendarbeit ist aber auch der Bereich, der eine sehr viel größere Flexibilität erlaubte, wenn es darum ging, verschiedene Opfergruppen und Kriegs- und Gewaltschicksale in die praktische Arbeit zu integrieren. Der Volksbund griff in einzelnen Jugendprojekten durchaus auch Themen auf, die unweigerlich die Verantwortung für von Deutschen verübte Gewalt und Verbrechen sichtbar machten. Während die praktische Kriegsgräberfürsorge im Ausland durch zwischenstaatliche Verträge reglementiert und auf den Bereich militärischer Kriegstoter begrenzt ist, bot die Jugendarbeit hierfür andere

429 Für ein Beispiel aus Frankreich siehe die Berichte zur internationalen Jugendbegegnung in Arras im Sommer 1969 in PA AA, B92 Bd. 532, Bericht des deutschen Generalkonsulats Lille, Betr.: Deutsch-Französisches Jugendtreffen »Versöhnung über den Gräbern« Arras, 19. und 20. Juli 1969, 6.8.1969. Die mehrtägige Veranstaltung mit mehreren Tausend Teilnehmern umfasste ein kulturelles Rahmenprogramm, einen Gedenkgottesdienst sowie gemeinschaftliches Totengedenken auf einer Kriegsgräberstätte. Es war durch militärisches Zeremoniell geprägt und galt den Gefallenen des Ersten Weltkrieges, womit man einen geeigneten Rahmen für ein gemeinsames Totengedenken gefunden hatte, der für beide Seiten tragbar war.

Handlungsspielräume. Der Berliner Landesverband besuchte beispielsweise seit 1971 jährlich mit einer Jugendgruppe das KZ Mauthausen und unterstützte die Instandhaltung der Gedenkstätte.[430] Knischewski hat hierin eine Art interne Arbeits- oder Lastenteilung beim Volksbund gesehen. Während die anderen Arbeitsbereiche stark auf das Gedenken an klassischen Kriegstoten konzentriert seien, habe sich in der Jugendarbeit ein differenziertes Gedenken mit teilweise auch pazifistischen Konnotationen durchgesetzt.[431] Dies ist Ergebnis einer Entwicklung, die in der zweiten Hälfte der Sechzigerjahre begann und für die sowohl an den Volksbund herangetragene Forderungen von außen als auch interne Reformansätze ursächlich sind, die sich wechselseitig beeinflussten.

Die aktive Beteiligung am Bau von Kriegsgräberstätten und der Herrichtung von Kriegsgräbern, für die die Teilnehmer nicht nur Arbeitskraft und -zeit opferten, sondern sich trotz der öffentlichen Zuschüsse sogar anteilig an den Reisekosten beteiligten, setzte voraus, dass die vom Volksbund vorgetragene Begründung seiner Arbeit auch von diesen geteilt und akzeptiert wurde.[432] Im Zusammenhang mit der Auseinandersetzung vor allem mit der baulichen Gestaltung seiner Kriegsgräberstätten sowie dem sich seit Mitte der Sechzigerjahre abzeichnenden generationellen Umbruch sowohl in der Verbandselite als auch in der breiten Mitgliedschaft ist darauf hingewiesen worden, dass dieser Veränderungsprozess innerhalb des Volksbundes auch als Generationenkonflikt gedeutet wurde, der eine Auseinandersetzung mit den der Volksbundarbeit zugrunde liegenden Paradigmen notwendig machte, um jüngere Menschen für den Verein gewinnen zu können.[433] Die Institutionalisierung der Jugendarbeit beim Volksbund schuf jedoch nicht nur Zugangsmöglichkeiten, um über Vereine und Jugendorganisationen potentiellen Nachwuchs anzusprechen, sondern kann auch als in beide Richtungen offener Kommunikationskanal verstanden werden, der auf allen Verbandsebenen Zustimmung wie auch Widerspruch zur Arbeit des Volksbundes übermittelte.

Seit den Sechzigerjahren wurden von Jugendgruppen zunehmend Forderungen laut, die die plakativ vorgetragene, aber weitgehend als inhaltsleer empfundene Friedens- und Versöhnungsbotschaft durch konkrete Aktionen mit Gegenwartsbezug beleben wollten. In Mölln etwa verweigerten Schüler die Ausrichtung des Volkstrauertages in der bis dahin gewohnten Form, wobei zugleich erstaunliche politische Allianzen entstanden. Die Ortsgruppe der JuSos hatte gemeinsam mit der Jungen Union als Alternative vorgeschlagen, einen »Antikriegstag« zu veranstalten, der »sich gegen die Gräuel des Krieges überhaupt –

430 Siehe hierzu die Broschüre des VDK Landesverbandes Berlin »45 Jahre Jugendarbeit in Mauthausen«.

431 *Knischewski*, Grief, S. 111–112.

432 Zu den Entstehungsbedingungen der Jugendlager vgl. *Demarest*, Arbeit, S. 65 ff.

433 Vgl. hierzu eine längere Diskussion im Bundespräsidium des Volksbundes in VKA, BP 1968-04-05 Präsidium.

besonders aber der in Asien – richtet.« Die Veranstaltung sollte parallel zu einer »traditionellen Feierstunde« des Bundes der Vertriebenen und »ähnlicher Verbände« stattfinden, was jedoch vom Magistrat der Stadt abgelehnt wurde.[434]

Die Aktion der Jugendorganisationen in Mölln ist nicht als Einzelfall zu sehen. In ihr kommt ein verändertes Verständnis des Friedensbegriffes zum Ausdruck, der seit Ende der Sechzigerjahre begann, Grundlagen und Zielsetzung der Jugendarbeit sowie der Pädagogik insgesamt nachhaltig zu beeinflussen. Seine Ursprünge liegen zum Teil in älteren pazifistischen Strömungen sowie der nach dem Zweiten Weltkrieg entstehenden Antiatomwaffenbewegung, die jedoch durch das Aufgreifen der Friedensthematik durch die sozial- und erziehungswissenschaftliche Forschung eine akademische Unterfütterung erhielt. Monika Broschart hat in diesem Zusammenhang auch auf die Bedeutung des Regierungswechsels 1969 sowie die Bundespräsidentschaft Gustav Heinemanns hingewiesen, auf dessen Initiative die Deutsche Gesellschaft für Friedens- und Konfliktforschung gegründet wurde. Bundespräsident Heinemann und Bundeskanzler Brandt griffen das Thema Friedensforschung wiederholt in ihren Reden auf und betonten die Notwendigkeit einer staatlichen Unterstützung, was das Thema aus seiner pazifistischen Nische befreite.[435]

Kennzeichnend für das erweiterte Friedensverständnis ist, dass Frieden nicht mehr allein als Zustandsbeschreibung militärisch ausgetragener Konflikte begriffen wurde, sondern als ein höchst fragiles Gebilde, dessen Erhalt von komplexen sozialen und politischen Zusammenhängen abhing. Die strukturellen Bedingungen und Ursachen für Krieg und Frieden galt es zu hinterfragen und zu begreifen.[436] Die entscheidende Schlussfolgerung war aber vor allem, dass der Erhalt des Friedens vom individuellen Verhalten jedes Einzelnen abhing. Dies eröffnete ein weites Feld für Friedensaktionen, die als Bestandteil einer »Friedensarbeit« verstanden wurden, die zum strukturellen Erhalt des Friedenszustandes in einer politisch bipolaren und mit Massenvernichtungswaffen gesättigten Welt beitrugen. Zugleich überfluteten Vorschläge und Konzepte zur Integration einer Friedenserziehung in den Schulunterricht und die sozialpädagogische Arbeit die bildungspolitischen Debatten.[437] Allerdings gelang es dabei kaum, über die Verständigung auf einen erweiterten Friedensbegriff hinaus, eine Eini-

434 Der Vorfall ist aktenkundig, weil sich die Veranstalter auch an das Bundespräsidialamt wandten und Bundespräsident Heinemann zur Teilnahme einluden, der jedoch verzichtete. BArch B 122/8158, Vgl. Schreiben Jungsozialisten Mölln an Bundespräsident Heinemann, Betr.: Einladung, 8.10.1971.

435 Vgl. *Broschart*, Erziehung, S. 5; *Wette*, Nuklearpazifismus, S. 155.

436 Vgl. *ter Veer*, Behandlung, S. 11 ff.

437 Hierzu zählten die Publikationen der Studiengesellschaft f. Friedensforschung in München wie z. B. *Kuhn*, Historisch politische Friedenserziehung, u. *Küpper*, Friedenserziehung im Schulunterricht. Die genannten Autoren waren außerdem mehrfach Teilnehmer von Vortragsveranstaltungen des Volksbundes, wie dem Internationalen Seminar in Hilden. Vgl. BdV 1973, S. 12.

gung über die tatsächlichen Inhalte und Methoden zu erzielen. Eine Debatte im niedersächsischen Landtag noch 1983 zeigte, dass Friedenserziehung zwar als Bestandteil der politischen Bildung in allen politischen Lagern anerkannt war, ihre Verankerung in den schulischen Lehrplänen aber eigentlich auf der Stelle trat.[438] Mit Ende der sozialliberalen Koalition auf Bundesebene verlor das Thema Friedens- und Konfliktforschung außerdem seinen politischen Rückhalt.[439] In den bildungspolitischen Debatten erwies sich vor allem die Bewertung der Rolle der Bundeswehr als schwierig, deren Existenz von Vertretern pazifistischer Positionen selbst als friedensgefährdender Faktor gesehen wurde. Ihr gegenüber stand eine Lesart, die die westdeutschen Streitkräfte und ihre Einbindung in ein System zur kollektiven Sicherheit gerade als Voraussetzung für die Aufrechterhaltung des Friedens begriff.[440] 1980 hatte Verteidigungsminister Apel bei der Kultusministerkonferenz angeregt, im Schulunterricht deutlich zu machen, dass »unverzichtbare Voraussetzung für die Friedenssicherung das Gleichgewicht der militärischen Kräfte sei und insofern der Dienst in der Bundeswehr Friedensdienst bedeute.«[441] Die Kultusministerkonferenz hatte sich in dieser Frage jedoch nicht auf eine einheitliche Position verständigen können.

Der Volksbund sah in der Popularität, die das Thema Frieden unter Jugendlichen und jungen Erwachsenen genoss, zu Beginn der Siebzigerjahre jedoch enormes Potential, um die Kriegsgräberfürsorge inhaltlich neu zu profilieren und mit einer Zielsetzung zu verbinden, die helfen sollte, den stagnierenden Mitgliederzahlen und der Kritik unter Jugendlichen an seiner Arbeit zu begegnen. Im Umfeld der dem fünfzigjährigen Jubiläum vorausgehenden Diskussionen um die Zukunftsfähigkeit des Volksbundes war dies mehr als nur ein Hoffnungsschimmer am Horizont. Es war ein wegweisender Lichtstrahl, mit dem der 1970 neugewählte Präsident Willi Thiele den Verein auf einen neuen Kurs führen wollte. Der Volksbund versuchte auf vielfältige Weise seine Anschlussfähigkeit an das Thema unter Beweis zu stellen. Kriegsgräber als mahnendes Zeichen für den Frieden zu betrachten war ein altbekanntes Motiv, das nun an die als Friedensarbeit bezeichneten neuen Aktionsformen angepasst wurde. Das seit den Fünfzigerjahren verwendete Motto der Jugendlager »Versöhnung über den Gräbern«, das die Pflege der deutschen Kriegsgräber mit der Zielsetzung eines Beitrages zur Verständigung und Aussöhnung zwischen den früheren Kriegsgegnern verband, wurde zu Beginn der Siebzigerjahre um den Zusatz »Arbeit für den Frieden« erweitert. Die Neuakzentuierung des Friedensthemas war auch eine Folge des

438 Vgl. Behandlung des Themas »Friedenserziehung und Bundeswehr in den Schulen« im Niedersächsischen Landtag am 16.9.1983, in: Schule und Friedenserziehung.Dokumentation zur Auseinandersetzung um die Friedenserziehung in der Schule, hg. v. Niedersächsischen Kultusminister, Hannover 1983, S. 31–51.

439 Vgl. *Wette*, Nuklearpazifismus, S. 155.

440 Vgl. *Arnold*, Thesen, S. 97 f.

441 Vorbemerkung, in: Schule und Friedenserziehung, S. 4.

Ergebnisses einer vom Volksbund bei einem Meinungsforschungsinstitut in Auftrag gegebene Untersuchung über die öffentliche Wahrnehmung des Vereins als Organisation und seine Arbeit, die sogenannte MARPLAN Studie.[442] Sie hatte bestätigt, dass die mit dem Versöhnungsmotto verknüpfte Friedensbotschaft nicht ausreichend von Jugendlichen wahrgenommen würde, Friedensarbeit aber zugleich die größte Triebkraft besäße, um Jugendliche für die Mitarbeit zu gewinnen.[443] Die Friedensthematik bekam in der Folge in der Jugendarbeit und allgemeinen Außendarstellung des Volksbundes mehr Raum. Der Bremer Landesverband des Volksbundes veranstaltete beispielsweise im zeitlichen Umfeld des Volkstrauertages zu Beginn der Siebzigerjahre eine »Friedenswoche«. Der Anstoß hierzu war vom neugegründeten Jugendarbeitskreis des Landesverbandes gekommen, der »dem Volkstrauertag einen zusätzlichen, zeitgemäßen Sinn geben«[444] wollte. Die Idee der Friedenswoche ging ursprünglich auf eine landesweite Aktion eines Bündnisses verschiedener niederländischer Kirchen zurück, die Anfang der Siebzigerjahre auch in einigen deutschen Großstädten Nachahmer fand. Getragen wurden die Friedenswochen vielerorts von einem Zusammenschluss lokaler Gruppen teils überregional aktiver Organisationen, die sich in verschiedenen überschneidenden politischen Themenfeldern wie Frieden, Menschenrechte und Dritte Welt bis hin zu Jugendfragen engagierten. Im Umfeld der Friedenswochenbewegung wurden die gleichnamigen Aktivitäten des Volksbundes in Bremen allerdings kaum wahrgenommen.[445]

Es ist erkennbar, dass der Volksbund vor allem Begriffe und Schlagworte von Friedensinitiativen übernahm, damit jedoch noch keine Aneignung politischer Standpunkte verbunden war. Wie auch die allgemeinen Debatten über die Inhalte einer Friedenserziehung nicht auf einen gemeinsamen Nenner zu bringen waren, blieb auch die Jugendarbeit des Volksbundes trotz ihrer erkennbar vorangetriebenen Professionalisierung und der neuen Leitbegriffe inhalt-

442 Das Image des Volksbundes Deutsche Kriegsgräberfürsorge e. V. – Psychologische Marktuntersuchung. Durchgeführt von Marplan, Forschungsgesellschaft für Markt und Verbrauch mbH, Frankfurt a. M. 1970.

443 Für eine Zusammenfassung der Studienergebnisse und die daraus abgeleiteten Schlussfolgerungen siehe VKA, BV 1970-07-10 Vorstand; BArch MA, BW1/52004, Kurzbericht über den Bundesvertretertag 1970 des Volksbundes Deutsche Kriegsgräberfürsorge e. V. in Kassel am 22./23. Oktober 1970. Vgl. außerdem *Demarest*, Arbeit, S. 47.

444 Statt Sieges- und Gedenkfeiern Friedensfeiern in aller Welt, in: Kriegsgräberfürsorge 48 (1971), Nr. 1, S. 15.

445 An der Organisation der Mindener Friedenswoche 1972 waren z. B. beteiligt: Der Internationale Versöhnungsbund, Arbeitskreis Politisches Nachtgebet, das Internationale Freundschaftsheim Bückeburg, die Aktionsgruppe Entwicklungspolitik, Amnesty International, die Arbeitsgemeinschaft der Kriegsdienstgegner, das Jugendzentrum Teestube und der Arbeitskreis Politische Bildung. Vgl. *Battke*, Friedenswochen als Modelle politischer Kooperation. In diesem Band werden Friedenswochen in verschiedenen deutschen Städten beschrieben und die Tübinger Friedenswoche einer umfassenden Evaluation unterzogen. Hinweise auf den Volksbund als beteiligten Akteur finden sich dabei jedoch keine.

lich vage. Der nicht exakt bestimmte Friedensbegriff erlaubte es aber gerade, unterschiedliche Zielgruppen und Vorstellungen anzusprechen und in der unmittelbaren Arbeit an den Gräbern mit einer konkreten Tätigkeit zu verbinden. Während die Landesverbände der Stadtstaaten Hamburg, Bremen und Berlin bei ihrer Jugendarbeit frühzeitig von »politischer Bildungsarbeit«[446] sprachen und den Anschluss an Aktionsformen politisch aktiver Jugendgruppen in großstädtischen Milieus suchten, ist zugleich die weiterhin enge Zusammenarbeit mit der Bundeswehr zu beobachten, die bei der Durchführung der Jugendlager häufig logistische Unterstützung leistete und Feldküchen, Zelte und Feldbetten zur Verfügung stellte, aber auch Soldaten Sonderurlaub für die freiwillige Arbeit auf Kriegsgräberstätten gewährte.[447] Es ist daher davon auszugehen, dass mit dem auch nach außen sichtbaren Schulterschluss mit den westdeutschen Streitkräften, etwa bei den öffentlichen Spendensammelaktionen von Bundeswehrsoldaten, die Wahrnehmung des Volksbundes und seiner Arbeit als Friedensbeitrag im Umfeld von bundeswehrkritischen Friedensaktivisten an ihre Grenzen stieß. So forderte zum Beispiel die Berliner Internationale der Kriegsdienstgegner e. V. in einer Unterschriftensammelaktion die Bundesregierung dazu auf, »Volksbund-Propaganda in den Schulen nicht mehr zu fördern«.[448] Die Gruppe sah in der Kriegsgräberfürsorge vor allem eine Maßnahme zur Förderung der Kriegsbereitschaft.

Der um 1970 erkennbare Umbruch in der Jugendarbeit des Volksbundes ging auch einher mit einer gezielten Verbesserung der pädagogischen Begleitung der Jugendlager sowie der verbandlichen Jugendarbeit insgesamt. Dies ist eine Entwicklung, die die Arbeit mit Jugendlichen in der Bundesrepublik zu dieser Zeit insgesamt kennzeichnete und in nur wenigen Jahren Jugendarbeit als anerkannte Form der Bildungsarbeit neben den Schulen etablierte.[449] Mit der Gründung von sogenannten Jugendarbeitskreisen wurden innerhalb der Landesverbände des Volksbundes zudem Plattformen geschaffen, um Jugendlichen eine Mitarbeit im Volksbund zu ermöglichen und sich Gehör zu verschaffen.[450] Im Bremer Landesverband wurde bereits 1971 die Sprecherin des Jugendarbeitskreises in einer Ergänzungswahl in den Landesvorstand berufen und die Jugendvertreter damit in die verbandspolitische Arbeit miteinbezogen. Durch Ausbildung zu Jugendgruppenleitern konnten aus den in den Jugendarbeitskreisen aktiven

446 BdV 1971, S. 23.
447 BArch MA, BW 1/114848.
448 BArch B 122/14359, Die Kehrseite der Medaille. Dokumentation über den Volksbund Deutsche Kriegsgräberfürsorge e. V., hg. von der Internationale der Kriegsdienstgegner e. V. Berlin. Zur Kriegsdienstverweigerung, der Einführung des Zivildienstes und der öffentlichen Wahrnehmung von Wehrdienstverweigerern in den Sechzigerjahren vgl. außerdem *Bartjes*, Zivildienst, S. 131.
449 Vgl. *Krafeld*, Politisierung, S. 98–99.
450 Vgl. BdV 1971, S. 23.

Jugendlichen zugleich ehrenamtliche Betreuer für die Jugendlager gewonnen werden, die die hauptamtlichen Jugendreferenten unterstützten.[451] Die besondere Aufbruchsstimmung, die insbesondere das Jubiläumsjahr des Volksbundes 1969 verbreitete, wird zum Beispiel bei der Gründung des Münchener Jugendarbeitskreises 1971 deutlich, der sich pathetisch den Namen »Manifest 69« gab.[452]

Neben der von Jugendlichen deutlich zum Ausdruck gebrachten Erwartungshaltung, wie der Erhalt von Kriegsgräbern zeitgemäß verstanden und vermittelt werden sollte, ist auch erkennbar, dass seitens der Schulbehörden pädagogische Mindeststandards als Voraussetzung für eine Einbindung des Themas Kriegsgräberfürsorge in den Unterreicht eingefordert wurden. Die vom Volksbund erdachte symbolische Mitgliedschaft der Schulen wurde nicht mehr vorbehaltlos akzeptiert. Als Voraussetzung für eine weitere Zusammenarbeit mit Schulen erging von der Kultusministerkonferenz 1968 eine allgemeine Empfehlung, die bis heute in aktualisierte Form bestand hat.[453] Bereits 1967 war beim Volksbund ein pädagogischer Beirat eingerichtet worden, der den Bundesvorstand in der Bildungsarbeit beraten und die Aufbereitung von Handreichungen für den Schulunterricht und die Jugendarbeit fachlich betreuen sollte. Damit wurden die institutionellen Voraussetzungen geschaffen, die Zusammenarbeit im Jugend- und Bildungsbereich vorrangig nach pädagogischen Anforderungen auszurichten. Innerhalb des Verbandes wurden Mitarbeiter in den folgenden Jahren für die Zusammenarbeit mit Schulen und Jugendorganisationen gezielt fortgebildet.[454] Die vom Volksbund bereitgestellten Unterrichtsmaterialien, die sogenannte »Schulkassette«, wurde Anfang der Siebzigerjahre einer Revision unterzogen, um auf die von verschiedenen Schulbehörden beklagten Mängel zu reagieren. Nach einer grundlegenden Überarbeitung und externen Prüfung durch die Gesellschaft für Friedens- und Konfliktforschung und die Uni Tübingen, erschienen sie ab 1974 unter dem Titel »Dokumentarische Beiträge zur Friedenserziehung«.[455] Das Unterrichtsmaterial sollte zeitgemäßen didaktischen Standards entsprechen und nicht als bloßes Werbematerial abgetan werden. Die noch in den Fünfziger- und Sechzigerjahren mit der Jugendarbeit verbundene Vorstellung, durch die Aufklärung über die Arbeit des Volksbundes einen erzieherischen Beitrag zu leisten und zugleich den Nachwuchs für die Vereinsarbeit sichern zu können, wich seit den Siebzigerjahren einem Verständnis von Jugendarbeit, das die kritische Auseinandersetzung mit dem historischen Erbe der

451 Zur Funktion der Jugendarbeitskreise siehe *Heine*, Zielgruppe, S. 133.

452 BdV 1971, S. 21.

453 Vgl. Berücksichtigung der Arbeit des Volksbundes Deutsche Kriegsgräberfürsorge e. V. in den Schulen, Beschluss der Kultusministerkonferenz vom 22.3.1968 i. d. F. v. 27.4.2006.

454 Vgl. Hans Soltau, Volksbund und Jugend, in: Kriegsgräberfürsorge 47 (1971), Nr. 6, S. 123.

455 Vgl. BdV 1973, S. 12 u. BdV 1974, S. 14.

Weltkriege als eigenständigen Wert begriff.[456] Damit ist nicht gesagt, dass bereits etablierte Kooperationsformen wie etwa Spendensammlungen durch Schüler aufhörten, sie wurden jedoch endgültig von der Opfermetaphorik befreit, die sie in den Fünfzigerjahren noch begleitet hatte. Für die Kultusministerkonferenz wurde der erklärte Einsatz für Frieden und Völkerverständigung des Volksbundes zum zentralen Argument, die Zusammenarbeit mit Schulen weiterhin als unterstützungswürdig anzuerkennen. Auch bei den Bundestagsdebatten zur Reform des Kriegsgräbergesetzes 1965 war dieser Ansatz in der Jugendarbeit des Volksbundes hervorgehoben worden, um damit die Bedeutung des Erhalts der Kriegsgräber einzuordnen.[457] Die Verpflichtung der Schüler auf ein »Vermächtnis« der Gefallenen fand dagegen Ende der Sechzigerjahre keine öffentliche Anerkennung mehr.

Auch in den Anfang der Siebzigerjahre intensiv geführten Debatten um die Grundlagen der außerschulischen Bildungsarbeit, die im Umfeld der Landeszentralen für politische Bildung geführt wurden, etablierte sich mit dem sogenannten »Beutelsbacher Konsens« ein Mindeststandard in der politischen Bildungsarbeit, an dem sich auch Jugendprojekte auf Kriegsgräberstätten künftig orientierten. Die Leitlinien für politische Bildungsarbeit mit Jugendlichen, auf die man sich während einer von der Landeszentrale für politische Bildung Baden-Württemberg 1976 in Beutelsbach veranstalteten Tagung verständigte, umfassten im Kern drei Prinzipien: erstens das sogenannte Überwältigungs- oder Indoktrinationsverbot, das darauf abzielt, Jugendliche nicht durch eine einseitige Darstellung eines Themas bei der eigenen Urteilsbildung zu behindern; zweitens das hierzu notwendige Gebot, kontroverse Inhalte in Politik, Wissenschaft und Gesellschaft auch als umstrittenes Thema darzustellen und drittens die Orientierung an den Bedürfnissen der Jugendlichen selbst, die in die Lage versetzt werden sollen, eigene politische Urteilskraft zu entwickeln und am politischen Prozess zu partizipieren.[458] Auch für die Bildungsarbeit in der Kriegsgräberfürsorge wurden diese Prinzipien zeitnah adaptiert, wie in einer Presseerklärung des Volksbundes zum 25. Jubiläum seiner Jugendarbeit deutlich wird:

> Die Jugendlichen sollen durch die Arbeit auf den Kriegsgräberstätten erkennen, welche letzte Konsequenz die Anwendung militärischer und politischer Gewalt hat. Den Jugendlichen sollen Denkanstöße gegeben werden, die auch über die eigentliche Lagerzeit hinweg für die Entwicklung des jungen Menschen und sein Verhältnis zu Menschen anderer Anschauung, anderer Sprache oder anderer Rasse von positiver Auswirkung sind. Sie bilden damit ein Stück Erziehung zum Frieden.[459]

456 Vgl. Hans Soltau, Volksbund und Jugend, in: Kriegsgräberfürsorge 47 (1971), Nr. 6, S. 123.

457 Deutscher Bundestag, Plenarprotokoll 4/178, S. 8964.

458 Vgl. *Sutor*, Bildung, S. 24.

459 BArch MA, BW 1/114848, Information für die Presse. 25 Jahre Jugendarbeit des Volksbundes.

Damit war die Jugendarbeit nicht nur von ihrer normativen Aufladung befreit, die die Ehrung militärischer Opferbereitschaft hochhalten wollte, auch ihr instrumenteller Zweck als Mittel zur Mitgliederwerbung trat in den Hintergrund. Als solches hatte es sich langfristig auch nicht bewährt. Einzelne Landesverbände verwiesen zwar immer wieder darauf, dass es durchaus gelänge, Jugendliche über die Teilnahme an Aktionen des Volksbundes länger an den Verein zu binden. Die Entwicklung der Mitgliederzahlen sind jedoch eindeutig und belegen, dass der generationelle Umbruch im Volksbund von Kriegs- zu den Nachkriegsgenerationen mit einem kontinuierlichen Mitgliederschwund verbunden war, der sich durch die Ausweitung partizipatorischer Angebote für Jugendliche nicht aufhalten ließ.

Gerade die von politischer Seite gesetzten Rahmenbedingungen für die Verbindung von Kriegsgräberfürsorge und Jugend- und Bildungsarbeit verdeutlichen, dass sich deren Entwicklung nur unzureichend als reine Anpassungsleistung eines Vereins auf ausbleibende Mitglieder verstanden werden kann. Denn erst die geschaffenen politischen Förderstrukturen für grenzübergreifende Jugendprojekte verhalfen den Jugendlagern des Volksbundes zu ihrem wirklichen Durchbruch und lenkten sie dabei in die Bahnen der westeuropäischen Aussöhnungspolitik. Die seit den Sechzigerjahren eingeforderten pädagogischen Standards sorgten zugleich für eine nachhaltige Professionalisierung der Jugendarbeit als Voraussetzung für die Zusammenarbeit mit externen Partnern und den Zugriff auf öffentliche Ressourcen. Die politische Anerkennung, die die Jugendprojekte im Bereich der Kriegsgräberfürsorge immer wieder erhielten, machte die Jugendarbeit des Volksbundes als politische Ressource nutzbar. Die auf Verständigung ausgerichtete Jugendarbeit konnte dem Verdacht, mit militärischer Totenehrung nationalen Chauvinismus oder historischen Revisionismus zu fördern, entgegengestellt werden. Langfristig erfuhr der Erhalt von Kriegsgräbern dadurch eine neue Akzentuierung. Betrachtet man etwa die nach der Wende 1989 schließlich auch in Osteuropa aufgenommene Suche nach verbliebenen deutschen Kriegsgräbern, war diese von Beginn an von internationalen Jugendprojekten flankiert, die das in Westeuropa erprobte Modell nach Osten übertragen sollten.

Mit der ebenfalls in diesem Jahr schließlich erfolgten Aufnahme der Jugendarbeit als Vereinszweck in die Satzung des Volksbundes erfuhr diese nicht nur eine formale Aufwertung innerhalb des Vereins. Vielmehr vollzog der Volksbund damit in seinen Statuten eine Entwicklung nach, die er selbst maßgeblich mitangestoßen hatte, nämlich, dass der dauerhafte Erhalt deutscher Kriegsgräber ohne eine historisch-kritische Vermittlung dieser Praxis an kommende Generationen in Deutschland nicht mehr denkbar wäre. Die Bedeutung von Kriegsgräberstätten hat sich durch die veränderte inhaltliche Ausrichtung der Jugendarbeit seit den Sechziger- und Siebzigerjahren funktional erweitert. Neben ihrer Eigenschaft als Grabstätte und Ort der familiären Erinnerung an die Toten sowie als öffentliche Gedenkstätte an die Kriege insgesamt, wurde sie nun auch zu einem Lernort in der Bildungsarbeit. Verändert hat sich damit an ausgewählten Standorten auch die Infrastruktur der Anlagen. Sie wurden durch die Einrichtung sogenannter Jugendbegegnungsstätten erweitert und ermöglichen heute für Gruppen und Schulklassen mehrtägige Aufenthalte, die von professionellen pädagogischen Angeboten begleitet sind.[460]

460 Gegenwärtig unterhält der VDK vier Einrichtungen in Niederbronn-les-Bains (Frankreich), Lommel (Belgien), Ysselsteyn (Niederlande) und Golm (Deutschland). Siehe hierzu Schude/Köhler, Arbeit; zur JBS Golm siehe auch Werker, Gedenkstättenpädagogik, S. 241 ff.

Schluss

Die Kriegsgräberfürsorge in Deutschland hat im 20. Jahrhundert eine Entwicklung durchlaufen, bei der die besonderen politischen Rahmenbedingungen nach den Kriegsniederlagen nachhaltige strukturelle Folgen für die staatlichen und privaten Trägerorganisationen hatten. Die besondere Stellung des Kriegsgrabes im humanitären Völkerrecht und der seit dem Ersten Weltkrieg als zwischenstaatliche Praxis etablierte dauerhafte Erhalt von Kriegsgräbern schufen eine staatliche Verantwortung für die Grabstätten der Kriegstoten. Sie trat in Deutschland jedoch kaum in Form von Nationalfriedhöfen zum Vorschein, sondern verbarg sich weitgehend unsichtbar in den emotionslosen Bahnen der staatlichen Bürokratie. Dies wurde zu einer wesentlichen Triebkraft für den Aufstieg des zivilgesellschaftlich gestützten Trägermodells, das die Kriegsgräberfürsorge bis heute in Deutschland kennzeichnet.

Der Volksbund Deutsche Kriegsgräberfürsorge, gegründet in Sorge um die zurückgelassenen Gräber des kaiserlichen Deutschen Heeres, entwickelte sich schnell zu einer Großorganisation, die nicht nur in »ergänzender Führsorge« die staatliche Kriegsgräberfürsorge unterstützte, sondern sehr bald den Umgang mit den Gräbern deutscher Kriegstoter maßgeblich beeinflusste und nach dem Zweiten Weltkrieg die Betreuung der deutschen Kriegsgräber im Ausland selbst übernahm. Zentrale Prämissen, wie das angestrebte dauerhafte Ruherecht und die Bestattung der Toten in räumlicher Nähe zum kriegshistorischen Schauplatz und Sterbeort, wurden vom Verein internalisiert und prägten die praktische Kriegsgräberfürsorge langfristig. Sie hatten zugleich unmittelbare Auswirkungen auf die Gestaltung und das Erscheinungsbild deutscher Kriegsgräberstätten.

Der Volksbund stand in der Traditionslinie einer militärischen Totenehrung, die den Kriegstod als aufopferungsvolle Hingabe für das Vaterland begriff. Mit diesem Verständnis der Kriegstotenehrung ließ sich nach dem Zweiten Weltkrieg langfristig jedoch keine tragfähige Begründung für den Bau und dauerhaften Erhalt von Kriegsgräberstätten mehr erzielen, weil es nicht im Einklang mit den politischen Vorgaben des öffentlichen Totengedenkens stand, das das militärische Totengedenken nur noch innerhalb eines passiven Opferbegriffs anerkannte. Die Erweiterung des öffentlichen Totengedenkens auf einen Katalog divergenter Opfergruppen schlug sich auch rechtlich nieder. Spätestens mit der Reform des Kriegsgräbergesetzes 1965 war unzweifelhaft, dass das dauerhafte Ruherecht nicht mehr alleiniges Vorrecht der militärischen Toten war und die staatliche Verantwortung von nun an den Gräbern aller »Opfer von Krieg und

Gewaltherrschaft« galt. In der Bundesrepublik setzte sich ein universalistisches Opferverständnis durch, das seine praktische Umsetzung unter anderem in sogenannten Kriegsopferfriedhöfen fand, auf denen die Toten ungeachtet ihrer Herkunft und ihres Schicksals gemeinsam bestattet wurden. Deutsche Kriegsgräberstätten im Ausland blieben dagegen, mit Ausnahme Dänemarks, ausschließlich militärische Grabstätten.

Die Funktion und Wahrnehmung deutscher Kriegsgräberstätten hat der Volksbund vor allem seit den Siebzigerjahren versucht zu erweitern, indem er sie durch Professionalisierung seiner Jungendarbeit als Orte in der politischen Bildungsarbeit eingesetzt hat. Dies kann als versuchte Anpassung an sich seit den Sechzigerjahren verändernde gesellschaftliche und politische Rahmenbedingungen für die öffentliche Totenehrung gesehen werden, die einerseits durch den generationellen Umbruch von Kriegs- zur Nachkriegsgeneration beeinflusst waren, andererseits durch einen insgesamt die Zeit kennzeichnenden Wandel gesellschaftlicher Werte und politischer Einstellungen, der tradierte Formen des militärischen Totengedenkens als überholt oder gar als Ausdruck eines in der NS-Zeit verwurzelten Gedankenguts erscheinen ließ. Den anhaltenden Verlust gesellschaftlicher Bindekraft konnte der Volksbund mit seiner Hinwendung zu friedenspädagogischen Angeboten nicht aufhalten. Kritische Stimmen wurden zudem immer wieder durch die lange Zeit mangelnde Bereitschaft genährt, die eigenen Verbandstraditionen und Verstrickungen in der NS-Zeit zu hinterfragen.

Im Detail sollen die aufgezeigten Entwicklungen, die die Kriegsgräberfürsorge durchlief, in vier Punkten zusammengefasst werden. Sie berücksichtigen die zentralen Aspekte, anhand derer das komplexe Thema der Kriegsgräberfürsorge in dieser Arbeit erfasst und untersucht wurde. Dies sind die Organisations- und Trägerstrukturen (1), die sich aus dem Zusammenwirken von staatlichen und gesellschaftlichen Interessen herausgebildet haben, wobei der Gründung und Entwicklung des Volksbundes Deutsche Kriegsgräberfürsorge als Verein (2) eine besondere Stellung zukommt. Dies hat den praktischen Umgang mit deutschen Kriegsgräbern und ihre Gestaltung und Symbolik (3) maßgeblich geprägt. Das Verständnis von Kriegsgräberfürsorge und die ihr zugrunde liegende Sinngebung (4) haben sich insbesondere nach dem Zweiten Weltkrieg aber erkennbar verändert.

1. Strukturen:

Ausgangspunkt für die Darstellung der strukturellen Entwicklung der Kriegsgräberfürsorge in Deutschland war die Frage, wieso der Volksbund nach dem Zweiten Weltkrieg Funktionen übernahm, die im internationalen Vergleich üblicherweise von staatlichen Gräberdiensten durchgeführt werden, oft sogar im militärischen Bereich angesiedelt sind. Bestehende Untersuchungen konnten diese besondere Entwicklung weder erklären, noch den Volksbund und seine Stellung als Organisation angemessen einordnen.

Das in der Selbstdarstellung des Vereins gepflegte Bild einer »Bürgerinitiative« ist begründet zurückgewiesen worden. Diese Selbstbezeichnung ist kein für die Gründungszeit des Volksbundes angemessener Terminus und wird auch nicht den realen Gegebenheiten gerecht. Dies war bereits durch den von Johan Zilien vorgebrachte Hinweis, der Volksbund hätte in den ersten Planspielen in den Monaten vor seiner Gründung noch »halbamtlichen Charakter«[1] gehabt, hinreichend bekannt. Zur Erklärung der strukturellen Veränderungen nach dem Zweiten Weltkrieg können Ziliens Befunde aber nicht herangezogen werden.

Wie gezeigt werden konnte, erfolgte die Gründung des Volksbundes zunächst mit Unterstützung verschiedener Ministerien und der Heeresverwaltung. Der Aufbau einer nichtstaatlichen und damit im Verständnis der Zeit unpolitischen Organisation zur Betreuung der deutschen Kriegsgräber im Ausland wurde allerdings durch die parallel voranschreitenden Verhandlungen der Pariser Vorortverträge, bei denen auch der Schutz der Kriegsgräber Eingang fand, und die Einrichtung des ZAK als für Kriegsgräber verantwortliche Behörde hinfällig. Gesellschaftliche Eigeninitiative ist als Faktor für die erfolgreiche Gründung des Volksbundes und seine schnelle überregionale Verbreitung nicht bedeutungslos, bei der Vereinsgründung standen zu Beginn jedoch noch strategische politische Überlegungen im Vordergrund. Ohne eine breite öffentliche Sensibilisierung für das Schicksal der deutschen Kriegsgräber, die schon während des Krieges bestand, wäre es aber nicht zu weiteren lokalen Vereinsgründungen gekommen, die ähnliche Ziele verfolgten wie der VDK und die sich unter dem Dach des Vereins zusammenführen ließen. Der Volksbund konnte außerdem auf einen großen namenhaften Kreis von Unterstützern zählen, die mit ihrem Namen für seine Sache bürgten. Gerade die öffentliche Resonanz, die das Thema Kriegsgräberfürsorge erzeugte, rettete den Volksbund durch die ersten krisenhaften Gründungsjahre, in denen die behördliche Unterstützung vor allem aus der Angst vor einem öffentlichen Skandal im Falle eines Scheiterns des Vereins genährt war, nicht jedoch aus dem Glauben, die staatlichen Stellen wären auf Hilfe angewiesen.

Hier führt die Umschreibung der Stellung des Volksbundes in der Kriegsgräberfürsorge als »halbamtlich« bereits in die Irre, weil die beteiligten Behörden auf eine klare Abgrenzung der staatlichen Kompetenzen pochten und die Aktivitäten des Vereins in den Bereich freiwilliger Hilfeleistungen verwiesen. Dem entgegen standen die informellen Einflussmöglichkeiten des Volksbundes. Durch gezielte Informationspolitik ließen sich die Arbeitsfähigkeit des ZAK und seine Wahrnehmung in der Öffentlichkeit gezielt beeinflussen. Der Volksbund konnte durch die direkte Betreuung von Angehörigen in Kriegsgräberfragen das ZAK unmittelbar entlasten, bei öffentlich gemachten Missständen und dem Verweis auf angebliches behördliches Versagen beim Schutz deutscher Kriegsgräber

1 *Zilien*, Volksbund, S. 457.

aber ebenso auch einen Schwall von Beschwerdeschreiben auslösen. Bis Mitte der Zwanzigerjahre entwickelten sich daher relativ stabile Arbeitsbeziehungen zwischen allen Beteiligten, die einerseits durch formale Kompetenzabgrenzung, andererseits aber auch durch informelle Verfahrensabsprachen gekennzeichnet waren. An diesem Modell änderte auch die sich für den Volksbund eröffnende Möglichkeit nichts, sich aktiv am Bau von Kriegsgräberstätten in Frankreich und Belgien zu beteiligen, denn die Tätigkeit des Volksbundes blieb auf den gestalterischen Bereich begrenzt, wogegen die Umbettung der Toten und die Registrierung der Kriegsgräber weiterhin hoheitliche Aufgaben darstellten, die sich die Behörden vorbehielten.

Die schrittweise Annäherung zwischen den früheren Kriegsgegnern in der Kriegsgräberfrage und die damit einhergehenden neuen Möglichkeiten für Bauprojekte des Volksbundes im Ausland schufen eine nicht unwesentliche Voraussetzung für die Anerkennung der Organisation nach dem Zweiten Weltkrieg. Durch seine Bauprojekte seit Ende der Zwanzigerjahre sammelte der Volksbund zunehmend praktische Erfahrungen im Friedhofsbau und in der Zusammenarbeit mit den beteiligten ausländischen Stellen. Die Aufnahme des Volksbundes in das gemeinsame Gräberkomitee, das durch ein Abkommen 1935 zwischen Großbritannien, Frankreich und Deutschland ins Leben gerufen wurde, ist der zweifelsfreie Beleg, dass der Volksbund international als Organisation in der Kriegsgräberfürsorge anerkannt war. Ohne Rückblick auf dieses in den Dreißigerjahren geschaffene internationale Gräberregime, das die wechselseitige Betreuung von Kriegsgräbern auf fremden Friedhöfen und die grenzübergreifende Kriegsgräberfürsorge erleichtern sollte, ist die Kontinuität des Volksbundes als Organisation über die NS-Zeit hinaus, die Fortsetzung seiner Arbeit und die Aufwertung seines Status zur allein verantwortlichen Kriegsgräberfürsorgeorganisation in der Bundesrepublik nicht zu verstehen. Es stellte aus Sicht der Briten nach dem Zweiten Weltkrieg den völkerrechtlichen Anschlusspunkt für eine Übertragung der Verantwortung für die deutschen Kriegsgräber in deutsche Hände dar. Als Verein schien der Volksbund außerdem am ehesten geeignet, die von den Besatzungsmächten gewünschte Distanz zur Wehrmacht und den ehemaligen Institutionen des NS-Staates vorzuweisen, auch wenn tatsächlich, wie gezeigt wurde, der Volksbund gerade in der britischen Besatzungszone personell eng mit der Kreis- und Bezirksverwaltung verflochten war und der Wiederaufbau der Vereinsstruktur vor allem auf Voraussetzungen fußte, die überhaupt erst während der NS-Zeit geschaffen worden waren. Maßnahmen zur Überführung deutscher Kriegstoter auf Kriegsgräberstätten im In- und Ausland waren zum Zeitpunkt der Gründung der Bundesrepublik, beziehungsweise bis zur Wiedererlangung ihrer außenpolitischen Souveränität soweit fortgeschritten, dass der Gedanke des Aufbaus eines staatlichen Gräberdienstes obsolet war und nicht in Erwägung gezogen wurde. Die technische Durchführung der Kriegsgräberfürsorge im Ausland einschließlich der Suche und Umbettung der Toten wurde nun vollständig vom Volksbund geleistet. Die offizielle amtliche Dokumentation der Gräber und die Aufklärung von Kriegssterbefällen bei der Deutschen Dienststelle wurden durch die Arbeit des Volksbundes in den Fünfzigerjahren erleichtert, die Vervollständigung und Rekonstruktion des verlorenen Unterlagenmaterials der Wehrmacht durch die beginnende Auslandsarbeit des VDK angestoßen.

Betrachtet man das Verhältnis zwischen Staat und Volksbund sowie die Ausgestaltung der staatlichen Aufgabenwahrnehmung in der Kriegsgräberfürsorge in der Bundesrepublik im diachronen Vergleich zur Situation in der Weimarer Republik, ist erkennbar, dass auf Seite der Ministerialverwaltung das Bedürfnis, Kriegsgräberfürsorge als originär staatliche Leistung zur Geltung zu bringen, wesentlich geringer ausfällt und eine deutliche Veränderung durchlaufen hat, die auch auf ein sich wandelndes Verständnis von Staatlichkeit hindeutet. Wurde bei der Gründung des Volksbundes eine vollständige Übertragung der Kriegsgräberfürsorge an einen Verein noch kategorisch ausgeschlossen, eben weil es eine Staatsaufgabe sei, ist vor allem in den aufbrechenden Konflikten Ende der Fünfziger- und Anfang der Sechzigerjahre zu erkennen, dass nun die zweckrationale Verwendung der eingesetzten öffentlichen Mittel in den Vordergrund rückte. Es ging nicht mehr darum, Kriegsgräberstätten durch einen amtlichen Gräberdienst, sondern mit dem verhältnismäßig geringsten Einsatz der zur Verfügung gestellten Gelder zu errichten. Sich des Volksbundes zu bedienen bedeutete, auf eine bestehende Organisation zurückgreifen zu können, die einen Teil der anfallenden Kosten aus eigenen Mitteln aufbrachte.

Solange die vom Volksbund durchgeführten Maßnahmen zum Ausbau und Bepflanzung von Friedhöfen als ergänzende Fürsorge verstanden worden waren und damit als außerhalb des staatlichen Aufgabenbereiches galten, hatte der Verein bei der Umsetzung seiner Projekte relativ frei schalten und walten können. Die Übernahme der technischen Durchführung der Kriegsgräberfürsorge im Ausland seit den Fünfzigerjahren bedingte, dass der Verein nun auch sehr viel stärker rechtlichen Vorgaben unterlag, die sich aus der Verwendung öffentlicher Mittel ergaben. Die fortlaufende Zusammenarbeit mit verschiedenen staatlichen Institutionen erzwang eine Anpassung der internen Organisationsstrukturen und Abläufe an die der öffentlichen Verwaltung. Wie sich am Beispiel der Rekonstruktion der Gräberkartei und der Zusammenarbeit mit der Deutschen Dienststelle gezeigt hatte, konnte dies beachtliche Synergieeffekte hervorbringen. Die Anpassung der Arbeitsweise der Münchener Bauabteilung war dagegen mit länger anhaltenden internen Konflikten innerhalb des Volksbundes verbunden, beseitigte letztendlich aber die vom leitenden Architekten Robert Tischler geprägten Strukturen, die nicht nur die Bauplanung, sondern auch die gesamte Ästhetik deutscher militärischer Grabstätten seit Ende der Zwanzigerjahre nachhaltig beeinflusst hatten.

2. Vereinsentwicklung:
Die sich erweiternden Aufgaben des Volksbundes in der Kriegsgräberfürsorge sowie die sich verändernde Beziehung zum Staat standen zugleich in enger Beziehung zur Entwicklung des Vereins insgesamt. In der Gründungsphase profitierte der Volksbund von einem behördlichen Protektionismus. Auch wenn entgegen der Vorstellung der Initiatoren der Volksbund auf seinen privatrechtlichen Status verwiesen wurde, wurde zugleich auf einen Zusammenschluss aller sich in der Kriegsgräberfürsorge engagierenden Vereinigungen hingewirkt und konkurrierende Initiativen mit polizeilichen Sanktionen belegt. Nach der Überwindung anfänglicher finanzieller Schwierigkeiten in den ersten Gründungsjahren und der Inflationszeit gelang es dem Volksbund seit der zweiten Hälfte der Zwanzigerjahre, sich als landesweit aktive Großorganisation zu etablieren, die mit Hilfe einer sich zunehmend professionalisierenden Öffentlichkeitsarbeit, der Popularisierung des Volkstrauertages als Gedenktag und der ersten Erfolge beim Ausbau von Kriegsgräberstätten mehr als Hunderttausend Mitglieder gewinnen konnte.

Den bemerkenswertesten Aufschwung erlebte der Verein jedoch nach 1933. Der Volksbund hat nach dem Zweiten Weltkrieg immer wieder betont, keine Parteiorganisation gewesen zu sein und sich zum Schutz vor Begehrlichkeiten aus dem Umfeld der NSDAP bei Kriegsausbruch der Wehrmacht zur Verfügung gestellt zu haben. Die fehlende Bereitschaft, einen selbstkritischen Blick auf die eigene Verbandsgeschichte zu werfen, wurde schon seit den Siebzigerjahren immer wieder bemängelt. Die vom VDK behauptete Distanz zur NSDAP wurde dabei mehrfach in Frage gestellt. Verwiesen wurde auf Parteimitgliedschaften von Präsidiumsmitgliedern und leitenden Mitarbeitern in der Bundesgeschäftsstelle sowie die vom Volksbund und seinem leitenden Architekten Tischler gebauten NS-Kultstätten. Bestehende Kontinuitäten wurden als eine anhaltende Belastung der Arbeit des Vereins mit Versatzstücken der NS-Ideologie gewertet. In Anbetracht der zahlreichen Studien zur NS-Vergangenheit verschiedener Bundesministerien, Unternehmen und Verbände, die in den letzten Jahren vorgelegt wurden und ein ähnliches Bild gezeichnet haben, kann der Befund, dass auch ein Teil der Funktionselite des VDK trotz NS-Belastung in der jungen Bundesrepublik in ihre früheren Positionen zurückkehren konnte, aber eigentlich nicht mehr überraschen. Das Augenmerk wurde daher in dieser Arbeit nicht allein auf das Fortwirken einzelner Personen nach 1945 gelegt, sondern die Entwicklung des Gesamtverbandes im langen Bogen untersucht, um langfristige strukturelle Entwicklungen und Umbrüche sichtbar zu machen.

Hierbei wurde deutlich, dass die erfolgreiche Wiederbelebung der Vereinsaktivitäten nach Ende des Zweiten Weltkriegs gerade auf Voraussetzungen beruht, die überhaupt erst nach 1933 geschaffen wurden. Dazu zählt insbesondere der enorme Mitgliederzulauf, den der Volksbund seit Beginn der NS-Diktatur erfuhr und der in direktem Zusammenhang mit dem hohen Konformitätsdruck der nun propagierten NS-Volksgemeinschaft gesehen werden muss. Der Zuwachs an neuen Mitgliedern ging einher mit einer flächenmäßigen Ausdehnung der Vereinsgliederungen, so dass Ortsgruppen auch in ländlichen Regionen gegründet werden konnten. War der Volksbund in der Weimarer Republik vor allem an urbane Voraussetzungen gebunden, um tragfähige Ortsgruppen ins Leben zu rufen, wurde im Dritten Reich im direkten Schulterschluss mit Verwaltung und NSDAP nun die Gründung neuer Vereinsniederlassungen von oben veranlasst. Dies war überhaupt nur möglich, weil der Volksbund formal keiner Parteiorganisation angeschlossen wurde, es ihm zugleich aber gestattet blieb, weiterhin Mitglieder und Spenden einzuwerben. Die Einführung des »Führerprinzips« mit der Änderung der Vereinssatzung im Dezember 1933 sorgte dafür, dass alle Vereinsorgane mehrheitlich von NSDAP-Mitgliedern besetzt und der Gesamtverband hierarchisch gegliedert wurde. Die Eigenständigkeit des Volksbundes als Organisation ist kein Ausdruck einer oppositionellen Haltung gegenüber dem NS-Regime, sondern muss im Gegenteil als Beleg für die vollständige »Gleichschaltung« der Organisation gesehen werden, die eine Angliederung an eine Parteiorganisation überflüssig machte. Dass der Volksbund formell unabhängig blieb, war bloß einer Laune des Führers geschuldet. In der öffentlichen Wahrnehmung wurde eine Mitgliedschaft im Volksbund als adäquates Mittel gesehen, um seine Übereinstimmung mit der NS-Ideologie bescheinigen zu können, was der VDK gezielt für sich ausnutzte. Der Zufluss an zusätzlichen Mitgliedsbeiträgen und Spenden, hierunter auch ein Teil der Erlöse aus Hitlers »Mein Kampf«, und die Gunst der NS-Führung ermöglichten es wiederum monumentale Bauprojekte umzusetzen, die der Selbstdarstellung des Vereins genauso zugutekamen wie der allgegenwärtigen NS-Propaganda. Trotz der Spannungen, die während des Krieges aufkamen und den Volksbund den konkurrierenden Interessen an seiner Organisation bei NSKOV, Generalbaurat Kreis und der Wehrmacht aussetzten, war die Andienung an das NS-Regime eine äußerst erfolgreiche Symbiose. Erst unter den Bedingungen der NS-Diktatur ließ sich vollends verwirklichen, was der Volksbund seit seiner Gründung angestrebt hatte. Die Idee, das deutsche Volk geschlossen für die Pflege seine Kriegsgräber zu vereinen, war in der Weimarer Republik aber an den nicht überbrückbaren politischen Gegensätzen gescheitert, die vor allem zwischen nationalkonservativer und nationalistischer Rechten einerseits und sozialdemokratischem Arbeitermilieu andererseits, das eigene Gedenk- und Totenehrungsrituale ausbildete, hervortraten. Der Volksbund war dabei als Organisation nicht prinzipiell republikfeindlich, sein Verständnis von Kriegsgräberfürsorge als staatstragende Angelegenheit rekurrierte jedoch nicht auf eine spezifische Form politischer Verfasstheit, sondern auf ein überzeitliches Staatsverständnis, in dem Volk und Vaterland unterschiedliche politische Konturen erhalten konnten. Der Verein suchte die Nähe zur politischen Führung in der Weimarer Republik ebenso, wie er ab 1933 um die Unterstützung durch Hitler warb.

Die ab 1933 geschaffenen politischen Voraussetzungen für den Ausbau der Vereinsorganisation zu einem flächendeckenden deutschlandweiten Netz von Orts- und Regionalverbänden wirkten weit über die NS-Zeit hinaus und blieben das Fundament für die Fortsetzung der Vereinstätigkeit nach dem Zweiten Weltkrieg. In der frühen Nachkriegszeit bot der Volksbund eine etablierte Plattform, die es erlaubte, die Anlage von Friedhöfen, die Registrierung von Kriegsgräbern und den Informationsaustausch in Kriegssterbefällen zu organisieren, ohne dabei auf die von den Alliierten zunächst zur Auflösung vorgesehenen Überbleibsel der Wehrmachtsverwaltung zurückgreifen zu müssen. Insbesondere in der britischen Besatzungszone boten die schon seit den Zwanzigerjahren enge Überschneidung und Verflechtung mit den regionalen Verwaltungsstrukturen nun die von der Besatzungsmacht gewünschte Voraussetzung, um die Bestattung von Kriegstoten formal in zivilgesellschaftliche Trägerschaft zu überführen, ohne jedoch die notwendige behördliche Koordination vollständig außer Hand zu geben. Während die Funktionsträger und Repräsentanten des VDK in Folge der Entnazifizierungsvorgaben teilweise weichen mussten, blieben die Vereinsstrukturen der Vorkriegszeit in den westlichen Besatzungszonen weitgehend intakt.

Bei der Mitgliederentwicklung zeigt sich, dass der Volksbund nach Kriegsende zwar einen deutlichen Mitgliederrückgang zu verzeichnen hatte, die Zahl der Mitglieder in der Bundesrepublik Anfang der Fünfzigerjahre dennoch etwa viermal größer war als zum Ende der Weimarer Republik. Es ist davon auszugehen, dass ein Teil der Mitgliedschaften während der NS-Zeit nicht freiwillig zustande kam und Personen, die unter sozialem und politischem Druck ihren Beitritt erklärt hatten, nach dem Krieg als Vereinsmitglieder austraten. Völlig frei von gesellschaftlichen Zwängen, sich solidarisch bei der Betreuung der Kriegsgräber zu zeigen, war auch die bundesrepublikanische Nachkriegsgesellschaft nicht. Als zentrale Motivation für eine Mitgliedschaft im Volksbund löste aber die persönliche Betroffenheit durch Verlust eines Angehörigen die politischen Konformitätszwänge der NS-Zeit ab. Der Volksbund setzte zudem die Beitrittsschwelle bewusst niedrig an, um auf eine möglichst große Zahl von Mitgliedern verweisen zu können, die das verbandspolitische Gewicht erhöhten. Er nahm dabei zunächst auch in Kauf, dass durch die sehr niedrig bemessenen Mitgliedsbeiträge für viele Mitglieder nicht einmal die Verwaltungskosten abgedeckt wurden. Der Volksbund verfolgte bis in die Sechzigerjahre die bereits in der Weimarer Republik verfolgte Strategie, dem Anspruch einer möglichst breiten gesellschaftlichen Einbindung durch eine große Zahl von Mitgliedern und Verflechtungen mit anderen Verbänden und Körperschaften gerecht zu werden. Die Mitgliedszahlen erreichten in den Sechzigerjahren ihren Höhepunkt und sind seitdem stetig rückläufig.

Hierfür konnten verschiedene Ursachen identifiziert werden. Die Umbettung von Kriegstoten und der Bau von Kriegsgräberstätten im Ausland fanden in vielen Staaten in den Sechzigerjahren ihr Ende. Neue Mitgliedschaften kamen häufig auch durch Erfolgsmeldungen bei der Identifizierung noch vermisster Kriegstoter zustande. Die Bedeutung der Kriegsgräberfürsorge bei der Aufklärung von Kriegsschicksalen verlor mit zeitlichem Abstand zum Krieg jedoch an Bedeutung. Zugleich zeigen Statistiken zu Anfragen von Hinterbliebenen beim Volksbund, dass sich eine generationelle Verschiebung abzeichnete. Waren es in der frühen Nachkriegszeit vor allem die Eltern, die sich nach dem Verbleib des Grabes eines Gefallenen erkundigten, traten 25 Jahre nach Kriegsende überwiegend die Ehefrauen, jüngere Geschwister oder auch Kinder der Toten in Erscheinung. Bei Altersjahrgängen, die keine bewussten Kriegserlebnisse hatten oder nach dem Krieg geboren wurden, zeigten sich bereits deutliche Schwierigkeiten, diese für eine Mitgliedschaft im VDK zu gewinnen. Die in den Fünfzigerjahren recht einseitig am Schicksal der Gefallenen orientierte Arbeit des Volksbundes, der den politischen Kontext des Zweiten Weltkrieges tendenziell ausblendete und andere Opfergruppen mehr schlecht als recht zur Kenntnis nahm, konnte im zunehmend kritischer werdenden gesellschaftlichen Umfeld keine Bindekräfte bei jüngeren Generationen mehr entfalten. Der Volksbund reagierte hierauf mit inhaltlichen Korrekturen und der Suche nach neuen Deutungsangeboten, die den Erhalt der Kriegsgräber innerhalb des westeuropäischen Integrationsprozesses als Angebot zum Friedenserhalt und zur Völkerverständigung etablieren sollten. Dies wurde auch möglich, weil der generationelle Umbruch, der dem Volksbund von außen zusetzte, auch verbandsintern stattfand und eine Reihe verantwortlicher Personen altersbedingt ausschieden, die die Verbandsgeschäfte seit den Dreißigerjahren gelenkt hatten. Eine Trendumkehr bei der Mitgliederentwicklung konnte der Volksbund trotz der seit den Sechzigerjahren verstärkten Jugendarbeit nicht bewirken. Die seit den Neunzigerjahren möglich gewordene Kriegsgräberfürsorge in Osteuropa und die Einbindung der neuen Bundesländer in die Verbandsstruktur führte noch einmal zum Beitritt neuer Mitglieder, was jedoch nicht ausreichte, um die altersbedingten Abgänge auszugleichen. Entgegen der rückläufigen Mitgliederzahlen gelang es dem Volksbund jedoch, eine kontinuierliche Steigerung der Erlöse aus Mitgliedsbeiträgen und Spenden herbeizuführen, so dass zwar das Ziel einer massenhaften Mitgliederbasis aufgegeben werden musste, dies aber in finanzieller Hinsicht keine existenzgefährdenden Auswirkungen hatte.

3. Gestaltung und Symbolik von Kriegsgräberstätten:
Die Gestaltung deutscher Kriegsgräberstätten und die Bestattung von Kriegstoten und auch anderer Opfergruppen wurden durch die besondere Entwicklung der Kriegsgräberfürsorge in Deutschland und den Volksbund als Trägerorganisation nachhaltig beeinflusst. Nach beiden Weltkriegen galt für Deutschland, dass sich die Mehrzahl seiner Kriegsgräber nicht auf deutschem Staatsgebiet befand und damit dem Zugriff deutscher Behörden und Organisationen zunächst entzogen

war. Dies ist eine Situation, mit der sich auch andere Staaten konfrontiert sahen und wo die Frage der Bestattung der Kriegstoten mit vielschichtigen politischen Debatten verbunden war. In Deutschland hatte die Forderung nach einer namentlichen Ehrung von Kriegstoten bereits eine lange Tradition. Die öffentliche Aufmerksamkeit richtete sich in Deutschland während des Ersten Weltkriegs und danach jedoch nicht so sehr auf die im westlichen Ausland dominierenden Konfliktfelder, die um die staatliche Verantwortung für die Toten, Fragen sozialer Gerechtigkeit und Gleichbehandlung sowie das Belassen der Gräber in staatlicher oder familiärer Obhut kreisten. Der Umstand, dass die Gräber der Gefallenen in der Fremde zurückbleiben würden, wurde meist als unabänderliches Faktum hingenommen. Forderungen etwa nach einer vollständigen Rückführung aller Kriegstoten kamen in Deutschland nie auf. Im Mittelpunkt standen stattdessen die angemessene Repräsentation der Toten und die würdevolle Bestattung, die vor allem durch eine künstlerisch hochwertige Grab- und Friedhofsgestaltung zum Ausdruck kommen sollte. Im Unterschied zu etwa Großbritannien, wo alle Kriegsgräber einem einheitlichen Schema folgten, wurden in Deutschland für die Gestaltung von Kriegsgräbern nie zentrale Vorgaben gemacht, sondern nur Strukturen für einen Erfahrungsaustausch zwischen allen beteiligten militärischen und zivilen Stellen geschaffen, über die beratend und vermittelnd auf die Grab- und Friedhofsgestaltung eingewirkt werden sollte.

Die im Versailler Vertrag getroffenen Regelungen zum Erhalt der deutschen Kriegsgräber bedingten, dass die deutschen Behörden zunächst keinen unmittelbaren Einfluss auf die Gestaltung deutscher Kriegsgräber im Ausland nehmen konnten. Wurde noch während des Krieges fortlaufend auf eine künstlerisch und qualitativ hochwertige Ausgestaltung der Friedhöfe gedrängt, galt es nach dem Krieg auf funktionale Anforderungen ausgerichtete Mindeststandards zu sichern. Zugleich wurde argwöhnisch darauf geachtet, vor allem Frankreich und Belgien zur Übernahme ihrer vertraglichen Verpflichtungen anzuhalten, weil dies die einzige indirekte finanzielle Belastung für die Siegermächte darstellte, die sich aus dem Versailler Vertrag ergab. Die Bereitschaft, die Einbindung Deutschlands bei der Betreuung seiner Kriegsgräber an der früheren Westfront zuzulassen, stieg in Frankreich und Belgien gleichermaßen mit den sichtbar werdenden Kosten für Umbettungen und Friedhofsbau. Die Arbeit des innerhalb des Auswärtigen Amtes eingerichteten Amtlichen Deutschen Gräberdienstes, der ab 1925 in Belgien aktiv werden konnte, blieb nun aber auf die zwischenzeitlich etablierten Mindeststandards ausgerichtet. Der Bau von militärischen Friedhöfen an der Westfront wurde kein Spielfeld für die Entfaltung einer staatlichen Memorialarchitektur.

Die Gestaltung der deutschen Friedhöfe wurde langfristig viel mehr durch das Auftreten des Volksbundes geprägt, als dieser in der zweiten Hälfte der Zwanzigerjahre begann, sich ebenfalls am Ausbau der Friedhöfe zu beteiligen. Die für die Gründungszeit des Vereins noch erkennbare Vorstellung, dass die

Kriegsgräberfürsorge im Ausland eine Fortsetzung und Vollendung der begonnenen Arbeit der Gräberoffiziere des Deutschen Heeres bedeute, veränderte sich seitdem deutlich. Der Volksbund eignete sich dabei nicht nur den Standpunkt an, dass die Umbettung und Konzentrierung der Toten auf eine begrenzte Anzahl von Friedhöfen notwendig für deren dauerhaften Erhalt sei, sondern nahm diese Prämisse als Ausgangspunkt, um die Kriegsgräberstätte zu einem eigenen Friedhofstypus weiterzuentwickeln, der sich von konventionellen zivilen Friedhofsformen abgrenzen sollte. Kriegsgräberstätten sollten durch ihre besondere Gestaltung einen Erhalt der Gräber ohne größeren gärtnerischen Aufwand ermöglichen und dadurch das dauerhafte Ruherecht der Toten wahren. Sie sollten aber auch den militärischen Charakter der Gräber zum Ausdruck bringen.

Bei den ersten vom Volksbund in Angriff genommenen Projekten in Frankreich Ende der Zwanzigerjahre waren die Gestaltungsmöglichkeiten durch Vorgaben der französischen Behörden noch auf landschaftsgärtnerische Maßnahmen begrenzt. Erste Rückschläge in Frankreich, die durch mangelhafte gärtnerische Pflege begünstigt wurden, ließen den Architekten des Volksbundes Robert Tischler nach gestalterischen Lösungen suchen, um den Aufwand bei der Grabpflege zu minimieren. Seine Entwürfe zeigen deutlich, dass Tischler dazu überging, die einzelnen Gräber nur noch mit geringstmöglichem Aufwand kenntlich zu machen. Dagegen trat die ästhetische Gesamtwirkung der Anlage in den Mittelpunkt seiner konzeptionellen Überlegungen. Diese Entwicklung spitzte sich bis zum Bau von monumentalen Kriegsgräberstätten, den sogenannten »Totenburgen«, zu. Die mittelalterlich anmutenden Nekropolen, erbaut in geographischen und klimatischen Extremlagen wie der Wüste Nordafrikas oder in den Alpen, ließ die Kriegstoten als Teil eines zeitlosen Heldenepos erscheinen, in dem diese auf ewig über den von ihnen eroberten Flecken Erde Wache hielten. Die Gefallenen verbuchten dabei manchmal strategische Geländegewinne, die es zum Teil im realen Kriegsverlauf gar nicht gegeben hatte. Die Kriegsgräberstätten betonten unabhängig von Sieg oder Niederlage die unter Beweis gestellte Opferbereitschaft und die militärische Gemeinschaft. Diese Lesart blieb nicht ausschließlich der NS-Zeit vorbehalten. Die in den Fünfzigerjahren noch in Nordafrika errichteten Kriegsgräberstätten dienten vorgeblich nicht mehr einem militärischen Heldenkult, bedienten jedoch das Bedürfnis nach einer alternativen Kriegserinnerung, die vom Vorwurf einer verbrecherischen Kriegsführung unbelastet erschien und die Ehrung traditioneller militärischer Tugenden noch zuließ. Die besondere Wahrnehmung des nordafrikanischen Kriegsschauplatzes und die sich auch nach dem Zweiten Weltkrieg fortsetzende populäre Verklärung Rommels zum »Wüstenfuchs« im In- und Ausland, die territoriale Randlage und spezifische Interessen der Briten bei der zügigen Übergabe der Verantwortung für die deutschen Kriegsgräber an den Volksbund waren die Faktoren, die es Tischler ermöglichten, auch in der Bunderepublik unbeirrt an seinen Arbeitsweisen festzuhalten.

Der bei den Totenburgen relativierte oder revidierte Anspruch auf ein Einzelgrab war bereits während des Zweiten Weltkrieges nicht unumstritten gewesen. Verbindliche Gestaltungsrichtlinien für Kriegsgräberstätten, die einer vollständigen monumentalen Vereinnahmung der Toten Grenzen setzten, wurden innerhalb des Volksbundes jedoch erst Ende der Fünfzigerjahre festgelegt, als die Arbeitsweise und autonome Stellung der Münchener Bauabteilung insgesamt in die Kritik gerieten. Der Volksbund gab weder einer landschaftsgärtnerischen noch einer baulichen Gestaltung seiner Kriegsgräberstätten per se den Vorrang, rückte jedoch die eigentliche Zweckbestimmung der Anlagen wieder in den Mittelpunkt. Die Sicherung des individuellen, dauerhaften Ruherechtes, die bei Tischlers Planungen zum Teil hinter monumentaler Effekthascherei zurückgeblieben war, wurde durch das eindeutige Bekenntnis zum Einzelgrab, das innerhalb der Friedhofsanlage für Angehörige zugänglich sein sollte, als gestalterische Vorgabe für die planenden Architekten fest verankert. Einige von Tischler als konventionelle Gräberfelder umgesetzte Friedhöfe haben daher später im Zuge anfallender Instandsetzungsarbeiten Korrekturen erfahren, die die einzelne Grabstätte besser zur Geltung bringt und leichter auffindbar macht.

Eine weitere zentrale Vorgabe, die Gestaltung einer Kriegsgräberstätte im Einklang mit dem sie umgebenden Landschaftsbild zu entwickeln, folgte der unausgesprochenen Voraussetzung, dass die Toten in der Nähe des Kriegsschauplatzes bestattet werden würden. Wenn auch die Gefallenen nicht am exakten Sterbeort belassen werden konnten, so verstand der Volksbund seine Kriegsgräberstätten aber immer auch als repräsentativen Punkt im Kriegsverlauf, der die Kriegstoten innerhalb der militärischen Operationsgeschichte verortete. Der Verzicht auf ein umfangreiches Rückführungsprogramm für die Kriegstoten im Ausland, der während des Zweiten Weltkrieges vor allem aus logistischen Gründen erfolgt war, blieb für den Volksbund ein fester, seit dem Ersten Weltkrieg tradierter Grundsatz seiner Arbeit. Überführungen von Kriegstoten nach Deutschland waren damit nicht ausgeschlossen, blieben jedoch eine reine Privatangelegenheit, die letztendlich wie bei allen Gräbern, die in private Pflege übernommen wurden, auch ein Ausscheiden aus den staatlichen Maßnahmen zum Erhalt der Grabstätte nach sich zog.

Die Einbeziehung eines Kriegsgrabes in Maßnahmen zur Kriegsgräberfürsorge bedeutete, dass es damit der privaten Verfügungsgewalt entzogen wurde und die Gestaltung der Grabstätte vorrangig dem Gebot des dauerhaften Erhalts folgte. Dies betraf nach dem Zweiten Weltkrieg nicht mehr nur militärische Gräber, sondern auch die Grabstätten verschiedener ziviler Opfergruppen, die im Zusammenhang mit Krieg, NS-Diktatur und später auch der deutschen Teilung gesehen wurden und die deshalb in den rechtlichen Geltungsbereich der Kriegsgräberfürsorge einbezogen wurden. Der scheinbar hohe Aufwand, der beim Bau von Kriegsgräberstätten für die gefallenen deutschen Soldaten im Ausland betrieben wurde, konnte den Anschein wecken, dass insbesondere die Gräber von NS-Opfern und ausländischen Kriegstoten mit ihrem hohen Anteil von Toten aus Osteuropa in der Bundesrepublik vernachlässigt wurden. Die Reform des Gräbergesetzes 1965 sollte durch die Schaffung einheitlicher rechtlicher Bedingungen für alle Gräbergruppen unter staatlicher Fürsorge diesen Eindruck beseitigen. Die an funktionalen Mindeststandards ausgerichtete Grabanlange, die sich ursprünglich aus zwischenstaatlichen Absprachen zum Erhalt militärischer Grabstätten herleitet, bedeutet in ihrer Übertragung auf zivile Grabstätten immer eine Gratwanderung, weil einfache, schmucklose Gräberfelder im Kontrast zu privat gepflegten Gräbern auf innerdeutschen Friedhöfen auch als verwahrlost empfunden werden konnten. Kritik speiste sich aber nicht allein aus der Frage, welchen Gräbern das dauerhafte Ruherecht zugestanden werden sollte. Dies ließ sich mit einer grundsätzlichen Gleichbehandlung aller Opfer entkräften, wie es auch im öffentlichen Totengedenken seit den Fünfzigerjahren zunehmend praktiziert wurde. Die hierbei zur Anwendung kommende Universalformel »Opfer von Krieg und Gewaltherrschaft«, die sowohl als politische Lösung in der Kriegsgräberfürsorge bei der Reform des Gräbergesetzes wie auch bei der Totenehrung am Volkstrauertag und als Inschrift des Bonner Ehrenmals genutzt wurde, griff jedoch nicht bei Kritikern, die an der Kriegsgräberstätte und dem dauerhaften Ruherecht als zeitgemäßem Umgang mit den Gräbern der Toten der Wehrmacht zweifelten. So war die 1969 eingeweihte Kriegsgräberstätte Futa-Pass, obwohl auch als architektonischer Gegenentwurf zu den Bauten Robert Tischlers konzipiert, mitunter denselben Vorwürfen einer monumentalen Heldenverehrung ausgesetzt, von denen sie sich eigentlich befreien wollte. Sie markiert damit baugeschichtlich nicht nur den Umbruch, den der Volksbund versuchte im Jahr seines fünfzigjährigen Bestehens symbolisch zum Ausdruck zu bringen, sondern auch das grundsätzliche Dilemma, in dem sich der Verein befand.

4. Sinngebung:
In dem für die moderne Kriegsgräberfürsorge grundlegenden Verständnis des Anrechtes auf eine individuelle und dauerhafte Grabstätte verbanden sich humanitäre Ideale mit Formen der militärischen Totenehrung, die sich seit dem 19. Jahrhundert entwickelt hatten. Während der staatliche Anteil bei der Betreuung deutscher Kriegsgräber immer schon im Gewand einer nüchternen Verwaltungsaufgabe daherkam, trat der Aspekt der öffentlichen Ehrbekundung vor allem in dem vom Volksbund geschaffenen Volkstrauertag zum Vorschein. Der Gedenktag für die Kriegstoten kann auch als das ideelle Fundament der Kriegsgräberfürsorge gelten. Die Veränderungen, die das normative Verständnis von Kriegsgräberfürsorge im 20. Jahrhundert durchlief, wurden sowohl als Anpassungsleistung des Volksbundes als Organisation an sich verändernde gesellschaftliche Rahmenbedingungen verstanden, als auch als kommunikativer Prozess, bei dem über die besondere Stellung des Volksbundes als politisch

und gesellschaftlich weit vernetzter Verein Konflikte um politische Setzungen und unterschiedliche Wertvorstellungen über den Umgang mit Kriegsopfern, ihren Gräbern und die Ehrung der Kriegstoten verhandelt und vermittelt wurden. Nach dem Zweiten Weltkrieg wurden tradierte Muster des Kriegstotengedenkens, die sich heroischer Deutungsmuster bedienten, zunehmend in Frage gestellt und durch eine Auslegung des Kriegstodes als erlittenes Schicksal und kollektive Leiderfahrung ersetzt. Der dauerhafte Erhalt der Kriegsgräber, der ursprünglich auch als Ausdruck des ewigen Danks des Vaterlandes für den Opfertod angesehen wurde, verlor schrittweise an Plausibilität. Die praktische Kriegsgräberfürsorge ließ sich immer noch als menschliche Geste im Dienste der Hinterbliebenen rechtfertigen, denen mit der letzten Ruhestätte ein Ort der Trauer geschaffen wurde. Um auch für nachfolgende Generationen Bedeutung zu behalten, musste der Volksbund aber neue Begründungen für seine Arbeit finden.

Der Volkstrauertag stand nach seiner Wiedereinführung als nationaler Gedenktag in den Fünfzigerjahren auch noch im Zeichen der einerseits politisch erwünschten Anerkennung des geleisteten militärischen Dienstes bei der Wehrmacht, um einer Systemopposition ehemaliger Wehrmachtsangehöriger in der noch jungen Bundesrepublik entgegenzuwirken. Andererseits wurde von politischer Seite die Einbeziehung ziviler Kriegsopfer und die Anerkennung des erlittenen Unrechts der NS-Verfolgten gefordert und der rein militärische Zuschnitt des Totengedenkens am Volkstrauertag schrittweise aufgebrochen.

Der VDK vertrat in der Nachkriegszeit die Position, dass nicht die militärischen Leistungen der Wehrmacht gewürdigt würden, die Dienst- und Opferbereitschaft der Gefallenen jedoch auch weiterhin ehrbekundungsfähig seien. So wie die Gräber der Gefallenen im Mittelpunkt seiner Arbeit standen, bemühte sich der Volksbund auch im öffentlichen Totengendenken deren Vorrangstellung zu wahren. Die Einbeziehung weiterer Opfergruppen in ein gemeinsames Totengedenken am Volkstrauertag war das politische Zugeständnis, das der Volksbund für die Wiedereinführung und die herausgehobene öffentliche Stellung »seines« Gedenktages zu machen hatte. Bis zu Beginn der Sechzigerjahre entwickelten sich feste, ritualisierte Abläufe bei der zentralen Gedenkfeier und die mit Modifikationen bis heute verwendete sprachliche Form des offiziellen Totengedenkens. Zentral ist hierbei der Sammelbegriff der Opfer von Krieg und Gewalt. Die Festlegung der zeremoniellen Abläufe der Bonner Gedenkstunde, die in ähnlicher Form bereits seit der Weimarer Republik bekannt waren, beendete eine kurze Phase, in der Volksbund versucht hatte, eine inhaltliche Neubestimmung des Volkstrauertages durch Veränderungen bei der formalen Gestaltung zu erreichen. Künstlerische Beiträge hatten dabei bewusst mit den tradierten Abläufen brechen sollen, weiterhin aber den Kriegstod als Soldatentod als zentralen Gegenstand des Gedenkens erhalten, der nun aus der Perspektive der leidtragenden Hinterbliebenen betrachtet wurde. Für einen dauerhaften

Erfolg fehlte es jedoch an öffentlicher Zustimmung zu den gewählten künstlerischen Darbietungen. Es fand sich außerdem kein politischer Rückhalt bei Bundesregierung und im Bundespräsidialamt, die keine Experimente in diesem emotional sensiblen Bereich wünschten, sondern nach berechenbaren protokollarischen Abläufen verlangten.

Der Volksbund war zwar bemüht, die für ihn besondere Stellung des militärischen Kriegstodes herauszustellen, die inhaltliche Erweiterung des Totengedenkens auf Opfergruppen, die im Bewusstsein vieler Deutscher in den Fünfziger- und Sechzigerjahren noch nicht zu den »eigenen« Toten gerechnet wurden, trug er aber mit und vertrat diese Position auch verbandsintern als Leitlinie für die Durchführung von Gedenkveranstaltungen. Gerade das örtliche Kriegstotengedenken bei den landesweit stattfindenden Gedenkveranstaltungen zum Volkstrauertag blieb in manchen Gemeinden noch viel länger einseitig auf die Gefallenen fokussiert als es bei der zentralen Bonner Gedenkstunde der Fall war. Die häufig gemeinsam mit militärischen Traditionsverbänden und Vertriebenenorganisationen durchgeführten Veranstaltungen gerieten hierfür durchaus in die Kritik. Sie waren jedoch keine gezielte verbandspolitische Gegenposition des Volksbundes zur offiziellen Bonner Gedenkstunde, sondern Folge einer sich nur zögerlich in der breiten Gesellschaft durchsetzenden Akzeptanz eines erweiterten Opferverständnisses, das auch auf die von Deutschen begangenen Verbrechen hinwies. Die häufige Übernahme von Vereinsämtern innerhalb des Volksbundes durch aktive oder ehemalige Funktionsträger aus Politik und Verwaltung bewirkte eher ein konformes Verhalten der Verbandsspitze mit ausgehandelten politischen Entscheidungen, die bei Konflikten auch gegenüber nachgeordneten Vereinsgliederungen vertreten wurden. Bei der Planung und Gestaltung von Volkstrauertagsfeiern waren in der Regel verschiedene örtliche Gruppen und Personen beteiligt, die auf Abläufe und Inhalte Einfluss nehmen konnten, so dass zwar die Spitzenveranstaltung als Leitbild fungierte, Ablauf und Inhalt lokaler Veranstaltungen aber durch örtliche Gegebenheiten stark beeinflusst wurden und insgesamt zu einem vielfältigen Bild führten.

Die Öffnung für ein Kriegsopfergedenken, das sich vom ursprünglich rein militärischen Totenkult löste, verschärfte jedoch eher das Problem, wie sich die gedenkpolitischen Anforderungen noch in der praktischen Arbeit des Volksbundes abbilden ließen. Der Schwerpunkt der Arbeit stellten weiterhin die Gräber der deutschen Gefallenen im Ausland dar. Das sich abzeichnende Ende der Baumaßnahmen in Europa, der schleichende Bedeutungsverlust der Kriegsgräberfürsorge für die Hinterbliebenen und das Desinteresse bei jüngeren Generationen haben die Bedeutung des Volksbundes schrittweise gemindert. Hinzu kam in der Umbruchsphase der Sechzigerjahre die lauter werdende Kritik am Volkstrauertag. Denn trotz der inhaltlichen Veränderungen wurden die ritualisierten Abläufe der Gedenkveranstaltungen, die meist aus einem Wechselspiel von Gedenkreden und musikalischer Begleitung sowie öffentlicher

Kranzniederlegung bestanden, verstärkt als nicht mehr zeitgemäß bemängelt. Gefordert wurde nun eine Positionierung zu politischen Fragen und Problemen der Gegenwart und partizipative Mitwirkungsmöglichkeit statt passiver Trauer. Der Volksbund begegnete der notwendigen Anpassung an die sich verändernden gesellschaftlichen Rahmenbedingungen für seine Arbeit, indem er die sich bereits seit den Fünfzigerjahren zaghaft entwickelnde Jugendarbeit zu einem eigenständigen, professionellen Arbeitsbereich ausbaute. Er versuchte Schlagworte und Aktionsformen der neuen sozialen Bewegungen aufzugreifen, seine Arbeit damit mit aktuellen Themen in Verbindung zu bringen und für jüngere Mitglieder attraktiver zu werden.

Der Volksbund hatte bereits in der Weimarer Republik versucht, Jugendliche und junge Erwachsene gezielt anzusprechen. Hierbei waren erste Schulpartnerschaften entstanden oder das zusammen mit der Deutschen Studentenschaft umgesetzte Friedhofsprojekt zur Umgestaltung der Kriegsgräberstätte Langemark. Die Anbindung von Schulen über korporative Vereinsmitgliedschaften wurde auch nach dem Zweiten Weltkrieg fortgesetzt. Über die Schulpartnerschaften sollte die Arbeit des Volksbundes in Unterrichtsinhalte einfließen. Der Kriegsgräberfürsorge wurde ein erzieherischer Wert zugeschrieben, insbesondere die Achtung vor der »Opferbereitschaft« der Gefallenen sollte den Schülern durch selbst geleistete Kleinstspenden vermittelt werden. Für den Unterricht stellte der Volksbund seine Vereinszeitschrift und Informationsmaterial bereit. Insbesondere während des Nationalsozialismus verbanden sich dabei Vereinswerbung und NS-Propaganda zu einer untrennbaren Einheit.

Als für den Volksbund gänzlich neues Format trat Anfang der Fünfzigerjahre das Jugendlager hinzu. Der Volksbund begann nach dem Zweiten Weltkrieg, zunächst angeregt durch eine Initiative christlicher Jugendgruppen, Jugendliche durch Arbeitseinsätze unmittelbar am Bau von Kriegsgräberstätten zu beteiligen. Dies sollte einen freiwilligen Beitrag bei der Herrichtung der deutschen Kriegsgräber im Ausland ermöglichen und die Jugendlichen in Kontakt mit Menschen in den Ländern bringen, in denen die Wehrmacht wenige Jahre zuvor noch als Besatzer aufgetreten war. Die ersten Lager in Belgien in den Fünfzigerjahren wurden bereits als internationale Jugendbegegnung durchgeführt und die gemeinsame Arbeit auf den Friedhöfen als Versöhnungsgeste verstanden. Das hierbei entstandene Motto »Versöhnung über den Gräbern«, das von den kirchlichen Initiatoren noch in einem christlich-ökumenischen Kontext gesehen wurde, übernahm der Volksbund bald als Leitspruch für seine gesamte Arbeit. Die Jugendlager, die sich in den ersten Jahren vor allem auf Belgien konzentrierten, erfuhren mit dem in Folge des Elyseevertrages gegründeten Deutsch-Französischen Jugendwerkes enormen Auftrieb, weil nun umfangreiche öffentliche Fördermittel für den grenzüberschreitenden Jugendaustausch verfügbar waren. Die internationale Jugendarbeit bekam hierdurch einen eindeutigen regionalen Schwerpunkt, der dem politisch forcierten Annäherungskurs zwischen Deutschland und Frankreich folgte. Dreiviertel aller Jugendlager im Untersuchungszeitraum fanden in Frankreich statt.

Das Versöhnungsmotto wurde Ende der Sechzigerjahre um den Zusatz »Arbeit für den Frieden« erweitert. Der Volksbund knüpfte damit an den populären Begriff der »Friedensarbeit« an, der Aktionen der Friedensbewegung mit einem sich in den Sechzigerjahren erweiterten und sozialwissenschaftlich und sozialpädagogisch unterfütterten Friedensbegriff verband. Die Arbeit des Volksbundes sollte zeitgemäße Relevanz erhalten, indem der bestehende völkerverständigende Anspruch der Kriegsgräberfürsorge noch stärker als partizipatives Angebot zum konkreten Erhalt einer friedlichen Welt hervorgehoben wurde. Das Friedensthema begrenzte sich nicht allein auf die Jugendarbeit, sondern sollte als neuer Leitbegriff die zukünftige Ausrichtung der Volksbundarbeit vermitteln. Vor dem Hintergrund der allgemeinen politischen Stimmungslage unter der neuen sozialliberalen Regierungskoalition unter Willy Brandt versuchte auch der Volksbund, der sich nun ebenfalls einen sozialdemokratischen Präsidenten wählte, zu seinem fünfzigjährigen Bestehen die Segel auf Aufbruch zu setzen.

Für die Jugendarbeit hatte der versuchte Anschluss an die akademisch geführten Debatten zur Friedens- und Konfliktforschung sowie die zunehmende Verwissenschaftlichung der pädagogischen Arbeit erkennbare Folgen. Das verstärkte Interesse des Volksbundes an der Jugendarbeit führte zu einer Institutionalisierung innerhalb des Verbandes, indem nach und nach in allen Landesverbänden Stellen für Jugendreferenten eingerichtet wurden. Zugleich wurde die inhaltliche Qualität und Ausrichtung der Jugendarbeit in den Siebzigerjahren einer Revision unterzogen. Jugendlager sollten nicht mehr reine Arbeitseinsätze sein, sondern durch angemessene pädagogische Begleitung einen Beitrag zur politischen Bildung leisten. Auch die Schul- und Unterrichtsmaterialien wurden überarbeitet und einer externen wissenschaftlichen Prüfung unterzogen, weil sie fachdidaktischen und pädagogischen Anforderungen nicht mehr genügten.

Die Arbeit von und mit Jugendgruppen auf den Kriegsgräberstätten des Volksbundes war hinsichtlich der konstanten Nachfrage durchaus erfolgreich und hat die Tätigkeit des Vereins wesentlich erweitert. Die Hoffnung, mit der Jugendarbeit dem anhaltenden Mitgliederrückgang entgegenwirken zu können, wurde jedoch nicht erfüllt. Der Friedensbegriff als Leitmotiv für die Arbeit des Volksbundes und als Zugpferd, um für einen Beitritt zu werben, hinkte an seiner inhaltlichen Unbestimmtheit. Für pazifistisch orientierte Anhänger der Friedensbewegung war der Volksbund durch seine lange Tradition in der militärischen Memorialkultur suspekt. Seine immer schon enge Partnerschaft mit der Bundeswehr, die ihn durch Spendensammlungen unterstützte und logistische Hilfe bei Jungendlagern leistete, ließen ihn unglaubwürdig erscheinen. Bestehen blieb auch die immer wieder auftretende Kritik einer mangelnden Bereitschaft, sich mit NS- und Wehrmachtsverbrechen auseinanderzusetzen und belastete Personen bis hin zu Angehörigen der Waffen SS als Mitglieder zu dulden. Konservative Mitglieder des Volksbundes wiederum störten sich an einer allzu ausufernden Friedensrhetorik, die ihnen die Notwendigkeit bewaffneter Streitkräfte für den Erhalt von politischer Stabilität und internationaler Ordnung in Abrede zu stellen schien.

Greift man abschließend auch die Entwicklungen mit auf, die die Kriegsgräberfürsorge nach dem Ende der deutschen Teilung und dem Zerfall der Sowjetunion genommen hat, erscheinen die in Osteuropa nachgeholten Maßnahmen zum Erhalt der noch auffindbaren deutschen Kriegsgräber wie eine Wiederholung der Vorgänge, die sich in West- und Südeuropa in den ersten drei Jahrzehnten nach Ende des Zweiten Weltkriegs vollzogen. Auch die sich hier nun ebenfalls eröffnenden Möglichkeiten für internationale Jugendprojekte machten es möglich, die langfristig in Westeuropa erprobte Jugendarbeit auf Osteuropa auszuweiten. Sowohl praktische Gräberfürsorge als auch der in der Jugendarbeit angewendete Ansatz, über Kriegsgräber einen Zugang für eine Thematisierung unterschiedlicher Kriegserfahrungen und Kriegserinnerungen in verschiedenen Ländern zu bekommen, geben der Kriegsgräberfürsorge einen Kontext, der durch die kritische historische Auseinandersetzung mit der Geschichte des Zweiten Weltkrieges geprägt ist. Dagegen hat sich das Totengedenken am Volkstrauertag von seinem ausschließlichen Bezug auf die Kriegstoten gelöst. Das Gedenken an die »Opfer von Krieg und Gewaltherrschaft« gab dem bundesdeutschen Totenkult lange Zeit eine antitotalitaristische Ausrichtung, die nicht nur unterschiedlichste Opfergruppen zusammenführte, sondern auch die DDR und den Mauerbau brandmarkte und das Totengedenken für gegenwärtige und auch zukünftige Opfer öffnete.

Nach der Wende geriet die bundesrepublikanische Gedenkformel im Zuge des Streits um die Neue Wache wieder in die Kritik, hat sich aber trotz ihrer allgemeinen Unbeliebtheit erhalten. Die Aufnahme der bei Auslandseinsätzen getöteten Bundeswehrsoldaten in das Totengedenken schien erneut die Frage zu evozieren, inwieweit ein viktimisierendes Opferverständnis und der Volkstrauertag als Rahmen überhaupt noch geeignet sind, um die mit einem politischen Mandat ausgestatteten und gezielt in Krisengebiete entsandten Soldaten der Bundeswehr zu ehren. Angebote zu einer breiten Debatte um das Verhältnis der deutschen Gesellschaft zu den Toten ihrer Parlamentsarmee werden in der breiten Öffentlichkeit jedoch kaum angenommen und haben mit dem Abzug deutscher Truppen aus Afghanistan inzwischen wieder an Aktualität verloren. Die im Vergleich zu früheren Kriegen insgesamt geringe Zahl von Gefallenen warf die Frage des Umgangs mit massenhaft auftretenden Gräbern nicht auf. Als ein Stimulator für vielfältige gesellschaftliche Auseinandersetzungen über den Umgang mit Kriegstoten, wie sie in vielen Ländern nach den Weltkriegen beobachtet werden konnten, fällt sie daher aus. Die Geschichte der Kriegsgräberfürsorge hat aber auch gezeigt, dass die Frage der Bestattung von Kriegstoten nicht nur auf ein Für oder Wider eines heroischen Heldenkults reduziert werden muss. Wie und wofür eine Gesellschaft ihre Toten erinnert wissen möchte, verhandelt sie immer wieder neu. Unsere Kriegsgräber werden uns dies auch in Zukunft vor Augen führen, denn sie werden dauerhaft erhalten.

Dank

Die vorliegende Arbeit ist die überarbeitete Fassung meiner Dissertationsschrift, die ich im Sommer 2016 an der Martin-Luther-Universität Halle-Wittenberg eingereicht habe. Wie bei allen wissenschaftlichen Arbeiten hätte auch dieses Buch nicht ohne die Hilfe und Unterstützung zahlreicher Kollegen und Freunde entstehen können. Ich möchte daher an dieser Stelle einigen von ihnen namentlich danken.

Zunächst Manfred Hettling und Patrick Wagner, die die Arbeit betreut haben. Sie haben es auch ermöglicht, dass sich mir durch die Aufnahme in das Internationale Graduiertenkolleg »Formwandel der Bürgergesellschaft«, das an der Martin-Luther-Universität und der University of Tokyo angesiedelt war, eine globale Perspektive für das Verständnis meines Forschungsgegenstandes erschlossen hat. Stellvertretend für alle Beteiligten auf japanischer Seite sei daher Yuji Ishida gedankt, der immer wieder Diskussionen zur Kriegserinnerung in Deutschland und Japan im Rahmen des Kollegs angestoßen hat. Sehr wichtig für das Gelingen der Arbeit war vor allem aber der enge und freundschaftliche Kontakt zu den anderen Promovierenden und PostDocs, die das Projekt mit kritischem Blick in den letzten Jahren begleitet haben. In besonderer Erinnerung werden mir auch die Reiseerlebnisse in Japan mit Johannes Peisker, Robert Heise, Kristin Teichmann, Christoph Schubert und insbesondere Daniel Watermann bleiben, der mir zudem auch bei der Überarbeitung des Manuskripts eine große Hilfe war.

Ebenfalls bedanken möchte ich mich bei denjenigen, die mir die Möglichkeit gegeben haben, Teile der Arbeit im Verlauf ihrer Entstehung auch außerhalb Halles vorzustellen und zu diskutieren. Christian Fuhrmeister und Kai Kappel danke ich für das von ihnen organisierte internationale Kolloquium zum Bau von Soldatenfriedhöfen, aus dem ich sehr viele Anregungen mitgenommen habe. Für interessante Gespräche und Eindrücke während eines Workshops in Konstanz, der mich in einer sehr frühen Phase der Arbeit bestärkt hat, bedanke ich mich außerdem bei Birgit Schwelling und Barbara Laubenthal, sowie bei Arnd Bauerkämper für die Gelegenheit zum Vortrag in seinem Kolloquium. Unverzichtbar war auch die archivfachliche Unterstützung durch Peter Päßler im Archiv der Bundesgeschäftsstelle des Volksbundes Deutsche Kriegsgräberfürsorge. Ausdrücklich erwähnt werden muss noch, dass dieses Buch nicht ohne die großzügige Unterstützung der Geschwister Boehringer Ingelheim Stiftung für Geisteswissenschaften hätte erscheinen können, die die Veröffentlichung mit einem Druckkostenzuschuss gefördert hat.

Der Schluss gebührt der Familie. Meine Frau Jana Marková hat sich als erbarmungslose Jägerin des Bandwurmsatzes erwiesen, auch wenn es mir gelungen ist, einige vor ihr zu verstecken. Sie hat mit viel Geduld nicht nur ihre eigenen Projekte vorangebracht, sondern damit auch meinem den notwendigen Rückhalt gegeben.

Meersburg, im März 2018.

Abkürzungen

ADGB	Allgemeiner Deutscher Gewerkschaftsbund
AEK	Amt für die Erfassung der Kriegsopfer
BArch	Bundesarchiv
BArch MA	Bundesarchiv – Militärarchiv Freiburg
BayHStA	Bayerisches Hauptstaatsarchiv
BDA	Bund Deutscher Architekten
BDKK	Bund deutscher Kriegsopfer, Körperbehinderter und Sozialrentner
BGBl.	Bundesgesetzblatt
BMVg	Bundesministerium der Verteidigung
CCG (BE)	Control Commission for Germany (British Element)
CVJM	Christlicher Verein Junger Männer
CWGC	Commonwealth War Graves Commission
DGB	Deutscher Gewerkschaftsbund
FAZ	Frankfurter Allgemeine Zeitung
FN	Fußnote
GEW	Gewerkschaft Erziehung und Wissenschaft
GStA PK	Geheimes Staatsarchiv Preußischer Kulturbesitz Berlin
HIAG	Hilfsgemeinschaft auf Gegenseitigkeit der Angehörigen der ehemaligen Waffen-SS
IWGC	Imperial War Graves Commission
KrA-UE	Kreisarchiv Uelzen
MBl. NRW	Ministerialblatt für das Land Nordrhein-Westfalen
MBliV	Ministerialblatt des Reichs- und Preußischen Ministers des Innern
NLA-StAO	Niedersächsisches Landesarchiv – Staatsarchiv Osnabrück
NSFK	Nationalsozialistisches Fliegerkorps
NSKK	Nationalsozialistisches Kraftfahrkorps
NSKOV	Nationalsozialistische Kriegsopferversorgung
OKW	Oberkommando der Wehrmacht
ÖSK	Österreichisches Schwarzes Kreuz
PA AA	Politisches Archiv des Auswärtigen Amts
RdErl.	Runderlass
RDS	Ring Deutscher Soldatenverbände
RGBl.	Reichsgesetzblatt
RHO	Reichshaushaltsordnung
RMdI	Reichsministerium des Innern
TNA	The National Archives, London
VdH	Verband der Heimkehrer
VDK	Volksbund Deutsche Kriegsgräberfürsorge
VdK	Verband der Kriegsbeschädigten
VdS	Verband deutscher Soldaten
VKA	Volksbundes Deutsche Kriegsgräberfürsorge – Archiv
VMBl.	Ministerialblatt des Bundesministers der Verteidigung
VVN	Vereinigung der Verfolgten des Naziregimes
WASt	Wehrmachtauskunftstelle für Kriegerverluste und Kriegsgefangene
ZAK	Zentralnachweiseamt für Kriegerverluste und Kriegergräber

Quellen- und Literaturverzeichnis

Ungedruckte Quellen

Archiv der Bundesgeschäftsstelle des Volksbundes Deutsche Kriegsgräberfürsorge Kassel (VKA)
A.10-6, 10, 11, 13–15, 21, 59, 63, 64, 69, 70, 88, 97, 122, 124, 165, 166
A.100-4, 69, 99, 133, 143, 927, 953,
Protokolle Bundespräsidium: BP 1963-03-29, BP 1963-09-06, BP 1968-04-05
Protokolle Bundesvorstand: BV 1963-02-22, BV 1964-02-28, BV 1970-07-10
Protokolle Bundesvertretertag: BVT 1969-06-12

Bayerisches Hauptstaatsarchiv München (BayHStA)
Mk 14480, 14481

Bundesarchiv – Berlin Lichterfelde (BArch)
R 36/2097, 2099
R 43-I/710, 723
R 43-II/1289
R 80/1
R 901/84151, 84152, 84158, 84159
R 2301/2512, 2513
R 4606/648

Bundesarchiv – Koblenz (BArch)
B 106/8698, 8703, 8704, 8709, 20371, 20372, 21011, 77167, 127305
B 122/637, 8158, 14359, 21446, 21447
B 136/5066, 5067
B 141/18804–18807
B 153/1691
B 189/9396
Z 1/1068, 1089, 1097
Z 11/77
Z 12/7
Z 13/766
Z 35/340
Z 106/8704

Bundesarchiv – Militärarchiv Freiburg (BArch MA)
N 24/156, 160, 165, 178, 186
BW 1/52004, 73593, 114848, 313165

Geheimes Staatsarchiv Preußischer Kulturbesitz Berlin (GStA PK)
I. HA Rep. 191, Nr. 3908, 3930

Kreisarchiv Uelzen (KrA-UE)
Fin Kriegsgräber, 12.9
Spenden des Kreises zu den Kosten der Heldenorgel des Gymnasiums 1938–1942.

Niedersächsisches Landesarchiv - Staatsarchiv Osnabrück (NLA - StAO)
Dep 59 b, Nr. 911
Dep 63 b Akz. 2002/011, Nr. 60
Dep 104 V Akz. 1A/1984, Nr. 1094, 1160
Rep 430 Dez 400, Nr. 76
Rep 450 Bers Akz 21/84, Nr. 403
Rep 451 Wit Akz. 1/1984, Nr. 392
Rep 726, Nr. 3

Politisches Archiv des Auswärtigen Amtes Berlin (PA AA)
B 10, Bd. 2233
B 85, Bd. 1414, 1419
B 92, Bd. 37, 45, 51, 52, 56, 58, 61–63, 67, 77, 237, 271–273, 290, 292–294, 297, 302, 304, 530–532, 544

The National Archives London (TNA)
FO 1032/829
FO 1046/199
FO 1049/1585, 1741
FO 1050/17
FO 371/69264, 73671, 93573

Quelleneditionen

Akten der Partei-Kanzlei der NSDAP. Rekonstruktion eines verlorengegangenen Bestandes. Sammlung der in anderen Provenienzen überlieferten Korrespondenzen, Niederschriften von Besprechungen usw. mit dem Stellvertreter des Führers und seinem Stab bzw. der Partei-Kanzlei, ihren Ämtern, Referaten und Unterabteilungen sowie mit Hess und Bormann persönlich, bearbeitet v. Helmut Heiber u. a., Mikrofiche-Edition mit Ergänzungsbänden, hg. v. Institut für Zeitgeschichte, München 1983–1992.

Akten zur Auswärtigen Politik der Bundesrepublik Deutschland 1962, 3 Bde., bearbeitet v. Mechthild Lindemann und Michael Mayer, München 2010.

Auswärtiges Amt (Hg.), Verträge der Bundesrepublik Deutschland. Serie A: Multilaterale Verträge, Bd. 40, Bonn 1973.

Auswärtiges Amt/Deutsches Rotes Kreuz/Bundesministerium der Verteidigung (Hg.), Dokumente zum humanitären Völkerrecht, St. Augustin ²2012.

»Führer-Erlasse« 1939–1945. Edition sämtlicher überlieferter, nicht im Reichsgesetzblatt abgedruckter, von Hitler während des Zweiten Weltkrieges schriftlich erteilter Direktiven aus den Bereichen Staat, Partei, Wirtschaft, Besatzungspolitik und Militärverwaltung, zusammengestellt und eingeleitet von Martin Moll, Stuttgart 1997.

Office of Military Government for Germany (US) Legal Division, Enactments and Approved Papers of the Control Council and Coordinating Committee, Bde. I–IX, Berlin 1945–1948, http://www.loc.gov/rr/frd/Military_Law/enactments-home.html [Stand: 9.3.2018].

Quellen zur Neueren Geschichte, Heft 9. Friedensverträge aus der Zeit der nationalen Einigung Italiens und Deutschlands, Bern 1947.

Rechtsquellen

[Genfer] Abkommen zur Verbesserung des Loses der Verwundeten und Kranken bei den im Felde stehenden Heeren. Vom 6. Juli 1906, in: RGBl. 1907, Nr. 25, S. 279–303.

Allgemeine Verwaltungsvorschriften zur Ausführung des Gesetzes über die Sorge für die Kriegsgräber. Vom 21. August 1953, in: Bundesanzeiger 5 (1953), Nr. 162, S. 1.

Berücksichtigung der Arbeit des Volksbundes Deutsche Kriegsgräberfürsorge e. V. in den Schulen, Beschluss der Kultusministerkonferenz vom 22.03.1968 i. d. F. v. 27.04.2006. https://www.kmk.org/fileadmin/Dateien/veroeffentlichungen_beschluesse/1968/1968_03_22-Deutsche-Kriegsgraeberfuersorge-in-Schulen.pdf [Stand: 9.3.2018]

Beteiligung der Bundeswehr an der Totenehrung aus Anlaß des Volkstrauertages, in: VMBl. 1956, S. 78.

Direktive Nr. 30. Beseitigung deutscher Denkmäler und Museen militärischen und nationalsozialistischen Charakters, in: Die Alliierte Kommandantur der Stadt Berlin (Hg.), Der Alliierte Kontrollrat in Deutschland. Gesetze, Direktiven, Befehle, Anordnungen, Sammelheft 2., Januar bis Juni 1946, Berlin 1946, S. 138–139.

Genfer Abkommen zur Verbesserung des Loses der Verwundeten und Kranken der Heere im Felde. Vom 27. Juli 1929, in: RGBl. II 1934, S. 208–226.

Gesetz über den Friedensschluß zwischen Deutschland und den alliierten und assoziierten Mächten. Vom 16. Juli 1919, in: RGBl. 1919, Nr. 140, S. 687–1350.

Gesetz über die Erhaltung der Gräber der Opfer von Krieg und Gewaltherrschaft (Gräbergesetz). Vom 1. Juli 1965, in: BGBl. I 1965, Nr. 29, S. 589–592.

Gesetz über die Erhaltung der Kriegergräber aus dem Weltkrieg, in: RGBl. I 1923, Nr. 2, S. 25–26.

Gesetz über die Sorge für die Kriegsgräber (Kriegsgräbergesetz), vom 27. Mai 1952, in: BGBl. I 1952, Nr. 23 (28.05.1952), S. 320–322.

Innenministerium d. Landes Nordrhein-Westfalen, Rd.Erl. d. Innenministers v. 1.8.1952 – I 18–80 Nr. 984/52. Tätigkeit der niederländischen Gräberfürsorgebehörde »Oorlogsgravenstichting« in der Bundesrepublik, in: MBl. NRW 5 (1952), Nr. 55, S. 1005 f.

Kriegsgräberfürsorge – RdErl. d. Innenministers v. 11.8.1952 – I 18–80 Nr. 1367/49, in: MBl. NRW 5 (1952), Nr. 58, S. 1025–1028.

Loi concernant les lieux de sépulture à établir pour les soldats des Armées francaise et alliées décédés pendant la durée de la guerre, in: Journal Officiel Nr. 355, 31.12.1915.

Ministère des Pensions (Hg.), Recueil Officiel des Sépultures Militaires (France – Colonies – Étranger) Renseignements utiles aux familles se rendant sur la tombe des leurs. Augmenté d'une Notice sur l'organisation, les lois et les décrets concernant les sépultures militaires, Paris 1929.

Richtlinien über die Fürsorge für die Gräber der Kriegsgefallenen auf den nichtreichseigenen Friedhöfen, in: MBliV Nr. 29 (1942), S. 1513–1526.

Richtlinien über die Fürsorge für die Gräber der Kriegsgefallenen des jetzigen Krieges auf den nichtreichseigenen Friedhöfen und über die Gestaltung von Kriegergräberanlagen, in: MBliV Nr. 49 (1943), S. 1817–1870.

Verordnung über die Erhaltung der Kriegergräber aus dem Weltkrieg, vom 31.12.1922, in: RMBl. 51 (1923), Nr. 2, S. 9–10.

Verordnung über die Gräberfürsorge der Wehrmacht des Großdeutschen Reiches. Vom 2. April 1940, in: RGBl. I 1940, Nr. 64, S. 621.

Vertrag zur Regelung aus Krieg und Besatzung entstandener Fragen, in: BGBl. II 1955, Nr. 8, S. 405–468.

Gedruckte Quellen und zeitgenössische Literatur und Schriften

[ohne Autor], Das Ehrenmal in Waldenburg, in: Die Baukunst 2 (1939), S. 96–101.

[ohne Autor], Das Freikorps-Ehrenmal auf dem Annaberg, in: Die Baukunst 2 (1939), S. 102–109.

[ohne Autor], Französische Grabschändung. Wie Frankreich Kriegsgräber schändet und Deutschland Kriegsgräber ehrt. Eine wahrheitsgetreue Gegenüberstellung in 15 Bildern, Berlin 1918.

Anregungen für Kriegergrabmäler, hg. v. d. Rheinische Beratungsstelle für Kriegerehrungen, Mörs 1917.

Arnold, Volker, Thesen zu einer Friedenserziehung, wie wir in der GEW sie wollen und machen, in: GEW Landesverband Niedersachsen (Hg.), Friedenserziehung, Hannover 1982, S. 97–103.

Bundesministerium der Verteidigung (Hg.), Der Wald der Erinnerung. Ein Ort der Stille mit Wiedererrichteten Ehrenhainen, (Informationsbroschüre des Presse- und Informationsstabes 2), Berlin 2015.

Bundeszeitung der Kriegsbeschädigten (Bundeszeitung des BDKK) / Deutsche Kriegsopfer-Stimme, 5. Jahrgang (1954).

Caccia Dominioni, Paolo, Alamein 1933–1962, Mailand 1992 [1962].

– Alamein 1933–1962. An Italian Story, London 1966.

Das Image des Volksbundes Deutsche Kriegsgräberfürsorge e. V. – Psychologische Marktuntersuchung. Durchgeführt von Marplan, Forschungsgesellschaft für Markt und Verbrauch mbH, Frankfurt a. M. 1970.

Der Niedersächsische Kultusminister, Schule und Friedenserziehung – Dokumentation zur Auseinandersetzung um die Friedenserziehung in der Schule –, Hannover 1983.

Deutscher Bundestag, Plenarprotokoll (Stenographischer Bericht) Nr. 04/178 vom 07.04.1965.

Dethlefsen, Das Kriegergrab im Wandel der Zeiten, in: Provinzialberatungsstelle für Kriegerehrungen in Ostpreußen (Hg.), Kriegergrabmale und Heldenhaine, München 1917, S. 3–19.

Esebeck, Hans Gert von, Afrikanische Schicksalsjahre. Geschichte des deutschen Afrika-Korps unter Rommel, Wiesbaden 1949.

Fröhlich, H., Die Pflege der Gräber unserer Gefallenen im In- und Ausland. Vorschläge zur Gründung eines Deutschen Kriegsgräber-Schutzbundes, München 1920.

Gaedke, Jürgen, Handbuch des Friedhofs- und Bestattungsrechts, Göttingen 1954.

Hansjakob, Gottfried/Hansjakob, Anton, Krieg und Friedhof, in: Garten und Landschaft 79 (1969), H. 12, S. 375–376.

Heuss, Theodor, Euer Opfer ist unsere Verpflichtung: Frieden! Die Ansprache des Bundespräsidenten Theodor Heuss am Volkstrauertag im Bundeshaus, in: Bulletin des Presse- und Informationsamtes der Bundesregierung, Nr. 181/1952, S. 1597.

Högg, Emil, Helden-Ehrung. Nach einem in Wilhelmshaven Juni 1916 gehaltenen Vortrag, München 1917.

Jagow, Kurt, Unter dem Joch von Versailles. Das Buch der deutschen Not, Berlin 1923.

Jahrbuch 1925/26 des Volksbundes Deutsche Kriegsgräberfürsorge, e. V., hg. v. Siegfried Emmo Eulen, Oldenburg 1926.

Kaeber, P., Heldengräber und Heldenhaine, in: Provinzialberatungsstelle für Kriegerehrungen in Ostpreußen (Hg.), Kriegergrabmale und Heldenhaine, München 1917, S. 20–22.

Keller, Samuel, Unsere Kriegsgräber. Ein Wort der Gewißheit und Hoffnung, Berlin 1915.

Kriegergräber. Beiträge zu der Frage: Wie sollen wir unsere Kriegergräber würdig erhalten?, Denkschrift von German Bestelmeyer, Franz Seeck, Louis Tuaillon und Bruno Paul, Berlin 1915.

Kriegergräber im Felde und daheim. [Jahrbuch des Deutschen Werkbundes 1916/17]. herausgegeben im Einvernehmen mit der Heeresverwaltung, München 1917.

Kriegsgräberfürsorge. Berichte und Mitteilungen des Volksbundes Deutsche Kriegsgräberfürsorge/Stimme und Weg, 1.–65. Jahrgang (1921–1989).

Kuhn, Annette/Haffmanns, Gisela/Genger, Angela (Hg.), Historisch politische Friedenserziehung. Unterrichtsmodelle für Friedenserziehung, München 1972.

Küpper, Christel (Hg.), Friedenserziehung im Schulunterricht, München 1970.

Nederlandse erevelde in Duitsland, Informationsbroschüre hg. v. Oorlogsgravenstichting, Den Haag (o. J.).

Neher, Kurt, Nordafrika findet keinen Frieden. Bericht einer Reise durch die ehemaligen Kampfgebiete des Deutschen Afrikakorps, [München] 1953.

Ney, Alfred, Das Recht der Toten. Ein Wort zum Schutz des Kriegsgrabes. Mit einem Holzschnitt von W. Laage und 79 Bildern nach Naturaufnahmen, Zürich 1918.

Provinzialberatungsstelle für Kriegerehrungen in Ostpreußen (Hg.), Kriegergrabmale und Heldenhaine, München 1917.

Reichsbund. Zentralorgan des Reichsbundes der Kriegs- und Zivilbeschädigten, Sozialrentner und Hinterbliebenen e. V., 8. Jahrgang (1954).

Richter, Erich/Seek, Franz, Kriegergräber. Beispiele einfacher Grabsteine. hg. im Auftrag der Staatlichen Beratungsstelle für Kriegerehrungen in Berlin, Berlin 1920.

Roesen, August, Kustoden. Erindringer fra kirkeministeriet, Kopenhagen 1984.

Rommel, Erwin, Krieg ohne Hass. hg. v. Lucie-Maria Rommel und Fritz Bayerlein, Heidenheim 1950.

Soldatengräber und Kriegsdenkmale, hg. v. K. K. Gewerbeförderungs-Amte, Wien 1915.

Steere, Edward/Boardman, Thayer M., Final Disposition of World War II Dead 1945–51, Washington, D. C. 1957.

Steere, Edward, The Graves Registration Service in World War II, Washington, D. C. 1951.

Stuckmann, Heinz, Gewerkschaften und Kriegsgräberfürsorge. Eine Betrachtung über Kriegsgräberfürsorge und Heldenverehrung, in: Gewerkschaftliche Monatshefte 7 (1956), S. 685–687.

The Netherlands War Graves Foundation, Informationsbroschüre hg. v. Oorlogsgravenstichting, Den Haag (o. J.).

Volksbund Deutsche Kriegsgräberfürsorge e. V. (Hg.), Deutsche Kriegsgräberstätten im Westen, Kassel 2001.

–, Dienst am Menschen. Dienst am Frieden. Volksbund Deutsche Kriegsgräberfürsorge 1919–2000, Kassel 2001.

–, Versöhnung über Gräbern. 10 Jahre Jugendarbeit im Volksbund Deutsche Kriegsgräberfürsorge e. V., Kassel 1963.

–, Bericht des (Bundes-)Vorstandes über die Arbeit des Volksbundes Deutsche Kriegsgräberfürsorge e. V. im Jahre [1965–1988] Dem Vertretertag [1966–1989] vorgelegt.

–, Gestaltung von Kriegsgräberstätten. Hinweise und Richtlinien, (Text und Zusammenstellung Werner Lindner) Kassel [ca. 1953].

–, Handreichung zur Erhaltung und Pflege von Kriegsgräberstätten im Inland, Kassel 2008.

–, Schicksal in Zahlen. Informationen zur Arbeit des Volksbundes Deutsche Kriegsgräberfürsorge e. V., Kassel, 6. Auflage, 2000.

–, Tätigkeitsbericht des Vorstandes für den Vertretertag 1960.

–, Tätigkeitsbericht des Vorstandes für das Arbeitsjahr [1961–1964]. Dem Vertretertag [1962–1965] vorgelegt.

Volksbund Deutsche Kriegsgräberfürsorge e.V. – Landesverband Berlin (Hg.), 45 Jahre Jugendarbeit in Mauthausen, Berlin 2016.

Ware, Fabian, The Immortal Heritage. An Account of the Work and Policy of The Imperial War Graves Commission during twenty years 1917–1937. with an Introduction by Edmund Blunden and thirty-two photographs, Cambridge 1937.

Wehner, Josef Magnus, Langemarck. Ein Vermächtnis. Worte von Josef Magnus Wehner, am 10. Juli 1932, zur Stunde der Übernahme des Gefallenen-Friedhofs in Langemarck durch die Deutsche Studentenschaft, gesprochen an allen deutschen Hochschulen, verbunden mit Briefen Gefallener, München 1932.

Werner Lindner, Ehrenstätten des Volksbundes Deutsche Kriegsgräberfürsorge, in: Steinmetz und Bildhauer. Fachzeitschrift für die Gestaltung und Ausführung von Arbeiten in Naturstein, 67 (1951), H. 11, S. 301–320.

Westphal, Siegfried, Heer in Fesseln. Aus den Papieren des Stabschefs von Rommel, Kesselring und Rundstedt, Bonn 1950.

Willy Lange (Hg.), Deutsche Heldenhaine, herausgegeben im Auftrag der Arbeitsgemeinschaft für Deutschlands Heldenhaine, Leipzig 1915.

Zeitungsartikel

Bodil Koch, De tyske grave, in: Politiken, 26.3.1965.

Ove Rasmussen, Tyve år efter, in: Politiken, 11.11.1965.

Ingen tyske »helte-monumenter«, in: Politiken, 16.11.1965.

Soldatengräber im Süden, in: FAZ, Nr. 270, 21.11.1957, S. 5.

Heuss in Neapel und Palermo, in: FAZ, Nr. 273, 25.11.1957, S. 3.

Eberhard Schulz, Der Totenberg am Futa-Paß. Deutsche Kriegsgräber auf dem Apennin, in: FAZ, Nr. 129, 7.6.1969.

Personalien: Hermann Schultze-Dewitz, in: Der SPIEGEL, Nr. 20, 12.5.1954, S. 24.

Berlin Sitzung: So, so, in: Der SPIEGEL, Nr. 16, 14.4.1965, S. 31.

Urlaub mit Gräberpflege und Bundeswehrkost, in: Stuttgarter Zeitung, 12.07.1977.

Die vergessenen Toten. Was geschieht mit den Gräbern der KZ-Opfer?, in: Die ZEIT, Nr. 42, 16.10.1964.

Politik verbeten! Die Feierstunde in Hamm fand ein peinliches Ende, in: Die ZEIT, Nr. 48, 25.11.1960.

Sekundärliteratur

Alter, Peter, Der Erste Weltkrieg in der englischen Erinnerungskultur, in: Berding, Helmut u.a. (Hg.), Krieg und Erinnerung. Fallstudien zum 19. und 20. Jahrhundert, Göttingen 2000, S. 113–126.

Arend, Rudolf, Bürger und kommunale Selbstverwaltung in Nordrhein-Westfalen seit 1945. Ein Beitrag zur Landesgeschichte, Frankfurt a. M. 2010.

Armbruster, Thomas, Rückerstattung der Nazi-Beute. Die Suche, Bergung und Restitution von Kulturgütern durch die westlichen Alliierten nach dem Zweiten Weltkrieg, Berlin 2008.

Assmann, Aleida/Frevert, Ute, Geschichtsvergessenheit – Geschichtsversessenheit. Vom Umgang mit deutschen Vergangenheiten nach 1945, Stuttgart 1999.

Assmann, Aleida, Der lange Schatten der Vergangenheit. Erinnerungskultur und Geschichtspolitik, München 2006.

Audoin-Rouzeau, Stéphane/Becker, Annette, Le Corps dans la Première Guerre Mondiale. Présentation, in: Annales. Histoire, Sciences Sociales 55 (2000), H. 1, S. 43–45.

Audoin-Rouzeau, Stéphane, Corps perdus, corps retrouvés: Trois exemples de deuils de guerre, in: Annales. Histoire, Sciences Sociales 55 (2000), H. 1, S. 47–71.

Bartjes, Heinz, Der Zivildienst als die modernere »Schule der Nation«?, in: Thomas Kühne (Hg.), Von der Kriegskultur zur Friedenskultur? Zum Mentalitätswandel in Deutschland seit 1945, Münster 2000, S. 128–143.

Battke, Achim/Meyer, Berthold/Schneider, Bernhard, Friedenswochen als Modelle politischer Kooperation. Fallstudie über die Tübinger Friedenswoche 1974, Tübingen 1975.

Bauerkämper, Arnd, Das umstrittene Gedächtnis, Paderborn 2012.

Becker, Annette, From Death to Memory: The National Ossuaries in France after the Great War, in: History and Memory, Nr. 5, 1993, S. 32–49.

–, Les monuments aux morts, Paris 1988.

–, War Memorials: A Legacy of Total War?, in: Förster, Stig/Nagler, Jörg (Hg.), On the road to total war. The American Civil War and the German Wars of Unification, 1861–1871, Washington, D.C 1997, S. 657–680.

Behrenbeck, Sabine, Between Pain and Silence: Remembering the Victims of Violence in Germany after 1949, in: Bessel, Richard/Schumann, Dirk (Hg.), Life After Death. Approaches to a Cultural and Social History of Europe during the 1940s and 1950s, Cambridge 2003, S. 37–64.

–, Der Kult um die toten Helden, Köln ²2011.

Bello, Alessandra, Il cimitero della Futa, 2013, in: Casabella, H. 825, Mai 2013, S. 82–87.

Benz, Wolfgang (Hg.), Wie wurde man Parteigenosse? Die NSDAP und ihre Mitglieder, Frankfurt a. M. 2009.

Berek, Mathias, Gutes oder schlechtes Erinnern? Die Notwendigkeit des politischen in der Erinnerungskultur, in: Hahn, Hans Henning/Hein-Kircher, Heidi/Kochanowska-Nieborak, Anna (Hg.), Erinnerungskultur und Versöhnungskitsch, Marburg 2008, S. 71–85.

Bessel, Richard, Germany After the First World War, Oxford 1993.

– /Schumann, Dirk (Hg.), Life After Death. Approaches to a Cultural and Social History of Europe during the 1940s and 1950s, Cambridge 2003.

Biess, Frank, Homecomings. Returning POWs and the legacies of defeat in postwar Germany, Princeton, NJ 2006.

–, Introduction, in: ders./Moeller, Robert G. (Hg.), Histories of the aftermath. The legacies of the Second World War in Europe, New York 2010, S. 1–10.

Boberach, Heinz/Nicolaisen, Carsten/Pabst, Ruth (Hg.), Handbuch der deutschen evangelischen Kirchen 1918 bis 1949. Organe – Ämter – Verbände – Personen. Bd. 1: Überregionale Einrichtungen, Göttingen 2010.

Bock, Hans Manfred, Komplizierung der politischen Beziehungen und Konsolidierung des DFJW in den sechziger Jahren, in: ders. (Hg.), Deutsch-französische Begegnung und europäischer Bürgersinn. Studien zum Deutsch-Französischen Jugendwerk (1963–2003), Opladen 2003, S. 61–90.

Böck, Korbinian, »Bollwerk des Deutschtums im Osten«: Das Freikorpsehrenmal auf dem Annaberg/Oberschlesien, in: RIHA Journal 0160, 27 Juni 2017, http://www.riha-journal.org/articles/2017/0150-0176-special-issue-war-graves/0160-boeck [Stand: 9.3.2018].

Boehlke, Hans-Kurt, Zum Zentralinstitut und Museum für Sepulkralkultur. Geschichte der Arbeitsgemeinschaft Friedhof und Denkmal e. V. Zweiter Teil 1977–1992, Kassel 2007.

Böhm, Johann, Nationalsozialistische Indoktrination der Deutschen in Rumänien 1932–1944, Frankfurt a. M. 2008.

Böhme, Erdmann Werner, Siegfried Emmo Eulen, in: Niedersächsische Lebensbilder, Nr. 6, Hildesheim 1969, S. 143–159.

Böhme, Kurt W., Gesucht wird…. Die dramatische Geschichte des Suchdienstes, München 1965.

Bokovoy, Melissa, Scattered Graves, Ordered Cemeteries: Commemorating Serbia's War of National Liberation, 1912–1918, in: Bucur, Maria/Wigfield, Nancy M. (Hg.), Staging the Past. The Politics of Commemoration in Habsburg Central Europe, 1848 to the Present, West Lafayette 2001, S. 236–254.

Bořutová. Dana, Architekt Dušan Samuel Jurkovič, Bratislava 2009.

Bösch, Frank, Das konservative Milieu. Vereinskultur und lokale Sammlungspolitik in ost- und westdeutschen Regionen (1900–1960), Göttingen 2002.

Bothe, Michael, War Graves, in: Rudolf Bernhardt (Hg.), Encyclopedia of Public International Law, Amsterdam 2000, S. 1373–1374.

Böttcher, Bernhard, Gefallen für Volk und Heimat. Kriegerdenkmäler deutscher Minderheiten in Ostmitteleuropa während der Zwischenkriegszeit, Köln 2009.

Böttcher, Jakob, Historische Rahmenbedingungen für den Bau von Kriegsgräberstätten in Deutschland und Europa im 20. Jahrhundert, in: RIHA Journal 0151, 27 Juni 2017, http://www.riha-journal.org/articles/2017/0150-0176-special-issue-war-graves/0151-boettcher [Stand: 9.3.2018].

Brands, Gunnar, Bekenntnisse eines Angepassten. Der Architekt Wilhelm Kreis als Generalbaurat für die Gestaltung der deutschen Kriegerfriedhöfe, in: Kuder, Ulrich (Hg.), Architektur und Ingenieurwesen zur Zeit der nationalsozialistischen Gewaltherrschaft 1933–1945, Berlin 1997, S. 124–156.

–, From World War I Cemeteries to the »Fortress of the Dead«. Architecture, Heroic Landscape, and the Quest for National Identity in Germany, in: Wolschke-Bulmahn, Joachim (Hg.), Places of commemoration. Search for identity and landscape design, Washington, DC 2001, S. 215–256.

Brandt, Susanne, Vom Kriegsschauplatz zum Gedächtnisraum. Die Westfront 1914–1940, Baden-Baden 2000.

Breitling, Rupert, Die Verbände in der Bundesrepublik. Ihre Arten und ihre politische Wirkungsweise, Meisenheim 1955.

Brereton, John Maurice, The British Soldier. A Social History from 1661 to the Present Day, London 1986.

Broschart, Monika, Erziehung zum Frieden. Auseinandersetzung mit friedenspädagogischen Konzepten in der Bundesrepublik Deutschland, Frankfurt a.M. 1978.

Broszat, Martin, Deutschland – Ungarn – Rumänien. Entwicklung und Grundfaktoren nationalsozialistischer Hegemonial- und Bündnispolitik 1938–1941, in: Funke, Manfred (Hg.), Hitler, Deutschland und die Mächte. Materialien zur Außenpolitik des Dritten Reiches, Düsseldorf 1976, S. 524–564.

Bucur, Maria, Heroes and victims. Remembering war in twentieth-century Romania, Bloomington 2009.

Capdevila, Luc/Voldman, Danièle, War Dead. Western Societies and the Casualties of War, Edinburgh 2006.

Cavallie, James, Ludendorff und Kapp in Schweden. Aus dem Leben zweier Verlierer, Frankfurt a.M. 1995.

Clark, Christopher, Preußen. Aufstieg und Niedergang 1600–1947, Bonn 2007.

Collin, Peter u.a. (Hg.), Regulierte Selbstregulierung im frühen Interventions- und Sozialstaat, Frankfurt a.M. 2012.

–, Selbstregulierung im 19. Jahrhundert – zwischen Autonomie und staatlichen Steuerungsansprüchen, Frankfurt a.M. 2011.

Collotti, Francesco, Il paesaggio dei caduti. Dieter Oesterlen, cimitero militare germanico, in: Casabella, H. 825, Mai 2013, S. 71–81.

Confino, Alon/Betts, Paul/Schumann, Dirk (Hg.), Between mass death and individual loss. The place of the dead in twentieth-century Germany, New York 2008.

Coppi, Hans/Warmbold, Nicole, Der zweite Sonntag im September. Gedenken und Erinnern an die Opfer des Faschismus – Zur Geschichte des OdF-Tages. Begleitpublikation zur Ausstellung »Der Zweite Sonntag im September – Zur Geschichte des OdF-Tages«. Eine Ausstellung der Rosa-Luxemburg-Stiftung und der Vereinigung der Verfolgten des Naziregimes – Bund der Antifaschisten (VVN-BdA), Berlin 2005.

Cornelißen, Christoph, Was heißt Erinnerungskultur? Begriff – Methoden – Perspektiven, in: Geschichte in Wissenschaft und Unterricht 54 (2003), H. 10, S. 548–563.

– u. a. (Hg.), Erinnerungskulturen. Deutschland, Italien und Japan seit 1945, Frankfurt a. M. [2]2004.

Crane, David, Empires of the Dead. How One Man's Vision Led to the Creation of WWI's War Graves, London 2013.

Defrance, Corine/Pfeil, Ulrich, Der Elysée-Vertrag und die deutsch-französischen Beziehungen. Vom Ereignis zum Erinnerungsort, in: Gilzmer, Mechthild u. a. (Hg.), 50 Jahre Elysée-Vertrag (1963–2013). Traditionen, Herausforderungen, Perspektiven, Bielefeld 2014, S. 81–105.

Demarest, Geert K. M. C., Die Arbeit des Volksbundes Deutsche Kriegsgräberfürsorge: ein Beispiel für die Praxis der deutsch-französischen Aussöhnung 1945–1975, Diss. FU Berlin 1977.

Dickon, Chris, The foreign burial of American war dead. A history, Jefferson 2011.

Diehl, James, Thanks of the fatherland. German veterans after the second world war, Chapel Hill 2009.

Dobesz, Janusz L., Der Umgang mit den Bauten aus der NS-Zeit in Polen, in: Bingen, Dieter/Hinz, Hans-Martin (Hg.), Die Schleifung. Zerstörung und Wiederaufbau historischer Bauten in Deutschland und Polen, Wiesbaden 2005, S. 188–198.

–, Wrocławska architektura spod znaku swastyki na tle budownictwa III Rzeszy, Wrocław 1999.

Dogliani, Patrizia, Constructing Memory and Anti-Memory: the Monumental Representation of Fascism and its Denial in Republican Italy, in: Bosworth, R. J. B./Dogliani, Patrizia (Hg.), Italian Fascism. History, Memory and Representation, Basingstoke 1999, S. 11–30.

Donner, Wolf, Die sozial- und staatspolitische Tätigkeit der Kriegsopferverbände. Ein Beitrag zur Verbandsdiskussion, Berlin 1960.

Düben, Ann Kathrin, Orte des Erinnerns und des Vergessens? Die Kriegsgräberstätten im Emsland als Orte regionaler Erinnerungskultur, in: Müller, Claudia u. a. (Hg.), Die Shoa in Geschichte und Erinnerung. Perspektiven medialer Vermittlung in Italien und Deutschland, Bielefeld 2014, S. 199–210.

Echternkamp, Jörg/Martens, Stefan (Hg.), Der Zweite Weltkrieg in Europa. Erfahrung und Erinnerung, Paderborn 2007.

– /Martens, Stefan (Hg.), Der Weltkrieg als Wegmarke? Die Bedeutung des Zweiten Weltkriegs für eine europäische Zeitgeschichte, in: dies. (Hg.), Der Zweite Weltkrieg in Europa. Erfahrung und Erinnerung, Paderborn 2007, S. 1–33.

–, Kriegsschauplatz Deutschland 1945. Leben in Angst – Hoffnung auf Frieden: Feldpost aus der Heimat und von der Front, Paderborn 2006.

–, Mit dem Krieg seinen Frieden schließen – Wehrmacht und Weltkrieg in der Veteranenkultur 1945–1960, in: Thomas Kühne (Hg.), Von der Kriegskultur zur Friedenskultur? Zum Mentalitätswandel in Deutschland seit 1945, Münster 2000, S. 78–93.

Eckert, Astrid M., Kampf um die Akten. Die Westalliierten und die Rückgabe von deutschem Archivgut nach dem Zweiten Weltkrieg, München 2004.

Edkins, Jenny, Missing: Persons and Politic, Ithaca 2011.

Edwards, Peter, ›Mort pour la France‹: Conflict and Commemoration in France after the First World War, in: University of Sussex Journal of Contemporary History 1 (2000), S. 1–11.

Emden, Richard van, The Quick and the Dead. Fallen Soldiers and Their Families in the Great War, London 2011.

Eschebach, Insa, Öffentliches Gedenken. Deutsche Erinnerungskulturen seit der Weimarer Republik, Frankfurt/Main 2005.

Evans, Richard J., Das Dritte Reich. Band I. Aufstieg, München 2004.

Eyffinger, Arthur, A highly Critical Moment: Role and Record of the 1907 Hague Peace Conference, in: Netherlands International Law Review 54 (2007), H.2, S. 197–228.

Falstadsenteret (Hg.), Sovjetiske krigsfanger i Norge/Soviet prisoners of war in Norway, Ekne 2010.

Faust, Drew Gilpin, This republic of suffering. Death and the American Civil War, New York 2008.

Fehlemann, Silke, Bereavement and Mourning (Germany), in: 1914–1918-online. International Encyclopedia of the First World War, hg. v. Ute Daniel u. a., Berlin 8.10.2014, http://dx.doi.org/10.15463/ie1418.10177 [Stand 30.5.2016].

–, »Stille Trauer«: deutsche Soldatenmütter in der Zwischenkriegszeit, in: Historical Social Research 34 (2009), S. 331–342.

Fiore, Anna Maria, La monumentalizzazione dei luoghi teatro della Grande Guerra: il sacrario di Redipuglia di Giovanni Greppi e Giannino Castiglioni, in: Annali di architettura 15 (2003), S. 233–248.

Fischer, Norbert, Geschichte des Todes in der Neuzeit, Erfurt 2001.

Fleury, Daniel, Plaques, stèles et monuments commémoratifs: l'État et la »mémoire de pierre«, in: Revue historique des armées 2010, H. 259, S. 56–66, http://rha.revues.org/6988 [Stand 15.10.2015]

Forges, Jean-François, Über die Lager und die Shoah: Geschichte und Gedächtnis, in: Escudier, Alexandre (Hg.), Gedenken im Zwiespalt. Konfliktlinien europäischen Erinnerns, Göttingen 2001, S. 109–116.

Foot, John, Italy's Divided Memory, New York 2009.

Frei, Norbert, Vergangenheitspolitik. Die Anfänge der Bundesrepublik und die NS-Vergangenheit, München 1996.

Frevert, Ute, Die kasernierte Nation. Militärdienst und Zivilgesellschaft in Deutschland, München 2001.

–, Herren und Helden. Vom Aufstieg und Niedergang des Heroismus im 19. und 20. Jahrhundert, in: Dülmen, Richard van (Hg.), Schöpfungsträume und Körperbilder 1500–2000, Wien 1998, S. 323–344.

Freytag, Annette, Die Deutschen Soldatenfriedhöfe in Flandern. Duitse militaire begraafplaatsen, unveröffentlichte Studie für das Vlaams Instituut voor het Onroerend Erfgoed, Brüssel 2006.

Fuhrmeister, Christian, Klatschmohn und Ochsenblut. Zur Ikonographie der Kriegsgräberstätten des Volksbundes Deutsche Kriegsgräberfürsorge, in: Gröning, Gert/Schneider, Uwe (Hg.), Gartenkultur und nationale Identität: Strategien nationaler und regionaler Identitätsstiftung in der deutschen Gartenkultur, Worms 2001, S. 119–134.

–, Völkische Memorialarchitektur im Nationalsozialismus, in: Ickerodt, Ulf/Mahler, Fred (Hg.), Archaeologie und völkisches Gedankengut. Ein Beitrag zur selbstreflexiven Archaeologie, Frankfurt a. M. 2011, S. 115–130.

– / Kai Kappel (Hg.), War Graves/Die Bauaufgabe Soldatenfriedhof, 19141989, RIHA Journal 0150-0176 Special Issue (2017), http://www.riha-journal.org/articles/2017/0150-0176-special-issue-war-graves [Stand: 9.3.2018].

Fussell, Paul, The Great War and Modern Memory, New York 1975.

Giesen, Bernhard, Das Tätertrauma der Deutschen. Eine Einleitung, in: Giesen, Bernhard/Schneider, Christoph (Hg.), Tätertrauma. Nationale Erinnerungen im öffentlichen Diskurs, Konstanz 2004, S. 11–54.

Gillespie, Alexander, A Historiy of the Laws of War: Volume 1. The Customs and Laws of War with Regards to Combatants and Captives, Oxford 2011.

Gillis, John R. (Hg.), Commemorations. The Politics of National Identity, Princeton, NJ 1996.

Gilzmer, Mechthild, »A nos morts«. Wandlungen im Totenkult vom 19. Jahrhundert bis heute, in: Hettling, Manfred/Echternkamp, Jörg (Hg.), Gefallenengedenken im globalen

Vergleich. Nationale Tradition, politische Legitimation und Individualisierung der Erinnerung, München 2012, S. 175–198.

Goebel, Stefan, Brüchige Kontinuität. Kriegerdenkmäler und Kriegsgedenken im 20. Jahrhundert, in: Hettling, Manfred/Echternkamp, Jörg (Hg.), Gefallenengedenken im globalen Vergleich. Nationale Tradition, politische Legitimation und Individualisierung der Erinnerung, München 2012, S. 199–224.

–, The Great War and medieval memory. War, remembrance and medievalism in Britain and Germany, 1914–1940, Cambridge/New York 2007.

Göhler, Gerhard, Neue Perspektiven politischer Steuerung, in: Aus Politik und Zeitgeschichte, 11. Januar 2010, H. 2–3, S. 34–40.

Goltermann, Svenja, Opfer. Die Wahrnehmung von Krieg und Gewalt in der Moderne, Frankfurt a. M. 2017.

Gooderson, Ian, A Hard Way to Make a War. The Italian Campaign in the Second World War, London 2008.

Goschler, Constantin, »Versöhnung« und »Viktimisierung«. Die Vertriebenen und der deutsche Opferdiskurs, in: Zeitschrift für Geschichtswissenschaft 53 (2005), H. 10 S. 873–884.

–, Wiedergutmachung. Westdeutschland und die Verfolgten des Nationalsozialismus (1945–1954), München 2009.

Grenzebach, William S., Germany's Informal Empire in East-Central Europe. German Economic Policy Toward Yugoslavia and Rumania, 1933–1939, Stuttgart 1988.

Grobe, Karsten, Der Erfurter Nordfriedhof und seine Soldatengräber von 1870/71, in: Stadt und Geschichte. Zeitschrift für Erfurt, Sonderheft 9: Erfurter Friedhofskultur, Erfurt 2008, S. 20–21.

Groh, Kathrin, Gesellschaftliche Selbststeuerung? Verbändepluralismus und demokratische Staatsrechtslehre in der Weimarer Republik, in: Collin, Peter u. a. (Hg.), Regulierte Selbstregulierung im frühen Interventions- und Sozialstaat, Frankfurt a. M. 2012, S. 33–52.

Gröning, Gert/Schneider, Uwe, Naturmystifizierung und germanische Mythologie – Die Heldenhaine, ein nationalistisches Denkmalskonzept aus dem Ersten Weltkrieg, in: dies. (Hg.), Gartenkultur und nationale Identität: Strategien nationaler und regionaler Identitätsstiftung in der deutschen Gartenkultur, Worms 2001, S. 94–118.

Gundermann, Christine, Die versöhnten Bürger. Der Zweite Weltkrieg in deutsch-niederländischen Begegnungen 1945–2000, Münster 2014.

Haffke, Wilhelm, Der Kriegsopferfriedhof im Kloster Arnsburg, in: Willy Zschietzschmann (Hg.), 800 Jahre Kloster Arnsburg 1174–1974, Lich 1974, S. 123–129.

Halvorsen, Terje, Die Auseinandersetzung mit dem erstarkten Kommunismus in Skandinavien nach Kriegsende, in: Bohn, Robert/Elvert, Jürgen (Hg.), Kriegsende im Norden. Vom heißen zum kalten Krieg, Stuttgart 1995, S. 251–265

Hass, Kristin Ann, Carried to the wall. American memory and the Vietnam Veterans Memorial, Berkeley 1998.

Hausen, Karin, Der Volkstrauertag. Ein Tag des nationalen Gedenkens an die getöteten deutschen Soldaten, in: dies. (Hg.), Geschlechtergeschichte als Gesellschaftsgeschichte, Göttingen 2012, S. 303–329.

Havrehed, Henrik, Die deutschen Flüchtlinge in Dänemark 1945–1949, Heide 1989.

Heine, Hans-Dieter, Zielgruppe Jugend: Systematische Bildungsarbeit in divergierenden Gesellschaften, in: Bär, Monika u. a. (Hg.), Fundraising im Non-Profit-Sektor, Wiesbaden 2010, S. 128–134.

Henckaerts, Jean-Marie/Doswald-Beck, Louise, Customary International Humanitarian Law, Cambridge 2005.

Herbert, Ulrich, Liberalisierung als Lernprozeß. Die Bundesrepublik in der deutschen Geschichte – eine Skizze, in: ders. (Hg.), Wandlungsprozesse in Westdeutschland. Belastung, Integration, Liberalisierung 1945–1980, Göttingen 2002, S. 7–49.

Herf, Jeffrey, Divided Memory. The Nazi Past in the two Germanys, Cambridge 1997.

Hettiger, Andreas, Erinnerung als Ritual. Rhetorische Verfahren zur Konstruktion einer Kriegsveteranenkultur, Tübingen 2005.

Hettling, Manfred/Echternkamp, Jörg (Hg.), Gefallenengedenken im globalen Vergleich. Nationale Tradition, politische Legitimation und Individualisierung der Erinnerung, München 2012.

–, Echternkamp, Jörg (Hg.), Heroisierung und Opferstilisierung. Grundelemente des Gefallenengedenkens von 1813 bis heute, in: dies. (Hg.), Gefallenengedenken im globalen Vergleich. Nationale Tradition, politische Legitimation und Individualisierung der Erinnerung, München 2012, S. 123–158.

–, Nationale Weichenstellung und Individualisierung der Erinnerung. Politischer Totenkult im Vergleich, in: ders./Jörg Echternkamp (Hg.), Gefallenengedenken im globalen Vergleich. Nationale Tradition, politische Legitimation und Individualisierung der Erinnerung, München 2012, S. 11–42.

Heymel, Charlotte, Touristen an der Front. Das Kriegserlebnis 1914–1918 als Reiseerfahrung in zeitgenössischen Reiseberichten, Berlin 2007.

Hobe, Stephan/Fuhrmann, Johannes, Vom ius in bello zum ius contra bellum: Der Beitrag der Zweiten Haager Friedenskonferenz zur Entwicklung des modernen Völkerrechts, in: Die Friedens-Warte. Journal of International Peace and Organization 82 (2007), H. 4, S. 97–117.

Holland, James, Italy's Sorrow. A Year of War, 1944–45, London 2008.

Höidal, Jean, Deutsche Erkennungsmarken. Von den Anfängen bis heute, Norderstedt 2005.

Hölscher, Lucian, Die Verkirchlichung des protestantischen Begräbnisses im 19. Jahrhundert, in: Sociologia Internationalis 42 (2004), H. 2, S. 181–197.

Holtfrerich, Carl-Ludwig, Die deutsche Inflation 1914–1923. Ursachen und Folgen in internationaler Perspektive, Berlin/New York 1980.

Inglis, Ken, Entombing Unknown Soldiers. From London and Paris to Bagdad, in: History and Memory 5 (1993), S. 7–31.

Ipsen, Knut u. a. (Hg.), Völkerrecht. Ein Studienbuch, München [6]2014.

Isnenghi, Mario, La Grande Guerre, in: ders. (Hg.), L'Italie par elle-même. Lieux de mémoire italiens de 1848 à nos jours, Paris 2013, S. 295–333.

Jalonen, Jussi/Richter, Klaus/Szlanta, Piotr, Commemoration, Cult of the Fallen (East Central Europe), in: 1914–1918-online. International Encyclopedia of the First World War, hg. v. Ute Daniel u. a., Berlin 8.10.2014, http://dx.doi.org/10.15463/ie1418.10441 [Stand 31.5.2016].

James E. Young, Das Dilemma der ästhetischen Auseinandersetzung mit dem Holocaust. Deutschland und die USA im Vergleich, in: Hanno Loewy/Bernhard Moltmann (Hg.), Erlebnis – Gedächtnis – Sinn. Authentische und konstruierte Erinnerung, Frankfurt a. M. 1996, S. 79–99.

Janz, Nina, Totenhügel und Waldfriedhöfe – Die Gräber und Friedhöfe für gefallene Wehrmachtssoldaten während des Zweiten Weltkriegs zwischen individueller Gräberfürsorge und nationalsozialistischem Totenkult, in: RIHA Journal 0174, 27 Juni 2017, http://www.riha-journal.org/articles/2017/0150-0176-special-issue-war-graves/0174-janz [Stand: 9.3.2018].

Janz, Oliver, Das symbolische Kapital der Trauer. Nation, Religion und Familie im italienischen Gefallenenkult des Ersten Weltkriegs, Tübingen 2009.

Jarausch, Konrad, Die Umkehr. Deutsche Wandlungen 1945–1995, Bonn (Lizenzausgabe für die Bundeszentrale für politische Bildung) 2004.

Jensen, John V., Versöhnung über den Gräbern. Krigskirkegårde fra Anden Verdenskrig i Danmark, in: Kirkegårdskultur 2011–2012, S. 60–77.

Johst, David, »Als Totenehrung erlaubt« – Die Entmilitarisierung des Kriegstotengedenkens in der Sowjetischen Besatzungszone, in: Deutschland Archiv (Online), 04.04.2014, http://www.bpb.de/182057 [Stand 2.6.2016].

Kaiser, Alexandra, »... das Material zu sammeln, das dieser Krieg in solcher Fülle schuf wie keiner vorher«. Kriegssammlungen und Kriegssammler im Ersten Weltkrieg, in: Korff, Gottfried (Hg.), Kasten 117. Aby Warburg und der Aberglaube im Ersten Weltkrieg, Tübingen 2007, S. 87–114.

–, »Allerheldentotenfest«. Politische Sinnstiftung und rituelle Formung des Gefallenengedenkens, in: Korff, Gottfried (Hg.), Alliierte im Himmel. Populare Religiosität und Kriegserfahrung, Tübingen 2006, S. 83–124.

–, Sie wollen gar nicht, dass wir mit lauten Worten sie ›Helden‹ nennen. – Der Volkstrauertag und der Mythos vom Sinn des Sterbens im Krieg, in: Hahn, Hans Henning/Hein-Kircher, Heidi (Hg.), Politische Mythen im 19. und 20. Jahrhundert in Mittel- und Osteuropa, Marburg 2006, S. 63–80.

–, The Volkstrauertag (People's Day of Mourning) from 1922 to the Present, in: Niven, William John/Paver, Chloe (Hg.), Memorialization in Germany since 1945, Basingstoke 2010, S. 15–25.

–, Von Helden und Opfern. Eine Geschichte des Volkstrauertags, Frankfurt a. M. 2010.

Kalcyk, Hansjörg/Westholt, Hans-Joachim, Suchdienst-Kartei. Millionen Schicksale in der Nachkriegszeit, Bonn o. J. [1996].

Kappel, Kai, Die Totenburgen von Tobruk und El Alamein – strategische Memorialarchitektur für die Bundesrepublik, in: RIHA Journal 0161, 27 Juni 2017, http://www.riha-journal.org/articles/2017/0150-0176-special-issue-war-graves/0161-kappel [Stand: 9.3.2018].

Keller, Michael, »Das mit den Russenweibern ist erledigt«. Rüstungsproduktion, Zwangsarbeit, Gestapo-KZ, Massenmord einer SS-Kampfgruppe und die Auseinandersetzung mit der Vergangenheit am Tatort in Hirzenhain wie auf dem Kriegsgräberfriedhof im Kloster Arnsburg 1943–1996, Friedberg [2]2000.

Kershaw, Ian, Das Ende. Kampf bis in den Untergang. NS-Deutschland 1944/45, Bonn 2011.

Kerstingjohänner, Helmut, Die deutsche Inflation 1919–1923. Politik und Ökonomie, Frankfurt a. M. 2004.

Kesteloot, Chantal, Die Stellung des Krieges in den nationalen Gesellschaften: Belgien, Luxemburg und die Niederlande, in: Echternkamp, Jörg/Martens, Stefan (Hg.), Der Zweite Weltkrieg in Europa. Erfahrung und Erinnerung, Paderborn 2007, S. 45–63.

Ketelsen, Uwe-Karsten, »Die Jugend von Langemarck«. Ein poetisch-politisches Motiv der Zwischenkriegszeit, in: Koebner, Thomas u. a. (Hg.), »Mit uns zieht die neue Zeit«. Der Mythos Jugend, Frankfurt a. M. 1985, S. 68–96.

Knauf, Rainer, Zivile und militärische Friedhofs- und Grabmalgestaltung im 20. Jahrhundert. Der Saarbrücker Hauptfriedhof 1912–1959, Saarbrücken 2010.

–, Die Bauaufgabe Soldatenfriedhof zwischen Friedhofsreform, lokaler Tradition und individuellem Gedenken: Der Ehrenfriedhof des Ersten Weltkriegs auf dem Saarbrücker Hauptfriedhof, in: RIHA Journal 0153, 27 Juni 2017, http://www.riha-journal.org/articles/2017/0150-0176-special-issue-war-graves/0153-knauf [Stand: 9.3.2018].

Knischewski, Gerd, An Awkward Sense of Grief: German War Remembrance and the Role of the Volskbund Deutsche Kriegsgräberfürsorge, in: Riera, Monica/Schaffer, Gavin, The Lasting War. Society and Identity in Britain, France and Germany after 1945, Basingstoke 2008, S. 100–119.

Knoch, Habbo, Bergen-Belsen. Geschichte der Gedenkstätte, Celle 2012.

Kocka, Jürgen, Zivilgesellschaft in historischer Perspektive, in: Jessen, Ralph/Reichardt, Sven/Klein, Ansgar (Hg.), Zivilgesellschaft als Geschichte. Studien zum 19. und 20. Jahrhundert, Wiesbaden 2004, S. 29–42.

Kolbe, Wiebke, Trauer und Tourismus. Reisen des Volksbundes Deutsche Kriegsgräberfürsorge 1950–2010, in: Zeithistorische Forschungen 14 (2017), H. 1, S. 68–92.

Koonz, Claudia, Between Memory and Oblivion. Concentration Camps in German Memory, in: Gillis, John R. (Hg.), Commemorations. The Politics of National Identity, Princeton, NJ 1996, S. 258–280.

Koselleck, Reinhard, Kriegerdenkmale als Identitätsstiftung der Überlebenden, in: Marquard, Odo/Stierle, Karlheinz (Hg.), Identität, München [2]1996, S. 255–276.

–, Der Unbekannte Soldat als Nationalsymbol im Blick auf Reiterdenkmale, in: Kemp, Wolfgang u. a. (Hg.), Vorträge aus dem Warburg-Haus, Berlin 2003, S. 139–165.

–, Einleitung, in: ders./Jeismann, Michael (Hg.), Der politische Totenkult. Kriegerdenkmäler in der Moderne, München 1994, S. 9–20.

–, Transformation der europäischen Totenmale im 20. Jahrhundert, in: Transit 21/22 (2001/2002), S. 59–86.

–, Zur politischen Ikonologie des gewaltsamens Todes: Ein deutsch-französischer Vergleich, in: Escudier, Alexandre (Hg.), Gedenken im Zwiespalt. Konfliktlinien europäischen Erinnerns, Göttingen 2001, S. 33–76.

Koshar, Rudy, From monuments to traces. Artifacts of German memory, 1870–1990, Berkeley 2000.

Kössler, Till, Die Grenzen der Demokratie. Antikommunismus als politische und gesellschaftliche Praxis in der frühen Bundesrepublik, in: Creuzberger, Stefan/Hoffmann, Dierk (Hg.), »Geistige Gefahr« und »Immunisierung« der Gesellschaft. Antikommunismus und politische Kultur in der frühen Bundesrepublik, München 2014, S. 229–250.

Krafeld, Franz Josef, Von der Politisierung zur Pädagogisierung. Jugendverbände in den siebziger Jahren, in: Böhnisch, Lothar (Hg.), Handbuch Jugendverbände. Eine Ortsbestimmung der Jugendverbandsarbeit in Analysen und Selbstdarstellungen, Weinheim 1991, S. 93–101

Krause-Vilmar, Dietfried, NS-Täter und NS-Verfolgte – Versöhnung über den Gräbern?, in: Düringer, Hermann/Mannitz, Sabine/Starzacher, Karl (Hg.), Möglichkeiten und Grenzen kollektiver Erinnerung: Ambivalenz und Bedeutung des Kriegsopfer-Gedenkens, Frankfurt a. M. 2007, S. 47–57.

Krug, Wolfgang, Werke für den öffentlichen Raum. Grabdenkmäler, Kriegergedenkstätten und politische Denkmäler, in: Grassegger, Friedrich/Krug, Wolfgang (Hg.), Anton Hanak (1875–1934), Wien 1997, S. 280–287.

Kuberek, Monika, Die Kriegsgräberstätten des Volksbundes Deutsche Kriegsgräberfürsorge, in: Hütt, Michael (Hg.), Unglücklich das Land, das Helden nötig hat. Leiden und Sterben in den Kriegsdenkmälern 1. und 2. Weltkriegs, Marburg 1990, S. 75–90.

Kubetzky, Thomas, »The Mask of Command«. Bernard L. Montgomery, George S. Patton und Erwin Rommel in der Kriegsberichterstattung des Zweiten Weltkriegs, 1941–1944/45, Berlin 2010.

Kühne, Thomas, Kameradschaft. Die Soldaten des nationalsozialistischen Krieges und das 20. Jahrhundert, Göttingen 2006.

–, Zwischen Vernichtungskrieg und Freizeitgesellschaft. Die Veteranenkultur der Bundesrepublik (1945–1995), in: Naumann, Klaus (Hg.), Nachkrieg in Deutschland, Hamburg 2001, S. 90–113.

Kukureit, Jan, Die Schulorgel des Herzog-Ernst-Gymnasiums, in: Der Heidewanderer 70 (1994), Nr. 11, S. 41–43.

Lagorio, Francesca, Italian Widows of the First World War, in: Coetzee, Frans/Shevin-Coetzee, Marilyn (Hg.), Authority, Identity and the Social History of the Great War, Oxford 1995, S. 175–198.

Lagrou, Pieter, The legacy of Nazi occupation. Patriotic memory and national recovery in Western Europe, 1945–1965, Cambridge 2007.

–, Victims of Genocide and National Memory: Belgium, France and the Netherlands, 1945–1965, in: Past and Present 154 (1997), S. 181–222.

Lammers, Karl Christian, Kriegsende 1945 in Dänemark. Die politischen, außenpolitischen und gesellschaftlichen Aspekte der Nachkriegsordnung, in: Bohn, Robert/Elvert, Jürgen (Hg.), Kriegsende im Norden. Vom heißen zum kalten Krieg, Stuttgart 1995, S. 105–116.

Laqueur, Thomas W., Memory and Naming in the Great War, in: Gillis, John R. (Hg.), Commemorations. The politics of national identity, Princeton, NJ 1996, S. 150–167.
Latini, Luigi, The Mediterranean Cemetery: Landscape as Collective Memory, in: Treib, Marc (Hg.), Spatial Recall: Memory in Architecture and Landscape, New York 2009, S. 154–175.
Legerer, Anton, Tatort: Versöhnung. Über die Aktion Sühnezeichen Friedensdienste in der BRD sowie in der DDR und Gedenkdienste in Österreich, Leipzig 2011.
Lingelbach, Gabriele, Die Entwicklung des Spendenmarktes in der Bundesrepublik Deutschland. Von der staatlichen Regulierung zur medialen Lenkung, in: Geschichte und Gesellschaft 33 (2007), H. 1, S. 127–157.
Livingstone, David, Remembering on Foreign Soil: The Activities of the German War Graves Commission, in: Niven, William John/Paver, Chloe (Hg.), Memorialization in Germany since 1945, Basingstoke 2010, S. 69–77.
Lloyd, David William, Battlefield tourism. Pilgrimage and the commemoration of the Great War in Britain, Australia and Canada, 1919–1939, Oxford 1998.
Longworth, Philip, The Unending Vigil. A history of the Commonwealth War Graves Commission 1917–1967. Introduction by Edmund Blunden, London 1967.
Lurz, Meinhold, »...ein Stück Heimat in Fremder Erde«. Die Heldenhaine und Totenburgen des Volksbundes Deutsche Kriegsgräberfürsorge, in: Arch+ 71 (1983), S. 66–70.
–, Kriegerdenkmäler in Deutschland, 6 Bände, Heidelberg 1985–87.
Lützeler, Heinrich, Die Bonner Universität. Bauten und Bildwerke, Bonn 1968.
Maiwald, Ernst, Einzel- und Sammelgräber der Opfer von Krieg und Gewaltherrschaft auf gemeindlichen und kirchlichen Friedhöfen, in: Hessische Städte- und Gemeinde-Zeitung 35 (1985), H. 1, S. 6–10.
Manig, Bert-Oliver, Die Politik der Ehre. Die Rehabilitierung der Berufssoldaten in der frühen Bundesrepublik, Göttingen 2004.
Mant, Madeleine/Lovell, Nancy C., Individual and Group Identity in WWII Commemorative Sites, in: Mortality 17 (2012), H. 1, S. 18–35.
Margalit, Gilad, Guilt, Suffering, and Memory. Germany Remembers Its Dead of World War II, Bloomington 2010.
Mašin, Jiři/Honty, Tibor, Jan Štursa, 1880–1925. Geneze Dila, Prag 1981.
Meyer-Düttingdorf, Ekkehard, General der Infanterie Max von Schenckendorff, in: Ueberschär, Gerd R. (Hg.), Hitlers militärische Elite. 68 Lebensläufe, Darmstadt 2011, S. 481–488.
Mittermaier, Klaus, Vermißt wird ... Die Arbeit des deutschen Suchdienstes, Berlin 2002.
Mix, Karl-Georg, Deutsche Flüchtlinge in Dänemark 1945–1949, Stuttgart 2005.
Moeller, Robert G., Deutsche Opfer, Opfer der Deutschen. Kriegsgefangene, Vertriebene, NS-Verfolgte: Opferausgleich als Identitätspolitik, in: Naumann, Klaus (Hg.), Nachkrieg in Deutschland, Hamburg 2001, S. 29–58.
–, War stories. The search for a usable past in the Federal Republic of Germany, Berkeley 2001.
Mommsen, Hans, Die Auflösung des Bürgertums seit dem späten l9. Jahrhundert, in: Kocka, Jürgen (Hg.), Bürger und Bürgerlichkeit im 19. Jahrhundert Göttingen 1987, S. 288–315.
Morgenbrod, Birgitt/Merkenich, Stephanie, Das Deutsche Rote Kreuz unter der NS-Diktatur 1933–1945, Paderborn 2008.
Mosse, George L, Fallen soldiers. Reshaping the memory of the world wars, New York 1990.
–, Gefallen für das Vaterland. Nationales Heldentum und namenloses Sterben, Stuttgart 1993.
–, Soldatenfriedhöfe und nationale Wiedergeburt. Der Gefallenenkult in Deutschland, in: Vondung, Klaus (Hg.), Kriegserlebnis. Der Erste Weltkrieg in der literarischen Gestaltung und symbolischen Deutung der Nationen, Göttingen 1980, S. 241–261.
Münkler, Herfried/Fischer, Karsten, »Nothing to kill or die for...« – Überlegungen zu einer politischen Theorie des Opfers, in: Leviathan 28 (2000), H. 3, S. 343–362.
–, Die neuen Kriege, Hamburg [5]2003.

Muth, Heinrich, Bemerkungen zum Rommelfilm, in: Geschichte in Wissenschaft und Unterricht 3 (1952), H. 11, S. 671–675.

Naumann, Klaus (Hg.), Nachkrieg in Deutschland, Hamburg 2001.

–, Die Frage nach dem Ende. Von der unbestimmten Dauer der Nachkriegszeit, in: Mittelweg *36* 8 (1999), H. 1, S. 21–32.

Nicoloso, Paolo, Architetture per un'identità italiana. Progetti e opere per fare gli italiani fascisti, Udine 2012.

Oesterlen, Dieter, Bauten und Texte 1946–1991, Tübingen 1992.

Overmans, Rüdiger, Deutsche militärische Verluste im Zweiten Weltkrieg, München 1999.

Petrig, Anna, The War Dead and their Gravesites, in: International Review of the Red Cross 91 (2009), H. 874, S. 341–369.

Piehler, Kurt G., The War Dead and the Gold Star: American Commemoration of the First World War, in: Gillis, John R (Hg.), Commemorations. The Politics of National Identity, Princeton, NJ 1996, S. 168–185.

Pintar, Olga Manojlovic, Bereavement and Mourning (South East Europe), in: 1914–1918-online. International Encyclopedia of the First World War, hg. v. Ute Daniel u. a., Berlin 8.10.2014, http://dx.doi.org/10.15463/ie1418.10179 [Stand 31.5.2016].

Pisani, Daniele, From Italian Monuments to the Fallen of World War I to Fascist War Memorials, in: RIHA Journal 0165, 27 Juni 2017, http://www.riha-journal.org/articles/2017/0150-0176-special-issue-war-graves/0165-pisani [Stand: 9.3.2018].

Plum, Jacqueline, Jugend und deutsch-französische Verständigung. Die Entstehung des Deutsch-Französischen Vertrages und die Gründung des Deutsch-Französischen Jugendwerkes, in: Francia 26 (1999), S. 77–108.

Potratz, Rainer/Stark, Meinhard, Vorwort, in: dies. (Hg.), Ernst Teichmann, Pfarrer vom Waldfriedhof Halbe. Briefe und Aufzeichnungen 1950 bis 1983, Potsdam 1997, S. 7–14.

Puvogel, Ulrike/Stankowski, Martin, Gedenkstätten für die Opfer des Nationalsozialismus. Eine Dokumentation, 2 Bde., Bonn [2]1995.

Quataert, Jean H., International Law and the Laws of War, in: 1914–1918-online. International Encyclopedia of the First World War, hg. v. Ute Daniel u. a., Berlin 8.10.2014, http://dx.doi.org/10.15463/ie1418.10483 [Stand 30.5.2016].

Rader, Olaf B., Grab und Herrschaft. Politischer Totenkult von Alexander dem Grossen bis Lenin, München 2003.

–, Neuer Sinn aus alten Knochen: Zur Konstruktion kollektiver Erinnerungen durch Gräberkulte, in: Eiden, Patrick u. a. (Hg.), Totenkulte. Kulturelle und literarische Grenzgänge zwischen Leben und Tod, Frankfurt a. M. 2006, S. 23–35.

Rass, Christoph/Lohmeier, Jens, Der Körper des toten Soldaten: Aneignungsprozesse zwischen Verdrängung und Inszenierung, in: Gross, Dominik/Grande, Jasmin (Hg.), Objekt Leiche. Technisierung, Ökonomisierung und Inszenierung toter Körper, Frankfurt a. M. 2010, S. 271–333.

Redlin, Jane, Säkulare Totenrituale. Totenehrung, Staatsbegräbnis und private Bestattung in der DDR, Münster 2009.

Reichl, Thomas, Das Kriegsgräberwesen Österreich-Ungarns im Weltkrieg und die Obsorge in der Republik Österreich. Das Wirken des Österreichischen Schwarzen Kreuzes in der Zwischenkriegszeit, Diss. Univ. Wien 2007.

Reitan, Jon, The Legacies of the Nazi Camps in Norway, in: Wiedemann, Wilfried/Wolschke-Bulmahn, Joachim (Hg.), Landschaft und Gedächtnis. Bergen-Belsen, Esterwegen, Falstad, Majdanek, München 2011, S. 179–194.

Remmers, Wolfgang, Deutsche Dienststelle (WASt), 1939–1999. 60 Jahre im Namen des Völkerrechts, einschließlich Arbeitsbericht der Deutschen Diensstelle (WASt), Berlin 1999.

Remy, Maurice Philip, Mythos Rommel, München [3]2002.

Reuter, Elke/Hansel, Detlef, Das kurze Leben der VVN von 1947 bis 1953. Die Geschichte der

Vereinigung der Verfolgten des Naziregimes in der sowjetischen Besatzungszone und in der DDR, Berlin 1997.

Reuth, Ralf Georg, Rommel. Das Ende einer Legende, München 2004.

Ringbeck, Birgitta, Architektur und Städtebau unter dem Einfluß der Heimatschutzbewegung, in: Klueting, Edeltraud (Hg.), Antimodernismus und Reform. Beiträge zur Geschichte der deutschen Heimatbewegung, Darmstadt 1991, S. 216–287.

Robert Bohn/Christoph Cornelißen/Karl Christian Lammers (Hg.), Vergangenheitspolitik und Erinnerungskulturen im Schatten des Zweiten Weltkriegs. Deutschland und Skandinavien seit 1945, Essen 2008.

Rudzio, Wolfgang, Die Neuordnung des Kommunalwesens in der Britischen Zone. Zur Demokratisierung und Dezentralisierung der politischen Struktur: eine britische Reform und ihr Ausgang, Stuttgart 1968.

Ruszała, Kamil, Zachodniogalicyjskie cmentarze na pocztówkach wydanych przez Oddział Grobownictwa Wojennego. Projekty a ich realizacja, in: Dziedziak, Maciej (Hg.), Materiały z konferencji naukowej »Znaki Pamięci«, Gorlice 2008, S. 41–68.

Sabrow, Martin, Kollektive Erinnerung und kollektiviertes Gedächtnis. Die Liebknecht-Luxemburg-Demonstration in der Gedenkkultur der DDR, in: Escudier, Alexandre (Hg.), Gedenken im Zwiespalt. Konfliktlinien europäischen Erinnerns, Göttingen 2001, S. 117–138.

Saehrendt, Christian, Der Stellungskrieg der Denkmäler. Kriegerdenkmäler im Berlin der Zwischenkriegszeit (1919–1939), Bonn 2004.

Scherer, Fritz, Der russische Soldatenfriedhof in Puchheim, in: Amperland, Nr. 21, 1985, S. 182–183.

Schildt, Axel, Die langen Schatten des Krieges über der westdeutschen Nachkriegsgesellschaft, in: Echternkamp, Jörg/Martens, Stefan (Hg.), Der Zweite Weltkrieg in Europa. Erfahrung und Erinnerung, Paderborn 2007, S. 223–235.

Schilling, Jörg, Evangelische Grab- und Gedenkkultur zum Ersten Weltkrieg in Württemberg: der Verein für christliche Kunst, in: RIHA Journal 0156, 27 Juni 2017, http://www.riha-journal.org/articles/2017/0150-0176-special-issue-war-graves/0156-schilling [Stand: 9.3.2018].

Schilling, René, Reichswehr, Wehrmacht und nationale republikfeindliche Rechte. Das Los der Niederlage und die Suche nach »Helden«: Weddingen – Richthofen – Körner, in: Epkenhans, Michael (Hg.), Die Suche nach Orientierung in deutschen Streitkräften 1871 bis 1990, Potsdam 2006, S. 27–38.

Schellack, Fritz, Nationalfeiertage in Deutschland von 1871 bis 1945, Frankfurt a. M. 1990.

Schmedding, Anne, Dieter Oesterlen (1911–1994). Tradition und zeitgemäßer Raum, Tübingen 2011.

Schmidt, Manfred G., Sozialpolitik in Deutschland. Historische Entwicklung und internationaler Vergleich, Opladen [2]1998.

Schneider, Ulrich, Britische Besatzungspolitik 1945. Besatzungsmacht, deutsche Exekutive und die Probleme der unmittelbaren Nachkriegszeit, dargestellt am Beispiel des späteren Landes Niedersachsen von April bis Oktober 1945, Diss. Univ. Hannover 1980.

–, Nach dem Sieg: Besatzungspolitik und Militärregierung 1945, in: Foschepoth, Josef/Steininger, Rolf (Hg.), Die Britische Deutschland- und Besatzungspolitik 1945–1949, Paderborn 1985, S. 47–64.

Scholz, Stephan, Denkmäler, in: Scholz, Stephan/Röger, Maren/Niven, Bill (Hg.), Die Erinnerung an Flucht und Vertreibung. Ein Handbuch der Medien und Praktiken, Paderborn 2015, S. 75–88.

–, Vertriebenendenkmäler. Topographie einer deutschen Erinnerungslandschaft, Paderborn 2015.

– /Maren Röger/Bill Niven (Hg.), Die Erinnerung an Flucht und Vertreibung. Ein Handbuch der Medien und Praktiken, Paderborn 2015.

Schölz, Tino, »Die Gefallenen besänftigen und ihre Taten rühmen«. Gefallenenkult und politische Verfasstheit in Japan seit der Mitte des 19. Jahrhunderts, Berlin 2016.

Schreiber, Gerhard, Die italienischen Militärinternierten im deutschen Machtbereich, 1943 bis 1945: verraten – verachtet – vergessen, München 2009.

Schude, Sabrina/Köhler, Nils, Arbeit für den Frieden! Kriegsgräberstätten als Ausgangspunkt geschichtlichen und kulturellen Lernens, in: Schulpädagogik heute 6 (2015), H. 11, S. 1–12.

Schulze, Rainer, Immediate Images. British Narratives of the Liberation of Bergen-Belsen, in: Habbo Knoch/Thomas Rahe (Hg.), Bergen-Belsen. Neue Forschungen, Göttingen 2014, S. 277–289.

Schwake, Norbert, Deutsche Soldatengräber in Israel. Der Einsatz deutscher Soldaten an der Palästinafront im Ersten Weltkrieg und das Schicksal ihrer Grabstätten, Münster 2008.

Schwartz, Michael, Antikommunismus und Vertriebenenverbände: Ein differenzierter Blick auf scheinbar Eindeutiges in der frühen Bundesrepublik, in: Creuzberger, Stefan/Hoffmann, Dierk (Hg.), »Geistige Gefahr« und »Immunisierung« der Gesellschaft. Antikommunismus und politische Kultur in der frühen Bundesrepublik, München 2014, S. 161–176.

Schwelling, Birgit, Heimkehr, Erinnerung, Integration. Der Verband der Heimkehrer, die ehemaligen Kriegsgefangenen und die westdeutsche Nachkriegsgesellschaft, Paderborn 2010.

Sherman, Daniel J, Bodies and Names: The Emergence of Commemoration in Interwar France, in: The American Historical Review 103 (1998), H. 2, S. 443–466.

–, The construction of memory in interwar France, Chicago, Ill. 1999.

Skelton, Timothy John/Gliddon, Gerald, Lutyens and the Great War, London 2008.

Sledge, Michael, Soldier dead. How we recover, identify, bury, and honor our military fallen, New York 2004.

Smith, Arthur L., Die »vermißte Million«. Zum Schicksal deutscher Kriegsgefangener nach dem Zweiten Weltkrieg, München 1992.

Smith, Leonard V. u. a., France and the Great War, 1914–1918, Cambridge 2003.

Sörries, Reiner, Ruhe Sanft. Kulturgeschichte des Friedhofes, Kevelaer 2009.

Spaemann, Robert, Bemerkungen zum Opferbegriff, in: Richard Schenk (Hg.), Zur Theorie des Opfers. Ein interdisziplinäres Gespräch Stuttgart 1995, S. 11–24.

Staats, Martina, Erste Schritte zur Gestaltung der Gedenkstätte Bergen-Belsen. Der Ort und die Akteure 1945/46, in: Knoch, Habbo/Rahe, Thomas (Hg.), Bergen-Belsen. Neue Forschungen, Göttingen 2014, S. 338–368.

Stein, Hans-Peter, Symbole und Zeremoniell in deutschen Streitkräften vom 18. bis zum 20. Jahrhundert. Mit einem Beitrag von Hans-Martin Ottmer, Herford 1984.

Sturken, Marita, The Wall, The Screen, and the Image: The Vietnam Veterans Memorial, in: Representations 35 (1991), S. 118–142.

Sutor, Bernhard, Politische Bildung im Streit um die »intellektuelle Gründung« der Bundesrepublik Deutschland. Die Kontroversen der siebziger und achtziger Jahre, in: Aus Politik und Zeitgeschichte (B45/2002), S. 17–27.

Tampieri, Nadia, La ricostruzione storica di Rimini Enklave attraverso le fonti tedesche, in: Dogliani, Patrizia (Hg.), Rimini Enklave 1945–1947. Un sistema di campi alleati per prigioneri dell'esercito germanico, Bologna 2005, S. 55–154.

ter Veer, B. J. Th., Die Behandlung von Krieg-Friedensproblemen im Unterricht der weiterführenden Schulen, in: Küpper, Christel (Hg.), Friedenserziehung im Schulunterricht. Aus dem Niederländischen, München 1970, S. 11–48.

Terhoeven, Petra, »Nicht spenden, opfern«. Spendenkampagnen im faschistischen Italien und im nationalsozialistischen Deutschland als Disziplinierungs- und Integrationsinstrument, in: Reichardt, Sven/Nolzen, Armin (Hg.), Faschismus in Italien und Deutschland. Studien zu Transfer und Vergleich, Göttingen 2005, S. 59–93.

Thamer, Hans-Ulrich, Volksgemeinschaft: Mensch und Masse, in: Dülmen, Richard van (Hg.), Schöpfungsträume und Körperbilder 1500–2000, Wien 1998, S. 367–386.

Thomas Peter Petersen, Die Geschichte des Volkstrauertages, Kassel ^{2}1998.

Tiemann, Dieter, Völkerversöhnung und nationale Befangenheit. Die deutsch-französischen Jugendbeziehungen und ihr Scheitern (1921–1932), in: Krabbe, Wolfgang R. (Hg.), Politische Jugend in der Weimarer Republik, Bochum 1993, S. 129–145.

Tragbar, Klaus, Die Inszenierung der Toten. Italienische Kriegsgräberstätten im Alpenraum als Mittel faschistischer Propaganda, in: RIHA Journal 0164, 27 Juni 2017, http://www.riha-journal.org/articles/2017/0150-0176-special-issue-war-graves/0164-tragbar [Stand: 9.3.2018].

Trox, Eckhard, Militärischer Konservativismus. Kriegervereine und »Militärpartei« in Preussen zwischen 1815 und 1848/49, Stuttgart 1990.

Unruh, Karl, Langemarck. Legende und Wirklichkeit, Koblenz 1986.

Vogt, Arnold, Den Lebenden zur Mahnung. Denkmäler und Gedenkstätten; zur Traditionspflege und historischen Identität vom 19. Jahrhundert bis zur Gegenwart, Hannover 1993.

Wagner, Patrick, Bürgerinitiative – Betroffenheit – Selbstbestimmung. Die »partizipatorische Revolution« in der Bundesrepublik der 1970er Jahre und ihre Sprache, in: Hettling, Manfred/Schölz, Tino (Hg.), Bürger und shimin. Wortfelder, Begriffstraditionen und Übersetzungsprozesse im Deutschen und Japanischen, München 2015, S. 140–160.

Wehler, Hans-Ulrich, Deutsche Gesellschaftsgeschichte, Bd. 4, Vom Beginn des Ersten Weltkriegs bis zur Gründung der beiden deutschen Staaten 1914–1949, München 2003.

–, Deutsche Gesellschaftsgeschichte, Bd. 5, Bundesrepublik und DDR 1949–1990, (Lizenzausgabe für die Bundeszentrale für politische Bildung) Bonn 2009.

Weigel, Björn, »Märzgefallene« und Aufnahmestopp im Frühjahr 1933, in: Benz, Wolfgang (Hg.), Wie wurde man Parteigenosse? Die NSDAP und ihre Mitglieder, Frankfurt a. M. 2009, S. 91–109.

Weilacher, Udo, Visionäre Gärten. Die modernen Landschaften von Ernst Cramer, Basel 2001.

Weindel, Matthias, Leben und Lernen hinter Stacheldraht. Die evangelischen Lagergemeinden und theologischen Schulen in England, Italien und Ägypten. Eine Dokumentation, Göttingen 2001.

Weinrich, Arndt, Der Weltkrieg als Erzieher. Jugend zwischen Weimarer Republik und Nationalsozialismus, Essen 2013.

Welzbacher, Christian, Die Staatsarchitektur der Weimarer Republik, Berlin 2006.

Wentker, Hermann, Antikommunismus in der frühen Bonner Republik. Dimensionen eines zentralen Elements politischer Kultur im Ost-West-Konflikt, in: Creuzberger, Stefan/Hoffmann, Dierk (Hg.), »Geistige Gefahr« und »Immunisierung« der Gesellschaft. Antikommunismus und politische Kultur in der frühen Bundesrepublik, München 2014, S. 355–370.

Werker, Bünyamin, Gedenkstättenpädagogik im Zeitalter der Globalisierung, Münster 2016.

Westermann, Bärbel, Nationale Identität im Spielfilm der fünfziger Jahre, Frankfurt 1990.

Wette, Wolfram, Der Beitrag des Nuklearpazifismus zur Ausbildung einer Friedenskultur, in: Thomas Kühne (Hg.), Von der Kriegskultur zur Friedenskultur? Zum Mentalitätswandel in Deutschland seit 1945, Münster 2000, S. 144–167.

Wiedemann, Wilfried/Wolschke-Bulmahn, Joachim, Bergen-Belsen. Zur Entwicklung der Gedenkstätten-Landschaft, in: Wiedemann, Wilfried/Wolschke-Bulmahn, Joachim (Hg.), Landschaft und Gedächtnis. Bergen-Belsen, Esterwegen, Falstad, Majdanek, München 2011, S. 75–93.

Wilke, Karsten, Die Hilfsgemeinschaft auf Gegenseitigkeit (HIAG) 1950–1990. Veteranen der Waffen-SS in der Bundesrepublik, Paderborn 2011.

–, Die Truppenkameradschaften der Waffen-SS 1950–1990. Organisationsgeschichte, Entwicklung und innerer Zusammenhalt, in: Schulte, Jan Erik/Lieb, Peter/Wegner, Bernd (Hg.), Die Waffen-SS. Neue Forschungen, Paderborn 2014, S. 421–435.

–, Organisierte Veteranen der Waffen-SS zwischen Systemopposition und Integration: die »Hilfsgemeinschaft auf Gegenseitigkeit der Angehörigen der ehemaligen Waffen-SS« (HIAG) in der frühen Bundesrepublik, in: Zeitschrift für Geschichtswissenschaft 53 (2005), H. 2, S. 149–166.

Winter, Jay M., Sites of Memory, Sites of Mourning. The Great War in European Cultural History, Cambridge, New York 1995.

–, Remembering War. The Great War Between Memory and History in the Twentieth Century, New Haven/London 2006.

Winter, Thomas von, Sozialverbände, in: ders./Willems, Ulrich (Hg.), Interessenverbände in Deutschland, Wiesbaden 2007, S. 341–366.

Wittig, Manfred, »Der Tod hat alle Unterschiede ausgelöscht«. Anmerkungen zur Geschichte und Ideologie des Volksbundes Deutsche Kriegsgräberfürsorge nach 1945, in: Hütt, Michael (Hg.), Unglücklich das Land, das Helden nötig hat. Leiden und Sterben in den Kriegsdenkmälern 1. und 2. Weltkriegs, Marburg 1990, S. 91–98.

Wittman, Laura, The Tomb of the Unknown Soldier. Modern Mourning, and the Reinvention of the Mystical Body, Toronto 2011.

Woche, Klaus, Die Wehrmachtgräberoffiziere und ihre Aufgaben, in: Deutsches Soldatenjahrbuch, 1984, S. 434–437.

Wolfrum, Edgar, Die Suche nach dem »Ende der Nachkriegszeit«. Krieg und NS-Diktatur in öffentlichen Geschichtsbildern der Bundesrepublik Deutschland, in: Cornelißen, Christoph/Klinkhammer, Lutz/Schwentker, Wolfgang (Hg.), Erinnerungskulturen. Deutschland, Italien und Japan seit 1945, Frankfurt a. M. 2004, S. 183–197.

Woller, Hans, Die Wirtschaftliche Aufbau-Vereinigung, in: Stöss, Richard (Hg.), Parteien-Handbuch. Bd. 2. FDP bis WAV, Opladen 1984, S. 2458–2481.

Zägel, Jörg/Steinweg, Reiner, Vergangenheitsdiskurse in der Ostseeregion, Berlin 2007.

Ziemann, Benjamin, Die deutsche Nation und ihr zentraler Erinnerungsort. Das »Nationaldenkmal für die Gefallenen im Weltkriege« und die Idee des »Unbekannten Soldaten« 1914–1935, in: Berding, Helmut/Heller, Klaus/Speitkamp, Winfried (Hg.), Krieg und Erinnerung. Fallstudien zum 19. und 20. Jahrhundert, Göttingen 2000, S. 67–91.

–, Veteranen der Republik. Kriegserinnerung und demokratische Politik 1918–1933, Bonn 2014.

Ziino, Bart, A Distant Grief. Australians, War Graves and the Great War, Crawley 2007.

Zilien, Johann, Der »Volksbund Deutsche Kriegsgräberfürsorge e. V.« in der Weimarer Republik. Ein Beitrag zum politischen Denkmalkult zwischen Kaiserreich und Nationalsozialismus, in: Archiv für Kulturgeschichte 75 (1993), S. 445–478.

Personenregister

Sachregister